사도신경

전능하사 천지를 만드신 하나님 아버지를 내가 믿사오며,
그 외아들 우리 주 예수 그리스도를 믿사오니,
이는 성령으로 잉태하사 동정녀 마리아에게 나시고,
본디오 빌라도에게 고난을 받으사, 십자가에 못 박혀 죽으시고,
장사한 지 사흘 만에 죽은 자 가운데서 다시 살아나시며,
하늘에 오르사, 전능하신 하나님 우편에 앉아 계시다가,
저리로서 산 자와 죽은 자를 심판하러 오시리라.
성령을 믿사오며, 거룩한 공회와,
성도가 서로 교통하는 것과,
죄를 사하여 주시는 것과, 몸이 다시 사는 것과,
영원히 사는 것을 믿사옵나이다. 아멘.

The Apostles' Creed

[1] 사도신경 새번역

나는 전능하신 아버지 하나님, 천지의 창조주를 믿습니다.
나는 그의 유일하신 아들, 우리 주 예수 그리스도를 믿습니다.
그는 성령으로 잉태되어 동정녀 마리아에게서 나시고,
본디오 빌라도에게 고난을 받아 십자가에 못 박혀 죽으시고,
장사된 지[2] 사흘 만에 죽은 자 가운데서 다시 살아나셨으며,
하늘에 오르시어 전능하신 아버지 하나님 우편에 앉아 계시다가,
거기로부터 살아 있는 자와 죽은 자를 심판하러 오십니다.
나는 성령을 믿으며, 거룩한 공교회와 성도의 교제와
죄를 용서받는 것과 몸의 부활과 영생을 믿습니다. 아멘.

---

1) '사도신조'로도 번역할 수 있다.
2) '장사되시어 지옥에 내려가신 지'가 공인된 원문(Forma Recepta)에는 있으나, 대다수의 본문에는 없다.

본문이 있는

채움 쓰기성경®

구약 ❶ 창세기 - 사무엘상

| 필 사 자 |

| 시작한 날 | 년 월 일

| 마감한 날 | 년 월 일

AGAPE

본문이 있는 채움 쓰기성경® 쓰기표

창세기	1	2	3	4	5	6	7	8	9	10	11	12	13	14	15	16	17	18	19	20	21	22	23	24	25	26	27	28
	29	30	31	32	33	34	35	36	37	38	39	40	41	42	43	44	45	46	47	48	49	50						
출애굽기	1	2	3	4	5	6	7	8	9	10	11	12	13	14	15	16	17	18	19	20	21	22	23	24	25	26	27	28
	29	30	31	32	33	34	35	36	37	38	39	40																
레위기	1	2	3	4	5	6	7	8	9	10	11	12	13	14	15	16	17	18	19	20	21	22	23	24	25	26	27	
민수기	1	2	3	4	5	6	7	8	9	10	11	12	13	14	15	16	17	18	19	20	21	22	23	24	25	26	27	28
	29	30	31	32	33	34	35	36																				
신명기	1	2	3	4	5	6	7	8	9	10	11	12	13	14	15	16	17	18	19	20	21	22	23	24	25	26	27	28
	29	30	31	32	33	34																						
여호수아	1	2	3	4	5	6	7	8	9	10	11	12	13	14	15	16	17	18	19	20	21	22	23	24				
사사기	1	2	3	4	5	6	7	8	9	10	11	12	13	14	15	16	17	18	19	20	21							
룻기	1	2	3	4																								
사무엘상	1	2	3	4	5	6	7	8	9	10	11	12	13	14	15	16	17	18	19	20	21	22	23	24	25	26	27	28
	29	30	31																									

일러두기

- 필사를 마친 부분을 색펜이나 형광펜으로 표시하세요.
- 평일에 3장, 주일에 5장이면 성경 전체를 일년에 완필할 수 있습니다.
- 하루의 십일조(2.4시간)를 드리면, 일년에 완필할 수 있습니다.
- 한 가정에서 가족들이 함께 나누어 필사할 수도 있습니다.
- 필사하는 란에는 '소제목'을 쓰지 않습니다.

특 징

- 성경을 휴대하지 않아도, 장소와 시간에 구애 없이 성경을 필사할 수 있습니다.
- 성경 전체 본문이 인쇄되어, 필사 시간이 획기적으로 단축됩니다.
- 자신의 서체대로 자유롭게 필사할 수 있습니다.
- 적색으로 인쇄된 예수님 말씀은 빨간펜으로 쓸 수 있습니다.
- 잘 펴지는 제본으로 편리하게 쓸 수 있습니다.

본문이 있는 채움 쓰기성경® 활용법

창세기 48:20–49:8

게 되려니와 그의 아우가 그보다
큰 자가 되고 그의 자손이 여러 민
족을 이루리라 하고
20 그 날에 그들에게 축복하여 이르
되 이스라엘이 너로 말미암아 축복
하기를 하나님이 네게 에브라임 같
고 므낫세 같게 하시리라 하며 에
브라임을 므낫세보다 앞세웠더라
21 이스라엘이 요셉에게 또 이르되 나
는 죽으나 하나님이 너희와 함께
계시사 너희를 인도하여 너희 조상
의 땅으로 돌아가게 하시려니와
22 내가 네게 네 형제보다 세겜 땅을
더 주었나니 이는 내가 내 칼과 활
로 아모리 족속의 손에서 빼앗은
것이니라

야곱의 유언과 죽음

49 야곱이 그 아들들을 불러
이르되 너희는 모이라 너희
가 후일에 당할 일을 내가 너희에
게 이르리라
2 너희는 모여 들으라 야곱의 아
들들아 너희 아버지 이스라엘에
게 들을지어다
3 르우벤아 너는 내 장자요 내 능
력이요 내 기력의 시작이라 위풍
이 월등하고 권능이 탁월하다마
는
4 물의 끓음 같았은즉 너는 탁월
하지 못하리니 네가 아버지의 침
상에 올라 더럽혔음이로다 그가
내 침상에 올랐었도다
5 시므온과 레위는 형제요 그들의
칼은 폭력의 도구로다
6 내 혼아 그들의 모의에 상관하지
말지어다 내 영광아 그들의 집회
에 참여하지 말지어다 그들이 그
들의 분노대로 사람을 죽이고
그들의 혈기대로 소의 발목 힘줄
을 끊었음이로다
7 그 노여움이 혹독하니 저주를
받을 것이요 분기가 맹렬하니 저
주를 받을 것이라 내가 그들을
야곱 중에서 나누며 이스라엘
중에서 흩으리로다
8 유다야 너는 네 형제의 찬송이
될지라 네 손이 네 원수의 목을
잡을 것이요 네 아버지의 아들

되려니와 그의 아우가 그보다 큰 자가 되고 그의 자
손이 여러 민족을 이루리라 하고
20 그날에 그들에게 축복하여 이르되 이스라엘이 너로 말
미암아 축복하기를 하나님이 네게 에브라임 같고 므
낫세 같게 하시리라 하며 에브라임을 므낫세보다 앞
세웠더라
21 이스라엘이 요셉에게 또 이르되 나는 죽으나 하나님
이 너희와 함께 계시사 너희를 인도하여 너희 조상의
땅으로 돌아가게 하시려니와
22 내가 네게 네 형제보다 세겜 땅을 더 주었나니 이는
내가 내 칼과 활로 아모리 족속의 손에서 빼앗은 것
이니라
49 야곱이 그 아들들을 불러 이르되 너희는 모이라
너희가 후일에 당할 일을 내가 너희에게 이르리
라
2 너희는 모여 들으라 야곱의 아들들아 너희 아버지
이스라엘에게 들을지어다
3
4
5
6
7
8

절 숫자

소제목

장 숫자

필사하는 란에는 소제목을 쓰지 않습니다.

장 숫자 수록

왼쪽 면의 성경 본문을 보면서 절에 맞춰 쓰시면 됩니다.

절 숫자 수록

너는 마음을 다하고 뜻을 다하고 힘을 다하여
네 하나님 여호와를 사랑하라
오늘 내가 네게 명하는 이 말씀을
너는 마음에 새기고 네 자녀에게 부지런히 가르치며
집에 앉았을 때에든지 길을 갈 때에든지
누워 있을 때에든지 일어날 때에든지
이 말씀을 강론할 것이며
너는 또 그것을 네 손목에 매어 기호를 삼으며
네 미간에 붙여 표로 삼고
또 네 집 문설주와 바깥 문에 기록할지니라

(신명기 6:5-9)

본문이 있는

채움 쓰기성경®

구약 ① 창세기 - 사무엘상

AGAPE

천지 창조

1 태초에 하나님이 천지를 창조하시니라

2 땅이 혼돈하고 공허하며 흑암이 깊음 위에 있고 하나님의 영은 수면 위에 운행하시니라

3 하나님이 이르시되 빛이 있으라 하시니 빛이 있었고

4 빛이 하나님이 보시기에 좋았더라 하나님이 빛과 어둠을 나누사

5 하나님이 빛을 낮이라 부르시고 어둠을 밤이라 부르시니라 저녁이 되고 아침이 되니 이는 첫째 날이니라

6 하나님이 이르시되 물 가운데에 궁창이 있어 물과 물로 나뉘라 하시고

7 하나님이 궁창을 만드사 궁창 아래의 물과 궁창 위의 물로 나뉘게 하시니 그대로 되니라

8 하나님이 궁창을 하늘이라 부르시니라 저녁이 되고 아침이 되니 이는 둘째 날이니라

9 하나님이 이르시되 천하의 물이 한 곳으로 모이고 뭍이 드러나라 하시니 그대로 되니라

10 하나님이 뭍을 땅이라 부르시고 모인 물을 바다라 부르시니 하나님이 보시기에 좋았더라

11 하나님이 이르시되 땅은 풀과 씨 맺는 채소와 각기 종류대로 씨 가진 열매 맺는 나무를 내라 하시니 그대로 되어

12 땅이 풀과 각기 종류대로 씨 맺는 채소와 각기 종류대로 씨 가진 열매 맺는 나무를 내니 하나님이 보시기에 좋았더라

13 저녁이 되고 아침이 되니 이는 셋째 날이니라

14 하나님이 이르시되 하늘의 궁창에 광명체들이 있어 낮과 밤을 나뉘게 하고 그것들로 징조와 계절과 날과 해를 이루게 하라

15 또 광명체들이 하늘의 궁창에 있어 땅을 비추라 하시니 그대로 되니라

1
2
3
4
5
6
7
8
9
10
11
12
13
14
15

16 하나님이 두 큰 광명체를 만드사
큰 광명체로 낮을 주관하게 하시
고 작은 광명체로 밤을 주관하게
하시며 또 별들을 만드시고
17 하나님이 그것들을 하늘의 궁창에
두어 땅을 비추게 하시며
18 낮과 밤을 주관하게 하시고 빛과
어둠을 나뉘게 하시니 하나님이 보
시기에 좋았더라
19 저녁이 되고 아침이 되니 이는 넷
째 날이니라
20 하나님이 이르시되 물들은 생물을
번성하게 하라 땅 위 하늘의 궁창
에는 새가 날으라 하시고
21 하나님이 큰 바다 짐승들과 물에
서 번성하여 움직이는 모든 생물
을 그 종류대로, 날개 있는 모든
새를 그 종류대로 창조하시니 하나
님이 보시기에 좋았더라
22 하나님이 그들에게 복을 주시며 이
르시되 생육하고 번성하여 여러 바
닷물에 충만하라 새들도 땅에 번
성하라 하시니라
23 저녁이 되고 아침이 되니 이는 다
섯째 날이니라
24 하나님이 이르시되 땅은 생물을
그 종류대로 내되 가축과 기는 것
과 땅의 짐승을 종류대로 내라 하
시니 그대로 되니라
25 하나님이 땅의 짐승을 그 종류대
로, 가축을 그 종류대로, 땅에 기
는 모든 것을 그 종류대로 만드시
니 하나님이 보시기에 좋았더라
26 하나님이 이르시되 우리의 형상을
따라 우리의 모양대로 우리가 사람
을 만들고 그들로 바다의 물고기와
하늘의 새와 가축과 온 땅과 땅에
기는 모든 것을 다스리게 하자 하
시고
27 하나님이 자기 형상 곧 하나님의
형상대로 사람을 창조하시되 남자
와 여자를 창조하시고
28 하나님이 그들에게 복을 주시며 하
나님이 그들에게 이르시되 생육하
고 번성하여 땅에 충만하라, 땅을
정복하라, 바다의 물고기와 하늘의
새와 땅에 움직이는 모든 생물을
다스리라 하시니라

16
17
18
19
20
21
22
23
24
25
26
27
28

29 하나님이 이르시되 내가 온 지면의
씨 맺는 모든 채소와 씨 가진 열매
맺는 모든 나무를 너희에게 주노니
너희의 먹을 거리가 되리라
30 또 땅의 모든 짐승과 하늘의 모든
새와 생명이 있어 땅에 기는 모든
것에게는 내가 모든 푸른 풀을 먹
을 거리로 주노라 하시니 그대로
되니라
31 하나님이 지으신 그 모든 것을 보
시니 보시기에 심히 좋았더라 저녁
이 되고 아침이 되니 이는 여섯째
날이니라

2

천지와 만물이 다 이루어지니
라
2 하나님이 그가 하시던 일을 일곱째
날에 마치시니 그가 하시던 모든
일을 그치고 일곱째 날에 안식하시
니라
3 하나님이 그 일곱째 날을 복되게
하사 거룩하게 하셨으니 이는 하나
님이 그 창조하시며 만드시던 모든
일을 마치시고 그 날에 안식하셨음
이니라

에덴 동산

4 이것이 천지가 창조될 때에 하늘과
땅의 내력이니 여호와 하나님이 땅
과 하늘을 만드시던 날에
5 여호와 하나님이 땅에 비를 내리지
아니하셨고 땅을 갈 사람도 없었으
므로 들에는 초목이 아직 없었고
밭에는 채소가 나지 아니하였으며
6 안개만 땅에서 올라와 온 지면을
적셨더라
7 여호와 하나님이 땅의 흙으로 사
람을 지으시고 생기를 그 코에 불
어넣으시니 사람이 생령이 되니라
8 여호와 하나님이 동방의 에덴에 동
산을 창설하시고 그 지으신 사람
을 거기 두시니라
9 여호와 하나님이 그 땅에서 보기에
아름답고 먹기에 좋은 나무가 나게
하시니 동산 가운데에는 생명 나
무와 선악을 알게 하는 나무도 있
더라
10 강이 에덴에서 흘러 나와 동산을
적시고 거기서부터 갈라져 네 근원
이 되었으니

29
30
31
2
2
3
4
5
6
7
8
9
10

11 첫째의 이름은 비손이라 금이 있
는 하윌라 온 땅을 둘렀으며
12 그 땅의 금은 순금이요 그 곳에는
베델리엄과 호마노도 있으며
13 둘째 강의 이름은 기혼이라 구스
온 땅을 둘렀고
14 셋째 강의 이름은 힛데겔이라 앗수
르 동쪽으로 흘렀으며 넷째 강은
유브라데더라
15 여호와 하나님이 그 사람을 이끌
어 에덴 동산에 두어 그것을 경작
하며 지키게 하시고
16 여호와 하나님이 그 사람에게 명
하여 이르시되 동산 각종 나무의
열매는 네가 임의로 먹되
17 선악을 알게 하는 나무의 열매는
먹지 말라 네가 먹는 날에는 반드
시 죽으리라 하시니라
18 여호와 하나님이 이르시되 사람이
혼자 사는 것이 좋지 아니하니 내
가 그를 위하여 돕는 배필을 지으
리라 하시니라
19 여호와 하나님이 흙으로 각종 들
짐승과 공중의 각종 새를 지으시
고 아담이 무엇이라고 부르나 보시
려고 그것들을 그에게로 이끌어 가
시니 아담이 각 생물을 부르는 것
이 곧 그 이름이 되었더라
20 아담이 모든 가축과 공중의 새와
들의 모든 짐승에게 이름을 주니라
아담이 돕는 배필이 없으므로
21 여호와 하나님이 아담을 깊이 잠들
게 하시니 잠들매 그가 그 갈빗대
하나를 취하고 살로 대신 채우시
고
22 여호와 하나님이 아담에게서 취하
신 그 갈빗대로 여자를 만드시고
그를 아담에게로 이끌어 오시니
23 아담이 이르되 이는 내 뼈 중의 뼈
요 살 중의 살이라 이것을 남자에
게서 취하였은즉 여자라 부르리라
하니라
24 이러므로 남자가 부모를 떠나 그의
아내와 합하여 둘이 한 몸을 이룰
지로다
25 아담과 그의 아내 두 사람이 벌거
벗었으나 부끄러워하지 아니하니
라

사람의 불순종과 하나님의 심판 선언

3 그런데 뱀은 여호와 하나님이
지으신 들짐승 중에 가장 간교
하니라 뱀이 여자에게 물어 이르되
하나님이 참으로 너희에게 동산 모
든 나무의 열매를 먹지 말라 하시
더냐
2 여자가 뱀에게 말하되 동산 나무
의 열매를 우리가 먹을 수 있으나
3 동산 중앙에 있는 나무의 열매는
하나님의 말씀에 너희는 먹지도 말
고 만지지도 말라 너희가 죽을까
하노라 하셨느니라
4 뱀이 여자에게 이르되 너희가 결코
죽지 아니하리라
5 너희가 그것을 먹는 날에는 너희
눈이 밝아져 하나님과 같이 되어
선악을 알 줄 하나님이 아심이니라
6 여자가 그 나무를 본즉 먹음직도
하고 보암직도 하고 지혜롭게 할
만큼 탐스럽기도 한 나무인지라 여
자가 그 열매를 따먹고 자기와 함
께 있는 남편에게도 주매 그도 먹
은지라
7 이에 그들의 눈이 밝아져 자기들이
벗은 줄을 알고 무화과나무 잎을
엮어 치마로 삼았더라
8 그들이 그 날 바람이 불 때 동산에
거니시는 여호와 하나님의 소리를
듣고 아담과 그의 아내가 여호와
하나님의 낯을 피하여 동산 나무
사이에 숨은지라
9 여호와 하나님이 아담을 부르시며
그에게 이르시되 네가 어디 있느냐
10 이르되 내가 동산에서 하나님의 소
리를 듣고 내가 벗었으므로 두려워
하여 숨었나이다
11 이르시되 누가 너의 벗었음을 네게
알렸느냐 내가 네게 먹지 말라 명
한 그 나무 열매를 네가 먹었느냐
12 아담이 이르되 하나님이 주셔서 나
와 함께 있게 하신 여자 그가 그
나무 열매를 내게 주므로 내가 먹
었나이다
13 여호와 하나님이 여자에게 이르시
되 네가 어찌하여 이렇게 하였느냐
여자가 이르되 뱀이 나를 꾀므로
내가 먹었나이다

3

2

3

4

5

6

7

8

9

10

11

12

13

14 여호와 하나님이 뱀에게 이르시되
네가 이렇게 하였으니 네가 모든
가축과 들의 모든 짐승보다 더욱
저주를 받아 배로 다니고 살아 있
는 동안 흙을 먹을지니라
15 내가 너로 여자와 원수가 되게 하
고 네 후손도 여자의 후손과 원수
가 되게 하리니 여자의 후손은 네
머리를 상하게 할 것이요 너는 그
의 발꿈치를 상하게 할 것이니라
하시고
16 또 여자에게 이르시되 내가 네게
임신하는 고통을 크게 더하리니
네가 수고하고 자식을 낳을 것이며
너는 남편을 원하고 남편은 너를
다스릴 것이니라 하시고
17 아담에게 이르시되 네가 네 아내
의 말을 듣고 내가 네게 먹지 말라
한 나무의 열매를 먹었은즉 땅은
너로 말미암아 저주를 받고 너는
네 평생에 수고하여야 그 소산을
먹으리라
18 땅이 네게 가시덤불과 엉겅퀴를 낼
것이라 네가 먹을 것은 밭의 채소
인즉
19 네가 흙으로 돌아갈 때까지 얼굴
에 땀을 흘려야 먹을 것을 먹으리
니 네가 그것에서 취함을 입었음이
라 너는 흙이니 흙으로 돌아갈 것
이니라 하시니라
20 아담이 그의 아내의 이름을 하와
라 불렀으니 그는 모든 산 자의 어
머니가 됨이더라
21 여호와 하나님이 아담과 그의 아내
를 위하여 가죽옷을 지어 입히시
니라

아담과 하와를 쫓아내시다

22 여호와 하나님이 이르시되 보라 이
사람이 선악을 아는 일에 우리 중
하나 같이 되었으니 그가 그의 손
을 들어 생명 나무 열매도 따먹고
영생할까 하노라 하시고
23 여호와 하나님이 에덴 동산에서 그
를 내보내어 그의 근원이 된 땅을
갈게 하시니라
24 이같이 하나님이 그 사람을 쫓아
내시고 에덴 동산 동쪽에 그룹들
과 두루 도는 불 칼을 두어 생명

나무의 길을 지키게 하시니라

가인과 아벨

4 아담이 그의 아내 하와와 동침
하매 하와가 임신하여 가인을
낳고 이르되 내가 여호와로 말미암
아 득남하였다 하니라
2 그가 또 가인의 아우 아벨을 낳았
는데 아벨은 양 치는 자였고 가인
은 농사하는 자였더라
3 세월이 지난 후에 가인은 땅의 소
산으로 제물을 삼아 여호와께 드
렸고
4 아벨은 자기도 양의 첫 새끼와 그
기름으로 드렸더니 여호와께서 아
벨과 그의 제물은 받으셨으나
5 가인과 그의 제물은 받지 아니하신
지라 가인이 몹시 분하여 안색이
변하니
6 여호와께서 가인에게 이르시되 네
가 분하여 함은 어찌 됨이며 안색
이 변함은 어찌 됨이냐
7 네가 선을 행하면 어찌 낯을 들지
못하겠느냐 선을 행하지 아니하면
죄가 문에 엎드려 있느니라 죄가
너를 원하나 너는 죄를 다스릴지니
라
8 가인이 그의 아우 아벨에게 말하
고 그들이 들에 있을 때에 가인이
그의 아우 아벨을 쳐 죽이니라
9 여호와께서 가인에게 이르시되 네
아우 아벨이 어디 있느냐 그가 이
르되 내가 알지 못하나이다 내가
내 아우를 지키는 자니이까
10 이르시되 네가 무엇을 하였느냐 네
아우의 핏소리가 땅에서부터 내게
호소하느니라
11 땅이 그 입을 벌려 네 손에서부터
네 아우의 피를 받았은즉 네가 땅
에서 저주를 받으리니
12 네가 밭을 갈아도 땅이 다시는 그
효력을 네게 주지 아니할 것이요
너는 땅에서 피하며 유리하는 자
가 되리라
13 가인이 여호와께 아뢰되 내 죄벌이
지기가 너무 무거우니이다
14 주께서 오늘 이 지면에서 나를 쫓
아내시온즉 내가 주의 낯을 뵈옵
지 못하리니 내가 땅에서 피하며

유리하는 자가 될지라 무릇 나를
만나는 자마다 나를 죽이겠나이다
15 여호와께서 그에게 이르시되 그렇
지 아니하다 가인을 죽이는 자는
벌을 칠 배나 받으리라 하시고 가
인에게 표를 주사 그를 만나는 모
든 사람에게서 죽임을 면하게 하시
니라

가인의 자손

16 가인이 여호와 앞을 떠나서 에덴
동쪽 놋 땅에 거주하더니
17 아내와 동침하매 그가 임신하여
에녹을 낳은지라 가인이 성을 쌓고
그의 아들의 이름으로 성을 이름
하여 에녹이라 하니라
18 에녹이 이랏을 낳고 이랏은 므후
야엘을 낳고 므후야엘은 므드사엘
을 낳고 므드사엘은 라멕을 낳았
더라
19 라멕이 두 아내를 맞이하였으니 하
나의 이름은 아다요 하나의 이름
은 씰라였더라
20 아다는 야발을 낳았으니 그는 장
막에 거주하며 가축을 치는 자의
조상이 되었고
21 그의 아우의 이름은 유발이니 그
는 수금과 통소를 잡는 모든 자의
조상이 되었으며
22 씰라는 두발가인을 낳았으니 그는
구리와 쇠로 여러 가지 기구를 만
드는 자요 두발가인의 누이는 나
아마였더라
23 라멕이 아내들에게 이르되
아다와 씰라여 내 목소리를 들
으라 라멕의 아내들이여 내 말
을 들으라 나의 상처로 말미암
아 내가 사람을 죽였고 나의 상
함으로 말미암아 소년을 죽였도
다
24 가인을 위하여는 벌이 칠 배일진
대 라멕을 위하여는 벌이 칠십
칠 배이리로다
하였더라

셋과 에노스

25 아담이 다시 자기 아내와 동침하매
그가 아들을 낳아 그의 이름을 셋
이라 하였으니 이는 하나님이 내게
가인이 죽인 아벨 대신에 다른 씨

를 주셨다 함이며
26 셋도 아들을 낳고 그의 이름을 에
노스라 하였으며 그 때에 사람들이
비로소 여호와의 이름을 불렀더라

아담의 계보

5 이것은 아담의 계보를 적은 책
이니라 하나님이 사람을 창조
하실 때에 하나님의 모양대로 지으
시되
2 남자와 여자를 창조하셨고 그들이
창조되던 날에 하나님이 그들에게
복을 주시고 그들의 이름을 사람
이라 일컬으셨더라
3 아담은 백삼십 세에 자기의 모양
곧 자기의 형상과 같은 아들을 낳
아 이름을 셋이라 하였고
4 아담은 셋을 낳은 후 팔백 년을 지
내며 자녀들을 낳았으며
5 그는 구백삼십 세를 살고 죽었더라
6 셋은 백오 세에 에노스를 낳았고
7 에노스를 낳은 후 팔백칠 년을 지
내며 자녀들을 낳았으며
8 그는 구백십이 세를 살고 죽었더라
9 에노스는 구십 세에 게난을 낳았
고
10 게난을 낳은 후 팔백십오 년을 지
내며 자녀들을 낳았으며
11 그는 구백오 세를 살고 죽었더라
12 게난은 칠십 세에 마할랄렐을 낳
았고
13 마할랄렐을 낳은 후 팔백사십 년
을 지내며 자녀들을 낳았으며
14 그는 구백십 세를 살고 죽었더라
15 마할랄렐은 육십오 세에 야렛을
낳았고
16 야렛을 낳은 후 팔백삼십 년을 지
내며 자녀를 낳았으며
17 그는 팔백구십오 세를 살고 죽었더
라
18 야렛은 백육십이 세에 에녹을 낳
았고
19 에녹을 낳은 후 팔백 년을 지내며
자녀들을 낳았으며
20 그는 구백육십이 세를 살고 죽었더
라
21 에녹은 육십오 세에 므두셀라를
낳았고
22 므두셀라를 낳은 후 삼백 년을 하

26

5

2

3

4

5

6

7

8

9

10

11

12

13

14

15

16

17

18

19

20

21

22

나님과 동행하며 자녀들을 낳았으
며
23 그는 삼백육십오 세를 살았더라
24 에녹이 하나님과 동행하더니 하나
님이 그를 데려가시므로 세상에 있
지 아니하였더라
25 므두셀라는 백팔십칠 세에 라멕을
낳았고
26 라멕을 낳은 후 칠백팔십이 년을
지내며 자녀를 낳았으며
27 그는 구백육십구 세를 살고 죽었더
라
28 라멕은 백팔십이 세에 아들을 낳고
29 이름을 노아라 하여 이르되 여호
와께서 땅을 저주하시므로 수고롭
게 일하는 우리를 이 아들이 안위
하리라 하였더라
30 라멕은 노아를 낳은 후 오백구십
오 년을 지내며 자녀들을 낳았으며
31 그는 칠백칠십칠 세를 살고 죽었더
라
32 노아는 오백 세 된 후에 셈과 함과
야벳을 낳았더라

사람의 죄악

6 사람이 땅 위에 번성하기 시작
할 때에 그들에게서 딸들이 나
니
2 하나님의 아들들이 사람의 딸들의
아름다움을 보고 자기들이 좋아하
는 모든 여자를 아내로 삼는지라
3 여호와께서 이르시되 나의 영이 영
원히 사람과 함께 하지 아니하리니
이는 그들이 육신이 됨이라 그러나
그들의 날은 백이십 년이 되리라
하시니라
4 당시에 땅에는 네피림이 있었고 그
후에도 하나님의 아들들이 사람의
딸들에게로 들어와 자식을 낳았으
니 그들은 용사라 고대에 명성이
있는 사람들이었더라
5 여호와께서 사람의 죄악이 세상에
가득함과 그의 마음으로 생각하
는 모든 계획이 항상 악할 뿐임을
보시고
6 땅 위에 사람 지으셨음을 한탄하
사 마음에 근심하시고
7 이르시되 내가 창조한 사람을 내가
지면에서 쓸어버리되 사람으로부

터 가축과 기는 것과 공중의 새까
지 그리하리니 이는 내가 그것들을
지었음을 한탄함이니라 하시니라
8 그러나 노아는 여호와께 은혜를 입
었더라

노아의 족보

9 이것이 노아의 족보니라 노아는 의
인이요 당대에 완전한 자라 그는
하나님과 동행하였으며
10 세 아들을 낳았으니 셈과 함과 야
벳이라
11 그 때에 온 땅이 하나님 앞에 부패
하여 포악함이 땅에 가득한지라
12 하나님이 보신즉 땅이 부패하였으
니 이는 땅에서 모든 혈육 있는 자
의 행위가 부패함이었더라
13 하나님이 노아에게 이르시되 모든
혈육 있는 자의 포악함이 땅에 가
득하므로 그 끝 날이 내 앞에 이르
렀으니 내가 그들을 땅과 함께 멸
하리라
14 너는 고페르 나무로 너를 위하여
방주를 만들되 그 안에 칸들을 막
고 역청을 그 안팎에 칠하라
15 네가 만들 방주는 이러하니 그 길
이는 삼백 규빗, 너비는 오십 규빗,
높이는 삼십 규빗이라
16 거기에 창을 내되 위에서부터 한
규빗에 내고 그 문은 옆으로 내고
상 중 하 삼층으로 할지니라
17 내가 홍수를 땅에 일으켜 무릇 생
명의 기운이 있는 모든 육체를 천
하에서 멸절하리니 땅에 있는 것
들이 다 죽으리라
18 그러나 너와는 내가 내 언약을 세
우리니 너는 네 아들들과 네 아내
와 네 며느리들과 함께 그 방주로
들어가고
19 혈육 있는 모든 생물을 너는 각기
암수 한 쌍씩 방주로 이끌어들여
너와 함께 생명을 보존하게 하되
20 새가 그 종류대로, 가축이 그 종류
대로, 땅에 기는 모든 것이 그 종
류대로 각기 둘씩 네게로 나아오리
니 그 생명을 보존하게 하라
21 너는 먹을 모든 양식을 네게로 가
져다가 저축하라 이것이 너와 그들
의 먹을 것이 되리라

8

9

10

11

12

13

14

15

16

17

18

19

20

21

22 노아가 그와 같이 하여 하나님이
자기에게 명하신 대로 다 준행하였
더라

홍수

7 여호와께서 노아에게 이르시되
너와 네 온 집은 방주로 들어가
라 이 세대에서 네가 내 앞에 의로
움을 내가 보았음이니라
2 너는 모든 정결한 짐승은 암수 일
곱씩, 부정한 것은 암수 둘씩을 네
게로 데려오며
3 공중의 새도 암수 일곱씩을 데려
와 그 씨를 온 지면에 유전하게 하
라
4 지금부터 칠 일이면 내가 사십 주
야를 땅에 비를 내려 내가 지은
모든 생물을 지면에서 쓸어버리리
라
5 노아가 여호와께서 자기에게 명하
신 대로 다 준행하였더라
6 홍수가 땅에 있을 때에 노아가 육
백 세라
7 노아는 아들들과 아내와 며느리들
과 함께 홍수를 피하여 방주에 들
어갔고
8 정결한 짐승과 부정한 짐승과 새와
땅에 기는 모든 것은
9 하나님이 노아에게 명하신 대로 암
수 둘씩 노아에게 나아와 방주로
들어갔으며
10 칠 일 후에 홍수가 땅에 덮이니
11 노아가 육백 세 되던 해 둘째 달 곧
그 달 열이렛날이라 그 날에 큰 깊
음의 샘들이 터지며 하늘의 창문
들이 열려
12 사십 주야를 비가 땅에 쏟아졌더
라
13 곧 그 날에 노아와 그의 아들 셈,
함, 야벳과 노아의 아내와 세 며느
리가 다 방주로 들어갔고
14 그들과 모든 들짐승이 그 종류대
로, 모든 가축이 그 종류대로, 땅
에 기는 모든 것이 그 종류대로, 모
든 새가 그 종류대로
15 무릇 생명의 기운이 있는 육체가
둘씩 노아에게 나아와 방주로 들
어갔으니
16 들어간 것들은 모든 것의 암수라

하나님이 그에게 명하신 대로 들어
가매 여호와께서 그를 들여보내고
문을 닫으시니라
17 홍수가 땅에 사십 일 동안 계속된
지라 물이 많아져 방주가 땅에서
떠올랐고
18 물이 더 많아져 땅에 넘치매 방주
가 물 위에 떠 다녔으며
19 물이 땅에 더욱 넘치매 천하의 높
은 산이 다 잠겼더니
20 물이 불어서 십오 규빗이나 오르니
산들이 잠긴지라
21 땅 위에 움직이는 생물이 다 죽었
으니 곧 새와 가축과 들짐승과
땅에 기는 모든 것과 모든 사람이
라
22 육지에 있어 그 코에 생명의 기운
의 숨이 있는 것은 다 죽었더라
23 지면의 모든 생물을 쓸어버리시니
곧 사람과 가축과 기는 것과 공중
의 새까지라 이들은 땅에서 쓸어버
림을 당하였으되 오직 노아와 그
와 함께 방주에 있던 자들만 남았
더라
24 물이 백오십 일을 땅에 넘쳤더라

홍수가 그치다

8 하나님이 노아와 그와 함께 방
주에 있는 모든 들짐승과 가축
을 기억하사 하나님이 바람을 땅
위에 불게 하시매 물이 줄어들었
고
2 깊음의 샘과 하늘의 창문이 닫히
고 하늘에서 비가 그치매
3 물이 땅에서 물러가고 점점 물러가
서 백오십 일 후에 줄어들고
4 일곱째 달 곧 그 달 열이렛날에 방
주가 아라랏 산에 머물렀으며
5 물이 점점 줄어들어 열째 달 곧 그
달 초하룻날에 산들의 봉우리가
보였더라
6 사십 일을 지나서 노아가 그 방주
에 낸 창문을 열고
7 까마귀를 내놓으매 까마귀가 물이
땅에서 마르기까지 날아 왕래하였
더라
8 그가 또 비둘기를 내놓아 지면에
서 물이 줄어들었는지를 알고자
하매

9 온 지면에 물이 있으므로 비둘기가
발 붙일 곳을 찾지 못하고 방주로
돌아와 그에게로 오는지라 그가 손
을 내밀어 방주 안 자기에게로 받
아들이고
10 또 칠 일을 기다려 다시 비둘기를
방주에서 내놓으매
11 저녁때에 비둘기가 그에게로 돌아
왔는데 그 입에 감람나무 새 잎사
귀가 있는지라 이에 노아가 땅에
물이 줄어든 줄을 알았으며
12 또 칠 일을 기다려 비둘기를 내놓
으매 다시는 그에게로 돌아오지 아
니하였더라
13 육백일 년 첫째 달 곧 그 달 초하룻
날에 땅 위에서 물이 걷힌지라 노
아가 방주 뚜껑을 제치고 본즉 지
면에서 물이 걷혔더니
14 둘째 달 스무이렛날에 땅이 말랐
더라
15 하나님이 노아에게 말씀하여 이르
시되
16 너는 네 아내와 네 아들들과 네 며
느리들과 함께 방주에서 나오고
17 너와 함께 한 모든 혈육 있는 생물
곧 새와 가축과 땅에 기는 모든 것
을 다 이끌어내라 이것들이 땅에
서 생육하고 땅에서 번성하리라 하
시매
18 노아가 그 아들들과 그의 아내와
그 며느리들과 함께 나왔고
19 땅 위의 동물 곧 모든 짐승과 모든
기는 것과 모든 새도 그 종류대로
방주에서 나왔더라

노아가 번제를 드리다

20 노아가 여호와께 제단을 쌓고 모든
정결한 짐승과 모든 정결한 새 중
에서 제물을 취하여 번제로 제단
에 드렸더니
21 여호와께서 그 향기를 받으시고
그 중심에 이르시되 내가 다시는
사람으로 말미암아 땅을 저주하지
아니하리니 이는 사람의 마음이
계획하는 바가 어려서부터 악함이
라 내가 전에 행한 것 같이 모든 생
물을 다시 멸하지 아니하리니
22 땅이 있을 동안에는 심음과 거둠
과 추위와 더위와 여름과 겨울과

9

10

11

12

13

14

15

16

17

18

19

20

21

22

낮과 밤이 쉬지 아니하리라

하나님이 노아와 언약을 세우시다

9 하나님이 노아와 그 아들들에게 복을 주시며 그들에게 이르시되 생육하고 번성하여 땅에 충만하라

2 땅의 모든 짐승과 공중의 모든 새와 땅에 기는 모든 것과 바다의 모든 물고기가 너희를 두려워하며 너희를 무서워하리니 이것들은 너희의 손에 붙였음이니라

3 모든 산 동물은 너희의 먹을 것이 될지라 채소 같이 내가 이것을 다 너희에게 주노라

4 그러나 고기를 그 생명 되는 피째 먹지 말 것이니라

5 내가 반드시 너희의 피 곧 너희의 생명의 피를 찾으리니 짐승이면 그 짐승에게서, 사람이나 사람의 형제면 그에게서 그의 생명을 찾으리라

6 다른 사람의 피를 흘리면 그 사람의 피도 흘릴 것이니 이는 하나님이 자기 형상대로 사람을 지으셨음이니라

7 너희는 생육하고 번성하며 땅에 가득하여 그중에서 번성하라 하셨더라

8 하나님이 노아와 그와 함께 한 아들들에게 말씀하여 이르시되

9 내가 내 언약을 너희와 너희 후손과

10 너희와 함께 한 모든 생물 곧 너희와 함께 한 새와 가축과 땅의 모든 생물에게 세우리니 방주에서 나온 모든 것 곧 땅의 모든 짐승에게니라

11 내가 너희와 언약을 세우리니 다시는 모든 생물을 홍수로 멸하지 아니할 것이라 땅을 멸할 홍수가 다시 있지 아니하리라

12 하나님이 이르시되 내가 나와 너희와 및 너희와 함께 하는 모든 생물 사이에 대대로 영원히 세우는 언약의 증거는 이것이니라

13 내가 내 무지개를 구름 속에 두었나니 이것이 나와 세상 사이의 언약의 증거니라

14 내가 구름으로 땅을 덮을 때에 무지개가 구름 속에 나타나면

9

2

3

4

5

6

7

8

9

10

11

12

13

14

15 내가 나와 너희와 및 육체를 가진
모든 생물 사이의 내 언약을 기억
하리니 다시는 물이 모든 육체를
멸하는 홍수가 되지 아니할지라
16 무지개가 구름 사이에 있으리니 내
가 보고 나 하나님과 모든 육체를
가진 땅의 모든 생물 사이의 영원
한 언약을 기억하리라
17 하나님이 노아에게 또 이르시되 내
가 나와 땅에 있는 모든 생물 사이
에 세운 언약의 증거가 이것이라
하셨더라

노아와 그 아들들

18 방주에서 나온 노아의 아들들은
셈과 함과 야벳이며 함은 가나안
의 아버지라
19 노아의 이 세 아들로부터 사람들
이 온 땅에 퍼지니라
20 노아가 농사를 시작하여 포도나무
를 심었더니
21 포도주를 마시고 취하여 그 장막
안에서 벌거벗은지라
22 가나안의 아버지 함이 그의 아버지
의 하체를 보고 밖으로 나가서 그
의 두 형제에게 알리매
23 셈과 야벳이 옷을 가져다가 자기들
의 어깨에 메고 뒷걸음쳐 들어가서
그들의 아버지의 하체를 덮었으며
그들이 얼굴을 돌이키고 그들의
아버지의 하체를 보지 아니하였더
라
24 노아가 술이 깨어 그의 작은 아들
이 자기에게 행한 일을 알고
25 이에 이르되

가나안은 저주를 받아 그의 형
제의 종들의 종이 되기를 원하노
라

하고
26 또 이르되

셈의 하나님 여호와를 찬송하
리로다 가나안은 셈의 종이 되
고
27 하나님이 야벳을 창대하게 하사
셈의 장막에 거하게 하시고 가
나안은 그의 종이 되게 하시기
를 원하노라

하였더라

15
16
17
18
19
20
21
22
23
24
25
26
27

28 홍수 후에 노아가 삼백오십 년을
살았고
29 그의 나이가 구백오십 세가 되어
죽었더라

노아의 아들들의 족보

10 노아의 아들 셈과 함과 야
벳의 족보는 이러하니라 홍
수 후에 그들이 아들들을 낳았으니
2 야벳의 아들은 고멜과 마곡과 마
대와 야완과 두발과 메섹과 디라
스요
3 고멜의 아들은 아스그나스와 리밧
과 도갈마요
4 야완의 아들은 엘리사와 달시스와
깃딤과 도다님이라
5 이들로부터 여러 나라 백성으로 나
뉘어서 각기 언어와 종족과 나라대
로 바닷가의 땅에 머물렀더라
6 함의 아들은 구스와 미스라임과
붓과 가나안이요
7 구스의 아들은 스바와 하윌라와
삽다와 라아마와 삽드가요 라아마
의 아들은 스바와 드단이며
8 구스가 또 니므롯을 낳았으니 그
는 세상에 첫 용사라
9 그가 여호와 앞에서 용감한 사냥
꾼이 되었으므로 속담에 이르기를
아무는 여호와 앞에 니므롯 같이
용감한 사냥꾼이로다 하더라
10 그의 나라는 시날 땅의 바벨과 에렉
과 악갓과 갈레에서 시작되었으며
11 그가 그 땅에서 앗수르로 나아가
니느웨와 르호보딜과 갈라와
12 및 니느웨와 갈라 사이의 레센을
건설하였으니 이는 큰 성읍이라
13 미스라임은 루딤과 아나밈과 르하
빔과 납두힘과
14 바드루심과 가슬루힘과 갑도림을
낳았더라 (가슬루힘에게서 블레셋
이 나왔더라)
15 가나안은 장자 시돈과 헷을 낳고
16 또 여부스 족속과 아모리 족속과
기르가스 족속과
17 히위 족속과 알가 족속과 신 족속과
18 아르왓 족속과 스말 족속과 하맛
족속을 낳았더니 이 후로 가나안
자손의 족속이 흩어져 나아갔더라
19 가나안의 경계는 시돈에서부터 그

28
29
10
2
3
4
5
6
7
8
9
10
11
12
13
14
15
16
17
18
19

랄을 지나 가사까지와 소돔과 고
모라와 아드마와 스보임을 지나 라
사까지였더라
20 이들은 함의 자손이라 각기 족속
과 언어와 지방과 나라대로였더
라
21 셈은 에벨 온 자손의 조상이요 야
벳의 형이라 그에게도 자녀가 출생
하였으니
22 셈의 아들은 엘람과 앗수르와 아
르박삿과 룻과 아람이요
23 아람의 아들은 우스와 훌과 게델
과 마스며
24 아르박삿은 셀라를 낳고 셀라는
에벨을 낳았으며
25 에벨은 두 아들을 낳고 하나의 이
름을 벨렉이라 하였으니 그 때에
세상이 나뉘었음이요 벨렉의 아우
의 이름은 욕단이며
26 욕단은 알모닷과 셀렙과 하살마웻
과 예라와
27 하도람과 우살과 디글라와
28 오발과 아비마엘과 스바와
29 오빌과 하윌라와 요밥을 낳았으니
이들은 다 욕단의 아들이며
30 그들이 거주하는 곳은 메사에서부
터 스발로 가는 길의 동쪽 산이었
더라
31 이들은 셈의 자손이니 그 족속과
언어와 지방과 나라대로였더라
32 이들은 그 백성들의 족보에 따르면
노아 자손의 족속들이요 홍수 후
에 이들에게서 그 땅의 백성들이
나뉘었더라

바벨

11 온 땅의 언어가 하나요 말이
하나였더라
2 이에 그들이 동방으로 옮기다가 시
날 평지를 만나 거기 거류하며
3 서로 말하되 자, 벽돌을 만들어 견
고히 굽자 하고 이에 벽돌로 돌을
대신하며 역청으로 진흙을 대신하
고
4 또 말하되 자, 성읍과 탑을 건설하
여 그 탑 꼭대기를 하늘에 닿게 하
여 우리 이름을 내고 온 지면에 흩
어짐을 면하자 하였더니
5 여호와께서 사람들이 건설하는

그 성읍과 탑을 보려고 내려오셨
더라
6 여호와께서 이르시되 이 무리가 한
족속이요 언어도 하나이므로 이같
이 시작하였으니 이 후로는 그 하
고자 하는 일을 막을 수 없으리로
다
7 자, 우리가 내려가서 거기서 그들의
언어를 혼잡하게 하여 그들이 서
로 알아듣지 못하게 하자 하시고
8 여호와께서 거기서 그들을 온 지면
에 흩으셨으므로 그들이 그 도시
를 건설하기를 그쳤더라
9 그러므로 그 이름을 바벨이라 하
니 이는 여호와께서 거기서 온 땅
의 언어를 혼잡하게 하셨음이니라
여호와께서 거기서 그들을 온 지면
에 흩으셨더라

셈의 족보

10 셈의 족보는 이러하니라 셈은 백
세 곧 홍수 후 이 년에 아르박삿을
낳았고
11 아르박삿을 낳은 후에 오백 년을
지내며 자녀를 낳았으며
12 아르박삿은 삼십오 세에 셀라를 낳
았고
13 셀라를 낳은 후에 사백삼 년을 지
내며 자녀를 낳았으며
14 셀라는 삼십 세에 에벨을 낳았고
15 에벨을 낳은 후에 사백삼 년을 지
내며 자녀를 낳았으며
16 에벨은 삼십사 세에 벨렉을 낳았
고
17 벨렉을 낳은 후에 사백삼십 년을
지내며 자녀를 낳았으며
18 벨렉은 삼십 세에 르우를 낳았고
19 르우를 낳은 후에 이백구 년을 지
내며 자녀를 낳았으며
20 르우는 삼십이 세에 스룩을 낳았
고
21 스룩을 낳은 후에 이백칠 년을 지
내며 자녀를 낳았으며
22 스룩은 삼십 세에 나홀을 낳았고
23 나홀을 낳은 후에 이백 년을 지내
며 자녀를 낳았으며
24 나홀은 이십구 세에 데라를 낳았
고

25 데라를 낳은 후에 백십구 년을 지
내며 자녀를 낳았으며
26 데라는 칠십 세에 아브람과 나홀
과 하란을 낳았더라

데라의 족보

27 데라의 족보는 이러하니라 데라는
아브람과 나홀과 하란을 낳고 하
란은 롯을 낳았으며
28 하란은 그 아비 데라보다 먼저 고
향 갈대아인의 우르에서 죽었더라
29 아브람과 나홀이 장가 들었으니 아
브람의 아내의 이름은 사래며 나
홀의 아내의 이름은 밀가니 하란
의 딸이요 하란은 밀가의 아버지이
며 또 이스가의 아버지더라
30 사래는 임신하지 못하므로 자식이
없었더라
31 데라가 그 아들 아브람과 하란의
아들인 그의 손자 롯과 그의 며느
리 아브람의 아내 사래를 데리고
갈대아인의 우르를 떠나 가나안 땅
으로 가고자 하더니 하란에 이르
러 거기 거류하였으며
32 데라는 나이가 이백오 세가 되어
하란에서 죽었더라

여호와께서 아브람에게 이르시다

12 여호와께서 아브람에게 이
르시되 너는 너의 고향과
친척과 아버지의 집을 떠나 내가
네게 보여 줄 땅으로 가라
2 내가 너로 큰 민족을 이루고 네게
복을 주어 네 이름을 창대하게 하
리니 너는 복이 될지라
3 너를 축복하는 자에게는 내가 복
을 내리고 너를 저주하는 자에게
는 내가 저주하리니 땅의 모든 족
속이 너로 말미암아 복을 얻을 것
이라 하신지라
4 이에 아브람이 여호와의 말씀을
따라갔고 롯도 그와 함께 갔으며
아브람이 하란을 떠날 때에 칠십오
세였더라
5 아브람이 그의 아내 사래와 조카
롯과 하란에서 모은 모든 소유와
얻은 사람들을 이끌고 가나안 땅
으로 가려고 떠나서 마침내 가나
안 땅에 들어갔더라
6 아브람이 그 땅을 지나 세겜 땅 모

레 상수리나무에 이르니 그 때에
가나안 사람이 그 땅에 거주하였
더라
7 여호와께서 아브람에게 나타나 이
르시되 내가 이 땅을 네 자손에게
주리라 하신지라 자기에게 나타나
신 여호와께 그가 그곳에서 제단
을 쌓고
8 거기서 벧엘 동쪽 산으로 옮겨 장
막을 치니 서쪽은 벧엘이요 동쪽
은 아이라 그가 그 곳에서 여호와
께 제단을 쌓고 여호와의 이름을
부르더니
9 점점 남방으로 옮겨갔더라

아브람이 애굽으로 내려가다

10 그 땅에 기근이 들었으므로 아브
람이 애굽에 거류하려고 그리로 내
려갔으니 이는 그 땅에 기근이 심
하였음이라
11 그가 애굽에 가까이 이르렀을 때
에 그의 아내 사래에게 말하되 내
가 알기에 그대는 아리따운 여인이
라
12 애굽 사람이 그대를 볼 때에 이르
기를 이는 그의 아내라 하여 나는
죽이고 그대는 살리리니
13 원하건대 그대는 나의 누이라 하라
그러면 내가 그대로 말미암아 안전
하고 내 목숨이 그대로 말미암아
보존되리라 하니라
14 아브람이 애굽에 이르렀을 때에 애
굽 사람들이 그 여인이 심히 아리
따움을 보았고
15 바로의 고관들도 그를 보고 바로
앞에서 칭찬하므로 그 여인을 바로
의 궁으로 이끌어들인지라
16 이에 바로가 그로 말미암아 아브람
을 후대하므로 아브람이 양과 소
와 노비와 암수 나귀와 낙타를 얻
었더라
17 여호와께서 아브람의 아내 사래의
일로 바로와 그 집에 큰 재앙을 내
리신지라
18 바로가 아브람을 불러서 이르되 네
가 어찌하여 나에게 이렇게 행하였
느냐 네가 어찌하여 그를 네 아내
라고 내게 말하지 아니하였느냐
19 네가 어찌 그를 누이라 하여 내가

그를 데려다가 아내를 삼게 하였느
냐 네 아내가 여기 있으니 이제 데
려가라 하고
20 바로가 사람들에게 그의 일을 명
하매 그들이 그와 함께 그의 아내
와 그의 모든 소유를 보내었더라

아브람과 롯이 서로 떠나다

13 아브람이 애굽에서 그와 그
의 아내와 모든 소유와 롯
과 함께 네게브로 올라가니
2 아브람에게 가축과 은과 금이 풍
부하였더라
3 그가 네게브에서부터 길을 떠나 벧
엘에 이르며 벧엘과 아이 사이 곧
전에 장막 쳤던 곳에 이르니
4 그가 처음으로 제단을 쌓은 곳이
라 그가 거기서 여호와의 이름을
불렀더라
5 아브람의 일행 롯도 양과 소와 장
막이 있으므로
6 그 땅이 그들이 동거하기에 넉넉하
지 못하였으니 이는 그들의 소유가
많아서 동거할 수 없었음이니라
7 그러므로 아브람의 가축의 목자와
롯의 가축의 목자가 서로 다투고
또 가나안 사람과 브리스 사람도
그 땅에 거주하였는지라
8 아브람이 롯에게 이르되 우리는 한
친족이라 나나 너나 내 목자나 네
목자나 서로 다투게 하지 말자
9 네 앞에 온 땅이 있지 아니하냐 나
를 떠나가라 네가 좌하면 나는 우
하고 네가 우하면 나는 좌하리라
10 이에 롯이 눈을 들어 요단 지역을
바라본즉 소알까지 온 땅에 물이
넉넉하니 여호와께서 소돔과 고모
라를 멸하시기 전이었으므로 여호
와의 동산 같고 애굽 땅과 같았더
라
11 그러므로 롯이 요단 온 지역을 택
하고 동으로 옮기니 그들이 서로
떠난지라
12 아브람은 가나안 땅에 거주하였고
롯은 그 지역의 도시들에 머무르며
그 장막을 옮겨 소돔까지 이르렀더
라
13 소돔 사람은 여호와 앞에 악하며
큰 죄인이었더라

아브람이 헤브론으로 옮기다

14 롯이 아브람을 떠난 후에 여호와께
서 아브람에게 이르시되 너는 눈을
들어 너 있는 곳에서 북쪽과 남쪽
그리고 동쪽과 서쪽을 바라보라
15 보이는 땅을 내가 너와 네 자손에
게 주리니 영원히 이르리라
16 내가 네 자손이 땅의 티끌 같게 하
리니 사람이 땅의 티끌을 능히 셀
수 있을진대 네 자손도 세리라
17 너는 일어나 그 땅을 종과 횡으로
두루 다녀 보라 내가 그것을 네게
주리라
18 이에 아브람이 장막을 옮겨 헤브론
에 있는 마므레 상수리 수풀에 이
르러 거주하며 거기서 여호와를 위
하여 제단을 쌓았더라

아브람이 롯을 구하다

14 당시에 시날 왕 아므라벨과
엘라살 왕 아리옥과 엘람
왕 그돌라오멜과 고임 왕 디달이
2 소돔 왕 베라와 고모라 왕 비르사
와 아드마 왕 시납과 스보임 왕 세
메벨과 벨라 곧 소알 왕과 싸우니
라
3 이들이 다 싯딤 골짜기 곧 지금의
염해에 모였더라
4 이들이 십이 년 동안 그돌라오멜을
섬기다가 제십삼년에 배반한지라
5 제십사년에 그돌라오멜과 그와 함
께 한 왕들이 나와서 아스드롯 가
르나임에서 르바 족속을, 함에서
수스 족속을, 사웨 기랴다임에서
엠 족속을 치고
6 호리 족속을 그 산 세일에서 쳐서
광야 근방 엘바란까지 이르렀으며
7 그들이 돌이켜 엔미스밧 곧 가데스
에 이르러 아말렉 족속의 온 땅과
하사손다말에 사는 아모리 족속을
친지라
8 소돔 왕과 고모라 왕과 아드마 왕
과 스보임 왕과 벨라 곧 소알 왕이
나와서 싯딤 골짜기에서 그들과 전
쟁을 하기 위하여 진을 쳤더니
9 엘람 왕 그돌라오멜과 고임 왕 디
달과 시날 왕 아므라벨과 엘라살
왕 아리옥 네 왕이 곧 그 다섯 왕
과 맞서니라

14
15
16
17
18
14
2
3
4
5
6
7
8
9

10 싯딤 골짜기에는 역청 구덩이가 많
은지라 소돔 왕과 고모라 왕이 달
아날 때에 그들이 거기 빠지고 그
나머지는 산으로 도망하매
11 네 왕이 소돔과 고모라의 모든 재
물과 양식을 빼앗아 가고
12 소돔에 거주하는 아브람의 조카
롯도 사로잡고 그 재물까지 노략하
여 갔더라
13 도망한 자가 와서 히브리 사람 아
브람에게 알리니 그 때에 아브람이
아모리 족속 마므레의 상수리 수풀
근처에 거주하였더라 마므레는 에
스골의 형제요 또 아넬의 형제라
이들은 아브람과 동맹한 사람들이
더라
14 아브람이 그의 조카가 사로잡혔음
을 듣고 집에서 길리고 훈련된 자
삼백십팔 명을 거느리고 단까지 쫓
아가서
15 그와 그의 가신들이 나뉘어 밤에
그들을 쳐부수고 다메섹 왼편 호바
까지 쫓아가
16 모든 빼앗겼던 재물과 자기의 조카
롯과 그의 재물과 또 부녀와 친척
을 다 찾아왔더라

멜기세덱이 아브람에게 축복하다

17 아브람이 그돌라오멜과 그와 함께
한 왕들을 쳐부수고 돌아올 때에
소돔 왕이 사웨 골짜기 곧 왕의 골
짜기로 나와 그를 영접하였고
18 살렘 왕 멜기세덱이 떡과 포도주
를 가지고 나왔으니 그는 지극히
높으신 하나님의 제사장이었더라
19 그가 아브람에게 축복하여 이르되
천지의 주재이시요 지극히 높으신
하나님이여 아브람에게 복을 주옵
소서
20 너희 대적을 네 손에 붙이신 지극
히 높으신 하나님을 찬송할지로다
하매 아브람이 그 얻은 것에서 십
분의 일을 멜기세덱에게 주었더라
21 소돔 왕이 아브람에게 이르되 사
람은 내게 보내고 물품은 네가 가
지라
22 아브람이 소돔 왕에게 이르되 천지
의 주재이시요 지극히 높으신 하나
님 여호와께 내가 손을 들어 맹세

하노니
23 네 말이 내가 아브람으로 치부하게
하였다 할까 하여 네게 속한 것은
실 한 오라기나 들메끈 한 가닥도
내가 가지지 아니하리라
24 오직 젊은이들이 먹은 것과 나와
동행한 아넬과 에스골과 마므레의
분깃을 제할지니 그들이 그 분깃을
가질 것이니라

여호와께서 아브람과 언약을 세우시다

15 이 후에 여호와의 말씀이
환상 중에 아브람에게 임하
여 이르시되 아브람아 두려워하지
말라 나는 네 방패요 너의 지극히
큰 상급이니라
2 아브람이 이르되 주 여호와여 무엇
을 내게 주시려 하나이까 나는 자
식이 없사오니 나의 상속자는 이
다메섹 사람 엘리에셀이니이다
3 아브람이 또 이르되 주께서 내게
씨를 주지 아니하셨으니 내 집에서
길린 자가 내 상속자가 될 것이니
이다
4 여호와의 말씀이 그에게 임하여 이
르시되 그 사람이 네 상속자가 아
니라 네 몸에서 날 자가 네 상속자
가 되리라 하시고
5 그를 이끌고 밖으로 나가 이르시되
하늘을 우러러 뭇별을 셀 수 있나
보라 또 그에게 이르시되 네 자손
이 이와 같으리라
6 아브람이 여호와를 믿으니 여호와
께서 이를 그의 의로 여기시고
7 또 그에게 이르시되 나는 이 땅을
네게 주어 소유를 삼게 하려고 너
를 갈대아인의 우르에서 이끌어 낸
여호와니라
8 그가 이르되 주 여호와여 내가 이
땅을 소유로 받을 것을 무엇으로
알리이까
9 여호와께서 그에게 이르시되 나를
위하여 삼 년 된 암소와 삼 년 된
암염소와 삼 년 된 숫양과 산비둘기
와 집비둘기 새끼를 가져올지니라
10 아브람이 그 모든 것을 가져다가
그 중간을 쪼개고 그 쪼갠 것을 마
주 대하여 놓고 그 새는 쪼개지 아

23
24
15
2
3
4
5
6
7
8
9
10

니하였으며

11 솔개가 그 사체 위에 내릴 때에는 아브람이 쫓았더라

12 해 질 때에 아브람에게 깊은 잠이 임하고 큰 흑암과 두려움이 그에게 임하였더니

13 여호와께서 아브람에게 이르시되 너는 반드시 알라 네 자손이 이방에서 객이 되어 그들을 섬기겠고 그들은 사백 년 동안 네 자손을 괴롭히리니

14 그들이 섬기는 나라를 내가 징벌할지며 그 후에 네 자손이 큰 재물을 이끌고 나오리라

15 너는 장수하다가 평안히 조상에게로 돌아가 장사될 것이요

16 네 자손은 사대 만에 이 땅으로 돌아오리니 이는 아모리 족속의 죄악이 아직 가득 차지 아니함이니라 하시더니

17 해가 져서 어두울 때에 연기 나는 화로가 보이며 타는 횃불이 쪼갠 고기 사이로 지나더라

18 그 날에 여호와께서 아브람과 더불어 언약을 세워 이르시되 내가 이 땅을 애굽 강에서부터 그 큰 강 유브라데까지 네 자손에게 주노니

19 곧 겐 족속과 그니스 족속과 갓몬 족속과

20 헷 족속과 브리스 족속과 르바 족속과

21 아모리 족속과 가나안 족속과 기르가스 족속과 여부스 족속의 땅이니라 하셨더라

하갈과 이스마엘

16 아브람의 아내 사래는 출산하지 못하였고 그에게 한 여종이 있으니 애굽 사람이요 이름은 하갈이라

2 사래가 아브람에게 이르되 여호와께서 내 출산을 허락하지 아니하셨으니 원하건대 내 여종에게 들어가라 내가 혹 그로 말미암아 자녀를 얻을까 하노라 하매 아브람이 사래의 말을 들으니라

3 아브람의 아내 사래가 그 여종 애굽 사람 하갈을 데려다가 그 남편 아브람에게 첩으로 준 때는 아브람

11
12
13
14
15
16
17
18
19
20
21
16
2
3

이 가나안 땅에 거주한 지 십 년 후
였더라
4 아브람이 하갈과 동침하였더니 하
갈이 임신하매 그가 자기의 임신함
을 알고 그의 여주인을 멸시한지라
5 사래가 아브람에게 이르되 내가 받
는 모욕은 당신이 받아야 옳도다
내가 나의 여종을 당신의 품에 두
었거늘 그가 자기의 임신함을 알고
나를 멸시하니 당신과 나 사이에
여호와께서 판단하시기를 원하노
라
6 아브람이 사래에게 이르되 당신의
여종은 당신의 수중에 있으니 당신
의 눈에 좋을 대로 그에게 행하라
하매 사래가 하갈을 학대하였더니
하갈이 사래 앞에서 도망하였더라
7 여호와의 사자가 광야의 샘물 곁
곧 술 길 샘 곁에서 그를 만나
8 이르되 사래의 여종 하갈아 네가
어디서 왔으며 어디로 가느냐 그가
이르되 나는 내 여주인 사래를 피
하여 도망하나이다
9 여호와의 사자가 그에게 이르되 네
여주인에게로 돌아가서 그 수하에
복종하라
10 여호와의 사자가 또 그에게 이르되
내가 네 씨를 크게 번성하여 그 수
가 많아 셀 수 없게 하리라
11 여호와의 사자가 또 그에게 이르되
네가 임신하였은즉 아들을 낳으리
니 그 이름을 이스마엘이라 하라
이는 여호와께서 네 고통을 들으셨
음이니라
12 그가 사람 중에 들나귀 같이 되리
니 그의 손이 모든 사람을 치겠고
모든 사람의 손이 그를 칠지며 그
가 모든 형제와 대항해서 살리라
하니라
13 하갈이 자기에게 이르신 여호와의
이름을 나를 살피시는 하나님이라
하였으니 이는 내가 어떻게 여기서
나를 살피시는 하나님을 뵈었는고
함이라
14 이러므로 그 샘을 브엘라해로이라
불렀으며 그것은 가데스와 베렛 사
이에 있더라
15 하갈이 아브람의 아들을 낳으매

아브람이 하갈이 낳은 그 아들을
이름하여 이스마엘이라 하였더라
16 하갈이 아브람에게 이스마엘을 낳
았을 때에 아브람이 팔십육 세였더
라

할례 : 언약의 표징

17 아브람이 구십구 세 때에
여호와께서 아브람에게 나
타나서 그에게 이르시되 나는 전능
한 하나님이라 너는 내 앞에서 행
하여 완전하라
2 내가 내 언약을 나와 너 사이에 두
어 너를 크게 번성하게 하리라 하
시니
3 아브람이 엎드렸더니 하나님이 또
그에게 말씀하여 이르시되
4 보라 내 언약이 너와 함께 있으니
너는 여러 민족의 아버지가 될지
라
5 이제 후로는 네 이름을 아브람이라
하지 아니하고 아브라함이라 하리
니 이는 내가 너를 여러 민족의 아
버지가 되게 함이니라
6 내가 너로 심히 번성하게 하리니
내가 네게서 민족들이 나게 하며
왕들이 네게로부터 나오리라
7 내가 내 언약을 나와 너 및 네 대
대 후손 사이에 세워서 영원한 언
약을 삼고 너와 네 후손의 하나님
이 되리라
8 내가 너와 네 후손에게 네가 거류
하는 이 땅 곧 가나안 온 땅을 주
어 영원한 기업이 되게 하고 나는
그들의 하나님이 되리라
9 하나님이 또 아브라함에게 이르시
되 그런즉 너는 내 언약을 지키고
네 후손도 대대로 지키라
10 너희 중 남자는 다 할례를 받으라
이것이 나와 너희와 너희 후손 사
이에 지킬 내 언약이니라
11 너희는 포피를 베어라 이것이 나와
너희 사이의 언약의 표징이니라
12 너희의 대대로 모든 남자는 집에서
난 자나 또는 너희 자손이 아니라
이방 사람에게서 돈으로 산 자를
막론하고 난 지 팔 일 만에 할례를
받을 것이라
13 너희 집에서 난 자든지 너희 돈으

16

17

2

3

4

5

6

7

8

9

10

11

12

13

로 산 자든지 할례를 받아야 하리
니 이에 내 언약이 너희 살에 있어
영원한 언약이 되려니와
14 할례를 받지 아니한 남자 곧 그 포
피를 베지 아니한 자는 백성 중에
서 끊어지리니 그가 내 언약을 배
반하였음이니라
15 하나님이 또 아브라함에게 이르시
되 네 아내 사래는 이름을 사래라
하지 말고 사라라 하라
16 내가 그에게 복을 주어 그가 네게
아들을 낳아 주게 하며 내가 그에
게 복을 주어 그를 여러 민족의 어
머니가 되게 하리니 민족의 여러
왕이 그에게서 나리라
17 아브라함이 엎드려 웃으며 마음속
으로 이르되 백 세 된 사람이 어찌
자식을 낳을까 사라는 구십 세니
어찌 출산하리요 하고
18 아브라함이 이에 하나님께 아뢰되
이스마엘이나 하나님 앞에 살기를
원하나이다
19 하나님이 이르시되 아니라 네 아내
사라가 네게 아들을 낳으리니 너
는 그 이름을 이삭이라 하라 내가
그와 내 언약을 세우리니 그의 후
손에게 영원한 언약이 되리라
20 이스마엘에 대하여는 내가 네 말
을 들었나니 내가 그에게 복을 주
어 그를 매우 크게 생육하고 번성
하게 할지라 그가 열두 두령을 낳
으리니 내가 그를 큰 나라가 되게
하려니와
21 내 언약은 내가 내년 이 시기에 사
라가 네게 낳을 이삭과 세우리라
22 하나님이 아브라함과 말씀을 마치
시고 그를 떠나 올라가셨더라
23 이에 아브라함이 하나님이 자기에
게 말씀하신 대로 이 날에 그 아들
이스마엘과 집에서 태어난 모든 자
와 돈으로 산 모든 자 곧 아브라함
의 집 사람 중 모든 남자를 데려다
가 그 포피를 베었으니
24 아브라함이 그의 포피를 벤 때는
구십구 세였고
25 그의 아들 이스마엘이 그의 포피
를 벤 때는 십삼 세였더라

26 그 날에 아브라함과 그 아들 이스
마엘이 할례를 받았고
27 그 집의 모든 남자 곧 집에서 태어
난 자와 돈으로 이방 사람에게서
사온 자가 다 그와 함께 할례를 받
았더라

아브라함이 아들을 약속받다

18 여호와께서 마므레의 상수
리나무들이 있는 곳에서 아
브라함에게 나타나시니라 날이 뜨
거울 때에 그가 장막 문에 앉아 있
다가
2 눈을 들어 본즉 사람 셋이 맞은편
에 서 있는지라 그가 그들을 보자
곧 장막 문에서 달려나가 영접하며
몸을 땅에 굽혀
3 이르되 내 주여 내가 주께 은혜를
입었사오면 원하건대 종을 떠나 지
나가지 마시옵고
4 물을 조금 가져오게 하사 당신들의
발을 씻으시고 나무 아래에서 쉬
소서
5 내가 떡을 조금 가져오리니 당신들
의 마음을 상쾌하게 하신 후에 지
나가소서 당신들이 종에게 오셨음
이니이다 그들이 이르되 네 말대로
그리하라
6 아브라함이 급히 장막으로 가서
사라에게 이르되 속히 고운 가루
세 스아를 가져다가 반죽하여 떡
을 만들라 하고
7 아브라함이 또 가축 떼 있는 곳으
로 달려가서 기름지고 좋은 송아지
를 잡아 하인에게 주니 그가 급히
요리한지라
8 아브라함이 엉긴 젖과 우유와 하인
이 요리한 송아지를 가져다가 그들
앞에 차려 놓고 나무 아래에 모셔
서매 그들이 먹으니라
9 그들이 아브라함에게 이르되 네 아
내 사라가 어디 있느냐 대답하되
장막에 있나이다
10 그가 이르시되 내년 이맘때 내가
반드시 네게로 돌아오리니 네 아내
사라에게 아들이 있으리라 하시니
사라가 그 뒤 장막 문에서 들었더
라
11 아브라함과 사라는 나이가 많아

26
27
18
2
3
4
5
6
7
8
9
10
11

늙었고 사라에게는 여성의 생리가
끊어졌는지라
12 사라가 속으로 웃고 이르되 내가
노쇠하였고 내 주인도 늙었으니 내
게 무슨 즐거움이 있으리요
13 여호와께서 아브라함에게 이르시
되 사라가 왜 웃으며 이르기를 내
가 늙었거늘 어떻게 아들을 낳으리
요 하느냐
14 여호와께 능하지 못한 일이 있겠느
냐 기한이 이를 때에 내가 네게로
돌아오리니 사라에게 아들이 있으
리라
15 사라가 두려워서 부인하여 이르되
내가 웃지 아니하였나이다 이르시
되 아니라 네가 웃었느니라

아브라함이 소돔을 위하여 빌다

16 그 사람들이 거기서 일어나서 소돔
으로 향하고 아브라함은 그들을
전송하러 함께 나가니라
17 여호와께서 이르시되 내가 하려는
것을 아브라함에게 숨기겠느냐
18 아브라함은 강대한 나라가 되고 천
하 만민은 그로 말미암아 복을 받
게 될 것이 아니냐
19 내가 그로 그 자식과 권속에게 명
하여 여호와의 도를 지켜 의와 공
도를 행하게 하려고 그를 택하였나
니 이는 나 여호와가 아브라함에게
대하여 말한 일을 이루려 함이니
라
20 여호와께서 또 이르시되 소돔과
고모라에 대한 부르짖음이 크고
그 죄악이 심히 무거우니
21 내가 이제 내려가서 그 모든 행한
것이 과연 내게 들린 부르짖음과
같은지 그렇지 않은지 내가 보고
알려 하노라
22 그 사람들이 거기서 떠나 소돔으
로 향하여 가고 아브라함은 여호
와 앞에 그대로 섰더니
23 아브라함이 가까이 나아가 이르되
주께서 의인을 악인과 함께 멸하려
하시나이까
24 그 성 중에 의인 오십 명이 있을지
라도 주께서 그 곳을 멸하시고 그
오십 의인을 위하여 용서하지 아니
하시리이까

25 주께서 이같이 하사 의인을 악인과
함께 죽이심은 부당하오며 의인과
악인을 같이 하심도 부당하니이다
세상을 심판하시는 이가 정의를 행
하실 것이 아니니이까
26 여호와께서 이르시되 내가 만일 소
돔 성읍 가운데에서 의인 오십 명
을 찾으면 그들을 위하여 온 지역
을 용서하리라
27 아브라함이 대답하여 이르되 나는
티끌이나 재와 같사오나 감히 주께
아뢰나이다
28 오십 의인 중에 오 명이 부족하다
면 그 오 명이 부족함으로 말미암
아 온 성읍을 멸하시리이까 이르시
되 내가 거기서 사십오 명을 찾으
면 멸하지 아니하리라
29 아브라함이 또 아뢰어 이르되 거기
서 사십 명을 찾으시면 어찌 하려
하시나이까 이르시되 사십 명으로
말미암아 멸하지 아니하리라
30 아브라함이 이르되 내 주여 노하지
마시옵고 말씀하게 하옵소서 거기
서 삼십 명을 찾으시면 어찌 하려
하시나이까 이르시되 내가 거기서
삼십 명을 찾으면 그리하지 아니하
리라
31 아브라함이 또 이르되 내가 감히
내 주께 아뢰나이다 거기서 이십
명을 찾으시면 어찌 하려 하시나이
까 이르시되 내가 이십 명으로 말
미암아 그리하지 아니하리라
32 아브라함이 또 이르되 주는 노하
지 마옵소서 내가 이번만 더 아뢰
리이다 거기서 십 명을 찾으시면
어찌 하려 하시나이까 이르시되 내
가 십 명으로 말미암아 멸하지 아
니하리라
33 여호와께서 아브라함과 말씀을 마
치시고 가시니 아브라함도 자기 곳
으로 돌아갔더라

소돔의 죄악

19 저녁 때에 그 두 천사가 소
돔에 이르니 마침 롯이 소
돔 성문에 앉아 있다가 그들을 보
고 일어나 영접하고 땅에 엎드려
절하며
2 이르되 내 주여 돌이켜 종의 집으

25

26

27

28

29

30

31

32

33

19

2

로 들어와 발을 씻고 주무시고 일
찍이 일어나 갈 길을 가소서 그들
이 이르되 아니라 우리가 거리에서
밤을 새우리라
3 롯이 간청하매 그제서야 돌이켜
그 집으로 들어오는지라 롯이 그
들을 위하여 식탁을 베풀고 무교
병을 구우니 그들이 먹으니라
4 그들이 눕기 전에 그 성 사람 곧 소
돔 백성들이 노소를 막론하고 원
근에서 다 모여 그 집을 에워싸고
5 롯을 부르고 그에게 이르되 오늘
밤에 네게 온 사람들이 어디 있느
냐 이끌어 내라 우리가 그들을 상
관하리라
6 롯이 문 밖의 무리에게로 나가서
뒤로 문을 닫고
7 이르되 청하노니 내 형제들아 이런
악을 행하지 말라
8 내게 남자를 가까이 하지 아니한
두 딸이 있노라 청하건대 내가 그
들을 너희에게로 이끌어내리니 너
희 눈에 좋을 대로 그들에게 행하
고 이 사람들은 내 집에 들어왔은
즉 이 사람들에게는 아무 일도 저
지르지 말라
9 그들이 이르되 너는 물러나라 또
이르되 이 자가 들어와서 거류하면
서 우리의 법관이 되려 하는도다
이제 우리가 그들보다 너를 더 해
하리라 하고 롯을 밀치며 가까이
가서 그 문을 부수려고 하는지라
10 그 사람들이 손을 내밀어 롯을 집
으로 끌어들이고 문을 닫고
11 문 밖의 무리를 대소를 막론하고
그 눈을 어둡게 하니 그들이 문을
찾느라고 헤매었더라

롯이 소돔을 떠나다

12 그 사람들이 롯에게 이르되 이 외
에 네게 속한 자가 또 있느냐 네 사
위나 자녀나 성 중에 네게 속한 자
들을 다 성 밖으로 이끌어 내라
13 그들에 대한 부르짖음이 여호와 앞
에 크므로 여호와께서 이 곳을 멸
하시려고 우리를 보내셨나니 우리
가 멸하리라
14 롯이 나가서 그 딸들과 결혼할 사
위들에게 말하여 이르기를 여호와

3
4
5
6
7
8
9
10
11
12
13
14

께서 이 성을 멸하실 터이니 너희
는 일어나 이 곳에서 떠나라 하되
그의 사위들은 농담으로 여겼더라
15 동틀 때에 천사가 롯을 재촉하여
이르되 일어나 여기 있는 네 아내
와 두 딸을 이끌어 내라 이 성의 죄
악 중에 함께 멸망할까 하노라
16 그러나 롯이 지체하매 그 사람들
이 롯의 손과 그 아내의 손과 두
딸의 손을 잡아 인도하여 성 밖에
두니 여호와께서 그에게 자비를 더
하심이었더라
17 그 사람들이 그들을 밖으로 이끌
어 낸 후에 이르되 도망하여 생명
을 보존하라 돌아보거나 들에 머물
지 말고 산으로 도망하여 멸망함
을 면하라
18 롯이 그들에게 이르되 내 주여 그
리 마옵소서
19 주의 종이 주께 은혜를 입었고 주
께서 큰 인자를 내게 베푸사 내 생
명을 구원하시오나 내가 도망하여
산에까지 갈 수 없나이다 두렵건대
재앙을 만나 죽을까 하나이다
20 보소서 저 성읍은 도망하기에 가깝
고 작기도 하오니 나를 그 곳으로
도망하게 하소서 이는 작은 성읍이
아니니이까 내 생명이 보존되리이다
21 그가 그에게 이르되 내가 이 일에
도 네 소원을 들었은즉 네가 말하
는 그 성읍을 멸하지 아니하리니
22 그리로 속히 도망하라 네가 거기
이르기까지는 내가 아무 일도 행
할 수 없노라 하였더라 그러므로
그 성읍 이름을 소알이라 불렀더라

소돔과 고모라를 멸하시다

23 롯이 소알에 들어갈 때에 해가 돋
았더라
24 여호와께서 하늘 곧 여호와께로부
터 유황과 불을 소돔과 고모라에
비같이 내리사
25 그 성들과 온 들과 성에 거주하는
모든 백성과 땅에 난 것을 다 엎어
멸하셨더라
26 롯의 아내는 뒤를 돌아보았으므로
소금 기둥이 되었더라
27 아브라함이 그 아침에 일찍이 일
어나 여호와 앞에 서 있던 곳에 이

르러
28 소돔과 고모라와 그 온 지역을 향
하여 눈을 들어 연기가 옹기 가마
의 연기같이 치솟음을 보았더라
29 하나님이 그 지역의 성을 멸하실 때
곧 롯이 거주하는 성을 엎으실 때
에 하나님이 아브라함을 생각하사
롯을 그 엎으시는 중에서 내보내셨
더라

모압과 암몬 자손의 조상

30 롯이 소알에 거주하기를 두려워하
여 두 딸과 함께 소알에서 나와 산
에 올라가 거주하되 그 두 딸과 함
께 굴에 거주하였더니
31 큰 딸이 작은 딸에게 이르되 우리
아버지는 늙으셨고 온 세상의 도리
를 따라 우리의 배필 될 사람이 이
땅에는 없으니
32 우리가 우리 아버지에게 술을 마시
게 하고 동침하여 우리 아버지로
말미암아 후손을 이어가자 하고
33 그 밤에 그들이 아버지에게 술을
마시게 하고 큰 딸이 들어가서 그
아버지와 동침하니라 그러나 그 아
버지는 그 딸이 눕고 일어나는 것
을 깨닫지 못하였더라
34 이튿날 큰 딸이 작은 딸에게 이르
되 어제 밤에는 내가 우리 아버지
와 동침하였으니 오늘 밤에도 우리
가 아버지에게 술을 마시게 하고 네
가 들어가 동침하고 우리가 아버지
로 말미암아 후손을 이어가자 하고
35 그 밤에도 그들이 아버지에게 술
을 마시게 하고 작은 딸이 일어나
아버지와 동침하니라 그러나 아버
지는 그 딸이 눕고 일어나는 것을
깨닫지 못하였더라
36 롯의 두 딸이 아버지로 말미암아
임신하고
37 큰 딸은 아들을 낳아 이름을 모압
이라 하였으니 오늘날 모압의 조상
이요
38 작은 딸도 아들을 낳아 이름을 벤
암미라 하였으니 오늘날 암몬 자손
의 조상이었더라

아브라함과 아비멜렉

20

아브라함이 거기서 네게브
땅으로 옮겨가 가데스와 술

사이 그랄에 거류하며
2 그의 아내 사라를 자기 누이라 하
였으므로 그랄 왕 아비멜렉이 사
람을 보내어 사라를 데려갔더니
3 그 밤에 하나님이 아비멜렉에게 현
몽하시고 그에게 이르시되 네가 데
려간 이 여인으로 말미암아 네가
죽으리니 그는 남편이 있는 여자임
이라
4 아비멜렉이 그 여인을 가까이 하지
아니하였으므로 그가 대답하되 주
여 주께서 의로운 백성도 멸하시나
이까
5 그가 나에게 이는 내 누이라고 하
지 아니하였나이까 그 여인도 그는
내 오라비라 하였사오니 나는 온전
한 마음과 깨끗한 손으로 이렇게
하였나이다
6 하나님이 꿈에 또 그에게 이르시되
네가 온전한 마음으로 이렇게 한
줄을 나도 알았으므로 너를 막아
내게 범죄하지 아니하게 하였나니
여인에게 가까이 하지 못하게 함이
이 때문이니라
7 이제 그 사람의 아내를 돌려보내라
그는 선지자라 그가 너를 위하여
기도하리니 네가 살려니와 네가 돌
려보내지 아니하면 너와 네게 속한
자가 다 반드시 죽을 줄 알지니라
8 아비멜렉이 그 날 아침에 일찍이
일어나 모든 종들을 불러 그 모든
일을 말하여 들려 주니 그들이 심
히 두려워하였더라
9 아비멜렉이 아브라함을 불러서 그
에게 이르되 네가 어찌하여 우리에
게 이렇게 하느냐 내가 무슨 죄를
네게 범하였기에 네가 나와 내 나
라가 큰 죄에 빠질 뻔하게 하였느
냐 네가 합당하지 아니한 일을 내
게 행하였도다 하고
10 아비멜렉이 또 아브라함에게 이르
되 네가 무슨 뜻으로 이렇게 하였
느냐
11 아브라함이 이르되 이 곳에서는 하
나님을 두려워함이 없으니 내 아내
로 말미암아 사람들이 나를 죽일
까 생각하였음이요
12 또 그는 정말로 나의 이복 누이로

서 내 아내가 되었음이니라
13 하나님이 나를 내 아버지의 집을
떠나 두루 다니게 하실 때에 내가
아내에게 말하기를 이 후로 우리의
가는 곳마다 그대는 나를 그대의
오라비라 하라 이것이 그대가 내게
베풀 은혜라 하였었노라
14 아비멜렉이 양과 소와 종들을 이
끌어 아브라함에게 주고 그의 아
내 사라도 그에게 돌려보내고
15 아브라함에게 이르되 내 땅이 네
앞에 있으니 네가 보기에 좋은 대
로 거주하라 하고
16 사라에게 이르되 내가 은 천 개를
네 오라비에게 주어서 그것으로 너
와 함께 한 여러 사람 앞에서 네 수
치를 가리게 하였노니 네 일이 다
해결되었느니라
17 아브라함이 하나님께 기도하매 하
나님이 아비멜렉과 그의 아내와
여종을 치료하사 출산하게 하셨으
니
18 여호와께서 이왕에 아브라함의 아
내 사라의 일로 아비멜렉의 집의
모든 태를 닫으셨음이더라

사라가 이삭을 낳다

21 여호와께서 말씀하신 대로
사라를 돌보셨고 여호와께
서 말씀하신 대로 사라에게 행하
셨으므로
2 사라가 임신하고 하나님이 말씀하
신 시기가 되어 노년의 아브라함에
게 아들을 낳으니
3 아브라함이 그에게 태어난 아들 곧
사라가 자기에게 낳은 아들을 이름
하여 이삭이라 하였고
4 그 아들 이삭이 난 지 팔 일 만에
그가 하나님이 명령하신 대로 할례
를 행하였더라
5 아브라함이 그의 아들 이삭이 그
에게 태어날 때에 백 세라
6 사라가 이르되 하나님이 나를 웃게
하시니 듣는 자가 다 나와 함께 웃
으리로다
7 또 이르되 사라가 자식들을 젖 먹
이겠다고 누가 아브라함에게 말하
였으리요마는 아브라함의 노경에
내가 아들을 낳았도다 하니라

13
14
15
16
17
18
21
2
3
4
5
6
7

하갈과 이스마엘을 내쫓다

8 아이가 자라매 젖을 떼고 이삭이
젖을 떼는 날에 아브라함이 큰 잔
치를 베풀었더라
9 사라가 본즉 아브라함의 아들 애
굽 여인 하갈의 아들이 이삭을 놀
리는지라
10 그가 아브라함에게 이르되 이 여
종과 그 아들을 내쫓으라 이 종의
아들은 내 아들 이삭과 함께 기업
을 얻지 못하리라 하므로
11 아브라함이 그의 아들로 말미암아
그 일이 매우 근심이 되었더니
12 하나님이 아브라함에게 이르시
되 네 아이나 네 여종으로 말미
암아 근심하지 말고 사라가 네게
이른 말을 다 들으라 이삭에게서
나는 자라야 네 씨라 부를 것임
이니라
13 그러나 여종의 아들도 네 씨니 내
가 그로 한 민족을 이루게 하리라
하신지라
14 아브라함이 아침에 일찍이 일어나
떡과 물 한 가죽부대를 가져다가
하갈의 어깨에 메워 주고 그 아이
를 데리고 가게 하니 하갈이 나가
서 브엘세바 광야에서 방황하더
니
15 가죽부대의 물이 떨어진지라 그
자식을 관목덤불 아래에 두고
16 이르되 아이가 죽는 것을 차마 보
지 못하겠다 하고 화살 한 바탕 거
리 떨어져 마주 앉아 바라보며 소
리 내어 우니
17 하나님이 그 어린 아이의 소리를
들으셨으므로 하나님의 사자가 하
늘에서부터 하갈을 불러 이르시되
하갈아 무슨 일이냐 두려워하지
말라 하나님이 저기 있는 아이의
소리를 들으셨나니
18 일어나 아이를 일으켜 네 손으로
붙들라 그가 큰 민족을 이루게 하
리라 하시니라
19 하나님이 하갈의 눈을 밝히셨으므
로 샘물을 보고 가서 가죽부대에
물을 채워다가 그 아이에게 마시게
하였더라

8

9

10

11

12

13

14

15

16

17

18

19

20 하나님이 그 아이와 함께 계시매 그가 장성하여 광야에서 거주하며 활 쏘는 자가 되었더니
21 그가 바란 광야에 거주할 때에 그의 어머니가 그를 위하여 애굽 땅에서 아내를 얻어 주었더라

아브라함과 아비멜렉의 언약

22 그 때에 아비멜렉과 그 군대 장관 비골이 아브라함에게 말하여 이르되 네가 무슨 일을 하든지 하나님이 너와 함께 계시도다
23 그런즉 너는 나와 내 아들과 내 손자에게 거짓되이 행하지 아니하기를 이제 여기서 하나님을 가리켜 내게 맹세하라 내가 네게 후대한 대로 너도 나와 네가 머무는 이 땅에 행할 것이니라
24 아브라함이 이르되 내가 맹세하리라 하고
25 아비멜렉의 종들이 아브라함의 우물을 빼앗은 일에 관하여 아브라함이 아비멜렉을 책망하매
26 아비멜렉이 이르되 누가 그리하였는지 내가 알지 못하노라 너도 내게 알리지 아니하였고 나도 듣지 못하였더니 오늘에야 들었노라
27 아브라함이 양과 소를 가져다가 아비멜렉에게 주고 두 사람이 서로 언약을 세우니라
28 아브라함이 일곱 암양 새끼를 따로 놓으니
29 아비멜렉이 아브라함에게 이르되 이 일곱 암양 새끼를 따로 놓음은 어찜이냐
30 아브라함이 이르되 너는 내 손에서 이 암양 새끼 일곱을 받아 내가 이 우물 판 증거를 삼으라 하고
31 두 사람이 거기서 서로 맹세하였으므로 그 곳을 브엘세바라 이름하였더라
32 그들이 브엘세바에서 언약을 세우매 아비멜렉과 그 군대 장관 비골은 떠나 블레셋 사람의 땅으로 돌아갔고
33 아브라함은 브엘세바에 에셀 나무를 심고 거기서 영원하신 하나님 여호와의 이름을 불렀으며
34 그가 블레셋 사람의 땅에서 여러 날을 지냈더라

이삭을 번제로 드리라 하시다

22 그 일 후에 하나님이 아브
라함을 시험하시려고 그를
부르시되 아브라함아 하시니 그가
이르되 내가 여기 있나이다
2 여호와께서 이르시되 네 아들 네
사랑하는 독자 이삭을 데리고 모리
아 땅으로 가서 내가 네게 일러 준
한 산 거기서 그를 번제로 드리라
3 아브라함이 아침에 일찍이 일어나
나귀에 안장을 지우고 두 종과 그의
아들 이삭을 데리고 번제에 쓸 나무
를 쪼개어 가지고 떠나 하나님이 자
기에게 일러 주신 곳으로 가더니
4 제삼일에 아브라함이 눈을 들어
그 곳을 멀리 바라본지라
5 이에 아브라함이 종들에게 이르되
너희는 나귀와 함께 여기서 기다리
라 내가 아이와 함께 저기 가서 예
배하고 우리가 너희에게로 돌아오
리라 하고
6 아브라함이 이에 번제 나무를 가져
다가 그의 아들 이삭에게 지우고
자기는 불과 칼을 손에 들고 두 사
람이 동행하더니
7 이삭이 그 아버지 아브라함에게
말하여 이르되 내 아버지여 하니
그가 이르되 내 아들아 내가 여기
있노라 이삭이 이르되 불과 나무
는 있거니와 번제할 어린 양은 어
디 있나이까
8 아브라함이 이르되 내 아들아 번
제할 어린 양은 하나님이 자기를
위하여 친히 준비하시리라 하고 두
사람이 함께 나아가서
9 하나님이 그에게 일러 주신 곳에
이른지라 이에 아브라함이 그 곳에
제단을 쌓고 나무를 벌여 놓고 그
의 아들 이삭을 결박하여 제단 나
무 위에 놓고
10 손을 내밀어 칼을 잡고 그 아들을
잡으려 하니
11 여호와의 사자가 하늘에서부터 그
를 불러 이르시되 아브라함아 아브
라함아 하시는지라 아브라함이 이
르되 내가 여기 있나이다 하매
12 사자가 이르시되 그 아이에게 네
손을 대지 말라 그에게 아무 일도

22

2

3

4

5

6

7

8

9

10

11

12

하지 말라 네가 네 아들 네 독자까
지도 내게 아끼지 아니하였으니 내
가 이제야 네가 하나님을 경외하는
줄을 아노라
13 아브라함이 눈을 들어 살펴본즉
한 숫양이 뒤에 있는데 뿔이 수풀
에 걸려 있는지라 아브라함이 가서
그 숫양을 가져다가 아들을 대신
하여 번제로 드렸더라
14 아브라함이 그 땅 이름을 여호와
이레라 하였으므로 오늘날까지 사
람들이 이르기를 여호와의 산에서
준비되리라 하더라
15 여호와의 사자가 하늘에서부터 두
번째 아브라함을 불러
16 이르시되 여호와께서 이르시기를
내가 나를 가리켜 맹세하노니 네가
이같이 행하여 네 아들 네 독자도
아끼지 아니하였은즉
17 내가 네게 큰 복을 주고 네 씨가 크
게 번성하여 하늘의 별과 같고 바
닷가의 모래와 같게 하리니 네 씨
가 그 대적의 성문을 차지하리라
18 또 네 씨로 말미암아 천하 만민이
복을 받으리니 이는 네가 나의 말을
준행하였음이니라 하셨다 하니라
19 이에 아브라함이 그의 종들에게로
돌아가서 함께 떠나 브엘세바에 이
르러 거기 거주하였더라

나홀의 후예

20 이 일 후에 어떤 사람이 아브라함
에게 알리어 이르기를 밀가가 당신
의 형제 나홀에게 자녀를 낳았다
하였더라
21 그의 맏아들은 우스요 우스의 형제
는 부스와 아람의 아버지 그므엘과
22 게셋과 하소와 빌다스와 이들랍과
브두엘이라
23 이 여덟 사람은 아브라함의 형제
나홀의 아내 밀가의 소생이며 브두
엘은 리브가를 낳았고
24 나홀의 첩 르우마라 하는 자도 데
바와 가함과 다하스와 마아가를
낳았더라

아브라함이 막벨라 굴을 사다

23 사라가 백이십칠 세를 살았
으니 이것이 곧 사라가 누
린 햇수라

2 사라가 가나안 땅 헤브론 곧 기럇
아르바에서 죽으매 아브라함이 들
어가서 사라를 위하여 슬퍼하며
애통하다가
3 그 시신 앞에서 일어나 나가서 헷
족속에게 말하여 이르되
4 나는 당신들 중에 나그네요 거류
하는 자이니 당신들 중에서 내게
매장할 소유지를 주어 내가 나의
죽은 자를 내 앞에서 내어다가 장
사하게 하시오
5 헷 족속이 아브라함에게 대답하여
이르되
6 내 주여 들으소서 당신은 우리 가
운데 있는 하나님이 세우신 지도
자이시니 우리 묘실 중에서 좋은
것을 택하여 당신의 죽은 자를 장
사하소서 우리 중에서 자기 묘실에
당신의 죽은 자 장사함을 금할 자
가 없으리이다
7 아브라함이 일어나 그 땅 주민 헷
족속을 향하여 몸을 굽히고
8 그들에게 말하여 이르되 나로 나
의 죽은 자를 내 앞에서 내어다가
장사하게 하는 일이 당신들의 뜻일
진대 내 말을 듣고 나를 위하여 소
할의 아들 에브론에게 구하여
9 그가 그의 밭머리에 있는 그의 막
벨라 굴을 내게 주도록 하되 충분
한 대가를 받고 그 굴을 내게 주어
당신들 중에서 매장할 소유지가 되
게 하기를 원하노라 하매
10 에브론이 헷 족속 중에 앉아 있더
니 그가 헷 족속 곧 성문에 들어온
모든 자가 듣는 데서 아브라함에게
대답하여 이르되
11 내 주여 그리 마시고 내 말을 들으
소서 내가 그 밭을 당신에게 드리
고 그 속의 굴도 내가 당신에게 드
리되 내가 내 동족 앞에서 당신에
게 드리오니 당신의 죽은 자를 장
사하소서
12 아브라함이 이에 그 땅의 백성 앞
에서 몸을 굽히고
13 그 땅의 백성이 듣는 데서 에브론
에게 말하여 이르되 당신이 합당
히 여기면 청하건대 내 말을 들으

시오 내가 그 밭 값을 당신에게 주
리니 당신은 내게서 받으시오 내가
나의 죽은 자를 거기 장사하겠노
라
14 에브론이 아브라함에게 대답하여
이르되
15 내 주여 내 말을 들으소서 땅 값은
은 사백 세겔이나 그것이 나와 당
신 사이에 무슨 문제가 되리이까
당신의 죽은 자를 장사하소서
16 아브라함이 에브론의 말을 따라
에브론이 헷 족속이 듣는 데서 말
한 대로 상인이 통용하는 은 사백
세겔을 달아 에브론에게 주었더니
17 마므레 앞 막벨라에 있는 에브론
의 밭 곧 그 밭과 거기에 속한 굴과
그 밭과 그 주위에 둘린 모든 나무
가
18 성 문에 들어온 모든 헷 족속이 보
는 데서 아브라함의 소유로 확정된
지라
19 그 후에 아브라함이 그 아내 사라
를 가나안 땅 마므레 앞 막벨라 밭
굴에 장사하였더라 (마므레는 곧
헤브론이라)
20 이와 같이 그 밭과 거기에 속한 굴
이 헷 족속으로부터 아브라함이
매장할 소유지로 확정되었더라

이삭이 리브가를 아내로 삼다

24 아브라함이 나이가 많아
늙었고 여호와께서 그에게
범사에 복을 주셨더라
2 아브라함이 자기 집 모든 소유를
맡은 늙은 종에게 이르되 청하건
대 내 허벅지 밑에 네 손을 넣으라
3 내가 너에게 하늘의 하나님, 땅의
하나님이신 여호와를 가리켜 맹세
하게 하노니 너는 내가 거주하는
이 지방 가나안 족속의 딸 중에서
내 아들을 위하여 아내를 택하지
말고
4 내 고향 내 족속에게로 가서 내 아
들 이삭을 위하여 아내를 택하라
5 종이 이르되 여자가 나를 따라 이
땅으로 오려고 하지 아니하거든 내
가 주인의 아들을 주인이 나오신
땅으로 인도하여 돌아가리이까

6 아브라함이 그에게 이르되 내 아
들을 그리로 데리고 돌아가지 아니
하도록 하라
7 하늘의 하나님 여호와께서 나를
내 아버지의 집과 내 고향 땅에서
떠나게 하시고 내게 말씀하시며 내
게 맹세하여 이르시기를 이 땅을
네 씨에게 주리라 하셨으니 그가
그 사자를 너보다 앞서 보내실지라
네가 거기서 내 아들을 위하여 아
내를 택할지니라
8 만일 여자가 너를 따라 오려고 하
지 아니하면 나의 이 맹세가 너와
상관이 없나니 오직 내 아들을 데
리고 그리로 가지 말지니라
9 그 종이 이에 그의 주인 아브라함
의 허벅지 아래에 손을 넣고 이 일
에 대하여 그에게 맹세하였더라
10 이에 종이 그 주인의 낙타 중 열 필
을 끌고 떠났는데 곧 그의 주인의
모든 좋은 것을 가지고 떠나 메소보
다미아로 가서 나홀의 성에 이르러
11 그 낙타를 성 밖 우물 곁에 꿇렸으
니 저녁 때라 여인들이 물을 길으
러 나올 때였더라
12 그가 이르되 우리 주인 아브라함의
하나님 여호와여 원하건대 오늘
나에게 순조롭게 만나게 하사 내
주인 아브라함에게 은혜를 베푸시
옵소서
13 성 중 사람의 딸들이 물 길으러 나
오겠사오니 내가 우물 곁에 서 있
다가
14 한 소녀에게 이르기를 청하건대 너
는 물동이를 기울여 나로 마시게
하라 하리니 그의 대답이 마시라
내가 당신의 낙타에게도 마시게 하
리라 하면 그는 주께서 주의 종 이
삭을 위하여 정하신 자라 이로 말
미암아 주께서 내 주인에게 은혜
베푸심을 내가 알겠나이다
15 말을 마치기도 전에 리브가가 물동
이를 어깨에 메고 나오니 그는 아
브라함의 동생 나홀의 아내 밀가
의 아들 브두엘의 소생이라
16 그 소녀는 보기에 심히 아리땁고
지금까지 남자가 가까이 하지 아니
한 처녀더라 그가 우물로 내려가서

물을 그 물동이에 채워가지고 올
라오는지라
17 종이 마주 달려가서 이르되 청하건
대 네 물동이의 물을 내게 조금 마
시게 하라
18 그가 이르되 내 주여 마시소서 하
며 급히 그 물동이를 손에 내려 마
시게 하고
19 마시게 하기를 다하고 이르되 당신
의 낙타를 위하여서도 물을 길어
그것들도 배불리 마시게 하리이다
하고
20 급히 물동이의 물을 구유에 붓고
다시 길으려고 우물로 달려가서 모
든 낙타를 위하여 긷는지라
21 그 사람이 그를 묵묵히 주목하며
여호와께서 과연 평탄한 길을 주
신 여부를 알고자 하더니
22 낙타가 마시기를 다하매 그가 반
세겔 무게의 금 코걸이 한 개와 열
세겔 무게의 금 손목고리 한 쌍을
그에게 주며
23 이르되 네가 누구의 딸이냐 청하건
대 내게 말하라 네 아버지의 집에
우리가 유숙할 곳이 있느냐
24 그 여자가 그에게 이르되 나는 밀
가가 나홀에게서 낳은 아들 브두엘
의 딸이니이다
25 또 이르되 우리에게 짚과 사료가
족하며 유숙할 곳도 있나이다
26 이에 그 사람이 머리를 숙여 여호
와께 경배하고
27 이르되 나의 주인 아브라함의 하나
님 여호와를 찬송하나이다 나의
주인에게 주의 사랑과 성실을 그치
지 아니하셨사오며 여호와께서 길
에서 나를 인도하사 내 주인의 동
생 집에 이르게 하셨나이다 하니라
28 소녀가 달려가서 이 일을 어머니
집에 알렸더니
29 리브가에게 오라버니가 있어 그의
이름은 라반이라 그가 우물로 달
려가 그 사람에게 이르러
30 그의 누이의 코걸이와 그 손의 손
목고리를 보고 또 그의 누이 리브
가가 그 사람이 자기에게 이같이
말하더라 함을 듣고 그 사람에게
로 나아감이라 그 때에 그가 우물

가 낙타 곁에 서 있더라 31
31 라반이 이르되 여호와께 복을 받
은 자여 들어오소서 어찌 밖에 서
있나이까 내가 방과 낙타의 처소
를 준비하였나이다 32
32 그 사람이 그 집으로 들어가매 라
반이 낙타의 짐을 부리고 짚과 사
료를 낙타에게 주고 그 사람의 발
과 그의 동행자들의 발 씻을 물을
주고 33
33 그 앞에 음식을 베푸니 그 사람이
이르되 내가 내 일을 진술하기 전
에는 먹지 아니하겠나이다 라반이
이르되 말하소서 34
34 그가 이르되 나는 아브라함의 종
이니이다 35
35 여호와께서 나의 주인에게 크게 복
을 주시어 창성하게 하시되 소와
양과 은금과 종들과 낙타와 나귀
를 그에게 주셨고 36
36 나의 주인의 아내 사라가 노년에
나의 주인에게 아들을 낳으매 주인
이 그의 모든 소유를 그 아들에게
주었나이다 37
37 나의 주인이 나에게 맹세하게 하여
이르되 너는 내 아들을 위하여 내
가 사는 땅 가나안 족속의 딸들 중
에서 아내를 택하지 말고
38 내 아버지의 집, 내 족속에게로 가 38
서 내 아들을 위하여 아내를 택하
라 하시기로
39 내가 내 주인에게 여쭈되 혹 여자 39
가 나를 따르지 아니하면 어찌하리
이까 한즉
40 주인이 내게 이르되 내가 섬기는 40
여호와께서 그의 사자를 너와 함
께 보내어 네게 평탄한 길을 주시
리니 너는 내 족속 중 내 아버지 집
에서 내 아들을 위하여 아내를 택
할 것이니라
41 네가 내 족속에게 이를 때에는 네 41
가 내 맹세와 상관이 없으리라 만
일 그들이 네게 주지 아니할지라도
네가 내 맹세와 상관이 없으리라
하시기로 42
42 내가 오늘 우물에 이르러 말하기를
내 주인 아브라함의 하나님 여호와
여 만일 내가 행하는 길에 형통함

을 주실진대
43 내가 이 우물 곁에 서 있다가 젊은
여자가 물을 길으러 오거든 내가
그에게 청하기를 너는 물동이의 물
을 내게 조금 마시게 하라 하여
44 그의 대답이 당신은 마시라 내가
또 당신의 낙타를 위하여도 길으리
라 하면 그 여자는 여호와께서 내
주인의 아들을 위하여 정하여 주
신 자가 되리이다 하며
45 내가 마음속으로 말하기를 마치기
도 전에 리브가가 물동이를 어깨
에 메고 나와서 우물로 내려와 긷
기로 내가 그에게 이르기를 청하건
대 내게 마시게 하라 한즉
46 그가 급히 물동이를 어깨에서 내리
며 이르되 마시라 내가 당신의 낙
타에게도 마시게 하리라 하기로 내
가 마시매 그가 또 낙타에게도 마
시게 한지라
47 내가 그에게 묻기를 네가 뉘 딸이
냐 한즉 이르되 밀가가 나홀에게
서 낳은 브두엘의 딸이라 하기로
내가 코걸이를 그 코에 꿰고 손목
고리를 그 손에 끼우고
48 내 주인 아브라함의 하나님 여호와
께서 나를 바른 길로 인도하사 나
의 주인의 동생의 딸을 그의 아들
을 위하여 택하게 하셨으므로 내
가 머리를 숙여 그에게 경배하고
찬송하였나이다
49 이제 당신들이 인자함과 진실함으
로 내 주인을 대접하려거든 내게
알게 해 주시고 그렇지 아니할지라
도 내게 알게 해 주셔서 내가 우로
든지 좌로든지 행하게 하소서
50 라반과 브두엘이 대답하여 이르되
이 일이 여호와께로 말미암았으니
우리는 가부를 말할 수 없노라
51 리브가가 당신 앞에 있으니 데리고
가서 여호와의 명령대로 그를 당신
의 주인의 아들의 아내가 되게 하
라
52 아브라함의 종이 그들의 말을 듣고
땅에 엎드려 여호와께 절하고
53 은금 패물과 의복을 꺼내어 리브
가에게 주고 그의 오라버니와 어머

43
44
45
46
47
48
49
50
51
52
53

니에게도 보물을 주니라
54 이에 그들 곧 종과 동행자들이 먹
고 마시고 유숙하고 아침에 일어나
서 그가 이르되 나를 보내어 내 주
인에게로 돌아가게 하소서
55 리브가의 오라버니와 그의 어머니
가 이르되 이 아이로 하여금 며칠
또는 열흘을 우리와 함께 머물게
하라 그 후에 그가 갈 것이니라
56 그 사람이 그들에게 이르되 나를
만류하지 마소서 여호와께서 내게
형통한 길을 주셨으니 나를 보내어
내 주인에게로 돌아가게 하소서
57 그들이 이르되 우리가 소녀를 불러
그에게 물으리라 하고
58 리브가를 불러 그에게 이르되 네
가 이 사람과 함께 가려느냐 그가
대답하되 가겠나이다
59 그들이 그 누이 리브가와 그의 유
모와 아브라함의 종과 그 동행자
들을 보내며
60 리브가에게 축복하여 이르되 우리
누이여 너는 천만인의 어머니가 될
지어다 네 씨로 그 원수의 성 문을
얻게 할지어다
61 리브가가 일어나 여자 종들과 함께
낙타를 타고 그 사람을 따라가니
그 종이 리브가를 데리고 가니라
62 그 때에 이삭이 브엘라해로이에서
왔으니 그가 네게브 지역에 거주하
였음이라
63 이삭이 저물 때에 들에 나가 묵상
하다가 눈을 들어 보매 낙타들이
오는지라
64 리브가가 눈을 들어 이삭을 바라
보고 낙타에서 내려
65 종에게 말하되 들에서 배회하다가
우리에게로 마주 오는 자가 누구냐
종이 이르되 이는 내 주인이니이다
리브가가 너울을 가지고 자기의 얼
굴을 가리더라
66 종이 그 행한 일을 다 이삭에게 아
뢰매
67 이삭이 리브가를 인도하여 그의
어머니 사라의 장막으로 들이고 그
를 맞이하여 아내로 삼고 사랑하
였으니 이삭이 그의 어머니를 장례
한 후에 위로를 얻었더라

아브라함이 죽다

25 아브라함이 후처를 맞이하
였으니 그의 이름은 그두
라라
2 그가 시므란과 욕산과 므단과 미디
안과 이스박과 수아를 낳고
3 욕산은 스바와 드단을 낳았으며
드단의 자손은 앗수르 족속과 르
두시 족속과 르움미 족속이며
4 미디안의 아들은 에바와 에벨과
하녹과 아비다와 엘다아이니 다
그두라의 자손이었더라
5 아브라함이 이삭에게 자기의 모든
소유를 주었고
6 자기 서자들에게도 재산을 주어
자기 생전에 그들로 하여금 자기
아들 이삭을 떠나 동방 곧 동쪽 땅
으로 가게 하였더라
7 아브라함의 향년이 백칠십오 세라
8 그의 나이가 높고 늙어서 기운이
다하여 죽어 자기 열조에게로 돌아
가매
9 그의 아들들인 이삭과 이스마엘이
그를 마므레 앞 헷 족속 소할의 아
들 에브론의 밭에 있는 막벨라 굴
에 장사하였으니
10 이것은 아브라함이 헷 족속에게서
산 밭이라 아브라함과 그의 아내
사라가 거기 장사되니라
11 아브라함이 죽은 후에 하나님이
그의 아들 이삭에게 복을 주셨고
이삭은 브엘라해로이 근처에 거주
하였더라

이스마엘의 후예

12 사라의 여종 애굽인 하갈이 아브
라함에게 낳은 아들 이스마엘의
족보는 이러하고
13 이스마엘의 아들들의 이름은 그
이름과 그 세대대로 이와 같으니라
이스마엘의 장자는 느바욧이요 그
다음은 게달과 앗브엘과 밉삼과
14 미스마와 두마와 맛사와
15 하닷과 데마와 여둘과 나비스와 게
드마니
16 이들은 이스마엘의 아들들이요 그
촌과 부락대로 된 이름이며 그 족
속대로는 열두 지도자들이었더라
17 이스마엘은 향년이 백삼십칠 세에

25
2
3
4
5
6
7
8
9
10
11
12
13
14
15
16
17

기운이 다하여 죽어 자기 백성에게
로 돌아갔고
18 그 자손들은 하윌라에서부터 앗수
르로 통하는 애굽 앞 술까지 이르
러 그 모든 형제의 맞은편에 거주
하였더라

에서와 야곱이 태어나다

19 아브라함의 아들 이삭의 족보는 이
러하니라 아브라함이 이삭을 낳았
고
20 이삭은 사십 세에 리브가를 맞이
하여 아내를 삼았으니 리브가는
밧단 아람의 아람 족속 중 브두엘
의 딸이요 아람 족속 중 라반의 누
이였더라
21 이삭이 그의 아내가 임신하지 못하
므로 그를 위하여 여호와께 간구
하매 여호와께서 그의 간구를 들
으셨으므로 그의 아내 리브가가
임신하였더니
22 그 아들들이 그의 태 속에서 서로
싸우는지라 그가 이르되 이럴 경
우에는 내가 어찌할꼬 하고 가서
여호와께 묻자온대
23 여호와께서 그에게 이르시되
두 국민이 네 태중에 있구나 두
민족이 네 복중에서부터 나누이
리라 이 족속이 저 족속보다 강하
겠고 큰 자가 어린 자를 섬기리라
하셨더라
24 그 해산 기한이 찬즉 태에 쌍둥이
가 있었는데
25 먼저 나온 자는 붉고 전신이 털옷
같아서 이름을 에서라 하였고
26 후에 나온 아우는 손으로 에서의
발꿈치를 잡았으므로 그 이름을 야
곱이라 하였으며 리브가가 그들을
낳을 때에 이삭이 육십 세였더라

에서가 장자의 명분을 팔다

27 그 아이들이 장성하매 에서는 익
숙한 사냥꾼이었으므로 들사람이
되고 야곱은 조용한 사람이었으므
로 장막에 거주하니
28 이삭은 에서가 사냥한 고기를 좋
아하므로 그를 사랑하고 리브가는
야곱을 사랑하였더라
29 야곱이 죽을 쑤었더니 에서가 들에
서 돌아와서 심히 피곤하여

30 야곱에게 이르되 내가 피곤하니
그 붉은 것을 내가 먹게 하라 한지
라 그러므로 에서의 별명은 에돔이
더라
31 야곱이 이르되 형의 장자의 명분
을 오늘 내게 팔라
32 에서가 이르되 내가 죽게 되었으니
이 장자의 명분이 내게 무엇이 유
익하리요
33 야곱이 이르되 오늘 내게 맹세하
라 에서가 맹세하고 장자의 명분을
야곱에게 판지라
34 야곱이 떡과 팥죽을 에서에게 주
매 에서가 먹으며 마시고 일어나
갔으니 에서가 장자의 명분을 가볍
게 여김이었더라

이삭이 그랄에 거주하다

26 아브라함 때에 첫 흉년이
들었더니 그 땅에 또 흉년
이 들매 이삭이 그랄로 가서 블레
셋 왕 아비멜렉에게 이르렀더니
2 여호와께서 이삭에게 나타나 이르
시되 애굽으로 내려가지 말고 내가
네게 지시하는 땅에 거주하라
3 이 땅에 거류하면 내가 너와 함께
있어 네게 복을 주고 내가 이 모든
땅을 너와 네 자손에게 주리라 내
가 네 아버지 아브라함에게 맹세한
것을 이루어
4 네 자손을 하늘의 별과 같이 번성
하게 하며 이 모든 땅을 네 자손에
게 주리니 네 자손으로 말미암아
천하 만민이 복을 받으리라
5 이는 아브라함이 내 말을 순종하
고 내 명령과 내 계명과 내 율례와
내 법도를 지켰음이라 하시니라
6 이삭이 그랄에 거주하였더니
7 그 곳 사람들이 그의 아내에 대하
여 물으매 그가 말하기를 그는 내
누이라 하였으니 리브가는 보기에
아리따우므로 그 곳 백성이 리브
가로 말미암아 자기를 죽일까 하여
그는 내 아내라 하기를 두려워함이
었더라
8 이삭이 거기 오래 거주하였더니 이
삭이 그 아내 리브가를 껴안은 것
을 블레셋 왕 아비멜렉이 창으로
내다본지라

9 이에 아비멜렉이 이삭을 불러 이르
되 그가 분명히 네 아내거늘 어찌
네 누이라 하였느냐 이삭이 그에게
대답하되 내 생각에 그로 말미암
아 내가 죽게 될까 두려워하였음이
로라
10 아비멜렉이 이르되 네가 어찌 우리
에게 이렇게 행하였느냐 백성 중
하나가 네 아내와 동침할 뻔하였도
다 네가 죄를 우리에게 입혔으리라
11 아비멜렉이 이에 모든 백성에게 명
하여 이르되 이 사람이나 그의 아내
를 범하는 자는 죽이리라 하였더라
12 이삭이 그 땅에서 농사하여 그해
에 백 배나 얻었고 여호와께서 복
을 주시므로
13 그 사람이 창대하고 왕성하여 마
침내 거부가 되어
14 양과 소가 떼를 이루고 종이 심히
많으므로 블레셋 사람이 그를 시
기하여
15 그 아버지 아브라함 때에 그 아버
지의 종들이 판 모든 우물을 막고
흙으로 메웠더라
16 아비멜렉이 이삭에게 이르되 네가
우리보다 크게 강성한즉 우리를 떠
나라
17 이삭이 그 곳을 떠나 그랄 골짜기
에 장막을 치고 거기 거류하며
18 그 아버지 아브라함 때에 팠던 우
물들을 다시 팠으니 이는 아브라
함이 죽은 후에 블레셋 사람이 그
우물들을 메웠음이라 이삭이 그
우물들의 이름을 그의 아버지가
부르던 이름으로 불렀더라
19 이삭의 종들이 골짜기를 파서 샘
근원을 얻었더니
20 그랄 목자들이 이삭의 목자와 다
투어 이르되 이 물은 우리의 것이
라 하매 이삭이 그 다툼으로 말미
암아 그 우물 이름을 에섹이라 하
였으며
21 또 다른 우물을 팠더니 그들이 또
다투므로 그 이름을 싯나라 하였
으며
22 이삭이 거기서 옮겨 다른 우물을
팠더니 그들이 다투지 아니하였으
므로 그 이름을 르호봇이라 하여

이르되 이제는 여호와께서 우리를
위하여 넓게 하셨으니 이 땅에서
우리가 번성하리로다 하였더라
23 이삭이 거기서부터 브엘세바로 올 23
라갔더니
24 그 밤에 여호와께서 그에게 나타 24
나 이르시되 나는 네 아버지 아브
라함의 하나님이니 두려워하지 말
라 내 종 아브라함을 위하여 내가
너와 함께 있어 네게 복을 주어 네
자손이 번성하게 하리라 하신지라
25 이삭이 그 곳에 제단을 쌓고, 여호
와의 이름을 부르며 거기 장막을 25
쳤더니 이삭의 종들이 거기서도 우
물을 팠더라

이삭과 아비멜렉의 계약

26 아비멜렉이 그 친구 아훗삿과 군 26
대 장관 비골과 더불어 그랄에서부
터 이삭에게로 온지라
27 이삭이 그들에게 이르되 너희가 27
나를 미워하여 나에게 너희를 떠나
게 하였거늘 어찌하여 내게 왔느냐
28 그들이 이르되 여호와께서 너와 함 28
께 계심을 우리가 분명히 보았으므
로 우리의 사이 곧 우리와 너 사이
에 맹세하여 너와 계약을 맺으리라
말하였노라
29 너는 우리를 해하지 말라 이는 우 29
리가 너를 범하지 아니하고 선한
일만 네게 행하여 네가 평안히 가
게 하였음이니라 이제 너는 여호와
께 복을 받은 자니라
30 이삭이 그들을 위하여 잔치를 베 30
풀매 그들이 먹고 마시고
31 아침에 일찍이 일어나 서로 맹세한
후에 이삭이 그들을 보내매 그들 31
이 평안히 갔더라
32 그 날에 이삭의 종들이 자기들이
판 우물에 대하여 이삭에게 와서 32
알리어 이르되 우리가 물을 얻었나
이다 하매
33 그가 그 이름을 세바라 한지라 그
러므로 그 성읍 이름이 오늘까지
브엘세바더라 33

에서의 이방인 아내들

34 에서가 사십 세에 헷 족속 브에리
의 딸 유딧과 헷 족속 엘론의 딸 34
바스맛을 아내로 맞이하였더니

35 그들이 이삭과 리브가의 마음에 근심이 되었더라

이삭이 야곱에게 축복하다

27 이삭이 나이가 많아 눈이 어두워 잘 보지 못하더니 맏아들 에서를 불러 이르되 내 아들아 하매 그가 이르되 내가 여기 있나이다 하니

2 이삭이 이르되 내가 이제 늙어 어느 날 죽을는지 알지 못하니

3 그런즉 네 기구 곧 화살통과 활을 가지고 들에 가서 나를 위하여 사냥하여

4 내가 즐기는 별미를 만들어 내게로 가져와서 먹게 하여 내가 죽기 전에 내 마음껏 네게 축복하게 하라

5 이삭이 그의 아들 에서에게 말할 때에 리브가가 들었더니 에서가 사냥하여 오려고 들로 나가매

6 리브가가 그의 아들 야곱에게 말하여 이르되 네 아버지가 네 형 에서에게 말씀하시는 것을 내가 들으니 이르시기를

7 나를 위하여 사냥하여 가져다가 별미를 만들어 내가 먹게 하여 죽기 전에 여호와 앞에서 네게 축복하게 하라 하셨으니

8 그런즉 내 아들아 내 말을 따라 내가 네게 명하는 대로

9 염소 떼에 가서 거기서 좋은 염소 새끼 두 마리를 내게로 가져오면 내가 그것으로 네 아버지를 위하여 그가 즐기시는 별미를 만들리니

10 네가 그것을 네 아버지께 가져다 드려서 그가 죽기 전에 네게 축복하기 위하여 잡수시게 하라

11 야곱이 그 어머니 리브가에게 이르되 내 형 에서는 털이 많은 사람이요 나는 매끈매끈한 사람인즉

12 아버지께서 나를 만지실진대 내가 아버지의 눈에 속이는 자로 보일지라 복은 고사하고 저주를 받을까 하나이다

13 어머니가 그에게 이르되 내 아들아 너의 저주는 내게로 돌리리니 내 말만 따르고 가서 가져오라

14 그가 가서 끌어다가 어머니에게로

가져왔더니 그의 어머니가 그의 아
버지가 즐기는 별미를 만들었더라
15 리브가가 집 안 자기에게 있는 그
의 맏아들 에서의 좋은 의복을 가
져다가 그의 작은 아들 야곱에게
입히고
16 또 염소 새끼의 가죽을 그의 손과
목의 매끈매끈한 곳에 입히고
17 자기가 만든 별미와 떡을 자기 아
들 야곱의 손에 주니
18 야곱이 아버지에게 나아가서 내 아
버지여 하고 부르니 이르되 내가
여기 있노라 내 아들아 네가 누구
냐
19 야곱이 아버지에게 대답하되 나
는 아버지의 맏아들 에서로소이
다 아버지께서 내게 명하신 대로
내가 하였사오니 원하건대 일어나
앉아서 내가 사냥한 고기를 잡수
시고 아버지 마음껏 내게 축복하
소서
20 이삭이 그의 아들에게 이르되 내
아들아 네가 어떻게 이같이 속히
잡았느냐 그가 이르되 아버지의 하
나님 여호와께서 나로 순조롭게 만
나게 하셨음이니이다
21 이삭이 야곱에게 이르되 내 아들
아 가까이 오라 네가 과연 내 아들
에서인지 아닌지 내가 너를 만져보
려 하노라
22 야곱이 그 아버지 이삭에게 가까
이 가니 이삭이 만지며 이르되 음
성은 야곱의 음성이나 손은 에서
의 손이로다 하며
23 그의 손이 형 에서의 손과 같이 털
이 있으므로 분별하지 못하고 축
복하였더라
24 이삭이 이르되 네가 참 내 아들
에서냐 그가 대답하되 그러하니이
다
25 이삭이 이르되 내게로 가져오라 내
아들이 사냥한 고기를 먹고 내 마
음껏 네게 축복하리라 야곱이 그
에게로 가져가매 그가 먹고 또 포
도주를 가져가매 그가 마시고
26 그의 아버지 이삭이 그에게 이르되
내 아들아 가까이 와서 내게 입맞
추라

15
16
17
18
19
20
21
22
23
24
25
26

27 그가 가까이 가서 그에게 입맞추니
아버지가 그의 옷의 향취를 맡고
그에게 축복하여 이르되
내 아들의 향취는 여호와께서
복 주신 밭의 향취로다
28 하나님은 하늘의 이슬과 땅의
기름짐이며 풍성한 곡식과 포
도주를 네게 주시기를 원하노
라
29 만민이 너를 섬기고 열국이 네
게 굴복하리니 네가 형제들의
주가 되고 네 어머니의 아들들
이 네게 굴복하며 너를 저주하
는 자는 저주를 받고 너를 축복
하는 자는 복을 받기를 원하노
라
30 이삭이 야곱에게 축복하기를 마치
매 야곱이 그의 아버지 이삭 앞에
서 나가자 곧 그의 형 에서가 사냥
하여 돌아온지라
31 그가 별미를 만들어 아버지에게로
가지고 가서 이르되 아버지여 일어
나서 아들이 사냥한 고기를 잡수
시고 마음껏 내게 축복하소서
32 그의 아버지 이삭이 그에게 이르되
너는 누구냐 그가 대답하되 나는
아버지의 아들 곧 아버지의 맏아
들 에서로소이다
33 이삭이 심히 크게 떨며 이르되 그
러면 사냥한 고기를 내게 가져온
자가 누구냐 네가 오기 전에 내가
다 먹고 그를 위하여 축복하였은
즉 그가 반드시 복을 받을 것이니
라
34 에서가 그의 아버지의 말을 듣고
소리 질러 슬피 울며 아버지에게
이르되 내 아버지여 내게 축복하
소서 내게도 그리하소서
35 이삭이 이르되 네 아우가 와서 속
여 네 복을 빼앗았도다
36 에서가 이르되 그의 이름을 야곱
이라 함이 합당하지 아니하니이까
그가 나를 속임이 이것이 두 번째
니이다 전에는 나의 장자의 명분을
빼앗고 이제는 내 복을 빼앗았나
이다 또 이르되 아버지께서 나를
위하여 빌 복을 남기지 아니하셨
나이까

37 이삭이 에서에게 대답하여 이르되
내가 그를 너의 주로 세우고 그의
모든 형제를 내가 그에게 종으로
주었으며 곡식과 포도주를 그에게
주었으니 내 아들아 내가 네게 무
엇을 할 수 있으랴
38 에서가 아버지에게 이르되 내 아버
지여 아버지가 빌 복이 이 하나뿐
이리이까 내 아버지여 내게 축복하
소서 내게도 그리하소서 하고 소리
를 높여 우니
39 그 아버지 이삭이 그에게 대답하
여 이르되
네 주소는 땅의 기름짐에서 멀
고 내리는 하늘 이슬에서 멀 것
이며
40 너는 칼을 믿고 생활하겠고 네
아우를 섬길 것이며 네가 매임을
벗을 때에는 그 멍에를 네 목에
서 떨쳐 버리리라
하였더라
41 그의 아버지가 야곱에게 축복한 그
축복으로 말미암아 에서가 야곱을
미워하여 심중에 이르기를 아버지
를 곡할 때가 가까웠은즉 내가 내
아우 야곱을 죽이리라 하였더니
42 맏아들 에서의 이 말이 리브가에
게 들리매 이에 사람을 보내어 작
은 아들 야곱을 불러 그에게 이르
되 네 형 에서가 너를 죽여 그 한
을 풀려 하니
43 내 아들아 내 말을 따라 일어나 하
란으로 가서 내 오라버니 라반에게
로 피신하여
44 네 형의 노가 풀리기까지 몇 날 동
안 그와 함께 거주하라
45 네 형의 분노가 풀려 네가 자기에
게 행한 것을 잊어버리거든 내가
곧 사람을 보내어 너를 거기서 불
러오리라 어찌 하루에 너희 둘을
잃으랴

이삭이 야곱을 라반에게 보내다

46 리브가가 이삭에게 이르되 내가
헷 사람의 딸들로 말미암아 내 삶
이 싫어졌거늘 야곱이 만일 이 땅
의 딸들 곧 그들과 같은 헷 사람의
딸들 중에서 아내를 맞이하면 내
삶이 내게 무슨 재미가 있으리이까

28

이삭이 야곱을 불러 그에
게 축복하고 또 당부하여
이르되 너는 가나안 사람의 딸들
중에서 아내를 맞이하지 말고
2 일어나 밧단아람으로 가서 네 외
조부 브두엘의 집에 이르러 거기서
네 외삼촌 라반의 딸 중에서 아내
를 맞이하라
3 전능하신 하나님이 네게 복을 주시
어 네가 생육하고 번성하게 하여
네가 여러 족속을 이루게 하시고
4 아브라함에게 허락하신 복을 네게
주시되 너와 너와 함께 네 자손에
게도 주사 하나님이 아브라함에게
주신 땅 곧 네가 거류하는 땅을 네
가 차지하게 하시기를 원하노라
5 이에 이삭이 야곱을 보내매 그가
밧단아람으로 가서 라반에게 이르
렀으니 라반은 아람 사람 브두엘의
아들이요 야곱과 에서의 어머니 리
브가의 오라비더라

에서가 다른 아내를 맞이하다

6 에서가 본즉 이삭이 야곱에게 축
복하고 그를 밧단아람으로 보내어
거기서 아내를 맞이하게 하였고 또
그에게 축복하고 명하기를 너는 가
나안 사람의 딸들 중에서 아내를
맞이하지 말라 하였고
7 또 야곱이 부모의 명을 따라 밧단
아람으로 갔으며
8 에서가 또 본즉 가나안 사람의 딸
들이 그의 아버지 이삭을 기쁘게
하지 못하는지라
9 이에 에서가 이스마엘에게 가서 그
본처들 외에 아브라함의 아들 이스
마엘의 딸이요 느바욧의 누이인
마할랏을 아내로 맞이하였더라

야곱이 벧엘에서 꿈을 꾸다

10 야곱이 브엘세바에서 떠나 하란으
로 향하여 가더니
11 한 곳에 이르러는 해가 진지라 거
기서 유숙하려고 그 곳의 한 돌을
가져다가 베개로 삼고 거기 누워
자더니
12 꿈에 본즉 사닥다리가 땅 위에 서
있는데 그 꼭대기가 하늘에 닿았
고 또 본즉 하나님의 사자들이 그
위에서 오르락내리락 하고

28
2
3
4
5
6
7
8
9
10
11
12

13 또 본즉 여호와께서 그 위에 서서
이르시되 나는 여호와니 너의 조
부 아브라함의 하나님이요 이삭의
하나님이라 네가 누워 있는 땅을
내가 너와 네 자손에게 주리니
14 네 자손이 땅의 티끌 같이 되어 네
가 서쪽과 동쪽과 북쪽과 남쪽으
로 퍼져나갈지며 땅의 모든 족속
이 너와 네 자손으로 말미암아 복
을 받으리라
15 내가 너와 함께 있어 네가 어디로
가든지 너를 지키며 너를 이끌어
이 땅으로 돌아오게 할지라 내가
네게 허락한 것을 다 이루기까지
너를 떠나지 아니하리라 하신지라
16 야곱이 잠이 깨어 이르되 여호와
께서 과연 여기 계시거늘 내가 알
지 못하였도다
17 이에 두려워하여 이르되 두렵도다
이 곳이여 이것은 다름 아닌 하나
님의 집이요 이는 하늘의 문이로다
하고
18 야곱이 아침에 일찍이 일어나 베개
로 삼았던 돌을 가져다가 기둥으
로 세우고 그 위에 기름을 붓고
19 그 곳 이름을 벧엘이라 하였더라
이 성의 옛 이름은 루스더라
20 야곱이 서원하여 이르되 하나님이
나와 함께 계셔서 내가 가는 이 길
에서 나를 지키시고 먹을 떡과 입
을 옷을 주시어
21 내가 평안히 아버지 집으로 돌아가
게 하시오면 여호와께서 나의 하나
님이 되실 것이요
22 내가 기둥으로 세운 이 돌이 하나
님의 집이 될 것이요 하나님께서
내게 주신 모든 것에서 십분의 일
을 내가 반드시 하나님께 드리겠나
이다 하였더라

야곱이 라반의 집에 이르다

29 야곱이 길을 떠나 동방 사
람의 땅에 이르러
2 본즉 들에 우물이 있고 그 곁에 양
세 떼가 누워 있으니 이는 목자들이
그 우물에서 양 떼에게 물을 먹임이
라 큰 돌로 우물 아귀를 덮었다가
3 모든 떼가 모이면 그들이 우물 아
귀에서 돌을 옮기고 그 양 떼에게

13

14

15

16

17

18

19

20

21

22

29 2

3

물을 먹이고는 우물 아귀 그 자리
에 다시 그 돌을 덮더라
4 야곱이 그들에게 이르되 내 형제여
어디서 왔느냐 그들이 이르되 하란 4
에서 왔노라
5 야곱이 그들에게 이르되 너희가
나홀의 손자 라반을 아느냐 그들 5
이 이르되 아노라
6 야곱이 그들에게 이르되 그가 평안
하냐 이르되 평안하니라 그의 딸 6
라헬이 지금 양을 몰고 오느니라
7 야곱이 이르되 해가 아직 높은즉
가축 모일 때가 아니니 양에게 물 7
을 먹이고 가서 풀을 뜯게 하라
8 그들이 이르되 우리가 그리하지 못
하겠노라 떼가 다 모이고 목자들이 8
우물 아귀에서 돌을 옮겨야 우리가
양에게 물을 먹이느니라
9 야곱이 그들과 말하는 동안에 라
헬이 그의 아버지의 양과 함께 오 9
니 그가 그의 양들을 치고 있었기
때문이더라
10 야곱이 그의 외삼촌 라반의 딸 라
헬과 그의 외삼촌의 양을 보고 나
아가 우물 아귀에서 돌을 옮기고 10
외삼촌 라반의 양 떼에게 물을 먹
이고
11 그가 라헬에게 입맞추고 소리 내어
울며 11
12 그에게 자기가 그의 아버지의 생질 12
이요 리브가의 아들 됨을 말하였
더니 라헬이 달려가서 그 아버지에
게 알리매
13 라반이 그의 생질 야곱의 소식을
듣고 달려와서 그를 영접하여 안고 13
입맞추며 자기 집으로 인도하여 들
이니 야곱이 자기의 모든 일을 라
반에게 말하매
14 라반이 이르되 너는 참으로 내 혈 14
육이로다 하였더라 야곱이 한 달
을 그와 함께 거주하더니
15 라반이 야곱에게 이르되 네가 비 15
록 내 생질이나 어찌 그저 내 일을
하겠느냐 네 품삯을 어떻게 할지
내게 말하라
16 라반에게 두 딸이 있으니 언니의
이름은 레아요 아우의 이름은 라 16
헬이라

17 레아는 시력이 약하고 라헬은 곱고
아리따우니
18 야곱이 라헬을 더 사랑하므로 대
답하되 내가 외삼촌의 작은 딸 라
헬을 위하여 외삼촌에게 칠 년을
섬기리이다
19 라반이 이르되 그를 네게 주는 것
이 타인에게 주는 것보다 나으니
나와 함께 있으라
20 야곱이 라헬을 위하여 칠 년 동안
라반을 섬겼으나 그를 사랑하는 까
닭에 칠 년을 며칠 같이 여겼더라

야곱이 레아와 라헬을 아내로 맞다

21 야곱이 라반에게 이르되 내 기한
이 찼으니 내 아내를 내게 주소서
내가 그에게 들어가겠나이다
22 라반이 그 곳 사람을 다 모아 잔치
하고
23 저녁에 그의 딸 레아를 야곱에게
로 데려가매 야곱이 그에게로 들어
가니라
24 라반이 또 그의 여종 실바를 그의
딸 레아에게 시녀로 주었더라
25 야곱이 아침에 보니 레아라 라반
에게 이르되 외삼촌이 어찌하여 내
게 이같이 행하셨나이까 내가 라
헬을 위하여 외삼촌을 섬기지 아니
하였나이까 외삼촌이 나를 속이심
은 어찌 됨이니이까
26 라반이 이르되 언니보다 아우를
먼저 주는 것은 우리 지방에서 하
지 아니하는 바이라
27 이를 위하여 칠 일을 채우라 우리
가 그도 네게 주리니 네가 또 나를
칠 년 동안 섬길지니라
28 야곱이 그대로 하여 그 칠일을 채
우매 라반이 딸 라헬도 그에게 아
내로 주고
29 라반이 또 그의 여종 빌하를 그의
딸 라헬에게 주어 시녀가 되게 하매
30 야곱이 또한 라헬에게로 들어갔고
그가 레아보다 라헬을 더 사랑하
여 다시 칠 년 동안 라반을 섬겼더
라

야곱에게 아이들이 생기다

31 여호와께서 레아가 사랑 받지 못함
을 보시고 그의 태를 여셨으나 라
헬은 자녀가 없었더라

32 레아가 임신하여 아들을 낳고 그
이름을 르우벤이라 하여 이르되 여
호와께서 나의 괴로움을 돌보셨으
니 이제는 내 남편이 나를 사랑하
리로다 하였더라
33 그가 다시 임신하여 아들을 낳고
이르되 여호와께서 내가 사랑 받
지 못함을 들으셨으므로 내게 이
아들도 주셨도다 하고 그의 이름
을 시므온이라 하였으며
34 그가 또 임신하여 아들을 낳고 이
르되 내가 그에게 세 아들을 낳았
으니 내 남편이 지금부터 나와 연
합하리로다 하고 그의 이름을 레
위라 하였으며
35 그가 또 임신하여 아들을 낳고 이
르되 내가 이제는 여호와를 찬송
하리로다 하고 이로 말미암아 그
가 그의 이름을 유다라 하였고 그
의 출산이 멈추었더라

30 라헬이 자기가 야곱에게서
아들을 낳지 못함을 보고
그의 언니를 시기하여 야곱에게 이
르되 내게 자식을 낳게 하라 그렇
지 아니하면 내가 죽겠노라
2 야곱이 라헬에게 성을 내어 이르
되 그대를 임신하지 못하게 하시는
이는 하나님이시니 내가 하나님을
대신하겠느냐
3 라헬이 이르되 내 여종 빌하에게
로 들어가라 그가 아들을 낳아 내
무릎에 두리니 그러면 나도 그로
말미암아 자식을 얻겠노라 하고
4 그의 시녀 빌하를 남편에게 아내로
주매 야곱이 그에게로 들어갔더니
5 빌하가 임신하여 야곱에게 아들을
낳은지라
6 라헬이 이르되 하나님이 내 억울함
을 푸시려고 내 호소를 들으사 내
게 아들을 주셨다 하고 이로 말미
암아 그의 이름을 단이라 하였으
며
7 라헬의 시녀 빌하가 다시 임신하여
둘째 아들을 야곱에게 낳으매
8 라헬이 이르되 내가 언니와 크게
경쟁하여 이겼다 하고 그의 이름을
납달리라 하였더라
9 레아가 자기의 출산이 멈춤을 보

고 그의 시녀 실바를 데려다가 야
곱에게 주어 아내로 삼게 하였더니
10 레아의 시녀 실바가 야곱에게서 아
들을 낳으매
11 레아가 이르되 복되도다 하고 그의
이름을 갓이라 하였으며
12 레아의 시녀 실바가 둘째 아들을
야곱에게 낳으매
13 레아가 이르되 기쁘도다 모든 딸들
이 나를 기쁜 자라 하리로다 하고
그의 이름을 아셀이라 하였더라
14 밀 거둘 때 르우벤이 나가서 들에
서 합환채를 얻어 그의 어머니 레
아에게 드렸더니 라헬이 레아에게
이르되 언니의 아들의 합환채를 청
구하노라
15 레아가 그에게 이르되 네가 내 남
편을 빼앗은 것이 작은 일이냐 그
런데 네가 내 아들의 합환채도 빼
앗고자 하느냐 라헬이 이르되 그러
면 언니의 아들의 합환채 대신에
오늘 밤에 내 남편이 언니와 동침
하리라 하니라
16 저물 때에 야곱이 들에서 돌아오
매 레아가 나와서 그를 영접하며
이르되 내게로 들어오라 내가 내
아들의 합환채로 당신을 샀노라
그 밤에 야곱이 그와 동침하였더
라
17 하나님이 레아의 소원을 들으셨으
므로 그가 임신하여 다섯째 아들
을 야곱에게 낳은지라
18 레아가 이르되 내가 내 시녀를 내
남편에게 주었으므로 하나님이 내
게 그 값을 주셨다 하고 그의 이름
을 잇사갈이라 하였으며
19 레아가 다시 임신하여 여섯째 아들
을 야곱에게 낳은지라
20 레아가 이르되 하나님이 내게 후한
선물을 주시도다 내가 남편에게 여
섯 아들을 낳았으니 이제는 그가
나와 함께 살리라 하고 그의 이름
을 스불론이라 하였으며
21 그 후에 그가 딸을 낳고 그의 이름
을 디나라 하였더라
22 하나님이 라헬을 생각하신지라 하
나님이 그의 소원을 들으시고 그의
태를 여셨으므로

23 그가 임신하여 아들을 낳고 이르
되 하나님이 내 부끄러움을 씻으셨
다 하고
24 그 이름을 요셉이라 하니 여호와
는 다시 다른 아들을 내게 더하시
기를 원하노라 하였더라

야곱이 라반과 품삯을 정하다

25 라헬이 요셉을 낳았을 때에 야곱
이 라반에게 이르되 나를 보내어
내 고향 나의 땅으로 가게 하시되
26 내가 외삼촌에게서 일하고 얻은 처
자를 내게 주시어 나로 가게 하소
서 내가 외삼촌에게 한 일은 외삼
촌이 아시나이다
27 라반이 그에게 이르되 여호와께서
너로 말미암아 내게 복 주신 줄을
내가 깨달았노니 네가 나를 사랑스
럽게 여기거든 그대로 있으라
28 또 이르되 네 품삯을 정하라 내가
그것을 주리라
29 야곱이 그에게 이르되 내가 어떻게
외삼촌을 섬겼는지, 어떻게 외삼촌
의 가축을 쳤는지 외삼촌이 아시
나이다
30 내가 오기 전에는 외삼촌의 소유가
적더니 번성하여 떼를 이루었으니
내 발이 이르는 곳마다 여호와께서
외삼촌에게 복을 주셨나이다 그러
나 나는 언제나 내 집을 세우리이까
31 라반이 이르되 내가 무엇으로 네
게 주랴 야곱이 이르되 외삼촌께
서 내게 아무것도 주시지 않아도
나를 위하여 이 일을 행하시면 내
가 다시 외삼촌의 양 떼를 먹이고
지키리이다
32 오늘 내가 외삼촌의 양 떼에 두루
다니며 그 양 중에 아롱진 것과 점
있는 것과 검은 것을 가려내며 또
염소 중에 점 있는 것과 아롱진 것
을 가려내리니 이같은 것이 내 품
삯이 되리이다
33 후일에 외삼촌께서 오셔서 내 품삯
을 조사하실 때에 나의 의가 내 대
답이 되리이다 내게 혹시 염소 중
아롱지지 아니한 것이나 점이 없는
것이나 양 중에 검지 아니한 것이
있거든 다 도둑질한 것으로 인정하
소서

34 라반이 이르되 내가 네 말대로 하
리라 하고
35 그 날에 그가 숫염소 중 얼룩무늬
있는 것과 점 있는 것을 가리고 암
염소 중 흰 바탕에 아롱진 것과 점
있는 것을 가리고 양 중의 검은 것
들을 가려 자기 아들들의 손에 맡
기고
36 자기와 야곱의 사이를 사흘 길이
뜨게 하였고 야곱은 라반의 남은
양 떼를 치니라
37 야곱이 버드나무와 살구나무와 신
풍나무의 푸른 가지를 가져다가 그
것들의 껍질을 벗겨 흰 무늬를 내고
38 그 껍질 벗긴 가지를 양 떼가 와서
먹는 개천의 물 구유에 세워 양 떼
를 향하게 하매 그 떼가 물을 먹으
러 올 때에 새끼를 배니
39 가지 앞에서 새끼를 배므로 얼룩얼
룩한 것과 점이 있고 아롱진 것을
낳은지라
40 야곱이 새끼 양을 구분하고 그 얼
룩무늬와 검은 빛 있는 것을 라반
의 양과 서로 마주보게 하며 자기
양을 따로 두어 라반의 양과 섞이
지 않게 하며
41 튼튼한 양이 새끼 밸 때에는 야곱
이 개천에다가 양 떼의 눈 앞에 그
가지를 두어 양이 그 가지 곁에서
새끼를 배게 하고
42 약한 양이면 그 가지를 두지 아니
하니 그렇게 함으로 약한 것은 라
반의 것이 되고 튼튼한 것은 야곱
의 것이 된지라
43 이에 그 사람이 매우 번창하여 양
떼와 노비와 낙타와 나귀가 많았
더라

야곱이 라반을 떠나다

31 야곱이 라반의 아들들이
하는 말을 들은즉 야곱이
우리 아버지의 소유를 다 빼앗고
우리 아버지의 소유로 말미암아 이
모든 재물을 모았다 하는지라
2 야곱이 라반의 안색을 본즉 자기에
게 대하여 전과 같지 아니하더라
3 여호와께서 야곱에게 이르시되 네
조상의 땅 네 족속에게로 돌아가
라 내가 너와 함께 있으리라 하신

34
35
36
37
38
39
40
41
42
43
31
2
3

지라
4 야곱이 사람을 보내어 라헬과 레
아를 자기 양 떼가 있는 들로 불러
다가
5 그들에게 이르되 내가 그대들의 아
버지의 안색을 본즉 내게 대하여
전과 같지 아니하도다 그러할지라
도 내 아버지의 하나님은 나와 함
께 계셨느니라
6 그대들도 알거니와 내가 힘을 다하
여 그대들의 아버지를 섬겼거늘
7 그대들의 아버지가 나를 속여 품
삯을 열 번이나 변경하였느니라 그
러나 하나님이 그를 막으사 나를
해치지 못하게 하셨으며
8 그가 이르기를 점 있는 것이 네 삯
이 되리라 하면 온 양 떼가 낳은 것
이 점 있는 것이요 또 얼룩무늬 있
는 것이 네 삯이 되리라 하면 온 양
떼가 낳은 것이 얼룩무늬 있는 것
이니
9 하나님이 이같이 그대들의 아버지
의 가축을 빼앗아 내게 주셨느니
라
10 그 양 떼가 새끼 밸 때에 내가 꿈에
눈을 들어 보니 양 떼를 탄 숫양은
다 얼룩무늬 있는 것과 점 있는 것
과 아롱진 것이었더라
11 꿈에 하나님의 사자가 내게 말씀하
시기를 야곱아 하기로 내가 대답하
기를 여기 있나이다 하매
12 이르시되 네 눈을 들어 보라 양 떼
를 탄 숫양은 다 얼룩무늬 있는
것, 점 있는 것과 아롱진 것이니라
라반이 네게 행한 모든 것을 내가
보았노라
13 나는 벧엘의 하나님이라 네가 거기
서 기둥에 기름을 붓고 거기서 내
게 서원하였으니 지금 일어나 이
곳을 떠나서 네 출생지로 돌아가
라 하셨느니라
14 라헬과 레아가 그에게 대답하여 이
르되 우리가 우리 아버지 집에서
무슨 분깃이나 유산이 있으리요
15 아버지가 우리를 팔고 우리의 돈
을 다 먹어버렸으니 아버지가 우리
를 외국인처럼 여기는 것이 아닌
가

16 하나님이 우리 아버지에게서 취하
여 가신 재물은 우리와 우리 자식
의 것이니 이제 하나님이 당신에게
이르신 일을 다 준행하라
17 야곱이 일어나 자식들과 아내들을
낙타들에게 태우고
18 그 모은 바 모든 가축과 모든 소유
물 곧 그가 밧단아람에서 모은 가
축을 이끌고 가나안 땅에 있는 그
의 아버지 이삭에게로 가려 할새
19 그 때에 라반이 양털을 깎으러 갔
으므로 라헬은 그의 아버지의 드
라빔을 도둑질하고
20 야곱은 그 거취를 아람 사람 라반
에게 말하지 아니하고 가만히 떠났
더라
21 그가 그의 모든 소유를 이끌고 강
을 건너 길르앗 산을 향하여 도망
한 지
22 삼 일 만에 야곱이 도망한 것이 라
반에게 들린지라
23 라반이 그의 형제를 거느리고 칠
일 길을 쫓아가 길르앗 산에서 그
에게 이르렀더니
24 밤에 하나님이 아람 사람 라반에
게 현몽하여 이르시되 너는 삼가
야곱에게 선악간에 말하지 말라
하셨더라
25 라반이 야곱을 뒤쫓아 이르렀으니
야곱이 그 산에 장막을 친지라 라
반이 그 형제와 더불어 길르앗 산
에 장막을 치고
26 라반이 야곱에게 이르되 네가 나
를 속이고 내 딸들을 칼에 사로잡
힌 자 같이 끌고 갔으니 어찌 이같
이 하였느냐
27 내가 즐거움과 노래와 북과 수금으
로 너를 보내겠거늘 어찌하여 네가
나를 속이고 가만히 도망하고 내
게 알리지 아니하였으며
28 내가 내 손자들과 딸들에게 입맞
추지 못하게 하였으니 네 행위가
참으로 어리석도다
29 너를 해할 만한 능력이 내 손에 있
으나 너희 아버지의 하나님이 어제
밤에 내게 말씀하시기를 너는 삼가
야곱에게 선악간에 말하지 말라
하셨느니라

30 이제 네가 네 아버지 집을 사모하
여 돌아가려는 것은 옳거니와 어찌
내 신을 도둑질하였느냐
31 야곱이 라반에게 대답하여 이르되
내가 생각하기를 외삼촌이 외삼촌
의 딸들을 내게서 억지로 빼앗으리
라 하여 두려워하였음이니이다
32 외삼촌의 신을 누구에게서 찾든지
그는 살지 못할 것이요 우리 형제들
앞에서 무엇이든지 외삼촌의 것이
발견되거든 외삼촌에게로 가져가소
서 하니 야곱은 라헬이 그것을 도
둑질한 줄을 알지 못함이었더라
33 라반이 야곱의 장막에 들어가고
레아의 장막에 들어가고 두 여종
의 장막에 들어갔으나 찾지 못하고
레아의 장막에서 나와 라헬의 장
막에 들어가매
34 라헬이 그 드라빔을 가져 낙타 안
장 아래에 넣고 그 위에 앉은지라
라반이 그 장막에서 찾다가 찾아
내지 못하매
35 라헬이 그의 아버지에게 이르되 마
침 생리가 있어 일어나서 영접할
수 없사오니 내 주는 노하지 마소
서 하니라 라반이 그 드라빔을 두
루 찾다가 찾아내지 못한지라
36 야곱이 노하여 라반을 책망할새
야곱이 라반에게 대답하여 이르되
내 허물이 무엇이니이까 무슨 죄가
있기에 외삼촌께서 내 뒤를 급히
추격하나이까
37 외삼촌께서 내 물건을 다 뒤져보셨
으니 외삼촌의 집안 물건 중에서 무
엇을 찾아내었나이까 여기 내 형제
와 외삼촌의 형제 앞에 그것을 두고
우리 둘 사이에 판단하게 하소서
38 내가 이 이십 년을 외삼촌과 함께
하였거니와 외삼촌의 암양들이나
암염소들이 낙태하지 아니하였고
또 외삼촌의 양 떼의 숫양을 내가
먹지 아니하였으며
39 물려 찢긴 것은 내가 외삼촌에게로
가져가지 아니하고 낮에 도둑을 맞
았든지 밤에 도둑을 맞았든지 외
삼촌이 그것을 내 손에서 찾았으
므로 내가 스스로 그것을 보충하
였으며

30

31

32

33

34

35

36

37

38

39

40 내가 이와 같이 낮에는 더위와 밤
에는 추위를 무릅쓰고 눈 붙일 겨
를도 없이 지냈나이다
41 내가 외삼촌의 집에 있는 이 이십
년 동안 외삼촌의 두 딸을 위하여
십사 년, 외삼촌의 양 떼를 위하여
육 년을 외삼촌에게 봉사하였거니
와 외삼촌께서 내 품삯을 열 번이
나 바꾸셨으며
42 우리 아버지의 하나님, 아브라함의
하나님 곧 이삭이 경외하는 이가
나와 함께 계시지 아니하셨더라면
외삼촌께서 이제 나를 빈손으로 돌
려보내셨으리이다마는 하나님이 내
고난과 내 손의 수고를 보시고 어제
밤에 외삼촌을 책망하셨나이다

야곱과 라반의 언약

43 라반이 야곱에게 대답하여 이르되
딸들은 내 딸이요 자식들은 내 자
식이요 양 떼는 내 양 떼요 네가 보
는 것은 다 내 것이라 내가 오늘 내
딸들과 그들이 낳은 자식들에게 무
엇을 하겠느냐
44 이제 오라 나와 네가 언약을 맺고
그것으로 너와 나 사이에 증거를
삼을 것이니라
45 이에 야곱이 돌을 가져다가 기둥으
로 세우고
46 또 그 형제들에게 돌을 모으라 하
니 그들이 돌을 가져다가 무더기를
이루매 무리가 거기 무더기 곁에서
먹고
47 라반은 그것을 여갈사하두다라 불
렀고 야곱은 그것을 갈르엣이라 불
렀으니
48 라반의 말에 오늘 이 무더기가 너
와 나 사이에 증거가 된다 하였으
므로 그 이름을 갈르엣이라 불렀으
며
49 또 미스바라 하였으니 이는 그의
말에 우리가 서로 떠나 있을 때에
여호와께서 나와 너 사이를 살피시
옵소서 함이라
50 만일 네가 내 딸을 박대하거나 내
딸들 외에 다른 아내들을 맞이하
면 우리와 함께 할 사람은 없어도
보라 하나님이 나와 너 사이에 증
인이 되시느니라 함이었더라

40

41

42

43

44

45

46

47

48

49

50

51 라반이 또 야곱에게 이르되 내가
나와 너 사이에 둔 이 무더기를 보
라 또 이 기둥을 보라
52 이 무더기가 증거가 되고 이 기둥
이 증거가 되나니 내가 이 무더기
를 넘어 네게로 가서 해하지 않을
것이요 네가 이 무더기, 이 기둥을
넘어 내게로 와서 해하지 아니할
것이라
53 아브라함의 하나님, 나홀의 하나
님, 그들의 조상의 하나님은 우리
사이에 판단하옵소서 하매 야곱이
그의 아버지 이삭이 경외하는 이
를 가리켜 맹세하고
54 야곱이 또 산에서 제사를 드리고
형제들을 불러 떡을 먹이니 그들이
떡을 먹고 산에서 밤을 지내고
55 라반이 아침에 일찍이 일어나 손자
들과 딸들에게 입맞추며 그들에게
축복하고 떠나 고향으로 돌아갔더
라

야곱이 에서를 만날 준비를 하다

32 야곱이 길을 가는데 하나님
의 사자들이 그를 만난지라
2 야곱이 그들을 볼 때에 이르기를
이는 하나님의 군대라 하고 그 땅
이름을 마하나임이라 하였더라
3 야곱이 세일 땅 에돔 들에 있는 형
에서에게로 자기보다 앞서 사자들
을 보내며
4 그들에게 명령하여 이르되 너희는
내 주 에서에게 이같이 말하라 주
의 종 야곱이 이같이 말하기를 내
가 라반과 함께 거류하며 지금까지
머물러 있었사오며
5 내게 소와 나귀와 양 떼와 노비가
있으므로 사람을 보내어 내 주께
알리고 내 주께 은혜 받기를 원하
나이다 하라 하였더니
6 사자들이 야곱에게 돌아와 이르되
우리가 주인의 형 에서에게 이른즉
그가 사백 명을 거느리고 주인을
만나려고 오더이다
7 야곱이 심히 두렵고 답답하여 자기
와 함께 한 동행자와 양과 소와 낙
타를 두 떼로 나누고
8 이르되 에서가 와서 한 떼를 치면
남은 한 떼는 피하리라 하고

51

52

53

54

55

32

2

3

4

5

6

7

8

9 야곱이 또 이르되 내 조부 아브라
함의 하나님, 내 아버지 이삭의 하
나님 여호와여 주께서 전에 내게
명하시기를 네 고향, 네 족속에게
로 돌아가라 내가 네게 은혜를 베
풀리라 하셨나이다
10 나는 주께서 주의 종에게 베푸신
모든 은총과 모든 진실하심을 조금
도 감당할 수 없사오나 내가 내 지
팡이만 가지고 이 요단을 건넜더니
지금은 두 떼나 이루었나이다
11 내가 주께 간구하오니 내 형의 손
에서, 에서의 손에서 나를 건져내
시옵소서 내가 그를 두려워함은 그
가 와서 나와 내 처자들을 칠까 겁
이 나기 때문이니이다
12 주께서 말씀하시기를 내가 반드시
네게 은혜를 베풀어 네 씨로 바다
의 셀 수 없는 모래와 같이 많게
하리라 하셨나이다

야곱이 브니엘에서 씨름을 하다

13 야곱이 거기서 밤을 지내고 그 소
유 중에서 형 에서를 위하여 예물
을 택하니
14 암염소가 이백이요 숫염소가 이십
이요 암양이 이백이요 숫양이 이십
이요
15 젖 나는 낙타 삼십과 그 새끼요 암
소가 사십이요 황소가 열이요 암
나귀가 이십이요 그 새끼 나귀가
열이라
16 그것을 각각 떼로 나누어 종들의
손에 맡기고 그의 종에게 이르되
나보다 앞서 건너가서 각 떼로 거
리를 두게 하라 하고
17 그가 또 앞선 자에게 명령하여 이
르되 내 형 에서가 너를 만나 묻기
를 네가 누구의 사람이며 어디로
가느냐 네 앞의 것은 누구의 것이
냐 하거든
18 대답하기를 주의 종 야곱의 것이요
자기 주 에서에게로 보내는 예물이
오며 야곱도 우리 뒤에 있나이다
하라 하고
19 그 둘째와 셋째와 각 떼를 따라가
는 자에게 명령하여 이르되 너희도
에서를 만나거든 곧 이같이 그에게
말하고

9

10

11

12

13

14

15

16

17

18

19

20 또 너희는 말하기를 주의 종 야곱
이 우리 뒤에 있다 하라 하니 이는
야곱이 말하기를 내가 내 앞에 보
내는 예물로 형의 감정을 푼 후에
대면하면 형이 혹시 나를 받아 주
리라 함이었더라
21 그 예물은 그에 앞서 보내고 그는
무리 가운데서 밤을 지내다가
22 밤에 일어나 두 아내와 두 여종과
열한 아들을 인도하여 얍복 나루
를 건널새
23 그들을 인도하여 시내를 건너가게
하며 그의 소유도 건너가게 하고
24 야곱은 홀로 남았더니 어떤 사람
이 날이 새도록 야곱과 씨름하다
가
25 자기가 야곱을 이기지 못함을 보
고 그가 야곱의 허벅지 관절을 치
매 야곱의 허벅지 관절이 그 사람
과 씨름할 때에 어긋났더라
26 그가 이르되 날이 새려하니 나로
가게 하라 야곱이 이르되 당신이
내게 축복하지 아니하면 가게 하지
아니하겠나이다
27 그 사람이 그에게 이르되 네 이름
이 무엇이냐 그가 이르되 야곱이니
이다
28 그가 이르되 네 이름을 다시는 야
곱이라 부를 것이 아니요 이스라엘
이라 부를 것이니 이는 네가 하나
님과 및 사람들과 겨루어 이겼음이
니라
29 야곱이 청하여 이르되 당신의 이
름을 알려 주소서 그 사람이 이르
되 어찌하여 내 이름을 묻느냐 하
고 거기서 야곱에게 축복한지라
30 그러므로 야곱이 그 곳 이름을 브
니엘이라 하였으니 그가 이르기를
내가 하나님과 대면하여 보았으나
내 생명이 보전되었다 함이더라
31 그가 브니엘을 지날 때에 해가 돋
았고 그의 허벅다리로 말미암아 절
었더라
32 그 사람이 야곱의 허벅지 관절에
있는 둔부의 힘줄을 쳤으므로 이
스라엘 사람들이 지금까지 허벅지
관절에 있는 둔부의 힘줄을 먹지

아니하더라

야곱이 에서를 만나다

33 야곱이 눈을 들어 보니 에
서가 사백 명의 장정을 거
느리고 오고 있는지라 그의 자식
들을 나누어 레아와 라헬과 두 여
종에게 맡기고
2 여종들과 그들의 자식들은 앞에
두고 레아와 그의 자식들은 다음
에 두고 라헬과 요셉은 뒤에 두고
3 자기는 그들 앞에서 나아가되 몸
을 일곱 번 땅에 굽히며 그의 형 에
서에게 가까이 가니
4 에서가 달려와서 그를 맞이하여 안
고 목을 어긋맞추어 그와 입맞추
고 서로 우니라
5 에서가 눈을 들어 여인들과 자식
들을 보고 묻되 너와 함께 한 이들
은 누구냐 야곱이 이르되 하나님
이 주의 종에게 은혜로 주신 자식
들이니이다
6 그 때에 여종들이 그의 자식들과
더불어 나아와 절하고
7 레아도 그의 자식들과 더불어 나
아와 절하고 그 후에 요셉이 라헬
과 더불어 나아와 절하니
8 에서가 또 이르되 내가 만난 바 이
모든 떼는 무슨 까닭이냐 야곱이
이르되 내 주께 은혜를 입으려 함
이니이다
9 에서가 이르되 내 동생아 내게 있는
것이 족하니 네 소유는 네게 두라
10 야곱이 이르되 그렇지 아니하니이
다 내가 형님의 눈앞에서 은혜를
입었사오면 청하건대 내 손에서 이
예물을 받으소서 내가 형님의 얼
굴을 뵈온즉 하나님의 얼굴을 본
것 같사오며 형님도 나를 기뻐하심
이니이다
11 하나님이 내게 은혜를 베푸셨고 내
소유도 족하오니 청하건대 내가 형
님께 드리는 예물을 받으소서 하
고 그에게 강권하매 받으니라
12 에서가 이르되 우리가 떠나자 내가
너와 동행하리라
13 야곱이 그에게 이르되 내 주도 아
시거니와 자식들은 연약하고 내게
있는 양 떼와 소가 새끼를 데리고

33

2

3

4

5

6

7

8

9

10

11

12

13

있은즉 하루만 지나치게 몰면 모든 떼가 죽으리니

14 청하건대 내 주는 종보다 앞서 가소서 나는 앞에 가는 가축과 자식들의 걸음대로 천천히 인도하여 세일로 가서 내 주께 나아가리이다

15 에서가 이르되 내가 내 종 몇 사람을 네게 머물게 하리라 야곱이 이르되 어찌하여 그리하리이까 나로 내 주께 은혜를 얻게 하소서 하매

16 이 날에 에서는 세일로 돌아가고

17 야곱은 숙곳에 이르러 자기를 위하여 집을 짓고 그의 가축을 위하여 우릿간을 지었으므로 그 땅 이름을 숙곳이라 부르더라

18 야곱이 밧단아람에서부터 평안히 가나안 땅 세겜 성읍에 이르러 그 성읍 앞에 장막을 치고

19 그가 장막을 친 밭을 세겜의 아버지 하몰의 아들들의 손에서 백 크시타에 샀으며

20 거기에 제단을 쌓고 그 이름을 엘엘로헤이스라엘이라 불렀더라

디나가 부끄러운 일을 당하다

34 레아가 야곱에게 낳은 딸 디나가 그 땅의 딸들을 보러 나갔더니

2 히위 족속 중 하몰의 아들 그 땅의 추장 세겜이 그를 보고 끌어들여 강간하여 욕되게 하고

3 그 마음이 깊이 야곱의 딸 디나에게 연연하며 그 소녀를 사랑하여 그의 마음을 말로 위로하고

4 그의 아버지 하몰에게 청하여 이르되 이 소녀를 내 아내로 얻게 하여 주소서 하였더라

5 야곱이 그 딸 디나를 그가 더럽혔다 함을 들었으나 자기의 아들들이 들에서 목축하므로 그들이 돌아오기까지 잠잠하였고

6 세겜의 아버지 하몰은 야곱에게 말하러 왔으며

7 야곱의 아들들은 들에서 이를 듣고 돌아와서 그들 모두가 근심하고 심히 노하였으니 이는 세겜이 야곱의 딸을 강간하여 이스라엘에게 부끄러운 일 곧 행하지 못할 일을 행하였음이더라

14
15
16
17
18
19
20
34
2
3
4
5
6
7

8 하몰이 그들에게 이르되 내 아들
세겜이 마음으로 너희 딸을 연연하
여 하니 원하건대 그를 세겜에게
주어 아내로 삼게 하라
9 너희가 우리와 통혼하여 너희 딸
을 우리에게 주며 우리 딸을 너희
가 데려가고
10 너희가 우리와 함께 거주하되 땅
이 너희 앞에 있으니 여기 머물러
매매하며 여기서 기업을 얻으라 하
고
11 세겜도 디나의 아버지와 그의 남자
형제들에게 이르되 나로 너희에게
은혜를 입게 하라 너희가 내게 말
하는 것은 내가 다 주리니
12 이 소녀만 내게 주어 아내가 되게
하라 아무리 큰 혼수와 예물을 청
할지라도 너희가 내게 말한 대로
주리라
13 야곱의 아들들이 세겜과 그의 아
버지 하몰에게 속여 대답하였으니
이는 세겜이 그 누이 디나를 더럽
혔음이라
14 야곱의 아들들이 그들에게 말하되
우리는 그리하지 못하겠노라 할례
받지 아니한 사람에게 우리 누이를
줄 수 없노니 이는 우리의 수치가
됨이니라
15 그런즉 이같이 하면 너희에게 허락
하리라 만일 너희 중 남자가 다 할
례를 받고 우리 같이 되면
16 우리 딸을 너희에게 주며 너희 딸
을 우리가 데려오며 너희와 함께
거주하여 한 민족이 되려니와
17 너희가 만일 우리 말을 듣지 아니
하고 할례를 받지 아니하면 우리는
곧 우리 딸을 데리고 가리라
18 그들의 말을 하몰과 그의 아들 세
겜이 좋게 여기므로
19 이 소년이 그 일 행하기를 지체하
지 아니하였으니 그가 야곱의 딸을
사랑함이며 그는 그의 아버지 집에
서 가장 존귀하였더라
20 하몰과 그의 아들 세겜이 그들의
성읍 문에 이르러 그들의 성읍 사
람들에게 말하여 이르되
21 이 사람들은 우리와 친목하고 이
땅은 넓어 그들을 용납할 만하니 그

8

9

10

11

12

13

14

15

16

17

18

19

20

21

들이 여기서 거주하며 매매하게 하
고 우리가 그들의 딸들을 아내로 데
려오고 우리 딸들도 그들에게 주자
22 그러나 우리 중의 모든 남자가 그
들이 할례를 받음 같이 할례를 받
아야 그 사람들이 우리와 함께 거
주하여 한 민족 되기를 허락할 것
이라
23 그러면 그들의 가축과 재산과 그들
의 모든 짐승이 우리의 소유가 되
지 않겠느냐 다만 그들의 말대로
하자 그러면 그들이 우리와 함께
거주하리라
24 성문으로 출입하는 모든 자가 하
몰과 그의 아들 세겜의 말을 듣고
성문으로 출입하는 그 모든 남자
가 할례를 받으니라
25 제삼일에 아직 그들이 아파할 때
에 야곱의 두 아들 디나의 오라버
니 시므온과 레위가 각기 칼을 가
지고 가서 몰래 그 성읍을 기습하
여 그 모든 남자를 죽이고
26 칼로 하몰과 그의 아들 세겜을 죽
이고 디나를 세겜의 집에서 데려오
고
27 야곱의 여러 아들이 그 시체 있는
성읍으로 가서 노략하였으니 이는
그들이 그들의 누이를 더럽힌 까닭
이라
28 그들이 양과 소와 나귀와 그 성읍
에 있는 것과 들에 있는 것과
29 그들의 모든 재물을 빼앗으며 그들
의 자녀와 그들의 아내들을 사로잡
고 집 속의 물건을 다 노략한지라
30 야곱이 시므온과 레위에게 이르되
너희가 내게 화를 끼쳐 나로 하여
금 이 땅의 주민 곧 가나안 족속과
브리스 족속에게 악취를 내게 하였
도다 나는 수가 적은즉 그들이 모
여 나를 치고 나를 죽이리니 그러
면 나와 내 집이 멸망하리라
31 그들이 이르되 그가 우리 누이를
창녀 같이 대우함이 옳으니이까

하나님이 야곱에게 복을 주시다

35 하나님이 야곱에게 이르시
되 일어나 벧엘로 올라가서
거기 거주하며 네가 네 형 에서의
낯을 피하여 도망하던 때에 네게

나타났던 하나님께 거기서 제단을
쌓으라 하신지라
2 야곱이 이에 자기 집안 사람과 자
기와 함께 한 모든 자에게 이르되
너희 중에 있는 이방 신상들을 버
리고 자신을 정결하게 하고 너희들
의 의복을 바꾸어 입으라
3 우리가 일어나 벧엘로 올라가자 내
환난 날에 내게 응답하시며 내가
가는 길에서 나와 함께 하신 하나
님께 내가 거기서 제단을 쌓으려
하노라 하매
4 그들이 자기 손에 있는 모든 이방
신상들과 자기 귀에 있는 귀고리들
을 야곱에게 주는지라 야곱이 그
것들을 세겜 근처 상수리나무 아
래에 묻고
5 그들이 떠났으나 하나님이 그 사면
고을들로 크게 두려워하게 하셨으
므로 야곱의 아들들을 추격하는
자가 없었더라
6 야곱과 그와 함께 한 모든 사람이
가나안 땅 루스 곧 벧엘에 이르고
7 그가 거기서 제단을 쌓고 그 곳을
엘벧엘이라 불렀으니 이는 그의 형
의 낯을 피할 때에 하나님이 거기
서 그에게 나타나셨음이더라
8 리브가의 유모 드보라가 죽으매 그
를 벧엘 아래에 있는 상수리나무
밑에 장사하고 그 나무 이름을 알
론바굿이라 불렀더라
9 야곱이 밧단아람에서 돌아오매 하
나님이 다시 야곱에게 나타나사 그
에게 복을 주시고
10 하나님이 그에게 이르시되 네 이름
이 야곱이지마는 네 이름을 다시
는 야곱이라 부르지 않겠고 이스
라엘이 네 이름이 되리라 하시고
그가 그의 이름을 이스라엘이라
부르시고
11 하나님이 그에게 이르시되 나는 전
능한 하나님이라 생육하며 번성하
라 한 백성과 백성들의 총회가 네
게서 나오고 왕들이 네 허리에서
나오리라
12 내가 아브라함과 이삭에게 준 땅
을 네게 주고 내가 네 후손에게도
그 땅을 주리라 하시고

13 하나님이 그와 말씀하시던 곳에서 그를 떠나 올라가시는지라

14 야곱이 하나님이 자기와 말씀하시던 곳에 기둥 곧 돌 기둥을 세우고 그 위에 전제물을 붓고 또 그 위에 기름을 붓고

15 하나님이 자기와 말씀하시던 곳의 이름을 벧엘이라 불렀더라

라헬이 산고로 죽다

16 그들이 벧엘에서 길을 떠나 에브랏에 이르기까지 얼마간 거리를 둔 곳에서 라헬이 해산하게 되어 심히 고생하여

17 그가 난산할 즈음에 산파가 그에게 이르되 두려워하지 말라 지금 네가 또 득남하느니라 하매

18 그가 죽게 되어 그의 혼이 떠나려 할 때에 아들의 이름을 베노니라 불렀으나 그의 아버지는 그를 베냐민이라 불렀더라

19 라헬이 죽으매 에브랏 곧 베들레헴 길에 장사되었고

20 야곱이 라헬의 묘에 비를 세웠더니 지금까지 라헬의 묘비라 일컫더라

21 이스라엘이 다시 길을 떠나 에델 망대를 지나 장막을 쳤더라

22 이스라엘이 그 땅에 거주할 때에 르우벤이 가서 그 아버지의 첩 빌하와 동침하매 이스라엘이 이를 들었더라

야곱의 아들들

야곱의 아들은 열둘이라

23 레아의 아들들은 야곱의 장자 르우벤과 그 다음 시므온과 레위와 유다와 잇사갈과 스불론이요

24 라헬의 아들들은 요셉과 베냐민이며

25 라헬의 여종 빌하의 아들들은 단과 납달리요

26 레아의 여종 실바의 아들들은 갓과 아셀이니 이들은 야곱의 아들들이요 밧단아람에서 그에게 낳은 자더라

이삭이 죽다

27 야곱이 기럇아르바의 마므레로 가서 그의 아버지 이삭에게 이르렀으니 기럇아르바는 곧 아브라함과 이삭이 거류하던 헤브론이더라

28 이삭의 나이가 백팔십 세라

29 이삭이 나이가 많고 늙어 기운이 다하매 죽어 자기 열조에게로 돌아가니 그의 아들 에서와 야곱이 그를 장사하였더라

에서의 자손

36 에서 곧 에돔의 족보는 이러하니라

2 에서가 가나안 여인 중 헷 족속 엘론의 딸 아다와 히위 족속 시브온의 딸인 아나의 딸 오홀리바마를 자기 아내로 맞이하고

3 또 이스마엘의 딸 느바욧의 누이 바스맛을 맞이하였더니

4 아다는 엘리바스를 에서에게 낳았고 바스맛은 르우엘을 낳았고

5 오홀리바마는 여우스와 얄람과 고라를 낳았으니 이들은 에서의 아들들이요 가나안 땅에서 그에게 태어난 자들이더라

6 에서가 자기 아내들과 자기 자녀들과 자기 집의 모든 사람과 자기의 가축과 자기의 모든 짐승과 자기가 가나안 땅에서 모은 모든 재물을 이끌고 그의 동생 야곱을 떠나 다른 곳으로 갔으니

7 두 사람의 소유가 풍부하여 함께 거주할 수 없음이러라 그들이 거주하는 땅이 그들의 가축으로 말미암아 그들을 용납할 수 없었더라

8 이에 에서 곧 에돔이 세일 산에 거주하니라

9 세일 산에 있는 에돔 족속의 조상 에서의 족보는 이러하고

10 그 자손의 이름은 이러하니라 에서의 아내 아다의 아들은 엘리바스요 에서의 아내 바스맛의 아들은 르우엘이며

11 엘리바스의 아들들은 데만과 오말과 스보와 가담과 그나스요

12 에서의 아들 엘리바스의 첩 딤나는 아말렉을 엘리바스에게 낳았으니 이들은 에서의 아내 아다의 자손이며

13 르우엘의 아들들은 나핫과 세라와 삼마와 미사니 이들은 에서의 아내 바스맛의 자손이며

28
29
36
2
3
4
5
6
7
8
9
10
11
12
13

14 시브온의 손녀 아나의 딸 에서의
아내 오홀리바마의 아들들은 이러
하니 그가 여우스와 얄람과 고라
를 에서에게 낳았더라
15 에서 자손 중 족장은 이러하니라
에서의 장자 엘리바스의 자손으로
는 데만 족장, 오말 족장, 스보 족
장, 그나스 족장과
16 고라 족장, 가담 족장, 아말렉 족
장이니 이들은 에돔 땅에 있는 엘
리바스의 족장들이요 이들은 아다
의 자손이며
17 에서의 아들 르우엘의 자손으로
는 나핫 족장, 세라 족장, 삼마 족
장, 미사 족장이니 이들은 에돔
땅에 있는 르우엘의 족장들이요
이들은 에서의 아내 바스맛의 자
손이며
18 에서의 아내인 오홀리바마의 아들
들은 여우스 족장, 얄람 족장, 고
라 족장이니 이들은 아나의 딸이
요 에서의 아내인 오홀리바마로 말
미암아 나온 족장들이라
19 에서 곧 에돔의 자손으로서 족장
된 자들이 이러하였더라

세일의 자손

20 그 땅의 주민 호리 족속 세일의 자
손은 로단과 소발과 시브온과 아나
와
21 디손과 에셀과 디산이니 이들은
에돔 땅에 있는 세일의 자손 중 호
리 족속의 족장들이요
22 로단의 자녀는 호리와 헤맘과 로단
의 누이 딤나요
23 소발의 자녀는 알완과 마나핫과 에
발과 스보와 오남이요
24 시브온의 자녀는 아야와 아나며
이 아나는 그 아버지 시브온의 나
귀를 칠 때에 광야에서 온천을 발
견하였고
25 아나의 자녀는 디손과 오홀리바
마니 오홀리바마는 아나의 딸이
며
26 디손의 자녀는 헴단과 에스반과 이
드란과 그란이요
27 에셀의 자녀는 빌한과 사아완과
아간이요
28 디산의 자녀는 우스와 아란이니

29 호리 족속의 족장들은 곧 로단 족
장, 소발 족장, 시브온 족장, 아나
족장,
30 디손 족장, 에셀 족장, 디산 족장이
라 이들은 그들의 족속들에 따라
세일 땅에 있는 호리 족속의 족장
들이었더라

에돔의 왕들

31 이스라엘 자손을 다스리는 왕이
있기 전에 에돔 땅을 다스리던 왕
들은 이러하니라
32 브올의 아들 벨라가 에돔의 왕이
되었으니 그 도성의 이름은 딘하바
며
33 벨라가 죽고 보스라 사람 세라의
아들 요밥이 그를 대신하여 왕이
되었고
34 요밥이 죽고 데만 족속의 땅의
후삼이 그를 대신하여 왕이 되었
고
35 후삼이 죽고 브닷의 아들 곧 모압
들에서 미디안 족속을 친 하닷이
그를 대신하여 왕이 되었으니 그
도성 이름은 아윗이며
36 하닷이 죽고 마스레가의 삼라가 그
를 대신하여 왕이 되었고
37 삼라가 죽고 유브라데 강변 르호봇
의 사울이 그를 대신하여 왕이 되
었고
38 사울이 죽고 악볼의 아들 바알하
난이 그를 대신하여 왕이 되었고
39 악볼의 아들 바알하난이 죽고 하
달이 그를 대신하여 왕이 되었으니
그 도성 이름은 바우며 그의 아내
의 이름은 므헤다벨이니 마드렛의
딸이요 메사합의 손녀더라
40 에서에게서 나온 족장들의 이름은
그 종족과 거처와 이름을 따라 나
누면 이러하니 딤나 족장, 알와 족
장, 여뎃 족장,
41 오홀리바마 족장, 엘라 족장, 비논
족장,
42 그나스 족장, 데만 족장, 밉살 족
장,
43 막디엘 족장, 이람 족장이라 이들
은 그 구역과 거처를 따른 에돔 족
장들이며 에돔 족속의 조상은 에
서더라

29
30
31
32
33
34
35
36
37
38
39
40
41
42
43

요셉과 형제들

37 야곱이 가나안 땅 곧 그의
아버지가 거류하던 땅에 거
주하였으니
2 야곱의 족보는 이러하니라 요셉이
십칠 세의 소년으로서 그의 형들과
함께 양을 칠 때에 그의 아버지의
아내들 빌하와 실바의 아들들과
더불어 함께 있었더니 그가 그들의
잘못을 아버지에게 말하더라
3 요셉은 노년에 얻은 아들이므로 이
스라엘이 여러 아들들보다 그를 더
사랑하므로 그를 위하여 채색옷을
지었더니
4 그의 형들이 아버지가 형들보다 그
를 더 사랑함을 보고 그를 미워하여
그에게 편안하게 말할 수 없었더라
5 요셉이 꿈을 꾸고 자기 형들에게
말하매 그들이 그를 더욱 미워하였
더라
6 요셉이 그들에게 이르되 청하건대
내가 꾼 꿈을 들으시오
7 우리가 밭에서 곡식 단을 묶더니
내 단은 일어서고 당신들의 단은
내 단을 둘러서서 절하더이다
8 그의 형들이 그에게 이르되 네가
참으로 우리의 왕이 되겠느냐 참으
로 우리를 다스리게 되겠느냐 하고
그의 꿈과 그의 말로 말미암아 그
를 더욱 미워하더니
9 요셉이 다시 꿈을 꾸고 그의 형들
에게 말하여 이르되 내가 또 꿈을
꾼즉 해와 달과 열한 별이 내게 절
하더이다 하니라
10 그가 그의 꿈을 아버지와 형들에
게 말하매 아버지가 그를 꾸짖고
그에게 이르되 네가 꾼 꿈이 무엇
이냐 나와 네 어머니와 네 형들이
참으로 가서 땅에 엎드려 네게 절
하겠느냐
11 그의 형들은 시기하되 그의 아버지
는 그 말을 간직해 두었더라

요셉이 애굽으로 팔려가다

12 그의 형들이 세겜에 가서 아버지의
양 떼를 칠 때에
13 이스라엘이 요셉에게 이르되 네 형
들이 세겜에서 양을 치지 아니하느
냐 너를 그들에게로 보내리라 요셉

37

2

3

4

5

6

7

8

9

10

11

12

13

이 아버지에게 대답하되 내가 그리
하겠나이다
14 이스라엘이 그에게 이르되 가서 네
형들과 양 떼가 다 잘 있는지를 보
고 돌아와 내게 말하라 하고 그를
헤브론 골짜기에서 보내니 그가 세
겜으로 가니라
15 어떤 사람이 그를 만난즉 그가 들
에서 방황하는지라 그 사람이 그
에게 물어 이르되 네가 무엇을 찾
느냐
16 그가 이르되 내가 내 형들을 찾으
오니 청하건대 그들이 양치는 곳을
내게 가르쳐 주소서
17 그 사람이 이르되 그들이 여기서
떠났느니라 내가 그들의 말을 들으
니 도단으로 가자 하더라 하니라
요셉이 그의 형들의 뒤를 따라 가
서 도단에서 그들을 만나니라
18 요셉이 그들에게 가까이 오기 전에
그들이 요셉을 멀리서 보고 죽이기
를 꾀하여
19 서로 이르되 꿈 꾸는 자가 오는도다
20 자, 그를 죽여 한 구덩이에 던지고
우리가 말하기를 악한 짐승이 그를
잡아먹었다 하자 그의 꿈이 어떻게
되는지를 우리가 볼 것이니라 하는
지라
21 르우벤이 듣고 요셉을 그들의 손에
서 구원하려 하여 이르되 우리가
그의 생명은 해치지 말자
22 르우벤이 또 그들에게 이르되 피를
흘리지 말라 그를 광야 그 구덩이
에 던지고 손을 그에게 대지 말라
하니 이는 그가 요셉을 그들의 손
에서 구출하여 그의 아버지에게로
돌려보내려 함이었더라
23 요셉이 형들에게 이르매 그의 형들
이 요셉의 옷 곧 그가 입은 채색옷
을 벗기고
24 그를 잡아 구덩이에 던지니 그 구
덩이는 빈 것이라 그 속에 물이 없
었더라
25 그들이 앉아 음식을 먹다가 눈을
들어 본즉 한 무리의 이스마엘 사
람들이 길르앗에서 오는데 그 낙
타들에 향품과 유향과 몰약을 싣
고 애굽으로 내려가는지라

26 유다가 자기 형제에게 이르되 우리
가 우리 동생을 죽이고 그의 피를
덮어둔들 무엇이 유익할까
27 자 그를 이스마엘 사람들에게 팔
고 그에게 우리 손을 대지 말자 그
는 우리의 동생이요 우리의 혈육이
니라 하매 그의 형제들이 청종하였
더라
28 그 때에 미디안 사람 상인들이 지
나가고 있는지라 형들이 요셉을 구
덩이에서 끌어올리고 은 이십에 그
를 이스마엘 사람들에게 팔매 그
상인들이 요셉을 데리고 애굽으로
갔더라
29 르우벤이 돌아와 구덩이에 이르러
본즉 거기 요셉이 없는지라 옷을
찢고
30 아우들에게로 되돌아와서 이르되
아이가 없도다 나는 어디로 갈까
31 그들이 요셉의 옷을 가져다가 숫염
소를 죽여 그 옷을 피에 적시고
32 그의 채색옷을 보내어 그의 아버지
에게로 가지고 가서 이르기를 우리
가 이것을 발견하였으니 아버지 아
들의 옷인가 보소서 하매
33 아버지가 그것을 알아보고 이르되
내 아들의 옷이라 악한 짐승이 그
를 잡아먹었도다 요셉이 분명히 찢
겼도다 하고
34 자기 옷을 찢고 굵은 베로 허리를
묶고 오래도록 그의 아들을 위하
여 애통하니
35 그의 모든 자녀가 위로하되 그가
그 위로를 받지 아니하여 이르되
내가 슬퍼하며 스올로 내려가 아들
에게로 가리라 하고 그의 아버지가
그를 위하여 울었더라
36 그 미디안 사람들은 그를 애굽에
서 바로의 신하 친위대장 보디발에
게 팔았더라

유다와 다말

38 그 후에 유다가 자기 형제
들로부터 떠나 내려가서 아
둘람 사람 히라와 가까이 하니라
2 유다가 거기서 가나안 사람 수아
라 하는 자의 딸을 보고 그를 데리
고 동침하니

26

27

28

29

30

31

32

33

34

35

36

38

2

3 그가 임신하여 아들을 낳으매 유
다가 그의 이름을 엘이라 하니라
4 그가 다시 임신하여 아들을 낳고
그의 이름을 오난이라 하고
5 그가 또 다시 아들을 낳고 그의
이름을 셀라라 하니라 그가 셀라
를 낳을 때에 유다는 거십에 있었
더라
6 유다가 장자 엘을 위하여 아내를
데려오니 그의 이름은 다말이더
라
7 유다의 장자 엘이 여호와가 보시기
에 악하므로 여호와께서 그를 죽
이신지라
8 유다가 오난에게 이르되 네 형수에
게로 들어가서 남편의 아우 된 본
분을 행하여 네 형을 위하여 씨가
있게 하라
9 오난이 그 씨가 자기 것이 되지 않
을 줄 알므로 형수에게 들어갔을
때에 그의 형에게 씨를 주지 아니
하려고 땅에 설정하매
10 그 일이 여호와가 보시기에 악하므
로 여호와께서 그도 죽이시니
11 유다가 그의 며느리 다말에게 이르
되 수절하고 네 아버지 집에 있어
내 아들 셀라가 장성하기를 기다리
라 하니 셀라도 그 형들 같이 죽을
까 염려함이라 다말이 가서 그의
아버지 집에 있으니라
12 얼마 후에 유다의 아내 수아의
딸이 죽은지라 유다가 위로를 받
은 후에 그의 친구 아둘람 사람
히라와 함께 딤나로 올라가서 자
기의 양털 깎는 자에게 이르렀더
니
13 어떤 사람이 다말에게 말하되 네
시아버지가 자기의 양털을 깎으려
고 딤나에 올라왔다 한지라
14 그가 그 과부의 의복을 벗고 너울
로 얼굴을 가리고 몸을 휩싸고 딤
나 길 곁 에나임 문에 앉으니 이는
셀라가 장성함을 보았어도 자기를
그의 아내로 주지 않음으로 말미
암음이라
15 그가 얼굴을 가리었으므로 유다가
그를 보고 창녀로 여겨

16 길 곁으로 그에게 나아가 이르되
청하건대 나로 네게 들어가게 하
라 하니 그의 며느리인 줄을 알지
못하였음이라 그가 이르되 당신
이 무엇을 주고 내게 들어오려느
냐
17 유다가 이르되 내가 내 떼에서 염
소 새끼를 주리라 그가 이르되 당
신이 그것을 줄 때까지 담보물을
주겠느냐
18 유다가 이르되 무슨 담보물을 네게
주랴 그가 이르되 당신의 도장과
그 끈과 당신의 손에 있는 지팡이
로 하라 유다가 그것들을 그에게
주고 그에게로 들어갔더니 그가 유
다로 말미암아 임신하였더라
19 그가 일어나 떠나가서 그 너울을
벗고 과부의 의복을 도로 입으니
라
20 유다가 그 친구 아둘람 사람의 손
에 부탁하여 염소 새끼를 보내고
그 여인의 손에서 담보물을 찾으려
하였으나 그가 그 여인을 찾지 못
한지라
21 그가 그 곳 사람에게 물어 이르되
길 곁 에나임에 있던 창녀가 어디
있느냐 그들이 이르되 여기는 창녀
가 없느니라
22 그가 유다에게로 돌아와 이르되
내가 그를 찾지 못하였고 그 곳 사
람도 이르기를 거기에는 창녀가 없
다 하더이다 하더라
23 유다가 이르되 그로 그것을 가지
게 두라 우리가 부끄러움을 당할
까 하노라 내가 이 염소 새끼를 보
냈으나 그대가 그를 찾지 못하였느
니라
24 석 달쯤 후에 어떤 사람이 유다에
게 일러 말하되 네 며느리 다말이
행음하였고 그 행음함으로 말미암
아 임신하였느니라 유다가 이르되
그를 끌어내어 불사르라
25 여인이 끌려나갈 때에 사람을 보내
어 시아버지에게 이르되 이 물건
임자로 말미암아 임신하였나이다
청하건대 보소서 이 도장과 그 끈
과 지팡이가 누구의 것이니이까 한
지라

26 유다가 그것들을 알아보고 이르되
그는 나보다 옳도다 내가 그를 내
아들 셀라에게 주지 아니하였음이
로다 하고 다시는 그를 가까이 하
지 아니하였더라
27 해산할 때에 보니 쌍태라
28 해산할 때에 손이 나오는지라 산파
가 이르되 이는 먼저 나온 자라 하
고 홍색 실을 가져다가 그 손에 매
었더니
29 그 손을 도로 들이며 그의 아우가
나오는지라 산파가 이르되 네가 어
찌하여 터뜨리고 나오느냐 하였으
므로 그 이름을 베레스라 불렀고
30 그의 형 곧 손에 홍색 실 있는 자
가 뒤에 나오니 그의 이름을 세라
라 불렀더라

요셉과 보디발의 아내

39 요셉이 이끌려 애굽에 내려
가매 바로의 신하 친위대장
애굽 사람 보디발이 그를 그리로
데려간 이스마엘 사람의 손에서 요
셉을 사니라
2 여호와께서 요셉과 함께 하시므로
그가 형통한 자가 되어 그의 주인
애굽 사람의 집에 있으니
3 그의 주인이 여호와께서 그와 함께
하심을 보며 또 여호와께서 그의
범사에 형통하게 하심을 보았더라
4 요셉이 그의 주인에게 은혜를 입어
섬기매 그가 요셉을 가정 총무로
삼고 자기의 소유를 다 그의 손에
위탁하니
5 그가 요셉에게 자기의 집과 그의
모든 소유물을 주관하게 한 때부
터 여호와께서 요셉을 위하여 그
애굽 사람의 집에 복을 내리시므
로 여호와의 복이 그의 집과 밭에
있는 모든 소유에 미친지라
6 주인이 그의 소유를 다 요셉의 손
에 위탁하고 자기가 먹는 음식 외
에는 간섭하지 아니하였더라 요셉
은 용모가 빼어나고 아름다웠더라
7 그 후에 그의 주인의 아내가 요셉에
게 눈짓하다가 동침하기를 청하니
8 요셉이 거절하며 자기 주인의 아내
에게 이르되 내 주인이 집안의 모
든 소유를 간섭하지 아니하고 다

26
27
28
29
30
39
2
3
4
5
6
7
8

내 손에 위탁하였으니
9 이 집에는 나보다 큰 이가 없으며
주인이 아무것도 내게 금하지 아니
하였어도 금한 것은 당신뿐이니 당
신은 그의 아내임이라 그런즉 내가
어찌 이 큰 악을 행하여 하나님께
죄를 지으리이까
10 여인이 날마다 요셉에게 청하였으
나 요셉이 듣지 아니하여 동침하지
아니할 뿐더러 함께 있지도 아니하
니라
11 그러할 때에 요셉이 그의 일을 하
러 그 집에 들어갔더니 그 집 사람
들은 하나도 거기에 없었더라
12 그 여인이 그의 옷을 잡고 이르되
나와 동침하자 그러나 요셉이 자기
의 옷을 그 여인의 손에 버려두고
밖으로 나가매
13 그 여인이 요셉이 그의 옷을 자기
손에 버려두고 도망하여 나감을
보고
14 그 여인의 집 사람들을 불러서 그
들에게 이르되 보라 주인이 히브리
사람을 우리에게 데려다가 우리를
희롱하게 하는도다 그가 나와 동
침하고자 내게로 들어오므로 내가
크게 소리 질렀더니
15 그가 나의 소리 질러 부름을 듣고
그의 옷을 내게 버려두고 도망하
여 나갔느니라 하고
16 그의 옷을 곁에 두고 자기 주인이
집으로 돌아오기를 기다려
17 이 말로 그에게 말하여 이르되 당
신이 우리에게 데려온 히브리 종이
나를 희롱하려고 내게로 들어왔으
므로
18 내가 소리 질러 불렀더니 그가 그
의 옷을 내게 버려두고 밖으로 도
망하여 나갔나이다
19 그의 주인이 자기 아내가 자기에게
이르기를 당신의 종이 내게 이같이
행하였다 하는 말을 듣고 심히 노
한지라
20 이에 요셉의 주인이 그를 잡아 옥
에 가두니 그 옥은 왕의 죄수를 가
두는 곳이었더라 요셉이 옥에 갇혔
으나

21 여호와께서 요셉과 함께 하시고 그
에게 인자를 더하사 간수장에게
은혜를 받게 하시매
22 간수장이 옥중 죄수를 다 요셉의
손에 맡기므로 그 제반 사무를 요
셉이 처리하고
23 간수장은 그의 손에 맡긴 것을 무
엇이든지 살펴보지 아니하였으니
이는 여호와께서 요셉과 함께 하심
이라 여호와께서 그를 범사에 형통
하게 하셨더라

요셉이 관원장의 꿈을 해석하다

40 그 후에 애굽 왕의 술 맡은
자와 떡 굽는 자가 그들의
주인 애굽 왕에게 범죄한지라
2 바로가 그 두 관원장 곧 술 맡은
관원장과 떡 굽는 관원장에게 노
하여
3 그들을 친위대장의 집 안에 있는
옥에 가두니 곧 요셉이 갇힌 곳이
라
4 친위대장이 요셉에게 그들을 수종
들게 하매 요셉이 그들을 섬겼더라
그들이 갇힌 지 여러 날이라
5 옥에 갇힌 애굽 왕의 술 맡은 자와
떡 굽는 자 두 사람이 하룻밤에 꿈
을 꾸니 각기 그 내용이 다르더라
6 아침에 요셉이 들어가 보니 그들에
게 근심의 빛이 있는지라
7 요셉이 그 주인의 집에 자기와 함
께 갇힌 바로의 신하들에게 묻되
어찌하여 오늘 당신들의 얼굴에 근
심의 빛이 있나이까
8 그들이 그에게 이르되 우리가 꿈을
꾸었으나 이를 해석할 자가 없도다
요셉이 그들에게 이르되 해석은 하
나님께 있지 아니하니이까 청하건
대 내게 이르소서
9 술 맡은 관원장이 그의 꿈을 요셉
에게 말하여 이르되 내가 꿈에 보
니 내 앞에 포도나무가 있는데
10 그 나무에 세 가지가 있고 싹이 나
서 꽃이 피고 포도송이가 익었고
11 내 손에 바로의 잔이 있기로 내가
포도를 따서 그 즙을 바로의 잔에
짜서 그 잔을 바로의 손에 드렸노라
12 요셉이 그에게 이르되 그 해석이
이러하니 세 가지는 사흘이라

21
22
23
40
2
3
4
5
6
7
8
9
10
11
12

13 지금부터 사흘 안에 바로가 당신
의 머리를 들고 당신의 전직을 회
복시키리니 당신이 그 전에 술 맡
은 자가 되었을 때에 하던 것 같이
바로의 잔을 그의 손에 드리게 되
리이다
14 당신이 잘 되시거든 나를 생각하고
내게 은혜를 베풀어서 내 사정을
바로에게 아뢰어 이 집에서 나를
건져 주소서
15 나는 히브리 땅에서 끌려온 자요
여기서도 옥에 갇힐 일은 행하지
아니하였나이다
16 떡 굽는 관원장이 그 해석이 좋은
것을 보고 요셉에게 이르되 나도
꿈에 보니 흰 떡 세 광주리가 내 머
리에 있고
17 맨 윗광주리에 바로를 위하여 만
든 각종 구운 음식이 있는데 새들
이 내 머리의 광주리에서 그것을
먹더라
18 요셉이 대답하여 이르되 그 해석
은 이러하니 세 광주리는 사흘이
라
19 지금부터 사흘 안에 바로가 당신
의 머리를 들고 당신을 나무에 달
리니 새들이 당신의 고기를 뜯어
먹으리이다 하더니
20 제삼일은 바로의 생일이라 바로가
그의 모든 신하를 위하여 잔치를
베풀 때에 술 맡은 관원장과 떡 굽
는 관원장에게 그의 신하들 중에
머리를 들게 하니라
21 바로의 술 맡은 관원장은 전직을
회복하매 그가 잔을 바로의 손에
받들어 드렸고
22 떡 굽는 관원장은 매달리니 요셉
이 그들에게 해석함과 같이 되었으
나
23 술 맡은 관원장이 요셉을 기억하지
못하고 그를 잊었더라

요셉이 바로의 꿈을 해석하다

41 만 이 년 후에 바로가 꿈을
꾼즉 자기가 나일 강 가에
서 있는데
2 보니 아름답고 살진 일곱 암소가
강 가에서 올라와 갈밭에서 뜯어
먹고

13
14
15
16
17
18
19
20
21
22
23
41
2

3 그 뒤에 또 흉하고 파리한 다른 일
곱 암소가 나일 강 가에서 올라와
그 소와 함께 나일 강 가에 서 있
더니
4 그 흉하고 파리한 소가 그 아름답
고 살진 일곱 소를 먹은지라 바로
가 곧 깨었다가
5 다시 잠이 들어 꿈을 꾸니 한 줄기
에 무성하고 충실한 일곱 이삭이
나오고
6 그 후에 또 가늘고 동풍에 마른 일
곱 이삭이 나오더니
7 그 가는 일곱 이삭이 무성하고 충
실한 일곱 이삭을 삼킨지라 바로
가 깬즉 꿈이라
8 아침에 그의 마음이 번민하여 사
람을 보내어 애굽의 점술가와 현인
들을 모두 불러 그들에게 그의 꿈
을 말하였으나 그것을 바로에게 해
석하는 자가 없었더라
9 술 맡은 관원장이 바로에게 말하
여 이르되 내가 오늘 내 죄를 기억
하나이다
10 바로께서 종들에게 노하사 나와
떡 굽는 관원장을 친위대장의 집
에 가두셨을 때에
11 나와 그가 하룻밤에 꿈을 꾼즉 각
기 뜻이 있는 꿈이라
12 그 곳에 친위대장의 종 된 히브리
청년이 우리와 함께 있기로 우리가
그에게 말하매 그가 우리의 꿈을
풀되 그 꿈대로 각 사람에게 해석
하더니
13 그 해석한 대로 되어 나는 복직되
고 그는 매달렸나이다
14 이에 바로가 사람을 보내어 요셉을
부르매 그들이 급히 그를 옥에서
내 놓은지라 요셉이 곧 수염을 깎
고 그의 옷을 갈아 입고 바로에게
들어가니
15 바로가 요셉에게 이르되 내가 한
꿈을 꾸었으나 그것을 해석하는 자
가 없더니 들은즉 너는 꿈을 들으
면 능히 푼다 하더라
16 요셉이 바로에게 대답하여 이르되
내가 아니라 하나님께서 바로에게
편안한 대답을 하시리이다
17 바로가 요셉에게 이르되 내가 꿈에

나일 강 가에 서서
18 보니 살지고 아름다운 일곱 암소
가 나일 강 가에 올라와 갈밭에서
뜯어 먹고
19 그 뒤에 또 약하고 심히 흉하고 파
리한 일곱 암소가 올라오니 그같이
흉한 것들은 애굽 땅에서 내가 아
직 보지 못한 것이라
20 그 파리하고 흉한 소가 처음의 일
곱 살진 소를 먹었으며
21 먹었으나 먹은 듯 하지 아니하고
여전히 흉하더라 내가 곧 깨었다가
22 다시 꿈에 보니 한 줄기에 무성하
고 충실한 일곱 이삭이 나오고
23 그 후에 또 가늘고 동풍에 마른 일
곱 이삭이 나더니
24 그 가는 이삭이 좋은 일곱 이삭을
삼키더라 내가 그 꿈을 점술가에게
말하였으나 그것을 내게 풀이해
주는 자가 없느니라
25 요셉이 바로에게 아뢰되 바로의 꿈
은 하나라 하나님이 그가 하실 일
을 바로에게 보이심이니이다
26 일곱 좋은 암소는 일곱 해요 일곱
좋은 이삭도 일곱 해니 그 꿈은 하
나라
27 그 후에 올라온 파리하고 흉한 일
곱 소는 칠 년이요 동풍에 말라 속
이 빈 일곱 이삭도 일곱 해 흉년이
니
28 내가 바로에게 이르기를 하나님이
그가 하실 일을 바로에게 보이신다
함이 이것이라
29 온 애굽 땅에 일곱 해 큰 풍년이 있
겠고
30 후에 일곱 해 흉년이 들므로 애굽
땅에 있던 풍년을 다 잊어버리게
되고 이 땅이 그 기근으로 망하리
니
31 후에 든 그 흉년이 너무 심하므로
이전 풍년을 이 땅에서 기억하지
못하게 되리이다
32 바로께서 꿈을 두 번 겹쳐 꾸신 것
은 하나님이 이 일을 정하셨음이라
하나님이 속히 행하시리니
33 이제 바로께서는 명철하고 지혜 있
는 사람을 택하여 애굽 땅을 다스
리게 하시고

34 바로께서는 또 이같이 행하사 나
라 안에 감독관들을 두어 그 일곱
해 풍년에 애굽 땅의 오분의 일을
거두되
35 그들로 장차 올 풍년의 모든 곡물
을 거두고 그 곡물을 바로의 손에
돌려 양식을 위하여 각 성읍에 쌓
아 두게 하소서
36 이와 같이 그 곡물을 이 땅에 저장
하여 애굽 땅에 임할 일곱 해 흉년
에 대비하시면 땅이 이 흉년으로
말미암아 망하지 아니하리이다

요셉이 애굽의 총리가 되다

37 바로와 그의 모든 신하가 이 일을
좋게 여긴지라
38 바로가 그의 신하들에게 이르되
이와 같이 하나님의 영에 감동된
사람을 우리가 어찌 찾을 수 있으
리요 하고
39 요셉에게 이르되 하나님이 이 모든
것을 네게 보이셨으니 너와 같이
명철하고 지혜 있는 자가 없도다
40 너는 내 집을 다스리라 내 백성이
다 네 명령에 복종하리니 내가 너
보다 높은 것은 내 왕좌뿐이니라
41 바로가 또 요셉에게 이르되 내가
너를 애굽 온 땅의 총리가 되게 하
노라 하고
42 자기의 인장 반지를 빼어 요셉의
손에 끼우고 그에게 세마포 옷을
입히고 금사슬을 목에 걸고
43 자기에게 있는 버금 수레에 그를
태우매 무리가 그의 앞에서 소리
지르기를 엎드리라 하더라 바로가
그에게 애굽 전국을 총리로 다스리
게 하였더라
44 바로가 요셉에게 이르되 나는 바로
라 애굽 온 땅에서 네 허락이 없이
는 수족을 놀릴 자가 없으리라 하
고
45 그가 요셉의 이름을 사브낫바네아
라 하고 또 온의 제사장 보디베라
의 딸 아스낫을 그에게 주어 아내
로 삼게 하니라 요셉이 나가 애굽
온 땅을 순찰하니라
46 요셉이 애굽 왕 바로 앞에 설 때에
삼십 세라 그가 바로 앞을 떠나 애
굽 온 땅을 순찰하니

47 일곱 해 풍년에 토지 소출이 심히
많은지라
48 요셉이 애굽 땅에 있는 그 칠 년
곡물을 거두어 각 성에 저장하되
각 성읍 주위의 밭의 곡물을 그 성
읍 중에 쌓아 두매
49 쌓아 둔 곡식이 바다 모래 같이 심
히 많아 세기를 그쳤으니 그 수가
한이 없음이었더라
50 흉년이 들기 전에 요셉에게 두 아
들이 나되 곧 온의 제사장 보디베
라의 딸 아스낫이 그에게서 낳은지
라
51 요셉이 그의 장남의 이름을 므낫세
라 하였으니 하나님이 내게 내 모
든 고난과 내 아버지의 온 집 일을
잊어버리게 하셨다 함이요
52 차남의 이름을 에브라임이라 하였
으니 하나님이 나를 내가 수고한
땅에서 번성하게 하셨다 함이었더
라
53 애굽 땅에 일곱 해 풍년이 그치고
54 요셉의 말과 같이 일곱 해 흉년이
들기 시작하매 각국에는 기근이
있으나 애굽 온 땅에는 먹을 것이
있더니
55 애굽 온 땅이 굶주리매 백성이 바
로에게 부르짖어 양식을 구하는지
라 바로가 애굽 모든 백성에게 이
르되 요셉에게 가서 그가 너희에게
이르는 대로 하라 하니라
56 온 지면에 기근이 있으매 요셉이
모든 창고를 열고 애굽 백성에게
팔새 애굽 땅에 기근이 심하며
57 각국 백성도 양식을 사려고 애굽
으로 들어와 요셉에게 이르렀으니
기근이 온 세상에 심함이었더라

요셉의 형들이 애굽으로 가다

42 그 때에 야곱이 애굽에 곡
식이 있음을 보고 아들들
에게 이르되 너희는 어찌하여 서로
바라보고만 있느냐
2 야곱이 또 이르되 내가 들은즉 저
애굽에 곡식이 있다 하니 너희는
그리로 가서 거기서 우리를 위하여
사오라 그러면 우리가 살고 죽지
아니하리라 하매
3 요셉의 형 열 사람이 애굽에서 곡

47
48
49
50
51
52
53
54
55
56
57
42
2
3

식을 사려고 내려갔으나
4 야곱이 요셉의 아우 베냐민은 그
의 형들과 함께 보내지 아니하였으
니 이는 그의 생각에 재난이 그에
게 미칠까 두려워함이었더라
5 이스라엘의 아들들이 양식 사러
간 자 중에 있으니 가나안 땅에 기
근이 있음이라
6 때에 요셉이 나라의 총리로서 그
땅 모든 백성에게 곡식을 팔더니
요셉의 형들이 와서 그 앞에서 땅
에 엎드려 절하매
7 요셉이 보고 형들인 줄을 아나 모
르는 체하고 엄한 소리로 그들에게
말하여 이르되 너희가 어디서 왔느
냐 그들이 이르되 곡물을 사려고
가나안에서 왔나이다
8 요셉은 그의 형들을 알아보았으나
그들은 요셉을 알아보지 못하더라
9 요셉이 그들에게 대하여 꾼 꿈을
생각하고 그들에게 이르되 너희는
정탐꾼들이라 이 나라의 틈을 엿
보려고 왔느니라
10 그들이 그에게 이르되 내 주여 아
니니이다 당신의 종들은 곡물을
사러 왔나이다
11 우리는 다 한 사람의 아들들로서
확실한 자들이니 당신의 종들은
정탐꾼이 아니니이다
12 요셉이 그들에게 이르되 아니라 너
희가 이 나라의 틈을 엿보러 왔느
니라
13 그들이 이르되 당신의 종 우리들은
열두 형제로서 가나안 땅 한 사람
의 아들들이라 막내 아들은 오늘
아버지와 함께 있고 또 하나는 없
어졌나이다
14 요셉이 그들에게 이르되 내가 너희
에게 이르기를 너희는 정탐꾼들이
라 한 말이 이것이니라
15 너희는 이같이 하여 너희 진실함
을 증명할 것이라 바로의 생명으로
맹세하노니 너희 막내 아우가 여기
오지 아니하면 너희가 여기서 나가
지 못하리라
16 너희 중 하나를 보내어 너희 아우
를 데려오게 하고 너희는 갇히어
있으라 내가 너희의 말을 시험하여

너희 중에 진실이 있는지 보리라
바로의 생명으로 맹세하노니 그리
하지 아니하면 너희는 과연 정탐꾼
이니라 하고
17 그들을 다 함께 삼 일을 가두었더
라
18 사흘 만에 요셉이 그들에게 이르
되 나는 하나님을 경외하노니 너희
는 이같이 하여 생명을 보전하라
19 너희가 확실한 자들이면 너희 형제
중 한 사람만 그 옥에 갇히게 하고
너희는 곡식을 가지고 가서 너희
집안의 굶주림을 구하고
20 너희 막내 아우를 내게로 데리고
오라 그러면 너희 말이 진실함이
되고 너희가 죽지 아니하리라 하니
그들이 그대로 하니라
21 그들이 서로 말하되 우리가 아우
의 일로 말미암아 범죄하였도다 그
가 우리에게 애걸할 때에 그 마음
의 괴로움을 보고도 듣지 아니하
였으므로 이 괴로움이 우리에게 임
하도다
22 르우벤이 그들에게 대답하여 이르
되 내가 너희에게 그 아이에 대하
여 죄를 짓지 말라고 하지 아니하
였더냐 그래도 너희가 듣지 아니하
였느니라 그러므로 그의 핏값을 치
르게 되었도다 하니
23 그들 사이에 통역을 세웠으므로 그
들은 요셉이 듣는 줄을 알지 못하
였더라
24 요셉이 그들을 떠나가서 울고 다시
돌아와서 그들과 말하다가 그들
중에서 시므온을 끌어내어 그들의
눈 앞에서 결박하고
25 명하여 곡물을 그 그릇에 채우게
하고 각 사람의 돈은 그의 자루에
도로 넣게 하고 또 길 양식을 그들
에게 주게 하니 그대로 행하였더라

요셉의 형들이 가나안으로 돌아오다

26 그들이 곡식을 나귀에 싣고 그 곳
을 떠났더니
27 한 사람이 여관에서 나귀에게 먹
이를 주려고 자루를 풀고 본즉 그
돈이 자루 아귀에 있는지라
28 그가 그 형제에게 말하되 내 돈을
도로 넣었도다 보라 자루 속에 있

도다 이에 그들이 혼이 나서 떨며
서로 돌아보며 말하되 하나님이 어
찌하여 이런 일을 우리에게 행하셨
는가 하고
29 그들이 가나안 땅에 돌아와 그들
의 아버지 야곱에게 이르러 그들이
당한 일을 자세히 알리어 아뢰되
30 그 땅의 주인인 그 사람이 엄하게
우리에게 말씀하고 우리를 그 땅에
대한 정탐꾼으로 여기기로
31 우리가 그에게 이르되 우리는 확실
한 자들이요 정탐꾼이 아니니이다
32 우리는 한 아버지의 아들 열두 형
제로서 하나는 없어지고 막내는 오
늘 우리 아버지와 함께 가나안 땅
에 있나이다 하였더니
33 그 땅의 주인인 그 사람이 우리에
게 이르되 내가 이같이 하여 너희
가 확실한 자들임을 알리니 너희
형제 중의 하나를 내게 두고 양식
을 가지고 가서 너희 집안의 굶주
림을 구하고
34 너희 막내 아우를 내게로 데려 오
라 그러면 너희가 정탐꾼이 아니요
확실한 자들임을 내가 알고 너희
형제를 너희에게 돌리리니 너희가
이 나라에서 무역하리라 하더이다
하고
35 각기 자루를 쏟고 본즉 각 사람의
돈뭉치가 그 자루 속에 있는지라
그들과 그들의 아버지가 돈뭉치를
보고 다 두려워하더니
36 그들의 아버지 야곱이 그들에게 이
르되 너희가 나에게 내 자식들을
잃게 하도다 요셉도 없어졌고 시므
온도 없어졌거늘 베냐민을 또 빼앗
아 가고자 하니 이는 다 나를 해롭
게 함이로다
37 르우벤이 그의 아버지에게 말하여
이르되 내가 그를 아버지께로 데리
고 오지 아니하거든 내 두 아들을
죽이소서 그를 내 손에 맡기소서
내가 그를 아버지께로 데리고 돌아
오리이다
38 야곱이 이르되 내 아들은 너희와
함께 내려가지 못하리니 그의 형은
죽고 그만 남았음이라 만일 너희가
가는 길에서 재난이 그에게 미치면

너희가 내 흰 머리를 슬퍼하며 스
올로 내려가게 함이 되리라

형들이 베냐민을 데리고 애굽으로 가다

43 그 땅에 기근이 심하고
2 그들이 애굽에서 가져온
곡식을 다 먹으매 그 아버지가 그
들에게 이르되 다시 가서 우리를
위하여 양식을 조금 사오라
3 유다가 아버지에게 말하여 이르되
그 사람이 우리에게 엄히 경고하여
이르되 너희 아우가 너희와 함께
오지 아니하면 너희가 내 얼굴을
보지 못하리라 하였으니
4 아버지께서 우리 아우를 우리와
함께 보내시면 우리가 내려가서
아버지를 위하여 양식을 사려니
와
5 아버지께서 만일 그를 보내지 아니
하시면 우리는 내려가지 아니하리
니 그 사람이 우리에게 말하기를
너희의 아우가 너희와 함께 오지
아니하면 너희가 내 얼굴을 보지
못하리라 하였음이니이다
6 이스라엘이 이르되 너희가 어찌하
여 너희에게 또 다른 아우가 있다
고 그 사람에게 말하여 나를 괴롭
게 하였느냐
7 그들이 이르되 그 사람이 우리와
우리의 친족에 대하여 자세히 질문
하여 이르기를 너희 아버지가 아직
살아 계시느냐 너희에게 아우가 있
느냐 하기로 그 묻는 말에 따라 그
에게 대답한 것이니 그가 너희의
아우를 데리고 내려오라 할 줄을
우리가 어찌 알았으리이까
8 유다가 그의 아버지 이스라엘에
게 이르되 저 아이를 나와 함께
보내시면 우리가 곧 가리니 그러
면 우리와 아버지와 우리 어린 아
이들이 다 살고 죽지 아니하리이
다
9 내가 그를 위하여 담보가 되오리니
아버지께서 내 손에서 그를 찾으소
서 내가 만일 그를 아버지께 데려
다가 아버지 앞에 두지 아니하면
내가 영원히 죄를 지리이다
10 우리가 지체하지 아니하였더라면

43
2
3
4
5
6
7
8
9
10

벌써 두 번 갔다 왔으리이다
11 그들의 아버지 이스라엘이 그들에
게 이르되 그러할진대 이렇게 하
라 너희는 이 땅의 아름다운 소산
을 그릇에 담아가지고 내려가서
그 사람에게 예물로 드릴지니 곧
유향 조금과 꿀 조금과 향품과 몰
약과 유향나무 열매와 감복숭아
이니라
12 너희 손에 갑절의 돈을 가지고 너
희 자루 아귀에 도로 넣어져 있던
그 돈을 다시 가지고 가라 혹 잘못
이 있었을까 두렵도다
13 네 아우도 데리고 떠나 다시 그 사
람에게로 가라
14 전능하신 하나님께서 그 사람 앞
에서 너희에게 은혜를 베푸사 그
사람으로 너희 다른 형제와 베냐
민을 돌려보내게 하시기를 원하노
라 내가 자식을 잃게 되면 잃으리
로다
15 그 형제들이 예물을 마련하고 갑절
의 돈을 자기들의 손에 가지고 베
냐민을 데리고 애굽에 내려가서 요
셉 앞에 서니라
16 요셉은 베냐민이 그들과 함께 있음
을 보고 자기의 청지기에게 이르되
이 사람들을 집으로 인도해 들이
고 짐승을 잡고 준비하라 이 사람
들이 정오에 나와 함께 먹을 것이
니라
17 청지기가 요셉의 명대로 하여 그
사람들을 요셉의 집으로 인도하
니
18 그 사람들이 요셉의 집으로 인도
되매 두려워하여 이르되 전번에 우
리 자루에 들어 있던 돈의 일로 우
리가 끌려드는도다 이는 우리를 억
류하고 달려들어 우리를 잡아 노예
로 삼고 우리의 나귀를 빼앗으려
함이로다 하고
19 그들이 요셉의 집 청지기에게 가까
이 나아가 그 집 문 앞에서 그에게
말하여
20 이르되 내 주여 우리가 전번에 내
려와서 양식을 사가지고
21 여관에 이르러 자루를 풀어본즉
각 사람의 돈이 전액 그대로 자루

아귀에 있기로 우리가 도로 가져왔
고
22 양식 살 다른 돈도 우리가 가지고
내려왔나이다 우리의 돈을 우리 자
루에 넣은 자는 누구인지 우리가
알지 못하나이다
23 그가 이르되 너희는 안심하라 두려
워하지 말라 너희 하나님, 너희 아
버지의 하나님이 재물을 너희 자루
에 넣어 너희에게 주신 것이니라
너희 돈은 내가 이미 받았느니라
하고 시므온을 그들에게로 이끌어
내고
24 그들을 요셉의 집으로 인도하고 물
을 주어 발을 씻게 하며 그들의 나
귀에게 먹이를 주더라
25 그들이 거기서 음식을 먹겠다 함을
들었으므로 예물을 정돈하고 요셉
이 정오에 오기를 기다리더니
26 요셉이 집으로 오매 그들이 집으
로 들어가서 예물을 그에게 드리고
땅에 엎드려 절하니
27 요셉이 그들의 안부를 물으며 이르
되 너희 아버지 너희가 말하던 그
노인이 안녕하시냐 아직도 생존해
계시느냐
28 그들이 대답하되 주의 종 우리 아
버지가 평안하고 지금까지 생존하
였나이다 하고 머리 숙여 절하더라
29 요셉이 눈을 들어 자기 어머니의
아들 자기 동생 베냐민을 보고 이
르되 너희가 내게 말하던 너희 작
은 동생이 이 아이냐 그가 또 이르
되 소자여 하나님이 네게 은혜 베
푸시기를 원하노라
30 요셉이 아우를 사랑하는 마음이
복받쳐 급히 울 곳을 찾아 안방으
로 들어가서 울고
31 얼굴을 씻고 나와서 그 정을 억제
하고 음식을 차리라 하매
32 그들이 요셉에게 따로 차리고 그
형제들에게 따로 차리고 그와 함
께 먹는 애굽 사람에게도 따로 차
리니 애굽 사람은 히브리 사람과
같이 먹으면 부정을 입음이었더라
33 그들이 요셉 앞에 앉되 그들의 나
이에 따라 앉히게 되니 그들이 서
로 이상히 여겼더라

34 요셉이 자기 음식을 그들에게 주되
베냐민에게는 다른 사람보다 다섯
배나 주매 그들이 마시며 요셉과
함께 즐거워하였더라

은잔이 없어지다

44 요셉이 그의 집 청지기에
게 명하여 이르되 양식을
각자의 자루에 운반할 수 있을 만
큼 채우고 각자의 돈을 그 자루에
넣고
2 또 내 잔 곧 은잔을 그 청년의 자
루 아귀에 넣고 그 양식 값 돈도
함께 넣으라 하매 그가 요셉의 명
령대로 하고
3 아침이 밝을 때에 사람들과 그들의
나귀들을 보내니라
4 그들이 성읍에서 나가 멀리 가기
전에 요셉이 청지기에게 이르되 일
어나 그 사람들의 뒤를 따라 가서
그들에게 이르기를 너희가 어찌하
여 선을 악으로 갚느냐
5 이것은 내 주인이 가지고 마시며 늘
점치는 데에 쓰는 것이 아니냐 너희
가 이같이 하니 악하도다 하라
6 청지기가 그들에게 따라 가서 그대
로 말하니
7 그들이 그에게 대답하되 내 주여
어찌 이렇게 말씀하시나이까 당신
의 종들이 이런 일은 결단코 아니
하나이다
8 우리 자루에 있던 돈도 우리가 가
나안 땅에서부터 당신에게로 가져
왔거늘 우리가 어찌 당신의 주인의
집에서 은 금을 도둑질하리이까
9 당신의 종들 중 누구에게서 발견되
든지 그는 죽을 것이요 우리는 내
주의 종들이 되리이다
10 그가 이르되 그러면 너희의 말과
같이 하리라 그것이 누구에게서든
지 발견되면 그는 내게 종이 될 것
이요 너희는 죄가 없으리라
11 그들이 각각 급히 자루를 땅에 내
려놓고 자루를 각기 푸니
12 그가 나이 많은 자에게서부터 시
작하여 나이 적은 자에게까지 조
사하매 그 잔이 베냐민의 자루에
서 발견된지라

34

44

2

3

4

5

6

7

8

9

10

11

12

13 그들이 옷을 찢고 각기 짐을 나귀
에 싣고 성으로 돌아 가니라

유다가 베냐민을 위하여 인질을 청하다

14 유다와 그의 형제들이 요셉의 집에
이르니 요셉이 아직 그 곳에 있는
지라 그의 앞에서 땅에 엎드리니
15 요셉이 그들에게 이르되 너희가 어
찌하여 이런 일을 행하였느냐 나
같은 사람이 점을 잘 치는 줄을 너
희는 알지 못하였느냐
16 유다가 말하되 우리가 내 주께 무
슨 말을 하오리이까 무슨 설명을
하오리이까 우리가 어떻게 우리의
정직함을 나타내리이까 하나님이
종들의 죄악을 찾아내셨으니 우리
와 이 잔이 발견된 자가 다 내 주의
노예가 되겠나이다
17 요셉이 이르되 내가 결코 그리하지
아니하리라 잔이 그 손에서 발견된
자만 내 종이 되고 너희는 평안히
너희 아버지께로 도로 올라갈 것이
니라
18 유다가 그에게 가까이 가서 이르되
내 주여 원하건대 당신의 종에게
내 주의 귀에 한 말씀을 아뢰게 하
소서 주의 종에게 노하지 마소서
주는 바로와 같으심이니이다
19 이전에 내 주께서 종들에게 물으시
되 너희는 아버지가 있느냐 아우가
있느냐 하시기에
20 우리가 내 주께 아뢰되 우리에게
아버지가 있으니 노인이요 또 그가
노년에 얻은 아들 청년이 있으니
그의 형은 죽고 그의 어머니가 남
긴 것은 그뿐이므로 그의 아버지
가 그를 사랑하나이다 하였더니
21 주께서 또 종들에게 이르시되 그
를 내게로 데리고 내려와서 내가
그를 보게 하라 하시기로
22 우리가 내 주께 말씀드리기를 그
아이는 그의 아버지를 떠나지 못할
지니 떠나면 그의 아버지가 죽겠나
이다
23 주께서 또 주의 종들에게 말씀하시
되 너희 막내 아우가 너희와 함께
내려오지 아니하면 너희가 다시 내
얼굴을 보지 못하리라 하시기로

24 우리가 주의 종 우리 아버지에게로
도로 올라가서 내 주의 말씀을 그
에게 아뢰었나이다
25 그 후에 우리 아버지가 다시 가서
곡물을 조금 사오라 하시기로
26 우리가 이르되 우리가 내려갈 수
없나이다 우리 막내 아우가 함께
가면 내려가려니와 막내 아우가 우
리와 함께 가지 아니하면 그 사람
의 얼굴을 볼 수 없음이니이다
27 주의 종 우리 아버지가 우리에게
이르되 너희도 알거니와 내 아내가
내게 두 아들을 낳았으나
28 하나는 내게서 나갔으므로 내가
말하기를 틀림없이 찢겨 죽었다 하
고 내가 지금까지 그를 보지 못하
거늘
29 너희가 이 아이도 내게서 데려 가
려 하니 만일 재해가 그 몸에 미치
면 나의 흰 머리를 슬퍼하며 스올
로 내려가게 하리라 하니
30 아버지의 생명과 아이의 생명이 서
로 하나로 묶여 있거늘 이제 내가
주의 종 우리 아버지에게 돌아갈
때에 아이가 우리와 함께 가지 아
니하면
31 아버지가 아이의 없음을 보고 죽으
리니 이같이 되면 종들이 주의 종
우리 아버지가 흰 머리로 슬퍼하며
스올로 내려가게 함이니이다
32 주의 종이 내 아버지에게 아이를
담보하기를 내가 이를 아버지께로
데리고 돌아오지 아니하면 영영히
아버지께 죄짐을 지리이다 하였사
오니
33 이제 주의 종으로 그 아이를 대신
하여 머물러 있어 내 주의 종이 되
게 하시고 그 아이는 그의 형제들
과 함께 올려 보내소서
34 그 아이가 나와 함께 가지 아니하
면 내가 어찌 내 아버지에게로 올
라갈 수 있으리이까 두렵건대 재
해가 내 아버지에게 미침을 보리
이다

요셉이 형제들에게 자기를 밝히다

45 요셉이 시종하는 자들 앞
에서 그 정을 억제하지 못
하여 소리 질러 모든 사람을 자기

에게서 물러가라 하고 그 형제들에
게 자기를 알리니 그 때에 그와 함
께 한 다른 사람이 없었더라
2 요셉이 큰 소리로 우니 애굽 사람 2
에게 들리며 바로의 궁중에 들리더
라
3 요셉이 그 형들에게 이르되 나는 3
요셉이라 내 아버지께서 아직 살아
계시니이까 형들이 그 앞에서 놀라
서 대답하지 못하더라
4 요셉이 형들에게 이르되 내게로 가 4
까이 오소서 그들이 가까이 가니
이르되 나는 당신들의 아우 요셉이
니 당신들이 애굽에 판 자라
5 당신들이 나를 이 곳에 팔았다고
해서 근심하지 마소서 한탄하지 5
마소서 하나님이 생명을 구원하시
려고 나를 당신들보다 먼저 보내셨
나이다
6 이 땅에 이 년 동안 흉년이 들었으 6
나 아직 오 년은 밭갈이도 못하고
추수도 못할지라
7 하나님이 큰 구원으로 당신들의 생 7
명을 보존하고 당신들의 후손을 세
상에 두시려고 나를 당신들보다 먼
저 보내셨나니
8 그런즉 나를 이리로 보낸 이는 당 8
신들이 아니요 하나님이시라 하나
님이 나를 바로에게 아버지로 삼
으시고 그 온 집의 주로 삼으시며
애굽 온 땅의 통치자로 삼으셨나
이다
9 당신들은 속히 아버지께로 올라가 9
서 아뢰기를 아버지의 아들 요셉의
말에 하나님이 나를 애굽 전국의
주로 세우셨으니 지체 말고 내게로
내려오사
10 아버지의 아들들과 아버지의 손자 10
들과 아버지의 양과 소와 모든 소
유가 고센 땅에 머물며 나와 가깝
게 하소서
11 흉년이 아직 다섯 해가 있으니 내 11
가 거기서 아버지를 봉양하리이다
아버지와 아버지의 가족과 아버지
께 속한 모든 사람에게 부족함이
없도록 하겠나이다 하더라고 전하
소서
12 당신들의 눈과 내 아우 베냐민의 12

눈이 보는 바 당신들에게 이 말을
하는 것은 내 입이라
13 당신들은 내가 애굽에서 누리는 영
화와 당신들이 본 모든 것을 다 내
아버지께 아뢰고 속히 모시고 내려
오소서 하며
14 자기 아우 베냐민의 목을 안고 우
니 베냐민도 요셉의 목을 안고 우
니라
15 요셉이 또 형들과 입맞추며 안고
우니 형들이 그제서야 요셉과 말
하니라
16 요셉의 형들이 왔다는 소문이 바
로의 궁에 들리매 바로와 그의 신
하들이 기뻐하고
17 바로는 요셉에게 이르되 네 형들에
게 명령하기를 너희는 이렇게 하여
너희 양식을 싣고 가서 가나안 땅
에 이르거든
18 너희 아버지와 너희 가족을 이끌고
내게로 오라 내가 너희에게 애굽의
좋은 땅을 주리니 너희가 나라의
기름진 것을 먹으리라
19 이제 명령을 받았으니 이렇게 하라
너희는 애굽 땅에서 수레를 가져다
가 너희 자녀와 아내를 태우고 너
희 아버지를 모셔 오라
20 또 너희의 기구를 아끼지 말라 온
애굽 땅의 좋은 것이 너희 것임이
니라
21 이스라엘의 아들들이 그대로 할새
요셉이 바로의 명령대로 그들에게
수레를 주고 길 양식을 주며
22 또 그들에게 다 각기 옷 한 벌씩을
주되 베냐민에게는 은 삼백과 옷
다섯 벌을 주고
23 그가 또 이와 같이 그 아버지에게
보내되 수나귀 열 필에 애굽의 아
름다운 물품을 실리고 암나귀 열
필에는 아버지에게 길에서 드릴 곡
식과 떡과 양식을 실리고
24 이에 형들을 돌려보내며 그들에게
이르되 당신들은 길에서 다투지
말라 하였더라
25 그들이 애굽에서 올라와 가나안
땅으로 들어가서 아버지 야곱에게
이르러

26 알리어 이르되 요셉이 지금까지 살
아 있어 애굽 땅 총리가 되었더이
다 야곱이 그들의 말을 믿지 못하
여 어리둥절 하더니
27 그들이 또 요셉이 자기들에게 부탁
한 모든 말로 그에게 말하매 그들
의 아버지 야곱은 요셉이 자기를
태우려고 보낸 수레를 보고서야 기
운이 소생한지라
28 이스라엘이 이르되 족하도다 내 아
들 요셉이 지금까지 살아 있으니
내가 죽기 전에 가서 그를 보리라
하니라

야곱 가족이 애굽으로 내려가다

46 이스라엘이 모든 소유를
이끌고 떠나 브엘세바에 이
르러 그의 아버지 이삭의 하나님께
희생제사를 드리니
2 그 밤에 하나님이 이상 중에 이스
라엘에게 나타나 이르시되 야곱아
야곱아 하시는지라 야곱이 이르되
내가 여기 있나이다 하매
3 하나님이 이르시되 나는 하나님이
라 네 아버지의 하나님이니 애굽으
로 내려가기를 두려워하지 말라 내
가 거기서 너로 큰 민족을 이루게
하리라
4 내가 너와 함께 애굽으로 내려가겠
고 반드시 너를 인도하여 다시 올
라올 것이며 요셉이 그의 손으로
네 눈을 감기리라 하셨더라
5 야곱이 브엘세바에서 떠날새 이스
라엘의 아들들이 바로가 그를 태
우려고 보낸 수레에 자기들의 아버
지 야곱과 자기들의 처자들을 태
우고
6 그들의 가축과 가나안 땅에서 얻
은 재물을 이끌었으며 야곱과 그
의 자손들이 다함께 애굽으로 갔
더라
7 이와 같이 야곱이 그 아들들과 손
자들과 딸들과 손녀들 곧 그의 모
든 자손을 데리고 애굽으로 갔더
라
8 애굽으로 내려간 이스라엘 가족의
이름은 이러하니라 야곱과 그의
아들들 곧 야곱의 맏아들 르우벤
과

26

27

28

46

2

3

4

5

6

7

8

9 르우벤의 아들 하녹과 발루와 헤
스론과 갈미요
10 시므온의 아들은 여무엘과 야민과
오핫과 야긴과 스할과 가나안 여인
의 아들 사울이요
11 레위의 아들은 게르손과 그핫과
므라리요
12 유다의 아들 곧 엘과 오난과 셀라
와 베레스와 세라니 엘과 오난은
가나안 땅에서 죽었고 베레스의
아들은 헤스론과 하물이요
13 잇사갈의 아들은 돌라와 부와와
욥과 시므론이요
14 스불론의 아들은 세렛과 엘론과
얄르엘이니
15 이들은 레아가 밧단아람에서 야곱
에게 난 자손들이라 그 딸 디나를
합하여 남자와 여자가 삼십삼 명이
며
16 갓의 아들은 시뵨과 학기와 수니
와 에스본과 에리와 아로디와 아렐
리요
17 아셀의 아들은 임나와 이스와와
이스위와 브리아와 그들의 누이 세
라며 또 브리아의 아들은 헤벨과
말기엘이니
18 이들은 라반이 그의 딸 레아에게
준 실바가 야곱에게 낳은 자손들
이니 모두 십육 명이라
19 야곱의 아내 라헬의 아들 곧 요셉
과 베냐민이요
20 애굽 땅에서 온의 제사장 보디베라
의 딸 아스낫이 요셉에게 낳은 므
낫세와 에브라임이요
21 베냐민의 아들 곧 벨라와 베겔과
아스벨과 게라와 나아만과 에히와
로스와 뭅빔과 훕빔과 아릇이니
22 이들은 라헬이 야곱에게 낳은 자
손들이니 모두 십사 명이요
23 단의 아들 후심이요
24 납달리의 아들 곧 야스엘과 구니
와 예셀과 실렘이라
25 이들은 라반이 그의 딸 라헬에게
준 빌하가 야곱에게 낳은 자손들
이니 모두 칠 명이라
26 야곱과 함께 애굽에 들어간 자는
야곱의 며느리들 외에 육십육 명이
니 이는 다 야곱의 몸에서 태어난

자이며
27 애굽에서 요셉이 낳은 아들은 두
명이니 야곱의 집 사람으로 애굽
에 이른 자가 모두 칠십 명이었더
라

야곱 일행이 애굽에 이르다

28 야곱이 유다를 요셉에게 미리 보내
어 자기를 고센으로 인도하게 하고
다 고센 땅에 이르니
29 요셉이 그의 수레를 갖추고 고센으
로 올라가서 그의 아버지 이스라엘
을 맞으며 그에게 보이고 그의 목
을 어긋맞춰 안고 얼마 동안 울매
30 이스라엘이 요셉에게 이르되 네가
지금까지 살아 있고 내가 네 얼굴
을 보았으니 지금 죽어도 족하도다
31 요셉이 그의 형들과 아버지의 가족
에게 이르되 내가 올라가서 바로에
게 아뢰어 이르기를 가나안 땅에
있던 내 형들과 내 아버지의 가족
이 내게로 왔는데
32 그들은 목자들이라 목축하는 사람
들이므로 그들의 양과 소와 모든
소유를 이끌고 왔나이다 하리니
33 바로가 당신들을 불러서 너희의 직
업이 무엇이냐 묻거든
34 당신들은 이르기를 주의 종들은
어렸을 때부터 지금까지 목축하는
자들이온데 우리와 우리 선조가
다 그러하니이다 하소서 애굽 사람
은 다 목축을 가증히 여기나니 당
신들이 고센 땅에 살게 되리이다

47 요셉이 바로에게 가서 고하
여 이르되 내 아버지와 내
형들과 그들의 양과 소와 모든 소
유가 가나안 땅에서 와서 고센 땅
에 있나이다 하고
2 그의 형들 중 다섯 명을 택하여 바
로에게 보이니
3 바로가 요셉의 형들에게 묻되 너희
생업이 무엇이냐 그들이 바로에게
대답하되 종들은 목자이온데 우리
와 선조가 다 그러하니이다 하고
4 그들이 또 바로에게 고하되 가나안
땅에 기근이 심하여 종들의 양 떼
를 칠 곳이 없기로 종들이 이 곳에
거류하고자 왔사오니 원하건대 종
들로 고센 땅에 살게 하소서

5 바로가 요셉에게 말하여 이르되 5
네 아버지와 형들이 네게 왔은즉
6 애굽 땅이 네 앞에 있으니 땅의 좋
은 곳에 네 아버지와 네 형들이 거 6
주하게 하되 그들이 고센 땅에 거
주하고 그들 중에 능력 있는 자가
있거든 그들로 내 가축을 관리하
게 하라
7 요셉이 자기 아버지 야곱을 인도하
여 바로 앞에 서게 하니 야곱이 바 7
로에게 축복하매
8 바로가 야곱에게 묻되 네 나이가
얼마냐 8
9 야곱이 바로에게 아뢰되 내 나그네 9
길의 세월이 백삼십 년이니이다 내
나이가 얼마 못 되니 우리 조상의
나그네 길의 연조에 미치지 못하나
험악한 세월을 보내었나이다 하고
10 야곱이 바로에게 축복하고 그 앞
에서 나오니라 10
11 요셉이 바로의 명령대로 그의 아버
지와 그의 형들에게 거주할 곳을 11
주되 애굽의 좋은 땅 라암셋을 그
들에게 주어 소유로 삼게 하고
12 또 그의 아버지와 그의 형들과 그
의 아버지의 온 집에 그 식구를 따 12
라 먹을 것을 주어 봉양하였더라

기근이 더욱 심해지다

13 기근이 더욱 심하여 사방에 먹을 13
것이 없고 애굽 땅과 가나안 땅이
기근으로 황폐하니
14 요셉이 곡식을 팔아 애굽 땅과 가 14
나안 땅에 있는 돈을 모두 거두어
들이고 그 돈을 바로의 궁으로 가
져가니
15 애굽 땅과 가나안 땅에 돈이 떨어 15
진지라 애굽 백성이 다 요셉에게
와서 이르되 돈이 떨어졌사오니 우
리에게 먹을 거리를 주소서 어찌
주 앞에서 죽으리이까
16 요셉이 이르되 너희의 가축을 내
라 돈이 떨어졌은즉 내가 너희의 16
가축과 바꾸어 주리라
17 그들이 그들의 가축을 요셉에게
끌어오는지라 요셉이 그 말과 양 17
떼와 소 떼와 나귀를 받고 그들에
게 먹을 것을 주되 곧 그 모든 가
축과 바꾸어서 그 해 동안에 먹을

것을 그들에게 주니라
18 그 해가 다 가고 새 해가 되매 무리
가 요셉에게 와서 그에게 말하되
우리가 주께 숨기지 아니하나이다
우리의 돈이 다하였고 우리의 가축
떼가 주께로 돌아갔사오니 주께 낼
것이 아무것도 남지 아니하고 우리
의 몸과 토지뿐이라
19 우리가 어찌 우리의 토지와 함께
주의 목전에 죽으리이까 우리 몸과
우리 토지를 먹을 것을 주고 사소
서 우리가 토지와 함께 바로의 종
이 되리니 우리에게 종자를 주시면
우리가 살고 죽지 아니하며 토지도
황폐하게 되지 아니하리이다
20 그러므로 요셉이 애굽의 모든 토지
를 다 사서 바로에게 바치니 애굽
의 모든 사람들이 기근에 시달려
각기 토지를 팔았음이라 땅이 바
로의 소유가 되니라
21 요셉이 애굽 땅 이 끝에서 저 끝까
지의 백성을 성읍들에 옮겼으나
22 제사장들의 토지는 사지 아니하였
으니 제사장들은 바로에게서 녹을
받음이라 바로가 주는 녹을 먹으
므로 그들이 토지를 팔지 않음이
었더라
23 요셉이 백성에게 이르되 오늘 내가
바로를 위하여 너희 몸과 너희 토
지를 샀노라 여기 종자가 있으니
너희는 그 땅에 뿌리라
24 추수의 오분의 일을 바로에게 상납
하고 오분의 사는 너희가 가져서
토지의 종자로도 삼고 너희의 양식
으로도 삼고 너희 가족과 어린 아
이의 양식으로도 삼으라
25 그들이 이르되 주께서 우리를 살리
셨사오니 우리가 주께 은혜를 입고
바로의 종이 되겠나이다
26 요셉이 애굽 토지법을 세우매 그
오분의 일이 바로에게 상납되나 제
사장의 토지는 바로의 소유가 되
지 아니하여 오늘날까지 이르니라

야곱의 마지막 청

27 이스라엘 족속이 애굽 고센 땅에
거주하며 거기서 생업을 얻어 생육
하고 번성하였더라
28 야곱이 애굽 땅에 십칠 년을 거주하

였으니 그의 나이가 백사십칠 세라
29 이스라엘이 죽을 날이 가까우매
그의 아들 요셉을 불러 그에게 이
르되 이제 내가 네게 은혜를 입었
거든 청하노니 네 손을 내 허벅지
아래에 넣고 인애와 성실함으로 내
게 행하여 애굽에 나를 장사하지
아니하도록 하라
30 내가 조상들과 함께 눕거든 너는
나를 애굽에서 메어다가 조상의
묘지에 장사하라 요셉이 이르되 내
가 아버지의 말씀대로 행하리이다
31 야곱이 또 이르되 내게 맹세하라
하매 그가 맹세하니 이스라엘이 침
상 머리에서 하나님께 경배하니라

야곱이 에브라임과 므낫세에게 축복하다

48 이 일 후에 어떤 사람이 요
셉에게 말하기를 네 아버지
가 병들었다 하므로 그가 곧 두 아
들 므낫세와 에브라임과 함께 이르
니
2 어떤 사람이 야곱에게 말하되 네
아들 요셉이 네게 왔다 하매 이스
라엘이 힘을 내어 침상에 앉아
3 요셉에게 이르되 이전에 가나안 땅
루스에서 전능하신 하나님이 내게
나타나사 복을 주시며
4 내게 이르시되 내가 너로 생육하고
번성하게 하여 네게서 많은 백성이
나게 하고 내가 이 땅을 네 후손에
게 주어 영원한 소유가 되게 하리
라 하셨느니라
5 내가 애굽으로 와서 네게 이르기 전
에 애굽에서 네가 낳은 두 아들 에
브라임과 므낫세는 내 것이라 르우
벤과 시므온처럼 내 것이 될 것이요
6 이들 후의 네 소생은 네 것이 될 것
이며 그들의 유산은 그들의 형의
이름으로 함께 받으리라
7 내게 대하여는 내가 이전에 밧단에
서 올 때에 라헬이 나를 따르는 도
중 가나안 땅에서 죽었는데 그 곳
은 에브랏까지 길이 아직도 먼 곳
이라 내가 거기서 그를 에브랏 길
에 장사하였느니라 (에브랏은 곧
베들레헴이라)
8 이스라엘이 요셉의 아들들을 보고
이르되 이들은 누구냐

29

30

31

48

2

3

4

5

6

7

8

9 요셉이 그의 아버지에게 아뢰되 이
는 하나님이 여기서 내게 주신 아
들들이니이다 아버지가 이르되 그
들을 데리고 내 앞으로 나아오라
내가 그들에게 축복하리라
10 이스라엘의 눈이 나이로 말미암아
어두워서 보지 못하더라 요셉이 두
아들을 이끌어 아버지 앞으로 나
아가니 이스라엘이 그들에게 입맞
추고 그들을 안고
11 요셉에게 이르되 내가 네 얼굴을
보리라고는 생각하지 못하였더니
하나님이 내게 네 자손까지도 보
게 하셨도다
12 요셉이 아버지의 무릎 사이에서 두
아들을 물러나게 하고 땅에 엎드
려 절하고
13 오른손으로는 에브라임을 이스라
엘의 왼손을 향하게 하고 왼손으
로는 므낫세를 이스라엘의 오른손
을 향하게 하여 이끌어 그에게 가
까이 나아가매
14 이스라엘이 오른손을 펴서 차남 에
브라임의 머리에 얹고 왼손을 펴서
므낫세의 머리에 얹으니 므낫세는
장자라도 팔을 엇바꾸어 얹었더라
15 그가 요셉을 위하여 축복하여 이르
되 내 조부 아브라함과 아버지 이삭
이 섬기던 하나님, 나의 출생으로부
터 지금까지 나를 기르신 하나님,
16 나를 모든 환난에서 건지신 여호
와의 사자께서 이 아이들에게 복
을 주시오며 이들로 내 이름과 내
조상 아브라함과 이삭의 이름으로
칭하게 하시오며 이들이 세상에서
번식되게 하시기를 원하나이다
17 요셉이 그 아버지가 오른손을 에브
라임의 머리에 얹은 것을 보고 기
뻐하지 아니하여 아버지의 손을 들
어 에브라임의 머리에서 므낫세의
머리로 옮기고자 하여
18 그의 아버지에게 이르되 아버지여
그리 마옵소서 이는 장자이니 오
른손을 그의 머리에 얹으소서 하
였으나
19 그의 아버지가 허락하지 아니하며
이르되 나도 안다 내 아들아 나도
안다 그도 한 족속이 되며 그도 크

게 되려니와 그의 아우가 그보다
큰 자가 되고 그의 자손이 여러 민
족을 이루리라 하고
20 그 날에 그들에게 축복하여 이르
되 이스라엘이 너로 말미암아 축복
하기를 하나님이 네게 에브라임 같
고 므낫세 같게 하시리라 하며 에
브라임을 므낫세보다 앞세웠더라
21 이스라엘이 요셉에게 또 이르되 나
는 죽으나 하나님이 너희와 함께
계시사 너희를 인도하여 너희 조상
의 땅으로 돌아가게 하시려니와
22 내가 네게 네 형제보다 세겜 땅을
더 주었나니 이는 내가 내 칼과 활
로 아모리 족속의 손에서 빼앗은
것이니라

야곱의 유언과 죽음

49 야곱이 그 아들들을 불러
이르되 너희는 모이라 너희
가 후일에 당할 일을 내가 너희에
게 이르리라
2 너희는 모여 들으라 야곱의 아
들들아 너희 아버지 이스라엘에
게 들을지어다
3 르우벤아 너는 내 장자요 내 능
력이요 내 기력의 시작이라 위풍
이 월등하고 권능이 탁월하다마
는
4 물의 끓음 같았은즉 너는 탁월
하지 못하리니 네가 아버지의 침
상에 올라 더럽혔음이로다 그가
내 침상에 올랐었도다
5 시므온과 레위는 형제요 그들의
칼은 폭력의 도구로다
6 내 혼아 그들의 모의에 상관하지
말지어다 내 영광아 그들의 집회
에 참여하지 말지어다 그들이 그
들의 분노대로 사람을 죽이고
그들의 혈기대로 소의 발목 힘줄
을 끊었음이로다
7 그 노여움이 혹독하니 저주를
받을 것이요 분기가 맹렬하니 저
주를 받을 것이라 내가 그들을
야곱 중에서 나누며 이스라엘
중에서 흩으리로다
8 유다야 너는 네 형제의 찬송이
될지라 네 손이 네 원수의 목을
잡을 것이요 네 아버지의 아들

20
21
22
49
2
3
4
5
6
7
8

들이 네 앞에 절하리로다
9 유다는 사자 새끼로다 내 아들
아 너는 움킨 것을 찢고 올라갔
도다 그가 엎드리고 웅크림이 수
사자 같고 암사자 같으니 누가
그를 범할 수 있으랴
10 규가 유다를 떠나지 아니하며 통
치자의 지팡이가 그 발 사이에
서 떠나지 아니하기를 실로가 오
시기까지 이르리니 그에게 모든
백성이 복종하리로다
11 그의 나귀를 포도나무에 매며
그의 암나귀 새끼를 아름다운
포도나무에 맬 것이며 또 그 옷
을 포도주에 빨며 그의 복장을
포도즙에 빨리로다
12 그의 눈은 포도주로 인하여 붉
겠고 그의 이는 우유로 말미암
아 희리로다
13 스불론은 해변에 거주하리니 그
곳은 배 매는 해변이라 그의 경
계가 시돈까지리로다
14 잇사갈은 양의 우리 사이에 꿇어
앉은 건장한 나귀로다
15 그는 쉴 곳을 보고 좋게 여기며
토지를 보고 아름답게 여기고
어깨를 내려 짐을 메고 압제 아
래에서 섬기리로다
16 단은 이스라엘의 한 지파 같이
그의 백성을 심판하리로다
17 단은 길섶의 뱀이요 샛길의 독사
로다 말굽을 물어서 그 탄 자를
뒤로 떨어지게 하리로다
18 여호와여 나는 주의 구원을 기
다리나이다
19 갓은 군대의 추격을 받으나 도리
어 그 뒤를 추격하리로다
20 아셀에게서 나는 먹을 것은 기
름진 것이라 그가 왕의 수라상
을 차리리로다
21 납달리는 놓인 암사슴이라 아름
다운 소리를 발하는도다
22 요셉은 무성한 가지 곧 샘 곁의
무성한 가지라 그 가지가 담을
넘었도다
23 활쏘는 자가 그를 학대하며 적개
심을 가지고 그를 쏘았으나

9
10
11
12
13
14
15
16
17
18
19
20
21
22
23

24 요셉의 활은 도리어 굳세며 그의
팔은 힘이 있으니 이는 야곱의
전능자 이스라엘의 반석인 목자
의 손을 힘입음이라
25 네 아버지의 하나님께로 말미
암나니 그가 너를 도우실 것이
요 전능자로 말미암나니 그가
네게 복을 주실 것이라 위로 하
늘의 복과 아래로 깊은 샘의 복
과 젖먹이는 복과 태의 복이리
로다
26 네 아버지의 축복이 내 선조의
축복보다 나아서 영원한 산이 한
없음 같이 이 축복이 요셉의 머
리로 돌아오며 그 형제 중 뛰어
난 자의 정수리로 돌아오리로다
27 베냐민은 물어뜯는 이리라 아침
에는 빼앗은 것을 먹고 저녁에는
움킨 것을 나누리로다
28 이들은 이스라엘의 열두 지파라
이와 같이 그들의 아버지가 그들에
게 말하고 그들에게 축복하였으니
곧 그들 각 사람의 분량대로 축복
하였더라
29 그가 그들에게 명하여 이르되 내가
내 조상들에게로 돌아가리니 나를
헷 사람 에브론의 밭에 있는 굴에
우리 선조와 함께 장사하라
30 이 굴은 가나안 땅 마므레 앞 막벨
라 밭에 있는 것이라 아브라함이
헷 사람 에브론에게서 밭과 함께
사서 그의 매장지를 삼았으므로
31 아브라함과 그의 아내 사라가 거기
장사되었고 이삭과 그의 아내 리브
가도 거기 장사되었으며 나도 레아
를 그 곳에 장사하였노라
32 이 밭과 거기 있는 굴은 헷 사람에
게서 산 것이니라
33 야곱이 아들에게 명하기를 마치고
그 발을 침상에 모으고 숨을 거두
니 그의 백성에게로 돌아갔더라

50 요셉이 그의 아버지 얼굴
에 구푸려 울며 입맞추고
2 그 수종 드는 의원에게 명하여 아
버지의 몸을 향으로 처리하게 하
매 의원이 이스라엘에게 그대로
하되

24

25

26

27

28

29

30

31

32

33

50

2

3 사십 일이 걸렸으니 향으로 처리하
는 데는 이 날수가 걸림이며 애굽
사람들은 칠십 일 동안 그를 위하
여 곡하였더라
4 곡하는 기한이 지나매 요셉이 바
로의 궁에 말하여 이르되 내가 너
희에게 은혜를 입었으면 원하건대
바로의 귀에 아뢰기를
5 우리 아버지가 나로 맹세하게 하여
이르되 내가 죽거든 가나안 땅에
내가 파 놓은 묘실에 나를 장사하
라 하였나니 나로 올라가서 아버지
를 장사하게 하소서 내가 다시 오
리이다 하라 하였더니
6 바로가 이르되 그가 네게 시킨 맹
세대로 올라가서 네 아버지를 장사
하라
7 요셉이 자기 아버지를 장사하러 올
라가니 바로의 모든 신하와 바로
궁의 원로들과 애굽 땅의 모든 원
로와
8 요셉의 온 집과 그의 형제들과 그
의 아버지의 집이 그와 함께 올라
가고 그들의 어린아이들과 양 떼와
소 떼만 고센 땅에 남겼으며
9 병거와 기병이 요셉을 따라 올라가
니 그 떼가 심히 컸더라
10 그들이 요단 강 건너편 아닷 타작
마당에 이르러 거기서 크게 울고
애통하며 요셉이 아버지를 위하여
칠 일 동안 애곡하였더니
11 그 땅 거민 가나안 백성들이 아닷
마당의 애통을 보고 이르되 이는
애굽 사람의 큰 애통이라 하였으
므로 그 땅 이름을 아벨미스라임
이라 하였으니 곧 요단 강 건너편이
더라
12 야곱의 아들들이 아버지가 그들에
게 명령한 대로 그를 위해 따라 행
하여
13 그를 가나안 땅으로 메어다가 마므
레 앞 막벨라 밭 굴에 장사하였으
니 이는 아브라함이 헷 족속 에브
론에게 밭과 함께 사서 매장지를
삼은 곳이더라
14 요셉이 아버지를 장사한 후에 자기
형제와 호상꾼과 함께 애굽으로
돌아왔더라

3

4

5

6

7

8

9

10

11

12

13

14

요셉이 형들을 위로하다

15 요셉의 형제들이 그들의 아버지가 죽
었음을 보고 말하되 요셉이 혹시 우
리를 미워하여 우리가 그에게 행한
모든 악을 다 갚지나 아니할까 하고
16 요셉에게 말을 전하여 이르되 당신
의 아버지가 돌아가시기 전에 명령
하여 이르시기를
17 너희는 이같이 요셉에게 이르라 네
형들이 네게 악을 행하였을지라도
이제 바라건대 그들의 허물과 죄를
용서하라 하셨나니 당신 아버지의
하나님의 종들인 우리 죄를 이제 용
서하소서 하매 요셉이 그들이 그에
게 하는 말을 들을 때에 울었더라
18 그의 형들이 또 친히 와서 요셉의
앞에 엎드려 이르되 우리는 당신의
종들이니이다
19 요셉이 그들에게 이르되 두려워하지
마소서 내가 하나님을 대신하리이까
20 당신들은 나를 해하려 하였으나
하나님은 그것을 선으로 바꾸사
오늘과 같이 많은 백성의 생명을
구원하게 하시려 하셨나니
21 당신들은 두려워하지 마소서 내가
당신들과 당신들의 자녀를 기르리
이다 하고 그들을 간곡한 말로 위
로하였더라

요셉이 죽다

22 요셉이 그의 아버지의 가족과 함께
애굽에 거주하여 백십 세를 살며
23 에브라임의 자손 삼 대를 보았으며
므낫세의 아들 마길의 아들들도
요셉의 슬하에서 양육되었더라
24 요셉이 그의 형제들에게 이르되 나
는 죽을 것이나 하나님이 당신들을
돌보시고 당신들을 이 땅에서 인도
하여 내사 아브라함과 이삭과 야
곱에게 맹세하신 땅에 이르게 하시
리라 하고
25 요셉이 또 이스라엘 자손에게 맹세
시켜 이르기를 하나님이 반드시 당
신들을 돌보시리니 당신들은 여기
서 내 해골을 메고 올라가겠다 하
라 하였더라
26 요셉이 백십 세에 죽으매 그들이
그의 몸에 향 재료를 넣고 애굽에
서 입관하였더라

15
16
17
18
19
20
21
22
23
24
25
26

출애굽기 Exodus

이스라엘 자손이 학대를 받다

1 야곱과 함께 각각 자기 가족을
데리고 애굽에 이른 이스라엘
아들들의 이름은 이러하니
2 르우벤과 시므온과 레위와 유다와
3 잇사갈과 스불론과 베냐민과
4 단과 납달리와 갓과 아셀이요
5 야곱의 허리에서 나온 사람이 모두
칠십이요 요셉은 애굽에 있었더라
6 요셉과 그의 모든 형제와 그 시대
의 사람은 다 죽었고
7 이스라엘 자손은 생육하고 불어나
번성하고 매우 강하여 온 땅에 가
득하게 되었더라
8 요셉을 알지 못하는 새 왕이 일어
나 애굽을 다스리더니
9 그가 그 백성에게 이르되 이 백성
이스라엘 자손이 우리보다 많고 강
하도다
10 자, 우리가 그들에게 대하여 지혜
롭게 하자 두렵건대 그들이 더 많
게 되면 전쟁이 일어날 때에 우리
대적과 합하여 우리와 싸우고 이
땅에서 나갈까 하노라 하고
11 감독들을 그들 위에 세우고 그들
에게 무거운 짐을 지워 괴롭게 하
여 그들에게 바로를 위하여 국고
성 비돔과 라암셋을 건축하게 하
니라
12 그러나 학대를 받을수록 더욱 번성
하여 퍼져나가니 애굽 사람이 이스
라엘 자손으로 말미암아 근심하여
13 이스라엘 자손에게 일을 엄하게 시
켜
14 어려운 노동으로 그들의 생활을 괴
롭게 하니 곧 흙 이기기와 벽돌 굽
기와 농사의 여러 가지 일이라 그
시키는 일이 모두 엄하였더라
15 애굽 왕이 히브리 산파 십브라라
하는 사람과 부아라 하는 사람에
게 말하여
16 이르되 너희는 히브리 여인을 위하
여 해산을 도울 때에 그 자리를 살
펴서 아들이거든 그를 죽이고 딸이
거든 살려두라

17 그러나 산파들이 하나님을 두려워
하여 애굽 왕의 명령을 어기고 남
자 아기들을 살린지라
18 애굽 왕이 산파를 불러 그들에게
이르되 너희가 어찌하여 이같이 남
자 아기들을 살렸느냐
19 산파가 바로에게 대답하되 히브리
여인은 애굽 여인과 같지 아니하고
건장하여 산파가 그들에게 이르기
전에 해산하였더이다 하매
20 하나님이 그 산파들에게 은혜를 베
푸시니 그 백성은 번성하고 매우
강해지니라
21 그 산파들은 하나님을 경외하였으
므로 하나님이 그들의 집안을 흥왕
하게 하신지라
22 그러므로 바로가 그의 모든 백성에
게 명령하여 이르되 아들이 태어나
거든 너희는 그를 나일 강에 던지
고 딸이거든 살려두라 하였더라

모세가 태어나다

2 레위 가족 중 한 사람이 가서
레위 여자에게 장가 들어
2 그 여자가 임신하여 아들을 낳으니
그가 잘 생긴 것을 보고 석 달 동
안 그를 숨겼으나
3 더 숨길 수 없게 되매 그를 위하여
갈대 상자를 가져다가 역청과 나무
진을 칠하고 아기를 거기 담아 나
일 강 가 갈대 사이에 두고
4 그의 누이가 어떻게 되는지를 알려
고 멀리 섰더니
5 바로의 딸이 목욕하러 나일 강으
로 내려오고 시녀들은 나일 강 가
를 거닐 때에 그가 갈대 사이의 상
자를 보고 시녀를 보내어 가져다가
6 열고 그 아기를 보니 아기가 우는
지라 그가 그를 불쌍히 여겨 이르
되 이는 히브리 사람의 아기로다
7 그의 누이가 바로의 딸에게 이르되
내가 가서 당신을 위하여 히브리
여인 중에서 유모를 불러다가 이
아기에게 젖을 먹이게 하리이까
8 바로의 딸이 그에게 이르되 가라
하매 그 소녀가 가서 그 아기의 어
머니를 불러오니
9 바로의 딸이 그에게 이르되 이 아
기를 데려다가 나를 위하여 젖을

먹이라 내가 그 삯을 주리라 여인
이 아기를 데려다가 젖을 먹이더
니
10 그 아기가 자라매 바로의 딸에게로
데려가니 그가 그의 아들이 되니라
그가 그의 이름을 모세라 하여 이
르되 이는 내가 그를 물에서 건져
내었음이라 하였더라

모세가 미디안으로 피하다

11 모세가 장성한 후에 한번은 자기
형제들에게 나가서 그들이 고되게
노동하는 것을 보더니 어떤 애굽
사람이 한 히브리 사람 곧 자기 형
제를 치는 것을 본지라
12 좌우를 살펴 사람이 없음을 보고
그 애굽 사람을 쳐죽여 모래 속에
감추니라
13 이튿날 다시 나가니 두 히브리 사
람이 서로 싸우는지라 그 잘못한
사람에게 이르되 네가 어찌하여 동
포를 치느냐 하매
14 그가 이르되 누가 너를 우리를 다
스리는 자와 재판관으로 삼았느냐
네가 애굽 사람을 죽인 것처럼 나
도 죽이려느냐 모세가 두려워하여
이르되 일이 탄로되었도다
15 바로가 이 일을 듣고 모세를 죽이
고자 하여 찾는지라 모세가 바로
의 낯을 피하여 미디안 땅에 머물
며 하루는 우물 곁에 앉았더라
16 미디안 제사장에게 일곱 딸이 있었
더니 그들이 와서 물을 길어 구유
에 채우고 그들의 아버지의 양 떼
에게 먹이려 하는데
17 목자들이 와서 그들을 쫓는지라
모세가 일어나 그들을 도와 그 양
떼에게 먹이니라
18 그들이 그들의 아버지 르우엘에게
이를 때에 아버지가 이르되 너희가
오늘은 어찌하여 이같이 속히 돌아
오느냐
19 그들이 이르되 한 애굽 사람이 우
리를 목자들의 손에서 건져내고 우
리를 위하여 물을 길어 양 떼에게
먹였나이다
20 아버지가 딸들에게 이르되 그 사람
이 어디에 있느냐 너희가 어찌하여
그 사람을 버려두고 왔느냐 그를

청하여 음식을 대접하라 하였더라
21 모세가 그와 동거하기를 기뻐하매
그가 그의 딸 십보라를 모세에게
주었더니
22 그가 아들을 낳으매 모세가 그의
이름을 게르솜이라 하여 이르되 내
가 타국에서 나그네가 되었음이라
하였더라
23 여러 해 후에 애굽 왕은 죽었고 이
스라엘 자손은 고된 노동으로 말
미암아 탄식하며 부르짖으니 그 고
된 노동으로 말미암아 부르짖는 소
리가 하나님께 상달된지라
24 하나님이 그들의 고통 소리를 들으
시고 하나님이 아브라함과 이삭과
야곱에게 세운 그의 언약을 기억하
사
25 하나님이 이스라엘 자손을 돌보셨
고 하나님이 그들을 기억하셨더라

여호와께서 모세를 부르시다

3 모세가 그의 장인 미디안 제사
장 이드로의 양 떼를 치더니 그
떼를 광야 서쪽으로 인도하여 하
나님의 산 호렙에 이르매
2 여호와의 사자가 떨기나무 가운데
로부터 나오는 불꽃 안에서 그에게
나타나시니라 그가 보니 떨기나무
에 불이 붙었으나 그 떨기나무가
사라지지 아니하는지라
3 이에 모세가 이르되 내가 돌이켜
가서 이 큰 광경을 보리라 떨기나
무가 어찌하여 타지 아니하는고 하
니 그 때에
4 여호와께서 그가 보려고 돌이켜 오
는 것을 보신지라 하나님이 떨기나
무 가운데서 그를 불러 이르시되
모세야 모세야 하시매 그가 이르
되 내가 여기 있나이다
5 하나님이 이르시되 이리로 가까이
오지 말라 네가 선 곳은 거룩한 땅
이니 네 발에서 신을 벗으라
6 또 이르시되 나는 네 조상의 하나
님이니 아브라함의 하나님, 이삭의
하나님, 야곱의 하나님이니라 모세
가 하나님 뵈옵기를 두려워하여 얼
굴을 가리매
7 여호와께서 이르시되 내가 애굽에
있는 내 백성의 고통을 분명히 보

21
22
23
24
25
3
2
3
4
5
6
7

고 그들이 그들의 감독자로 말미암
아 부르짖음을 듣고 그 근심을 알
고
8 내가 내려가서 그들을 애굽인의 손
에서 건져내고 그들을 그 땅에서
인도하여 아름답고 광대한 땅, 젖
과 꿀이 흐르는 땅 곧 가나안 족
속, 헷 족속, 아모리 족속, 브리스
족속, 히위 족속, 여부스 족속의 지
방에 데려가려 하노라
9 이제 가라 이스라엘 자손의 부르짖
음이 내게 달하고 애굽 사람이 그
들을 괴롭히는 학대도 내가 보았으
니
10 이제 내가 너를 바로에게 보내어 너
에게 내 백성 이스라엘 자손을 애
굽에서 인도하여 내게 하리라
11 모세가 하나님께 아뢰되 내가 누구
이기에 바로에게 가며 이스라엘 자
손을 애굽에서 인도하여 내리이까
12 하나님이 이르시되 내가 반드시 너
와 함께 있으리라 네가 그 백성을
애굽에서 인도하여 낸 후에 너희가
이 산에서 하나님을 섬기리니 이것
이 내가 너를 보낸 증거니라
13 모세가 하나님께 아뢰되 내가 이스
라엘 자손에게 가서 이르기를 너희
의 조상의 하나님이 나를 너희에게
보내셨다 하면 그들이 내게 묻기를
그의 이름이 무엇이냐 하리니 내가
무엇이라고 그들에게 말하리이까
14 하나님이 모세에게 이르시되 나는
스스로 있는 자이니라 또 이르시
되 너는 이스라엘 자손에게 이같
이 이르기를 스스로 있는 자가 나
를 너희에게 보내셨다 하라
15 하나님이 또 모세에게 이르시되 너
는 이스라엘 자손에게 이같이 이
르기를 너희 조상의 하나님 여호와
곧 아브라함의 하나님, 이삭의 하
나님, 야곱의 하나님께서 나를 너
희에게 보내셨다 하라 이는 나의
영원한 이름이요 대대로 기억할 나
의 칭호니라
16 너는 가서 이스라엘의 장로들을 모
으고 그들에게 이르기를 여호와 너
희 조상의 하나님 곧 아브라함과
이삭과 야곱의 하나님이 내게 나타

나 이르시되 내가 너희를 돌보아
너희가 애굽에서 당한 일을 확실히
보았노라
17 내가 말하였거니와 내가 너희를 애
굽의 고난 중에서 인도하여 내어
젖과 꿀이 흐르는 땅 곧 가나안 족
속, 헷 족속, 아모리 족속, 브리스
족속, 히위 족속, 여부스 족속의 땅
으로 올라가게 하리라 하셨다 하면
18 그들이 네 말을 들으리니 너는 그
들의 장로들과 함께 애굽 왕에게
이르기를 히브리 사람의 하나님 여
호와께서 우리에게 임하셨은즉 우
리가 우리 하나님 여호와께 제사
를 드리려 하오니 사흘길쯤 광야로
가도록 허락하소서 하라
19 내가 아노니 강한 손으로 치기 전
에는 애굽 왕이 너희가 가도록 허
락하지 아니하다가
20 내가 내 손을 들어 애굽 중에 여러
가지 이적으로 그 나라를 친 후에
야 그가 너희를 보내리라
21 내가 애굽 사람으로 이 백성에게
은혜를 입히게 할지라 너희가 나갈
때에 빈손으로 가지 아니하리니
22 여인들은 모두 그 이웃 사람과 및
자기 집에 거류하는 여인에게 은
패물과 금 패물과 의복을 구하여
너희의 자녀를 꾸미라 너희는 애굽
사람들의 물품을 취하리라

여호와께서 모세에게 능력을 주시다

4 모세가 대답하여 이르되 그러
나 그들이 나를 믿지 아니하며
내 말을 듣지 아니하고 이르기를
여호와께서 네게 나타나지 아니하
셨다 하리이다
2 여호와께서 그에게 이르시되 네 손
에 있는 것이 무엇이냐 그가 이르
되 지팡이니이다
3 여호와께서 이르시되 그것을 땅에
던지라 하시매 곧 땅에 던지니 그
것이 뱀이 된지라 모세가 뱀 앞에
서 피하매
4 여호와께서 모세에게 이르시되 네
손을 내밀어 그 꼬리를 잡으라 그
가 손을 내밀어 그것을 잡으니 그
의 손에서 지팡이가 된지라

17
18
19
20
21
22
4
2
3
4

5 이는 그들에게 그들의 조상의 하나
님 곧 아브라함의 하나님, 이삭의
하나님, 야곱의 하나님 여호와가
네게 나타난 줄을 믿게 하려 함이
라 하시고
6 여호와께서 또 그에게 이르시되 네
손을 품에 넣으라 하시매 그가 손
을 품에 넣었다가 내어보니 그의
손에 나병이 생겨 눈 같이 된지라
7 이르시되 네 손을 다시 품에 넣으
라 하시매 그가 다시 손을 품에 넣
었다가 내어보니 그의 손이 본래의
살로 되돌아왔더라
8 여호와께서 이르시되 만일 그들이
너를 믿지 아니하며 그 처음 표적
의 표징을 받지 아니하여도 나중
표적의 표징은 믿으리라
9 그들이 이 두 이적을 믿지 아니하
며 네 말을 듣지 아니하거든 너는
나일 강 물을 조금 떠다가 땅에 부
으라 네가 떠온 나일 강 물이 땅에
서 피가 되리라
10 모세가 여호와께 아뢰되 오 주여
나는 본래 말을 잘 하지 못하는 자
니이다 주께서 주의 종에게 명령하
신 후에도 역시 그러하니 나는 입
이 뻣뻣하고 혀가 둔한 자니이다
11 여호와께서 그에게 이르시되 누가
사람의 입을 지었느냐 누가 말 못
하는 자나 못 듣는 자나 눈 밝은
자나 맹인이 되게 하였느냐 나 여
호와가 아니냐
12 이제 가라 내가 네 입과 함께 있어
서 할 말을 가르치리라
13 모세가 이르되 오 주여 보낼 만한
자를 보내소서
14 여호와께서 모세를 향하여 노하여
이르시되 레위 사람 네 형 아론이
있지 아니하냐 그가 말 잘 하는 것
을 내가 아노라 그가 너를 만나러
나오나니 그가 너를 볼 때에 그의
마음에 기쁨이 있을 것이라
15 너는 그에게 말하고 그의 입에 할
말을 주라 내가 네 입과 그의 입에
함께 있어서 너희들이 행할 일을
가르치리라
16 그가 너를 대신하여 백성에게 말할
것이니 그는 네 입을 대신할 것이요

너는 그에게 하나님 같이 되리라
17 너는 이 지팡이를 손에 잡고 이것
으로 이적을 행할지니라

모세가 애굽으로 돌아가다

18 모세가 그의 장인 이드로에게로
돌아가서 그에게 이르되 내가 애굽
에 있는 내 형제들에게로 돌아가서
그들이 아직 살아 있는지 알아보려
하오니 나로 가게 하소서 이드로가
모세에게 평안히 가라 하니라
19 여호와께서 미디안에서 모세에게
이르시되 애굽으로 돌아가라 네
목숨을 노리던 자가 다 죽었느니라
20 모세가 그의 아내와 아들들을 나
귀에 태우고 애굽으로 돌아가는데
모세가 하나님의 지팡이를 손에
잡았더라
21 여호와께서 모세에게 이르시되 네
가 애굽으로 돌아가거든 내가 네
손에 준 이적을 바로 앞에서 다 행
하라 그러나 내가 그의 마음을 완
악하게 한즉 그가 백성을 보내 주
지 아니하리니
22 너는 바로에게 이르기를 여호와의
말씀에 이스라엘은 내 아들 내 장
자라
23 내가 네게 이르기를 내 아들을 보
내 주어 나를 섬기게 하라 하여도
네가 보내 주기를 거절하니 내가
네 아들 네 장자를 죽이리라 하셨
다 하라 하시니라
24 모세가 길을 가다가 숙소에 있을
때에 여호와께서 그를 만나사 그를
죽이려 하신지라
25 십보라가 돌칼을 가져다가 그의 아
들의 포피를 베어 그의 발에 갖다
대며 이르되 당신은 참으로 내게
피 남편이로다 하니
26 여호와께서 그를 놓아주시니라 그
때에 십보라가 피 남편이라 함은
할례 때문이었더라
27 여호와께서 아론에게 이르시되 광
야에 가서 모세를 맞으라 하시매
그가 가서 하나님의 산에서 모세
를 만나 그에게 입맞추니
28 모세가 여호와께서 자기에게 분부
하여 보내신 모든 말씀과 여호와께
서 자기에게 명령하신 모든 이적을

아론에게 알리니라
29 모세와 아론이 가서 이스라엘 자
손의 모든 장로를 모으고
30 아론이 여호와께서 모세에게 이르
신 모든 말씀을 전하고 그 백성 앞
에서 이적을 행하니
31 백성이 믿으며 여호와께서 이스라
엘 자손을 찾으시고 그들의 고난
을 살피셨다 함을 듣고 머리 숙여
경배하였더라

모세와 아론이 바로 앞에 서다

5 그 후에 모세와 아론이 바로에
게 가서 이르되 이스라엘의 하
나님 여호와께서 이렇게 말씀하시
기를 내 백성을 보내라 그러면 그
들이 광야에서 내 앞에 절기를 지
킬 것이니라 하셨나이다
2 바로가 이르되 여호와가 누구이기
에 내가 그의 목소리를 듣고 이스
라엘을 보내겠느냐 나는 여호와를
알지 못하니 이스라엘을 보내지 아
니하리라
3 그들이 이르되 히브리인의 하나님
이 우리에게 나타나셨은즉 우리가
광야로 사흘길쯤 가서 우리 하나
님 여호와께 제사를 드리려 하오니
가도록 허락하소서 여호와께서 전
염병이나 칼로 우리를 치실까 두려
워하나이다
4 애굽 왕이 그들에게 이르되 모세
와 아론아 너희가 어찌하여 백성의
노역을 쉬게 하려느냐 가서 너희의
노역이나 하라
5 바로가 또 이르되 이제 이 땅의 백
성이 많아졌거늘 너희가 그들로 노
역을 쉬게 하는도다 하고
6 바로가 그 날에 백성의 감독들과
기록원들에게 명령하여 이르되
7 너희는 백성에게 다시는 벽돌에 쓸
짚을 전과 같이 주지 말고 그들이
가서 스스로 짚을 줍게 하라
8 또 그들이 전에 만든 벽돌 수효대
로 그들에게 만들게 하고 감하지
말라 그들이 게으르므로 소리 질
러 이르기를 우리가 가서 우리 하
나님께 제사를 드리자 하나니
9 그 사람들의 노동을 무겁게 함으
로 수고롭게 하여 그들로 거짓말을

듣지 않게 하라
10 백성의 감독들과 기록원들이 나가
서 백성에게 말하여 이르되 바로
가 이렇게 말하기를 내가 너희에게
짚을 주지 아니하리니
11 너희는 짚을 찾을 곳으로 가서 주
우라 그러나 너희 일은 조금도 감
하지 아니하리라 하셨느니라
12 백성이 애굽 온 땅에 흩어져 곡초
그루터기를 거두어다가 짚을 대신
하니
13 감독들이 그들을 독촉하여 이르되
너희는 짚이 있을 때와 같이 그 날
의 일을 그 날에 마치라 하며
14 바로의 감독들이 자기들이 세운 바
이스라엘 자손의 기록원들을 때리
며 이르되 너희가 어찌하여 어제와
오늘에 만드는 벽돌의 수효를 전과
같이 채우지 아니하였느냐 하니라
15 이스라엘 자손의 기록원들이 가서
바로에게 호소하여 이르되 왕은 어
찌하여 당신의 종들에게 이같이 하
시나이까
16 당신의 종들에게 짚을 주지 아니하
고 그들이 우리에게 벽돌을 만들
라 하나이다 당신의 종들이 매를
맞사오니 이는 당신의 백성의 죄니
이다
17 바로가 이르되 너희가 게으르다 게
으르다 그러므로 너희가 이르기를
우리가 가서 여호와께 제사를 드리
자 하는도다
18 이제 가서 일하라 짚은 너희에게
주지 않을지라도 벽돌은 너희가 수
량대로 바칠지니라
19 기록하는 일을 맡은 이스라엘 자
손들이 너희가 매일 만드는 벽돌을
조금도 감하지 못하리라 함을 듣고
화가 몸에 미친 줄 알고
20 그들이 바로를 떠나 나올 때에 모
세와 아론이 길에 서 있는 것을 보
고
21 그들에게 이르되 너희가 우리를 바
로의 눈과 그의 신하의 눈에 미운
것이 되게 하고 그들의 손에 칼을
주어 우리를 죽이게 하는도다 여호
와는 너희를 살피시고 판단하시기
를 원하노라

10

11

12

13

14

15

16

17

18

19

20

21

모세가 여호와께 아뢰다

22 모세가 여호와께 돌아와서 아뢰되
주여 어찌하여 이 백성이 학대를
당하게 하셨나이까 어찌하여 나를
보내셨나이까
23 내가 바로에게 들어가서 주의 이름
으로 말한 후로부터 그가 이 백성
을 더 학대하며 주께서도 주의 백
성을 구원하지 아니하시나이다
6 여호와께서 모세에게 이르시되
이제 내가 바로에게 하는 일을
네가 보리라 강한 손으로 말미암
아 바로가 그들을 보내리라 강한
손으로 말미암아 바로가 그들을
그의 땅에서 쫓아내리라

하나님이 모세를 부르시다

2 하나님이 모세에게 말씀하여 이르
시되 나는 여호와이니라
3 내가 아브라함과 이삭과 야곱에게
전능의 하나님으로 나타났으나 나
의 이름을 여호와로는 그들에게 알
리지 아니하였고
4 가나안 땅 곧 그들이 거류하는 땅
을 그들에게 주기로 그들과 언약하
였더니
5 이제 애굽 사람이 종으로 삼은 이
스라엘 자손의 신음 소리를 내가
듣고 나의 언약을 기억하노라
6 그러므로 이스라엘 자손에게 말하
기를 나는 여호와라 내가 애굽 사
람의 무거운 짐 밑에서 너희를 빼
내며 그들의 노역에서 너희를 건지
며 편 팔과 여러 큰 심판들로써 너
희를 속량하여
7 너희를 내 백성으로 삼고 나는 너
희의 하나님이 되리니 나는 애굽
사람의 무거운 짐 밑에서 너희를
빼낸 너희의 하나님 여호와인 줄
너희가 알지라
8 내가 아브라함과 이삭과 야곱에게
주기로 맹세한 땅으로 너희를 인도
하고 그 땅을 너희에게 주어 기업
을 삼게 하리라 나는 여호와라 하
셨다 하라
9 모세가 이와 같이 이스라엘 자손
에게 전하나 그들이 마음의 상함
과 가혹한 노역으로 말미암아 모
세의 말을 듣지 아니하였더라

22
23
6
2
3
4
5
6
7
8
9

10 여호와께서 모세에게 말씀하여 이
르시되
11 들어가서 애굽 왕 바로에게 말하여
이스라엘 자손을 그 땅에서 내보내
게 하라
12 모세가 여호와 앞에 아뢰어 이르되
이스라엘 자손도 내 말을 듣지 아
니하였거든 바로가 어찌 들으리이
까 나는 입이 둔한 자니이다
13 여호와께서 모세와 아론에게 말씀
하사 그들로 이스라엘 자손과 애굽
왕 바로에게 명령을 전하고 이스라
엘 자손을 애굽 땅에서 인도하여
내게 하시니라

모세와 아론의 조상

14 그들의 조상을 따라 집의 어른은 이
러하니라 이스라엘의 장자 르우벤
의 아들은 하녹과 발루와 헤스론과
갈미니 이들은 르우벤의 족장이요
15 시므온의 아들들은 여무엘과 야민
과 오핫과 야긴과 소할과 가나안
여인의 아들 사울이니 이들은 시
므온의 가족이요
16 레위의 아들들의 이름은 그들의 족
보대로 이러하니 게르손과 고핫과
므라리요 레위의 나이는 백삼십칠
세였으며
17 게르손의 아들들은 그들의 가족대
로 립니와 시므이요
18 고핫의 아들들은 아므람과 이스할
과 헤브론과 웃시엘이요 고핫의 나
이는 백삼십삼 세였으며
19 므라리의 아들들은 마흘리와 무시
니 이들은 그들의 족보대로 레위의
족장이요
20 아므람은 그들의 아버지의 누이 요
게벳을 아내로 맞이하였고 그는 아
론과 모세를 낳았으며 아므람의 나
이는 백삼십칠 세였으며
21 이스할의 아들들은 고라와 네벡과
시그리요
22 웃시엘의 아들들은 미사엘과 엘사
반과 시드리요
23 아론은 암미나답의 딸 나손의 누
이 엘리세바를 아내로 맞이하였고
그는 나답과 아비후와 엘르아살과
이다말을 낳았으며
24 고라의 아들들은 앗실과 엘가나와

아비아삽이니 이들은 고라 사람의
족장이요
25 아론의 아들 엘르아살은 부디엘의
딸 중에서 아내를 맞이하였고 그는
비느하스를 낳았으니 이들은 레위
사람의 조상을 따라 가족의 어른
들이라
26 이스라엘 자손을 그들의 군대대로
애굽 땅에서 인도하라 하신 여호와
의 명령을 받은 자는 이 아론과 모
세요
27 애굽 왕 바로에게 이스라엘 자손을
애굽에서 내보내라 말한 사람도 이
모세와 아론이었더라

여호와께서 모세와 아론에게 명령하시다

28 여호와께서 애굽 땅에서 모세에게
말씀하시던 날에
29 여호와께서 모세에게 말씀하여 이
르시되 나는 여호와라 내가 네게
이르는 바를 너는 애굽 왕 바로에
게 다 말하라
30 모세가 여호와 앞에서 아뢰되 나
는 입이 둔한 자이오니 바로가 어
찌 나의 말을 들으리이까

7 여호와께서 모세에게 이르시되
볼지어다 내가 너를 바로에게
신 같이 되게 하였은즉 네 형 아론
은 네 대언자가 되리니
2 내가 네게 명령한 바를 너는 네 형
아론에게 말하고 그는 바로에게 말
하여 그에게 이스라엘 자손을 그
땅에서 내보내게 할지니라
3 내가 바로의 마음을 완악하게 하
고 내 표징과 내 이적을 애굽 땅에
서 많이 행할 것이나
4 바로가 너희의 말을 듣지 아니할
터인즉 내가 내 손을 애굽에 뻗쳐
여러 큰 심판을 내리고 내 군대, 내
백성 이스라엘 자손을 그 땅에서
인도하여 낼지라
5 내가 내 손을 애굽 위에 펴서 이스
라엘 자손을 그 땅에서 인도하여
낼 때에야 애굽 사람이 나를 여호
와인 줄 알리라 하시매
6 모세와 아론이 여호와께서 자기들
에게 명령하신 대로 행하였더라
7 그들이 바로에게 말할 때에 모세는
팔십 세였고 아론은 팔십삼 세였더라

뱀이 된 아론의 지팡이

8 여호와께서 모세와 아론에게 말씀
하여 이르시되
9 바로가 너희에게 이르기를 너희는
이적을 보이라 하거든 너는 아론에
게 말하기를 너의 지팡이를 들어서
바로 앞에 던지라 하라 그것이 뱀
이 되리라
10 모세와 아론이 바로에게 가서 여호
와께서 명령하신 대로 행하여 아론
이 바로와 그의 신하 앞에 지팡이
를 던지니 뱀이 된지라
11 바로도 현인들과 마술사들을 부르
매 그 애굽 요술사들도 그들의 요
술로 그와 같이 행하되
12 각 사람이 지팡이를 던지매 뱀이
되었으나 아론의 지팡이가 그들의
지팡이를 삼키니라
13 그러나 바로의 마음이 완악하여
그들의 말을 듣지 아니하니 여호와
의 말씀과 같더라

첫째 재앙 : 물이 피가 되다

14 여호와께서 모세에게 이르시되 바
로의 마음이 완강하여 백성 보내기
를 거절하는도다
15 아침에 너는 바로에게로 가라 보라
그가 물 있는 곳으로 나오리니 너
는 나일 강 가에 서서 그를 맞으며
그 뱀 되었던 지팡이를 손에 잡고
16 그에게 이르기를 히브리 사람의 하
나님 여호와께서 나를 왕에게 보내
어 이르시되 내 백성을 보내라 그
러면 그들이 광야에서 나를 섬길
것이니라 하였으나 이제까지 네가
듣지 아니하도다
17 여호와가 이같이 이르노니 네가 이
로 말미암아 나를 여호와인 줄 알리
라 볼지어다 내가 내 손의 지팡이로
나일 강을 치면 그것이 피로 변하고
18 나일 강의 고기가 죽고 그 물에서
는 악취가 나리니 애굽 사람들이
그 강 물 마시기를 싫어하리라 하라
19 여호와께서 또 모세에게 이르시되
아론에게 명령하기를 네 지팡이를
잡고 네 팔을 애굽의 물들과 강들
과 운하와 못과 모든 호수 위에 내
밀라 하라 그것들이 피가 되리니
애굽 온 땅과 나무 그릇과 돌 그릇

안에 모두 피가 있으리라
20 모세와 아론이 여호와께서 명령하
신 대로 행하여 바로와 그의 신하
의 목전에서 지팡이를 들어 나일
강을 치니 그 물이 다 피로 변하고
21 나일 강의 고기가 죽고 그 물에서
는 악취가 나니 애굽 사람들이 나
일 강물을 마시지 못하며 애굽 온
땅에는 피가 있으나
22 애굽 요술사들도 자기들의 요술로
그와 같이 행하므로 바로의 마음
이 완악하여 그들의 말을 듣지 아
니하니 여호와의 말씀과 같더라
23 바로가 돌이켜 궁으로 들어가고 그
일에 관심을 가지지도 아니하였고
24 애굽 사람들은 나일 강 물을 마실
수 없으므로 나일 강 가를 두루 파
서 마실 물을 구하였더라
25 여호와께서 나일 강을 치신 후 이
레가 지나니라

둘째 재앙 : 개구리가 올라오다

8 여호와께서 모세에게 이르시되
너는 바로에게 가서 그에게 이
르기를 여호와의 말씀에 내 백성
을 보내라 그들이 나를 섬길 것이
니라
2 네가 만일 보내기를 거절하면 내가
개구리로 너의 온 땅을 치리라
3 개구리가 나일 강에서 무수히 생기
고 올라와서 네 궁과 네 침실과 네
침상 위와 네 신하의 집과 네 백성
과 네 화덕과 네 떡 반죽 그릇에
들어갈 것이며
4 개구리가 너와 네 백성과 네 모든 신
하에게 기어오르리라 하셨다 하라
5 여호와께서 모세에게 이르시되 아
론에게 명령하기를 네 지팡이를 잡
고 네 팔을 강들과 운하들과 못 위
에 펴서 개구리들이 애굽 땅에 올
라오게 하라 할지니라
6 아론이 애굽 물들 위에 그의 손을
내밀매 개구리가 올라와서 애굽 땅
에 덮이니
7 요술사들도 자기 요술대로 그와 같
이 행하여 개구리가 애굽 땅에 올
라오게 하였더라
8 바로가 모세와 아론을 불러 이르

되 여호와께 구하여 나와 내 백성
에게서 개구리를 떠나게 하라 내가
이 백성을 보내리니 그들이 여호와
께 제사를 드릴 것이니라
9 모세가 바로에게 이르되 내가 왕과
왕의 신하와 왕의 백성을 위하여
이 개구리를 왕과 왕궁에서 끊어
나일 강에만 있도록 언제 간구하
는 것이 좋을는지 내게 분부하소
서
10 그가 이르되 내일이니라 모세가 이
르되 왕의 말씀대로 하여 왕에게
우리 하나님 여호와와 같은 이가
없는 줄을 알게 하리니
11 개구리가 왕과 왕궁과 왕의 신하와
왕의 백성을 떠나서 나일 강에만
있으리이다 하고
12 모세와 아론이 바로를 떠나 나가서
바로에게 내리신 개구리에 대하여
모세가 여호와께 간구하매
13 여호와께서 모세의 말대로 하시니
개구리가 집과 마당과 밭에서부터
나와서 죽은지라
14 사람들이 모아 무더기로 쌓으니 땅
에서 악취가 나더라
15 그러나 바로가 숨을 쉴 수 있게 됨
을 보았을 때에 그의 마음을 완강
하게 하여 그들의 말을 듣지 아니
하였으니 여호와께서 말씀하신 것
과 같더라

셋째 재앙 : 티끌이 이가 되다

16 여호와께서 모세에게 이르시되 아
론에게 명령하기를 네 지팡이를 들
어 땅의 티끌을 치라 하라 그것이
애굽 온 땅에서 이가 되리라
17 그들이 그대로 행할새 아론이 지팡
이를 잡고 손을 들어 땅의 티끌을
치매 애굽 온 땅의 티끌이 다 이가
되어 사람과 가축에게 오르니
18 요술사들도 자기 요술로 그같이 행
하여 이를 생기게 하려 하였으나
못하였고 이가 사람과 가축에게 생
긴지라
19 요술사가 바로에게 말하되 이는 하
나님의 권능이니이다 하였으나 바
로의 마음이 완악하게 되어 그들
의 말을 듣지 아니하였으니 여호와
의 말씀과 같더라

넷째 재앙 : 파리가 가득하다

20 여호와께서 모세에게 이르시되 아
침에 일찍이 일어나 바로 앞에 서
라 그가 물 있는 곳으로 나오리니
그에게 이르기를 여호와께서 이와
같이 말씀하시기를 내 백성을 보내
라 그러면 그들이 나를 섬길 것이
니라
21 네가 만일 내 백성을 보내지 아니
하면 내가 너와 네 신하와 네 백성
과 네 집들에 파리 떼를 보내리니
애굽 사람의 집집에 파리 떼가 가
득할 것이며 그들이 사는 땅에도
그러하리라
22 그 날에 나는 내 백성이 거주하는
고센 땅을 구별하여 그 곳에는 파
리가 없게 하리니 이로 말미암아
이 땅에서 내가 여호와인 줄을 네
가 알게 될 것이라
23 내가 내 백성과 네 백성 사이를 구
별하리니 내일 이 표징이 있으리라
하셨다 하라 하시고
24 여호와께서 그와 같이 하시니 무수
한 파리가 바로의 궁과 그의 신하
의 집과 애굽 온 땅에 이르니 파리
로 말미암아 그 땅이 황폐하였더라
25 바로가 모세와 아론을 불러 이르
되 너희는 가서 이 땅에서 너희 하
나님께 제사를 드리라
26 모세가 이르되 그리함은 부당하니
이다 우리가 우리 하나님 여호와께
제사를 드리는 것은 애굽 사람이
싫어하는 바인즉 우리가 만일 애굽
사람의 목전에서 제사를 드리면 그
들이 그것을 미워하여 우리를 돌로
치지 아니하리이까
27 우리가 사흘길쯤 광야로 들어가서
우리 하나님 여호와께 제사를 드리
되 우리에게 명령하시는 대로 하려
하나이다
28 바로가 이르되 내가 너희를 보내리
니 너희가 너희의 하나님 여호와께
광야에서 제사를 드릴 것이나 너무
멀리 가지는 말라 그런즉 너희는
나를 위하여 간구하라
29 모세가 이르되 내가 왕을 떠나가서
여호와께 간구하리니 내일이면 파
리 떼가 바로와 바로의 신하와 바

20

21

22

23

24

25

26

27

28

29

로의 백성을 떠나려니와 바로는 이
백성을 보내어 여호와께 제사를 드
리는 일에 다시 거짓을 행하지 마
소서 하고
30 모세가 바로를 떠나 나와서 여호와
께 간구하니
31 여호와께서 모세의 말대로 하시니
그 파리 떼가 바로와 그의 신하와
그의 백성에게서 떠나니 하나도 남
지 아니하였더라
32 그러나 바로가 이 때에도 그의 마
음을 완강하게 하여 그 백성을 보
내지 아니하였더라

다섯째 재앙 : 가축의 죽음

9 여호와께서 모세에게 이르시되
바로에게 들어가서 그에게 이르
라 히브리 사람의 하나님 여호와께
서 말씀하시기를 내 백성을 보내라
그들이 나를 섬길 것이니라
2 네가 만일 보내기를 거절하고 억지
로 잡아두면
3 여호와의 손이 들에 있는 네 가축
곧 말과 나귀와 낙타와 소와 양에
게 더하리니 심한 돌림병이 있을
것이며
4 여호와가 이스라엘의 가축과 애굽
의 가축을 구별하리니 이스라엘
자손에게 속한 것은 하나도 죽지
아니하리라 하셨다 하라 하시고
5 여호와께서 기한을 정하여 이르시
되 여호와가 내일 이 땅에서 이 일
을 행하리라 하시더니
6 이튿날에 여호와께서 이 일을 행하
시니 애굽의 모든 가축은 죽었으나
이스라엘 자손의 가축은 하나도
죽지 아니한지라
7 바로가 사람을 보내어 본즉 이스라
엘의 가축은 하나도 죽지 아니하였
더라 그러나 바로의 마음이 완강하
여 백성을 보내지 아니하니라

여섯째 재앙 : 악성 종기가 생기다

8 여호와께서 모세와 아론에게 이르
시되 너희는 화덕의 재 두 움큼을
가지고 모세가 바로의 목전에서 하
늘을 향하여 날리라
9 그 재가 애굽 온 땅의 티끌이 되어
애굽 온 땅의 사람과 짐승에게 붙
어서 악성 종기가 생기리라

10 그들이 화덕의 재를 가지고 바로
앞에 서서 모세가 하늘을 향하여
날리니 사람과 짐승에게 붙어 악성
종기가 생기고
11 요술사들도 악성 종기로 말미암아
모세 앞에 서지 못하니 악성 종기
가 요술사들로부터 애굽 모든 사람
에게 생겼음이라
12 그러나 여호와께서 바로의 마음을
완악하게 하셨으므로 그들의 말을
듣지 아니하였으니 여호와께서 모
세에게 말씀하심과 같더라

일곱째 재앙 : 우박이 내리다

13 여호와께서 모세에게 이르시되 아
침에 일찍이 일어나 바로 앞에 서
서 그에게 이르기를 히브리 사람의
하나님 여호와의 말씀에 내 백성
을 보내라 그들이 나를 섬길 것이
니라
14 내가 이번에는 모든 재앙을 너와
네 신하와 네 백성에게 내려 온 천
하에 나와 같은 자가 없음을 네가
알게 하리라
15 내가 손을 펴서 돌림병으로 너와
네 백성을 쳤더라면 네가 세상에서
끊어졌을 것이나
16 내가 너를 세웠음은 나의 능력을
네게 보이고 내 이름이 온 천하에
전파되게 하려 하였음이니라
17 네가 여전히 내 백성 앞에 교만하
여 그들을 보내지 아니하느냐
18 내일 이맘때면 내가 무거운 우박을
내리리니 애굽 나라가 세워진 그
날로부터 지금까지 그와 같은 일이
없었더라
19 이제 사람을 보내어 네 가축과 네
들에 있는 것을 다 모으라 사람이
나 짐승이나 무릇 들에 있어서 집
에 돌아오지 않는 것들에게는 우
박이 그 위에 내리리니 그것들이
죽으리라 하셨다 하라 하시니라
20 바로의 신하 중에 여호와의 말씀
을 두려워하는 자들은 그 종들과
가축을 집으로 피하여 들였으나
21 여호와의 말씀을 마음에 두지 아
니하는 사람은 그의 종들과 가축
을 들에 그대로 두었더라

22 여호와께서 모세에게 이르시되 너는 하늘을 향하여 손을 들어 애굽 전국에 우박이 애굽 땅의 사람과 짐승과 밭의 모든 채소에 내리게 하라

23 모세가 하늘을 향하여 지팡이를 들매 여호와께서 우렛소리와 우박을 보내시고 불을 내려 땅에 달리게 하시니라 여호와께서 우박을 애굽 땅에 내리시매

24 우박이 내림과 불덩이가 우박에 섞여 내림이 심히 맹렬하니 나라가 생긴 그 때로부터 애굽 온 땅에는 그와 같은 일이 없었더라

25 우박이 애굽 온 땅에서 사람과 짐승을 막론하고 밭에 있는 모든 것을 쳤으며 우박이 또 밭의 모든 채소를 치고 들의 모든 나무를 꺾었으되

26 이스라엘 자손들이 있는 그 곳 고센 땅에는 우박이 없었더라

27 바로가 사람을 보내어 모세와 아론을 불러 그들에게 이르되 이번은 내가 범죄하였노라 여호와는 의로우시고 나와 나의 백성은 악하도다

28 여호와께 구하여 이 우렛소리와 우박을 그만 그치게 하라 내가 너희를 보내리니 너희가 다시는 머물지 아니하리라

29 모세가 그에게 이르되 내가 성에서 나가서 곧 내 손을 여호와를 향하여 펴리니 그리하면 우렛소리가 그치고 우박이 다시 있지 아니할지라 세상이 여호와께 속한 줄을 왕이 알리이다

30 그러나 왕과 왕의 신하들이 여호와 하나님을 아직도 두려워하지 아니할 줄을 내가 아나이다

31 그 때에 보리는 이삭이 나왔고 삼은 꽃이 피었으므로 삼과 보리가 상하였으나

32 그러나 밀과 쌀보리는 자라지 아니한 고로 상하지 아니하였더라

33 모세가 바로를 떠나 성에서 나가 여호와를 향하여 손을 펴매 우렛소리와 우박이 그치고 비가 땅에 내리지 아니하니라

34 바로가 비와 우박과 우렛소리가 그
친 것을 보고 다시 범죄하여 마음
을 완악하게 하니 그와 그의 신하
가 꼭 같더라
35 바로의 마음이 완악하여 이스라엘
자손을 내보내지 아니하였으니 여
호와께서 모세에게 말씀하심과 같
더라

여덟째 재앙 : 메뚜기가 땅을 덮다

10 여호와께서 모세에게 이르
시되 바로에게로 들어가라
내가 그의 마음과 그의 신하들의
마음을 완강하게 함은 나의 표징
을 그들 중에 보이기 위함이며
2 네게 내가 애굽에서 행한 일들 곧
내가 그들 가운데에서 행한 표징을
네 아들과 네 자손의 귀에 전하기
위함이라 너희는 내가 여호와인 줄
을 알리라
3 모세와 아론이 바로에게 들어가서
그에게 이르되 히브리 사람의 하나
님 여호와께서 말씀하시기를 네가
어느 때까지 내 앞에 겸비하지 아
니하겠느냐 내 백성을 보내라 그들
이 나를 섬길 것이라
4 네가 만일 내 백성 보내기를 거절
하면 내일 내가 메뚜기를 네 경내
에 들어가게 하리니
5 메뚜기가 지면을 덮어서 사람이 땅
을 볼 수 없을 것이라 메뚜기가 네게
남은 그것 곧 우박을 면하고 남은 것
을 먹으며 너희를 위하여 들에서 자
라나는 모든 나무를 먹을 것이며
6 또 네 집들과 네 모든 신하의 집들
과 모든 애굽 사람의 집들에 가득
하리니 이는 네 아버지와 네 조상이
이 땅에 있었던 그 날로부터 오늘까
지 보지 못하였던 것이리라 하셨다
하고 돌이켜 바로에게서 나오니
7 바로의 신하들이 그에게 말하되 어
느 때까지 이 사람이 우리의 함정
이 되리이까 그 사람들을 보내어
그들의 하나님 여호와를 섬기게 하
소서 왕은 아직도 애굽이 망한 줄
을 알지 못하시나이까 하고
8 모세와 아론을 바로에게로 다시 데
려오니 바로가 그들에게 이르되 가
서 너희의 하나님 여호와를 섬기라

갈 자는 누구 누구냐
9 모세가 이르되 우리가 여호와 앞에
절기를 지킬 것인즉 우리가 남녀 노
소와 양과 소를 데리고 가겠나이다
10 바로가 그들에게 이르되 내가 너희
와 너희의 어린 아이들을 보내면
여호와가 너희와 함께 함과 같으니
라 보라 그것이 너희에게는 나쁜
것이니라
11 그렇게 하지 말고 너희 장정만 가
서 여호와를 섬기라 이것이 너희가
구하는 바니라 이에 그들이 바로
앞에서 쫓겨나니라
12 여호와께서 모세에게 이르시되 애
굽 땅 위에 네 손을 내밀어 메뚜기
를 애굽 땅에 올라오게 하여 우박
에 상하지 아니한 밭의 모든 채소
를 먹게 하라
13 모세가 애굽 땅 위에 그 지팡이를
들매 여호와께서 동풍을 일으켜
온 낮과 온 밤에 불게 하시니 아침
이 되매 동풍이 메뚜기를 불어 들
인지라
14 메뚜기가 애굽 온 땅에 이르러 그
사방에 내리매 그 피해가 심하니
이런 메뚜기는 전에도 없었고 후에
도 없을 것이라
15 메뚜기가 온 땅을 덮어 땅이 어둡
게 되었으며 메뚜기가 우박에 상하
지 아니한 밭의 채소와 나무 열매
를 다 먹었으므로 애굽 온 땅에서
나무나 밭의 채소나 푸른 것은 남
지 아니하였더라
16 바로가 모세와 아론을 급히 불러
이르되 내가 너희의 하나님 여호와
와 너희에게 죄를 지었으니
17 바라건대 이번만 나의 죄를 용서하
고 너희의 하나님 여호와께 구하여
이 죽음만은 내게서 떠나게 하라
18 그가 바로에게서 나가서 여호와께
구하매
19 여호와께서 돌이켜 강렬한 서풍을
불게 하사 메뚜기를 홍해에 몰아넣
으시니 애굽 온 땅에 메뚜기가 하
나도 남지 아니하니라
20 그러나 여호와께서 바로의 마음을
완악하게 하셨으므로 이스라엘 자
손을 보내지 아니하였더라

아홉째 재앙 : 흑암이 땅에 있다

21 여호와께서 모세에게 이르시되 하
늘을 향하여 네 손을 내밀어 애굽
땅 위에 흑암이 있게 하라 곧 더듬
을 만한 흑암이리라
22 모세가 하늘을 향하여 손을 내밀
매 캄캄한 흑암이 삼 일 동안 애굽
온 땅에 있어서
23 그 동안은 사람들이 서로 볼 수 없
으며 자기 처소에서 일어나는 자가
없으되 온 이스라엘 자손들이 거
주하는 곳에는 빛이 있었더라
24 바로가 모세를 불러서 이르되 너희
는 가서 여호와를 섬기되 너희의
양과 소는 머물러 두고 너희 어린
것들은 너희와 함께 갈지니라
25 모세가 이르되 왕이라도 우리 하나
님 여호와께 드릴 제사와 번제물을
우리에게 주어야 하겠고
26 우리의 가축도 우리와 함께 가고
한 마리도 남길 수 없으니 이는 우
리가 그 중에서 가져다가 우리 하
나님 여호와를 섬길 것임이며 또
우리가 거기에 이르기까지는 어떤
것으로 여호와를 섬길는지 알지 못
함이니이다 하나
27 여호와께서 바로의 마음을 완악하
게 하셨으므로 그들 보내기를 기뻐
하지 아니하고
28 바로가 모세에게 이르되 너는 나
를 떠나가고 스스로 삼가 다시 내
얼굴을 보지 말라 네가 내 얼굴을
보는 날에는 죽으리라
29 모세가 이르되 당신이 말씀하신 대
로 내가 다시는 당신의 얼굴을 보
지 아니하리이다

처음 난 것의 죽음을 경고하다

11 여호와께서 모세에게 이르
시기를 내가 이제 한 가지
재앙을 바로와 애굽에 내린 후에야
그가 너희를 여기서 내보내리라 그
가 너희를 내보낼 때에는 여기서
반드시 다 쫓아내리니
2 백성에게 말하여 사람들에게 각기
이웃들에게 은금 패물을 구하게
하라 하시더니
3 여호와께서 그 백성으로 애굽 사람
의 은혜를 받게 하셨고 또 그 사람

21
22
23
24
25
26
27
28
29
11
2
3

모세는 애굽 땅에 있는 바로의 신
하와 백성의 눈에 아주 위대하게
보였더라
4 모세가 바로에게 이르되 여호와께
서 이와 같이 말씀하시기를 밤중에
내가 애굽 가운데로 들어가리니
5 애굽 땅에 있는 모든 처음 난 것은
왕위에 앉아 있는 바로의 장자로부
터 맷돌 뒤에 있는 몸종의 장자와 모
든 가축의 처음 난 것까지 죽으리니
6 애굽 온 땅에 전무후무한 큰 부르
짖음이 있으리라
7 그러나 이스라엘 자손에게는 사람
에게나 짐승에게나 개 한 마리도
그 혀를 움직이지 아니하리니 여호
와께서 애굽 사람과 이스라엘 사이
를 구별하는 줄을 너희가 알리라
하셨나니
8 왕의 이 모든 신하가 내게 내려와
내게 절하며 이르기를 너와 너를
따르는 온 백성은 나가라 한 후에
야 내가 나가리라 하고 심히 노하
여 바로에게서 나오니라
9 여호와께서 모세에게 이르시기를
바로가 너희의 말을 듣지 아니하리
라 그러므로 내가 애굽 땅에서 나
의 기적을 더하리라 하셨고
10 모세와 아론이 이 모든 기적을 바
로 앞에서 행하였으나 여호와께서
바로의 마음을 완악하게 하셨으므
로 그가 이스라엘 자손을 그 나라
에서 보내지 아니하였더라

유월절

12 여호와께서 애굽 땅에서 모
세와 아론에게 일러 말씀하
시되
2 이 달을 너희에게 달의 시작 곧 해
의 첫 달이 되게 하고
3 너희는 이스라엘 온 회중에게 말
하여 이르라 이 달 열흘에 너희 각
자가 어린 양을 취할지니 각 가족
대로 그 식구를 위하여 어린 양을
취하되
4 그 어린 양에 대하여 식구가 너무
적으면 그 집의 이웃과 함께 사람
수를 따라서 하나를 취하며 각 사
람이 먹을 수 있는 분량에 따라서
너희 어린 양을 계산할 것이며

5 너희 어린 양은 흠 없고 일 년 된
수컷으로 하되 양이나 염소 중에서
취하고
6 이 달 열나흗날까지 간직하였다가
해 질 때에 이스라엘 회중이 그 양
을 잡고
7 그 피를 양을 먹을 집 좌우 문설주
와 인방에 바르고
8 그 밤에 그 고기를 불에 구워 무교
병과 쓴 나물과 아울러 먹되
9 날것으로나 물에 삶아서 먹지 말고
머리와 다리와 내장을 다 불에 구
워 먹고
10 아침까지 남겨두지 말며 아침까지
남은 것은 곧 불사르라
11 너희는 그것을 이렇게 먹을지니 허
리에 띠를 띠고 발에 신을 신고 손
에 지팡이를 잡고 급히 먹으라 이
것이 여호와의 유월절이니라
12 내가 그 밤에 애굽 땅에 두루 다니
며 사람이나 짐승을 막론하고 애
굽 땅에 있는 모든 처음 난 것을 다
치고 애굽의 모든 신을 내가 심판
하리라 나는 여호와라
13 내가 애굽 땅을 칠 때에 그 피가
너희가 사는 집에 있어서 너희를
위하여 표적이 될지라 내가 피를
볼 때에 너희를 넘어가리니 재앙
이 너희에게 내려 멸하지 아니하
리라
14 너희는 이 날을 기념하여 여호와의
절기를 삼아 영원한 규례로 대대로
지킬지니라

무교절

15 너희는 이레 동안 무교병을 먹을지
니 그 첫날에 누룩을 너희 집에서
제하라 무릇 첫날부터 일곱째 날까
지 유교병을 먹는 자는 이스라엘에
서 끊어지리라
16 너희에게 첫날에도 성회요 일곱째
날에도 성회가 되리니 너희는 이
두 날에는 아무 일도 하지 말고 각
자의 먹을 것만 갖출 것이니라
17 너희는 무교절을 지키라 이 날에
내가 너희 군대를 애굽 땅에서 인
도하여 내었음이니라 그러므로 너
희가 영원한 규례로 삼아 대대로
이 날을 지킬지니라

18 첫째 달 그 달 열나흗날 저녁부터
이십일일 저녁까지 너희는 무교병
을 먹을 것이요
19 이레 동안은 누룩이 너희 집에서
발견되지 아니하도록 하라 무릇 유
교물을 먹는 자는 타국인이든지
본국에서 난 자든지를 막론하고 이
스라엘 회중에서 끊어지리니
20 너희는 아무 유교물이든지 먹지 말
고 너희 모든 유하는 곳에서 무교
병을 먹을지니라

첫 유월절

21 모세가 이스라엘 모든 장로를 불러
서 그들에게 이르되 너희는 나가서
너희의 가족대로 어린 양을 택하
여 유월절 양으로 잡고
22 우슬초 묶음을 가져다가 그릇에 담
은 피에 적셔서 그 피를 문 인방과
좌우 설주에 뿌리고 아침까지 한 사
람도 자기 집 문 밖에 나가지 말라
23 여호와께서 애굽 사람들에게 재앙
을 내리려고 지나가실 때에 문 인방
과 좌우 문설주의 피를 보시면 여
호와께서 그 문을 넘으시고 멸하는
자에게 너희 집에 들어가서 너희를
치지 못하게 하실 것임이니라
24 너희는 이 일을 규례로 삼아 너희
와 너희 자손이 영원히 지킬 것이
니
25 너희는 여호와께서 허락하신 대로
너희에게 주시는 땅에 이를 때에
이 예식을 지킬 것이라
26 이 후에 너희의 자녀가 묻기를 이
예식이 무슨 뜻이냐 하거든
27 너희는 이르기를 이는 여호와의 유
월절 제사라 여호와께서 애굽 사
람에게 재앙을 내리실 때에 애굽에
있는 이스라엘 자손의 집을 넘으
사 우리의 집을 구원하셨느니라 하
라 하매 백성이 머리 숙여 경배하
니라
28 이스라엘 자손이 물러가서 그대로
행하되 여호와께서 모세와 아론에
게 명령하신 대로 행하니라

열째 재앙 : 처음 난 것들의 죽음

29 밤중에 여호와께서 애굽 땅에서
모든 처음 난 것 곧 왕위에 앉은 바
로의 장자로부터 옥에 갇힌 사람의

장자까지와 가축의 처음 난 것을 다 치시매

30 그 밤에 바로와 그 모든 신하와 모든 애굽 사람이 일어나고 애굽에 큰 부르짖음이 있었으니 이는 그 나라에 죽임을 당하지 아니한 집이 하나도 없었음이었더라

31 밤에 바로가 모세와 아론을 불러서 이르되 너희와 이스라엘 자손은 일어나 내 백성 가운데에서 떠나 너희의 말대로 가서 여호와를 섬기며

32 너희가 말한 대로 너희 양과 너희 소도 몰아가고 나를 위하여 축복하라 하며

33 애굽 사람들은 말하기를 우리가 다 죽은 자가 되도다 하고 그 백성을 재촉하여 그 땅에서 속히 내보내려 하므로

34 그 백성이 발교되지 못한 반죽 담은 그릇을 옷에 싸서 어깨에 메니라

35 이스라엘 자손이 모세의 말대로 하여 애굽 사람에게 은금 패물과 의복을 구하매

36 여호와께서 애굽 사람들에게 이스라엘 백성에게 은혜를 입히게 하사 그들이 구하는 대로 주게 하시므로 그들이 애굽 사람의 물품을 취하였더라

이스라엘이 애굽 땅에서 나오다

37 이스라엘 자손이 라암셋을 떠나서 숙곳에 이르니 유아 외에 보행하는 장정이 육십만 가량이요

38 수많은 잡족과 양과 소와 심히 많은 가축이 그들과 함께 하였으며

39 그들이 애굽으로부터 가지고 나온 발교되지 못한 반죽으로 무교병을 구웠으니 이는 그들이 애굽에서 쫓겨나므로 지체할 수 없었음이며 아무 양식도 준비하지 못하였음이었더라

40 이스라엘 자손이 애굽에 거주한 지 사백삼십 년이라

41 사백삼십 년이 끝나는 그 날에 여호와의 군대가 다 애굽 땅에서 나왔은즉

42 이 밤은 그들을 애굽 땅에서 인도하여 내심으로 말미암아 여호와 앞에 지킬 것이니 이는 여호와의

밤이라 이스라엘 자손이 다 대대
로 지킬 것이니라

유월절 규례

43 여호와께서 모세와 아론에게 이르
시되 유월절 규례는 이러하니라 이
방 사람은 먹지 못할 것이나
44 각 사람이 돈으로 산 종은 할례를
받은 후에 먹을 것이며
45 거류인과 타국 품꾼은 먹지 못하리
라
46 한 집에서 먹되 그 고기를 조금도 집
밖으로 내지 말고 뼈도 꺾지 말지며
47 이스라엘 회중이 다 이것을 지킬지
니라
48 너희와 함께 거류하는 타국인이 여
호와의 유월절을 지키고자 하거든
그 모든 남자는 할례를 받은 후에
야 가까이 하여 지킬지니 곧 그는
본토인과 같이 될 것이나 할례 받
지 못한 자는 먹지 못할 것이니라
49 본토인에게나 너희 중에 거류하는
이방인에게 이 법이 동일하니라 하
셨으므로
50 온 이스라엘 자손이 이와 같이 행
하되 여호와께서 모세와 아론에게
명령하신 대로 행하였으며
51 바로 그 날에 여호와께서 이스라엘
자손을 그 무리대로 애굽 땅에서
인도하여 내셨더라

무교절

13 여호와께서 모세에게 일러
이르시되
2 이스라엘 자손 중에서 사람이나 짐
승을 막론하고 태에서 처음 난 모
든 것은 다 거룩히 구별하여 내게
돌리라 이는 내 것이니라 하시니라
3 모세가 백성에게 이르되 너희는 애
굽 곧 종 되었던 집에서 나온 그 날
을 기념하여 유교병을 먹지 말라
여호와께서 그 손의 권능으로 너희
를 그 곳에서 인도해 내셨음이니라
4 아빕월 이 날에 너희가 나왔으니
5 여호와께서 너를 인도하여 가나안
사람과 헷 사람과 아모리 사람과 히
위 사람과 여부스 사람의 땅 곧 네게
주시려고 네 조상들에게 맹세하신
바 젖과 꿀이 흐르는 땅에 이르게 하
시거든 너는 이 달에 이 예식을 지켜

43

44

45

46

47

48

49

50

51

13 2

3

4

5

6 이레 동안 무교병을 먹고 일곱째
날에는 여호와께 절기를 지키라
7 이레 동안에는 무교병을 먹고 유교
병을 네게 보이지 아니하게 하며
네 땅에서 누룩을 네게 보이지 아
니하게 하라
8 너는 그 날에 네 아들에게 보여 이
르기를 이 예식은 내가 애굽에서
나올 때에 여호와께서 나를 위하
여 행하신 일로 말미암음이라 하고
9 이것으로 네 손의 기호와 네 미간
의 표를 삼고 여호와의 율법이 네
입에 있게 하라 이는 여호와께서
강하신 손으로 너를 애굽에서 인
도하여 내셨음이니
10 해마다 절기가 되면 이 규례를 지
킬지니라

태에서 처음 난 것

11 여호와께서 너와 네 조상에게 맹세
하신 대로 너를 가나안 사람의 땅
에 인도하시고 그 땅을 네게 주시
거든
12 너는 태에서 처음 난 모든 것과 네
게 있는 가축의 태에서 처음 난 것
을 다 구별하여 여호와께 돌리라
수컷은 여호와의 것이니라
13 나귀의 첫 새끼는 다 어린 양으로
대속할 것이요 그렇게 하지 아니하
려면 그 목을 꺾을 것이며 네 아들
중 처음 난 모든 자는 대속할지니
라
14 후일에 네 아들이 네게 묻기를 이
것이 어찌 됨이냐 하거든 너는 그에
게 이르기를 여호와께서 그 손의
권능으로 우리를 애굽에서 곧 종
이 되었던 집에서 인도하여 내실새
15 그 때에 바로가 완악하여 우리를
보내지 아니하매 여호와께서 애굽
나라 가운데 처음 난 모든 것은 사
람의 장자로부터 가축의 처음 난
것까지 다 죽이셨으므로 태에서 처
음 난 모든 수컷들은 내가 여호와
께 제사를 드려서 내 아들 중에 모
든 처음 난 자를 다 대속하리니
16 이것이 네 손의 기호와 네 미간의
표가 되리라 이는 여호와께서 그
손의 권능으로 우리를 애굽에서 인
도하여 내셨음이니라 할지니라

구름 기둥과 불 기둥

17 바로가 백성을 보낸 후에 블레셋
사람의 땅의 길은 가까울지라도 하
나님이 그들을 그 길로 인도하지
아니하셨으니 이는 하나님이 말씀
하시기를 이 백성이 전쟁을 하게
되면 마음을 돌이켜 애굽으로 돌
아갈까 하셨음이라
18 그러므로 하나님이 홍해의 광야 길
로 돌려 백성을 인도하시매 이스라
엘 자손이 애굽 땅에서 대열을 지
어 나올 때에
19 모세가 요셉의 유골을 가졌으니 이
는 요셉이 이스라엘 자손으로 단
단히 맹세하게 하여 이르기를 하나
님이 반드시 너희를 찾아오시리니
너희는 내 유골을 여기서 가지고
나가라 하였음이더라
20 그들이 숙곳을 떠나서 광야 끝 에
담에 장막을 치니
21 여호와께서 그들 앞에서 가시며 낮
에는 구름 기둥으로 그들의 길을
인도하시고 밤에는 불 기둥을 그들
에게 비추사 낮이나 밤이나 진행하
게 하시니
22 낮에는 구름 기둥, 밤에는 불 기둥
이 백성 앞에서 떠나지 아니하니
라

홍해를 건너다

14 여호와께서 모세에게 말씀
하여 이르시되
2 이스라엘 자손에게 명령하여 돌이
켜 바다와 믹돌 사이의 비하히롯
앞 곧 바알스본 맞은편 바닷가에
장막을 치게 하라
3 바로가 이스라엘 자손에 대하여 말
하기를 그들이 그 땅에서 멀리 떠나
광야에 갇힌 바 되었다 하리라
4 내가 바로의 마음을 완악하게 한
즉 바로가 그들의 뒤를 따르리니
내가 그와 그의 온 군대로 말미암
아 영광을 얻어 애굽 사람들이 나
를 여호와인 줄 알게 하리라 하시
매 무리가 그대로 행하니라
5 그 백성이 도망한 사실이 애굽 왕
에게 알려지매 바로와 그의 신하들
이 그 백성에 대하여 마음이 변하
여 이르되 우리가 어찌 이같이 하

17

18

19

20

21

22

14 2

3

4

5

여 이스라엘을 우리를 섬김에서 놓
아 보내었는가 하고
6 바로가 곧 그의 병거를 갖추고 그
의 백성을 데리고 갈새
7 선발된 병거 육백 대와 애굽의 모
든 병거를 동원하니 지휘관들이
다 거느렸더라
8 여호와께서 애굽 왕 바로의 마음
을 완악하게 하셨으므로 그가 이
스라엘 자손의 뒤를 따르니 이스라
엘 자손이 담대히 나갔음이라
9 애굽 사람들과 바로의 말들, 병거
들과 그 마병과 그 군대가 그들의
뒤를 따라 바알스본 맞은편 비하히
롯 곁 해변 그들이 장막 친 데에 미
치니라
10 바로가 가까이 올 때에 이스라엘
자손이 눈을 들어 본즉 애굽 사람
들이 자기들 뒤에 이른지라 이스라
엘 자손이 심히 두려워하여 여호와
께 부르짖고
11 그들이 또 모세에게 이르되 애굽에
매장지가 없어서 당신이 우리를 이
끌어 내어 이 광야에서 죽게 하느
냐 어찌하여 당신이 우리를 애굽에
서 이끌어 내어 우리에게 이같이
하느냐
12 우리가 애굽에서 당신에게 이른 말
이 이것이 아니냐 이르기를 우리를
내버려 두라 우리가 애굽 사람을
섬길 것이라 하지 아니하더냐 애굽
사람을 섬기는 것이 광야에서 죽
는 것보다 낫겠노라
13 모세가 백성에게 이르되 너희는 두
려워하지 말고 가만히 서서 여호와
께서 오늘 너희를 위하여 행하시는
구원을 보라 너희가 오늘 본 애굽
사람을 영원히 다시 보지 아니하리
라
14 여호와께서 너희를 위하여 싸우시
리니 너희는 가만히 있을지니라
15 여호와께서 모세에게 이르시되 너
는 어찌하여 내게 부르짖느냐 이스
라엘 자손에게 명령하여 앞으로
나아가게 하고
16 지팡이를 들고 손을 바다 위로 내
밀어 그것이 갈라지게 하라 이스라
엘 자손이 바다 가운데서 마른 땅

으로 행하리라
17 내가 애굽 사람들의 마음을 완악
하게 할 것인즉 그들이 그 뒤를
따라 들어갈 것이라 내가 바로와
그의 모든 군대와 그의 병거와 마
병으로 말미암아 영광을 얻으리
니
18 내가 바로와 그의 병거와 마병으로
말미암아 영광을 얻을 때에야 애
굽 사람들이 나를 여호와인 줄 알
리라 하시더니
19 이스라엘 진 앞에 가던 하나님의
사자가 그들의 뒤로 옮겨 가매 구
름 기둥도 앞에서 그 뒤로 옮겨
20 애굽 진과 이스라엘 진 사이에 이
르러 서니 저쪽에는 구름과 흑암
이 있고 이쪽에는 밤이 밝으므로
밤새도록 저쪽이 이쪽에 가까이 못
하였더라
21 모세가 바다 위로 손을 내밀매 여
호와께서 큰 동풍이 밤새도록 바
닷물을 물러가게 하시니 물이 갈라
져 바다가 마른 땅이 된지라
22 이스라엘 자손이 바다 가운데를
육지로 걸어가고 물은 그들의 좌우
에 벽이 되니
23 애굽 사람들과 바로의 말들, 병거
들과 그 마병들이 다 그들의 뒤를
추격하여 바다 가운데로 들어오는
지라
24 새벽에 여호와께서 불과 구름 기둥
가운데서 애굽 군대를 보시고 애
굽 군대를 어지럽게 하시며
25 그들의 병거 바퀴를 벗겨서 달리
기가 어렵게 하시니 애굽 사람들
이 이르되 이스라엘 앞에서 우리
가 도망하자 여호와가 그들을 위
하여 싸워 애굽 사람들을 치는도
다
26 여호와께서 모세에게 이르시되 네
손을 바다 위로 내밀어 물이 애굽
사람들과 그들의 병거들과 마병들
위에 다시 흐르게 하라 하시니
27 모세가 곧 손을 바다 위로 내밀매
새벽이 되어 바다의 힘이 회복된지
라 애굽 사람들이 물을 거슬러 도
망하나 여호와께서 애굽 사람들을
바다 가운데 엎으시니

17
18
19
20
21
22
23
24
25
26
27

28 물이 다시 흘러 병거들과 기병들을
덮되 그들의 뒤를 따라 바다에 들
어간 바로의 군대를 다 덮으니 하
나도 남지 아니하였더라
29 그러나 이스라엘 자손은 바다 가
운데를 육지로 행하였고 물이 좌우
에 벽이 되었더라
30 그 날에 여호와께서 이같이 이스라
엘을 애굽 사람의 손에서 구원하시
매 이스라엘이 바닷가에서 애굽 사
람들이 죽어 있는 것을 보았더라
31 이스라엘이 여호와께서 애굽 사람
들에게 행하신 그 큰 능력을 보았
으므로 백성이 여호와를 경외하며
여호와와 그의 종 모세를 믿었더라

모세의 노래

15 이 때에 모세와 이스라엘
자손이 이 노래로 여호와께
노래하니 일렀으되
내가 여호와를 찬송하리니 그는
높고 영화로우심이요 말과 그 탄
자를 바다에 던지셨음이로다
2 여호와는 나의 힘이요 노래시며
나의 구원이시로다 그는 나의 하
나님이시니 내가 그를 찬송할 것
이요 내 아버지의 하나님이시니
내가 그를 높이리로다
3 여호와는 용사시니 여호와는 그
의 이름이시로다
4 그가 바로의 병거와 그의 군대를
바다에 던지시니 최고의 지휘관
들이 홍해에 잠겼고
5 깊은 물이 그들을 덮으니 그들이
돌처럼 깊음 속에 가라앉았도다
6 여호와여 주의 오른손이 권능으
로 영광을 나타내시니이다 여호
와여 주의 오른손이 원수를 부
수시니이다
7 주께서 주의 큰 위엄으로 주를
거스르는 자를 엎으시니이다 주
께서 진노를 발하시니 그 진노가
그들을 지푸라기 같이 사르니이
다
8 주의 콧김에 물이 쌓이되 파도
가 언덕 같이 일어서고 큰 물이
바다 가운데 엉기니이다
9 원수가 말하기를 내가 뒤쫓아 따
라잡아 탈취물을 나누리라, 내가

그들로 말미암아 내 욕망을 채우
리라, 내가 내 칼을 빼리니 내 손
이 그들을 멸하리라 하였으나
10 주께서 바람을 일으키시매 바다
가 그들을 덮으니 그들이 거센
물에 납 같이 잠겼나이다
11 여호와여 신 중에 주와 같은 자
가 누구니이까 주와 같이 거룩함
으로 영광스러우며 찬송할 만한
위엄이 있으며 기이한 일을 행하
는 자가 누구니이까
12 주께서 오른손을 드신즉 땅이
그들을 삼켰나이다
13 주의 인자하심으로 주께서 구속
하신 백성을 인도하시되 주의 힘
으로 그들을 주의 거룩한 처소
에 들어가게 하시나이다
14 여러 나라가 듣고 떨며 블레셋
주민이 두려움에 잡히며
15 에돔 두령들이 놀라고 모압 영웅
이 떨림에 잡히며 가나안 주민이
다 낙담하나이다
16 놀람과 두려움이 그들에게 임하
매 주의 팔이 크므로 그들이 돌
같이 침묵하였사오니 여호와여
주의 백성이 통과하기까지 곧 주
께서 사신 백성이 통과하기까지
였나이다
17 주께서 백성을 인도하사 그들을
주의 기업의 산에 심으시리이다
여호와여 이는 주의 처소를 삼
으시려고 예비하신 것이라 주여
이것이 주의 손으로 세우신 성
소로소이다
18 여호와께서 영원무궁 하도록 다
스리시도다
하였더라

미리암의 노래

19 바로의 말과 병거와 마병이 함께
바다에 들어가매 여호와께서 바닷
물을 그들 위에 되돌려 흐르게 하
셨으나 이스라엘 자손은 바다 가
운데서 마른 땅으로 지나간지라
20 아론의 누이 선지자 미리암이 손에
소고를 잡으매 모든 여인도 그를
따라 나오며 소고를 잡고 춤추니
21 미리암이 그들에게 화답하여 이르
되

너희는 여호와를 찬송하라 그는
높고 영화로우심이요 말과 그 탄
자를 바다에 던지셨음이로다
하였더라

단 물로 변한 마라의 쓴 물

22 모세가 홍해에서 이스라엘을 인도
하매 그들이 나와서 수르 광야로
들어가서 거기서 사흘길을 걸었으
나 물을 얻지 못하고
23 마라에 이르렀더니 그 곳 물이 써
서 마시지 못하겠으므로 그 이름
을 마라라 하였더라
24 백성이 모세에게 원망하여 이르되
우리가 무엇을 마실까 하매
25 모세가 여호와께 부르짖었더니 여
호와께서 그에게 한 나무를 가리키
시니 그가 물에 던지니 물이 달게
되었더라 거기서 여호와께서 그들
을 위하여 법도와 율례를 정하시고
그들을 시험하실새
26 이르시되 너희가 너희 하나님 나
여호와의 말을 들어 순종하고 내
가 보기에 의를 행하며 내 계명에
귀를 기울이며 내 모든 규례를 지
키면 내가 애굽 사람에게 내린 모
든 질병 중 하나도 너희에게 내리
지 아니하리니 나는 너희를 치료하
는 여호와임이라
27 그들이 엘림에 이르니 거기에 물
샘 열둘과 종려나무 일흔 그루가
있는지라 거기서 그들이 그 물 곁
에 장막을 치니라

만나와 메추라기

16 이스라엘 자손의 온 회중이
엘림에서 떠나 엘림과 시내
산 사이에 있는 신 광야에 이르니 애
굽에서 나온 후 둘째 달 십오일이라
2 이스라엘 자손 온 회중이 그 광야
에서 모세와 아론을 원망하여
3 이스라엘 자손이 그들에게 이르되
우리가 애굽 땅에서 고기 가마 곁
에 앉아 있던 때와 떡을 배불리 먹
던 때에 여호와의 손에 죽었더라면
좋았을 것을 너희가 이 광야로 우
리를 인도해 내어 이 온 회중이 주
려 죽게 하는도다
4 그 때에 여호와께서 모세에게 이르
시되 보라 내가 너희를 위하여 하

22

23

24

25

26

27

16

2

3

4

늘에서 양식을 비 같이 내리리니
백성이 나가서 일용할 것을 날마다
거둘 것이라 이같이 하여 그들이
내 율법을 준행하나 아니하나 내가
시험하리라
5 여섯째 날에는 그들이 그 거둔 것
을 준비할지니 날마다 거두던 것의
갑절이 되리라
6 모세와 아론이 온 이스라엘 자손
에게 이르되 저녁이 되면 너희가
여호와께서 너희를 애굽 땅에서 인
도하여 내셨음을 알 것이요
7 아침에는 너희가 여호와의 영광을
보리니 이는 여호와께서 너희가 자
기를 향하여 원망함을 들으셨음이
라 우리가 누구이기에 너희가 우리
에게 대하여 원망하느냐
8 모세가 또 이르되 여호와께서 저녁
에는 너희에게 고기를 주어 먹이시
고 아침에는 떡으로 배불리시리니
이는 여호와께서 자기를 향하여 너
희가 원망하는 그 말을 들으셨음이
라 우리가 누구냐 너희의 원망은
우리를 향하여 함이 아니요 여호
와를 향하여 함이로다
9 모세가 또 아론에게 이르되 이스
라엘 자손의 온 회중에게 말하기
를 여호와께 가까이 나아오라 여호
와께서 너희의 원망함을 들으셨느
니라 하라
10 아론이 이스라엘 자손의 온 회중
에게 말하매 그들이 광야를 바라
보니 여호와의 영광이 구름 속에
나타나더라
11 여호와께서 모세에게 말씀하여 이
르시되
12 내가 이스라엘 자손의 원망함을
들었노라 그들에게 말하여 이르기
를 너희가 해 질 때에는 고기를 먹
고 아침에는 떡으로 배부르리니 내
가 여호와 너희의 하나님인 줄 알
리라 하라 하시니라
13 저녁에는 메추라기가 와서 진에 덮
이고 아침에는 이슬이 진 주위에
있더니
14 그 이슬이 마른 후에 광야 지면에
작고 둥글며 서리 같이 가는 것이
있는지라

15 이스라엘 자손이 보고 그것이 무엇
인지 알지 못하여 서로 이르되 이
것이 무엇이냐 하니 모세가 그들에
게 이르되 이는 여호와께서 너희에
게 주어 먹게 하신 양식이라
16 여호와께서 이같이 명령하시기를
너희 각 사람은 먹을 만큼만 이것
을 거둘지니 곧 너희 사람 수효대
로 한 사람에 한 오멜씩 거두되
각 사람이 그의 장막에 있는 자
들을 위하여 거둘지니라 하셨느니
라
17 이스라엘 자손이 그같이 하였더니
그 거둔 것이 많기도 하고 적기도
하나
18 오멜로 되어 본즉 많이 거둔 자도
남음이 없고 적게 거둔 자도 부족
함이 없이 각 사람은 먹을 만큼만
거두었더라
19 모세가 그들에게 이르기를 아무든
지 아침까지 그것을 남겨두지 말라
하였으나
20 그들이 모세에게 순종하지 아니하
고 더러는 아침까지 두었더니 벌레
가 생기고 냄새가 난지라 모세가
그들에게 노하니라
21 무리가 아침마다 각 사람은 먹을
만큼만 거두었고 햇볕이 뜨겁게 쬐
면 그것이 스러졌더라
22 여섯째 날에는 각 사람이 갑절의
식물 곧 하나에 두 오멜씩 거둔지
라 회중의 모든 지도자가 와서 모
세에게 알리매
23 모세가 그들에게 이르되 여호와께
서 이같이 말씀하셨느니라 내일은
휴일이니 여호와께 거룩한 안식일
이라 너희가 구울 것은 굽고 삶을
것은 삶고 그 나머지는 다 너희를
위하여 아침까지 간수하라
24 그들이 모세의 명령대로 아침까지
간수하였으나 냄새도 나지 아니하
고 벌레도 생기지 아니한지라
25 모세가 이르되 오늘은 그것을 먹으
라 오늘은 여호와의 안식일인즉 오
늘은 너희가 들에서 그것을 얻지
못하리라
26 엿새 동안은 너희가 그것을 거두되
일곱째 날은 안식일인즉 그 날에는

없으리라 하였으나
27 일곱째 날에 백성 중 어떤 사람들
이 거두러 나갔다가 얻지 못하니라
28 여호와께서 모세에게 이르시되 어
느 때까지 너희가 내 계명과 내 율
법을 지키지 아니하려느냐
29 볼지어다 여호와가 너희에게 안식
일을 줌으로 여섯째 날에는 이틀
양식을 너희에게 주는 것이니 너희
는 각기 처소에 있고 일곱째 날에
는 아무도 그의 처소에서 나오지
말지니라
30 그러므로 백성이 일곱째 날에 안식
하니라
31 이스라엘 족속이 그 이름을 만나
라 하였으며 깟씨 같이 희고 맛은
꿀 섞은 과자 같았더라
32 모세가 이르되 여호와께서 이같이
명령하시기를 이것을 오멜에 채워
서 너희의 대대 후손을 위하여 간
수하라 이는 내가 너희를 애굽 땅
에서 인도하여 낼 때에 광야에서
너희에게 먹인 양식을 그들에게 보
이기 위함이니라 하셨다 하고
33 또 모세가 아론에게 이르되 항아
리를 가져다가 그 속에 만나 한 오
멜을 담아 여호와 앞에 두어 너희
대대로 간수하라
34 아론이 여호와께서 모세에게 명령
하신 대로 그것을 증거판 앞에 두
어 간수하게 하였고
35 사람이 사는 땅에 이르기까지 이
스라엘 자손이 사십 년 동안 만나
를 먹었으니 곧 가나안 땅 접경에
이르기까지 그들이 만나를 먹었더
라
36 오멜은 십분의 일 에바이더라

반석에서 물이 나오다

17 이스라엘 자손의 온 회중이
여호와의 명령대로 신 광야
에서 떠나 그 노정대로 행하여 르
비딤에 장막을 쳤으나 백성이 마실
물이 없는지라
2 백성이 모세와 다투어 이르되 우리
에게 물을 주어 마시게 하라 모세
가 그들에게 이르되 너희가 어찌하
여 나와 다투느냐 너희가 어찌하여
여호와를 시험하느냐

3 거기서 백성이 목이 말라 물을 찾
으매 그들이 모세에게 대하여 원망
하여 이르되 당신이 어찌하여 우리
를 애굽에서 인도해 내어서 우리와
우리 자녀와 우리 가축이 목말라
죽게 하느냐
4 모세가 여호와께 부르짖어 이르되
내가 이 백성에게 어떻게 하리이까
그들이 조금 있으면 내게 돌을 던
지겠나이다
5 여호와께서 모세에게 이르시되 백
성 앞을 지나서 이스라엘 장로들을
데리고 나일 강을 치던 네 지팡이
를 손에 잡고 가라
6 내가 호렙 산에 있는 그 반석 위 거
기서 네 앞에 서리니 너는 그 반석
을 치라 그것에서 물이 나오리니
백성이 마시리라 모세가 이스라엘
장로들의 목전에서 그대로 행하니
라
7 그가 그 곳 이름을 맛사 또는 므리
바라 불렀으니 이는 이스라엘 자손
이 다투었음이요 또는 그들이 여호
와를 시험하여 이르기를 여호와께
서 우리 중에 계신가 안 계신가 하
였음이더라

아말렉과 싸우다

8 그 때에 아말렉이 와서 이스라엘과
르비딤에서 싸우니라
9 모세가 여호수아에게 이르되 우리
를 위하여 사람들을 택하여 나가
서 아말렉과 싸우라 내일 내가 하
나님의 지팡이를 손에 잡고 산 꼭
대기에 서리라
10 여호수아가 모세의 말대로 행하여
아말렉과 싸우고 모세와 아론과
훌은 산 꼭대기에 올라가서
11 모세가 손을 들면 이스라엘이 이기
고 손을 내리면 아말렉이 이기더니
12 모세의 팔이 피곤하매 그들이 돌
을 가져다가 모세의 아래에 놓아
그가 그 위에 앉게 하고 아론과 훌
이 한 사람은 이쪽에서, 한 사람은
저쪽에서 모세의 손을 붙들어 올
렸더니 그 손이 해가 지도록 내려
오지 아니한지라
13 여호수아가 칼날로 아말렉과 그 백
성을 쳐서 무찌르니라

14 여호와께서 모세에게 이르시되 이
것을 책에 기록하여 기념하게 하고
여호수아의 귀에 외워 들리라 내가
아말렉을 없이하여 천하에서 기억
도 못 하게 하리라
15 모세가 제단을 쌓고 그 이름을 여
호와 닛시라 하고
16 이르되 여호와께서 맹세하시기를
여호와가 아말렉과 더불어 대대로
싸우리라 하셨다 하였더라

이드로가 모세를 방문하다

18 모세의 장인이며 미디안 제
사장인 이드로가 하나님이
모세에게와 자기 백성 이스라엘에
게 하신 일 곧 여호와께서 이스라
엘을 애굽에서 인도하여 내신 모든
일을 들으니라
2 모세의 장인 이드로가 모세가 돌
려 보냈던 그의 아내 십보라와
3 그의 두 아들을 데리고 왔으니 그
하나의 이름은 게르솜이라 이는 모
세가 이르기를 내가 이방에서 나그
네가 되었다 함이요
4 하나의 이름은 엘리에셀이라 이는
내 아버지의 하나님이 나를 도우사
바로의 칼에서 구원하셨다 함이더
라
5 모세의 장인 이드로가 모세의 아
들들과 그의 아내와 더불어 광야
에 들어와 모세에게 이르니 곧 모
세가 하나님의 산에 진 친 곳이라
6 그가 모세에게 말을 전하되 네 장
인 나 이드로가 네 아내와 그와 함
께 한 그의 두 아들과 더불어 네게
왔노라
7 모세가 나가서 그의 장인을 맞아
절하고 그에게 입 맞추고 그들이
서로 문안하고 함께 장막에 들어가
서
8 모세가 여호와께서 이스라엘을 위
하여 바로와 애굽 사람에게 행하
신 모든 일과 길에서 그들이 당한
모든 고난과 여호와께서 그들을 구
원하신 일을 다 그 장인에게 말하
매
9 이드로가 여호와께서 이스라엘에
게 큰 은혜를 베푸사 애굽 사람의
손에서 구원하심을 기뻐하여

14
15
16
18
2
3
4
5
6
7
8
9

10 이드로가 이르되 여호와를 찬송하
리로다 너희를 애굽 사람의 손에서
와 바로의 손에서 건져내시고 백성
을 애굽 사람의 손 아래에서 건지
셨도다
11 이제 내가 알았도다 여호와는 모든
신보다 크시므로 이스라엘에게 교
만하게 행하는 그들을 이기셨도다
하고
12 모세의 장인 이드로가 번제물과
희생제물들을 하나님께 가져오매
아론과 이스라엘 모든 장로가 와
서 모세의 장인과 함께 하나님 앞
에서 떡을 먹으니라

우두머리를 세워 재판하게 하다

13 이튿날 모세가 백성을 재판하느라
고 앉아 있고 백성은 아침부터 저
녁까지 모세 곁에 서 있는지라
14 모세의 장인이 모세가 백성에게 행
하는 모든 일을 보고 이르되 네가
이 백성에게 행하는 이 일이 어찌
됨이냐 어찌하여 네가 홀로 앉아
있고 백성은 아침부터 저녁까지 네
곁에 서 있느냐
15 모세가 그의 장인에게 대답하되 백
성이 하나님께 물으려고 내게로 옴
이라
16 그들이 일이 있으면 내게로 오나니
내가 그 양쪽을 재판하여 하나님
의 율례와 법도를 알게 하나이다
17 모세의 장인이 그에게 이르되 네가
하는 것이 옳지 못하도다
18 너와 또 너와 함께 한 이 백성이 필
경 기력이 쇠하리니 이 일이 네게
너무 중함이라 네가 혼자 할 수 없
으리라
19 이제 내 말을 들으라 내가 네게 방
침을 가르치리니 하나님이 너와 함
께 계실지로다 너는 하나님 앞에서
그 백성을 위하여 그 사건들을 하
나님께 가져오며
20 그들에게 율례와 법도를 가르쳐서
마땅히 갈 길과 할 일을 그들에게
보이고
21 너는 또 온 백성 가운데서 능력 있
는 사람들 곧 하나님을 두려워하며
진실하며 불의한 이익을 미워하는
자를 살펴서 백성 위에 세워 천부

장과 백부장과 오십부장과 십부장을 삼아

22 그들이 때를 따라 백성을 재판하게 하라 큰 일은 모두 네게 가져갈 것이요 작은 일은 모두 그들이 스스로 재판할 것이니 그리하면 그들이 너와 함께 담당할 것인즉 일이 네게 쉬우리라

23 네가 만일 이 일을 하고 하나님께서도 네게 허락하시면 네가 이 일을 감당하고 이 모든 백성도 자기 곳으로 평안히 가리라

24 이에 모세가 자기 장인의 말을 듣고 그 모든 말대로 하여

25 모세가 이스라엘 무리 중에서 능력 있는 사람들을 택하여 그들을 백성의 우두머리 곧 천부장과 백부장과 오십부장과 십부장을 삼으매

26 그들이 때를 따라 백성을 재판하되 어려운 일은 모세에게 가져오고 모든 작은 일은 스스로 재판하더라

27 모세가 그의 장인을 보내니 그가 자기 땅으로 가니라

이스라엘 자손이 시내 산에 이르다

19 이스라엘 자손이 애굽 땅을 떠난 지 삼 개월이 되던 날 그들이 시내 광야에 이르니라

2 그들이 르비딤을 떠나 시내 광야에 이르러 그 광야에 장막을 치되 이스라엘이 거기 산 앞에 장막을 치니라

3 모세가 하나님 앞에 올라가니 여호와께서 산에서 그를 불러 말씀하시되 너는 이같이 야곱의 집에 말하고 이스라엘 자손들에게 말하라

4 내가 애굽 사람에게 어떻게 행하였음과 내가 어떻게 독수리 날개로 너희를 업어 내게로 인도하였음을 너희가 보았느니라

5 세계가 다 내게 속하였나니 너희가 내 말을 잘 듣고 내 언약을 지키면 너희는 모든 민족 중에서 내 소유가 되겠고

6 너희가 내게 대하여 제사장 나라가 되며 거룩한 백성이 되리라 너는 이 말을 이스라엘 자손에게 전할지니라

7 모세가 내려와서 백성의 장로들을
불러 여호와께서 자기에게 명령하신
그 모든 말씀을 그들 앞에 진술하니
8 백성이 일제히 응답하여 이르되 여
호와께서 명령하신 대로 우리가 다
행하리이다 모세가 백성의 말을 여
호와께 전하매
9 여호와께서 모세에게 이르시되 내
가 빽빽한 구름 가운데서 네게 임
함은 내가 너와 말하는 것을 백성
들이 듣게 하며 또한 너를 영영히
믿게 하려 함이니라 모세가 백성의
말을 여호와께 아뢰었으므로
10 여호와께서 모세에게 이르시되 너
는 백성에게로 가서 오늘과 내일
그들을 성결하게 하며 그들에게 옷
을 빨게 하고
11 준비하게 하여 셋째 날을 기다리게
하라 이는 셋째 날에 나 여호와가
온 백성의 목전에서 시내 산에 강
림할 것임이니
12 너는 백성을 위하여 주위에 경계를
정하고 이르기를 너희는 삼가 산에
오르거나 그 경계를 침범하지 말지
니 산을 침범하는 자는 반드시 죽
임을 당할 것이라
13 그런 자에게는 손을 대지 말고 돌
로 쳐죽이거나 화살로 쏘아 죽여
야 하리니 짐승이나 사람을 막론하
고 살아남지 못하리라 하고 나팔
을 길게 불거든 산 앞에 이를 것이
니라 하라
14 모세가 산에서 내려와 백성에게 이
르러 백성을 성결하게 하니 그들이
자기 옷을 빨더라
15 모세가 백성에게 이르되 준비하여
셋째 날을 기다리고 여인을 가까이
하지 말라 하니라
16 셋째 날 아침에 우레와 번개와 빽
빽한 구름이 산 위에 있고 나팔 소
리가 매우 크게 들리니 진중에 있
는 모든 백성이 다 떨더라
17 모세가 하나님을 맞으려고 백성을
거느리고 진에서 나오매 그들이 산
기슭에 서 있는데
18 시내 산에 연기가 자욱하니 여호와
께서 불 가운데서 거기 강림하심이
라 그 연기가 옹기 가마 연기 같이

7
8
9
10
11
12
13
14
15
16
17
18

떠오르고 온 산이 크게 진동하며
19 나팔 소리가 점점 커질 때에 모세
가 말한즉 하나님이 음성으로 대
답하시더라
20 여호와께서 시내 산 곧 그 산 꼭대
기에 강림하시고 모세를 그리로 부
르시니 모세가 올라가매
21 여호와께서 모세에게 이르시되 내
려가서 백성을 경고하라 백성이 밀
고 들어와 나 여호와에게로 와서
보려고 하다가 많이 죽을까 하노라
22 또 여호와에게 가까이 하는 제사장
들에게 그 몸을 성결히 하게 하라
나 여호와가 그들을 칠까 하노라
23 모세가 여호와께 아뢰되 주께서 우
리에게 명령하여 이르시기를 산 주
위에 경계를 세워 산을 거룩하게
하라 하셨사온즉 백성이 시내 산
에 오르지 못하리이다
24 여호와께서 그에게 이르시되 가라
너는 내려가서 아론과 함께 올라오
고 제사장들과 백성에게는 경계를
넘어 나 여호와에게로 올라오지 못
하게 하라 내가 그들을 칠까 하노라
25 모세가 백성에게 내려가서 그들에
게 알리니라

십계명

20 하나님이 이 모든 말씀으
로 말씀하여 이르시되
2 나는 너를 애굽 땅, 종 되었던 집에
서 인도하여 낸 네 하나님 여호와
니라
3 너는 나 외에는 다른 신들을 네게
두지 말라
4 너를 위하여 새긴 우상을 만들지
말고 또 위로 하늘에 있는 것이나
아래로 땅에 있는 것이나 땅 아래
물 속에 있는 것의 어떤 형상도 만
들지 말며
5 그것들에게 절하지 말며 그것들을
섬기지 말라 나 네 하나님 여호와
는 질투하는 하나님인즉 나를 미워
하는 자의 죄를 갚되 아버지로부터
아들에게로 삼사 대까지 이르게 하
거니와
6 나를 사랑하고 내 계명을 지키는
자에게는 천 대까지 은혜를 베푸느
니라

7 너는 네 하나님 여호와의 이름을
망령되게 부르지 말라 여호와는
그의 이름을 망령되게 부르는 자
를 죄 없다 하지 아니하리라
8 안식일을 기억하여 거룩하게 지키
라
9 엿새 동안은 힘써 네 모든 일을 행
할 것이나
10 일곱째 날은 네 하나님 여호와의
안식일인즉 너나 네 아들이나 네
딸이나 네 남종이나 네 여종이나
네 가축이나 네 문안에 머무는 객
이라도 아무 일도 하지 말라
11 이는 엿새 동안에 나 여호와가 하
늘과 땅과 바다와 그 가운데 모든
것을 만들고 일곱째 날에 쉬었음이
라 그러므로 나 여호와가 안식일을
복되게 하여 그 날을 거룩하게 하
였느니라
12 네 부모를 공경하라 그리하면 네
하나님 여호와가 네게 준 땅에서
네 생명이 길리라
13 살인하지 말라
14 간음하지 말라
15 도둑질하지 말라
16 네 이웃에 대하여 거짓 증거하지
말라
17 네 이웃의 집을 탐내지 말라 네 이
웃의 아내나 그의 남종이나 그의 여
종이나 그의 소나 그의 나귀나 무
릇 네 이웃의 소유를 탐내지 말라

백성이 두려워 떨다

18 뭇 백성이 우레와 번개와 나팔 소
리와 산의 연기를 본지라 그들이
볼 때에 떨며 멀리 서서
19 모세에게 이르되 당신이 우리에게
말씀하소서 우리가 들으리이다 하
나님이 우리에게 말씀하시지 말게
하소서 우리가 죽을까 하나이다
20 모세가 백성에게 이르되 두려워하
지 말라 하나님이 임하심은 너희를
시험하고 너희로 경외하여 범죄하
지 않게 하려 하심이니라
21 백성은 멀리 서 있고 모세는 하나
님이 계신 흑암으로 가까이 가니라

제단에 관한 법

22 여호와께서 모세에게 이르시되 너
는 이스라엘 자손에게 이같이 이르

라 내가 하늘로부터 너희에게 말하
는 것을 너희 스스로 보았으니
23 너희는 나를 비겨서 은으로나 금으
로나 너희를 위하여 신상을 만들지
말고
24 내게 토단을 쌓고 그 위에 네 양과
소로 네 번제와 화목제를 드리라 내
가 내 이름을 기념하게 하는 모든
곳에서 네게 임하여 복을 주리라
25 네가 내게 돌로 제단을 쌓거든 다
듬은 돌로 쌓지 말라 네가 정으로
그것을 쪼면 부정하게 함이니라
26 너는 층계로 내 제단에 오르지 말
라 네 하체가 그 위에서 드러날까
함이니라

종에 관한 법

21 네가 백성 앞에 세울 법규
는 이러하니라
2 네가 히브리 종을 사면 그는 여섯
해 동안 섬길 것이요 일곱째 해에
는 몸값을 물지 않고 나가 자유인
이 될 것이며
3 만일 그가 단신으로 왔으면 단신으
로 나갈 것이요 장가 들었으면 그
의 아내도 그와 함께 나가려니와
4 만일 상전이 그에게 아내를 주어
그의 아내가 아들이나 딸을 낳았으
면 그의 아내와 그의 자식들은 상
전에게 속할 것이요 그는 단신으로
나갈 것이로되
5 만일 종이 분명히 말하기를 내가
상전과 내 처자를 사랑하니 나가서
자유인이 되지 않겠노라 하면
6 상전이 그를 데리고 재판장에게로
갈 것이요 또 그를 문이나 문설주
앞으로 데리고 가서 그것에다가 송
곳으로 그의 귀를 뚫을 것이라 그
는 종신토록 그 상전을 섬기리라
7 사람이 자기의 딸을 여종으로 팔았으
면 그는 남종 같이 나오지 못할지며
8 만일 상전이 그를 기뻐하지 아니하
여 상관하지 아니하면 그를 속량하
게 할 것이나 상전이 그 여자를 속
인 것이 되었으니 외국인에게는 팔
지 못할 것이요
9 만일 그를 자기 아들에게 주기로
하였으면 그를 딸 같이 대우할 것
이요

23

24

25

26

21 2

3

4

5

6

7

8

9

10 만일 상전이 다른 여자에게 장가 들지라도 그 여자의 음식과 의복과 동침하는 것은 끊지 말 것이요

11 그가 이 세 가지를 시행하지 아니하면, 여자는 속전을 내지 않고 거저 나가게 할 것이니라

폭행에 관한 법

12 사람을 쳐죽인 자는 반드시 죽일 것이나

13 만일 사람이 고의적으로 한 것이 아니라 나 하나님이 사람을 그의 손에 넘긴 것이면 내가 그를 위하여 한 곳을 정하리니 그 사람이 그리로 도망할 것이며

14 사람이 그의 이웃을 고의로 죽였으면 너는 그를 내 제단에서라도 잡아내려 죽일지니라

15 자기 아버지나 어머니를 치는 자는 반드시 죽일지니라

16 사람을 납치한 자가 그 사람을 팔았든지 자기 수하에 두었든지 그를 반드시 죽일지니라

17 자기의 아버지나 어머니를 저주하는 자는 반드시 죽일지니라

18 사람이 서로 싸우다가 하나가 돌이나 주먹으로 그의 상대방을 쳤으나 그가 죽지 않고 자리에 누웠다가

19 지팡이를 짚고 일어나 걸으면 그를 친 자가 형벌은 면하되 그간의 손해를 배상하고 그가 완치되게 할 것이니라

20 사람이 매로 그 남종이나 여종을 쳐서 당장에 죽으면 반드시 형벌을 받으려니와

21 그가 하루나 이틀을 연명하면 형벌을 면하리니 그는 상전의 재산임이라

22 사람이 서로 싸우다가 임신한 여인을 쳐서 낙태하게 하였으나 다른 해가 없으면 그 남편의 청구대로 반드시 벌금을 내되 재판장의 판결을 따라 낼 것이니라

23 그러나 다른 해가 있으면 갚되 생명은 생명으로,

24 눈은 눈으로, 이는 이로, 손은 손으로, 발은 발로,

25 덴 것은 덴 것으로, 상하게 한 것은 상함으로, 때린 것은 때림으로 갚

을지니라
26 사람이 그 남종의 한 눈이나 여종
의 한 눈을 쳐서 상하게 하면 그
눈에 대한 보상으로 그를 놓아 줄
것이며
27 그 남종의 이나 여종의 이를 쳐서
빠뜨리면 그 이에 대한 보상으로
그를 놓아 줄지니라

임자의 책임

28 소가 남자나 여자를 받아서 죽이
면 그 소는 반드시 돌로 쳐서 죽일
것이요 그 고기는 먹지 말 것이며
임자는 형벌을 면하려니와
29 소가 본래 받는 버릇이 있고 그 임
자는 그로 말미암아 경고를 받았
으되 단속하지 아니하여 남녀를
막론하고 받아 죽이면 그 소는 돌
로 쳐죽일 것이고 임자도 죽일 것
이며
30 만일 그에게 속죄금을 부과하면
무릇 그 명령한 것을 생명의 대가
로 낼 것이요
31 아들을 받든지 딸을 받든지 이 법
규대로 그 임자에게 행할 것이며
32 소가 만일 남종이나 여종을 받으면
소 임자가 은 삼십 세겔을 그의 상
전에게 줄 것이요 소는 돌로 쳐서
죽일지니라
33 사람이 구덩이를 열어두거나 구덩
이를 파고 덮지 아니하므로 소나
나귀가 거기에 빠지면
34 그 구덩이 주인이 잘 보상하여 짐
승의 임자에게 돈을 줄 것이요 죽
은 것은 그가 차지할 것이니라
35 이 사람의 소가 저 사람의 소를 받
아 죽이면 살아 있는 소를 팔아 그
값을 반으로 나누고 또한 죽은 것
도 반으로 나누려니와
36 그 소가 본래 받는 버릇이 있는 줄
을 알고도 그 임자가 단속하지 아
니하였으면 그는 소로 소를 갚을
것이요 죽은 것은 그가 차지할지니
라

배상에 관한 법

22 사람이 소나 양을 도둑질하
여 잡거나 팔면 그는 소 한
마리에 소 다섯 마리로 갚고 양 한
마리에 양 네 마리로 갚을지니라

26

27

28

29

30

31

32

33

34

35

36

22

2 도둑이 뚫고 들어오는 것을 보고
그를 쳐죽이면 피 흘린 죄가 없으
나
3 해 돋은 후에는 피 흘린 죄가 있으
리라 도둑은 반드시 배상할 것이
나 배상할 것이 없으면 그 몸을 팔
아 그 도둑질한 것을 배상할 것이
요
4 도둑질한 것이 살아 그의 손에 있
으면 소나 나귀나 양을 막론하고
갑절을 배상할지니라
5 사람이 밭에서나 포도원에서 짐승
을 먹이다가 자기의 짐승을 놓아
남의 밭에서 먹게 하면 자기 밭의
가장 좋은 것과 자기 포도원의 가
장 좋은 것으로 배상할지니라
6 불이 나서 가시나무에 댕겨 낟가리
나 거두지 못한 곡식이나 밭을 태
우면 불 놓은 자가 반드시 배상할
지니라
7 사람이 돈이나 물품을 이웃에게
맡겨 지키게 하였다가 그 이웃 집
에서 도둑을 맞았는데 그 도둑이
잡히면 갑절을 배상할 것이요
8 도둑이 잡히지 아니하면 그 집 주
인이 재판장 앞에 가서 자기가 그
이웃의 물품에 손 댄 여부의 조사
를 받을 것이며
9 어떤 잃은 물건 즉 소나 나귀나 양
이나 의복이나 또는 다른 잃은 물
건에 대하여 어떤 사람이 이르기를
이것이 그것이라 하면 양편이 재판
장 앞에 나아갈 것이요 재판장이
죄 있다고 하는 자가 그 상대편에
게 갑절을 배상할지니라
10 사람이 나귀나 소나 양이나 다른
짐승을 이웃에게 맡겨 지키게 하였
다가 죽거나 상하거나 끌려가도 본
사람이 없으면
11 두 사람 사이에 맡은 자가 이웃의
것에 손을 대지 아니하였다고 여호
와께 맹세할 것이요 그 임자는 그
대로 믿을 것이며 그 사람은 배상
하지 아니하려니와
12 만일 자기에게서 도둑 맞았으면 그
임자에게 배상할 것이며
13 만일 찢겼으면 그것을 가져다가 증
언할 것이요 그 찢긴 것에 대하여

배상하지 아니할지니라
14 만일 이웃에게 빌려온 것이 그 임
자가 함께 있지 아니할 때에 상하
거나 죽으면 반드시 배상하려니와
15 그 임자가 그것과 함께 있었으면
배상하지 아니할지니라 만일 세 낸
것이면 세로 족하니라

도덕에 관한 법

16 사람이 약혼하지 아니한 처녀를 꾀
어 동침하였으면 납폐금을 주고 아
내로 삼을 것이요
17 만일 처녀의 아버지가 딸을 그에게
주기를 거절하면 그는 처녀에게 납
폐금으로 돈을 낼지니라
18 너는 무당을 살려두지 말라
19 짐승과 행음하는 자는 반드시 죽
일지니라
20 여호와 외에 다른 신에게 제사를
드리는 자는 멸할지니라
21 너는 이방 나그네를 압제하지 말며
그들을 학대하지 말라 너희도 애굽
땅에서 나그네였음이라
22 너는 과부나 고아를 해롭게 하지
말라
23 네가 만일 그들을 해롭게 하므로
그들이 내게 부르짖으면 내가 반드
시 그 부르짖음을 들으리라
24 나의 노가 맹렬하므로 내가 칼로
너희를 죽이리니 너희의 아내는 과
부가 되고 너희 자녀는 고아가 되리
라
25 네가 만일 너와 함께 한 내 백성 중
에서 가난한 자에게 돈을 꾸어 주
면 너는 그에게 채권자 같이 하지
말며 이자를 받지 말 것이며
26 네가 만일 이웃의 옷을 전당 잡거
든 해가 지기 전에 그에게 돌려보
내라
27 그것이 유일한 옷이라 그것이 그의
알몸을 가릴 옷인즉 그가 무엇을
입고 자겠느냐 그가 내게 부르짖으
면 내가 들으리니 나는 자비로운
자임이니라
28 너는 재판장을 모독하지 말며 백성
의 지도자를 저주하지 말지니라
29 너는 네가 추수한 것과 네가 짜낸
즙을 바치기를 더디하지 말지며 네
처음 난 아들들을 내게 줄지며

14
15
16
17
18
19
20
21
22
23
24
25
26
27
28
29

30 네 소와 양도 그와 같이 하되 이레
동안 어미와 함께 있게 하다가 여
드레 만에 내게 줄지니라
31 너희는 내게 거룩한 사람이 될지니
들에서 짐승에게 찢긴 동물의 고기
를 먹지 말고 그것을 개에게 던질
지니라

공평에 관한 법

23 너는 거짓된 풍설을 퍼뜨리
지 말며 악인과 연합하여
위증하는 증인이 되지 말며
2 다수를 따라 악을 행하지 말며 송
사에 다수를 따라 부당한 증언을
하지 말며
3 가난한 자의 송사라고 해서 편벽되
이 두둔하지 말지니라
4 네가 만일 네 원수의 길 잃은 소나
나귀를 보거든 반드시 그 사람에
게로 돌릴지며
5 네가 만일 너를 미워하는 자의 나
귀가 짐을 싣고 엎드러짐을 보거든
그것을 버려두지 말고 그것을 도와
그 짐을 부릴지니라
6 너는 가난한 자의 송사라고 정의를
굽게 하지 말며
7 거짓 일을 멀리 하며 무죄한 자와
의로운 자를 죽이지 말라 나는 악
인을 의롭다 하지 아니하겠노라
8 너는 뇌물을 받지 말라 뇌물은 밝
은 자의 눈을 어둡게 하고 의로운
자의 말을 굽게 하느니라
9 너는 이방 나그네를 압제하지 말라
너희가 애굽 땅에서 나그네 되었었
은즉 나그네의 사정을 아느니라

안식년과 안식일에 관한 법

10 너는 여섯 해 동안은 너의 땅에 파
종하여 그 소산을 거두고
11 일곱째 해에는 갈지 말고 묵혀두어
서 네 백성의 가난한 자들이 먹게 하
라 그 남은 것은 들짐승이 먹으리라
네 포도원과 감람원도 그리할지니라
12 너는 엿새 동안에 네 일을 하고 일
곱째 날에는 쉬라 네 소와 나귀가
쉴 것이며 네 여종의 자식과 나그
네가 숨을 돌리리라
13 내가 네게 이른 모든 일을 삼가 지
키고 다른 신들의 이름은 부르지
도 말며 네 입에서 들리게도 하지

말지니라

세 가지 절기에 관한 법

14 너는 매년 세 번 내게 절기를 지킬
지니라
15 너는 무교병의 절기를 지키라 내가
네게 명령한 대로 아빕월의 정한
때에 이레 동안 무교병을 먹을지니
이는 그 달에 네가 애굽에서 나왔
음이라 빈 손으로 내 앞에 나오지
말지니라
16 맥추절을 지키라 이는 네가 수고하
여 밭에 뿌린 것의 첫 열매를 거둠
이니라 수장절을 지키라 이는 네가
수고하여 이룬 것을 연말에 밭에서
부터 거두어 저장함이니라
17 네 모든 남자는 매년 세 번씩 주 여
호와께 보일지니라
18 너는 네 제물의 피를 유교병과 함
께 드리지 말며 내 절기 제물의 기
름을 아침까지 남겨두지 말지니라
19 네 토지에서 처음 거둔 열매의 가
장 좋은 것을 가져다가 너의 하나
님 여호와의 전에 드릴지니라 너는
염소 새끼를 그 어미의 젖으로 삶
지 말지니라

명령과 약속

20 내가 사자를 네 앞서 보내어 길에
서 너를 보호하여 너를 내가 예비
한 곳에 이르게 하리니
21 너희는 삼가 그의 목소리를 청종하
고 그를 노엽게 하지 말라 그가 너
희의 허물을 용서하지 아니할 것은
내 이름이 그에게 있음이니라
22 네가 그의 목소리를 잘 청종하고
내 모든 말대로 행하면 내가 네 원
수에게 원수가 되고 네 대적에게
대적이 될지라
23 내 사자가 네 앞서 가서 너를 아모
리 사람과 헷 사람과 브리스 사람
과 가나안 사람과 히위 사람과 여
부스 사람에게로 인도하고 나는 그
들을 끊으리니
24 너는 그들의 신을 경배하지 말며
섬기지 말며 그들의 행위를 본받지
말고 그것들을 다 깨뜨리며 그들의
주상을 부수고
25 네 하나님 여호와를 섬기라 그리하
면 여호와가 너희의 양식과 물에

14

15

16

17

18

19

20

21

22

23

24

25

복을 내리고 너희 중에서 병을 제
하리니
26 네 나라에 낙태하는 자가 없고 임
신하지 못하는 자가 없을 것이라
내가 너의 날 수를 채우리라
27 내가 내 위엄을 네 앞서 보내어 네
가 이를 곳의 모든 백성을 물리치
고 네 모든 원수들이 네게 등을 돌
려 도망하게 할 것이며
28 내가 왕벌을 네 앞에 보내리니 그
벌이 히위 족속과 가나안 족속과
헷 족속을 네 앞에서 쫓아내리라
29 그러나 그 땅이 황폐하게 됨으로
들짐승이 번성하여 너희를 해할까
하여 일 년 안에는 그들을 네 앞에
서 쫓아내지 아니하고
30 네가 번성하여 그 땅을 기업으로
얻을 때까지 내가 그들을 네 앞에
서 조금씩 쫓아내리라
31 내가 네 경계를 홍해에서부터 블레
셋 바다까지, 광야에서부터 강까지
정하고 그 땅의 주민을 네 손에 넘
기리니 네가 그들을 네 앞에서 쫓
아낼지라
32 너는 그들과 그들의 신들과 언약하
지 말라
33 그들이 네 땅에 머무르지 못할 것
은 그들이 너를 내게 범죄하게 할
까 두려움이라 네가 그 신들을 섬
기면 그것이 너의 올무가 되리라

시내 산에서 언약을 세우다

24 또 모세에게 이르시되 너는
아론과 나답과 아비후와
이스라엘 장로 칠십 명과 함께 여
호와께로 올라와 멀리서 경배하고
2 너 모세만 여호와께 가까이 나아
오고 그들은 가까이 나아오지 말
며 백성은 너와 함께 올라오지 말
지니라
3 모세가 와서 여호와의 모든 말씀과
그의 모든 율례를 백성에게 전하매
그들이 한 소리로 응답하여 이르
되 여호와께서 말씀하신 모든 것을
우리가 준행하리이다
4 모세가 여호와의 모든 말씀을 기
록하고 이른 아침에 일어나 산 아
래에 제단을 쌓고 이스라엘 열두
지파대로 열두 기둥을 세우고

5 이스라엘 자손의 청년들을 보내어
여호와께 소로 번제와 화목제를 드
리게 하고
6 모세가 피를 가지고 반은 여러 양
푼에 담고 반은 제단에 뿌리고
7 언약서를 가져다가 백성에게 낭독
하여 듣게 하니 그들이 이르되 여
호와의 모든 말씀을 우리가 준행하
리이다
8 모세가 그 피를 가지고 백성에게
뿌리며 이르되 이는 여호와께서 이
모든 말씀에 대하여 너희와 세우
신 언약의 피니라
9 모세와 아론과 나답과 아비후와
이스라엘 장로 칠십 인이 올라가서
10 이스라엘의 하나님을 보니 그의 발
아래에는 청옥을 편 듯하고 하늘
같이 청명하더라
11 하나님이 이스라엘 자손들의 존귀
한 자들에게 손을 대지 아니하셨
고 그들은 하나님을 뵙고 먹고 마
셨더라

시내 산에서 사십 일을 있다

12 여호와께서 모세에게 이르시되 너
는 산에 올라 내게로 와서 거기 있
으라 네가 그들을 가르치도록 내가
율법과 계명을 친히 기록한 돌판을
네게 주리라
13 모세가 그의 부하 여호수아와 함께
일어나 모세가 하나님의 산으로 올
라가며
14 장로들에게 이르되 너희는 여기서
우리가 너희에게로 돌아오기까지
기다리라 아론과 훌이 너희와 함
께 하리니 무릇 일이 있는 자는 그
들에게로 나아갈지니라 하고
15 모세가 산에 오르매 구름이 산을
가리며
16 여호와의 영광이 시내 산 위에 머
무르고 구름이 엿새 동안 산을 가
리더니 일곱째 날에 여호와께서 구
름 가운데서 모세를 부르시니라
17 산 위의 여호와의 영광이 이스라
엘 자손의 눈에 맹렬한 불 같이 보
였고
18 모세는 구름 속으로 들어가서 산
위에 올랐으며 모세가 사십 일 사
십 야를 산에 있으니라

성소를 지을 예물

25 여호와께서 모세에게 말씀
하여 이르시되
2 이스라엘 자손에게 명령하여 내게
예물을 가져오라 하고 기쁜 마음
으로 내는 자가 내게 바치는 모든
것을 너희는 받을지니라
3 너희가 그들에게서 받을 예물은 이
러하니 금과 은과 놋과
4 청색 자색 홍색 실과 가는 베 실과
염소 털과
5 붉은 물 들인 숫양의 가죽과 해달
의 가죽과 조각목과
6 등유와 관유에 드는 향료와 분향
할 향을 만들 향품과
7 호마노며 에봇과 흉패에 물릴 보석
이니라
8 내가 그들 중에 거할 성소를 그들
이 나를 위하여 짓되
9 무릇 내가 네게 보이는 모양대로
장막을 짓고 기구들도 그 모양을
따라 지을지니라

증거궤

10 그들은 조각목으로 궤를 짜되 길이
는 두 규빗 반, 너비는 한 규빗 반,
높이는 한 규빗 반이 되게 하고
11 너는 순금으로 그것을 싸되 그 안
팎을 싸고 위쪽 가장자리로 돌아
가며 금 테를 두르고
12 금 고리 넷을 부어 만들어 그 네
발에 달되 이쪽에 두 고리 저쪽에
두 고리를 달며
13 조각목으로 채를 만들어 금으로
싸고
14 그 채를 궤 양쪽 고리에 꿰어서 궤
를 메게 하며
15 채를 궤의 고리에 꿴 대로 두고 빼
내지 말지며
16 내가 네게 줄 증거판을 궤 속에 둘
지며
17 순금으로 속죄소를 만들되 길이는
두 규빗 반, 너비는 한 규빗 반이
되게 하고
18 금으로 그룹 둘을 속죄소 두 끝에
쳐서 만들되
19 한 그룹은 이 끝에, 또 한 그룹은
저 끝에 곧 속죄소 두 끝에 속죄소
와 한 덩이로 연결할지며
20 그룹들은 그 날개를 높이 펴서 그

25
2
3
4
5
6
7
8
9
10
11
12
13
14
15
16
17
18
19
20

날개로 속죄소를 덮으며 그 얼굴을
서로 대하여 속죄소를 향하게 하고
21 속죄소를 궤 위에 얹고 내가 네게
줄 증거판을 궤 속에 넣으라
22 거기서 내가 너와 만나고 속죄소
위 곧 증거궤 위에 있는 두 그룹 사
이에서 내가 이스라엘 자손을 위
하여 네게 명령할 모든 일을 네게
이르리라

진설병을 두는 상

23 너는 조각목으로 상을 만들되 길
이는 두 규빗, 너비는 한 규빗, 높
이는 한 규빗 반이 되게 하고
24 순금으로 싸고 주위에 금 테를 두
르고
25 그 주위에 손바닥 넓이만한 턱을
만들고 그 턱 주위에 금으로 테를
만들고
26 그것을 위하여 금 고리 넷을 만들
어 그 네 발 위 네 모퉁이에 달되
27 턱 곁에 붙이라 이는 상을 멜 채를
꿸 곳이며
28 또 조각목으로 그 채를 만들고 금
으로 싸라 상을 이것으로 멜 것이
니라
29 너는 대접과 숟가락과 병과 붓는
잔을 만들되 순금으로 만들며
30 상 위에 진설병을 두어 항상 내 앞
에 있게 할지니라

등잔대와 기구들

31 너는 순금으로 등잔대를 쳐 만들
되 그 밑판과 줄기와 잔과 꽃받침
과 꽃을 한 덩이로 연결하고
32 가지 여섯을 등잔대 곁에서 나오게
하되 다른 세 가지는 이쪽으로 나
오고 다른 세 가지는 저쪽으로 나
오게 하며
33 이쪽 가지에 살구꽃 형상의 잔 셋
과 꽃받침과 꽃이 있게 하고 저쪽
가지에도 살구꽃 형상의 잔 셋과
꽃받침과 꽃이 있게 하여 등잔대에
서 나온 가지 여섯을 같게 할지며
34 등잔대 줄기에는 살구꽃 형상의 잔
넷과 꽃받침과 꽃이 있게 하고
35 등잔대에서 나온 가지 여섯을 위하
여 꽃받침이 있게 하되 두 가지 아
래에 한 꽃받침이 있어 줄기와 연결
하며 또 두 가지 아래에 한 꽃받침

이 있어 줄기와 연결하며 또 두 가
지 아래에 한 꽃받침이 있어 줄기
와 연결하게 하고
36 그 꽃받침과 가지를 줄기와 연결하
여 전부를 순금으로 쳐 만들고
37 등잔 일곱을 만들어 그 위에 두어
앞을 비추게 하며
38 그 불 집게와 불 똥 그릇도 순금으
로 만들지니
39 등잔대와 이 모든 기구를 순금 한
달란트로 만들되
40 너는 삼가 이 산에서 네게 보인 양
식대로 할지니라

성막

26 너는 성막을 만들되 가늘
게 꼰 베 실과 청색 자색
홍색 실로 그룹을 정교하게 수 놓
은 열 폭의 휘장을 만들지니
2 매 폭의 길이는 스물여덟 규빗, 너
비는 네 규빗으로 각 폭의 장단을
같게 하고
3 그 휘장 다섯 폭을 서로 연결하며
다른 다섯 폭도 서로 연결하고
4 그 휘장을 이을 끝폭 가에 청색 고
를 만들며 이어질 다른 끝폭 가에
도 그와 같이 하고
5 휘장 끝폭 가에 고 쉰 개를 달며
다른 휘장 끝폭 가에도 고 쉰 개를
달고 그 고들을 서로 마주 보게 하
고
6 금 갈고리 쉰 개를 만들고 그 갈고
리로 휘장을 연결하여 한 성막을
이룰지며
7 그 성막을 덮는 막 곧 휘장을 염소
털로 만들되 열한 폭을 만들지며
8 각 폭의 길이는 서른 규빗, 너비는
네 규빗으로 열한 폭의 길이를 같
게 하고
9 그 휘장 다섯 폭을 서로 연결하며
또 여섯 폭을 서로 연결하고 그 여
섯째 폭 절반은 성막 전면에 접어
드리우고
10 휘장을 이을 끝폭 가에 고 쉰 개를
달며 다른 이을 끝폭 가에도 고 쉰
개를 달고
11 놋 갈고리 쉰 개를 만들고 그 갈고
리로 그 고를 꿰어 연결하여 한 막
이 되게 하고

36
37
38
39
40
26
2
3
4
5
6
7
8
9
10
11

12 그 막 곧 휘장의 그 나머지 반 폭
은 성막 뒤에 늘어뜨리고
13 막 곧 휘장의 길이의 남은 것은 이
쪽에 한 규빗, 저쪽에 한 규빗씩
성막 좌우 양쪽에 덮어 늘어뜨리
고
14 붉은 물 들인 숫양의 가죽으로 막
의 덮개를 만들고 해달의 가죽으
로 그 웃덮개를 만들지니라
15 너는 조각목으로 성막을 위하여
널판을 만들어 세우되
16 각 판의 길이는 열 규빗, 너비는 한
규빗 반으로 하고
17 각 판에 두 촉씩 내어 서로 연결하
게 하되 너는 성막 널판을 다 그와
같이 하라
18 너는 성막을 위하여 널판을 만들
되 남쪽을 위하여 널판 스무 개를
만들고
19 스무 널판 아래에 은 받침 마흔 개
를 만들지니 이쪽 널판 아래에도
그 두 촉을 위하여 두 받침을 만들
고 저쪽 널판 아래에도 그 두 촉을
위하여 두 받침을 만들지며
20 성막 다른 쪽 곧 그 북쪽을 위하여
도 널판 스무 개로 하고
21 은 받침 마흔 개를 이쪽 널판 아래
에도 두 받침, 저쪽 널판 아래에도
두 받침으로 하며
22 성막 뒤 곧 그 서쪽을 위하여는 널
판 여섯 개를 만들고
23 성막 뒤 두 모퉁이 쪽을 위하여는
널판 두 개를 만들되
24 아래에서부터 위까지 각기 두 겹
두께로 하여 윗고리에 이르게 하고
두 모퉁이 쪽을 다 그리하며
25 그 여덟 널판에는 은 받침이 열여
섯이니 이쪽 판 아래에도 두 받침
이요 저쪽 판 아래에도 두 받침이
니라
26 너는 조각목으로 띠를 만들지니
성막 이쪽 널판을 위하여 다섯 개
요
27 성막 저쪽 널판을 위하여 다섯 개
요 성막 뒤 곧 서쪽 널판을 위하여
다섯 개이며
28 널판 가운데에 있는 중간 띠는 이
끝에서 저 끝에 미치게 하고

12
13
14
15
16
17
18
19
20
21
22
23
24
25
26
27
28

29 그 널판들을 금으로 싸고 그 널판
들의 띠를 꿸 금 고리를 만들고 그
띠를 금으로 싸라
30 너는 산에서 보인 양식대로 성막을
세울지니라
31 너는 청색 자색 홍색 실과 가늘게
꼰 베 실로 짜서 휘장을 만들고 그
위에 그룹들을 정교하게 수 놓아서
32 금 갈고리를 네 기둥 위에 늘어뜨
리되 그 네 기둥을 조각목으로 만
들고 금으로 싸서 네 은 받침 위에
둘지며
33 그 휘장을 갈고리 아래에 늘어뜨린
후에 증거궤를 그 휘장 안에 들여
놓으라 그 휘장이 너희를 위하여
성소와 지성소를 구분하리라
34 너는 지성소에 있는 증거궤 위에
속죄소를 두고
35 그 휘장 바깥 북쪽에 상을 놓고 남
쪽에 등잔대를 놓아 상과 마주하
게 할지며
36 청색 자색 홍색 실과 가늘게 꼰 베
실로 수 놓아 짜서 성막 문을 위하
여 휘장을 만들고
37 그 휘장 문을 위하여 기둥 다섯을
조각목으로 만들어 금으로 싸고
그 갈고리도 금으로 만들지며 또
그 기둥을 위하여 받침 다섯 개를
놋으로 부어 만들지니라

제단

27 너는 조각목으로 길이가 다
섯 규빗, 너비가 다섯 규빗
의 제단을 만들되 네모 반듯하게
하며 높이는 삼 규빗으로 하고
2 그 네 모퉁이 위에 뿔을 만들되 그
뿔이 그것에 이어지게 하고 그 제
단을 놋으로 싸고
3 재를 담는 통과 부삽과 대야와 고
기 갈고리와 불 옮기는 그릇을 만
들되 제단의 그릇을 다 놋으로 만
들지며
4 제단을 위하여 놋으로 그물을 만
들고 그 위 네 모퉁이에 놋 고리 넷
을 만들고
5 그물은 제단 주위 가장자리 아래
곧 제단 절반에 오르게 할지며
6 또 그 제단을 위하여 채를 만들되
조각목으로 만들고 놋으로 쌀지며

29

30

31

32

33

34

35

36

37

27

2

3

4

5

6

7 제단 양쪽 고리에 그 채를 꿰어 제
단을 메게 할지며
8 제단은 널판으로 속이 비게 만들되
산에서 네게 보인 대로 그들이 만
들게 하라

성막의 뜰

9 너는 성막의 뜰을 만들지니 남쪽
을 향하여 뜰 남쪽에 너비가 백 규
빗의 세마포 휘장을 쳐서 그 한 쪽
을 당하게 할지니
10 그 기둥이 스물이며 그 받침 스물
은 놋으로 하고 그 기둥의 갈고리
와 가름대는 은으로 할지며
11 그 북쪽에도 너비가 백 규빗의 포
장을 치되 그 기둥이 스물이며 그
기둥의 받침 스물은 놋으로 하고
그 기둥의 갈고리와 가름대는 은으
로 할지며
12 뜰의 옆 곧 서쪽에 너비 쉰 규빗의
포장을 치되 그 기둥이 열이요 받
침이 열이며
13 동쪽을 향하여 뜰 동쪽의 너비도
쉰 규빗이 될지며
14 문 이쪽을 위하여 포장이 열다섯
규빗이며 그 기둥이 셋이요 받침이
셋이요
15 문 저쪽을 위하여도 포장이 열다
섯 규빗이며 그 기둥이 셋이요 받
침이 셋이며
16 뜰 문을 위하여는 청색 자색 홍색
실과 가늘게 꼰 베 실로 수 놓아 짠
스무 규빗의 휘장이 있게 할지니
그 기둥이 넷이요 받침이 넷이며
17 뜰 주위 모든 기둥의 가름대와 갈
고리는 은이요 그 받침은 놋이며
18 뜰의 길이는 백 규빗이요 너비는
쉰 규빗이요 세마포 휘장의 높이는
다섯 규빗이요 그 받침은 놋이며
19 성막에서 쓰는 모든 기구와 그 말
뚝과 뜰의 포장 말뚝을 다 놋으로
할지니라

등불 관리

20 너는 또 이스라엘 자손에게 명령하
여 감람으로 짠 순수한 기름을 등
불을 위하여 네게로 가져오게 하고
끊이지 않게 등불을 켜되
21 아론과 그의 아들들로 회막 안 증
거궤 앞 휘장 밖에서 저녁부터 아

침까지 항상 여호와 앞에 그 등불
을 보살피게 하라 이는 이스라엘
자손이 대대로 지킬 규례이니라

제사장의 옷

28 너는 이스라엘 자손 중 네
형 아론과 그의 아들들 곧
아론과 아론의 아들들 나답과 아
비후와 엘르아살과 이다말을 그와
함께 네게로 나아오게 하여 나를
섬기는 제사장 직분을 행하게 하되
2 네 형 아론을 위하여 거룩한 옷을
지어 영화롭고 아름답게 할지니
3 너는 무릇 마음에 지혜 있는 모든
자 곧 내가 지혜로운 영으로 채운
자들에게 말하여 아론의 옷을 지
어 그를 거룩하게 하여 내게 제사
장 직분을 행하게 하라
4 그들이 지을 옷은 이러하니 곧 흉
패와 에봇과 겉옷과 반포 속옷과
관과 띠라 그들이 네 형 아론과 그
아들들을 위하여 거룩한 옷을 지
어 아론이 내게 제사장 직분을 행
하게 하라
5 그들이 쓸 것은 금 실과 청색 자색
홍색 실과 가늘게 꼰 베 실이니라
6 그들이 금 실과 청색 자색 홍색 실
과 가늘게 꼰 베 실로 정교하게 짜
서 에봇을 짓되
7 그것에 어깨받이 둘을 달아 그 두
끝을 이어지게 하고
8 에봇 위에 매는 띠는 에봇 짜는 법
으로 금 실과 청색 자색 홍색 실과
가늘게 꼰 베 실로 에봇에 정교하
게 붙여 짤지며
9 호마노 두 개를 가져다가 그 위에
이스라엘 아들들의 이름을 새기되
10 그들의 나이대로 여섯 이름을 한
보석에, 나머지 여섯 이름은 다른
보석에 새기라
11 보석을 새기는 자가 도장에 새김
같이 너는 이스라엘 아들들의 이
름을 그 두 보석에 새겨 금 테에 물
리고
12 그 두 보석을 에봇의 두 어깨받이
에 붙여 이스라엘 아들들의 기념
보석을 삼되 아론이 여호와 앞에서
그들의 이름을 그 두 어깨에 메워
서 기념이 되게 할지며

28
2
3
4
5
6
7
8
9
10
11
12

13 너는 금으로 테를 만들고
14 순금으로 노끈처럼 두 사슬을 땋고
그 땋은 사슬을 그 테에 달지니라

판결 흉패

15 너는 판결 흉패를 에봇 짜는 방법
으로 금 실과 청색 자색 홍색 실과
가늘게 꼰 베 실로 정교하게 짜서
만들되
16 길이와 너비가 한 뼘씩 두 겹으로
네모 반듯하게 하고
17 그것에 네 줄로 보석을 물리되 첫
줄은 홍보석 황옥 녹주옥이요
18 둘째 줄은 석류석 남보석 홍마노요
19 셋째 줄은 호박 백마노 자수정이요
20 넷째 줄은 녹보석 호마노 벽옥으로
다 금 테에 물릴지니
21 이 보석들은 이스라엘 아들들의
이름대로 열둘이라 보석마다 열두
지파의 한 이름씩 도장을 새기는
법으로 새기고
22 순금으로 노끈처럼 땋은 사슬을 흉
패 위에 붙이고
23 또 금 고리 둘을 만들어 흉패 위
곧 흉패 두 끝에 그 두 고리를 달고
24 땋은 두 금 사슬로 흉패 두 끝 두
고리에 꿰어 매고
25 두 땋은 사슬의 다른 두 끝을 에봇
앞 두 어깨받이의 금 테에 매고
26 또 금 고리 둘을 만들어 흉패 아래
양쪽 가 안쪽 곧 에봇에 닿은 곳에
달고
27 또 금 고리 둘을 만들어 에봇 앞
두 어깨받이 아래 매는 자리 가까
운 쪽 곧 정교하게 짠 띠 위쪽에 달
고
28 청색 끈으로 흉패 고리와 에봇 고
리에 꿰어 흉패로 정교하게 짠 에
봇 띠 위에 붙여 떨어지지 않게 하
라
29 아론이 성소에 들어갈 때에는 이
스라엘 아들들의 이름을 기록한
이 판결 흉패를 가슴에 붙여 여호
와 앞에 영원한 기념을 삼을 것이
니라
30 너는 우림과 둠밈을 판결 흉패 안
에 넣어 아론이 여호와 앞에 들어
갈 때에 그의 가슴에 붙이게 하라
아론은 여호와 앞에서 이스라엘

13
14
15
16
17
18
19
20
21
22
23
24
25
26
27
28
29
30

자손의 흉패를 항상 그의 가슴에
붙일지니라

제사장의 또 다른 옷

31 너는 에봇 받침 겉옷을 전부 청색
으로 하되
32 두 어깨 사이에 머리 들어갈 구멍
을 내고 그 주위에 갑옷 깃 같이 깃
을 짜서 찢어지지 않게 하고
33 그 옷 가장자리로 돌아가며 청색
자색 홍색 실로 석류를 수 놓고 금
방울을 간격을 두어 달되
34 그 옷 가장자리로 돌아가며 한 금
방울, 한 석류, 한 금 방울, 한 석류
가 있게 하라
35 아론이 입고 여호와를 섬기러 성소
에 들어갈 때와 성소에서 나올 때
에 그 소리가 들릴 것이라 그리하
면 그가 죽지 아니하리라
36 너는 또 순금으로 패를 만들어 도
장을 새기는 법으로 그 위에 새기
되 '여호와께 성결'이라 하고
37 그 패를 청색 끈으로 관 위에 매되
곧 관 전면에 있게 하라
38 이 패를 아론의 이마에 두어 그가
이스라엘 자손이 거룩하게 드리는
성물과 관련된 죄책을 담당하게 하
라 그 패가 아론의 이마에 늘 있으
므로 그 성물을 여호와께서 받으
시게 되리라
39 너는 가는 베 실로 반포 속옷을 짜
고 가는 베 실로 관을 만들고 띠를
수 놓아 만들지니라
40 너는 아론의 아들들을 위하여 속
옷을 만들며 그들을 위하여 띠를
만들며 그들을 위하여 관을 만들
어 영화롭고 아름답게 하되
41 너는 그것들로 네 형 아론과 그와
함께 한 그의 아들들에게 입히고
그들에게 기름을 부어 위임하고 거
룩하게 하여 그들이 제사장 직분
을 내게 행하게 할지며
42 또 그들을 위하여 베로 속바지를
만들어 허리에서부터 두 넓적다리
까지 이르게 하여 하체를 가리게
하라
43 아론과 그의 아들들이 회막에 들
어갈 때에나 제단에 가까이 하여
거룩한 곳에서 섬길 때에 그것들을

31
32
33
34
35
36
37
38
39
40
41
42
43

입어야 죄를 짊어진 채 죽지 아니
하리니 그와 그의 후손이 영원히
지킬 규례니라

제사장 직분 위임

29 네가 그들에게 나를 섬길
제사장 직분을 위임하여 그
들을 거룩하게 할 일은 이러하니
곧 어린 수소 하나와 흠 없는 숫양
둘을 택하고
2 무교병과 기름 섞인 무교 과자와
기름 바른 무교 전병을 모두 고운
밀가루로 만들고
3 그것들을 한 광주리에 담고 그것을
광주리에 담은 채 그 송아지와 두
양과 함께 가져오라
4 너는 아론과 그의 아들들을 회막
문으로 데려다가 물로 씻기고
5 의복을 가져다가 아론에게 속옷과
에봇 받침 겉옷과 에봇을 입히고
흉패를 달고 에봇에 정교하게 짠
띠를 띠게 하고
6 그의 머리에 관을 씌우고 그 위에
거룩한 패를 더하고
7 관유를 가져다가 그의 머리에 부어
바르고
8 그의 아들들을 데려다가 그들에게
속옷을 입히고
9 아론과 그의 아들들에게 띠를 띠우
며 관을 씌워 그들에게 제사장의 직
분을 맡겨 영원한 규례가 되게 하라
너는 이같이 아론과 그의 아들들에
게 위임하여 거룩하게 할지니라
10 너는 수송아지를 회막 앞으로 끌어
오고 아론과 그의 아들들은 그 송
아지 머리에 안수할지며
11 너는 회막 문 여호와 앞에서 그 송
아지를 잡고
12 그 피를 네 손가락으로 제단 뿔들
에 바르고 그 피 전부를 제단 밑에
쏟을지며
13 내장에 덮인 모든 기름과 간 위에
있는 꺼풀과 두 콩팥과 그 위의 기
름을 가져다가 제단 위에 불사르고
14 그 수소의 고기와 가죽과 똥을 진
밖에서 불사르라 이는 속죄제니라
15 너는 또 숫양 한 마리를 끌어오고
아론과 그의 아들들은 그 숫양의
머리 위에 안수할지며

16 너는 그 숫양을 잡고 그 피를 가져다가 제단 위의 주위에 뿌리고
17 그 숫양의 각을 뜨고 그 장부와 다리는 씻어 각을 뜬 고기와 그 머리와 함께 두고
18 그 숫양 전부를 제단 위에 불사르라 이는 여호와께 드리는 번제요 이는 향기로운 냄새니 여호와께 드리는 화제니라
19 너는 다른 숫양을 택하고 아론과 그 아들들은 그 숫양의 머리 위에 안수할지며
20 너는 그 숫양을 잡고 그것의 피를 가져다가 아론의 오른쪽 귓부리와 그의 아들들의 오른쪽 귓부리에 바르고 그 오른손 엄지와 오른발 엄지에 바르고 그 피를 제단 주위에 뿌리고
21 제단 위의 피와 관유를 가져다가 아론과 그의 옷과 그의 아들들과 그의 아들들의 옷에 뿌리라 그와 그의 옷과 그의 아들들과 그의 아들들의 옷이 거룩하리라
22 또 너는 그 숫양의 기름과 기름진 꼬리와 그것의 내장에 덮인 기름과 간 위의 꺼풀과 두 콩팥과 그것들 위의 기름과 오른쪽 넓적다리를 가지라 이는 위임식의 숫양이라
23 또 여호와 앞에 있는 무교병 광주리에서 떡 한 개와 기름 바른 과자 한 개와 전병 한 개를 가져다가
24 그 전부를 아론의 손과 그의 아들들의 손에 주고 그것을 흔들어 여호와 앞에 요제를 삼을지며
25 너는 그것을 그들의 손에서 가져다가 제단 위에서 번제물을 더하여 불사르라 이는 여호와 앞에 향기로운 냄새니 곧 여호와께 드리는 화제니라
26 너는 아론의 위임식 숫양의 가슴을 가져다가 여호와 앞에 흔들어 요제를 삼으라 이것이 네 분깃이니라
27 너는 그 흔든 요제물 곧 아론과 그의 아들들의 위임식 숫양의 가슴과 넓적다리를 거룩하게 하라
28 이는 이스라엘 자손이 아론과 그의 자손에게 돌릴 영원한 분깃이요

거제물이니 곧 이스라엘 자손이 화
목제의 제물 중에서 취한 거제물로
서 여호와께 드리는 거제물이니라
29 아론의 성의는 후에 아론의 아들
들에게 돌릴지니 그들이 그것을 입
고 기름 부음으로 위임을 받을 것
이며
30 그를 이어 제사장이 되는 아들이
회막에 들어가서 성소에서 섬길 때
에는 이레 동안 그것을 입을지니라
31 너는 위임식 숫양을 가져다가 거룩
한 곳에서 그 고기를 삶고
32 아론과 그의 아들들은 회막 문에
서 그 숫양의 고기와 광주리에 있
는 떡을 먹을지라
33 그들은 속죄물 곧 그들을 위임하며
그들을 거룩하게 하는 데 쓰는 것
을 먹되 타인은 먹지 못할지니 그
것이 거룩하기 때문이라
34 위임식 고기나 떡이 아침까지 남아
있으면 그것을 불에 사를지니 이는
거룩한즉 먹지 못할지니라
35 너는 내가 네게 한 모든 명령대로
아론과 그의 아들들에게 그같이
하여 이레 동안 위임식을 행하되
36 매일 수송아지 하나로 속죄하기 위
하여 속죄제를 드리며 또 제단을
위하여 속죄하여 깨끗하게 하고 그
것에 기름을 부어 거룩하게 하라
37 너는 이레 동안 제단을 위하여 속
죄하여 거룩하게 하라 그리하면 지
극히 거룩한 제단이 되리니 제단에
접촉하는 모든 것이 거룩하리라

매일 드릴 번제

38 네가 제단 위에 드릴 것은 이러하
니라 매일 일 년 된 어린 양 두 마
리니
39 한 어린 양은 아침에 드리고 한 어
린 양은 저녁 때에 드릴지며
40 한 어린 양에 고운 밀가루 십분의
일 에바와 찧은 기름 사분의 일 힌
을 더하고 또 전제로 포도주 사분
의 일 힌을 더할지며
41 한 어린 양은 저녁 때에 드리되 아
침에 한 것처럼 소제와 전제를 그
것과 함께 드려 향기로운 냄새가
되게 하여 여호와께 화제로 삼을지
니

29
30
31
32
33
34
35
36
37
38
39
40
41

42 이는 너희가 대대로 여호와 앞 회
막 문에서 늘 드릴 번제라 내가 거
기서 너희와 만나고 네게 말하리라
43 내가 거기서 이스라엘 자손을 만나
리니 내 영광으로 말미암아 회막
이 거룩하게 될지라
44 내가 그 회막과 제단을 거룩하게
하며 아론과 그의 아들들도 거룩
하게 하여 내게 제사장 직분을 행
하게 하며
45 내가 이스라엘 자손 중에 거하여
그들의 하나님이 되리니
46 그들은 내가 그들의 하나님 여호와
로서 그들 중에 거하려고 그들을 애
굽 땅에서 인도하여 낸 줄을 알리
라 나는 그들의 하나님 여호와니라

분향할 제단

30 너는 분향할 제단을 만들지
니 곧 조각목으로 만들되
2 길이가 한 규빗, 너비가 한 규빗으
로 네모가 반듯하게 하고 높이는
두 규빗으로 하며 그 뿔을 그것과
이어지게 하고
3 제단 상면과 전후 좌우 면과 뿔을
순금으로 싸고 주위에 금 테를 두
를지며
4 금 테 아래 양쪽에 금 고리 둘을
만들되 곧 그 양쪽에 만들지니 이
는 제단을 메는 채를 꿸 곳이며
5 그 채를 조각목으로 만들고 금으
로 싸고
6 그 제단을 증거궤 위 속죄소 맞은
편 곧 증거궤 앞에 있는 휘장 밖에
두라 그 속죄소는 내가 너와 만날
곳이며
7 아론이 아침마다 그 위에 향기로운
향을 사르되 등불을 손질할 때에
사를지며
8 또 저녁 때 등불을 켤 때에 사를지
니 이 향은 너희가 대대로 여호와
앞에 끊지 못할지며
9 너희는 그 위에 다른 향을 사르지
말며 번제나 소제를 드리지 말며
전제의 술을 붓지 말며
10 아론이 일 년에 한 번씩 이 향단
뿔을 위하여 속죄하되 속죄제의 피
로 일 년에 한 번씩 대대로 속죄할
지니라 이 제단은 여호와께 지극히

42

43

44

45

46

30

2

3

4

5

6

7

8

9

10

거룩하니라

회막 봉사에 쓰는 속전

11 여호와께서 모세에게 말씀하여 이
르시되
12 네가 이스라엘 자손의 수효를 조사
할 때에 조사 받은 각 사람은 그들
을 계수할 때에 자기의 생명의 속
전을 여호와께 드릴지니 이는 그들
을 계수할 때에 그들 중에 질병이
없게 하려 함이라
13 무릇 계수 중에 드는 자마다 성소
의 세겔로 반 세겔을 낼지니 한 세
겔은 이십 게라라 그 반 세겔을 여
호와께 드릴지며
14 계수 중에 드는 모든 자 곧 스무 살
이상 된 자가 여호와께 드리되
15 너희의 생명을 대속하기 위하여 여
호와께 드릴 때에 부자라고 반 세
겔에서 더 내지 말고 가난한 자라
고 덜 내지 말지며
16 너는 이스라엘 자손에게서 속전을
취하여 회막 봉사에 쓰라 이것이
여호와 앞에서 이스라엘 자손의
기념이 되어서 너희의 생명을 대속
하리라

놋 물두멍

17 여호와께서 모세에게 말씀하여 이
르시되
18 너는 물두멍을 놋으로 만들고 그
받침도 놋으로 만들어 씻게 하되
그것을 회막과 제단 사이에 두고
그 속에 물을 담으라
19 아론과 그의 아들들이 그 두멍에
서 수족을 씻되
20 그들이 회막에 들어갈 때에 물로
씻어 죽기를 면할 것이요 제단에
가까이 가서 그 직분을 행하여 여
호와 앞에 화제를 사를 때에도 그
리 할지니라
21 이와 같이 그들이 그 수족을 씻어
죽기를 면할지니 이는 그와 그의 자
손이 대대로 영원히 지킬 규례니라

거룩한 향기름

22 여호와께서 모세에게 또 말씀하여
이르시되
23 너는 상등 향품을 가지되 액체 몰
약 오백 세겔과 그 반수의 향기로
운 육계 이백오십 세겔과 향기로운

창포 이백오십 세겔과
24 계피 오백 세겔을 성소의 세겔로
하고 감람 기름 한 힌을 가지고
25 그것으로 거룩한 관유를 만들되
향을 제조하는 법대로 향기름을
만들지니 그것이 거룩한 관유가 될
지라
26 너는 그것을 회막과 증거궤에 바르
고
27 상과 그 모든 기구이며 등잔대와
그 기구이며 분향단과
28 및 번제단과 그 모든 기구와 물두
멍과 그 받침에 발라
29 그것들을 지극히 거룩한 것으로 구
별하라 이것에 접촉하는 것은 모두
거룩하리라
30 너는 아론과 그의 아들들에게 기
름을 발라 그들을 거룩하게 하고
그들이 내게 제사장 직분을 행하게
하고
31 이스라엘 자손에게 말하여 이르기
를 이것은 너희 대대로 내게 거룩
한 관유니
32 사람의 몸에 붓지 말며 이 방법대
로 이와 같은 것을 만들지 말라 이
는 거룩하니 너희는 거룩히 여기라
33 이와 같은 것을 만드는 모든 자와
이것을 타인에게 붓는 모든 자는
그 백성 중에서 끊어지리라 하라

거룩한 향

34 여호와께서 모세에게 이르시되 너
는 소합향과 나감향과 풍자향의
향품을 가져다가 그 향품을 유향
에 섞되 각기 같은 분량으로 하고
35 그것으로 향을 만들되 향 만드는
법대로 만들고 그것에 소금을 쳐서
성결하게 하고
36 그 향 얼마를 곱게 찧어 내가 너
와 만날 회막 안 증거궤 앞에 두
라 이 향은 너희에게 지극히 거룩
하니라
37 네가 여호와를 위하여 만들 향은
거룩한 것이니 너희를 위하여는 그
방법대로 만들지 말라
38 냄새를 맡으려고 이같은 것을 만드
는 모든 자는 그 백성 중에서 끊어
지리라

24
25
26
27
28
29
30
31
32
33
34
35
36
37
38

회막 기구를 만들게 하라

31 여호와께서 모세에게 말씀
하여 이르시되
2 내가 유다 지파 훌의 손자요 우리의
아들인 브살렐을 지명하여 부르고
3 하나님의 영을 그에게 충만하게 하
여 지혜와 총명과 지식과 여러 가
지 재주로
4 정교한 일을 연구하여 금과 은과
놋으로 만들게 하며
5 보석을 깎아 물리며 여러 가지 기
술로 나무를 새겨 만들게 하리라
6 내가 또 단 지파 아히사막의 아들
오홀리압을 세워 그와 함께 하게
하며 지혜로운 마음이 있는 모든
자에게 내가 지혜를 주어 그들이
내가 네게 명령한 것을 다 만들게
할지니
7 곧 회막과 증거궤와 그 위의 속죄
소와 회막의 모든 기구와
8 상과 그 기구와 순금 등잔대와 그
모든 기구와 분향단과
9 번제단과 그 모든 기구와 물두멍과
그 받침과
10 제사직을 행할 때에 입는 정교하게
짠 의복 곧 제사장 아론의 성의와
그의 아들들의 옷과
11 관유와 성소의 향기로운 향이라
무릇 내가 네게 명령한 대로 그들
이 만들지니라

안식일

12 여호와께서 모세에게 말씀하여 이
르시되
13 너는 이스라엘 자손에게 말하여
이르기를 너희는 나의 안식일을 지
키라 이는 나와 너희 사이에 너희
대대의 표징이니 나는 너희를 거룩
하게 하는 여호와인 줄 너희가 알
게 함이라
14 너희는 안식일을 지킬지니 이는 너
희에게 거룩한 날이 됨이니라 그
날을 더럽히는 자는 모두 죽일지며
그 날에 일하는 자는 모두 그 백성
중에서 그 생명이 끊어지리라
15 엿새 동안은 일할 것이나 일곱째
날은 큰 안식일이니 여호와께 거룩
한 것이라 안식일에 일하는 자는
누구든지 반드시 죽일지니라

31
2
3
4
5
6
7
8
9
10
11
12
13
14
15

16 이같이 이스라엘 자손이 안식일을
지켜서 그것으로 대대로 영원한 언
약을 삼을 것이니
17 이는 나와 이스라엘 자손 사이에
영원한 표징이며 나 여호와가 엿새
동안에 천지를 창조하고 일곱째 날
에 일을 마치고 쉬었음이니라 하라

증거판

18 여호와께서 시내 산 위에서 모세에
게 이르시기를 마치신 때에 증거판
둘을 모세에게 주시니 이는 돌판
이요 하나님이 친히 쓰신 것이더라

금 송아지

32 백성이 모세가 산에서 내려
옴이 더딤을 보고 모여 백
성이 아론에게 이르러 말하되 일어
나라 우리를 위하여 우리를 인도할
신을 만들라 이 모세 곧 우리를 애
굽 땅에서 인도하여 낸 사람은 어
찌 되었는지 알지 못함이니라
2 아론이 그들에게 이르되 너희의 아
내와 자녀의 귀에서 금 고리를 빼
어 내게로 가져오라
3 모든 백성이 그 귀에서 금 고리를
빼어 아론에게로 가져가매
4 아론이 그들의 손에서 금 고리를
받아 부어서 조각칼로 새겨 송아
지 형상을 만드니 그들이 말하되
이스라엘아 이는 너희를 애굽 땅에
서 인도하여 낸 너희의 신이로다
하는지라
5 아론이 보고 그 앞에 제단을 쌓고
이에 아론이 공포하여 이르되 내일
은 여호와의 절일이니라 하니
6 이튿날에 그들이 일찍이 일어나 번
제를 드리며 화목제를 드리고 백성
이 앉아서 먹고 마시며 일어나서
뛰놀더라
7 여호와께서 모세에게 이르시되 너
는 내려가라 네가 애굽 땅에서 인
도하여 낸 네 백성이 부패하였도다
8 그들이 내가 그들에게 명령한 길
을 속히 떠나 자기를 위하여 송아
지를 부어 만들고 그것을 예배하
며 그것에게 제물을 드리며 말하
기를 이스라엘아 이는 너희를 애
굽 땅에서 인도하여 낸 너희 신이
라 하였도다

16

17

18

32

2

3

4

5

6

7

8

9 여호와께서 또 모세에게 이르시되
내가 이 백성을 보니 목이 뻣뻣한
백성이로다
10 그런즉 내가 하는 대로 두라 내가
그들에게 진노하여 그들을 진멸하
고 너를 큰 나라가 되게 하리라
11 모세가 그의 하나님 여호와께 구
하여 이르되 여호와여 어찌하여
그 큰 권능과 강한 손으로 애굽 땅
에서 인도하여 내신 주의 백성에게
진노하시나이까
12 어찌하여 애굽 사람들이 이르기를
여호와가 자기의 백성을 산에서 죽
이고 지면에서 진멸하려는 악한 의
도로 인도해 내었다고 말하게 하시
려 하나이까 주의 맹렬한 노를 그
치시고 뜻을 돌이키사 주의 백성에
게 이 화를 내리지 마옵소서
13 주의 종 아브라함과 이삭과 이스라
엘을 기억하소서 주께서 그들을 위
하여 주를 가리켜 맹세하여 이르시
기를 내가 너희의 자손을 하늘의
별처럼 많게 하고 내가 허락한 이
온 땅을 너희의 자손에게 주어 영
원한 기업이 되게 하리라 하셨나이
다
14 여호와께서 뜻을 돌이키사 말씀하
신 화를 그 백성에게 내리지 아니
하시니라
15 모세가 돌이켜 산에서 내려오는데
두 증거판이 그의 손에 있고 그 판
의 양면 이쪽 저쪽에 글자가 있으
니
16 그 판은 하나님이 만드신 것이요
글자는 하나님이 쓰셔서 판에 새기
신 것이더라
17 여호수아가 백성들의 요란한 소리
를 듣고 모세에게 말하되 진중에서
싸우는 소리가 나나이다
18 모세가 이르되 이는 승전가도 아니
요 패하여 부르짖는 소리도 아니라
내가 듣기에는 노래하는 소리로다
하고
19 진에 가까이 이르러 그 송아지와
그 춤 추는 것들을 보고 크게 노하
여 손에서 그 판들을 산 아래로 던
져 깨뜨리니라
20 모세가 그들이 만든 송아지를 가져

다가 불살라 부수어 가루를 만들
어 물에 뿌려 이스라엘 자손에게
마시게 하니라
21 모세가 아론에게 이르되 이 백성이
당신에게 어떻게 하였기에 당신이
그들을 큰 죄에 빠지게 하였느냐
22 아론이 이르되 내 주여 노하지 마
소서 이 백성의 악함을 당신이 아
나이다
23 그들이 내게 말하기를 우리를 위하
여 우리를 인도할 신을 만들라 이
모세 곧 우리를 애굽 땅에서 인도
하여 낸 사람은 어찌 되었는지 알
수 없노라 하기에
24 내가 그들에게 이르기를 금이 있는
자는 빼내라 한즉 그들이 그것을
내게로 가져왔기로 내가 불에 던졌
더니 이 송아지가 나왔나이다
25 모세가 본즉 백성이 방자하니 이는
아론이 그들을 방자하게 하여 원수
에게 조롱거리가 되게 하였음이라
26 이에 모세가 진 문에 서서 이르되
누구든지 여호와의 편에 있는 자
는 내게로 나아오라 하매 레위 자
손이 다 모여 그에게로 가는지라
27 모세가 그들에게 이르되 이스라엘
의 하나님 여호와께서 이렇게 말씀
하시기를 너희는 각각 허리에 칼을
차고 진 이 문에서 저 문까지 왕래
하며 각 사람이 그 형제를, 각 사람
이 자기의 친구를, 각 사람이 자기
의 이웃을 죽이라 하셨느니라
28 레위 자손이 모세의 말대로 행하
매 이 날에 백성 중에 삼천 명 가
량이 죽임을 당하니라
29 모세가 이르되 각 사람이 자기의
아들과 자기의 형제를 쳤으니 오늘
여호와께 헌신하게 되었느니라 그
가 오늘 너희에게 복을 내리시리라
30 이튿날 모세가 백성에게 이르되 너
희가 큰 죄를 범하였도다 내가 이
제 여호와께로 올라가노니 혹 너희
를 위하여 속죄가 될까 하노라 하
고
31 모세가 여호와께로 다시 나아가 여
짜오되 슬프도소이다 이 백성이 자
기들을 위하여 금 신을 만들었사오
니 큰 죄를 범하였나이다

21

22

23

24

25

26

27

28

29

30

31

32 그러나 이제 그들의 죄를 사하시옵
소서 그렇지 아니하시오면 원하건
대 주께서 기록하신 책에서 내 이
름을 지워 버려 주옵소서
33 여호와께서 모세에게 이르시되 누
구든지 내게 범죄하면 내가 내 책
에서 그를 지워 버리리라
34 이제 가서 내가 네게 말한 곳으로
백성을 인도하라 내 사자가 네 앞
서 가리라 그러나 내가 보응할 날
에는 그들의 죄를 보응하리라
35 여호와께서 백성을 치시니 이는 그
들이 아론이 만든 바 그 송아지를
만들었음이더라

시내 산을 떠나라고 명하시다

33 여호와께서 모세에게 이르
시되 너는 네가 애굽 땅에
서 인도하여 낸 백성과 함께 여기
를 떠나서 내가 아브라함과 이삭과
야곱에게 맹세하여 네 자손에게 주
기로 한 그 땅으로 올라가라
2 내가 사자를 너보다 앞서 보내어
가나안 사람과 아모리 사람과 헷
사람과 브리스 사람과 히위 사람과
여부스 사람을 쫓아내고
3 너희를 젖과 꿀이 흐르는 땅에 이
르게 하려니와 나는 너희와 함께
올라가지 아니하리니 너희는 목이
곧은 백성인즉 내가 길에서 너희를
진멸할까 염려함이니라 하시니
4 백성이 이 준엄한 말씀을 듣고 슬
퍼하여 한 사람도 자기의 몸을 단
장하지 아니하니
5 여호와께서 모세에게 이르시기를 이
스라엘 자손에게 이르라 너희는 목
이 곧은 백성인즉 내가 한 순간이라
도 너희 가운데에 이르면 너희를 진
멸하리니 너희는 장신구를 떼어 내
라 그리하면 내가 너희에게 어떻게
할 것인지 정하겠노라 하셨음이라
6 이스라엘 자손이 호렙 산에서부터
그들의 장신구를 떼어내니라

회막

7 모세가 항상 장막을 취하여 진 밖
에 쳐서 진과 멀리 떠나게 하고 회
막이라 이름하니 여호와를 앙모하
는 자는 다 진 바깥 회막으로 나아
가며

32

33

34

35

33

2

3

4

5

6

7

8 모세가 회막으로 나아갈 때에는
백성이 다 일어나 자기 장막 문에
서서 모세가 회막에 들어가기까지
바라보며
9 모세가 회막에 들어갈 때에 구름
기둥이 내려 회막 문에 서며 여호
와께서 모세와 말씀하시니
10 모든 백성이 회막 문에 구름 기둥
이 서 있는 것을 보고 다 일어나 각
기 장막 문에 서서 예배하며
11 사람이 자기의 친구와 이야기함 같
이 여호와께서는 모세와 대면하여
말씀하시며 모세는 진으로 돌아오
나 눈의 아들 젊은 수종자 여호수
아는 회막을 떠나지 아니하니라
여호와께서 친히 가리라 하시다
12 모세가 여호와께 아뢰되 보시옵소
서 주께서 내게 이 백성을 인도하
여 올라가라 하시면서 나와 함께
보낼 자를 내게 지시하지 아니하시
나이다 주께서 전에 말씀하시기를
나는 이름으로도 너를 알고 너도
내 앞에 은총을 입었다 하셨사온즉
13 내가 참으로 주의 목전에 은총을
입었사오면 원하건대 주의 길을 내
게 보이사 내게 주를 알리시고 나
로 주의 목전에 은총을 입게 하시
며 이 족속을 주의 백성으로 여기
소서
14 여호와께서 이르시되 내가 친히 가
리라 내가 너를 쉬게 하리라
15 모세가 여호와께 아뢰되 주께서 친
히 가지 아니하시려거든 우리를 이
곳에서 올려 보내지 마옵소서
16 나와 주의 백성이 주의 목전에 은
총 입은 줄을 무엇으로 알리이까
주께서 우리와 함께 행하심으로 나
와 주의 백성을 천하 만민 중에 구
별하심이 아니니이까
17 여호와께서 모세에게 이르시되 네
가 말하는 이 일도 내가 하리니 너
는 내 목전에 은총을 입었고 내가
이름으로도 너를 앎이니라
18 모세가 이르되 원하건대 주의 영광
을 내게 보이소서
19 여호와께서 이르시되 내가 내 모든
선한 것을 네 앞으로 지나가게 하
고 여호와의 이름을 네 앞에 선포

8

9

10

11

12

13

14

15

16

17

18

19

하리라 나는 은혜 베풀 자에게 은
혜를 베풀고 긍휼히 여길 자에게
긍휼을 베푸느니라
20 또 이르시되 네가 내 얼굴을 보지
못하리니 나를 보고 살 자가 없음
이니라
21 여호와께서 또 이르시기를 보라 내
곁에 한 장소가 있으니 너는 그 반
석 위에 서라
22 내 영광이 지나갈 때에 내가 너를
반석 틈에 두고 내가 지나도록 내
손으로 너를 덮었다가
23 손을 거두리니 네가 내 등을 볼 것
이요 얼굴은 보지 못하리라

두 번째 돌판

34 여호와께서 모세에게 이르
시되 너는 돌판 둘을 처음
것과 같이 다듬어 만들라 네가 깨
뜨린 처음 판에 있던 말을 내가 그
판에 쓰리니
2 아침까지 준비하고 아침에 시내 산
에 올라와 산 꼭대기에서 내게 보
이되
3 아무도 너와 함께 오르지 말며 온
산에 아무도 나타나지 못하게 하고
양과 소도 산 앞에서 먹지 못하게
하라
4 모세가 돌판 둘을 처음 것과 같이
깎아 만들고 아침에 일찍이 일어나
그 두 돌판을 손에 들고 여호와의
명령대로 시내 산에 올라가니
5 여호와께서 구름 가운데에 강림하
사 그와 함께 거기 서서 여호와의
이름을 선포하실새
6 여호와께서 그의 앞으로 지나시며
선포하시되 여호와라 여호와라 자
비롭고 은혜롭고 노하기를 더디하
고 인자와 진실이 많은 하나님이라
7 인자를 천대까지 베풀며 악과 과실
과 죄를 용서하리라 그러나 벌을
면제하지는 아니하고 아버지의 악
행을 자손 삼사 대까지 보응하리라
8 모세가 급히 땅에 엎드려 경배하며
9 이르되 주여 내가 주께 은총을 입
었거든 원하건대 주는 우리와 동행
하옵소서 이는 목이 뻣뻣한 백성이
니이다 우리의 악과 죄를 사하시고
우리를 주의 기업으로 삼으소서

20
21
22
23
34
2
3
4
5
6
7
8
9

다시 언약을 세우시다

10 여호와께서 이르시되 보라 내가 언
약을 세우나니 곧 내가 아직 온 땅
아무 국민에게도 행하지 아니한 이
적을 너희 전체 백성 앞에 행할 것
이라 네가 머무는 나라 백성이 다
여호와의 행하심을 보리니 내가 너
를 위하여 행할 일이 두려운 것임
이니라
11 너는 내가 오늘 네게 명령하는 것
을 삼가 지키라 보라 내가 네 앞에
서 아모리 사람과 가나안 사람과
헷 사람과 브리스 사람과 히위 사
람과 여부스 사람을 쫓아내리니
12 너는 스스로 삼가 네가 들어가는
땅의 주민과 언약을 세우지 말라
그것이 너희에게 올무가 될까 하노
라
13 너희는 도리어 그들의 제단들을 헐
고 그들의 주상을 깨뜨리고 그들의
아세라 상을 찍을지어다
14 너는 다른 신에게 절하지 말라 여
호와는 질투라 이름하는 질투의
하나님임이니라
15 너는 삼가 그 땅의 주민과 언약을
세우지 말지니 이는 그들이 모든
신을 음란하게 섬기며 그들의 신들
에게 제물을 드리고 너를 청하면
네가 그 제물을 먹을까 함이며
16 또 네가 그들의 딸들을 네 아들들
의 아내로 삼음으로 그들의 딸들
이 그들의 신들을 음란하게 섬기며
네 아들에게 그들의 신들을 음란
하게 섬기게 할까 함이니라
17 너는 신상들을 부어 만들지 말지니
라
18 너는 무교절을 지키되 내가 네게
명령한 대로 아빕월 그 절기에 이
레 동안 무교병을 먹으라 이는 네
가 아빕월에 애굽에서 나왔음이니
라
19 모든 첫 태생은 다 내 것이며 네 가
축의 모든 처음 난 수컷인 소와 양
도 다 그러하며
20 나귀의 첫 새끼는 어린 양으로 대
속할 것이요 그렇게 하지 아니하려
면 그 목을 꺾을 것이며 네 아들
중 장자는 다 대속할지며 빈 손으

10
11
12
13
14
15
16
17
18
19
20

로 내 얼굴을 보지 말지니라
21 너는 엿새 동안 일하고 일곱째 날
에는 쉴지니 밭 갈 때에나 거둘 때
에도 쉴지며
22 칠칠절 곧 맥추의 초실절을 지키고
세말에는 수장절을 지키라
23 너희의 모든 남자는 매년 세 번씩
주 여호와 이스라엘의 하나님 앞에
보일지라
24 내가 이방 나라들을 네 앞에서 쫓
아내고 네 지경을 넓히리니 네가
매년 세 번씩 여호와 네 하나님을
뵈려고 올 때에 아무도 네 땅을 탐
내지 못하리라
25 너는 내 제물의 피를 유교병과 함
께 드리지 말며 유월절 제물을 아
침까지 두지 말지며
26 네 토지 소산의 처음 익은 것을 가
져다가 네 하나님 여호와의 전에
드릴지며 너는 염소 새끼를 그 어미
의 젖으로 삶지 말지니라
27 여호와께서 모세에게 이르시되 너
는 이 말들을 기록하라 내가 이 말
들의 뜻대로 너와 이스라엘과 언약
을 세웠음이니라 하시니라
28 모세가 여호와와 함께 사십 일 사
십 야를 거기 있으면서 떡도 먹지
아니하였고 물도 마시지 아니하였
으며 여호와께서는 언약의 말씀
곧 십계명을 그 판들에 기록하셨
더라

모세가 시내 산에서 내려오다

29 모세가 그 증거의 두 판을 모세의
손에 들고 시내 산에서 내려오니
그 산에서 내려올 때에 모세는 자
기가 여호와와 말하였음으로 말미
암아 얼굴 피부에 광채가 나나 깨
닫지 못하였더라
30 아론과 온 이스라엘 자손이 모세
를 볼 때에 모세의 얼굴 피부에 광
채가 남을 보고 그에게 가까이 하
기를 두려워하더니
31 모세가 그들을 부르매 아론과 회
중의 모든 어른이 모세에게로 오고
모세가 그들과 말하니
32 그 후에야 온 이스라엘 자손이 가
까이 오는지라 모세가 여호와께서
시내 산에서 자기에게 이르신 말씀

을 다 그들에게 명령하고
33 모세가 그들에게 말하기를 마치고
수건으로 자기 얼굴을 가렸더라
34 그러나 모세가 여호와 앞에 들어가
서 함께 말할 때에는 나오기까지
수건을 벗고 있다가 나와서는 그
명령하신 일을 이스라엘 자손에게
전하며
35 이스라엘 자손이 모세의 얼굴의
광채를 보므로 모세가 여호와께
말하러 들어가기까지 다시 수건으
로 자기 얼굴을 가렸더라

안식일 규례

35 모세가 이스라엘 자손의
온 회중을 모으고 그들에
게 이르되 여호와께서 너희에게 명
령하사 행하게 하신 말씀이 이러하
니라
2 엿새 동안은 일하고 일곱째 날은
너희를 위한 거룩한 날이니 여호와
께 엄숙한 안식일이라 누구든지 이
날에 일하는 자는 죽일지니
3 안식일에는 너희의 모든 처소에서
불도 피우지 말지니라

여호와께 드릴 것들

4 모세가 이스라엘 자손의 온 회중에
게 말하여 이르되 여호와께서 명령
하신 일이 이러하니라 이르시기를
5 너희의 소유 중에서 너희는 여호와
께 드릴 것을 택하되 마음에 원하
는 자는 누구든지 그것을 가져다가
여호와께 드릴지니 곧 금과 은과
놋과
6 청색 자색 홍색 실과 가는 베 실과
염소 털과
7 붉은 물 들인 숫양의 가죽과 해달
의 가죽과 조각목과
8 등유와 및 관유에 드는 향품과 분
향할 향을 만드는 향품과
9 호마노며 에봇과 흉패에 물릴 보석
이니라
10 무릇 너희 중 마음이 지혜로운 자
는 와서 여호와께서 명령하신 것을
다 만들지니
11 곧 성막과 천막과 그 덮개와 그 갈
고리와 그 널판과 그 띠와 그 기둥
과 그 받침과
12 증거궤와 그 채와 속죄소와 그 가

리는 휘장과
13 상과 그 채와 그 모든 기구와 진설병과
14 불 켜는 등잔대와 그 기구와 그 등잔과 등유와
15 분향단과 그 채와 관유와 분향할 향품과 성막 문의 휘장과
16 번제단과 그 놋 그물과 그 채와 그 모든 기구와 물두멍과 그 받침과
17 뜰의 포장과 그 기둥과 그 받침과 뜰 문의 휘장과
18 장막 말뚝과 뜰의 말뚝과 그 줄과
19 성소에서 섬기기 위하여 정교하게 만든 옷 곧 제사 직분을 행할 때에 입는 제사장 아론의 거룩한 옷과 그의 아들들의 옷이니라

여호와께 자원하여 드린 예물

20 이스라엘 자손의 온 회중이 모세 앞에서 물러갔더니
21 마음이 감동된 모든 자와 자원하는 모든 자가 와서 회막을 짓기 위하여 그 속에서 쓸 모든 것을 위하여, 거룩한 옷을 위하여 예물을 가져다가 여호와께 드렸으니
22 곧 마음에 원하는 남녀가 와서 팔찌와 귀고리와 가락지와 목걸이와 여러 가지 금품을 가져다가 사람마다 여호와께 금 예물을 드렸으며
23 무릇 청색 자색 홍색 실과 가는 베 실과 염소 털과 붉은 물 들인 숫양의 가죽과 해달의 가죽이 있는 자도 가져왔으며
24 은과 놋으로 예물을 삼는 모든 자가 가져다가 여호와께 드렸으며 섬기는 일에 소용되는 조각목이 있는 모든 자는 가져왔으며
25 마음이 슬기로운 모든 여인은 손수 실을 빼고 그 뺀 청색 자색 홍색 실과 가는 베 실을 가져왔으며
26 마음에 감동을 받아 슬기로운 모든 여인은 염소 털로 실을 뽑았으며
27 모든 족장은 호마노와 및 에봇과 흉패에 물릴 보석을 가져왔으며
28 등불과 관유와 분향할 향에 소용되는 기름과 향품을 가져왔으니

29 마음에 자원하는 남녀는 누구나
여호와께서 모세의 손을 빌어 명령
하신 모든 것을 만들기 위하여 물
품을 드렸으니 이것이 이스라엘 자
손이 여호와께 자원하여 드린 예
물이니라

성막 일꾼

30 모세가 이스라엘 자손에게 이르되
볼지어다 여호와께서 유다 지파 훌
의 손자요 우리의 아들인 브살렐을
지명하여 부르시고
31 하나님의 영을 그에게 충만하게 하
여 지혜와 총명과 지식으로 여러
가지 일을 하게 하시되
32 금과 은과 놋으로 제작하는 기술
을 고안하게 하시며
33 보석을 깎아 물리며 나무를 새기는
여러 가지 정교한 일을 하게 하셨고
34 또 그와 단 지파 아히사막의 아들
오홀리압을 감동시키사 가르치게
하시며
35 지혜로운 마음을 그들에게 충만하
게 하사 여러 가지 일을 하게 하시
되 조각하는 일과 세공하는 일과
청색 자색 홍색 실과 가는 베 실로
수 놓는 일과 짜는 일과 그 외에 여
러 가지 일을 하게 하시고 정교한
일을 고안하게 하셨느니라

36

브살렐과 오홀리압과 및
마음이 지혜로운 사람 곧
여호와께서 지혜와 총명을 부으사
성소에 쓸 모든 일을 할 줄 알게 하
신 자들은 모두 여호와께서 명령
하신 대로 할 것이니라

예물로 드린 재료가 넉넉하다

2 모세가 브살렐과 오홀리압과 및 마
음이 지혜로운 사람 곧 그 마음에
여호와께로부터 지혜를 얻고 와서
그 일을 하려고 마음에 원하는 모
든 자를 부르매
3 그들이 이스라엘 자손의 성소의 모
든 것을 만들기 위하여 가져온 예
물을 모세에게서 받으니라 그러나
백성이 아침마다 자원하는 예물을
연하여 가져왔으므로
4 성소의 모든 일을 하는 지혜로운
자들이 각기 하는 일을 중지하고
와서

5 모세에게 말하여 이르되 백성이 너
무 많이 가져오므로 여호와께서 명
령하신 일에 쓰기에 남음이 있나이
다
6 모세가 명령을 내리매 그들이 진중
에 공포하여 이르되 남녀를 막론하
고 성소에 드릴 예물을 다시 만들
지 말라 하매 백성이 가져오기를
그치니
7 있는 재료가 모든 일을 하기에 넉
넉하여 남음이 있었더라

성막을 만들다

8 일하는 사람 중에 마음이 지혜로
운 모든 사람이 열 폭 휘장으로 성
막을 지었으니 곧 가늘게 꼰 베 실
과 청색 자색 홍색 실로 그룹들을
무늬 놓아 짜서 지은 것이라
9 매 폭의 길이는 스물여덟 규빗, 너
비는 네 규빗으로 각 폭의 장단을
같게 하여
10 그 다섯 폭을 서로 연결하며 또 그
다섯 폭을 서로 연결하고
11 연결할 끝폭 가에 청색 고를 만들
며 다른 연결할 끝폭 가에도 고를
만들되
12 그 연결할 한 폭에 고리 쉰 개를 달
고 다른 연결할 한 폭의 가에도 고
리 쉰 개를 달아 그 고들이 서로 대
하게 하고
13 금 갈고리 쉰 개를 만들어 그 갈고
리로 두 휘장을 연결하여 한 막을
이루었더라
14 그 성막을 덮는 막 곧 휘장을 염소
털로 만들되 열한 폭을 만들었으
니
15 각 폭의 길이는 서른 규빗, 너비는
네 규빗으로 열한 폭의 장단을 같
게 하여
16 그 휘장 다섯 폭을 서로 연결하며
또 여섯 폭을 서로 연결하고
17 휘장을 연결할 끝폭 가에 고리 쉰
개를 달며 다른 연결할 끝폭 가에
도 고리 쉰 개를 달고
18 놋 갈고리 쉰 개를 만들어 그 휘장
을 연결하여 한 막이 되게 하고
19 붉은 물 들인 숫양의 가죽으로 막
의 덮개를 만들고 해달의 가죽으
로 그 윗덮개를 만들었더라

5
6
7
8
9
10
11
12
13
14
15
16
17
18
19

20 그가 또 조각목으로 성막에 세울 널판들을 만들었으니

21 각 판의 길이는 열 규빗, 너비는 한 규빗 반이며

22 각 판에 두 촉이 있어 서로 연결하게 하였으니 성막의 모든 판이 그러하며

23 성막을 위하여 널판을 만들었으되 남으로는 남쪽에 널판이 스무 개라

24 그 스무 개 널판 밑에 은 받침 마흔 개를 만들었으되 곧 이 널판 밑에도 두 받침이 그 두 촉을 받게 하였고 저 널판 밑에도 두 받침이 그 두 촉을 받게 하였으며

25 성막 다른 쪽 곧 북쪽을 위하여도 널판 스무 개를 만들고

26 또 은 받침 마흔 개를 만들었으니 곧 이 판 밑에도 받침이 둘이요 저 판 밑에도 받침이 둘이며

27 장막 뒤 곧 서쪽을 위하여는 널판 여섯 개를 만들었고

28 장막 뒤 두 모퉁이 편을 위하여는 널판 두 개를 만들되

29 아래에서부터 위까지 각기 두 겹 두께로 하여 윗고리에 이르게 하고 두 모퉁이 쪽을 다 그리하며

30 그 널판은 여덟 개요 그 받침은 은 받침 열여섯 개라 각 널판 밑에 두 개씩이었더라

31 그가 또 조각목으로 띠를 만들었으니 곧 성막 이쪽 널판을 위하여 다섯 개요

32 성막 저쪽 널판을 위하여 다섯 개요 성막 뒤 곧 서쪽 널판을 위하여 다섯 개며

33 그 중간 띠를 만들되 널판 중간 이 끝에서 저 끝에 미치게 하였으며

34 그 널판들을 금으로 싸고 그 널판에 띠를 꿸 금 고리를 만들고 그 띠도 금으로 쌌더라

35 그가 또 청색 자색 홍색 실과 가늘게 꼰 베 실로 휘장을 짜고 그 위에 그룹들을 정교하게 수 놓고

36 조각목으로 네 기둥을 만들어 금으로 쌌으며 그 갈고리는 금으로 기둥의 네 받침은 은으로 부어 만들었으며

37 청색 자색 홍색 실과 가늘게 꼰 베
실로 수 놓아 장막 문을 위하여 휘
장을 만들고
38 휘장 문의 기둥 다섯과 그 갈고리
를 만들고 기둥 머리와 그 가름대
를 금으로 쌌으며 그 다섯 받침은
놋이었더라

언약궤를 만들다

37 브살렐이 조각목으로 궤를
만들었으니 길이가 두 규빗
반, 너비가 한 규빗 반, 높이가 한
규빗 반이며
2 순금으로 안팎을 싸고 위쪽 가장자
리로 돌아가며 금 테를 만들었으며
3 금 고리 넷을 부어 만들어 네 발에
달았으니 곧 이쪽에 두 고리요 저
쪽에 두 고리이며
4 조각목으로 채를 만들어 금으로
싸고
5 그 채를 궤 양쪽 고리에 꿰어 궤를
메게 하였으며
6 순금으로 속죄소를 만들었으니 길
이가 두 규빗 반, 너비가 한 규빗
반이며
7 금으로 그룹 둘을 속죄소 양쪽에
쳐서 만들었으되
8 한 그룹은 이쪽 끝에, 한 그룹은 저
쪽 끝에 곧 속죄소와 한 덩이로 그
양쪽에 만들었으니
9 그룹들이 그 날개를 높이 펴서 그 날
개로 속죄소를 덮었으며 그 얼굴은
서로 대하여 속죄소를 향하였더라

상을 만들다

10 그가 또 조각목으로 상을 만들었
으니 길이가 두 규빗, 너비가 한 규
빗, 높이가 한 규빗 반이며
11 순금으로 싸고 위쪽 가장자리로
돌아가며 금테를 둘렀으며
12 그 주위에 손바닥 넓이만한 턱을
만들고 그 턱 주위에 금으로 테를
만들었고
13 상을 위하여 금 고리 넷을 부어 만
들어 네 발 위, 네 모퉁이에 달았으
니
14 그 고리가 턱 곁에 있어서 상을 메
는 채를 꿰게 하였으며
15 또 조각목으로 상 멜 채를 만들어
금으로 쌌으며

16 상 위의 기구 곧 대접과 숟가락과
잔과 따르는 병을 순금으로 만들었
더라

등잔대를 만들다

17 그가 또 순금으로 등잔대를 만들
되 그것을 쳐서 만들었으니 그 밑
판과 줄기와 잔과 꽃받침과 꽃이
그것과 한 덩이로 되었고
18 가지 여섯이 그 곁에서 나왔으니
곧 등잔대의 세 가지는 저쪽으로
나왔고 등잔대의 세 가지는 이쪽으
로 나왔으며
19 이쪽 가지에 살구꽃 형상의 잔 셋
과 꽃받침과 꽃이 있고 저쪽 가지
에 살구꽃 형상의 잔 셋과 꽃받침
과 꽃이 있어 등잔대에서 나온 가
지 여섯이 그러하며
20 등잔대 줄기에는 살구꽃 형상의 잔
넷과 꽃받침과 꽃이 있고
21 등잔대에서 나온 가지 여섯을 위하
여는 꽃받침이 있게 하였으되 두
가지 아래에 한 꽃받침이 있어 줄
기와 연결하였고 또 두 가지 아래
에 한 꽃받침이 있어 줄기와 연결
하였고 또 다시 두 가지 아래에 한
꽃받침이 있어 줄기와 연결되게 하
였으니
22 이 꽃받침과 가지들을 줄기와 연결
하여 전부를 순금으로 쳐서 만들
었으며
23 등잔 일곱과 그 불 집게와 불 똥 그
릇을 순금으로 만들었으니
24 등잔대와 그 모든 기구는 순금 한
달란트로 만들었더라

분향할 제단을 만들다

25 그가 또 조각목으로 분향할 제단
을 만들었으니 길이는 한 규빗이요
너비도 한 규빗이라 네모가 반듯하
고 높이는 두 규빗이며 그 뿔들이
제단과 연결되었으며
26 제단 상면과 전후 좌우면과 그 뿔
을 순금으로 싸고 주위에 금 테를
둘렀고
27 그 테 아래 양쪽에 금 고리 둘을
만들었으되 곧 그 양쪽에 만들어
제단을 메는 채를 꿰게 하였으며
28 조각목으로 그 채를 만들어 금으
로 쌌으며

16

17

18

19

20

21

22

23

24

25

26

27

28

29 거룩한 관유와 향품으로 정결한
향을 만들었으되 향을 만드는 법
대로 하였더라

번제단을 만들다

38 그가 또 조각목으로 번제단
을 만들었으니 길이는 다섯
규빗이요 너비도 다섯 규빗이라 네
모가 반듯하고 높이는 세 규빗이며
2 그 네 모퉁이 위에 그 뿔을 만들되
그 뿔을 제단과 연결하게 하고 제
단을 놋으로 쌌으며
3 제단의 모든 기구 곧 통과 부삽과
대야와 고기 갈고리와 불 옮기는
그릇을 다 놋으로 만들고
4 제단을 위하여 놋 그물을 만들어
제단 주위 가장자리 아래에 두되
제단 절반에 오르게 하고
5 그 놋 그물 네 모퉁이에 채를 꿸 고
리 넷을 부어 만들었으며
6 채를 조각목으로 만들어 놋으로
싸고
7 제단 양쪽 고리에 그 채를 꿰어 메
게 하였으며 제단은 널판으로 속이
비게 만들었더라

놋 물두멍을 만들다

8 그가 놋으로 물두멍을 만들고 그
받침도 놋으로 하였으니 곧 회막
문에서 수종드는 여인들의 거울로
만들었더라

성막 울타리를 만들다

9 그가 또 뜰을 만들었으니 남으로
뜰의 남쪽에는 세마포 포장이 백
규빗이라
10 그 기둥이 스물이며 그 받침이 스
물이니 놋이요 기둥의 갈고리와 가
름대는 은이며
11 그 북쪽에도 백 규빗이라 그 기둥이
스물이며 그 받침이 스물이니 놋이요
기둥의 갈고리와 가름대는 은이며
12 서쪽에 포장은 쉰 규빗이라 그 기
둥이 열이요 받침이 열이며 기둥의
갈고리와 가름대는 은이며
13 동으로 동쪽에도 쉰 규빗이라
14 문 이쪽의 포장이 열다섯 규빗이요
그 기둥이 셋이요 받침이 셋이며
15 문 저쪽도 그와 같으니 뜰 문 이쪽,
저쪽의 포장이 열다섯 규빗씩이요
그 기둥이 셋씩, 받침이 셋씩이라

29

38

2

3

4

5

6

7

8

9

10

11

12

13

14

15

16 뜰 주위의 포장은 세마포요
17 기둥 받침은 놋이요 기둥의 갈고리
와 가름대는 은이요 기둥 머리 싸
개는 은이며 뜰의 모든 기둥에 은
가름대를 꿰었으며
18 뜰의 휘장 문을 청색 자색 홍색 실
과 가늘게 꼰 베 실로 수 놓아 짰으
니 길이는 스무 규빗이요 너비와
높이는 뜰의 포장과 같이 다섯 규
빗이며
19 그 기둥은 넷인데 그 받침 넷은 놋
이요 그 갈고리는 은이요 그 머리
싸개와 가름대도 은이며
20 성막 말뚝과 뜰 주위의 말뚝은 모
두 놋이더라

성막 재료의 물자 목록

21 성막 곧 증거막을 위하여 레위 사
람이 쓴 재료의 물목은 제사장 아
론의 아들 이다말이 모세의 명령
대로 계산하였으며
22 유다 지파 훌의 손자요 우리의 아
들인 브살렐은 여호와께서 모세에
게 명령하신 모든 것을 만들었고
23 단 지파 아히사막의 아들 오홀리압
이 그와 함께 하였으니 오홀리압은
재능이 있어서 조각하며 또 청색
자색 홍색 실과 가는 베 실로 수
놓은 자더라
24 성소 건축 비용으로 들인 금은 성
소의 세겔로 스물아홉 달란트와
칠백삼십 세겔이며
25 계수된 회중이 드린 은은 성소의
세겔로 백 달란트와 천칠백칠십오
세겔이니
26 계수된 자가 이십 세 이상으로 육
십만 삼천오백오십 명인즉 성소의
세겔로 각 사람에게 은 한 베가 곧
반 세겔씩이라
27 은 백 달란트로 성소의 받침과 휘
장 문의 기둥 받침을 모두 백 개를
부어 만들었으니 각 받침마다 한
달란트씩 모두 백 달란트요
28 천칠백칠십오 세겔로 기둥 갈고리
를 만들고 기둥 머리를 싸고 기둥
가름대를 만들었으며
29 드린 놋은 칠십 달란트와 이천사백
세겔이라
30 이것으로 회막 문 기둥 받침과 놋

16

17

18

19

20

21

22

23

24

25

26

27

28

29

30

제단과 놋 그물과 제단의 모든 기
구를 만들었으며
31 뜰 주위의 기둥 받침과 그 휘장 문
의 기둥 받침이며 성막의 모든 말
뚝과 뜰 주위의 모든 말뚝을 만들
었더라

제사장의 옷을 만들다

39 그들은 여호와께서 모세에
게 명령하신 대로 청색 자
색 홍색 실로 성소에서 섬길 때 입
을 정교한 옷을 만들고 또 아론을
위해 거룩한 옷을 만들었더라
2 그는 또 금 실과 청색 자색 홍색 실
과 가늘게 꼰 베 실로 에봇을 만들
었으되
3 금을 얇게 쳐서 오려서 실을 만들
어 청색 자색 홍색 실과 가는 베
실에 섞어 정교하게 짜고
4 에봇에는 어깨받이를 만들어 그
두 끝에 달아 서로 연결되게 하고
5 에봇 위에 에봇을 매는 띠를 에봇
과 같은 모양으로 금 실과 청색 자
색 홍색 실과 가늘게 꼰 베 실로 에
봇에 붙여 짰으니 여호와께서 모세
에게 명령하신 대로 하였더라
6 그들은 또 호마노를 깎아 금 테에
물려 도장을 새김 같이 이스라엘
의 아들들의 이름을 그것에 새겨
7 에봇 어깨받이에 달아 이스라엘의
아들들을 기념하는 보석을 삼았으
니 여호와께서 모세에게 명령하신
대로 하였더라

흉패를 짜다

8 그가 또 흉패를 정교하게 짜되 에
봇과 같은 모양으로 금 실과 청색
자색 홍색 실과 가늘게 꼰 베 실로
하였으니
9 그것의 길이가 한 뼘, 너비가 한 뼘
으로 네 모가 반듯하고 두 겹이며
10 그것에 네 줄 보석을 물렸으니 곧
홍보석 황옥 녹주옥이 첫 줄이요
11 둘째 줄은 석류석 남보석 홍마노요
12 셋째 줄은 호박 백마노 자수정이요
13 넷째 줄은 녹보석 호마노 벽옥이라
다 금 테에 물렸으니
14 이 보석들은 이스라엘의 아들들의
이름 곧 그들의 이름대로 열둘이라
도장을 새김 같이 그 열두 지파의

31

39

2

3

4

5

6

7

8

9

10

11

12

13

14

각 이름을 새겼으며
15 그들이 또 순금으로 노끈처럼 사슬
을 땋아 흉패에 붙이고
16 또 금 테 둘과 금 고리 둘을 만들
어 그 두 고리를 흉패 두 끝에 달고
17 그 땋은 두 금 사슬을 흉패 끝 두
고리에 꿰매었으며
18 그 땋은 두 사슬의 다른 두 끝을
에봇 앞 두 어깨받이의 금 테에 매
고
19 또 금 고리 둘을 만들어 흉패 두
끝에 달았으니 곧 그 에봇을 마주
한 안쪽 가장자리에 달았으며
20 또 금 고리 둘을 만들어 에봇 앞
두 어깨받이 아래 매는 자리 가까
운 쪽 곧 정교하게 짠 에봇 띠 위쪽
에 달고
21 청색 끈으로 흉패 고리와 에봇 고
리에 꿰어 흉패로 정교하게 짠 에
봇 띠 위에 붙여서 에봇에서 벗어
지지 않게 하였으니 여호와께서 모
세에게 명령하신 대로 하였더라

제사장의 또 다른 옷을 만들다

22 그가 에봇 받침 긴 옷을 전부 청색
으로 짜서 만들되
23 그 옷의 두 어깨 사이에 구멍을 내
고 갑옷 깃 같이 그 구멍 주위에 깃
을 짜서 찢어지지 않게 하고
24 청색 자색 홍색 실과 가는 베 실로
그 옷 가장자리에 석류를 수 놓고
25 순금으로 방울을 만들어 그 옷 가
장자리로 돌아가며 석류 사이사이
에 달되
26 방울과 석류를 서로 간격을 두고
번갈아 그 옷 가장자리로 돌아가
며 달았으니 여호와께서 모세에게
명령하신 대로 하였더라
27 그들이 또 직조한 가는 베로 아론
과 그의 아들들을 위하여 속옷을
짓고
28 세마포로 두건을 짓고 세마포로
빛난 관을 만들고 가는 베 실로 짜
서 세마포 속바지들을 만들고
29 가는 베 실과 청색 자색 홍색 실로
수 놓아 띠를 만들었으니 여호와께
서 모세에게 명령하신 대로 하였더
라

30 그들이 또 순금으로 거룩한 패를
만들고 도장을 새김 같이 그 위에
'여호와께 성결'이라 새기고
31 그 패를 청색 끈으로 관 전면에 달
았으니 여호와께서 모세에게 명령
하신 대로 하였더라

성막의 모든 역사를 마치다

32 이스라엘 자손이 이와 같이 성막
곧 회막의 모든 역사를 마치되 여
호와께서 모세에게 명령하신 대로
다 행하고
33 그들이 성막을 모세에게로 가져왔
으니 곧 막과 그 모든 기구와 그 갈
고리들과 그 널판들과 그 띠들과
그 기둥들과 그 받침들과
34 붉은 물을 들인 숫양의 가죽 덮개
와 해달의 가죽 덮개와 가리는 휘
장과
35 증거궤와 그 채들과 속죄소와
36 상과 그 모든 기구와 진설병과
37 순금 등잔대와 그 잔 곧 벌여놓는
등잔대와 그 모든 기구와 등유와
38 금 제단과 관유와 향기로운 향과
장막 휘장 문과
39 놋 제단과 그 놋 그물과 그 채들과
그 모든 기구와 물두멍과 그 받침과
40 뜰의 포장들과 그 기둥들과 그 받
침들과 뜰 문의 휘장과 그 줄들과
그 말뚝들과 성막 곧 회막에서 사
용할 모든 기구와
41 성소에서 섬기기 위한 정교한 옷
곧 제사 직분을 행할 때에 입는 제
사장 아론의 거룩한 옷과 그의 아
들들의 옷이라
42 여호와께서 모세에게 명령하신 대
로 이스라엘 자손이 모든 역사를
마치매
43 모세가 그 마친 모든 것을 본즉 여
호와께서 명령하신 대로 되었으므
로 모세가 그들에게 축복하였더라

성막 봉헌

40 여호와께서 모세에게 말씀
하여 이르시되
2 너는 첫째 달 초하루에 성막 곧 회
막을 세우고
3 또 증거궤를 들여놓고 또 휘장으로
그 궤를 가리고
4 또 상을 들여놓고 그 위에 물품을

30
31
32
33
34
35
36
37
38
39
40
41
42
43
40 2
3
4

진설하고 등잔대를 들여놓아 불을 켜고

5 또 금 향단을 증거궤 앞에 두고 성막 문에 휘장을 달고

6 또 번제단을 회막의 성막 문 앞에 놓고

7 또 물두멍을 회막과 제단 사이에 놓고 그 속에 물을 담고

8 또 뜰 주위에 포장을 치고 뜰 문에 휘장을 달고

9 또 관유를 가져다가 성막과 그 안에 있는 모든 것에 발라 그것과 그 모든 기구를 거룩하게 하라 그것이 거룩하리라

10 너는 또 번제단과 그 모든 기구에 발라 그 안을 거룩하게 하라 그 제단이 지극히 거룩하리라

11 너는 또 물두멍과 그 받침에 발라 거룩하게 하고

12 너는 또 아론과 그 아들들을 회막 문으로 데려다가 물로 씻기고

13 아론에게 거룩한 옷을 입히고 그에게 기름을 부어 거룩하게 하여 그가 내게 제사장의 직분을 행하게 하라

14 너는 또 그 아들들을 데려다가 그들에게 겉옷을 입히고

15 그 아버지에게 기름을 부음 같이 그들에게도 부어서 그들이 내게 제사장의 직분을 행하게 하라 그들이 기름 부음을 받았은즉 대대로 영영히 제사장이 되리라 하시매

16 모세가 그같이 행하되 곧 여호와께서 자기에게 명령하신 대로 다 행하였더라

17 둘째 해 첫째 달 곧 그 달 초하루에 성막을 세우니라

18 모세가 성막을 세우되 그 받침들을 놓고 그 널판들을 세우고 그 띠를 띠우고 그 기둥들을 세우고

19 또 성막 위에 막을 펴고 그 위에 덮개를 덮으니 여호와께서 모세에게 명령하신 대로 되니라

20 그는 또 증거판을 궤 속에 넣고 채를 궤에 꿰고 속죄소를 궤 위에 두고

21 또 그 궤를 성막에 들여놓고 가리개 휘장을 늘어뜨려 그 증거궤를 가리니 여호와께서 모세에게 명령하신 대로 되니라

22 그는 또 회막 안 곧 성막 북쪽으로
휘장 밖에 상을 놓고
23 또 여호와 앞 그 상 위에 떡을 진설
하니 여호와께서 모세에게 명령하
신 대로 되니라
24 그는 또 회막 안 곧 성막 남쪽에 등
잔대를 놓아 상과 마주하게 하고
25 또 여호와 앞에 등잔대에 불을 켜
니 여호와께서 모세에게 명령하신
대로 되니라
26 그가 또 금 향단을 회막 안 휘장
앞에 두고
27 그 위에 향기로운 향을 사르니 여
호와께서 모세에게 명령하신 대로
되니라
28 그는 또 성막 문에 휘장을 달고
29 또 회막의 성막 문 앞에 번제단을
두고 번제와 소제를 그 위에 드리
니 여호와께서 모세에게 명령하신
대로 되니라
30 그는 또 물두멍을 회막과 제단 사이
에 두고 거기 씻을 물을 담으니라
31 모세와 아론과 그 아들들이 거기
서 수족을 씻되
32 그들이 회막에 들어갈 때와 제단에
가까이 갈 때에 씻었으니 여호와께
서 모세에게 명령하신 대로 되니라
33 그는 또 성막과 제단 주위 뜰에 포
장을 치고 뜰 문에 휘장을 다니라
모세가 이같이 역사를 마치니

여호와의 영광이 성막에 충만하다

34 구름이 회막에 덮이고 여호와의 영
광이 성막에 충만하매
35 모세가 회막에 들어갈 수 없었으니
이는 구름이 회막 위에 덮이고 여
호와의 영광이 성막에 충만함이었
으며
36 구름이 성막 위에서 떠오를 때에는
이스라엘 자손이 그 모든 행진하
는 길에 앞으로 나아갔고
37 구름이 떠오르지 않을 때에는 떠
오르는 날까지 나아가지 아니하였
으며
38 낮에는 여호와의 구름이 성막 위
에 있고 밤에는 불이 그 구름 가운
데에 있음을 이스라엘의 온 족속
이 그 모든 행진하는 길에서 그들
의 눈으로 보았더라

22 23 24 25 26 27 28 29 30 31 32 33 34 35 36 37 38

레위기 *Leviticus*

번제

1 여호와께서 회막에서 모세를
부르시고 그에게 말씀하여 이
르시되
2 이스라엘 자손에게 말하여 이르라
너희 중에 누구든지 여호와께 예
물을 드리려거든 가축 중에서 소나
양으로 예물을 드릴지니라
3 그 예물이 소의 번제이면 흠 없는
수컷으로 회막 문에서 여호와 앞
에 기쁘게 받으시도록 드릴지니라
4 그는 번제물의 머리에 안수할지니
그를 위하여 기쁘게 받으심이 되어
그를 위하여 속죄가 될 것이라
5 그는 여호와 앞에서 그 수송아지
를 잡을 것이요 아론의 자손 제사
장들은 그 피를 가져다가 회막 문
앞 제단 사방에 뿌릴 것이며
6 그는 또 그 번제물의 가죽을 벗기
고 각을 뜰 것이요
7 제사장 아론의 자손들은 제단 위
에 불을 붙이고 불 위에 나무를 벌
여 놓고
8 아론의 자손 제사장들은 그 뜬 각
과 머리와 기름을 제단 위의 불 위
에 있는 나무에 벌여 놓을 것이며
9 그 내장과 정강이를 물로 씻을 것
이요 제사장은 그 전부를 제단 위
에서 불살라 번제를 드릴지니 이는
화제라 여호와께 향기로운 냄새니
라
10 만일 그 예물이 가축 떼의 양이나
염소의 번제이면 흠 없는 수컷으로
드릴지니
11 그가 제단 북쪽 여호와 앞에서 그
것을 잡을 것이요 아론의 자손 제
사장들은 그것의 피를 제단 사방
에 뿌릴 것이며
12 그는 그것의 각을 뜨고 그것의 머리
와 그것의 기름을 베어낼 것이요 제
사장은 그것을 다 제단 위의 불 위에
있는 나무 위에 벌여 놓을 것이며
13 그 내장과 그 정강이를 물로 씻을
것이요 제사장은 그 전부를 가져다
가 제단 위에서 불살라 번제를 드

릴지니 이는 화제라 여호와께 향기
로운 냄새니라
14 만일 여호와께 드리는 예물이 새의
번제이면 산비둘기나 집비둘기 새
끼로 예물을 드릴 것이요
15 제사장은 그것을 제단으로 가져다
가 그것의 머리를 비틀어 끊고 제
단 위에서 불사르고 피는 제단 곁
에 흘릴 것이며
16 그것의 모이주머니와 그 더러운 것
은 제거하여 제단 동쪽 재 버리는
곳에 던지고
17 또 그 날개 자리에서 그 몸을 찢되
아주 찢지 말고 제사장이 그것을
제단 위의 불 위에 있는 나무 위에
서 불살라 번제를 드릴지니 이는 화
제라 여호와께 향기로운 냄새니라

소제의 예물

2 누구든지 소제의 예물을 여호
와께 드리려거든 고운 가루로
예물을 삼아 그 위에 기름을 붓고
또 그 위에 유향을 놓아
2 아론의 자손 제사장들에게로 가져
갈 것이요 제사장은 그 고운 가루
한 움큼과 기름과 그 모든 유향을
가져다가 기념물로 제단 위에서 불
사를지니 이는 화제라 여호와께 향
기로운 냄새니라
3 그 소제물의 남은 것은 아론과 그
의 자손에게 돌릴지니 이는 여호와
의 화제물 중에 지극히 거룩한 것
이니라
4 네가 화덕에 구운 것으로 소제의
예물을 드리려거든 고운 가루에 기
름을 섞어 만든 무교병이나 기름을
바른 무교전병을 드릴 것이요
5 철판에 부친 것으로 소제의 예물
을 드리려거든 고운 가루에 누룩
을 넣지 말고 기름을 섞어
6 조각으로 나누고 그 위에 기름을
부을지니 이는 소제니라
7 네가 냄비의 것으로 소제를 드리려
거든 고운 가루와 기름을 섞어 만
들지니라
8 너는 이것들로 만든 소제물을 여호
와께로 가져다가 제사장에게 줄 것
이요 제사장은 그것을 제단으로 가
져가서

14

15

16

17

2

2

3

4

5

6

7

8

9 그 소제물 중에서 기념할 것을 가져다가 제단 위에서 불사를지니 이는 화제라 여호와께 향기로운 냄새니라

10 소제물의 남은 것은 아론과 그의 아들들에게 돌릴지니 이는 여호와의 화제물 중에 지극히 거룩한 것이니라

11 너희가 여호와께 드리는 모든 소제물에는 누룩을 넣지 말지니 너희가 누룩이나 꿀을 여호와께 화제로 드려 사르지 못할지니라

12 처음 익은 것으로는 그것을 여호와께 드릴지나 향기로운 냄새를 위하여는 제단에 올리지 말지며

13 네 모든 소제물에 소금을 치라 네 하나님의 언약의 소금을 네 소제에 빼지 못할지니 네 모든 예물에 소금을 드릴지니라

14 너는 첫 이삭의 소제를 여호와께 드리거든 첫 이삭을 볶아 찧은 것으로 네 소제를 삼되

15 그 위에 기름을 붓고 그 위에 유향을 더할지니 이는 소제니라

16 제사장은 찧은 곡식과 기름을 모든 유향과 함께 기념물로 불사를지니 이는 여호와께 드리는 화제니라

화목제의 예물

3 사람이 만일 화목제의 제물을 예물로 드리되 소로 드리려면 수컷이나 암컷이나 흠 없는 것으로 여호와 앞에 드릴지니

2 그 예물의 머리에 안수하고 회막 문에서 잡을 것이요 아론의 자손 제사장들은 그 피를 제단 사방에 뿌릴 것이며

3 그는 또 그 화목제의 제물 중에서 여호와께 화제를 드릴지니 곧 내장에 덮인 기름과 내장에 붙은 모든 기름과

4 두 콩팥과 그 위의 기름 곧 허리 쪽에 있는 것과 간에 덮인 꺼풀을 콩팥과 함께 떼어낼 것이요

5 아론의 자손은 그것을 제단 위의 불 위에 있는 나무 위의 번제물 위에서 사를지니 이는 화제라 여호와께 향기로운 냄새니라

6 만일 여호와께 예물로 드리는 화목
제의 제물이 양이면 수컷이나 암컷
이나 흠 없는 것으로 드릴지며
7 만일 그의 예물로 드리는 것이 어
린 양이면 그것을 여호와 앞으로
끌어다가
8 그 예물의 머리에 안수하고 회막 앞
에서 잡을 것이요 아론의 자손은
그 피를 제단 사방에 뿌릴 것이며
9 그는 그 화목제의 제물 중에서 여
호와께 화제를 드릴지니 그 기름
곧 미골에서 벤 기름진 꼬리와 내
장에 덮인 기름과 내장에 붙은 모
든 기름과
10 두 콩팥과 그 위의 기름 곧 허리 쪽
에 있는 것과 간에 덮인 꺼풀을 콩
팥과 함께 떼어낼 것이요
11 제사장은 그것을 제단 위에서 불사
를지니 이는 화제로 여호와께 드리
는 음식이니라
12 만일 그의 예물이 염소면 그것을
여호와 앞으로 끌어다가
13 그것의 머리에 안수하고 회막 앞에
서 잡을 것이요 아론의 자손은 그
피를 제단 사방에 뿌릴 것이며
14 그는 그 중에서 예물을 가져다가
여호와께 화제를 드릴지니 곧 내장
에 덮인 기름과 내장에 붙은 모든
기름과
15 두 콩팥과 그 위의 기름 곧 허리 쪽
에 있는 것과 간에 덮인 꺼풀을 콩
팥과 함께 떼어낼 것이요
16 제사장은 그것을 제단 위에서 불사
를지니 이는 화제로 드리는 음식이
요 향기로운 냄새라 모든 기름은
여호와의 것이니라
17 너희는 기름과 피를 먹지 말라 이
는 너희의 모든 처소에서 너희 대
대로 지킬 영원한 규례니라

속죄제를 드리는 규례

4 여호와께서 모세에게 말씀하여
이르시되
2 이스라엘 자손에게 말하여 이르라
누구든지 여호와의 계명 중 하나
라도 그릇 범하였으되
3 만일 기름 부음을 받은 제사장이
범죄하여 백성의 허물이 되었으면
그가 범한 죄로 말미암아 흠 없는

수송아지로 속죄제물을 삼아 여호
와께 드릴지니
4 그 수송아지를 회막 문 여호와 앞
으로 끌어다가 그 수송아지의 머리
에 안수하고 그것을 여호와 앞에서
잡을 것이요
5 기름부음을 받은 제사장은 그 수
송아지의 피를 가지고 회막에 들어
가서
6 그 제사장이 손가락에 그 피를 찍
어 여호와 앞 곧 성소의 휘장 앞에
일곱 번 뿌릴 것이며
7 제사장은 또 그 피를 여호와 앞 곧
회막 안 향단 뿔들에 바르고 그 송
아지의 피 전부를 회막 문 앞 번제
단 밑에 쏟을 것이며
8 또 그 속죄제물이 된 수송아지의
모든 기름을 떼어낼지니 곧 내장에
덮인 기름과 내장에 붙은 모든 기
름과
9 두 콩팥과 그 위의 기름 곧 허리쪽
에 있는 것과 간에 덮인 꺼풀을 콩
팥과 함께 떼어내되
10 화목제 제물의 소에게서 떼어냄 같
이 할 것이요 제사장은 그것을 번
제단 위에서 불사를 것이며
11 그 수송아지의 가죽과 그 모든 고기
와 그것의 머리와 정강이와 내장과
12 똥 곧 그 송아지의 전체를 진영 바
깥 재 버리는 곳인 정결한 곳으로
가져다가 불로 나무 위에서 사르되
곧 재 버리는 곳에서 불사를지니라
13 만일 이스라엘 온 회중이 여호와
의 계명 중 하나라도 부지중에 범
하여 허물이 있으나 스스로 깨닫
지 못하다가
14 그 범한 죄를 깨달으면 회중은 수
송아지를 속죄제로 드릴지니 그것
을 회막 앞으로 끌어다가
15 회중의 장로들이 여호와 앞에서 그
수송아지 머리에 안수하고 그것을
여호와 앞에서 잡을 것이요
16 기름 부음을 받은 제사장은 그 수
송아지의 피를 가지고 회막에 들어
가서
17 그 제사장이 손가락으로 그 피를
찍어 여호와 앞, 휘장 앞에 일곱 번
뿌릴 것이며

4
5
6
7
8
9
10
11
12
13
14
15
16
17

18 또 그 피로 회막 안 여호와 앞에 있
는 제단 뿔들에 바르고 그 피 전부
는 회막 문 앞 번제단 밑에 쏟을 것
이며
19 그것의 기름은 다 떼어 제단 위에
서 불사르되
20 그 송아지를 속죄제의 수송아지에
게 한 것 같이 할지며 제사장이 그
것으로 회중을 위하여 속죄한즉
그들이 사함을 받으리라
21 그는 그 수송아지를 진영 밖으로 가
져다가 첫번 수송아지를 사름 같이
불사를지니 이는 회중의 속죄제니라
22 만일 족장이 그의 하나님 여호와
의 계명 중 하나라도 부지중에 범
하여 허물이 있었는데
23 그가 범한 죄를 누가 그에게 깨우
쳐 주면 그는 흠 없는 숫염소를 예
물로 가져다가
24 그 숫염소의 머리에 안수하고 여호
와 앞 번제물을 잡는 곳에서 잡을
지니 이는 속죄제라
25 제사장은 그 속죄 제물의 피를 손
가락에 찍어 번제단 뿔들에 바르
고 그 피는 번제단 밑에 쏟고
26 그 모든 기름은 화목제 제물의 기
름 같이 제단 위에서 불사를지니
이같이 제사장이 그 범한 죄에 대
하여 그를 위하여 속죄한즉 그가
사함을 얻으리라
27 만일 평민의 한 사람이 여호와의
계명 중 하나라도 부지중에 범하
여 허물이 있었는데
28 그가 범한 죄를 누가 그에게 깨우
쳐 주면 그는 흠 없는 암염소를 끌
고 와서 그 범한 죄로 말미암아 그
것을 예물로 삼아
29 그 속죄제물의 머리에 안수하고 그
제물을 번제물을 잡는 곳에서 잡
을 것이요
30 제사장은 손가락으로 그 피를 찍어
번제단 뿔들에 바르고 그 피 전부
를 제단 밑에 쏟고
31 그 모든 기름을 화목제물의 기름
을 떼어낸 것 같이 떼어내 제단 위
에서 불살라 여호와께 향기롭게 할
지니 제사장이 그를 위하여 속죄
한즉 그가 사함을 받으리라

32 그가 만일 어린 양을 속죄제물로
가져오려거든 흠 없는 암컷을 끌어
다가
33 그 속죄제 제물의 머리에 안수하고
번제물을 잡는 곳에서 속죄제물로
잡을 것이요
34 제사장은 그 속죄제물의 피를 손가
락으로 찍어 번제단 뿔들에 바르
고 그 피는 전부 제단 밑에 쏟고
35 그 모든 기름을 화목제 어린 양의
기름을 떼낸 것 같이 떼내어 제단
위 여호와의 화제물 위에서 불사를
지니 이같이 제사장이 그가 범한
죄에 대하여 그를 위하여 속죄한
즉 그가 사함을 받으리라

5 만일 누구든지 저주하는 소리
를 듣고서도 증인이 되어 그가
본 것이나 알고 있는 것을 알리지
아니하면 그는 자기의 죄를 져야
할 것이요 그 허물이 그에게로 돌
아갈 것이며
2 만일 누구든지 부정한 것들 곧 부
정한 들짐승의 사체나 부정한 가축
의 사체나 부정한 곤충의 사체를
만졌으면 부지중이라고 할지라도
그 몸이 더러워져서 허물이 있을
것이요
3 만일 부지중에 어떤 사람의 부정에
닿았는데 그 사람의 부정이 어떠한
부정이든지 그것을 깨달았을 때에
는 허물이 있을 것이요
4 만일 누구든지 입술로 맹세하여
악한 일이든지 선한 일이든지 하리
라고 함부로 말하면 그 사람이 함
부로 말하여 맹세한 것이 무엇이든
지 그가 깨닫지 못하다가 그것을
깨닫게 되었을 때에는 그 중 하나
에 그에게 허물이 있을 것이니
5 이 중 하나에 허물이 있을 때에는
아무 일에 잘못하였노라 자복하고
6 그 잘못으로 말미암아 여호와께
속죄제를 드리되 양 떼의 암컷 어
린 양이나 염소를 끌어다가 속죄제
를 드릴 것이요 제사장은 그의 허
물을 위하여 속죄할지니라
7 만일 그의 힘이 어린 양을 바치는
데에 미치지 못하면 그가 지은 죄

32

33

34

35

5

2

3

4

5

6

7

를 속죄하기 위하여 산비둘기 두 마
리나 집비둘기 새끼 두 마리를 여호
와께로 가져가되 하나는 속죄제물
을 삼고 하나는 번제물을 삼아
8 제사장에게로 가져갈 것이요 제사
장은 그 속죄제물을 먼저 드리되
그 머리를 목에서 비틀어 끊고 몸
은 아주 쪼개지 말며
9 그 속죄제물의 피를 제단 곁에 뿌
리고 그 남은 피는 제단 밑에 흘릴
지니 이는 속죄제요
10 그 다음 것은 규례대로 번제를 드릴
지니 제사장이 그의 잘못을 위하여
속죄한즉 그가 사함을 받으리라
11 만일 그의 손이 산비둘기 두 마리
나 집비둘기 두 마리에도 미치지
못하면 그의 범죄로 말미암아 고운
가루 십분의 일 에바를 예물로 가
져다가 속죄제물로 드리되 이는 속
죄제인즉 그 위에 기름을 붓지 말
며 유향을 놓지 말고
12 그것을 제사장에게로 가져갈 것이
요 제사장은 그것을 기념물로 한
움큼을 가져다가 제단 위 여호와의
화제물 위에서 불사를지니 이는 속
죄제라
13 제사장이 그가 이 중에서 하나를
범하여 얻은 허물을 위하여 속죄
한즉 그가 사함을 받으리라 그 나
머지는 소제물 같이 제사장에게
돌릴지니라

속건제를 드리는 규례

14 여호와께서 모세에게 말씀하여 이
르시되
15 누구든지 여호와의 성물에 대하여
부지중에 범죄하였으면 여호와께
속건제를 드리되 네가 지정한 가치
를 따라 성소의 세겔로 몇 세겔 은
에 상당한 흠 없는 숫양을 양 떼
중에서 끌어다가 속건제로 드려서
16 성물에 대한 잘못을 보상하되 그
것에 오분의 일을 더하여 제사장에
게 줄 것이요 제사장은 그 속건제
의 숫양으로 그를 위하여 속죄한
즉 그가 사함을 받으리라
17 만일 누구든지 여호와의 계명 중
하나를 부지중에 범하여도 허물이
라 벌을 당할 것이니

8
9
10
11
12
13
14
15
16
17

18 그는 네가 지정한 가치대로 양 떼
중 흠 없는 숫양을 속건제물로 제
사장에게로 가져갈 것이요 제사장
은 그가 부지중에 범죄한 허물을
위하여 속죄한즉 그가 사함을 받
으리라
19 이는 속건제니 그가 여호와 앞에
참으로 잘못을 저질렀음이니라
6 여호와께서 모세에게 말씀하여
이르시되
2 누구든지 여호와께 신실하지 못하
여 범죄하되 곧 이웃이 맡긴 물건이
나 전당물을 속이거나 도둑질하거
나 착취하고도 사실을 부인하거나
3 남의 잃은 물건을 줍고도 사실을
부인하여 거짓 맹세하는 등 사람
이 이 모든 일 중의 하나라도 행하
여 범죄하면
4 이는 죄를 범하였고 죄가 있는 자
니 그 훔친 것이나 착취한 것이나
맡은 것이나 잃은 물건을 주운 것
이나
5 그 거짓 맹세한 모든 물건을 돌려
보내되 곧 그 본래 물건에 오분의
일을 더하여 돌려보낼 것이니 그
죄가 드러나는 날에 그 임자에게
줄 것이요
6 그는 또 그 속건제물을 여호와께
가져갈지니 곧 네가 지정한 가치대
로 양 떼 중 흠 없는 숫양을 속건제
물을 위하여 제사장에게로 끌고
갈 것이요
7 제사장은 여호와 앞에서 그를 위
하여 속죄한즉 그는 무슨 허물이
든지 사함을 받으리라

번제를 드리는 규례

8 여호와께서 모세에게 말씀하여 이
르시되
9 아론과 그의 자손에게 명령하여
이르라 번제의 규례는 이러하니라
번제물은 아침까지 제단 위에 있는
석쇠 위에 두고 제단의 불이 그 위
에서 꺼지지 않게 할 것이요
10 제사장은 세마포 긴 옷을 입고 세
마포 속바지로 하체를 가리고 제단
위에서 불태운 번제의 재를 가져다
가 제단 곁에 두고
11 그 옷을 벗고 다른 옷을 입고 그

재를 진영 바깥 정결한 곳으로 가
져갈 것이요
12 제단 위의 불은 항상 피워 꺼지지
않게 할지니 제사장은 아침마다 나
무를 그 위에서 태우고 번제물을
그 위에 벌여 놓고 화목제의 기름
을 그 위에서 불사를지며
13 불은 끊임이 없이 제단 위에 피워
꺼지지 않게 할지니라

소제를 드리는 규례

14 소제의 규례는 이러하니라 아론의
자손은 그것을 제단 앞 여호와 앞
에 드리되
15 그 소제의 고운 가루 한 움큼과 기름
과 소제물 위의 유향을 다 가져다가
기념물로 제단 위에서 불살라 여호
와 앞에 향기로운 냄새가 되게 하고
16 그 나머지는 아론과 그의 자손이
먹되 누룩을 넣지 말고 거룩한 곳
회막 뜰에서 먹을지니라
17 그것에 누룩을 넣어 굽지 말라 이
는 나의 화제물 중에서 내가 그들
에게 주어 그들의 소득이 되게 하
는 것이라 속죄제와 속건제 같이
지극히 거룩한즉
18 아론 자손의 남자는 모두 이를 먹
을지니 이는 여호와의 화제물 중에
서 대대로 그들의 영원한 소득이
됨이라 이를 만지는 자마다 거룩하
리라
19 여호와께서 모세에게 말씀하여 이
르시되
20 아론과 그의 자손이 기름 부음을
받는 날에 여호와께 드릴 예물은
이러하니라 고운 가루 십분의 일
에바를 항상 드리는 소제물로 삼
아 그 절반은 아침에, 절반은 저녁
에 드리되
21 그것을 기름으로 반죽하여 철판에
굽고 기름에 적셔 썰어서 소제로
여호와께 드려 향기로운 냄새가 되
게 하라
22 이 소제는 아론의 자손 중 기름 부
음을 받고 그를 이어 제사장 된 자
가 드릴 것이요 영원한 규례로 여
호와께 온전히 불사를 것이니
23 제사장의 모든 소제물은 온전히
불사르고 먹지 말지니라

속죄제를 드리는 규례

24 여호와께서 모세에게 말씀하여 이
르시되
25 아론과 그의 아들들에게 말하여
이르라 속죄제의 규례는 이러하니
라 속죄제 제물은 지극히 거룩하니
여호와 앞 번제물을 잡는 곳에서
그 속죄제 제물을 잡을 것이요
26 죄를 위하여 제사 드리는 제사장
이 그것을 먹되 곧 회막 뜰 거룩한
곳에서 먹을 것이며
27 그 고기에 접촉하는 모든 자는 거
룩할 것이며 그 피가 어떤 옷에든
지 묻었으면 묻은 그것을 거룩한
곳에서 빨 것이요
28 그 고기를 토기에 삶았으면 그 그
릇을 깨뜨릴 것이요 유기에 삶았으
면 그 그릇을 닦고 물에 씻을 것이
며
29 제사장인 남자는 모두 그것을 먹을
지니 그것은 지극히 거룩하니라
30 그러나 피를 가지고 회막에 들어가
성소에서 속죄하게 한 속죄제 제물
의 고기는 먹지 못할지니 불사를지
니라

속건제를 드리는 규례

7 속건제의 규례는 이러하니라 이
는 지극히 거룩하니
2 번제물을 잡는 곳에서 속건제의 번
제물을 잡을 것이요 제사장은 그
피를 제단 사방에 뿌릴 것이며
3 그 기름을 모두 드리되 곧 그 기름
진 꼬리와 내장에 덮인 기름과
4 두 콩팥과 그 위의 기름 곧 허리 쪽
에 있는 것과 간에 덮인 꺼풀을 콩
팥과 함께 떼어내고
5 제사장은 그것을 다 제단 위에서
불살라 여호와께 화제로 드릴 것이
니 이는 속건제니라
6 제사장인 남자는 모두 그것을 먹
되 거룩한 곳에서 먹을지니라 그것
은 지극히 거룩하니라
7 속죄제와 속건제는 규례가 같으니
그 제물은 속죄하는 제사장에게로
돌아갈 것이요
8 사람을 위하여 번제를 드리는 제
사장 곧 그 제사장은 그 드린 번제
물의 가죽을 자기가 가질 것이며

24

25

26

27

28

29

30

7

2

3

4

5

6

7

8

9 화덕에 구운 소제물과 냄비에나 철
판에서 만든 소제물은 모두 그 드
린 제사장에게로 돌아갈 것이니
10 소제물은 기름 섞은 것이나 마른
것이나 모두 아론의 모든 자손이
균등하게 분배할 것이니라

화목제물을 드리는 규례

11 여호와께 드릴 화목제물의 규례는
이러하니라
12 만일 그것을 감사함으로 드리려면
기름 섞은 무교병과 기름 바른 무
교전병과 고운 가루에 기름 섞어
구운 과자를 그 감사제물과 함께
드리고
13 또 유교병을 화목제의 감사제물과
함께 그 예물로 드리되
14 그 전체의 예물 중에서 하나씩 여
호와께 거제로 드리고 그것을 화목
제의 피를 뿌린 제사장들에게로
돌릴지니라
15 감사함으로 드리는 화목제물의 고
기는 드리는 그 날에 먹을 것이요
조금이라도 이튿날 아침까지 두지
말 것이니라
16 그러나 그의 예물의 제물이 서원이
나 자원하는 것이면 그 제물을 드
린 날에 먹을 것이요 그 남은 것은
이튿날에도 먹되
17 그 제물의 고기가 셋째 날까지 남
았으면 불사를지니
18 만일 그 화목제물의 고기를 셋째 날
에 조금이라도 먹으면 그 제사는 기
쁘게 받아들여지지 않을 것이라 드
린 자에게도 예물답게 되지 못하고
도리어 가증한 것이 될 것이며 그것
을 먹는 자는 그 죄를 짊어지리라
19 그 고기가 부정한 물건에 접촉되었
으면 먹지 말고 불사를 것이라 그
고기는 깨끗한 자만 먹을 것이니
20 만일 몸이 부정한 자가 여호와께
속한 화목제물의 고기를 먹으면 그
사람은 자기 백성 중에서 끊어질
것이요
21 만일 누구든지 부정한 것 곧 사람
의 부정이나 부정한 짐승이나 부정
하고 가증한 무슨 물건을 만지고
여호와께 속한 화목제물의 고기를
먹으면 그 사람도 자기 백성 중에

서 끊어지리라

피와 기름은 먹지 말라

22 여호와께서 모세에게 말씀하여 이
르시되
23 이스라엘 자손에게 말하여 이르라
너희는 소나 양이나 염소의 기름을
먹지 말 것이요
24 스스로 죽은 것의 기름이나 짐승
에게 찢긴 것의 기름은 다른 데는
쓰려니와 결단코 먹지는 말지니라
25 사람이 여호와께 화제로 드리는 제
물의 기름을 먹으면 그 먹는 자는
자기 백성 중에서 끊어지리라
26 너희가 사는 모든 곳에서 새나 짐
승의 피나 무슨 피든지 먹지 말라
27 무슨 피든지 먹는 사람이 있으면
그 사람은 다 자기 백성 중에서 끊
어지리라

화목제물 중에서 제사장이 받을 소득

28 여호와께서 모세에게 말씀하여 이
르시되
29 이스라엘 자손에게 말하여 이르라
화목제물을 여호와께 드리려는 자
는 그 화목제물 중에서 그의 예물
을 여호와께 가져오되
30 여호와의 화제물은 그 사람이 자기
손으로 가져올지니 곧 그 제물의
기름과 가슴을 가져올 것이요 제
사장은 그 가슴을 여호와 앞에 흔
들어 요제를 삼고
31 그 기름은 제단 위에서 불사를 것
이며 가슴은 아론과 그의 자손에
게 돌릴 것이며
32 또 너희는 그 화목제물의 오른쪽
뒷다리를 제사장에게 주어 거제를
삼을지니
33 아론의 자손 중에서 화목제물의
피와 기름을 드리는 자는 그 오른
쪽 뒷다리를 자기의 소득으로 삼을
것이니라
34 내가 이스라엘 자손의 화목제물 중
에서 그 흔든 가슴과 든 뒷다리를
가져다가 제사장 아론과 그의 자손
에게 주었나니 이는 이스라엘 자손
에게서 받을 영원한 소득이니라

맺는 말(1)

35 이는 여호와의 화제물 중에서 아론
에게 돌릴 것과 그의 아들들에게

돌릴 것이니 그들을 세워 여호와의
제사장의 직분을 행하게 한 날
36 곧 그들에게 기름 부은 날에 여호
와께서 명령하사 이스라엘 자손 중
에서 그들에게 돌리게 하신 것이라
대대로 영원히 받을 소득이니라

맺는 말(2)

37 이는 번제와 소제와 속죄제와 속건
제와 위임식과 화목제의 규례라
38 여호와께서 시내 광야에서 이스라
엘 자손에게 그 예물을 여호와께
드리라 명령하신 날에 시내 산에서
이같이 모세에게 명령하셨더라

아론과 그의 아들들의 제사장 위임식

8 여호와께서 모세에게 말씀하여
이르시되
2 너는 아론과 그의 아들들과 함께
그 의복과 관유와 속죄제의 수송
아지와 숫양 두 마리와 무교병 한
광주리를 가지고
3 온 회중을 회막 문에 모으라
4 모세가 여호와께서 자기에게 명령
하신 대로 하매 회중이 회막 문에
모인지라
5 모세가 회중에게 이르되 여호와께
서 행하라고 명령하신 것이 이러하
니라 하고
6 모세가 아론과 그의 아들들을 데
려다가 물로 그들을 씻기고
7 아론에게 속옷을 입히며 띠를 띠우
고 겉옷을 입히며 에봇을 걸쳐 입
히고 에봇의 장식 띠를 띠워서 에
봇을 몸에 매고
8 흉패를 붙이고 흉패에 우림과 둠밈
을 넣고
9 그의 머리에 관을 씌우고 그 관 위
전면에 금 패를 붙이니 곧 거룩한
관이라 여호와께서 모세에게 명령
하신 것과 같았더라
10 모세가 관유를 가져다가 성막과 그
안에 있는 모든 것에 발라 거룩하
게 하고
11 또 제단에 일곱 번 뿌리고 또 그 제
단과 그 모든 기구와 물두멍과 그
받침에 발라 거룩하게 하고
12 또 관유를 아론의 머리에 붓고 그
에게 발라 거룩하게 하고

36

37

38

8

2

3

4

5

6

7

8

9

10

11

12

13 모세가 또 아론의 아들들을 데려
다가 그들에게 속옷을 입히고 띠를
띠우며 관을 씌웠으니 여호와께서
모세에게 명령하신 것과 같았더라
14 모세가 또 속죄제의 수송아지를
끌어오니 아론과 그의 아들들이
그 속죄제의 수송아지 머리에 안수
하매
15 모세가 잡고 그 피를 가져다가 손
가락으로 그 피를 제단의 네 귀퉁
이 뿔에 발라 제단을 깨끗하게 하
고 그 피는 제단 밑에 쏟아 제단을
속하여 거룩하게 하고
16 또 내장에 덮인 모든 기름과 간 꺼
풀과 두 콩팥과 그 기름을 가져다
가 모세가 제단 위에 불사르고
17 그 수송아지 곧 그 가죽과 고기와
똥은 진영 밖에서 불살랐으니 여
호와께서 모세에게 명령하심과 같
았더라
18 또 번제의 숫양을 드릴새 아론과
그의 아들들이 그 숫양의 머리에
안수하매
19 모세가 잡아 그 피를 제단 사방에
뿌리고
20 그 숫양의 각을 뜨고 모세가 그 머
리와 각 뜬 것과 기름을 불사르고
21 물로 내장과 정강이들을 씻고 모세
가 그 숫양의 전부를 제단 위에서
불사르니 이는 향기로운 냄새를 위
하여 드리는 번제로 여호와께 드리
는 화제라 여호와께서 모세에게 명
령하심과 같았더라
22 또 다른 숫양 곧 위임식의 숫양을
드릴새 아론과 그의 아들들이 그
숫양의 머리에 안수하매
23 모세가 잡고 그 피를 가져다가 아
론의 오른쪽 귓부리와 그의 오른
쪽 엄지 손가락과 그의 오른쪽 엄
지 발가락에 바르고
24 아론의 아들들을 데려다가 모세가
그 오른쪽 귓부리와 그들의 손의
오른쪽 엄지 손가락과 그들의 발의
오른쪽 엄지 발가락에 그 피를 바
르고 또 모세가 그 피를 제단 사방
에 뿌리고
25 그가 또 그 기름과 기름진 꼬리와
내장에 덮인 모든 기름과 간 꺼풀

13

14

15

16

17

18

19

20

21

22

23

24

25

과 두 콩팥과 그 기름과 오른쪽 뒷
다리를 떼어내고
26 여호와 앞 무교병 광주리에서 무교
병 한 개와 기름 섞은 떡 한 개와
전병 한 개를 가져다가 그 기름 위
에와 오른쪽 뒷다리 위에 놓아
27 그 전부를 아론의 손과 그의 아들
들의 손에 두어 여호와 앞에 흔들
어 요제를 삼게 하고
28 모세가 그것을 그들의 손에서 가져
다가 제단 위에 있는 번제물 위에
불사르니 이는 향기로운 냄새를 위
하여 드리는 위임식 제사로 여호와
께 드리는 화제라
29 이에 모세가 그 가슴을 가져다가
여호와 앞에 흔들어 요제를 삼았
으니 이는 위임식에서 잡은 숫양
중 모세의 몫이라 여호와께서 모세
에게 명령하심과 같았더라
30 모세가 관유와 제단 위의 피를 가
져다가 아론과 그의 옷과 그의 아
들들과 그의 아들들의 옷에 뿌려서
아론과 그의 옷과 그의 아들들과
그의 아들들의 옷을 거룩하게 하고
31 모세가 아론과 그의 아들들에게
이르되 내게 이미 명령하시기를 아
론과 그의 아들들은 먹으라 하셨
은즉 너희는 회막 문에서 그 고기
를 삶아 위임식 광주리 안의 떡과
아울러 그 곳에서 먹고
32 고기와 떡의 나머지는 불사를지며
33 위임식은 이레 동안 행하나니 위임
식이 끝나는 날까지 이레 동안은
회막 문에 나가지 말라
34 오늘 행한 것은 여호와께서 너희를
위하여 속죄하게 하시려고 명령하
신 것이니
35 너희는 칠 주야를 회막 문에 머물
면서 여호와께서 지키라고 하신 것
을 지키라 그리하면 사망을 면하리
라 내가 이같이 명령을 받았느니라
36 아론과 그의 아들들이 여호와께서
모세를 통하여 명령하신 모든 일을
준행하니라

아론이 첫 제사를 드리다

9 여덟째 날에 모세가 아론과 그
의 아들들과 이스라엘 장로들
을 불러다가

26
27
28
29
30
31
32
33
34
35
36
9

2 아론에게 이르되 속죄제를 위하여 흠 없는 송아지를 가져오고 번제를 위하여 흠 없는 숫양을 여호와 앞에 가져다 드리고

3 이스라엘 자손에게 말하여 이르기를 너희는 속죄제를 위하여 숫염소를 가져오고 또 번제를 위하여 일 년 되고 흠 없는 송아지와 어린 양을 가져오고

4 또 화목제를 위하여 여호와 앞에 드릴 수소와 숫양을 가져오고 또 기름 섞은 소제물을 가져오라 하라 오늘 여호와께서 너희에게 나타나실 것임이니라 하매

5 그들이 모세가 명령한 모든 것을 회막 앞으로 가져오고 온 회중이 나아와 여호와 앞에 선지라

6 모세가 이르되 이는 여호와께서 너희에게 하라고 명령하신 것이니 여호와의 영광이 너희에게 나타나리라

7 모세가 또 아론에게 이르되 너는 제단에 나아가 네 속죄제와 네 번제를 드려서 너를 위하여, 백성을 위하여 속죄하고 또 백성의 예물을 드려서 그들을 위하여 속죄하되 여호와의 명령대로 하라

8 이에 아론이 제단에 나아가 자기를 위한 속죄제 송아지를 잡으매

9 아론의 아들들이 그 피를 아론에게 가져오니 아론이 손가락으로 그 피를 찍어 제단 뿔들에 바르고 그 피는 제단 밑에 쏟고

10 그 속죄제물의 기름과 콩팥과 간 꺼풀을 제단 위에서 불사르니 여호와께서 모세에게 명령하심과 같았고

11 그 고기와 가죽은 진영 밖에서 불사르니라

12 아론이 또 번제물을 잡으매 아론의 아들들이 그 피를 그에게로 가져오니 그가 그 피를 제단 사방에 뿌리고

13 그들이 또 번제의 제물 곧 그의 각과 머리를 그에게로 가져오매 그가 제단 위에서 불사르고

14 또 내장과 정강이는 씻어서 단 위에 있는 번제물 위에서 불사르니라

15 그가 또 백성의 예물을 드리되 곧 백성을 위한 속죄제의 염소를 가져다가 잡아 전과 같이 죄를 위하여 드리고

16 또 번제물을 드리되 규례대로 드리고

17 또 소제를 드리되 그 중에서 그의 손에 한 움큼을 채워서 아침 번제물에 더하여 제단 위에서 불사르고

18 또 백성을 위하는 화목제물의 수소와 숫양을 잡으매 아론의 아들들이 그 피를 그에게로 가져오니 그가 제단 사방에 뿌리고

19 그들이 또 수소와 숫양의 기름과 기름진 꼬리와 내장에 덮인 것과 콩팥과 간 꺼풀을 아론에게로 가져다가

20 그 기름을 가슴들 위에 놓으매 아론이 그 기름을 제단 위에서 불사르고

21 가슴들과 오른쪽 뒷다리를 그가 여호와 앞에 요제로 흔드니 모세가 명령한 것과 같았더라

22 아론이 백성을 향하여 손을 들어 축복함으로 속죄제와 번제와 화목제를 마치고 내려오니라

23 모세와 아론이 회막에 들어갔다가 나와서 백성에게 축복하매 여호와의 영광이 온 백성에게 나타나며

24 불이 여호와 앞에서 나와 제단 위의 번제물과 기름을 사른지라 온 백성이 이를 보고 소리 지르며 엎드렸더라

나답과 아비후가 벌을 받아 죽다

10 아론의 아들 나답과 아비후가 각기 향로를 가져다가 여호와께서 명령하시지 아니하신 다른 불을 담아 여호와 앞에 분향하였더니

2 불이 여호와 앞에서 나와 그들을 삼키매 그들이 여호와 앞에서 죽은지라

3 모세가 아론에게 이르되 이는 여호와의 말씀이라 이르시기를 나는 나를 가까이 하는 자 중에서 내 거룩함을 나타내겠고 온 백성 앞에서 내 영광을 나타내리라 하셨느니라 아론이 잠잠하니

15
16
17
18
19
20
21
22
23
24
10
2
3

4 모세가 아론의 삼촌 웃시엘의 아
들 미사엘과 엘사반을 불러 그들
에게 이르되 나아와 너희 형제들
을 성소 앞에서 진영 밖으로 메고
나가라 하매
5 그들이 나와 모세가 말한 대로 그
들을 옷 입은 채 진영 밖으로 메어
내니
6 모세가 아론과 그의 아들 엘르아
살과 이다말에게 이르되 너희는 머
리를 풀거나 옷을 찢지 말라 그리
하여 너희가 죽음을 면하고 여호와
의 진노가 온 회중에게 미침을 면
하게 하라 오직 너희 형제 이스라
엘 온 족속은 여호와께서 치신 불
로 말미암아 슬퍼할 것이니라
7 여호와의 관유가 너희에게 있은즉
너희는 회막 문에 나가지 말라 그
리하면 죽음을 면하리라 그들이
모세의 말대로 하니라

제사장이 회막에 들어갈 때의 규례

8 여호와께서 아론에게 말씀하여 이
르시되
9 너와 네 자손들이 회막에 들어갈 때
에는 포도주나 독주를 마시지 말라
그리하여 너희 죽음을 면하라 이는
너희 대대로 지킬 영영한 규례라
10 그리하여야 너희가 거룩하고 속된
것을 분별하며 부정하고 정한 것을
분별하고
11 또 나 여호와가 모세를 통하여 모
든 규례를 이스라엘 자손에게 가
르치리라

제사장이 거룩한 곳에서 먹을 제물

12 모세가 아론과 그 남은 아들 엘르
아살에게와 이다말에게 이르되 여
호와께 드린 화제물 중 소제의 남
은 것은 지극히 거룩하니 너희는
그것을 취하여 누룩을 넣지 말고
제단 곁에서 먹되
13 이는 여호와의 화제물 중 네 소득
과 네 아들들의 소득인즉 너희는
그것을 거룩한 곳에서 먹으라 내가
명령을 받았느니라
14 흔든 가슴과 들어올린 뒷다리는 너
와 네 자녀가 너와 함께 정결한 곳에
서 먹을지니 이는 이스라엘 자손의
화목제물 중에서 네 소득과 네 아

4
5
6
7
8
9
10
11
12
13
14

들들의 소득으로 주신 것임이니라
15 그 들어올린 뒷다리와 흔든 가슴
을 화제물의 기름과 함께 가져다가
여호와 앞에 흔들어 요제를 삼을
지니 이는 여호와의 명령대로 너와
네 자손의 영원한 소득이니라
16 모세가 속죄제 드린 염소를 찾은즉
이미 불살랐는지라 그가 아론의
남은 아들 엘르아살과 이다말에게
노하여 이르되
17 이 속죄제물은 지극히 거룩하거늘
너희가 어찌하여 거룩한 곳에서 먹
지 아니하였느냐 이는 너희로 회중
의 죄를 담당하여 그들을 위하여
여호와 앞에 속죄하게 하려고 너희
에게 주신 것이니라
18 그 피는 성소에 들여오지 아니하
는 것이었으니 그 제물은 너희가
내가 명령한 대로 거룩한 곳에서
먹었어야 했을 것이니라
19 아론이 모세에게 이르되 오늘 그들
이 그 속죄제와 번제를 여호와께
드렸어도 이런 일이 내게 임하였거
늘 오늘 내가 속죄제물을 먹었더라
면 여호와께서 어찌 좋게 여기셨으
리요
20 모세가 그 말을 듣고 좋게 여겼더라

정한 짐승과 부정한 짐승

11 여호와께서 모세와 아론에
게 말씀하여 이르시되
2 이스라엘 자손에게 말하여 이르라
육지의 모든 짐승 중 너희가 먹을
만한 생물은 이러하니
3 모든 짐승 중 굽이 갈라져 쪽발이
되고 새김질하는 것은 너희가 먹되
4 새김질하는 것이나 굽이 갈라진 짐
승 중에도 너희가 먹지 못할 것은
이러하니 낙타는 새김질은 하되 굽
이 갈라지지 아니하였으므로 너희
에게 부정하고
5 사반도 새김질은 하되 굽이 갈라지
지 아니하였으므로 너희에게 부정
하고
6 토끼도 새김질은 하되 굽이 갈라지
지 아니하였으므로 너희에게 부정
하고
7 돼지는 굽이 갈라져 쪽발이로되
새김질을 못하므로 너희에게 부정

15
16
17
18
19
20
11 2
3
4
5
6
7

하니
8 너희는 이러한 고기를 먹지 말고
그 주검도 만지지 말라 이것들은
너희에게 부정하니라
9 물에 있는 모든 것 중에서 너희가
먹을 만한 것은 이것이니 강과 바
다와 다른 물에 있는 모든 것 중에
서 지느러미와 비늘 있는 것은 너
희가 먹되
10 물에서 움직이는 모든 것과 물에
서 사는 모든 것 곧 강과 바다에
있는 것으로서 지느러미와 비늘 없
는 모든 것은 너희에게 가증한 것
이라
11 이들은 너희에게 가증한 것이니 너
희는 그 고기를 먹지 말고 그 주검
을 가증히 여기라
12 수중 생물에 지느러미와 비늘 없는
것은 너희가 혐오할 것이니라
13 새 중에 너희가 가증히 여길 것은
이것이라 이것들이 가증한즉 먹지
말지니 곧 독수리와 솔개와 물수리
와
14 말똥가리와 말똥가리 종류와
15 까마귀 종류와
16 타조와 타흐마스와 갈매기와 새매
종류와
17 올빼미와 가마우지와 부엉이와
18 흰 올빼미와 사다새와 너새와
19 황새와 백로 종류와 오디새와 박쥐
니라
20 날개가 있고 네 발로 기어 다니는
곤충은 너희가 혐오할 것이로되
21 다만 날개가 있고 네 발로 기어 다
니는 모든 곤충 중에 그 발에 뛰는
다리가 있어서 땅에서 뛰는 것은
너희가 먹을지니
22 곧 그 중에 메뚜기 종류와 베짱이
종류와 귀뚜라미 종류와 팥중이
종류는 너희가 먹으려니와
23 오직 날개가 있고 기어다니는 곤충
은 다 너희가 혐오할 것이니라
24 이런 것은 너희를 부정하게 하나니
누구든지 이것들의 주검을 만지면
저녁까지 부정할 것이며
25 그 주검을 옮기는 모든 자는 그 옷
을 빨지니 저녁까지 부정하리라

8
9
10
11
12
13
14
15
16
17
18
19
20
21
22
23
24
25

26 굽이 갈라진 모든 짐승 중에 쪽발
이 아닌 것이나 새김질 아니하는
것의 주검은 다 네게 부정하니 만
지는 자는 부정할 것이요
27 네 발로 다니는 모든 짐승 중 발바
닥으로 다니는 것은 다 네게 부정
하니 그 주검을 만지는 자는 저녁
까지 부정할 것이며
28 그 주검을 옮기는 자는 그 옷을 빨
지니 저녁까지 부정하리라 그것들
이 네게 부정하니라
29 땅에 기는 길짐승 중에 네게 부정
한 것은 이러하니 곧 두더지와 쥐
와 큰 도마뱀 종류와
30 도마뱀붙이와 육지 악어와 도마
뱀과 사막 도마뱀과 카멜레온이
라
31 모든 기는 것 중 이것들은 네게 부
정하니 그 주검을 만지는 모든 자
는 저녁까지 부정할 것이며
32 이런 것 중 어떤 것의 주검이 나무
그릇에든지 의복에든지 가죽에든
지 자루에든지 무엇에 쓰는 그릇에
든지 떨어지면 부정하여지리니 물
에 담그라 저녁까지 부정하다가 정
할 것이며
33 그것 중 어떤 것이 어느 질그릇에
떨어지면 그 속에 있는 것이 다 부
정하여지나니 너는 그 그릇을 깨뜨
리라
34 먹을 만한 축축한 식물이 거기 담
겼으면 부정하여질 것이요 그같은
그릇에 담긴 마실 것도 부정할 것
이며
35 이런 것의 주검이 물건 위에 떨어지
면 그것이 모두 부정하여지리니 화
덕이든지 화로이든지 깨뜨려 버리
라 이것이 부정하여져서 너희에게
부정한 것이 되리라
36 샘물이나 물이 고인 웅덩이는 부정
하여지지 아니하되 그 주검에 닿는
것은 모두 부정하여질 것이요
37 이것들의 주검이 심을 종자에 떨어
지면 그것이 정하거니와
38 만일 종자에 물이 묻었을 때에 그
것이 그 위에 떨어지면 너희에게
부정하리라
39 너희가 먹을 만한 짐승이 죽은 때

26
27
28
29
30
31
32
33
34
35
36
37
38
39

에 그 주검을 만지는 자는 저녁까
지 부정할 것이며
40 그것을 먹는 자는 그 옷을 빨 것이
요 저녁까지 부정할 것이며 그 주
검을 옮기는 자도 그의 옷을 빨 것
이요 저녁까지 부정하리라
41 땅에 기어 다니는 모든 길짐승은
가증한즉 먹지 못할지니
42 곧 땅에 기어다니는 모든 기는 것
중에 배로 밀어 다니는 것이나 네
발로 걷는 것이나 여러 발을 가진
것이라 너희가 먹지 말지니 이것들
은 가증함이니라
43 너희는 기는 바 기어다니는 것 때
문에 자기를 가증하게 되게 하지
말며 또한 그것 때문에 스스로 더
럽혀 부정하게 되게 하지 말라
44 나는 여호와 너희의 하나님이라 내
가 거룩하니 너희도 몸을 구별하여
거룩하게 하고 땅에 기는 길짐승으
로 말미암아 스스로 더럽히지 말라
45 나는 너희의 하나님이 되려고 너희
를 애굽 땅에서 인도하여 낸 여호
와라 내가 거룩하니 너희도 거룩할
지어다
46 이는 짐승과 새와 물에서 움직이는
모든 생물과 땅에 기는 모든 길짐
승에 대한 규례니
47 부정하고 정한 것과 먹을 생물과
먹지 못할 생물을 분별한 것이니라

아이를 낳은 여인에 대한 규례

12 여호와께서 모세에게 말씀
하여 이르시되
2 이스라엘 자손에게 말하여 이르라
여인이 임신하여 남자를 낳으면 그
는 이레 동안 부정하리니 곧 월경
할 때와 같이 부정할 것이며
3 여덟째 날에는 그 아이의 포피를
벨 것이요
4 그 여인은 아직도 삼십삼 일을 지
내야 산혈이 깨끗하리니 정결하게
되는 기한이 차기 전에는 성물을
만지지도 말며 성소에 들어가지도
말 것이며
5 여자를 낳으면 그는 두 이레 동안
부정하리니 월경할 때와 같을 것이
며 산혈이 깨끗하게 됨은 육십육
일을 지내야 하리라

6 아들이나 딸이나 정결하게 되는 기
한이 차면 그 여인은 번제를 위하
여 일 년 된 어린 양을 가져가고 속
죄제를 위하여 집비둘기 새끼나 산
비둘기를 회막 문 제사장에게로 가
져갈 것이요
7 제사장은 그것을 여호와 앞에 드려
서 그 여인을 위하여 속죄할지니
그리하면 산혈이 깨끗하리라 이는
아들이나 딸을 생산한 여인에게 대
한 규례니라
8 그 여인이 어린 양을 바치기에 힘
이 미치지 못하면 산비둘기 두 마
리나 집비둘기 새끼 두 마리를 가
져다가 하나는 번제물로, 하나는
속죄제물로 삼을 것이요 제사장은
그를 위하여 속죄할지니 그가 정결
하리라

피부에 나병 같은 것이 생기거든

13 여호와께서 모세와 아론에
게 말씀하여 이르시되
2 만일 사람이 그의 피부에 무엇이
돋거나 뾰루지가 나거나 색점이 생
겨서 그의 피부에 나병 같은 것이
생기거든 그를 곧 제사장 아론에게
나 그의 아들 중 한 제사장에게로
데리고 갈 것이요
3 제사장은 그 피부의 병을 진찰할
지니 환부의 털이 희어졌고 환부
가 피부보다 우묵하여졌으면 이
는 나병의 환부라 제사장이 그를
진찰하여 그를 부정하다 할 것이
요
4 피부에 색점이 희나 우묵하지 아니
하고 그 털이 희지 아니하면 제사
장은 그 환자를 이레 동안 가두어
둘 것이며
5 이레 만에 제사장이 그를 진찰할지
니 그가 보기에 그 환부가 변하지
아니하고 병색이 피부에 퍼지지 아
니하였으면 제사장이 그를 또 이레
동안을 가두어 둘 것이며
6 이레 만에 제사장이 또 진찰할지
니 그 환부가 엷어졌고 병색이 피
부에 퍼지지 아니하였으면 피부병
이라 제사장이 그를 정하다 할 것
이요 그의 옷을 빨 것이라 그리하
면 정하리라

6

7

8

13

2

3

4

5

6

7 그러나 그가 정결한지를 제사장
에게 보인 후에 병이 피부에 퍼
지면 제사장에게 다시 보일 것이
요
8 제사장은 진찰할지니 그 병이 피부
에 퍼졌으면 그를 부정하다 할지니
라 이는 나병임이니라
9 사람에게 나병이 들었거든 그를 제
사장에게로 데려갈 것이요
10 제사장은 진찰할지니 피부에 흰 점
이 돋고 털이 희어지고 거기 생살
이 생겼으면
11 이는 그의 피부의 오랜 나병이라
제사장이 부정하다 할 것이요 그
가 이미 부정하였은즉 가두어두지
는 않을 것이며
12 제사장이 보기에 나병이 그 피부
에 크게 발생하였으되 그 환자의
머리부터 발끝까지 퍼졌으면
13 그가 진찰할 것이요 나병이 과연
그의 전신에 퍼졌으면 그 환자를
정하다 할지니 다 희어진 자인즉
정하거니와
14 아무 때든지 그에게 생살이 보이면
그는 부정한즉
15 제사장이 생살을 진찰하고 그를
부정하다 할지니 그 생살은 부정한
것인즉 이는 나병이며
16 그 생살이 변하여 다시 희어지면
제사장에게로 갈 것이요
17 제사장은 그를 진찰하여서 그 환
부가 희어졌으면 환자를 정하다 할
지니 그는 정하니라
18 피부에 종기가 생겼다가 나았고
19 그 종처에 흰 점이 돋거나 희고 불
그스름한 색점이 생겼으면 제사장
에게 보일 것이요
20 그는 진찰하여 피부보다 얕고 그
털이 희면 그를 부정하다 할지니
이는 종기로 된 나병의 환부임이니
라
21 그러나 제사장이 진찰하여 거기
흰 털이 없고 피부보다 얕지 아니
하고 빛이 엷으면 제사장은 그를
이레 동안 가두어둘 것이며
22 그 병이 크게 피부에 퍼졌으면 제
사장은 그를 부정하다 할지니 이는
환부임이니라

23 그러나 그 색점이 여전하고 퍼지지
아니하였으면 이는 종기 흔적이니
제사장은 그를 정하다 할지니라
24 피부가 불에 데었는데 그 덴 곳에
불그스름하고 희거나 순전히 흰 색
점이 생기면
25 제사장은 진찰할지니 그 색점의 털
이 희고 그 자리가 피부보다 우묵
하면 이는 화상에서 생긴 나병인즉
제사장이 그를 부정하다 할 것은
나병의 환부가 됨이니라
26 그러나 제사장이 보기에 그 색점에
흰 털이 없으며 그 자리가 피부보
다 얕지 아니하고 빛이 엷으면 그는
그를 이레 동안 가두어둘 것이며
27 이레 만에 제사장이 그를 진찰할지
니 만일 병이 크게 피부에 퍼졌으
면 그가 그를 부정하다 할 것은 나
병의 환부임이니라
28 만일 색점이 여전하여 피부에 퍼지
지 아니하고 빛이 엷으면 화상으로
부은 것이니 제사장이 그를 정하다
할 것은 이는 화상의 흔적임이니라
29 남자나 여자의 머리에나 수염에 환
부가 있으면
30 제사장은 진찰할지니 환부가 피부
보다 우묵하고 그 자리에 누르스름
하고 가는 털이 있으면 그가 그를
부정하다 할 것은 이는 옴이니라 머
리에나 수염에 발생한 나병임이니라
31 만일 제사장이 보기에 그 옴의 환
부가 피부보다 우묵하지 아니하고
그 자리에 검은 털이 없으면 제사
장은 그 옴 환자를 이레 동안 가두
어 둘 것이며
32 이레 만에 제사장은 그 환부를 진
찰할지니 그 옴이 퍼지지 아니하고
그 자리에 누르스름한 털이 없고
피부보다 우묵하지 아니하면
33 그는 모발을 밀되 환부는 밀지 말
것이요 제사장은 옴 환자를 또 이
레 동안 가두어둘 것이며
34 이레 만에 제사장은 그 옴을 또 진
찰할지니 그 옴이 피부에 퍼지지
아니하고 피부보다 우묵하지 아니
하면 그는 그를 정하다 할 것이요
그는 자기의 옷을 빨아서 정하게
되려니와

23

24

25

26

27

28

29

30

31

32

33

34

35 깨끗한 후에라도 옴이 크게 피부에
퍼지면
36 제사장은 그를 진찰할지니 과연 옴
이 피부에 퍼졌으면 누른 털을 찾
을 것 없이 그는 부정하니라
37 그러나 제사장이 보기에 옴이 여전
하고 그 자리에 검은 털이 났으면
그 옴은 나았고 그 사람은 정하니
제사장은 그를 정하다 할지니라
38 남자나 여자의 피부에 색점 곧 흰
색점이 있으면
39 제사장은 진찰할지니 그 피부의 색
점이 부유스름하면 이는 피부에 발
생한 어루러기라 그는 정하니라
40 누구든지 그 머리털이 빠지면 그는
대머리니 정하고
41 앞머리가 빠져도 그는 이마 대머리
니 정하니라
42 그러나 대머리나 이마 대머리에 희
고 불그스름한 색점이 있으면 이는
나병이 대머리에나 이마 대머리에
발생함이라
43 제사장은 그를 진찰할지니 그 대머
리에나 이마 대머리에 돋은 색점이
희고 불그스름하여 피부에 발생한
나병과 같으면
44 이는 나병 환자라 부정하니 제사
장이 그를 확실히 부정하다고 할
것은 그 환부가 그 머리에 있음이
니라
45 나병 환자는 옷을 찢고 머리를 풀
며 윗입술을 가리고 외치기를 부정
하다 부정하다 할 것이요
46 병 있는 날 동안은 늘 부정할 것이
라 그가 부정한즉 혼자 살되 진영
밖에서 살지니라

의복이나 가죽에 생기는 곰팡이

47 만일 의복에 나병 색점이 발생하여
털옷에나 베옷에나
48 베나 털의 날에나 씨에나 혹 가죽
에나 가죽으로 만든 모든 것에 있
으되
49 그 의복에나 가죽에나 그 날에나
씨에나 가죽으로 만든 모든 것에 병
색이 푸르거나 붉으면 이는 나병의
색점이라 제사장에게 보일 것이요
50 제사장은 그 색점을 진찰하고 그것
을 이레 동안 간직하였다가

51 이레 만에 그 색점을 살필지니 그 색점이 그 의복의 날에나 씨에나 가죽에나 가죽으로 만든 것에 펴졌으면 이는 악성 나병이라 그것이 부정하므로
52 그는 그 색점 있는 의복이나 털이나 베의 날이나 씨나 모든 가죽으로 만든 것을 불사를지니 이는 악성 나병인즉 그것을 불사를지니라
53 그러나 제사장이 보기에 그 색점이 그 의복의 날에나 씨에나 모든 가죽으로 만든 것에 퍼지지 아니하였으면
54 제사장은 명령하여 그 색점 있는 것을 빨게 하고 또 이레 동안 간직하였다가
55 그 빤 곳을 볼지니 그 색점의 빛이 변하지 아니하고 그 색점이 퍼지지 아니하였으면 부정하니 너는 그것을 불사르라 이는 거죽에 있든지 속에 있든지 악성 나병이니라
56 빤 후에 제사장이 보기에 그 색점이 엷으면 그 의복에서나 가죽에서나 그 날에서나 씨에서나 그 색점을 찢어 버릴 것이요
57 그 의복의 날에나 씨에나 가죽으로 만든 모든 것에 색점이 여전히 보이면 재발하는 것이니 너는 그 색점 있는 것을 불사를지니라
58 네가 빤 의복의 날에나 씨에나 가죽으로 만든 모든 것에 그 색점이 벗겨졌으면 그것을 다시 빨아야 정하리라
59 이는 털옷에나 베옷에나 그 날에나 씨에나 가죽으로 만든 모든 것에 발생한 나병 색점의 정하고 부정한 것을 진단하는 규례니라

환자가 정결하게 되는 날의 규례

14 여호와께서 모세에게 말씀하여 이르시되
2 나병 환자가 정결하게 되는 날의 규례는 이러하니 곧 그 사람을 제사장에게로 데려갈 것이요
3 제사장은 진영에서 나가 진찰할지니 그 환자에게 있던 나병 환부가 나았으면
4 제사장은 그 정결함을 받을 자를 위하여 명령하여 살아 있는 정결한

51
52
53
54
55
56
57
58
59
14 2
3
4

새 두 마리와 백향목과 홍색 실과
우슬초를 가져오게 하고
5 제사장은 또 명령하여 그 새 하나
는 흐르는 물 위 질그릇 안에서 잡
게 하고
6 다른 새는 산 채로 가져다가 백향
목과 홍색 실과 우슬초와 함께 가
져다가 흐르는 물 위에서 잡은 새
의 피를 찍어
7 나병에서 정결함을 받을 자에게 일
곱 번 뿌려 정하다 하고 그 살아 있
는 새는 들에 놓을지며
8 정결함을 받는 자는 그의 옷을 빨
고 모든 털을 밀고 물로 몸을 씻을
것이라 그리하면 정하리니 그 후에
진영에 들어올 것이나 자기 장막
밖에 이레를 머물 것이요
9 일곱째 날에 그는 모든 털을 밀되
머리털과 수염과 눈썹을 다 밀고
그의 옷을 빨고 몸을 물에 씻을 것
이라 그리하면 정하리라
10 여덟째 날에 그는 흠 없는 어린 숫
양 두 마리와 일 년 된 흠 없는 어
린 암양 한 마리와 또 고운 가루
십분의 삼 에바에 기름 섞은 소제
물과 기름 한 록을 취할 것이요
11 정결하게 하는 제사장은 정결함을
받을 자와 그 물건들을 회막 문 여
호와 앞에 두고
12 어린 숫양 한 마리를 가져다가 기
름 한 록과 아울러 속건제로 드리
되 여호와 앞에 흔들어 요제를 삼
고
13 그 어린 숫양은 거룩한 장소 곧 속
죄제와 번제물 잡는 곳에서 잡을
것이며 속건제물은 속죄제물과 마
찬가지로 제사장에게 돌릴지니 이
는 지극히 거룩한 것이니라
14 제사장은 그 속건제물의 피를 취
하여 정결함을 받을 자의 오른쪽
귓부리와 오른쪽 엄지 손가락과
오른쪽 엄지 발가락에 바를 것이
요
15 제사장은 또 그 한 록의 기름을 취
하여 자기 왼쪽 손바닥에 따르고
16 오른쪽 손가락으로 왼쪽 손의 기
름을 찍어 그 손가락으로 그것을
여호와 앞에 일곱 번 뿌릴 것이요

17 손에 남은 기름은 제사장이 정결
함을 받을 자의 오른쪽 귓부리와
오른쪽 엄지 손가락과 오른쪽 엄지
발가락 곧 속건제물의 피 위에 바
를 것이며
18 아직도 그 손에 남은 기름은 제사
장이 그 정결함을 받는 자의 머리
에 바르고 제사장은 여호와 앞에
서 그를 위하여 속죄하고
19 또 제사장은 속죄제를 드려 그 부
정함으로 말미암아 정결함을 받을
자를 위하여 속죄하고 그 후에 번
제물을 잡을 것이요
20 제사장은 그 번제와 소제를 제단
에 드려 그를 위하여 속죄할 것이
라 그리하면 그가 정결하리라
21 만일 그가 가난하여 그의 힘이 미
치지 못하면 그는 흔들어 자기를
속죄할 속건제를 위하여 어린 숫양
한 마리와 소제를 위하여 고운 가
루 십분의 일 에바에 기름 섞은 것
과 기름 한 록을 취하고
22 그의 힘이 미치는 대로 산비둘기
둘이나 집비둘기 새끼 둘을 가져다
가 하나는 속죄제물로, 하나는 번
제물로 삼아
23 여덟째 날에 그 결례를 위하여 그
것들을 회막 문 여호와 앞 제사장
에게로 가져갈 것이요
24 제사장은 속건제의 어린 양과 기름
한 록을 가져다가 여호와 앞에 흔
들어 요제를 삼고
25 속건제의 어린 양을 잡아서 제사
장은 그 속건제물의 피를 가져다
가 정결함을 받을 자의 오른쪽
귓부리와 오른쪽 엄지 손가락과
오른쪽 엄지 발가락에 바를 것이
요
26 제사장은 그 기름을 자기 왼쪽 손
바닥에 따르고
27 오른쪽 손가락으로 왼쪽 손의 기
름을 조금 찍어 여호와 앞에 일곱
번 뿌릴 것이요
28 그 손의 기름은 제사장이 정결함
을 받을 자의 오른쪽 귓부리와 오
른쪽 엄지 손가락과 오른쪽 엄지
발가락 곧 속건제물의 피를 바른
곳에 바를 것이며

17
18
19
20
21
22
23
24
25
26
27
28

29 또 그 손에 남은 기름은 제사장이 그 정결함을 받는 자의 머리에 발라 여호와 앞에서 그를 위하여 속죄할 것이며
30 그는 힘이 미치는 대로 산비둘기 한 마리나 집비둘기 새끼 한 마리를 드리되
31 곧 그의 힘이 미치는 대로 한 마리는 속죄제로, 한 마리는 소제와 함께 번제로 드릴 것이요 제사장은 정결함을 받을 자를 위하여 여호와 앞에 속죄할지니
32 나병 환자로서 그 정결예식에 그의 힘이 미치지 못한 자의 규례가 그러하니라

집에 생기는 곰팡이

33 여호와께서 모세와 아론에게 말씀하여 이르시되
34 내가 네게 기업으로 주는 가나안 땅에 너희가 이를 때에 너희 기업의 땅에서 어떤 집에 나병 색점을 발생하게 하거든
35 그 집 주인은 제사장에게 가서 말하여 알리기를 무슨 색점이 집에 생겼다 할 것이요
36 제사장은 그 색점을 살펴보러 가기 전에 그 집 안에 있는 모든 것이 부정을 면하게 하기 위하여 그 집을 비우도록 명령한 후에 들어가서 그 집을 볼지니
37 그 색점을 볼 때에 그 집 벽에 푸르거나 붉은 무늬의 색점이 있어 벽보다 우묵하면
38 제사장은 그 집 문으로 나와 그 집을 이레 동안 폐쇄하였다가
39 이레 만에 또 가서 살펴볼 것이요 그 색점이 벽에 퍼졌으면
40 그는 명령하여 색점 있는 돌을 빼내어 성 밖 부정한 곳에 버리게 하고
41 또 집 안 사방을 긁게 하고 그 긁은 흙을 성 밖 부정한 곳에 쏟아버리게 할 것이요
42 그들은 다른 돌로 그 돌을 대신하며 다른 흙으로 집에 바를지니라
43 돌을 빼내며 집을 긁고 고쳐 바른 후에 색점이 집에 재발하면

44 제사장은 또 가서 살펴볼 것이요
그 색점이 만일 집에 퍼졌으면 악
성 나병인즉 이는 부정하니
45 그는 그 집을 헐고 돌과 그 재목과
그 집의 모든 흙을 성 밖 부정한 곳
으로 내어 갈 것이며
46 그 집을 폐쇄한 날 동안에 들어가
는 자는 저녁까지 부정할 것이요
47 그 집에서 자는 자는 그의 옷을 빨
것이요 그 집에서 먹는 자도 그의
옷을 빨 것이니라
48 그 집을 고쳐 바른 후에 제사장이 들
어가 살펴보아서 색점이 집에 퍼지지
아니하였으면 이는 색점이 나은 것이
니 제사장은 그 집을 정하다 하고
49 그는 그 집을 정결하게 하기 위하
여 새 두 마리와 백향목과 홍색 실
과 우슬초를 가져다가
50 그 새 하나를 흐르는 물 위 질그릇
안에서 잡고
51 백향목과 우슬초와 홍색 실과 살
아 있는 새를 가져다가 잡은 새의
피와 흐르는 물을 찍어 그 집에 일
곱 번 뿌릴 것이요
52 그는 새의 피와 흐르는 물과 살아
있는 새와 백향목과 우슬초와 홍
색 실로 집을 정결하게 하고
53 그 살아 있는 새는 성 밖 들에 놓
아 주고 그 집을 위하여 속죄할 것
이라 그러면 정결하리라
54 이는 각종 나병 환부에 대한 규례
니 곧 옴과
55 의복과 가옥의 나병과
56 돋는 것과 뾰루지와 색점이
57 어느 때는 부정하고 어느 때는 정
함을 가르치는 것이니 나병의 규례
가 이러하니라

몸에 유출병이 있으면

15 여호와께서 모세와 아론에
게 말씀하여 이르시되
2 이스라엘 자손에게 말하여 이르라
누구든지 그의 몸에 유출병이 있으
면 그 유출병으로 말미암아 부정
한 자라
3 그의 유출병으로 말미암아 부정함
이 이러하니 곧 그의 몸에서 흘러
나오든지 그의 몸에서 흘러 나오는
것이 막혔든지 부정한즉

44

45

46

47

48

49

50

51

52

53

54

55

56

57

15 2

3

4 유출병 있는 자가 눕는 침상은 다
부정하고 그가 앉았던 자리도 다
부정하니
5 그의 침상에 접촉하는 자는 그의
옷을 빨고 물로 몸을 씻을 것이며
저녁까지 부정하리라
6 유출병이 있는 자가 앉았던 자리에
앉는 자는 그의 옷을 빨고 물로 씻
을 것이요 저녁까지 부정하리라
7 유출병이 있는 자의 몸에 접촉하
는 자는 그의 옷을 빨고 물로 몸
을 씻을 것이며 저녁까지 부정하
리라
8 유출병이 있는 자가 정한 자에게
침을 뱉으면 정한 자는 그의 옷을
빨고 물로 몸을 씻을 것이며 저녁
까지 부정하리라
9 유출병이 있는 자가 탔던 안장은
다 부정하며
10 그의 몸 아래에 닿았던 것에 접촉
한 자는 다 저녁까지 부정하며 그
런 것을 옮기는 자는 그의 옷을 빨
고 물로 몸을 씻을 것이며 저녁까
지 부정하리라
11 유출병이 있는 자가 물로 그의 손
을 씻지 아니하고 아무든지 만지면
그 자는 그의 옷을 빨고 물로 몸을
씻을 것이며 저녁까지 부정하리라
12 유출병이 있는 자가 만진 질그릇은
깨뜨리고 나무 그릇은 다 물로 씻
을지니라
13 유출병이 있는 자는 그의 유출이
깨끗해지거든 그가 정결하게 되기
위하여 이레를 센 후에 옷을 빨고
흐르는 물에 그의 몸을 씻을 것이
라 그러면 그가 정하리니
14 여덟째 날에 산비둘기 두 마리나
집비둘기 새끼 두 마리를 자기를
위하여 가져다가 회막 문 여호와
앞으로 가서 제사장에게 줄 것이요
15 제사장은 그 한 마리는 속죄제로,
다른 한 마리는 번제로 드려 그의
유출병으로 말미암아 여호와 앞에
서 속죄할지니라
16 설정한 자는 전신을 물로 씻을 것
이며 저녁까지 부정하리라
17 정수가 묻은 모든 옷과 가죽은 물
에 빨 것이며 저녁까지 부정하리라

4

5

6

7

8

9

10

11

12

13

14

15

16

17

18 남녀가 동침하여 설정하였거든 둘
다 물로 몸을 씻을 것이며 저녁까
지 부정하리라

여인이 유출을 하면

19 어떤 여인이 유출을 하되 그의 몸
에 그의 유출이 피이면 이레 동안
불결하니 그를 만지는 자마다 저녁
까지 부정할 것이요
20 그가 불결할 동안에는 그가 누웠
던 자리도 다 부정하며 그가 앉았
던 자리도 다 부정한즉
21 그의 침상을 만지는 자는 다 그의
옷을 빨고 물로 몸을 씻을 것이요
저녁까지 부정할 것이며
22 그가 앉은 자리를 만지는 자도 다
그들의 옷을 빨고 물로 몸을 씻을
것이요 저녁까지 부정할 것이며
23 그의 침상 위에나 그가 앉은 자리
위에 있는 것을 만지는 모든 자도
저녁까지 부정할 것이며
24 누구든지 이 여인과 동침하여 그
의 불결함에 전염되면 이레 동안
부정할 것이라 그가 눕는 침상은
다 부정하니라
25 만일 여인의 피의 유출이 그의 불
결기가 아닌데도 여러 날이 간다든
지 그 유출이 그의 불결기를 지나
도 계속되면 그 부정을 유출하는
모든 날 동안은 그 불결한 때와 같
이 부정한즉
26 그의 유출이 있는 모든 날 동안에
그가 눕는 침상은 그에게 불결한
때의 침상과 같고 그가 앉는 모든
자리도 부정함이 불결한 때의 부정
과 같으니
27 그것들을 만지는 자는 다 부정한
즉 그의 옷을 빨고 물로 몸을 씻을
것이며 저녁까지 부정할 것이요
28 그의 유출이 그치면 이레를 센 후
에야 정하리니
29 그는 여덟째 날에 산비둘기 두 마
리나 집비둘기 새끼 두 마리를 자
기를 위하여 가져다가 회막 문 앞
제사장에게로 가져갈 것이요
30 제사장은 그 한 마리는 속죄제로,
다른 한 마리는 번제로 드려 유출
로 부정한 여인을 위하여 여호와
앞에서 속죄할지니라

18

19

20

21

22

23

24

25

26

27

28

29

30

31 너희는 이와 같이 이스라엘 자손
이 그들의 부정에서 떠나게 하여
그들 가운데에 있는 내 성막을 그
들이 더럽히고 그들이 부정한 중에
서 죽지 않도록 할지니라
32 이 규례는 유출병이 있는 자와 설
정함으로 부정하게 된 자와
33 불결기의 앓는 여인과 유출병이 있
는 남녀와 그리고 불결한 여인과
동침한 자에 대한 것이니라

속죄일

16 아론의 두 아들이 여호와
앞에 나아가다가 죽은 후에
여호와께서 모세에게 말씀하시니
라
2 여호와께서 모세에게 이르시되 네
형 아론에게 이르라 성소의 휘장
안 법궤 위 속죄소 앞에 아무 때나
들어오지 말라 그리하여 죽지 않도
록 하라 이는 내가 구름 가운데에
서 속죄소 위에 나타남이니라
3 아론이 성소에 들어오려면 수송아
지를 속죄제물로 삼고 숫양을 번제
물로 삼고
4 거룩한 세마포 속옷을 입으며 세
마포 속바지를 몸에 입고 세마포
띠를 띠며 세마포 관을 쓸지니 이
것들은 거룩한 옷이라 물로 그의
몸을 씻고 입을 것이며
5 이스라엘 자손의 회중에게서 속죄
제물로 삼기 위하여 숫염소 두 마
리와 번제물로 삼기 위하여 숫양
한 마리를 가져갈지니라
6 아론은 자기를 위한 속죄제의 수
송아지를 드리되 자기와 집안을 위
하여 속죄하고
7 또 그 두 염소를 가지고 회막 문 여
호와 앞에 두고
8 두 염소를 위하여 제비 뽑되 한 제
비는 여호와를 위하고 한 제비는
아사셀을 위하여 할지며
9 아론은 여호와를 위하여 제비 뽑
은 염소를 속죄제로 드리고
10 아사셀을 위하여 제비 뽑은 염소
는 산 채로 여호와 앞에 두었다가
그것으로 속죄하고 아사셀을 위하
여 광야로 보낼지니라
11 아론은 자기를 위한 속죄제의 수

31
32
33
16
2
3
4
5
6
7
8
9
10
11

송아지를 드리되 자기와 집안을 위
하여 속죄하고 자기를 위한 그 속
죄제 수송아지를 잡고
12 향로를 가져다가 여호와 앞 제단
위에서 피운 불을 그것에 채우고
또 곱게 간 향기로운 향을 두 손에
채워 가지고 휘장 안에 들어가서
13 여호와 앞에서 분향하여 향연으로
증거궤 위 속죄소를 가리게 할지니
그리하면 그가 죽지 아니할 것이며
14 그는 또 수송아지의 피를 가져다가
손가락으로 속죄소 동쪽에 뿌리고
또 손가락으로 그 피를 속죄소 앞
에 일곱 번 뿌릴 것이며
15 또 백성을 위한 속죄제 염소를 잡
아 그 피를 가지고 휘장 안에 들어
가서 그 수송아지 피로 행함 같이
그 피로 행하여 속죄소 위와 속죄
소 앞에 뿌릴지니
16 곧 이스라엘 자손의 부정과 그들
이 범한 모든 죄로 말미암아 지성
소를 위하여 속죄하고 또 그들의
부정한 중에 있는 회막을 위하여
그같이 할 것이요
17 그가 지성소에 속죄하러 들어가서
자기와 그의 집안과 이스라엘 온
회중을 위하여 속죄하고 나오기까
지는 누구든지 회막에 있지 못할
것이며
18 그는 여호와 앞 제단으로 나와서
그것을 위하여 속죄할지니 곧 그
수송아지의 피와 염소의 피를 가져
다가 제단 귀퉁이 뿔들에 바르고
19 또 손가락으로 그 피를 그 위에 일
곱 번 뿌려 이스라엘 자손의 부정
에서 제단을 성결하게 할 것이요
20 그 지성소와 회막과 제단을 위하
여 속죄하기를 마친 후에 살아 있
는 염소를 드리되
21 아론은 그의 두 손으로 살아 있는
염소의 머리에 안수하여 이스라엘
자손의 모든 불의와 그 범한 모든
죄를 아뢰고 그 죄를 염소의 머리
에 두어 미리 정한 사람에게 맡겨
광야로 보낼지니
22 염소가 그들의 모든 불의를 지고
접근하기 어려운 땅에 이르거든 그
는 그 염소를 광야에 놓을지니라

12
13
14
15
16
17
18
19
20
21
22

23 아론은 회막에 들어가서 지성소에
들어갈 때에 입었던 세마포 옷을
벗어 거기 두고
24 거룩한 곳에서 물로 그의 몸을 씻
고 자기 옷을 입고 나와서 자기의
번제와 백성의 번제를 드려 자기와
백성을 위하여 속죄하고
25 속죄제물의 기름을 제단에서 불사
를 것이요
26 염소를 아사셀에게 보낸 자는 그의
옷을 빨고 물로 그의 몸을 씻은 후
에 진영에 들어갈 것이며
27 속죄제 수송아지와 속죄제 염소의
피를 성소로 들여다가 속죄하였은
즉 그 가죽과 고기와 똥을 밖으로
내다가 불사를 것이요
28 불사른 자는 그의 옷을 빨고 물로
그의 몸을 씻은 후에 진영에 들어
갈지니라
29 너희는 영원히 이 규례를 지킬지니
라 일곱째 달 곧 그 달 십일에 너희
는 스스로 괴롭게 하고 아무 일도
하지 말되 본토인이든지 너희 중에
거류하는 거류민이든지 그리하라
30 이 날에 너희를 위하여 속죄하여
너희를 정결하게 하리니 너희의 모
든 죄에서 너희가 여호와 앞에 정
결하리라
31 이는 너희에게 안식일 중의 안식일
인즉 너희는 스스로 괴롭게 할지니
영원히 지킬 규례라
32 기름 부음을 받고 위임되어 자기의
아버지를 대신하여 제사장의 직분
을 행하는 제사장은 속죄하되 세
마포 옷 곧 거룩한 옷을 입고
33 지성소를 속죄하며 회막과 제단을
속죄하고 또 제사장들과 백성의 회
중을 위하여 속죄할지니
34 이는 너희가 영원히 지킬 규례라
이스라엘 자손의 모든 죄를 위하
여 일년에 한 번 속죄할 것이니라
아론이 여호와께서 모세에게 명령
하신 대로 행하니라

제물을 드릴 곳

17 여호와께서 모세에게 말씀
하여 이르시되
2 아론과 그의 아들들과 이스라엘의
모든 자손에게 말하여 그들에게

23

24

25

26

27

28

29

30

31

32

33

34

17

2

이르기를 여호와의 명령이 이러하
시다 하라
3 이스라엘 집의 모든 사람이 소나
어린 양이나 염소를 진영 안에서
잡든지 진영 밖에서 잡든지
4 먼저 회막 문으로 끌고 가서 여호
와의 성막 앞에서 여호와께 예물로
드리지 아니하는 자는 피 흘린 자
로 여길 것이라 그가 피를 흘렸은
즉 자기 백성 중에서 끊어지리라
5 그런즉 이스라엘 자손이 들에서 잡
던 그들의 제물을 회막 문 여호와
께로 끌고 가서 제사장에게 주어
화목제로 여호와께 드려야 할 것이
요
6 제사장은 그 피를 회막 문 여호와
의 제단에 뿌리고 그 기름을 불살
라 여호와께 향기로운 냄새가 되게
할 것이라
7 그들은 전에 음란하게 섬기던 숫염
소에게 다시 제사하지 말 것이니라
이는 그들이 대대로 지킬 영원한
규례니라
8 너는 또 그들에게 이르라 이스라엘
집 사람이나 혹은 그들 중에 거류
하는 거류민이 번제나 제물을 드리
되
9 회막 문으로 가져다가 여호와께 드
리지 아니하면 그는 백성 중에서
끊어지리라

피를 먹지 말라

10 이스라엘 집 사람이나 그들 중에
거류하는 거류민 중에 무슨 피든
지 먹는 자가 있으면 내가 그 피를
먹는 그 사람에게는 내 얼굴을 대
하여 그를 백성 중에서 끊으리니
11 육체의 생명은 피에 있음이라 내가
이 피를 너희에게 주어 제단에 뿌
려 너희의 생명을 위하여 속죄하게
하였나니 생명이 피에 있으므로 피
가 죄를 속하느니라
12 그러므로 내가 이스라엘 자손에게
말하기를 너희 중에 아무도 피를 먹
지 말며 너희 중에 거류하는 거류민
이라도 피를 먹지 말라 하였나니
13 모든 이스라엘 자손이나 그들 중
에 거류하는 거류민이 먹을 만한
짐승이나 새를 사냥하여 잡거든

그것의 피를 흘리고 흙으로 덮을지
니라
14 모든 생물은 그 피가 생명과 일체
라 그러므로 내가 이스라엘 자손
에게 이르기를 너희는 어떤 육체의
피든지 먹지 말라 하였나니 모든
육체의 생명은 그것의 피인즉 그
피를 먹는 모든 자는 끊어지리라
15 또 스스로 죽은 것이나 들짐승에
게 찢겨 죽은 것을 먹은 모든 자는
본토인이거나 거류민이거나 그의
옷을 빨고 물로 몸을 씻을 것이며
저녁까지 부정하고 그 후에는 정하
려니와
16 그가 빨지 아니하거나 그의 몸을
물로 씻지 아니하면 그가 죄를 담
당하리라

가증한 풍속을 따르지 말라

18 여호와께서 모세에게 말씀
하여 이르시되
2 너는 이스라엘 자손에게 말하여
이르라 나는 여호와 너희의 하나님
이니라
3 너희는 너희가 거주하던 애굽 땅의
풍속을 따르지 말며 내가 너희를
인도할 가나안 땅의 풍속과 규례
도 행하지 말고
4 너희는 내 법도를 따르며 내 규례
를 지켜 그대로 행하라 나는 너희
의 하나님 여호와이니라
5 너희는 내 규례와 법도를 지키라
사람이 이를 행하면 그로 말미암
아 살리라 나는 여호와이니라
6 각 사람은 자기의 살붙이를 가까이
하여 그의 하체를 범하지 말라 나
는 여호와이니라
7 네 어머니의 하체는 곧 네 아버지
의 하체이니 너는 범하지 말라 그
는 네 어머니인즉 너는 그의 하체
를 범하지 말지니라
8 너는 네 아버지의 아내의 하체를
범하지 말라 이는 네 아버지의 하
체니라
9 너는 네 자매 곧 네 아버지의 딸이
나 네 어머니의 딸이나 집에서나
다른 곳에서 출생하였음을 막론하
고 그들의 하체를 범하지 말지니라
10 네 손녀나 네 외손녀의 하체를 범

14

15

16

18 2

3

4

5

6

7

8

9

10

하지 말라 이는 네 하체니라
11 네 아버지의 아내가 네 아버지에게
낳은 딸은 네 누이니 너는 그의 하
체를 범하지 말지니라
12 너는 네 고모의 하체를 범하지 말
라 그는 네 아버지의 살붙이니라
13 너는 네 이모의 하체를 범하지 말
라 그는 네 어머니의 살붙이니라
14 너는 네 아버지 형제의 아내를 가
까이하여 그의 하체를 범하지 말라
그는 네 숙모니라
15 너는 네 며느리의 하체를 범하지
말라 그는 네 아들의 아내이니 그
의 하체를 범하지 말지니라
16 너는 네 형제의 아내의 하체를 범
하지 말라 이는 네 형제의 하체니
라
17 너는 여인과 그 여인의 딸의 하체
를 아울러 범하지 말며 또 그 여인
의 손녀나 외손녀를 아울러 데려다
가 그의 하체를 범하지 말라 그들
은 그의 살붙이이니 이는 악행이니
라
18 너는 아내가 생존할 동안에 그의
자매를 데려다가 그의 하체를 범
하여 그로 질투하게 하지 말지니
라
19 너는 여인이 월경으로 불결한 동안
에 그에게 가까이하여 그의 하체를
범하지 말지니라
20 너는 네 이웃의 아내와 동침하여
설정하므로 그 여자와 함께 자기를
더럽히지 말지니라
21 너는 결단코 자녀를 몰렉에게 주어
불로 통과하게 함으로 네 하나님의
이름을 욕되게 하지 말라 나는 여
호와이니라
22 너는 여자와 동침함 같이 남자와
동침하지 말라 이는 가증한 일이
니라
23 너는 짐승과 교합하여 자기를 더럽
히지 말며 여자는 짐승 앞에 서서
그것과 교접하지 말라 이는 문란한
일이니라
24 너희는 이 모든 일로 스스로 더럽
히지 말라 내가 너희 앞에서 쫓아
내는 족속들이 이 모든 일로 말미
암아 더러워졌고

25 그 땅도 더러워졌으므로 내가 그
악으로 말미암아 벌하고 그 땅도
스스로 그 주민을 토하여 내느니라
26 그러므로 너희 곧 너희의 동족이나
혹은 너희 중에 거류하는 거류민이
나 내 규례와 내 법도를 지키고 이
런 가증한 일의 하나라도 행하지
말라
27 너희 전에 있던 그 땅 주민이 이 모
든 가증한 일을 행하였고 그 땅도
더러워졌느니라
28 너희도 더럽히면 그 땅이 너희가
있기 전 주민을 토함 같이 너희를
토할까 하노라
29 이 가증한 모든 일을 행하는 자는
그 백성 중에서 끊어지리라
30 그러므로 너희는 내 명령을 지키고
너희가 들어가기 전에 행하던 가증
한 풍속을 하나라도 따름으로 스
스로 더럽히지 말라 나는 너희의
하나님 여호와이니라

너희는 거룩하라

19 여호와께서 모세에게 말씀
하여 이르시되
2 너는 이스라엘 자손의 온 회중에
게 말하여 이르라 너희는 거룩하
라 이는 나 여호와 너희 하나님이
거룩함이니라
3 너희 각 사람은 부모를 경외하고
나의 안식일을 지키라 나는 너희의
하나님 여호와이니라
4 너희는 헛된 것들에게로 향하지 말
며 너희를 위하여 신상들을 부어
만들지 말라 나는 너희의 하나님
여호와이니라
5 너희는 화목제물을 여호와께 드릴
때에 기쁘게 받으시도록 드리고
6 그 제물은 드리는 날과 이튿날에
먹고 셋째 날까지 남았거든 불사르
라
7 셋째 날에 조금이라도 먹으면 가증
한 것이 되어 기쁘게 받으심이 되
지 못하고
8 그것을 먹는 자는 여호와의 성물
을 더럽힘으로 말미암아 죄를 담당
하리니 그가 그의 백성 중에서 끊
어지리라
9 너희가 너희의 땅에서 곡식을 거둘

25

26

27

28

29

30

19 2

3

4

5

6

7

8

9

때에 너는 밭 모퉁이까지 다 거두
지 말고 네 떨어진 이삭도 줍지 말
며
10 네 포도원의 열매를 다 따지 말며
네 포도원에 떨어진 열매도 줍지
말고 가난한 사람과 거류민을 위하
여 버려두라 나는 너희의 하나님
여호와이니라
11 너희는 도둑질하지 말며 속이지 말
며 서로 거짓말하지 말며
12 너희는 내 이름으로 거짓 맹세함으
로 네 하나님의 이름을 욕되게 하
지 말라 나는 여호와이니라
13 너는 네 이웃을 억압하지 말며 착
취하지 말며 품꾼의 삯을 아침까지
밤새도록 네게 두지 말며
14 너는 귀먹은 자를 저주하지 말며
맹인 앞에 장애물을 놓지 말고 네
하나님을 경외하라 나는 여호와이
니라
15 너희는 재판할 때에 불의를 행하지
말며 가난한 자의 편을 들지 말며
세력 있는 자라고 두둔하지 말고
공의로 사람을 재판할지며
16 너는 네 백성 중에 돌아다니며 사
람을 비방하지 말며 네 이웃의 피
를 흘려 이익을 도모하지 말라 나
는 여호와이니라
17 너는 네 형제를 마음으로 미워하지
말며 네 이웃을 반드시 견책하라
그러면 네가 그에 대하여 죄를 담
당하지 아니하리라
18 원수를 갚지 말며 동포를 원망하
지 말며 네 이웃 사랑하기를 네 자
신과 같이 사랑하라 나는 여호와
이니라
19 너희는 내 규례를 지킬지어다 네
가축을 다른 종류와 교미시키지
말며 네 밭에 두 종자를 섞어 뿌리
지 말며 두 재료로 직조한 옷을 입
지 말지며
20 만일 어떤 사람이 다른 사람과 정
혼한 여종 곧 아직 속량되거나 해
방되지 못한 여인과 동침하여 설정
하면 그것은 책망을 받을 일이니라
그러나 그들은 죽임을 당하지는 아
니하리니 그 여인이 해방되지 못하
였기 때문이니라

10

11

12

13

14

15

16

17

18

19

20

21 그 남자는 그 속건제물 곧 속건제
숫양을 회막 문 여호와께로 끌고
올 것이요
22 제사장은 그가 범한 죄를 위하여
그 속건제의 숫양으로 여호와 앞에
속죄할 것이요 그리하면 그가 범한
죄를 사함 받으리라
23 너희가 그 땅에 들어가 각종 과목
을 심거든 그 열매는 아직 할례 받
지 못한 것으로 여기되 곧 삼 년 동
안 너희는 그것을 할례 받지 못한
것으로 여겨 먹지 말 것이요
24 넷째 해에는 그 모든 과실이 거룩
하니 여호와께 드려 찬송할 것이
며
25 다섯째 해에는 그 열매를 먹을지니
그리하면 너희에게 그 소산이 풍성
하리라 나는 너희의 하나님 여호와
이니라
26 너희는 무엇이든지 피째 먹지 말며
점을 치지 말며 술법을 행하지 말
며
27 머리 가를 둥글게 깎지 말며 수염
끝을 손상하지 말며
28 죽은 자 때문에 너희의 살에 문신
을 하지 말며 무늬를 놓지 말라 나
는 여호와이니라
29 네 딸을 더럽혀 창녀가 되게 하지
말라 음행이 전국에 퍼져 죄악이
가득할까 하노라
30 내 안식일을 지키고 내 성소를 귀
히 여기라 나는 여호와이니라
31 너희는 신접한 자와 박수를 믿지
말며 그들을 추종하여 스스로 더
럽히지 말라 나는 너희 하나님 여
호와이니라
32 너는 센 머리 앞에서 일어서고
노인의 얼굴을 공경하며 네 하나
님을 경외하라 나는 여호와이니
라
33 거류민이 너희의 땅에 거류하여 함
께 있거든 너희는 그를 학대하지
말고
34 너희와 함께 있는 거류민을 너희
중에서 낳은 자 같이 여기며 자기
같이 사랑하라 너희도 애굽 땅에
서 거류민이 되었었느니라 나는 너
희의 하나님 여호와이니라

35 너희는 재판할 때나 길이나 무게나
양을 잴 때 불의를 행하지 말고
36 공평한 저울과 공평한 추와 공평
한 에바와 공평한 힌을 사용하라
나는 너희를 인도하여 애굽 땅에
서 나오게 한 너희의 하나님 여호
와이니라
37 너희는 내 모든 규례와 내 모든 법
도를 지켜 행하라 나는 여호와이니
라

반드시 죽여야 하는 죄

20 여호와께서 모세에게 말씀
하여 이르시되
2 너는 이스라엘 자손에게 또 이르라
그가 이스라엘 자손이든지 이스라
엘에 거류하는 거류민이든지 그의
자식을 몰렉에게 주면 반드시 죽이
되 그 지방 사람이 돌로 칠 것이요
3 나도 그 사람에게 진노하여 그를
그의 백성 중에서 끊으리니 이는
그가 그의 자식을 몰렉에게 주어서
내 성소를 더럽히고 내 성호를 욕
되게 하였음이라
4 그가 그의 자식을 몰렉에게 주는
것을 그 지방 사람이 못 본 체하고
그를 죽이지 아니하면
5 내가 그 사람과 그의 권속에게 진
노하여 그와 그를 본받아 몰렉을
음란하게 섬기는 모든 사람을 그들
의 백성 중에서 끊으리라
6 접신한 자와 박수무당을 음란하게
따르는 자에게는 내가 진노하여 그
를 그의 백성 중에서 끊으리니
7 너희는 스스로 깨끗하게 하여 거룩
할지어다 나는 너희의 하나님 여호
와이니라
8 너희는 내 규례를 지켜 행하라 나
는 너희를 거룩하게 하는 여호와이
니라
9 만일 누구든지 자기의 아버지나 어
머니를 저주하는 자는 반드시 죽일
지니 그가 자기의 아버지나 어머니
를 저주하였은즉 그의 피가 자기에
게로 돌아가리라
10 누구든지 남의 아내와 간음하는
자 곧 그의 이웃의 아내와 간음하
는 자는 그 간부와 음부를 반드시
죽일지니라

35
36
37
20
2
3
4
5
6
7
8
9
10

11 누구든지 그의 아버지의 아내와 동
침하는 자는 그의 아버지의 하체
를 범하였은즉 둘 다 반드시 죽일
지니 그들의 피가 자기들에게로 돌
아가리라
12 누구든지 그의 며느리와 동침하거
든 둘 다 반드시 죽일지니 그들이
가증한 일을 행하였음이라 그들의
피가 자기들에게로 돌아가리라
13 누구든지 여인과 동침하듯 남자와
동침하면 둘 다 가증한 일을 행함
인즉 반드시 죽일지니 자기의 피가
자기에게로 돌아가리라
14 누구든지 아내와 자기의 장모를
함께 데리고 살면 악행인즉 그와
그들을 함께 불사를지니 이는 너
희 중에 악행이 없게 하려 함이니
라
15 남자가 짐승과 교합하면 반드시 죽
이고 너희는 그 짐승도 죽일 것이
며
16 여자가 짐승에게 가까이 하여 교합
하면 너는 여자와 짐승을 죽이되
그들을 반드시 죽일지니 그들의 피
가 자기들에게로 돌아가리라
17 누구든지 그의 자매 곧 그의 아버
지의 딸이나 그의 어머니의 딸을
데려다가 그 여자의 하체를 보고
여자는 그 남자의 하체를 보면 부
끄러운 일이라 그들의 민족 앞에서
그들이 끊어질지니 그가 자기의 자
매의 하체를 범하였은즉 그가 그의
죄를 담당하리라
18 누구든지 월경 중의 여인과 동침하
여 그의 하체를 범하면 남자는 그
여인의 근원을 드러냈고 여인은 자
기의 피 근원을 드러내었음인즉 둘
다 백성 중에서 끊어지리라
19 네 이모나 고모의 하체를 범하지
말지니 이는 살붙이의 하체인즉 그
들이 그들의 죄를 담당하리라
20 누구든지 그의 숙모와 동침하면
그의 숙부의 하체를 범함이니 그들
은 그들의 죄를 담당하여 자식이
없이 죽으리라
21 누구든지 그의 형제의 아내를 데리
고 살면 더러운 일이라 그가 그의
형제의 하체를 범함이니 그들에게

11

12

13

14

15

16

17

18

19

20

21

자식이 없으리라
22 너희는 나의 모든 규례와 법도를
지켜 행하라 그리하여야 내가 너희
를 인도하여 거주하게 하는 땅이
너희를 토하지 아니하리라
23 너희는 내가 너희 앞에서 쫓아내는
족속의 풍속을 따르지 말라 그들
이 이 모든 일을 행하므로 내가 그
들을 가증히 여기노라
24 내가 전에 너희에게 이르기를 너희
가 그들의 땅을 기업으로 받을 것
이라 내가 그 땅 곧 젖과 꿀이 흐르
는 땅을 너희에게 주어 유업을 삼
게 하리라 하였노라 나는 너희를
만민 중에서 구별한 너희의 하나님
여호와이니라
25 너희는 짐승이 정하고 부정함과
새가 정하고 부정함을 구별하고
내가 너희를 위하여 부정한 것으
로 구별한 짐승이나 새나 땅에 기
는 것들로 너희의 몸을 더럽히지
말라
26 너희는 나에게 거룩할지어다 이는
나 여호와가 거룩하고 내가 또 너
희를 나의 소유로 삼으려고 너희를
만민 중에서 구별하였음이니라
27 남자나 여자가 접신하거나 박수무
당이 되거든 반드시 죽일지니 곧
돌로 그를 치라 그들의 피가 자기
들에게로 돌아가리라

제사장이 지켜야 할 규례

21 여호와께서 모세에게 이르
시되 아론의 자손 제사장
들에게 말하여 이르라 그의 백성
중에서 죽은 자를 만짐으로 말미
암아 스스로를 더럽히지 말려니와
2 그의 살붙이인 그의 어머니나 그의
아버지나 그의 아들이나 그의 딸이
나 그의 형제나
3 출가하지 아니한 처녀인 그의 자매
로 말미암아서는 몸을 더럽힐 수
있느니라
4 제사장은 그의 백성의 어른인즉
자신을 더럽혀 속되게 하지 말지니
라
5 제사장들은 머리털을 깎아 대머리
같게 하지 말며 자기의 수염 양쪽
을 깎지 말며 살을 베지 말고

6 그들의 하나님께 대하여 거룩하고
그들의 하나님의 이름을 욕되게 하
지 말 것이며 그들은 여호와의 화
제 곧 그들의 하나님의 음식을 드
리는 자인즉 거룩할 것이라
7 그들은 부정한 창녀나 이혼 당한
여인을 취하지 말지니 이는 그가
여호와 하나님께 거룩함이니라
8 너는 그를 거룩히 여기라 그는 네
하나님의 음식을 드림이니라 너는
그를 거룩히 여기라 너희를 거룩하
게 하는 나 여호와는 거룩함이니
라
9 어떤 제사장의 딸이든지 행음하여
자신을 속되게 하면 그의 아버지
를 속되게 함이니 그를 불사를지니
라
10 자기의 형제 중 관유로 부음을 받
고 위임되어 그 예복을 입은 대제
사장은 그의 머리를 풀지 말며 그
의 옷을 찢지 말며
11 어떤 시체에든지 가까이 하지 말지
니 그의 부모로 말미암아서도 더러
워지게 하지 말며
12 그 성소에서 나오지 말며 그의 하
나님의 성소를 속되게 하지 말라
이는 하나님께서 성별하신 관유가
그 위에 있음이니라 나는 여호와이
니라
13 그는 처녀를 데려다가 아내를 삼을
지니
14 과부나 이혼 당한 여자나 창녀 짓
을 하는 더러운 여인을 취하지 말
고 자기 백성 중에서 처녀를 취하
여 아내를 삼아
15 그의 자손이 그의 백성 중에서 속
되게 하지 말지니 나는 그를 거룩
하게 하는 여호와임이니라
16 여호와께서 모세에게 말씀하여 이
르시되
17 아론에게 말하여 이르라 누구든지
너의 자손 중 대대로 육체에 흠이
있는 자는 그 하나님의 음식을 드
리려고 가까이 오지 못할 것이니라
18 누구든지 흠이 있는 자는 가까이
하지 못할지니 곧 맹인이나 다리
저는 자나 코가 불완전한 자나 지
체가 더한 자나

6

7

8

9

10

11

12

13

14

15

16

17

18

19 발 부러진 자나 손 부러진 자나
20 등 굽은 자나 키 못 자란 자나 눈
에 백막이 있는 자나 습진이나 버
짐이 있는 자나 고환 상한 자나
21 제사장 아론의 자손 중에 흠이 있
는 자는 나와 여호와께 화제를 드
리지 못할지니 그는 흠이 있은즉
나와서 그의 하나님께 음식을 드리
지 못하느니라
22 그는 그의 하나님의 음식이 지성물
이든지 성물이든지 먹을 것이나
23 휘장 안에 들어가지 못할 것이요
제단에 가까이 하지 못할지니 이는
그가 흠이 있음이니라 이와 같이
그가 내 성소를 더럽히지 못할 것
은 나는 그들을 거룩하게 하는 여
호와임이니라
24 이와 같이 모세가 아론과 그의 아
들들과 온 이스라엘 자손에게 말
하였더라

성물을 먹는 규례

22 여호와께서 모세에게 말씀
하여 이르시되
2 아론과 그의 아들들에게 말하여
그들로 이스라엘 자손이 내게 드리
는 그 성물에 대하여 스스로 구별
하여 내 성호를 욕되게 함이 없게
하라 나는 여호와이니라
3 그들에게 이르라 누구든지 네 자
손 중에 대대로 그의 몸이 부정하
면서도 이스라엘 자손이 구별하여
여호와께 드리는 성물에 가까이
하는 자는 내 앞에서 끊어지리라
나는 여호와이니라
4 아론의 자손 중 나병 환자나 유출
병자는 그가 정결하기 전에는 그
성물을 먹지 말 것이요 시체의 부
정에 접촉된 자나 설정한 자나
5 무릇 사람을 부정하게 하는 벌레
에 접촉된 모든 사람과 무슨 부정
이든지 사람을 더럽힐 만한 것에게
접촉된 자
6 곧 이런 것에 접촉된 자는 저녁까
지 부정하니 그의 몸을 물로 씻지
아니하면 그 성물을 먹지 못할지며
7 해 질 때에야 정하리니 그 후에야
그 성물을 먹을 것이니라 이는 자
기의 음식이 됨이니라

19

20

21

22

23

24

22

2

3

4

5

6

7

8 시체나 찢겨 죽은 짐승을 먹음으
로 자기를 더럽히지 말라 나는 여
호와이니라
9 그들은 내 명령을 지킬 것이니라
그것을 속되게 하면 그로 말미암
아 죄를 짓고 그 가운데에서 죽을
까 하노라 나는 그들을 거룩하게
하는 여호와이니라
10 일반인은 성물을 먹지 못할 것이며
제사장의 객이나 품꾼도 다 성물
을 먹지 못할 것이니라
11 그러나 제사장이 그의 돈으로 어
떤 사람을 샀으면 그는 그것을 먹
을 것이며 그의 집에서 출생한 자
도 그렇게 하여 그들이 제사장의
음식을 먹을 것이며
12 제사장의 딸이 일반인에게 출가하
였으면 거제의 성물을 먹지 못하되
13 만일 그가 과부가 되든지 이혼을
당하든지 자식이 없이 그의 친정에
돌아와서 젊었을 때와 같으면 그는
그의 아버지 몫의 음식을 먹을 것
이나 일반인은 먹지 못할 것이니라
14 만일 누가 부지중에 성물을 먹으면
그 성물에 그것의 오분의 일을 더
하여 제사장에게 줄지니라
15 이스라엘 자손이 여호와께 드리는
성물을 그들은 속되게 하지 말지니
16 그들이 성물을 먹으면 그 죄로 인
하여 형벌을 받게 할 것이니라 나
는 그 음식을 거룩하게 하는 여호
와이니라

여호와께서 기쁘게 받으시는 제물

17 여호와께서 모세에게 말씀하여 이
르시되
18 아론과 그의 아들들과 이스라엘
온 족속에게 말하여 이르라 이스
라엘 자손이나 그 중에 거류하는
자가 서원제물이나 자원제물로 번
제와 더불어 여호와께 예물로 드리
려거든
19 기쁘게 받으심이 되도록 소나 양이
나 염소의 흠 없는 수컷으로 드릴
지니
20 흠 있는 것은 무엇이나 너희가 드리
지 말 것은 그것이 기쁘게 받으심
이 되지 못할 것임이니라
21 만일 누구든지 서원한 것을 갚으려

하든지 자의로 예물을 드리려 하
여 소나 양으로 화목제물을 여호
와께 드리는 자는 기쁘게 받으심이
되도록 아무 흠이 없는 온전한 것
으로 할지니
22 너희는 눈 먼 것이나 상한 것이나
지체에 베임을 당한 것이나 종기
있는 것이나 습진 있는 것이나 비
루먹은 것을 여호와께 드리지 말며
이런 것들은 제단 위에 화제물로
여호와께 드리지 말라
23 소나 양의 지체가 더하거나 덜하거
나 한 것은 너희가 자원제물로는
쓰려니와 서원제물로 드리면 기쁘
게 받으심이 되지 못하리라
24 너희는 고환이 상하였거나 치었거
나 터졌거나 베임을 당한 것은 여
호와께 드리지 말며 너희의 땅에서
는 이런 일을 행하지도 말지며
25 너희는 외국인에게서도 이런 것을
받아 너희의 하나님의 음식으로
드리지 말라 이는 결점이 있고 흠
이 있는 것인즉 너희를 위하여 기
쁘게 받으심이 되지 못할 것임이니
라
26 여호와께서 모세에게 말씀하여 이
르시되
27 수소나 양이나 염소가 나거든 이레
동안 그것의 어미와 같이 있게 하
라 여덟째 날 이후로는 여호와께
화제로 예물을 드리면 기쁘게 받으
심이 되리라
28 암소나 암양을 막론하고 어미와 새
끼를 같은 날에 잡지 말지니라
29 너희가 여호와께 감사제물을 드리
려거든 너희가 기쁘게 받으심이 되
도록 드릴지며
30 그 제물은 그 날에 먹고 이튿날까
지 두지 말라 나는 여호와이니라
31 너희는 내 계명을 지키며 행하라
나는 여호와이니라
32 너희는 내 성호를 속되게 하지 말
라 나는 이스라엘 자손 중에서 거
룩하게 함을 받을 것이니라 나는
너희를 거룩하게 하는 여호와요
33 너희의 하나님이 되려고 너희를 애
굽 땅에서 인도하여 낸 자니 나는
여호와이니라

22
23
24
25
26
27
28
29
30
31
32
33

성회를 삼을 여호와의 절기

23 여호와께서 모세에게 말씀
하여 이르시되
2 이스라엘 자손에게 말하여 이르라
이것이 나의 절기들이니 너희가 성
회로 공포할 여호와의 절기들이니라
3 엿새 동안은 일할 것이요 일곱째
날은 쉴 안식일이니 성회의 날이라
너희는 아무 일도 하지 말라 이는
너희가 거주하는 각처에서 지킬 여
호와의 안식일이니라

유월절과 무교절

4 이것이 너희가 그 정한 때에 성회
로 공포할 여호와의 절기들이니라
5 첫째 달 열나흗날 저녁은 여호와의
유월절이요
6 이 달 열닷샛날은 여호와의 무교절
이니 이레 동안 너희는 무교병을
먹을 것이요
7 그 첫 날에는 너희가 성회로 모이
고 아무 노동도 하지 말지며
8 너희는 이레 동안 여호와께 화제를
드릴 것이요 일곱째 날에도 성회로
모이고 아무 노동도 하지 말지니라

첫 이삭 한 단을 바치는 절기

9 여호와께서 모세에게 말씀하여 이
르시되
10 이스라엘 자손에게 말하여 이르라
너희는 내가 너희에게 주는 땅에
들어가서 너희의 곡물을 거둘 때에
너희의 곡물의 첫 이삭 한 단을 제
사장에게로 가져갈 것이요
11 제사장은 너희를 위하여 그 단을
여호와 앞에 기쁘게 받으심이 되도
록 흔들되 안식일 이튿날에 흔들
것이며
12 너희가 그 단을 흔드는 날에 일 년
되고 흠 없는 숫양을 여호와께 번
제로 드리고
13 그 소제로는 기름 섞은 고운 가루
십분의 이 에바를 여호와께 드려
화제로 삼아 향기로운 냄새가 되게
하고 전제로는 포도주 사분의 일
힌을 쓸 것이며
14 너희는 너희 하나님께 예물을 가져
오는 그 날까지 떡이든지 볶은 곡
식이든지 생 이삭이든지 먹지 말지
니 이는 너희가 거주하는 각처에서

23
2
3
4
5
6
7
8
9
10
11
12
13
14

대대로 지킬 영원한 규례니라
두 번째 거둔 곡식을 바치는 절기
15 안식일 이튿날 곧 너희가 요제로
곡식단을 가져온 날부터 세어서 일 15
곱 안식일의 수효를 채우고
16 일곱 안식일 이튿날까지 합하여 오
십 일을 계수하여 새 소제를 여호 16
와께 드리되
17 너희의 처소에서 십분의 이 에바로
만든 떡 두 개를 가져다가 흔들지 17
니 이는 고운 가루에 누룩을 넣어
서 구운 것이요 이는 첫 요제로 여
호와께 드리는 것이며
18 너희는 또 이 떡과 함께 일 년 된 18
흠 없는 어린 양 일곱 마리와 어린
수소 한 마리와 숫양 두 마리를 드
리되 이것들을 그 소제와 그 전제
제물과 함께 여호와께 드려서 번제
로 삼을지니 이는 화제라 여호와께
향기로운 냄새며
19 또 숫염소 하나로 속죄제를 드리며
일 년 된 어린 숫양 두 마리를 화목 19
제물로 드릴 것이요
20 제사장은 그 첫 이삭의 떡과 함께
그 두 마리 어린 양을 여호와 앞에 20
흔들어서 요제를 삼을 것이요 이것
들은 여호와께 드리는 성물이니 제
사장에게 돌릴 것이며
21 이 날에 너희는 너희 중에 성회를
공포하고 어떤 노동도 하지 말지니
이는 너희가 그 거주하는 각처에서 21
대대로 지킬 영원한 규례니라
22 너희 땅의 곡물을 벨 때에 밭 모퉁
이까지 다 베지 말며 떨어진 것을
줍지 말고 그것을 가난한 자와 거 22
류민을 위하여 남겨두라 나는 너희
의 하나님 여호와이니라
일곱째 달 첫 날은 쉬는 날
23 여호와께서 모세에게 말씀하여 이
르시되
24 이스라엘 자손에게 말하여 이르라 23
일곱째 달 곧 그 달 첫 날은 너희에 24
게 쉬는 날이 될지니 이는 나팔을
불어 기념할 날이요 성회라
25 어떤 노동도 하지 말고 여호와께
화제를 드릴지니라
속죄일 25
26 여호와께서 모세에게 말씀하여 이 26

르시되
27 일곱째 달 열흘날은 속죄일이니 너
희는 성회를 열고 스스로 괴롭게
하며 여호와께 화제를 드리고
28 이 날에는 어떤 일도 하지 말 것은
너희를 위하여 너희 하나님 여호와
앞에 속죄할 속죄일이 됨이니라
29 이 날에 스스로 괴롭게 하지 아니
하는 자는 그 백성 중에서 끊어질
것이라
30 이 날에 누구든지 어떤 일이라도
하는 자는 내가 그의 백성 중에서
멸절시키리니
31 너희는 아무 일도 하지 말라 이는
너희가 거주하는 각처에서 대대로
지킬 영원한 규례니라
32 이는 너희가 쉴 안식일이라 너희는
스스로 괴롭게 하고 이 달 아흐렛
날 저녁 곧 그 저녁부터 이튿날 저
녁까지 안식을 지킬지니라

초막절

33 여호와께서 모세에게 말씀하여 이
르시되
34 이스라엘 자손에게 말하여 이르라
일곱째 달 열닷샛날은 초막절이니
여호와를 위하여 이레 동안 지킬
것이라
35 첫 날에는 성회로 모일지니 너희는
아무 노동도 하지 말지며
36 이레 동안에 너희는 여호와께 화제
를 드릴 것이요 여덟째 날에도 너
희는 성회로 모여서 여호와께 화제
를 드릴지니 이는 거룩한 대회라
너희는 어떤 노동도 하지 말지니라
37 이것들은 여호와의 절기라 너희는
공포하여 성회를 열고 여호와께 화
제를 드릴지니 번제와 소제와 희생제
물과 전제를 각각 그 날에 드릴지니
38 이는 여호와의 안식일 외에, 너희의
헌물 외에, 너희의 모든 서원제물
외에 또 너희의 모든 자원제물 외에
너희가 여호와께 드리는 것이니라
39 너희가 토지 소산 거두기를 마치거
든 일곱째 달 열닷샛날부터 이레
동안 여호와의 절기를 지키되 첫
날에도 안식하고 여덟째 날에도 안
식할 것이요
40 첫 날에는 너희가 아름다운 나무

실과와 종려나무 가지와 무성한 나
무 가지와 시내 버들을 취하여 너
희의 하나님 여호와 앞에서 이레
동안 즐거워할 것이라
41 너희는 매년 이레 동안 여호와께
이 절기를 지킬지니 너희 대대의 영
원한 규례라 너희는 일곱째 달에
이를 지킬지니라
42 너희는 이레 동안 초막에 거주하되
이스라엘에서 난 자는 다 초막에
거주할지니
43 이는 내가 이스라엘 자손을 애굽
땅에서 인도하여 내던 때에 초막에
거주하게 한 줄을 너희 대대로 알
게 함이니라 나는 너희의 하나님
여호와이니라
44 모세는 이와 같이 여호와의 절기를
이스라엘 자손에게 공포하였더라

계속해서 켜 둘 등잔불

24 여호와께서 모세에게 말씀
하여 이르시되
2 이스라엘 자손에게 명령하여 불을
켜기 위하여 감람을 찧어낸 순결한
기름을 네게로 가져오게 하여 계속
해서 등잔불을 켜 둘지며
3 아론은 회막안 증거궤 휘장 밖에
서 저녁부터 아침까지 여호와 앞에
항상 등잔불을 정리할지니 이는 너
희 대대로 지킬 영원한 규례라
4 그는 여호와 앞에서 순결한 등잔대
위의 등잔들을 항상 정리할지니라

여호와 앞에 진설할 떡

5 너는 고운 가루를 가져다가 떡 열
두 개를 굽되 각 덩이를 십분의 이
에바로 하여
6 여호와 앞 순결한 상 위에 두 줄로
한 줄에 여섯씩 진설하고
7 너는 또 정결한 유향을 그 각 줄 위
에 두어 기념물로 여호와께 화제를
삼을 것이며
8 안식일마다 이 떡을 여호와 앞에 항
상 진설할지니 이는 이스라엘 자손
을 위한 것이요 영원한 언약이니라
9 이 떡은 아론과 그의 자손에게 돌
리고 그들은 그것을 거룩한 곳에서
먹을지니 이는 여호와의 화제 중
그에게 돌리는 것으로서 지극히 거
룩함이니라 이는 영원한 규례니라

41

42

43

44

24 2

3

4

5

6

7

8

9

여호와의 이름을 모독하면
10 이스라엘 자손 중에 그의 어머니가
이스라엘 여인이요 그의 아버지는
애굽 사람인 어떤 사람이 나가서
한 이스라엘 사람과 진영 중에서
싸우다가
11 그 이스라엘 여인의 아들이 여호와
의 이름을 모독하며 저주하므로 무
리가 끌고 모세에게로 가니라 그의
어머니의 이름은 슬로밋이요 단 지
파 디브리의 딸이었더라
12 그들이 그를 가두고 여호와의 명령
을 기다리더니
13 여호와께서 모세에게 말씀하여 이
르시되
14 그 저주한 사람을 진영 밖으로 끌
어내어 그것을 들은 모든 사람이
그들의 손을 그의 머리에 얹게 하
고 온 회중이 돌로 그를 칠지니라
15 너는 이스라엘 자손에게 말하여
이르라 누구든지 그의 하나님을 저
주하면 죄를 담당할 것이요
16 여호와의 이름을 모독하면 그를 반
드시 죽일지니 온 회중이 돌로 그
를 칠 것이니라 거류민이든지 본토
인이든지 여호와의 이름을 모독하
면 그를 죽일지니라
17 사람을 쳐죽인 자는 반드시 죽일
것이요
18 짐승을 쳐죽인 자는 짐승으로 짐
승을 갚을 것이며
19 사람이 만일 그의 이웃에게 상해
를 입혔으면 그가 행한 대로 그에
게 행할 것이니
20 상처에는 상처로, 눈에는 눈으로,
이에는 이로 갚을지라 남에게 상해
를 입힌 그대로 그에게 그렇게 할
것이며
21 짐승을 죽인 자는 그것을 물어 줄
것이요 사람을 죽인 자는 죽일지니
22 거류민에게든지 본토인에게든지
그 법을 동일하게 할 것은 나는 너
희의 하나님 여호와임이니라
23 모세가 이스라엘 자손에게 말하니
그들이 그 저주한 자를 진영 밖으
로 끌어내어 돌로 쳤더라 이스라엘
자손이 여호와께서 모세에게 명령
하신 대로 행하였더라

10

11

12

13

14

15

16

17

18

19

20

21

22

23

안식년

25 여호와께서 시내 산에서
모세에게 말씀하여 이르시
되
2 이스라엘 자손에게 말하여 이르라
너희는 내가 너희에게 주는 땅에
들어간 후에 그 땅으로 여호와 앞
에 안식하게 하라
3 너는 육 년 동안 그 밭에 파종하며
육 년 동안 그 포도원을 가꾸어 그
소출을 거둘 것이나
4 일곱째 해에는 그 땅이 쉬어 안식
하게 할지니 여호와께 대한 안식이
라 너는 그 밭에 파종하거나 포도
원을 가꾸지 말며
5 네가 거둔 후에 자라난 것을 거두
지 말고 가꾸지 아니한 포도나무가
맺은 열매를 거두지 말라 이는 땅
의 안식년임이니라
6 안식년의 소출은 너희가 먹을 것이
니 너와 네 남종과 네 여종과 네
품꾼과 너와 함께 거류하는 자들
과
7 네 가축과 네 땅에 있는 들짐승들
이 다 그 소출로 먹을 것을 삼을지
니라

희년

8 너는 일곱 안식년을 계수할지니 이
는 칠 년이 일곱 번인즉 안식년 일
곱 번 동안 곧 사십구 년이라
9 일곱째 달 열흘날은 속죄일이니 너
는 뿔나팔 소리를 내되 전국에서
뿔나팔을 크게 불지며
10 너희는 오십 년째 해를 거룩하게
하여 그 땅에 있는 모든 주민을 위
하여 자유를 공포하라 이 해는 너
희에게 희년이니 너희는 각각 자기
의 소유지로 돌아가며 각각 자기의
가족에게로 돌아갈지며
11 그 오십 년째 해는 너희의 희년이
니 너희는 파종하지 말며 스스로
난 것을 거두지 말며 가꾸지 아니
한 포도를 거두지 말라
12 이는 희년이니 너희에게 거룩함이
니라 너희는 밭의 소출을 먹으리라

부당한 이익을 취하지 말라

13 이 희년에는 너희가 각기 자기의
소유지로 돌아갈지라

25

2

3

4

5

6

7

8

9

10

11

12

13

14 네 이웃에게 팔든지 네 이웃의 손
에서 사거든 너희 각 사람은 그의
형제를 속이지 말라
15 그 희년 후의 연수를 따라서 너는
이웃에게서 살 것이요 그도 소출
을 얻을 연수를 따라서 네게 팔 것
인즉
16 연수가 많으면 너는 그것의 값을
많이 매기고 연수가 적으면 너는
그것의 값을 적게 매길지니 곧 그
가 소출의 다소를 따라서 네게 팔
것이라
17 너희 각 사람은 자기 이웃을 속이
지 말고 네 하나님을 경외하라 나
는 너희의 하나님 여호와이니라
18 너희는 내 규례를 행하며 내 법도
를 지켜 행하라 그리하면 너희가
그 땅에 안전하게 거주할 것이라
19 땅은 그것의 열매를 내리니 너희가
배불리 먹고 거기 안전하게 거주하
리라
20 만일 너희가 말하기를 우리가 만일
일곱째 해에 심지도 못하고 소출을
거두지도 못하면 우리가 무엇을 먹
으리요 하겠으나
21 내가 명령하여 여섯째 해에 내 복
을 너희에게 주어 그 소출이 삼 년
동안 쓰기에 족하게 하리라
22 너희가 여덟째 해에는 파종하려니
와 묵은 소출을 먹을 것이며 아홉
째 해에 그 땅에 소출이 들어오기
까지 너희는 묵은 것을 먹으리라
23 토지를 영구히 팔지 말 것은 토지
는 다 내 것임이니라 너희는 거류민
이요 동거하는 자로서 나와 함께
있느니라
24 너희 기업의 온 땅에서 그 토지 무
르기를 허락할지니
25 만일 네 형제가 가난하여 그의 기
업 중에서 얼마를 팔았으면 그에게
가까운 기업 무를 자가 와서 그의
형제가 판 것을 무를 것이요
26 만일 그것을 무를 사람이 없고 자
기가 부유하게 되어 무를 힘이 있
으면
27 그 판 해를 계수하여 그 남은 값을
산 자에게 주고 자기의 소유지로
돌릴 것이니라

14

15

16

17

18

19

20

21

22

23

24

25

26

27

28 그러나 자기가 무를 힘이 없으면
그 판 것이 희년에 이르기까지 산
자의 손에 있다가 희년에 이르러
돌아올지니 그것이 곧 그의 기업으
로 돌아갈 것이니라
29 성벽 있는 성 내의 가옥을 팔았으
면 판 지 만 일 년 안에는 무를 수
있나니 곧 그 기한 안에 무르려니와
30 일 년 안에 무르지 못하면 그 성
안의 가옥은 산 자의 소유로 확정
되어 대대로 영구히 그에게 속하고
희년에라도 돌려보내지 아니할 것
이니라
31 그러나 성벽이 둘리지 아니한 촌락
의 가옥은 나라의 전토와 같이 물
러 주기도 할 것이요 희년에 돌려보
내기도 할 것이니라
32 레위 족속의 성읍 곧 그들의 소유
의 성읍의 가옥은 레위 사람이 언
제든지 무를 수 있으나
33 만일 레위 사람이 무르지 아니하
면 그의 소유 성읍의 판 가옥은 희
년에 돌려 보낼지니 이는 레위 사
람의 성읍의 가옥은 이스라엘 자
손 중에서 받은 그들의 기업이 됨
이니라
34 그러나 그들의 성읍 주위에 있는
들판은 그들의 영원한 소유지이니
팔지 못할지니라
35 네 형제가 가난하게 되어 빈 손으
로 네 곁에 있거든 너는 그를 도와
거류민이나 동거인처럼 너와 함께
생활하게 하되
36 너는 그에게 이자를 받지 말고 네
하나님을 경외하여 네 형제로 너와
함께 생활하게 할 것인즉
37 너는 그에게 이자를 위하여 돈을
꾸어 주지 말고 이익을 위하여 네
양식을 꾸어 주지 말라
38 나는 너희의 하나님이 되며 또 가
나안 땅을 너희에게 주려고 애굽
땅에서 너희를 인도하여 낸 너희의
하나님 여호와이니라
39 너와 함께 있는 네 형제가 가난하
게 되어 네게 몸이 팔리거든 너는
그를 종으로 부리지 말고
40 품꾼이나 동거인과 같이 함께 있게
하여 희년까지 너를 섬기게 하라

28

29

30

31

32

33

34

35

36

37

38

39

40

41 그 때에는 그와 그의 자녀가 함께
네게서 떠나 그의 가족과 그의 조
상의 기업으로 돌아가게 하라
42 그들은 내가 애굽 땅에서 인도하여
낸 내 종들이니 종으로 팔지 말 것
이라
43 너는 그를 엄하게 부리지 말고 네
하나님을 경외하라
44 네 종은 남녀를 막론하고 네 사방
이방인 중에서 취할지니 남녀 종
은 이런 자 중에서 사올 것이며
45 또 너희 중에 거류하는 동거인들의
자녀 중에서도 너희가 사올 수 있
고 또 그들이 너희와 함께 있어서
너희 땅에서 가정을 이룬 자들 중
에서도 그리 할 수 있은즉 그들이
너희의 소유가 될지니라
46 너희는 그들을 너희 후손에게 기업
으로 주어 소유가 되게 할 것이라
이방인 중에서는 너희가 영원한 종
을 삼으려니와 너희 동족 이스라엘
자손은 너희가 피차 엄하게 부리지
말지니라
47 만일 너와 함께 있는 거류민이나
동거인은 부유하게 되고 그와 함께
있는 네 형제는 가난하게 되므로
그가 너와 함께 있는 거류민이나
동거인 또는 거류민의 가족의 후손
에게 팔리면
48 그가 팔린 후에 그에게는 속량 받
을 권리가 있나니 그의 형제 중 하
나가 그를 속량하거나
49 또는 그의 삼촌이나 그의 삼촌의
아들이 그를 속량하거나 그의 가
족 중 그의 살붙이 중에서 그를 속
량할 것이요 그가 부유하게 되면
스스로 속량하되
50 자기 몸이 팔린 해로부터 희년까지
를 그 산 자와 계산하여 그 연수를
따라서 그 몸의 값을 정할 때에 그
사람을 섬긴 날을 그 사람에게 고
용된 날로 여길 것이라
51 만일 남은 해가 많으면 그 연수대
로 팔린 값에서 속량하는 값을 그
사람에게 도로 주고
52 만일 희년까지 남은 해가 적으면
그 사람과 계산하여 그 연수대로
속량하는 그 값을 그에게 도로 줄

지며
53 주인은 그를 매년의 삯꾼과 같이
여기고 네 목전에서 엄하게 부리지
말지니라
54 그가 이같이 속량되지 못하면 희년
에 이르러는 그와 그의 자녀가 자
유하리니
55 이스라엘 자손은 나의 종들이 됨
이라 그들은 내가 애굽 땅에서 인
도하여 낸 내 종이요 나는 너희의
하나님 여호와이니라

26 너희는 자기를 위하여 우상
을 만들지 말지니 조각한
것이나 주상을 세우지 말며 너희
땅에 조각한 석상을 세우고 그에게
경배하지 말라 나는 너희의 하나님
여호와임이니라
2 너희는 내 안식일을 지키며 내 성
소를 경외하라 나는 여호와이니라

상과 벌

3 너희가 내 규례와 계명을 준행하면
4 내가 너희에게 철따라 비를 주리니
땅은 그 산물을 내고 밭의 나무는
열매를 맺으리라
5 너희의 타작은 포도 딸 때까지 미
치며 너희의 포도 따는 것은 파종
할 때까지 미치리니 너희가 음식을
배불리 먹고 너희의 땅에 안전하게
거주하리라
6 내가 그 땅에 평화를 줄 것인즉 너
희가 누울 때 너희를 두렵게 할 자
가 없을 것이며 내가 사나운 짐승
을 그 땅에서 제할 것이요 칼이 너
희의 땅에 두루 행하지 아니할 것
이며
7 너희의 원수들을 쫓으리니 그들이
너희 앞에서 칼에 엎드러질 것이라
8 또 너희 다섯이 백을 쫓고 너희 백
이 만을 쫓으리니 너희 대적들이
너희 앞에서 칼에 엎드러질 것이며
9 내가 너희를 돌보아 너희를 번성하
게 하고 너희를 창대하게 할 것이
며 내가 너희와 함께 한 내 언약을
이행하리라
10 너희는 오래 두었던 묵은 곡식을
먹다가 새 곡식으로 말미암아 묵
은 곡식을 치우게 될 것이며
11 내가 내 성막을 너희 중에 세우리

53
54
55
26
2
3
4
5
6
7
8
9
10
11

니 내 마음이 너희를 싫어하지 아
니할 것이며
12 나는 너희 중에 행하여 너희의 하
나님이 되고 너희는 내 백성이 될
것이니라
13 나는 너희를 애굽 땅에서 인도해
내어 그들에게 종된 것을 면하게
한 너희의 하나님 여호와이니라 내
가 너희의 멍에의 빗장을 부수고
너희를 바로 서서 걷게 하였느니라
14 그러나 너희가 내게 청종하지 아니
하여 이 모든 명령을 준행하지 아
니하며
15 내 규례를 멸시하며 마음에 내 법
도를 싫어하여 내 모든 계명을 준
행하지 아니하며 내 언약을 배반할
진대
16 내가 이같이 너희에게 행하리니 곧
내가 너희에게 놀라운 재앙을 내려
폐병과 열병으로 눈이 어둡고 생명
이 쇠약하게 할 것이요 너희가 파
종한 것은 헛되리니 너희의 대적이
그것을 먹을 것임이며
17 내가 너희를 치리니 너희가 너희의
대적에게 패할 것이요 너희를 미워
하는 자가 너희를 다스릴 것이며 너
희는 쫓는 자가 없어도 도망하리라
18 또 만일 너희가 그렇게까지 되어도
내게 청종하지 아니하면 너희의 죄
로 말미암아 내가 너희를 일곱 배
나 더 징벌하리라
19 내가 너희의 세력으로 말미암은 교
만을 꺾고 너희의 하늘을 철과 같게
하며 너희 땅을 놋과 같게 하리니
20 너희의 수고가 헛될지라 땅은 그
산물을 내지 아니하고 땅의 나무
는 그 열매를 맺지 아니하리라
21 너희가 나를 거슬러 내게 청종하지
아니할진대 내가 너희의 죄대로 너
희에게 일곱 배나 더 재앙을 내릴
것이라
22 내가 들짐승을 너희 중에 보내리니
그것들이 너희의 자녀를 움키고 너
희 가축을 멸하며 너희의 수효를
줄이리니 너희의 길들이 황폐하리
라
23 이런 일을 당하여도 너희가 내게로
돌아오지 아니하고 내게 대항할진

12

13

14

15

16

17

18

19

20

21

22

23

대
24 나 곧 나도 너희에게 대항하여 너
희 죄로 말미암아 너희를 칠 배나
더 치리라
25 내가 칼을 너희에게로 가져다가 언
약을 어긴 원수를 갚을 것이며 너
희가 성읍에 모일지라도 너희 중에
염병을 보내고 너희를 대적의 손에
넘길 것이며
26 내가 너희가 의뢰하는 양식을 끊
을 때에 열 여인이 한 화덕에서 너
희 떡을 구워 저울에 달아 주리니
너희가 먹어도 배부르지 아니하리
라
27 너희가 이같이 될지라도 내게 청종
하지 아니하고 내게 대항할진대
28 내가 진노로 너희에게 대항하되 너
희의 죄로 말미암아 칠 배나 더 징
벌하리니
29 너희가 아들의 살을 먹을 것이요
딸의 살을 먹을 것이며
30 내가 너희의 산당들을 헐며 너희의
분향단들을 부수고 너희의 시체들
을 부서진 우상들 위에 던지고 내
마음이 너희를 싫어할 것이며
31 내가 너희의 성읍을 황폐하게 하고
너희의 성소들을 황량하게 할 것이
요 너희의 향기로운 냄새를 내가
흠향하지 아니하고
32 그 땅을 황무하게 하리니 거기 거
주하는 너희의 원수들이 그것으로
말미암아 놀랄 것이며
33 내가 너희를 여러 민족 중에 흩을
것이요 내가 칼을 빼어 너희를 따
르게 하리니 너희의 땅이 황무하
며 너희의 성읍이 황폐하리라
34 너희가 원수의 땅에 살 동안에 너
희의 본토가 황무할 것이므로 땅
이 안식을 누릴 것이라 그 때에 땅
이 안식을 누리리니
35 너희가 그 땅에 거주하는 동안 너
희가 안식할 때에 땅은 쉬지 못하
였으나 그 땅이 황무할 동안에는
쉬게 되리라
36 너희 남은 자에게는 그 원수들의
땅에서 내가 그들의 마음을 약하
게 하리니 그들은 바람에 불린 잎

24
25
26
27
28
29
30
31
32
33
34
35
36

사귀 소리에도 놀라 도망하기를 칼
을 피하여 도망하듯 할 것이요 쫓
는 자가 없어도 엎드러질 것이라
37 그들은 쫓는 자가 없어도 칼 앞에
있음 같이 서로 짓밟혀 넘어지리니
너희가 원수들을 맞설 힘이 없을
것이요
38 너희가 여러 민족 중에서 망하리니
너희의 원수들의 땅이 너희를 삼킬
것이라
39 너희 남은 자가 너희의 원수들의
땅에서 자기의 죄로 말미암아 쇠잔
하며 그 조상의 죄로 말미암아 그
조상 같이 쇠잔하리라
40 그들이 나를 거스른 잘못으로 자기
의 죄악과 그들의 조상의 죄악을
자복하고 또 그들이 내게 대항하
므로
41 나도 그들에게 대항하여 내가 그들
을 그들의 원수들의 땅으로 끌어
갔음을 깨닫고 그 할례 받지 아니
한 그들의 마음이 낮아져서 그들의
죄악의 형벌을 기쁘게 받으면
42 내가 야곱과 맺은 내 언약과 이삭
과 맺은 내 언약을 기억하며 아브
라함과 맺은 내 언약을 기억하고
그 땅을 기억하리라
43 그들이 내 법도를 싫어하며 내 규
례를 멸시하였으므로 그 땅을 떠나
서 사람이 없을 때에 그 땅은 황폐
하여 안식을 누릴 것이요 그들은
자기 죄악의 형벌을 기쁘게 받으리
라
44 그런즉 그들이 그들의 원수들의 땅
에 있을 때에 내가 그들을 내버리
지 아니하며 미워하지 아니하며 아
주 멸하지 아니하고 그들과 맺은
내 언약을 폐하지 아니하리니 나는
여호와 그들의 하나님이 됨이니라
45 내가 그들의 하나님이 되기 위하여
민족들이 보는 앞에서 애굽 땅으로
부터 그들을 인도하여 낸 그들의
조상과의 언약을 그들을 위하여 기
억하리라 나는 여호와이니라
46 이것은 여호와께서 시내 산에서 자
기와 이스라엘 자손 사이에 모세
를 통하여 세우신 규례와 법도와
율법이니라

서원 예물의 값

27 여호와께서 모세에게 말씀하여 이르시되
2 이스라엘 자손에게 말하여 이르라
만일 어떤 사람이 사람의 값을 여
호와께 드리기로 분명히 서원하였
으면 너는 그 값을 정할지니
3 네가 정한 값은 스무 살로부터 예
순 살까지는 남자면 성소의 세겔로
은 오십 세겔로 하고
4 여자면 그 값을 삼십 세겔로 하며
5 다섯 살로부터 스무 살까지는 남자
면 그 값을 이십 세겔로 하고 여자
면 열 세겔로 하며
6 일 개월로부터 다섯 살까지는 남자
면 그 값을 은 다섯 세겔로 하고 여
자면 그 값을 은 삼 세겔로 하며
7 예순 살 이상은 남자면 그 값을 십
오 세겔로 하고 여자는 열 세겔로
하라
8 그러나 서원자가 가난하여 네가 정
한 값을 감당하지 못하겠으면 그를
제사장 앞으로 데리고 갈 것이요
제사장은 그 값을 정하되 그 서원
자의 형편대로 값을 정할지니라
9 사람이 서원하는 예물로 여호와께
드리는 것이 가축이면 여호와께 드
릴 때는 다 거룩하니
10 그것을 변경하여 우열간 바꾸지 못
할 것이요 혹 가축으로 가축을 바
꾸면 둘 다 거룩할 것이며
11 부정하여 여호와께 예물로 드리지
못할 가축이면 그 가축을 제사장
앞으로 끌어갈 것이요
12 제사장은 우열간에 값을 정할지니
그 값이 제사장의 정한 대로 될 것
이며
13 만일 그가 그것을 무르려면 네가
정한 값에 그 오분의 일을 더할지
니라
14 만일 어떤 사람이 자기 집을 성별하
여 여호와께 드리려하면 제사장이
그 우열간에 값을 정할지니 그 값은
제사장이 정한 대로 될 것이며
15 만일 그 사람이 자기 집을 무르려
면 네가 값을 정한 돈에 그 오분의
일을 더할지니 그리하면 자기 소유
가 되리라

27
2
3
4
5
6
7
8
9
10
11
12
13
14
15

16 만일 어떤 사람이 자기 기업된 밭
얼마를 성별하여 여호와께 드리려
하면 마지기 수대로 네가 값을 정
하되 보리 한 호멜지기에는 은 오
십 세겔로 계산할지며
17 만일 그가 그 밭을 희년부터 성별
하여 드렸으면 그 값을 네가 정한
대로 할 것이요
18 만일 그 밭을 희년 후에 성별하여
드렸으면 제사장이 다음 희년까지
남은 연수를 따라 그 값을 계산하
고 정한 값에서 그 값에 상당하게
감할 것이며
19 만일 밭을 성별하여 드린 자가 그
것을 무르려면 네가 값을 정한 돈
에 그 오분의 일을 더할지니 그리하
면 그것이 자기 소유가 될 것이요
20 만일 그가 그 밭을 무르지 아니하
려거나 타인에게 팔았으면 다시는
무르지 못하고
21 희년이 되어서 그 밭이 돌아오게
될 때에는 여호와께 바친 성물이
되어 영영히 드린 땅과 같이 제사
장의 기업이 될 것이며
22 만일 사람에게 샀고 자기 기업이
아닌 밭을 여호와께 성별하여 드렸
으면
23 너는 값을 정하고 제사장은 그를
위하여 희년까지 계산하고 그는 네
가 값을 정한 돈을 그 날에 여호와
께 드려 성물로 삼을지며
24 그가 판 밭은 희년에 그 판 사람 곧
그 땅의 원주인에게로 되돌아갈지
니라
25 또 네가 정한 모든 값은 성소의 세
겔로 하되 이십 게라를 한 세겔로
할지니라

처음 난 가축

26 오직 가축 중의 처음 난 것은 여호
와께 드릴 첫 것이라 소나 양은 여
호와의 것이니 누구든지 그것으로
는 성별하여 드리지 못할 것이며
27 만일 부정한 짐승이면 네가 정한
값에 그 오분의 일을 더하여 무를
것이요 만일 무르지 아니하려면 네
가 정한 값대로 팔지니라

여호와께 온전히 바친 것

28 어떤 사람이 자기 소유 중에서 오

직 여호와께 온전히 바친 모든 것
은 사람이든지 가축이든지 기업의
밭이든지 팔지도 못하고 무르지도
못하나니 바친 것은 다 여호와께
지극히 거룩함이며
29 온전히 바쳐진 그 사람은 다시 무
르지 못하나니 반드시 죽일지니라

십분의 일은 여호와의 것

30 그리고 그 땅의 십분의 일 곧 그 땅
의 곡식이나 나무의 열매는 그 십
분의 일은 여호와의 것이니 여호와
의 성물이라
31 또 만일 어떤 사람이 그의 십일조
를 무르려면 그것에 오분의 일을
더할 것이요
32 모든 소나 양의 십일조는 목자의
지팡이 아래로 통과하는 것의 열
번째의 것마다 여호와의 성물이 되
리라
33 그 우열을 가리거나 바꾸거나 하지
말라 바꾸면 둘 다 거룩하리니 무
르지 못하리라
34 이것은 여호와께서 시내 산에서 이
스라엘 자손을 위하여 모세에게
명령하신 계명이니라

29

30

31

32

33

34

민수기

Numbers

싸움에 나갈 만한 자를 계수하다

1 이스라엘 자손이 애굽 땅에서
나온 후 둘째 해 둘째 달 첫째
날에 여호와께서 시내 광야 회막
에서 모세에게 말씀하여 이르시되
2 너희는 이스라엘 자손의 모든 회
중 각 남자의 수를 그들의 종족과
조상의 가문에 따라 그 명수대로
계수할지니
3 이스라엘 중 이십 세 이상으로 싸
움에 나갈 만한 모든 자를 너와 아
론은 그 진영별로 계수하되
4 각 지파의 각 조상의 가문의 우두
머리 한 사람씩을 너희와 함께 하
게 하라
5 너희와 함께 설 사람들의 이름은
이러하니 르우벤 지파에서는 스데
울의 아들 엘리술이요
6 시므온 지파에서는 수리삿대의 아
들 슬루미엘이요
7 유다 지파에서는 암미나답의 아들
나손이요
8 잇사갈 지파에서는 수알의 아들
느다넬이요
9 스불론 지파에서는 헬론의 아들
엘리압이요
10 요셉의 자손들 중 에브라임 지파
에서는 암미훗의 아들 엘리사마요
므낫세 지파에서는 브다술의 아들
가말리엘이요
11 베냐민 지파에서는 기드오니의 아
들 아비단이요
12 단 지파에서는 암미삿대의 아들
아히에셀이요
13 아셀 지파에서는 오그란의 아들
바기엘이요
14 갓 지파에서는 드우엘의 아들 엘리
아삽이요
15 납달리 지파에서는 에난의 아들
아히라이니라 하시니
16 그들은 회중에서 부름을 받은 자
요 그 조상 지파의 지휘관으로서
이스라엘 종족들의 우두머리라
17 모세와 아론이 지명된 이 사람들
을 데리고
18 둘째 달 첫째 날에 온 회중을 모으

1
2
3
4
5
6
7
8
9
10
11
12
13
14
15
16
17
18

니 그들이 각 종족과 조상의 가문
에 따라 이십 세 이상인 남자의 이
름을 자기 계통별로 신고하매
19 여호와께서 모세에게 명령하신 대
로 그가 시내 광야에서 그들을 계
수하였더라
20 이스라엘의 장자 르우벤의 아들들
에게서 난 자를 그들의 종족과 조
상의 가문에 따라 이십 세 이상으
로 싸움에 나갈 만한 각 남자를 그
명수대로 다 계수하니
21 르우벤 지파에서 계수된 자는 사
만 육천오백 명이었더라
22 시므온의 아들들에게서 난 자를
그들의 종족과 조상의 가문에 따
라 이십 세 이상으로 싸움에 나갈
만한 각 남자를 그 명수대로 다 계
수하니
23 시므온 지파에서 계수된 자는 오
만 구천삼백 명이었더라
24 갓의 아들들에게서 난 자를 그들
의 종족과 조상의 가문에 따라 이
십 세 이상으로 싸움에 나갈 만한
자를 그 명수대로 다 계수하니
25 갓 지파에서 계수된 자는 사만 오
천육백오십 명이었더라
26 유다의 아들들에게서 난 자를 그
들의 종족과 조상의 가문에 따라
이십 세 이상으로 싸움에 나갈
만한 자를 그 명수대로 다 계수하
니
27 유다 지파에서 계수된 자는 칠만
사천육백 명이었더라
28 잇사갈의 아들들에게서 난 자를
그들의 종족과 조상의 가문에 따
라 이십 세 이상으로 싸움에 나갈
만한 자를 그 명수대로 다 계수하
니
29 잇사갈 지파에서 계수된 자는 오
만 사천사백 명이었더라
30 스불론의 아들들에게서 난 자를
그들의 종족과 조상의 가문에 따
라 이십 세 이상으로 싸움에 나갈
만한 자를 그 명수대로 다 계수하
니
31 스불론 지파에서 계수된 자는 오
만 칠천사백 명이었더라

19
20
21
22
23
24
25
26
27
28
29
30
31

32 요셉의 아들 에브라임의 아들들에
게서 난 자를 그들의 종족과 조상
의 가문에 따라 이십 세 이상으로
싸움에 나갈 만한 자를 그 명수대
로 다 계수하니
33 에브라임 지파에서 계수된 자는
사만 오백 명이었더라
34 므낫세의 아들들에게서 난 자를
그들의 종족과 조상의 가문에 따
라 이십 세 이상으로 싸움에 나갈
만한 자를 그 명수대로 다 계수하
니
35 므낫세 지파에서 계수된 자는 삼
만 이천이백 명이었더라
36 베냐민의 아들들에게서 난 자를
그들의 종족과 조상의 가문에 따
라 이십 세 이상으로 싸움에 나갈
만한 자를 그 명수대로 다 계수하
니
37 베냐민 지파에서 계수된 자는 삼
만 오천사백 명이었더라
38 단의 아들들에게서 난 자를 그들
의 종족과 조상의 가문에 따라 이
십 세 이상으로 싸움에 나갈 만한
자를 그 명수대로 다 계수하니
39 단 지파에서 계수된 자는 육만 이
천칠백 명이었더라
40 아셀의 아들들에게서 난 자를 그
들의 종족과 조상의 가문에 따라
이십 세 이상으로 싸움에 나갈 만
한 자를 그 명수대로 다 계수하니
41 아셀 지파에서 계수된 자는 사만
천오백 명이었더라
42 납달리의 아들들에게서 난 자를
그들의 종족과 조상의 가문에 따
라 이십 세 이상으로 싸움에 나갈
만한 자를 그 명수대로 다 계수하
니
43 납달리 지파에서 계수된 자는 오
만 삼천사백 명이었더라
44 이 계수함을 받은 자는 모세와 아
론과 각기 이스라엘 조상의 가문
을 대표한 열두 지휘관이 계수하였
더라
45 이같이 이스라엘 자손이 그 조상
의 가문을 따라 이십 세 이상으로
싸움에 나갈 만한 이스라엘 자손
이 다 계수되었으니

32

33

34

35

36

37

38

39

40

41

42

43

44

45

46 계수된 자의 총계는 육십만 삼천오
백오십 명이었더라

레위 지파는 계수하지 말라

47 그러나 레위인은 그들의 조상의 지파
대로 그 계수에 들지 아니하였으니
48 이는 여호와께서 모세에게 말씀하
여 이르시되
49 너는 레위 지파만은 계수하지 말며
그들을 이스라엘 자손 계수 중에
넣지 말고
50 그들에게 증거의 성막과 그 모든
기구와 그 모든 부속품을 관리하
게 하라 그들은 그 성막과 그 모든
기구를 운반하며 거기서 봉사하며
성막 주위에 진을 칠지며
51 성막을 운반할 때에는 레위인이 그
것을 걷고 성막을 세울 때에는 레
위인이 그것을 세울 것이요 외인이
가까이 오면 죽일지며
52 이스라엘 자손은 막사를 치되 그
진영별로 각각 그 진영과 군기 곁에
칠 것이나
53 레위인은 증거의 성막 사방에 진을
쳐서 이스라엘 자손의 회중에게
진노가 임하지 않게 할 것이라 레
위인은 증거의 성막에 대한 책임을
지킬지니라 하셨음이라
54 이스라엘 자손이 그대로 행하되 여
호와께서 모세에게 명령하신 대로
행하였더라

진 편성 및 행군 순서

2 여호와께서 모세와 아론에게
말씀하여 이르시되
2 이스라엘 자손은 각각 자기의 진영
의 군기와 자기의 조상의 가문의
기호 곁에 진을 치되 회막을 향하
여 사방으로 치라
3 동방 해 돋는 쪽에 진 칠 자는 그
진영별로 유다의 진영의 군기에 속
한 자라 유다 자손의 지휘관은 암
미나답의 아들 나손이요
4 그의 군대로 계수된 자가 칠만 사
천육백 명이며
5 그 곁에 진 칠 자는 잇사갈 지파라
잇사갈 자손의 지휘관은 수알의
아들 느다넬이요
6 그의 군대로 계수된 자가 오만 사
천사백 명이라

46

47

48

49

50

51

52

53

54

2 2

3

4

5

6

7 그리고 스불론 지파라 스불론 자
손의 지휘관은 헬론의 아들 엘리
압이요
8 그의 군대로 계수된 자가 오만 칠
천사백 명이니
9 유다 진영에 속한 군대로 계수된 군
인의 총계는 십팔만 육천사백 명이
라 그들은 제일대로 행진할지니라
10 남쪽에는 르우벤 군대 진영의 군기
가 있을 것이라 르우벤 자손의 지
휘관은 스데울의 아들 엘리술이요
11 그의 군대로 계수된 자가 사만 육
천오백 명이며
12 그 곁에 진 칠 자는 시므온 지파라
시므온 자손의 지휘관은 수리삿대
의 아들 슬루미엘이요
13 그의 군대로 계수된 자가 오만 구
천삼백 명이며
14 또 갓 지파라 갓 자손의 지휘관은
르우엘의 아들 엘리아삽이요
15 그의 군대로 계수된 자가 사만 오
천육백오십 명이니
16 르우벤 진영에 속하여 계수된 군인
의 총계는 십오만 천사백오십 명이
라 그들은 제이대로 행진할지니라
17 그 다음에 회막이 레위인의 진영과
함께 모든 진영의 중앙에 있어 행
진하되 그들의 진 친 순서대로 각
사람은 자기의 위치에서 자기들의
기를 따라 앞으로 행진할지니라
18 서쪽에는 에브라임의 군대의 진영
의 군기가 있을 것이라 에브라임
자손의 지휘관은 암미훗의 아들
엘리사마요
19 그의 군대로 계수된 자가 사만 오
백 명이며
20 그 곁에는 므낫세 지파가 있을 것
이라 므낫세 자손의 지휘관은 브다
술의 아들 가말리엘이요
21 그의 군대로 계수된 자가 삼만 이
천이백 명이며
22 또 베냐민 지파라 베냐민 자손의
지휘관은 기드오니의 아들 아비단
이요
23 그의 군대로 계수된 자가 삼만 오
천사백 명이니
24 에브라임 진영에 속하여 계수된 군
인의 총계는 십만 팔천백 명이라

그들은 제삼대로 행진할지니라
25 북쪽에는 단 군대 진영의 군기가
있을 것이라 단 자손의 지휘관은
암미삿대의 아들 아히에셀이요
26 그의 군대로 계수된 자가 육만 이
천칠백 명이며
27 그 곁에 진 칠 자는 아셀 지파라
아셀 자손의 지휘관은 오그란의
아들 바기엘이요
28 그의 군대로 계수된 자가 사만 천
오백 명이며
29 또 납달리 지파라 납달리 자손의
지휘관은 에난의 아들 아히라요
30 그의 군대로 계수된 자가 오만 삼
천사백 명이니
31 단의 진영에 속하여 계수함을 받은
군인의 총계는 십오만 칠천육백 명
이라 그들은 기를 따라 후대로 행
진할지니라 하시니라
32 이상은 이스라엘 자손이 그들의 조
상의 가문을 따라 계수된 자니 모
든 진영의 군인 곧 계수된 자의 총
계는 육십만 삼천오백오십 명이며
33 레위인은 이스라엘 자손과 함께 계
수되지 아니하였으니 여호와께서
모세에게 명령하심과 같았느니라
34 이스라엘 자손이 여호와께서 모세
에게 명령하신 대로 다 준행하여
각기 종족과 조상의 가문에 따르
며 자기들의 기를 따라 진 치기도
하며 행진하기도 하였더라

아론의 아들들

3 여호와께서 시내 산에서 모세
와 말씀하실 때에 아론과 모세
가 낳은 자는 이러하니라
2 아론의 아들들의 이름은 이러하니
장자는 나답이요 다음은 아비후와
엘르아살과 이다말이니
3 이는 아론의 아들들의 이름이며
그들은 기름 부음을 받고 거룩하게
구별되어 제사장 직분을 위임받은
제사장들이라
4 나답과 아비후는 시내 광야에서
여호와 앞에 다른 불을 드리다가
여호와 앞에서 죽어 자식이 없었으
며 엘르아살과 이다말이 그의 아버
지 아론 앞에서 제사장의 직분을
행하였더라

제사장을 돕는 레위 사람

5 여호와께서 또 모세에게 말씀하여 이르시되
6 레위 지파는 나아가 제사장 아론 앞에 서서 그에게 시종하게 하라
7 그들이 회막 앞에서 아론의 직무와 온 회중의 직무를 위하여 회막에서 시무하되
8 곧 회막의 모든 기구를 맡아 지키며 이스라엘 자손의 직무를 위하여 성막에서 시무할지니
9 너는 레위인을 아론과 그의 아들들에게 맡기라 그들은 이스라엘 자손 중에서 아론에게 온전히 맡겨진 자들이니라
10 너는 아론과 그의 아들들을 세워 제사장 직무를 행하게 하라 외인이 가까이 하면 죽임을 당할 것이니라
11 여호와께서 모세에게 말씀하여 이르시되
12 보라 내가 이스라엘 자손 중에서 레위인을 택하여 이스라엘 자손 중에 태를 열어 태어난 모든 맏이를 대신하게 하였은즉 레위인은 내 것이라
13 처음 태어난 자는 다 내 것임은 내가 애굽 땅에서 그 처음 태어난 자를 다 죽이던 날에 이스라엘의 처음 태어난 자는 사람이나 짐승을 다 거룩하게 구별하였음이니 그들은 내 것이 될 것임이니라 나는 여호와이니라

레위 자손 인구 조사

14 여호와께서 시내 광야에서 모세에게 말씀하여 이르시되
15 레위 자손을 그들의 조상의 가문과 종족을 따라 계수하되 일 개월 이상된 남자를 다 계수하라
16 모세가 여호와의 말씀을 따라 그 명령하신 대로 계수하니라
17 레위의 아들들의 이름은 이러하니 게르손과 고핫과 므라리요
18 게르손의 아들들의 이름은 그들의 종족대로 이러하니 립니와 시므이요
19 고핫의 아들들은 그들의 종족대로 이러하니 아므람과 이스할과 헤브론과 웃시엘이요

5
6
7
8
9
10
11
12
13
14
15
16
17
18
19

20 므라리의 아들들은 그들의 종족대
로 말리와 무시이니 이는 그의 종
족대로 된 레위인의 조상의 가문
들이니라
21 게르손에게서는 립니 종족과 시므
이 종족이 났으니 이들이 곧 게르
손의 조상의 가문들이라
22 계수된 자 곧 일 개월 이상 된 남자
의 수효 합계는 칠천오백 명이며
23 게르손 종족들은 성막 뒤 곧 서쪽
에 진을 칠 것이요
24 라엘의 아들 엘리아삽은 게르손
사람의 조상의 가문의 지휘관이
될 것이며
25 게르손 자손이 회막에서 맡을 일
은 성막과 장막과 그 덮개와 회막
휘장 문과
26 뜰의 휘장과 및 성막과 제단 사방
에 있는 뜰의 휘장 문과 그 모든 것
에 쓰는 줄들이니라
27 고핫에게서는 아므람 종족과 이스
할 종족과 헤브론 종족과 웃시엘
종족이 났으니 이들은 곧 고핫 종
족들이라
28 계수된 자로서 출생 후 일 개월 이
상 된 남자는 모두 팔천육백 명인
데 성소를 맡을 것이며
29 고핫 자손의 종족들은 성막 남쪽
에 진을 칠 것이요
30 웃시엘의 아들 엘리사반은 고핫 사
람의 종족과 조상의 가문의 지휘
관이 될 것이며
31 그들이 맡을 것은 증거궤와 상과
등잔대와 제단들과 성소에서 봉사
하는 데 쓰는 기구들과 휘장과 그
것에 쓰는 모든 것이며
32 제사장 아론의 아들 엘르아살은
레위인의 지휘관들의 어른이 되고
또 성소를 맡을 자를 통할할 것이
니라
33 므라리에게서는 말리 종족과 무시
종족이 났으니 이들은 곧 므라리
종족들이라
34 그 계수된 자 곧 일 개월 이상 된
남자는 모두 육천이백 명이며
35 아비하일의 아들 수리엘은 므라리
종족과 조상의 가문의 지휘관이
될 것이요 이 종족은 성막 북쪽에

20

21

22

23

24

25

26

27

28

29

30

31

32

33

34

35

진을 칠 것이며
36 므라리 자손이 맡을 것은 성막의
널판과 그 띠와 그 기둥과 그 받침
과 그 모든 기구와 그것에 쓰는 모
든 것이며
37 뜰 사방 기둥과 그 받침과 그 말뚝
과 그 줄들이니라
38 성막 앞 동쪽 곧 회막 앞 해 돋는
쪽에는 모세와 아론과 아론의 아
들들이 진을 치고 이스라엘 자손
의 직무를 위하여 성소의 직무를
수행할 것이며 외인이 가까이 하면
죽일지니라
39 모세와 아론이 여호와의 명령을
따라 레위인을 각 종족대로 계수
한즉 일 개월 이상 된 남자는 모두
이만 이천 명이었더라

레위 사람이 맏아들 구실을 하다

40 여호와께서 또 모세에게 이르시되
이스라엘 자손의 처음 태어난 남
자를 일 개월 이상으로 다 계수하
여 그 명수를 기록하라
41 나는 여호와라 이스라엘 자손 중
모든 처음 태어난 자 대신에 레위인
을 내게 돌리고 또 이스라엘 자손
의 가축 중 모든 처음 태어난 것 대
신에 레위인의 가축을 내게 돌리라
42 모세가 여호와께서 자기에게 명령
하신 대로 이스라엘 자손 중 모든
처음 태어난 자를 계수하니
43 일 개월 이상으로 계수된 처음 태
어난 남자의 총계는 이만 이천이백
칠십삼 명이었더라
44 여호와께서 모세에게 말씀하여 이
르시되
45 이스라엘 자손 중 모든 처음 태어
난 자 대신에 레위인을 취하고 또
그들의 가축 대신에 레위인의 가축
을 취하라 레위인은 내 것이라 나
는 여호와니라
46 이스라엘 자손의 처음 태어난 자가
레위인보다 이백칠십삼 명이 더 많
은즉 속전으로
47 한 사람에 다섯 세겔씩 받되 성소
의 세겔로 받으라 한 세겔은 이십
게라니라
48 그 더한 자의 속전을 아론과 그의
아들들에게 줄 것이니라

49 모세가 레위인으로 대속한 이외의 사람에게서 속전을 받았으니

50 곧 이스라엘 자손의 처음 태어난 자에게서 받은 돈이 성소의 세겔로 천삼백육십오 세겔이라

51 모세가 이 속전을 여호와의 말씀대로 아론과 그의 아들들에게 주었으니 여호와께서 모세에게 명령하심과 같았느니라

고핫 자손의 임무

4 또 여호와께서 모세와 아론에게 말씀하여 이르시되

2 레위 자손 중에서 고핫 자손을 그들의 종족과 조상의 가문에 따라 집계할지니

3 곧 삼십 세 이상으로 오십 세까지 회막의 일을 하기 위하여 그 역사에 참가할 만한 모든 자를 계수하라

4 고핫 자손이 회막 안의 지성물에 대하여 할 일은 이러하니라

5 진영이 전진할 때에 아론과 그의 아들들이 들어가서 칸 막는 휘장을 걷어 증거궤를 덮고

6 그 위를 해달의 가죽으로 덮고 그 위에 순청색 보자기를 덮은 후에 그 채를 꿰고

7 진설병의 상에 청색 보자기를 펴고 대접들과 숟가락들과 주발들과 붓는 잔들을 그 위에 두고 또 항상 진설하는 떡을 그 위에 두고

8 홍색 보자기를 그 위에 펴고 그것을 해달의 가죽 덮개로 덮은 후에 그 채를 꿰고

9 청색 보자기를 취하여 등잔대와 등잔들과 불집게들과 불똥 그릇들과 그 쓰는 바 모든 기름 그릇을 덮고

10 등잔대와 그 모든 기구를 해달의 가죽 덮개 안에 넣어 메는 틀 위에 두고

11 금제단 위에 청색 보자기를 펴고 해달의 가죽 덮개로 덮고 그 채를 꿰고

12 성소에서 봉사하는 데에 쓰는 모든 기구를 취하여 청색 보자기에 싸서 해달의 가죽 덮개로 덮어 메는 틀 위에 두고

13 제단의 재를 버리고 그 제단 위에
자색 보자기를 펴고
14 봉사하는 데에 쓰는 모든 기구 곧
불 옮기는 그릇들과 고기 갈고리
들과 부삽들과 대야들과 제단의
모든 기구를 두고 해달의 가죽 덮
개를 그 위에 덮고 그 채를 꿸 것
이며
15 진영을 떠날 때에 아론과 그의 아
들들이 성소와 성소의 모든 기구
덮는 일을 마치거든 고핫 자손들이
와서 멜 것이니라 그러나 성물은
만지지 말라 그들이 죽으리라 회막
물건 중에서 이것들은 고핫 자손
이 멜 것이며
16 제사장 아론의 아들 엘르아살이
맡을 것은 등유와 태우는 향과 항
상 드리는 소제물과 관유이며 또
장막 전체와 그 중에 있는 모든 것
과 성소와 그 모든 기구니라
17 여호와께서 또 모세와 아론에게
말씀하여 이르시되
18 너희는 고핫 족속의 지파를 레위인
중에서 끊어지게 하지 말지니
19 그들이 지성물에 접근할 때에 그들
의 생명을 보존하고 죽지 않게 하
기 위하여 이같이 하라 아론과 그
의 아들들이 들어가서 각 사람에
게 그가 할 일과 그가 멜 것을 지휘
하게 할지니라
20 그들은 잠시라도 들어가서 성소를
보지 말라 그들이 죽으리라

게르손 자손의 임무

21 여호와께서 또 모세에게 말씀하여
이르시되
22 게르손 자손도 그 조상의 가문과
종족에 따라 계수하되
23 삼십 세 이상으로 오십 세까지 회
막에서 복무하고 봉사할 모든 자
를 계수하라
24 게르손 종족의 할 일과 멜 것은 이
러하니
25 곧 그들이 성막의 휘장들과 회막과
그 덮개와 그 위의 해달의 가죽 덮
개와 회막 휘장 문을 메며
26 뜰의 휘장과 성막과 제단 사방에
있는 뜰의 휘장 문과 그 줄들과 그
것에 사용하는 모든 기구를 메며

13
14
15
16
17
18
19
20
21
22
23
24
25
26

이 모든 것을 이렇게 맡아 처리할 것이라

27 게르손 자손은 그들의 모든 일 곧 멜 것과 처리할 것을 아론과 그의 아들들의 명령대로 할 것이니 너희는 그들이 멜 짐을 그들에게 맡길 것이니라

28 게르손 자손의 종족들이 회막에서 할 일은 이러하며 그들의 직무는 제사장 아론의 아들 이다말이 감독할지니라

므라리 자손의 임무

29 너는 므라리 자손도 그 조상의 가문과 종족에 따라 계수하되

30 삼십 세부터 오십 세까지 회막에서 복무하고 봉사할 모든 자를 계수하라

31 그들이 직무를 따라 회막에서 할 모든 일 곧 그 멜 것은 이러하니 곧 장막의 널판들과 그 띠들과 그 기둥들과 그 받침들과

32 뜰 둘레의 기둥들과 그 받침들과 그 말뚝들과 그 줄들과 그 모든 기구들과 그것에 쓰는 모든 것이라 너희는 그들이 맡아 멜 모든 기구의 품목을 지정하라

33 이는 제사장 아론의 아들 이다말의 수하에 있을 므라리 자손의 종족들이 그 모든 직무대로 회막에서 행할 일이니라

레위 사람 인구 조사

34 모세와 아론과 회중의 지도자들이 고핫 자손들을 그 종족과 조상의 가문에 따라 계수하니

35 삼십 세부터 오십 세까지 회막에서 복무하고 봉사할 모든 자

36 곧 그 종족대로 계수된 자가 이천칠백오십 명이니

37 이는 모세와 아론이 여호와께서 모세에게 명령하신 대로 회막에서 종사하는 고핫인의 모든 종족 중 계수된 자이니라

38 게르손 자손 중 그 종족과 조상의 가문을 따라 계수된 자는

39 삼십 세부터 오십 세까지 회막 봉사에 참여하여 일할 만한 모든 자라

40 그 종족과 조상의 가문을 따라 계

수된 자는 이천육백삼십 명이니
41 이는 모세와 아론이 여호와의 명령
대로 회막에서 종사하는 게르손 자
손의 모든 종족 중 계수된 자니라
42 므라리 자손의 종족 중 그 종족과
조상의 가문을 따라 계수된 자는
43 삼십 세부터 오십 세까지 회막에서
복무하고 봉사할 모든 자라
44 그 종족을 따라 계수된 자는 삼천
이백 명이니
45 이는 모세와 아론이 여호와께서
모세에게 명령하신 대로 므라리 자
손들의 종족 중 계수된 자니라
46 모세와 아론과 이스라엘 지휘관들
이 레위인을 그 종족과 조상의 가
문에 따라 다 계수하니
47 삼십 세부터 오십 세까지 회막 봉
사와 메는 일에 참여하여 일할 만
한 모든 자
48 곧 그 계수된 자는 팔천오백팔십
명이라
49 그들이 할 일과 짐을 메는 일을 따
라 모세에게 계수되었으되 여호와
께서 모세에게 명령하신 대로 그들
이 계수되었더라

부정한 사람의 처리

5 여호와께서 모세에게 말씀하여
이르시되
2 이스라엘 자손에게 명령하여 모든
나병 환자와 유출증이 있는 자와
주검으로 부정하게 된 자를 다 진
영 밖으로 내보내되
3 남녀를 막론하고 다 진영 밖으로
내보내어 그들이 진영을 더럽히게
하지 말라 내가 그 진영 가운데에
거하느니라 하시매
4 이스라엘 자손이 그같이 행하여
그들을 진영 밖으로 내보냈으니 곧
여호와께서 모세에게 이르신 대로
이스라엘 자손이 행하였더라

죄에 대한 값

5 여호와께서 모세에게 말씀하여 이
르시되
6 이스라엘 자손에게 이르라 남자나
여자나 사람들이 범하는 죄를 범
하여 여호와께 거역함으로 죄를 지
으면
7 그 지은 죄를 자복하고 그 죄 값을

41
42
43
44
45
46
47
48
49
5 2
3
4
5
6
7

온전히 갚되 오분의 일을 더하여
그가 죄를 지었던 그 사람에게 돌
려줄 것이요
8 만일 죄 값을 받을 만한 친척이 없
으면 그 죄 값을 여호와께 드려 제
사장에게로 돌릴 것이니 이는 그를
위하여 속죄할 속죄의 숫양과 함
께 돌릴 것이니라
9 이스라엘 자손이 거제로 제사장에
게 가져오는 모든 성물은 그의 것
이 될 것이라
10 각 사람이 구별한 물건은 그의 것
이 되나니 누구든지 제사장에게
주는 것은 그의 것이 되느니라

아내의 간통을 밝히는 절차

11 여호와께서 모세에게 말씀하여 이
르시되
12 이스라엘 자손에게 말하여 그들에
게 이르라 만일 어떤 사람의 아내
가 탈선하여 남편에게 신의를 저버
렸고
13 한 남자가 그 여자와 동침하였으나
그의 남편의 눈에 숨겨 드러나지
아니하였고 그 여자의 더러워진 일
에 증인도 없고 그가 잡히지도 아
니하였어도
14 그 남편이 의심이 생겨 그 아내를
의심하였는데 그의 아내가 더럽혀
졌거나 또는 그 남편이 의심이 생
겨 그 아내를 의심하였으나 그 아
내가 더럽혀지지 아니하였든지
15 그의 아내를 데리고 제사장에게로
가서 그를 위하여 보리 가루 십분
의 일 에바를 헌물로 드리되 그것
에 기름도 붓지 말고 유향도 두지
말라 이는 의심의 소제요 죄악을
기억나게 하는 기억의 소제라
16 제사장은 그 여인을 가까이 오게
하여 여호와 앞에 세우고
17 토기에 거룩한 물을 담고 성막 바
닥의 티끌을 취하여 물에 넣고
18 여인을 여호와 앞에 세우고 그의
머리를 풀게 하고 기억나게 하는
소제물 곧 의심의 소제물을 그의
두 손에 두고 제사장은 저주가 되
게 할 쓴 물을 자기 손에 들고
19 여인에게 맹세하게 하여 그에게 이
르기를 네가 네 남편을 두고 탈선

하여 다른 남자와 동침하여 더럽
힌 일이 없으면 저주가 되게 하는
이 쓴 물의 해독을 면하리라
20 그러나 네가 네 남편을 두고 탈선
하여 몸을 더럽혀서 네 남편 아닌
사람과 동침하였으면
21 (제사장이 그 여인에게 저주의 맹
세를 하게 하고 그 여인에게 말할
지니라) 여호와께서 네 넓적다리가
마르고 네 배가 부어서 네가 네 백
성 중에 저줏거리, 맹셋거리가 되게
하실지라
22 이 저주가 되게 하는 이 물이 네 창
자에 들어가서 네 배를 붓게 하고
네 넓적다리를 마르게 하리라 할
것이요 여인은 아멘 아멘 할지니라
23 제사장이 저주의 말을 두루마리에
써서 그 글자를 그 쓴 물에 빨아
넣고
24 여인에게 그 저주가 되게 하는 쓴
물을 마시게 할지니 그 저주가 되
게 하는 물이 그의 속에 들어 가서
쓰리라
25 제사장이 먼저 그 여인의 손에서
의심의 소제물을 취하여 그 소제
물을 여호와 앞에 흔들고 제단으
로 가지고 가서
26 제사장은 그 소제물 중에서 한 움
큼을 취하여 그 여자에게 기억나게
하는 소제물로 제단 위에 불사르
고 그 후에 여인에게 그 물을 마시
게 할지라
27 그 물을 마시게 한 후에 만일 여인
이 몸을 더럽혀서 그 남편에게 범
죄하였으면 그 저주가 되게 하는
물이 그의 속에 들어가서 쓰게 되
어 그의 배가 부으며 그의 넓적다
리가 마르리니 그 여인이 그 백성
중에서 저줏거리가 될 것이니라
28 그러나 여인이 더럽힌 일이 없고
정결하면 해를 받지 않고 임신하
리라
29 이는 의심의 법이니 아내가 그의
남편을 두고 탈선하여 더럽힌 때나
30 또는 그 남편이 의심이 생겨서 자기
의 아내를 의심할 때에 여인을 여
호와 앞에 두고 제사장이 이 법대
로 행할 것이라

31 남편은 무죄할 것이요 여인은 죄가
있으면 당하리라

나실인의 법

6 여호와께서 모세에게 말씀하여
이르시되
2 이스라엘 자손에게 전하여 그들에
게 이르라 남자나 여자가 특별한
서원 곧 나실인의 서원을 하고 자
기 몸을 구별하여 여호와께 드리려
고 하면
3 포도주와 독주를 멀리하며 포도주
로 된 초나 독주로 된 초를 마시지
말며 포도즙도 마시지 말며 생포도
나 건포도도 먹지 말지니
4 자기 몸을 구별하는 모든 날 동안
에는 포도나무 소산은 씨나 껍질이
라도 먹지 말지며
5 그 서원을 하고 구별하는 모든 날
동안은 삭도를 절대로 그의 머리에
대지 말 것이라 자기 몸을 구별하
여 여호와께 드리는 날이 차기까지
그는 거룩한즉 그의 머리털을 길게
자라게 할 것이며
6 자기의 몸을 구별하여 여호와께 드
리는 모든 날 동안은 시체를 가까
이 하지 말 것이요
7 그의 부모 형제 자매가 죽은 때에
라도 그로 말미암아 몸을 더럽히지
말 것이니 이는 자기의 몸을 구별
하여 하나님께 드리는 표가 그의
머리에 있음이라
8 자기의 몸을 구별하는 모든 날 동
안 그는 여호와께 거룩한 자니라
9 누가 갑자기 그 곁에서 죽어서 스
스로 구별한 자의 머리를 더럽히면
그의 몸을 정결하게 하는 날에 머
리를 밀 것이니 곧 일곱째 날에 밀
것이며
10 여덟째 날에 산비둘기 두 마리나
집비둘기 새끼 두 마리를 가지고
회막 문에 와서 제사장에게 줄 것
이요
11 제사장은 그 하나를 속죄제물로,
하나를 번제물로 드려서 그의 시체
로 말미암아 얻은 죄를 속하고 또
그는 그 날에 그의 머리를 성결하
게 할 것이며
12 자기 몸을 구별하여 여호와께 드릴

31

6 2

3

4

5

6

7

8

9

10

11

12

날을 새로 정하고 일 년 된 숫양을
가져다가 속건제물로 드릴지니라
자기의 몸을 구별한 때에 그의 몸
을 더럽혔은즉 지나간 기간은 무효
니라
13 나실인의 법은 이러하니라 자기의
몸을 구별한 날이 차면 그 사람을
회막 문으로 데리고 갈 것이요
14 그는 여호와께 헌물을 드리되 번제
물로 일 년 된 흠 없는 숫양 한 마
리와 속죄제물로 일 년 된 흠 없는
어린 암양 한 마리와 화목제물로
흠 없는 숫양 한 마리와
15 무교병 한 광주리와 고운 가루에
기름 섞은 과자들과 기름 바른 무
교전병들과 그 소제물과 전제물을
드릴 것이요
16 제사장은 그것들을 여호와 앞에
가져다가 속죄제와 번제를 드리고
17 화목제물로 숫양에 무교병 한 광주
리를 아울러 여호와께 드리고 그
소제와 전제를 드릴 것이요
18 자기의 몸을 구별한 나실인은 회막
문에서 자기의 머리털을 밀고 그것
을 화목제물 밑에 있는 불에 둘지
며
19 자기의 몸을 구별한 나실인이 그의
머리 털을 민 후에 제사장이 삶은
숫양의 어깨와 광주리 가운데 무교
병 하나와 무교전병 하나를 취하
여 나실인의 두 손에 두고
20 여호와 앞에 요제로 흔들 것이며
그것과 흔든 가슴과 받들어올린
넓적다리는 성물이라 다 제사장에
게 돌릴 것이니라 그 후에는 나실
인이 포도주를 마실 수 있느니라
21 이는 곧 서원한 나실인이 자기의
몸을 구별한 일로 말미암아 여호
와께 헌물을 드림과 행할 법이며
이외에도 힘이 미치는 대로 하려니
와 그가 서원한 대로 자기의 몸을
구별하는 법을 따라 할 것이니라

제사장의 축복

22 여호와께서 모세에게 말씀하여 이
르시되
23 아론과 그의 아들들에게 말하여
이르기를 너희는 이스라엘 자손을
위하여 이렇게 축복하여 이르되

13
14
15
16
17
18
19
20
21
22
23

24 여호와는 네게 복을 주시고 너를
지키시기를 원하며
25 여호와는 그의 얼굴을 네게 비추
사 은혜 베푸시기를 원하며
26 여호와는 그 얼굴을 네게로 향하
여 드사 평강 주시기를 원하노라
할지니라 하라
27 그들은 이같이 내 이름으로 이스
라엘 자손에게 축복할지니 내가 그
들에게 복을 주리라

감독된 자들이 드린 헌물

7 모세가 장막 세우기를 끝내고
그것에 기름을 발라 거룩히 구
별하고 또 그 모든 기구와 제단과
그 모든 기물에 기름을 발라 거룩
히 구별한 날에
2 이스라엘 지휘관들 곧 그들의 조상
의 가문의 우두머리들이요 그 지
파의 지휘관으로서 그 계수함을 받
은 자의 감독된 자들이 헌물을 드
렸으니
3 그들이 여호와께 드린 헌물은 덮개
있는 수레 여섯 대와 소 열두 마리
이니 지휘관 두 사람에 수레가 하
나씩이요 지휘관 한 사람에 소가
한 마리씩이라 그것들을 장막 앞
에 드린지라
4 여호와께서 모세에게 말씀하여 이
르시되
5 그것을 그들에게서 받아 레위인에
게 주어 각기 직임대로 회막 봉사
에 쓰게 할지니라
6 모세가 수레와 소를 받아 레위인에
게 주었으니
7 곧 게르손 자손들에게는 그들의 직
임대로 수레 둘과 소 네 마리를 주
었고
8 므라리 자손들에게는 그들의 직임
대로 수레 넷과 소 여덟 마리를 주
고 제사장 아론의 아들 이다말에
게 감독하게 하였으나
9 고핫 자손에게는 주지 아니하였으
니 그들의 성소의 직임은 그 어깨
로 메는 일을 하는 까닭이었더라
10 제단에 기름을 바르던 날에 지휘
관들이 제단의 봉헌을 위하여 헌
물을 가져다가 그 헌물을 제단 앞
에 드리니라

24
25
26
27
7
2
3
4
5
6
7
8
9
10

11 여호와께서 모세에게 이르시기를 지휘관들은 하루 한 사람씩 제단의 봉헌물을 드릴지니라 하셨더라

12 첫째 날에 헌물을 드린 자는 유다 지파 암미나답의 아들 나손이라

13 그의 헌물은 성소의 세겔로 백삼십 세겔 무게의 은반 하나와 칠십 세겔 무게의 은 바리 하나라 이 두 그릇에는 소제물로 기름 섞은 고운 가루를 채웠고

14 또 열 세겔 무게의 금 그릇 하나라 그것에는 향을 채웠고

15 또 번제물로 수송아지 한 마리와 숫양 한 마리와 일 년 된 어린 숫양 한 마리이며

16 속죄제물로 숫염소 한 마리이며

17 화목제물로 소 두 마리와 숫양 다섯 마리와 숫염소 다섯 마리와 일 년 된 어린 숫양 다섯 마리라 이는 암미나답의 아들 나손의 헌물이었더라

18 둘째 날에는 잇사갈의 지휘관 수알의 아들 느다넬이 헌물을 드렸으니

19 그가 드린 헌물도 성소의 세겔로 백삼십 세겔 무게의 은반 하나와 칠십 세겔 무게의 은 바리 하나라 이 두 그릇에는 소제물로 기름 섞은 고운 가루를 채웠고

20 또 열 세겔 무게의 금 그릇 하나라 그것에는 향을 채웠고

21 또 번제물로 수송아지 한 마리와 숫양 한 마리와 일 년 된 어린 숫양 한 마리이며

22 속죄제물로 숫염소 한 마리이며

23 화목제물로 소 두 마리와 숫양 다섯 마리와 숫염소 다섯 마리와 일 년 된 어린 숫양 다섯 마리라 이는 수알의 아들 느다넬의 헌물이었더라

24 셋째 날에는 스불론 자손의 지휘관 헬론의 아들 엘리압이 헌물을 드렸으니

25 그의 헌물도 성소의 세겔로 백삼십 세겔 무게의 은반 하나와 칠십 세겔 무게의 은 바리 하나라 이 두 그릇에는 소제물로 기름 섞은 고운 가루를 채웠고

26 또 열 세겔 무게의 금 그릇 하나라
이것에는 향을 채웠고
27 또 번제물로 수송아지 한 마리와
숫양 한 마리와 일 년 된 어린 숫
양 한 마리이며
28 속죄제물로 숫염소 한 마리이며
29 화목제물로 소 두 마리와 숫양 다
섯 마리와 숫염소 다섯 마리와 일
년 된 어린 숫양 다섯 마리라 이는
헬론의 아들 엘리압의 헌물이었더
라
30 넷째 날에는 르우벤 자손의 지휘
관 스데울의 아들 엘리술이 헌물
을 드렸으니
31 그의 헌물도 성소의 세겔로 백삼십
세겔 무게의 은 쟁반 하나와 칠십
세겔 무게의 은 바리 하나라 이 두
그릇에는 소제물로 기름 섞은 고운
가루를 채웠고
32 또 열 세겔 무게의 금 그릇 하나라
이것에는 향을 채웠고
33 또 번제물로 수송아지 한 마리와
숫양 한 마리와 일 년 된 어린 숫
양 한 마리이며
34 속죄제물로 숫염소 한 마리이며
35 화목제물로 소 두 마리와 숫양 다
섯 마리와 숫염소 다섯 마리와 일
년 된 어린 숫양 다섯 마리라 이는
스데울의 아들 엘리술의 헌물이었
더라
36 다섯째 날에는 시므온 자손의 지
휘관 수리삿대의 아들 슬루미엘이
헌물을 드렸으니
37 그 헌물도 성소의 세겔로 백삼십
세겔 무게의 은 쟁반 하나와 칠십
세겔 무게의 은 바리 하나라 이 두
그릇에는 소제물로 기름 섞은 고운
가루를 채웠고
38 또 열 세겔 무게의 금 그릇 하나라
이것에는 향을 채웠고
39 또 번제물로 수송아지 한 마리와
숫양 한 마리와 일 년 된 어린 숫
양 한 마리이며
40 속죄제물로 숫염소 한 마리이며
41 화목제물로 소 두 마리와 숫양 다
섯 마리와 숫염소 다섯 마리와 일
년 된 어린 숫양 다섯 마리라 이는
수리삿대의 아들 슬루미엘의 헌물

이었더라
42 여섯째 날에는 갓 자손의 지휘관
드우엘의 아들 엘리아삽이 헌물을
드렸으니
43 그의 헌물도 성소의 세겔로 백삼십
세겔 무게의 은 쟁반 하나와 칠십
세겔 무게의 은 바리 하나라 이 두
그릇에는 소제물로 기름 섞은 고운
가루를 채웠고
44 또 열 세겔 무게의 금 그릇 하나라
이것에는 향을 채웠고
45 또 번제물로 수송아지 한 마리와
숫양 한 마리와 일 년 된 어린 숫
양 한 마리이며
46 속죄제물로 숫염소 한 마리이며
47 화목제물로 소 두 마리와 숫양 다
섯 마리와 숫염소 다섯 마리와 일
년 된 어린 숫양 다섯 마리라 이는
드우엘의 아들 엘리아삽의 헌물이
었더라
48 일곱째 날에는 에브라임 자손의
지휘관 암미훗의 아들 엘리사마가
헌물을 드렸으니
49 그의 헌물도 성소의 세겔로 백삼십
세겔 무게의 은 쟁반 하나와 칠십
세겔 무게의 은 바리 하나라 이 두
그릇에는 소제물로 기름 섞은 고운
가루를 채웠고
50 또 열 세겔 무게의 금 그릇 하나라
이것에는 향을 채웠고
51 또 번제물로 수송아지 한 마리와
숫양 한 마리와 일 년 된 어린 숫
양 한 마리이며
52 속죄제물로 숫염소 한 마리이며
53 화목제물로 소 두 마리와 숫양 다
섯 마리와 숫염소 다섯 마리와 일
년 된 어린 숫양 다섯 마리라 이는
암미훗의 아들 엘리사마의 헌물이
었더라
54 여덟째 날에는 므낫세 자손의 지휘
관 브다술의 아들 가말리엘이 헌
물을 드렸으니
55 그 헌물도 성소의 세겔로 백삼십
세겔 무게의 은 쟁반 하나와 칠십
세겔 무게의 은 바리 하나라 이 두
그릇에는 소제물로 기름 섞은 고운
가루를 채웠고
56 또 열 세겔 무게의 금 그릇 하나라

이것에는 향을 채웠고

57 또 번제물로 수송아지 한 마리와 숫양 한 마리와 일 년 된 어린 숫양 한 마리이며

58 속죄제물로 숫염소 한 마리이며

59 화목제물로 소 두 마리와 숫양 다섯 마리와 숫염소 다섯 마리와 일 년 된 어린 숫양 다섯 마리라 이는 브다술의 아들 가말리엘의 헌물이었더라

60 아홉째 날에는 베냐민 자손의 지휘관 기드오니의 아들 아비단이 헌물을 드렸으니

61 그의 헌물도 성소의 세겔로 백삼십 세겔 무게의 은 쟁반 하나와 칠십 세겔 무게의 은 바리 하나라 이 두 그릇에는 소제물로 기름 섞은 고운 가루를 채웠고

62 또 열 세겔 무게의 금 그릇 하나라 이것에는 향을 채웠고

63 또 번제물로 수송아지 한 마리와 숫양 한 마리와 일 년 된 어린 숫양 한 마리이며

64 속죄제물로 숫염소 한 마리이며

65 화목제물로 소 두 마리와 숫양 다섯 마리와 숫염소 다섯 마리와 일 년 된 어린 숫양 다섯 마리라 이는 기드오니의 아들 아비단의 헌물이었더라

66 열째 날에는 단 자손의 지휘관 암미삿대의 아들 아히에셀이 헌물을 드렸으니

67 그의 헌물도 성소의 세겔로 백삼십 세겔 무게의 은 쟁반 하나와 칠십 세겔 무게의 은 바리 하나라 이 두 그릇에는 소제물로 기름 섞은 고운 가루를 채웠고

68 또 열 세겔 무게의 금 그릇 하나라 이것에는 향을 채웠고

69 또 번제물로 수송아지 한 마리와 숫양 한 마리와 일 년 된 어린 숫양 한 마리이며

70 속죄제물로 숫염소 한 마리이며

71 화목제물로 소 두 마리와 숫양 다섯 마리와 숫염소 다섯 마리와 일 년 된 어린 숫양 다섯 마리라 이는 암미삿대의 아들 아히에셀의 헌물이었더라

72 열한째 날에는 아셀 자손의 지휘
관 오그란의 아들 바기엘이 헌물을
드렸으니
73 그의 헌물도 성소의 세겔로 백삼십
세겔 무게의 은 쟁반 하나와 칠십
세겔 무게의 은 바리 하나라 이 두
그릇에는 소제물로 기름 섞은 고운
가루를 채웠고
74 또 열 세겔 무게의 금 그릇 하나라
이것에는 향을 채웠고
75 또 번제물로 수송아지 한 마리와
숫양 한 마리와 일 년 된 어린 숫
양 한 마리이며
76 속죄제물로 숫염소 한 마리이며
77 화목제물로 소 두 마리와 숫양 다
섯 마리와 숫염소 다섯 마리와 일
년 된 어린 숫양 다섯 마리라 이는
오그란의 아들 바기엘의 헌물이었
더라
78 열두째 날에는 납달리 자손의 지
휘관 에난의 아들 아히라가 헌물
을 드렸으니
79 그의 헌물도 성소의 세겔로 백삼십
세겔 무게의 은 쟁반 하나와 칠십
세겔 무게의 은 바리 하나라 이 두
그릇에는 소제물로 기름 섞은 고운
가루를 채웠고
80 또 열 세겔 무게의 금 그릇 하나라
이것에는 향을 채웠고
81 또 번제물로 수송아지 한 마리와
숫양 한 마리와 일 년 된 어린 숫
양 한 마리이며
82 속죄제물로 숫염소 한 마리이며
83 화목제물로 소 두 마리와 숫양 다
섯 마리와 숫염소 다섯 마리와 일
년 된 어린 숫양 다섯 마리라 이는
에난의 아들 아히라의 헌물이었더
라
84 이는 곧 제단에 기름 바르던 날에
이스라엘 지휘관들이 드린 바 제단
의 봉헌물이라 은 쟁반이 열둘이
요 은 바리가 열둘이요 금 그릇이
열둘이니
85 은 쟁반은 각각 백삼십 세겔 무게
요 은 바리는 각각 칠십 세겔 무게
라 성소의 세겔로 모든 기구의 은
이 모두 이천사백 세겔이요
86 또 향을 채운 금 그릇이 열둘이니

72
73
74
75
76
77
78
79
80
81
82
83
84
85
86

성소의 세겔로 각각 열 세겔 무게
라 그 그릇의 금이 모두 백이십 세
겔이요
87 또 번제물로 수송아지가 열두 마리
요 숫양이 열두 마리요 일 년 된 어
린 숫양이 열두 마리요 그 소제물
이며 속죄제물로 숫염소가 열두 마
리이며
88 화목제물로 수소가 스물네 마리요
숫양이 육십 마리요 숫염소가 육십
마리요 일 년 된 어린 숫양이 육십
마리라 이는 제단에 기름 바른 후
에 드린 바 제단의 봉헌물이었더라
89 모세가 회막에 들어가서 여호와께
말하려 할 때에 증거궤 위 속죄소
위의 두 그룹 사이에서 자기에게
말씀하시는 목소리를 들었으니 여
호와께서 그에게 말씀하심이었더
라

등잔을 차려 놓는 방식

8 여호와께서 또 모세에게 말씀
하여 이르시되
2 아론에게 말하여 이르라 등불을
켤 때에는 일곱 등잔을 등잔대 앞
으로 비추게 할지니라 하시매
3 아론이 그리하여 등불을 등잔대
앞으로 비추도록 켰으니 여호와께
서 모세에게 명령하심과 같았더라
4 이 등잔대의 제작법은 이러하니 곧
금을 쳐서 만든 것인데 밑판에서
그 꽃까지 쳐서 만든 것이라 모세
가 여호와께서 자기에게 보이신 양
식을 따라 이 등잔대를 만들었더라

레위인을 요제로 여호와께 드리다

5 여호와께서 모세에게 말씀하여 이
르시되
6 이스라엘 자손 중에서 레위인을 데
려다가 정결하게 하라
7 너는 이같이 하여 그들을 정결하게
하되 곧 속죄의 물을 그들에게 뿌
리고 그들에게 그들의 전신을 삭도
로 밀게 하고 그 의복을 빨게 하여
몸을 정결하게 하고
8 또 그들에게 수송아지 한 마리를
번제물로, 기름 섞은 고운 가루를
그 소제물로 가져오게 하고 그 외
에 너는 또 수송아지 한 마리를 속
죄제물로 가져오고

87
88
89
8 2
3
4
5
6
7
8

9 레위인을 회막 앞에 나오게 하고
이스라엘 자손의 온 회중을 모으
고
10 레위인을 여호와 앞에 나오게 하고
이스라엘 자손이 그들에게 안수하
게 한 후에
11 아론이 이스라엘 자손을 위하여
레위인을 흔들어 바치는 제물로 여
호와 앞에 드릴지니 이는 그들에게
여호와께 봉사하게 하기 위함이라
12 레위인으로 수송아지들의 머리에
안수하게 하고 네가 그 하나는 속
죄제물로, 하나는 번제물로 여호와
께 드려 레위인을 속죄하고
13 레위인을 아론과 그의 아들들 앞
에 세워 여호와께 요제로 드릴지니
라
14 너는 이같이 이스라엘 자손 중에
서 레위인을 구별하라 그리하면 그
들이 내게 속할 것이라
15 네가 그들을 정결하게 하여 요제로
드린 후에 그들이 회막에 들어가서
봉사할 것이니라
16 그들은 이스라엘 자손 중에서 내
게 온전히 드린 바 된 자라 이스라
엘 자손 중 모든 초태생 곧 모든 처
음 태어난 자 대신 내가 그들을 취
하였나니
17 이스라엘 자손 중에 처음 태어난
것은 사람이든지 짐승이든지 다 내
게 속하였음은 내가 애굽 땅에서
모든 처음 태어난 자를 치던 날에
그들을 내게 구별하였음이라
18 이러므로 내가 이스라엘 자손 중
모든 처음 태어난 자 대신 레위인
을 취하였느니라
19 내가 이스라엘 자손 중에서 레위인
을 취하여 그들을 아론과 그의 아
들들에게 주어 그들로 회막에서 이
스라엘 자손을 대신하여 봉사하게
하며 또 이스라엘 자손을 위하여
속죄하게 하였나니 이는 이스라엘
자손이 성소에 가까이 할 때에 그
들 중에 재앙이 없게 하려 하였음
이니라
20 모세와 아론과 이스라엘 자손의
온 회중이 여호와께서 레위인에 대
하여 모세에게 명령하신 것을 다

9
10
11
12
13
14
15
16
17
18
19
20

따라 레위인에게 행하였으되 곧 이스라엘 자손이 그와 같이 그들에게 행하였더라

21 레위인이 이에 죄에서 스스로 깨끗하게 하고 그들의 옷을 빨매 아론이 그들을 여호와 앞에 요제로 드리고 그가 또 그들을 위하여 속죄하여 정결하게 한

22 후에 레위인이 회막에 들어가서 아론과 그의 아들들 앞에서 봉사하니라 여호와께서 레위인의 일에 대하여 모세에게 명령하게 하신 것을 따라 그와 같이 그들에게 행하였더라

23 여호와께서 또 모세에게 말씀하여 이르시되

24 레위인은 이같이 할지니 곧 이십오 세 이상으로는 회막에 들어가서 복무하고 봉사할 것이요

25 오십 세부터는 그 일을 쉬어 봉사하지 아니할 것이나

26 그의 형제와 함께 회막에서 돕는 직무를 지킬 것이요 일하지 아니할 것이라 너는 레위인의 직무에 대하여 이같이 할지니라

두 번째 유월절

9 애굽 땅에서 나온 다음 해 첫째 달에 여호와께서 시내 광야에서 모세에게 말씀하여 이르시되

2 이스라엘 자손에게 유월절을 그 정한 기일에 지키게 하라

3 그 정한 기일 곧 이 달 열넷째 날 해 질 때에 너희는 그것을 지키되 그 모든 율례와 그 모든 규례대로 지킬지니라

4 모세가 이스라엘 자손에게 명령하여 유월절을 지키라 하매

5 그들이 첫째 달 열넷째 날 해 질 때에 시내 광야에서 유월절을 지켰으되 이스라엘 자손이 여호와께서 모세에게 명령하신 것을 다 따라 행하였더라

6 그 때에 사람의 시체로 말미암아 부정하게 되어서 유월절을 지킬 수 없는 사람들이 있었는데 그들이 그 날에 모세와 아론 앞에 이르러

7 그에게 이르되 우리가 사람의 시체로 말미암아 부정하게 되었거니와

우리를 금지하여 이스라엘 자손과 함께 정한 기일에 여호와께 헌물을 드리지 못하게 하심은 어찌함이니이까

8 모세가 그들에게 이르되 기다리라 여호와께서 너희에게 대하여 어떻게 명령하시는지 내가 들으리라

9 여호와께서 모세에게 말씀하여 이르시되

10 이스라엘 자손에게 말하여 이르라 너희나 너희 후손 중에 시체로 말미암아 부정하게 되든지 먼 여행 중에 있다 할지라도 다 여호와 앞에 마땅히 유월절을 지키되

11 둘째 달 열넷째 날 해 질 때에 그것을 지켜서 어린 양에 무교병과 쓴 나물을 아울러 먹을 것이요

12 아침까지 그것을 조금도 남겨두지 말며 그 뼈를 하나도 꺾지 말아서 유월절 모든 율례대로 지킬 것이니라

13 그러나 사람이 정결하기도 하고 여행 중에도 있지 아니하면서 유월절을 지키지 아니하는 자는 그 백성 중에서 끊어지리니 이런 사람은 그 정한 기일에 여호와께 헌물을 드리지 아니하였은즉 그의 죄를 담당할지며

14 만일 타국인이 너희 중에 거류하여 여호와 앞에 유월절을 지키고자 하면 유월절 율례대로 그 규례를 따라서 행할지니 거류민에게나 본토인에게나 그 율례는 동일할 것이니라

길을 안내한 구름

15 성막을 세운 날에 구름이 성막 곧 증거의 성막을 덮었고 저녁이 되면 성막 위에 불 모양 같은 것이 나타나서 아침까지 이르렀으되

16 항상 그러하여 낮에는 구름이 그것을 덮었고 밤이면 불 모양이 있었는데

17 구름이 성막에서 떠오르는 때에는 이스라엘 자손이 곧 행진하였고 구름이 머무는 곳에 이스라엘 자손이 진을 쳤으니

18 이스라엘 자손이 여호와의 명령을 따라 행진하였고 여호와의 명령을

따라 진을 쳤으며 구름이 성막 위
에 머무는 동안에는 그들이 진영
에 머물렀고
19 구름이 성막 위에 머무는 날이 오
랠 때에는 이스라엘 자손이 여호
와의 명령을 지켜 행진하지 아니하
였으며
20 혹시 구름이 성막 위에 머무는 날
이 적을 때에도 그들이 다만 여호
와의 명령을 따라 진영에 머물고
여호와의 명령을 따라 행진하였으
며
21 혹시 구름이 저녁부터 아침까지 있
다가 아침에 그 구름이 떠오를 때에
는 그들이 행진하였고 구름이 밤낮
있다가 떠오르면 곧 행진하였으며
22 이틀이든지 한 달이든지 일 년이든
지 구름이 성막 위에 머물러 있을
동안에는 이스라엘 자손이 진영에
머물고 행진하지 아니하다가 떠오
르면 행진하였으니
23 곧 그들이 여호와의 명령을 따라
진을 치며 여호와의 명령을 따라
행진하고 또 모세를 통하여 이르신
여호와의 명령을 따라 여호와의 직
임을 지켰더라

나팔 신호

10 여호와께서 모세에게 말씀
하여 이르시되
2 은 나팔 둘을 만들되 두들겨 만들
어서 그것으로 회중을 소집하며 진
영을 출발하게 할 것이라
3 나팔 두 개를 불 때에는 온 회중이
회막 문 앞에 모여서 네게로 나아
올 것이요
4 하나만 불 때에는 이스라엘의 천
부장 된 지휘관들이 모여서 네게
로 나아올 것이며
5 너희가 그것을 크게 불 때에는 동
쪽 진영들이 행진할 것이며
6 두 번째로 크게 불 때에는 남쪽 진
영들이 행진할 것이라 떠나려 할
때에는 나팔 소리를 크게 불 것이
며
7 또 회중을 모을 때에도 나팔을 불
것이나 소리를 크게 내지 말며
8 그 나팔은 아론의 자손인 제사장
들이 불지니 이는 너희 대대에 영

19 20 21 22 23 10 2 3 4 5 6 7 8

원한 율례니라
9 또 너희 땅에서 너희가 자기를 압
박하는 대적을 치러 나갈 때에는
나팔을 크게 불지니 그리하면 너희
하나님 여호와가 너희를 기억하고
너희를 너희의 대적에게서 구원하
시리라
10 또 너희의 희락의 날과 너희가 정
한 절기와 초하루에는 번제물을 드
리고 화목제물을 드리며 나팔을
불라 그로 말미암아 너희의 하나님
이 너희를 기억하시리라 나는 너희
의 하나님 여호와니라

이스라엘 자손이 진행하기를 시작하다

11 둘째 해 둘째 달 스무날에 구름이
증거의 성막에서 떠오르매
12 이스라엘 자손이 시내 광야에서
출발하여 자기 길을 가더니 바란
광야에 구름이 머무니라
13 이와 같이 그들이 여호와께서 모세
에게 명령하신 것을 따라 행진하기
를 시작하였는데
14 선두로 유다 자손의 진영의 군기에
속한 자들이 그들의 진영별로 행진
하였으니 유다 군대는 암미나답의
아들 나손이 이끌었고
15 잇사갈 자손 지파의 군대는 수알의
아들 느다넬이 이끌었고
16 스불론 자손 지파의 군대는 헬론
의 아들 엘리압이 이끌었더라
17 이에 성막을 걷으매 게르손 자손
과 므라리 자손이 성막을 메고 출
발하였으며
18 다음으로 르우벤 진영의 군기에 속
한 자들이 그들의 진영별로 출발하
였으니 르우벤의 군대는 스데울의
아들 엘리술이 이끌었고
19 시므온 자손 지파의 군대는 수리
삿대의 아들 슬루미엘이 이끌었
고
20 갓 자손 지파의 군대는 드우엘의
아들 엘리아삽이 이끌었더라
21 고핫인은 성물을 메고 행진하였고
그들이 이르기 전에 성막을 세웠으
며
22 다음으로 에브라임 자손 진영의

9

10

11

12

13

14

15

16

17

18

19

20

21

22

군기에 속한 자들이 그들의 진영별
로 행진하였으니 에브라임 군대는
암미훗의 아들 엘리사마가 이끌었
고 23
23 므낫세 자손 지파의 군대는 브다술
의 아들 가말리엘이 이끌었고
24 베냐민 자손 지파의 군대는 기드오 24
니의 아들 아비단이 이끌었더라
25 다음으로 단 자손 진영의 군기에
속한 자들이 그들의 진영별로 행 25
진하였으니 이 군대는 모든 진영의
마지막 진영이었더라 단 군대는 암
미삿대의 아들 아히에셀이 이끌었
고
26 아셀 자손 지파의 군대는 오그란 26
의 아들 바기엘이 이끌었고
27 납달리 자손 지파의 군대는 에난
의 아들 아히라가 이끌었더라 27
28 이스라엘 자손이 행진할 때에 이와
같이 그들의 군대를 따라 나아갔
더라 28
29 모세가 모세의 장인 미디안 사람
르우엘의 아들 호밥에게 이르되 여
호와께서 주마 하신 곳으로 우리 29
가 행진하나니 우리와 동행하자 그
리하면 선대하리라 여호와께서 이
스라엘에게 복을 내리리라 하셨느
니라
30 호밥이 그에게 이르되 나는 가지
아니하고 내 고향 내 친족에게로 30
가리라
31 모세가 이르되 청하건대 우리를 떠
나지 마소서 당신은 우리가 광야에 31
서 어떻게 진 칠지를 아나니 우리
의 눈이 되리이다
32 우리와 동행하면 여호와께서 우리
에게 복을 내리시는 대로 우리도 32
당신에게 행하리이다
33 그들이 여호와의 산에서 떠나 삼
일 길을 갈 때에 여호와의 언약궤 33
가 그 삼 일 길에 앞서가며 그들의
쉴 곳을 찾았고
34 그들이 진영을 떠날 때에 낮에는
여호와의 구름이 그 위에 덮였었더 34
라
35 궤가 떠날 때에는 모세가 말하되
여호와여 일어나사 주의 대적들을 35

흩으시고 주를 미워하는 자가 주
앞에서 도망하게 하소서 하였고
36 궤가 쉴 때에는 말하되 여호와여
이스라엘 종족들에게로 돌아오소
서 하였더라

다베라

11 여호와께서 들으시기에 백
성이 악한 말로 원망하매 여
호와께서 들으시고 진노하사 여호
와의 불을 그들 중에 붙여서 진영
끝을 사르게 하시매
2 백성이 모세에게 부르짖으므로 모
세가 여호와께 기도하니 불이 꺼졌
더라
3 그 곳 이름을 다베라라 불렀으니
이는 여호와의 불이 그들 중에 붙
은 까닭이었더라

모세가 장로 칠십 인을 뽑다

4 그들 중에 섞여 사는 다른 인종들
이 탐욕을 품으매 이스라엘 자손
도 다시 울며 이르되 누가 우리에
게 고기를 주어 먹게 하랴
5 우리가 애굽에 있을 때에는 값없이
생선과 오이와 참외와 부추와 파와
마늘들을 먹은 것이 생각나거늘
6 이제는 우리의 기력이 다하여 이
만나 외에는 보이는 것이 아무 것
도 없도다 하니
7 만나는 깟씨와 같고 모양은 진주와
같은 것이라
8 백성이 두루 다니며 그것을 거두어
맷돌에 갈기도 하며 절구에 찧기도
하고 가마에 삶기도 하여 과자를
만들었으니 그 맛이 기름 섞은 과
자 맛 같았더라
9 밤에 이슬이 진영에 내릴 때에 만
나도 함께 내렸더라
10 백성의 온 종족들이 각기 자기 장
막 문에서 우는 것을 모세가 들으
니라 이러므로 여호와의 진노가 심
히 크고 모세도 기뻐하지 아니하여
11 모세가 여호와께 여짜오되 어찌하
여 주께서 종을 괴롭게 하시나이까
어찌하여 내게 주의 목전에서 은혜
를 입게 아니하시고 이 모든 백성
을 내게 맡기사 내가 그 짐을 지게
하시나이까
12 이 모든 백성을 내가 배었나이까

36
11
2
3
4
5
6
7
8
9
10
11
12

내가 그들을 낳았나이까 어찌 주
께서 내게 양육하는 아버지가 젖
먹는 아이를 품듯 그들을 품에 품
고 주께서 그들의 열조에게 맹세하
신 땅으로 가라 하시나이까
13 이 모든 백성에게 줄 고기를 내가
어디서 얻으리이까 그들이 나를 향
하여 울며 이르되 우리에게 고기를
주어 먹게 하라 하온즉
14 책임이 심히 중하여 나 혼자는 이
모든 백성을 감당할 수 없나이다
15 주께서 내게 이같이 행하실진대 구
하옵나니 내게 은혜를 베푸사 즉
시 나를 죽여 내가 고난 당함을 내
가 보지 않게 하옵소서
16 여호와께서 모세에게 이르시되 이
스라엘 노인 중에 네가 알기로 백
성의 장로와 지도자가 될 만한 자
칠십 명을 모아 내게 데리고 와 회
막에 이르러 거기서 너와 함께 서
게 하라
17 내가 강림하여 거기서 너와 말하고
네게 임한 영을 그들에게도 임하게
하리니 그들이 너와 함께 백성의
짐을 담당하고 너 혼자 담당하지
아니하리라
18 또 백성에게 이르기를 너희의 몸을
거룩히 하여 내일 고기 먹기를 기
다리라 너희가 울며 이르기를 누가
우리에게 고기를 주어 먹게 하랴
애굽에 있을 때가 우리에게 좋았다
하는 말이 여호와께 들렸으므로
여호와께서 너희에게 고기를 주어
먹게 하실 것이라
19 하루나 이틀이나 닷새나 열흘이나
스무 날만 먹을 뿐 아니라
20 냄새도 싫어하기까지 한 달 동안 먹
게 하시리니 이는 너희가 너희 중에
계시는 여호와를 멸시하고 그 앞에
서 울며 이르기를 우리가 어찌하여
애굽에서 나왔던가 함이라 하라
21 모세가 이르되 나와 함께 있는 이
백성의 보행자가 육십만 명이온데
주의 말씀이 한 달 동안 고기를 주
어 먹게 하겠다 하시오니
22 그들을 위하여 양 떼와 소 떼를 잡
은들 족하오며 바다의 모든 고기를
모은들 족하오리이까

23 여호와께서 모세에게 이르시되 여
호와의 손이 짧으냐 네가 이제 내
말이 네게 응하는 여부를 보리라
24 모세가 나가서 여호와의 말씀을 백
성에게 알리고 백성의 장로 칠십
인을 모아 장막에 둘러 세우매
25 여호와께서 구름 가운데 강림하사
모세에게 말씀하시고 그에게 임한
영을 칠십 장로에게도 임하게 하시
니 영이 임하신 때에 그들이 예언을
하다가 다시는 하지 아니하였더라
26 그 기명된 자 중 엘닷이라 하는 자
와 메닷이라 하는 자 두 사람이 진
영에 머물고 장막에 나아가지 아니
하였으나 그들에게도 영이 임하였
으므로 진영에서 예언한지라
27 한 소년이 달려와서 모세에게 전하
여 이르되 엘닷과 메닷이 진중에
서 예언하나이다 하매
28 택한 자 중 한 사람 곧 모세를 섬기
는 눈의 아들 여호수아가 말하여
이르되 내 주 모세여 그들을 말리
소서
29 모세가 그에게 이르되 네가 나를
두고 시기하느냐 여호와께서 그의
영을 그의 모든 백성에게 주사 다
선지자가 되게 하시기를 원하노라
30 모세와 이스라엘 장로들이 진중으
로 돌아왔더라

여호와께서 메추라기를 보내시다

31 바람이 여호와에게서 나와 바다에
서부터 메추라기를 몰아 진영 곁
이쪽 저쪽 곧 진영 사방으로 각기
하룻길 되는 지면 위 두 규빗쯤에
내리게 한지라
32 백성이 일어나 그 날 종일 종야와
그 이튿날 종일토록 메추라기를 모
으니 적게 모은 자도 열 호멜이라
그들이 자기들을 위하여 진영 사면
에 펴 두었더라
33 고기가 아직 이 사이에 있어 씹히
기 전에 여호와께서 백성에게 대하
여 진노하사 심히 큰 재앙으로 치
셨으므로
34 그 곳 이름을 기브롯 핫다아와라
불렀으니 욕심을 낸 백성을 거기
장사함이었더라
35 백성이 기브롯 핫다아와에서 행진

하여 하세롯에 이르러 거기 거하니
라

미리암이 벌을 받다

12 모세가 구스 여자를 취하였
더니 그 구스 여자를 취하
였으므로 미리암과 아론이 모세를
비방하니라
2 그들이 이르되 여호와께서 모세와
만 말씀하셨느냐 우리와도 말씀하
지 아니하셨느냐 하매 여호와께서
이 말을 들으셨더라
3 이 사람 모세는 온유함이 지면의
모든 사람보다 더하더라
4 여호와께서 갑자기 모세와 아론과
미리암에게 이르시되 너희 세 사람
은 회막으로 나아오라 하시니 그
세 사람이 나아가매
5 여호와께서 구름 기둥 가운데로부
터 강림하사 장막 문에 서시고 아
론과 미리암을 부르시는지라 그 두
사람이 나아가매
6 이르시되 내 말을 들으라 너희 중
에 선지자가 있으면 나 여호와가
환상으로 나를 그에게 알리기도 하
고 꿈으로 그와 말하기도 하거니와
7 내 종 모세와는 그렇지 아니하니
그는 내 온 집에 충성함이라
8 그와는 내가 대면하여 명백히 말
하고 은밀한 말로 하지 아니하며
그는 또 여호와의 형상을 보거늘
너희가 어찌하여 내 종 모세 비방
하기를 두려워하지 아니하느냐
9 여호와께서 그들을 향하여 진노하
시고 떠나시매
10 구름이 장막 위에서 떠나갔고 미리
암은 나병에 걸려 눈과 같더라 아
론이 미리암을 본즉 나병에 걸렸는
지라
11 아론이 이에 모세에게 이르되 슬
프도다 내 주여 우리가 어리석은
일을 하여 죄를 지었으나 청하건대
그 벌을 우리에게 돌리지 마소서
12 그가 살이 반이나 썩어 모태로부터
죽어서 나온 자 같이 되지 않게 하
소서
13 모세가 여호와께 부르짖어 이르되
하나님이여 원하건대 그를 고쳐 주
옵소서

12

2

3

4

5

6

7

8

9

10

11

12

13

14 여호와께서 모세에게 이르시되 그
의 아버지가 그의 얼굴에 침을 뱉
었을지라도 그가 이레 동안 부끄러
워하지 않겠느냐 그런즉 그를 진영
밖에 이레 동안 가두고 그 후에 들
어오게 할지니라 하시니
15 이에 미리암이 진영 밖에 이레 동안
갇혀 있었고 백성은 그를 다시 들어
오게 하기까지 행진하지 아니하다가
16 그 후에 백성이 하세롯을 떠나 바
란 광야에 진을 치니라

가나안 땅 정탐

13 여호와께서 모세에게 말씀
하여 이르시되
2 사람을 보내어 내가 이스라엘 자손
에게 주는 가나안 땅을 정탐하게 하
되 그들의 조상의 가문 각 지파 중
에서 지휘관 된 자 한 사람씩 보내라
3 모세가 여호와의 명령을 따라 바란
광야에서 그들을 보냈으니 그들은 다
이스라엘 자손의 수령 된 사람이라
4 그들의 이름은 이러하니라 르우벤
지파에서는 삭굴의 아들 삼무아요
5 시므온 지파에서는 호리의 아들 사
밧이요
6 유다 지파에서는 여분네의 아들
갈렙이요
7 잇사갈 지파에서는 요셉의 아들 이
갈이요
8 에브라임 지파에서는 눈의 아들
호세아요
9 베냐민 지파에서는 라부의 아들
발디요
10 스불론 지파에서는 소디의 아들
갓디엘이요
11 요셉 지파 곧 므낫세 지파에서는
수시의 아들 갓디요
12 단 지파에서는 그말리의 아들 암미
엘이요
13 아셀 지파에서는 미가엘의 아들
스둘이요
14 납달리 지파에서는 웝시의 아들 나
비요
15 갓 지파에서는 마기의 아들 그우엘
이니
16 이는 모세가 땅을 정탐하러 보낸
자들의 이름이라 모세가 눈의 아
들 호세아를 여호수아라 불렀더라

14

15

16

13 2

3

4

5
6
7
8
9
10
11
12
13
14
15
16

17 모세가 가나안 땅을 정탐하러 그
들을 보내며 이르되 너희는 네겝
길로 행하여 산지로 올라가서
18 그 땅이 어떠한지 정탐하라 곧 그
땅 거민이 강한지 약한지 많은지
적은지와
19 그들이 사는 땅이 좋은지 나쁜지와
사는 성읍이 진영인지 산성인지와
20 토지가 비옥한지 메마른지 나무가
있는지 없는지를 탐지하라 담대하
라 또 그 땅의 실과를 가져오라 하
니 그 때는 포도가 처음 익을 즈음
이었더라
21 이에 그들이 올라가서 땅을 정탐하
되 신 광야에서부터 하맛 어귀 르
홉에 이르렀고
22 또 네겝으로 올라가서 헤브론에 이
르렀으니 헤브론은 애굽 소안보다
칠 년 전에 세운 곳이라 그 곳에 아
낙 자손 아히만과 세새와 달매가
있었더라
23 또 에스골 골짜기에 이르러 거기서
포도송이가 달린 가지를 베어 둘
이 막대기에 꿰어 메고 또 석류와
무화과를 따니라
24 이스라엘 자손이 거기서 포도를 베
었으므로 그 곳을 에스골 골짜기
라 불렀더라
25 사십 일 동안 땅을 정탐하기를 마
치고 돌아와
26 바란 광야 가데스에 이르러 모세
와 아론과 이스라엘 자손의 온 회
중에게 나아와 그들에게 보고하고
그 땅의 과일을 보이고
27 모세에게 말하여 이르되 당신이 우
리를 보낸 땅에 간즉 과연 그 땅에
젖과 꿀이 흐르는데 이것은 그 땅
의 과일이니이다
28 그러나 그 땅 거주민은 강하고 성
읍은 견고하고 심히 클 뿐 아니라
거기서 아낙 자손을 보았으며
29 아말렉인은 남방 땅에 거주하고 헷
인과 여부스인과 아모리인은 산지
에 거주하고 가나안인은 해변과 요
단 가에 거주하더이다
30 갈렙이 모세 앞에서 백성을 조용하
게 하고 이르되 우리가 곧 올라가
서 그 땅을 취하자 능히 이기리라

17

18

19

20

21

22

23

24

25

26

27

28

29

30

하나
31 그와 함께 올라갔던 사람들은 이
르되 우리는 능히 올라가서 그 백
성을 치지 못하리라 그들은 우리보
다 강하니라 하고
32 이스라엘 자손 앞에서 그 정탐한
땅을 악평하여 이르되 우리가 두
루 다니며 정탐한 땅은 그 거주민
을 삼키는 땅이요 거기서 본 모든
백성은 신장이 장대한 자들이며
33 거기서 네피림 후손인 아낙 자손의
거인들을 보았나니 우리는 스스로
보기에도 메뚜기 같으니 그들이 보
기에도 그와 같았을 것이니라

백성의 원망

14 온 회중이 소리를 높여 부
르짖으며 백성이 밤새도록
통곡하였더라
2 이스라엘 자손이 다 모세와 아론을
원망하며 온 회중이 그들에게 이르
되 우리가 애굽 땅에서 죽었거나
이 광야에서 죽었으면 좋았을 것을
3 어찌하여 여호와가 우리를 그 땅으
로 인도하여 칼에 쓰러지게 하려
하는가 우리 처자가 사로잡히리니
애굽으로 돌아가는 것이 낫지 아니
하랴
4 이에 서로 말하되 우리가 한 지휘
관을 세우고 애굽으로 돌아가자
하매
5 모세와 아론이 이스라엘 자손의
온 회중 앞에서 엎드린지라
6 그 땅을 정탐한 자 중 눈의 아들
여호수아와 여분네의 아들 갈렙이
자기들의 옷을 찢고
7 이스라엘 자손의 온 회중에게 말하
여 이르되 우리가 두루 다니며 정
탐한 땅은 심히 아름다운 땅이라
8 여호와께서 우리를 기뻐하시면 우
리를 그 땅으로 인도하여 들이시고
그 땅을 우리에게 주시리라 이는
과연 젖과 꿀이 흐르는 땅이니라
9 다만 여호와를 거역하지는 말라 또
그 땅 백성을 두려워하지 말라 그
들은 우리의 먹이라 그들의 보호자
는 그들에게서 떠났고 여호와는 우
리와 함께 하시느니라 그들을 두려
워하지 말라 하나

31

32

33

14

2

3

4

5

6

7

8

9

10 온 회중이 그들을 돌로 치려 하는
데 그 때에 여호와의 영광이 회막
에서 이스라엘 모든 자손에게 나 10
타나시니라

모세가 백성을 두고 기도하다

11 여호와께서 모세에게 이르시되 이
백성이 어느 때까지 나를 멸시하겠 11
느냐 내가 그들 중에 많은 이적을
행하였으나 어느 때까지 나를 믿지
않겠느냐
12 내가 전염병으로 그들을 쳐서 멸하 12
고 네게 그들보다 크고 강한 나라
를 이루게 하리라
13 모세가 여호와께 여짜오되 애굽인 13
중에서 주의 능력으로 이 백성을
인도하여 내셨거늘 그리하시면 그
들이 듣고
14 이 땅 거주민에게 전하리이다 주
여호와께서 이 백성 중에 계심을 14
그들도 들었으니 곧 주 여호와께서
대면하여 보이시며 주의 구름이 그
들 위에 섰으며 주께서 낮에는 구
름 기둥 가운데에서, 밤에는 불 기
둥 가운데에서 그들 앞에 행하시는
것이니이다
15 이제 주께서 이 백성을 하나 같이
죽이시면 주의 명성을 들은 여러
나라가 말하여 이르기를 15
16 여호와가 이 백성에게 주기로 맹세
한 땅에 인도할 능력이 없었으므로 16
광야에서 죽였다 하리이다
17 이제 구하옵나니 이미 말씀하신
대로 주의 큰 권능을 나타내옵소 17
서 이르시기를
18 여호와는 노하기를 더디 하시고 인
자가 많아 죄악과 허물을 사하시나 18
형벌 받을 자는 결단코 사하지 아
니하시고 아버지의 죄악을 자식에
게 갚아 삼사대까지 이르게 하리라
하셨나이다
19 구하옵나니 주의 인자의 광대하심
을 따라 이 백성의 죄악을 사하시 19
되 애굽에서부터 지금까지 이 백성
을 사하신 것 같이 사하시옵소서
20 여호와께서 이르시되 내가 네 말대
로 사하노라
21 그러나 진실로 내가 살아 있는 것 20
과 여호와의 영광이 온 세계에 충 21

만할 것을 두고 맹세하노니
22 내 영광과 애굽과 광야에서 행한
내 이적을 보고서도 이같이 열 번
이나 나를 시험하고 내 목소리를
청종하지 아니한 그 사람들은
23 내가 그들의 조상들에게 맹세한 땅
을 결단코 보지 못할 것이요 또 나
를 멸시하는 사람은 한 사람도 그
것을 보지 못하리라
24 그러나 내 종 갈렙은 그 마음이 그
들과 달라서 나를 온전히 따랐은
즉 그가 갔던 땅으로 내가 그를 인
도하여 들이리니 그의 자손이 그
땅을 차지하리라
25 아말렉인과 가나안인이 골짜기에
거주하나니 너희는 내일 돌이켜 홍
해 길을 따라 광야로 들어갈지니
라

여호와께서 원망하는 백성을 벌하시다

26 여호와께서 모세와 아론에게 말씀
하여 이르시되
27 나를 원망하는 이 악한 회중에게
내가 어느 때까지 참으랴 이스라엘
자손이 나를 향하여 원망하는 바
그 원망하는 말을 내가 들었노라
28 그들에게 이르기를 여호와의 말씀
에 내 삶을 두고 맹세하노라 너희
말이 내 귀에 들린 대로 내가 너희
에게 행하리니
29 너희 시체가 이 광야에 엎드러질
것이라 너희 중에서 이십 세 이상
으로서 계수된 자 곧 나를 원망한
자 전부가
30 여분네의 아들 갈렙과 눈의 아들
여호수아 외에는 내가 맹세하여 너
희에게 살게 하리라 한 땅에 결단
코 들어가지 못하리라
31 너희가 사로잡히겠다고 말하던 너
희의 유아들은 내가 인도하여 들
이리니 그들은 너희가 싫어하던 땅
을 보려니와
32 너희의 시체는 이 광야에 엎드러질
것이요
33 너희의 자녀들은 너희 반역한 죄를
지고 너희의 시체가 광야에서 소멸
되기까지 사십 년을 광야에서 방
황하는 자가 되리라

34 너희는 그 땅을 정탐한 날 수인 사십
일의 하루를 일 년으로 쳐서 그 사
십 년간 너희의 죄악을 담당할지니
너희는 그제서야 내가 싫어하면 어
떻게 되는지를 알리라 하셨다 하라
35 나 여호와가 말하였거니와 모여 나
를 거역하는 이 악한 온 회중에게
내가 반드시 이같이 행하리니 그들
이 이 광야에서 소멸되어 거기서
죽으리라
36 모세의 보냄을 받고 땅을 정탐하고
돌아와서 그 땅을 악평하여 온 회
중이 모세를 원망하게 한 사람
37 곧 그 땅에 대하여 악평한 자들은
여호와 앞에서 재앙으로 죽었고
38 그 땅을 정탐하러 갔던 사람들 중
에서 오직 눈의 아들 여호수아와
여분네의 아들 갈렙은 생존하니라

첫번째 점령 시도

39 모세가 이 말로 이스라엘 모든 자손
에게 알리매 백성이 크게 슬퍼하여
40 아침에 일찍이 일어나 산 꼭대기로
올라가며 이르되 보소서 우리가 여
기 있나이다 우리가 여호와께서 허
락하신 곳으로 올라가리니 우리가
범죄하였음이니이다
41 모세가 이르되 너희가 어찌하여 이
제 여호와의 명령을 범하느냐 이
일이 형통하지 못하리라
42 여호와께서 너희 중에 계시지 아니
하니 올라가지 말라 너희의 대적
앞에서 패할까 하노라
43 아말렉인과 가나안인이 너희 앞에
있으니 너희가 그 칼에 망하리라
너희가 여호와를 배반하였으니 여
호와께서 너희와 함께 하지 아니하
시리라 하나
44 그들이 그래도 산 꼭대기로 올라갔
고 여호와의 언약궤와 모세는 진영
을 떠나지 아니하였더라
45 아말렉인과 산간지대에 거주하는
가나안인이 내려와 그들을 무찌르
고 호르마까지 이르렀더라

여호와께 드리는 제물

15 여호와께서 모세에게 말씀
하여 이르시되
2 이스라엘 자손에게 말하여 그들에
게 이르라 너희는 내가 주어 살게

34
35
36
37
38
39
40
41
42
43
44
45
15
2

할 땅에 들어가서
3 여호와께 화제나 번제나 서원을 갚는 제사나 낙헌제나 정한 절기제에 소나 양을 여호와께 향기롭게 드릴 때에
4 그러한 헌물을 드리는 자는 고운 가루 십분의 일에 기름 사분의 일 힌을 섞어 여호와께 소제로 드릴 것이며
5 번제나 다른 제사로 드리는 제물이 어린 양이면 전제로 포도주 사분의 일 힌을 준비할 것이요
6 숫양이면 소제로 고운 가루 십분의 이에 기름 삼분의 일 힌을 섞어 준비하고
7 전제로 포도주 삼분의 일 힌을 드려 여호와 앞에 향기롭게 할 것이요
8 번제로나 서원을 갚는 제사로나 화목제로 수송아지를 예비하여 여호와께 드릴 때에는
9 소제로 고운 가루 십분의 삼 에바에 기름 반 힌을 섞어 그 수송아지와 함께 드리고
10 전제로 포도주 반 힌을 드려 여호와 앞에 향기로운 화제를 삼을지니라
11 수송아지나 숫양이나 어린 숫양이나 어린 염소에는 그 마리 수마다 위와 같이 행하되
12 너희가 준비하는 수효를 따라 각기 수효에 맞게 하라
13 누구든지 본토 소생이 여호와께 향기로운 화제를 드릴 때에는 이 법대로 할 것이요
14 너희 중에 거류하는 타국인이나 너희 중에 대대로 있는 자나 누구든지 여호와께 향기로운 화제를 드릴 때에는 너희가 하는 대로 그도 그리할 것이라
15 회중 곧 너희에게나 거류하는 타국인에게나 같은 율례이니 너희의 대대로 영원한 율례라 너희가 어떠한 대로 타국인도 여호와 앞에 그러하리라
16 너희에게나 너희 중에 거류하는 타국인에게나 같은 법도, 같은 규례이니라
17 여호와께서 모세에게 말씀하여 이르시되

18 이스라엘 자손에게 말하여 이르라
너희는 내가 인도하는 땅에 들어가
거든
19 그 땅의 양식을 먹을 때에 여호와
께 거제를 드리되
20 너희의 처음 익은 곡식 가루 떡을
거제로 타작 마당의 거제 같이 들
어 드리라
21 너희의 처음 익은 곡식 가루 떡을
대대에 여호와께 거제로 드릴지니
라
22 너희가 그릇 범죄하여 여호와가 모
세에게 말씀하신 이 모든 명령을
지키지 못하되
23 곧 여호와께서 모세를 통하여 너희
에게 명령한 모든 것을 여호와께서
명령한 날 이후부터 너희 대대에
지키지 못하여
24 회중이 부지중에 범죄하였거든 온
회중은 수송아지 한 마리를 여호
와께 향기로운 화제로 드리고 규례
대로 소제와 전제를 드리고 숫염
소 한 마리를 속죄제로 드릴 것이
라
25 제사장이 이스라엘 자손의 온 회
중을 위하여 속죄하면 그들이 사
함을 받으리니 이는 그가 부지중에
범죄함이며 또 부지중에 범죄함으
로 말미암아 헌물 곧 화제와 속죄
제를 여호와께 드렸음이라
26 이스라엘 자손의 온 회중과 그들
중에 거류하는 타국인도 사함을
받을 것은 온 백성이 부지중에 범
죄하였음이니라
27 만일 한 사람이 부지중에 범죄하
면 일 년 된 암염소로 속죄제를 드
릴 것이요
28 제사장은 그 부지중에 범죄한 사
람이 부지중에 여호와 앞에 범한
죄를 위하여 속죄하여 그 죄를 속
할지니 그리하면 사함을 얻으리라
29 이스라엘 자손 중 본토 소생이든지
그들 중에 거류하는 타국인이든지
누구든 부지중에 범죄한 자에 대
한 법이 동일하거니와
30 본토인이든지 타국인이든지 고의
로 무엇을 범하면 누구나 여호와
를 비방하는 자니 그의 백성 중에

18

19

20

21

22

23

24

25

26

27

28

29

30

서 끊어질 것이라
31 그런 사람은 여호와의 말씀을 멸시
하고 그의 명령을 파괴하였은즉 그
의 죄악이 자기에게로 돌아가서 온
전히 끊어지리라

안식일에 일을 한 사람

32 이스라엘 자손이 광야에 거류할
때에 안식일에 어떤 사람이 나무하
는 것을 발견한지라
33 그 나무하는 자를 발견한 자들이
그를 모세와 아론과 온 회중 앞으
로 끌어왔으나
34 어떻게 처치할는지 지시하심을 받
지 못한 고로 가두었더니
35 여호와께서 모세에게 이르시되 그
사람을 반드시 죽일지니 온 회중이
진영 밖에서 돌로 그를 칠지니라
36 온 회중이 곧 그를 진영 밖으로 끌
어내고 돌로 그를 쳐죽여서 여호와
께서 모세에게 명령하신 대로 하니
라

옷단 귀에 다는 술

37 여호와께서 모세에게 말씀하여 이
르시되
38 이스라엘 자손에게 명령하여 대대
로 그들의 옷단 귀에 술을 만들고
청색 끈을 그 귀의 술에 더하라
39 이 술은 너희가 보고 여호와의 모
든 계명을 기억하여 준행하고 너희
를 방종하게 하는 자신의 마음과
눈의 욕심을 따라 음행하지 않게
하기 위함이라
40 그리하여 너희가 내 모든 계명을
기억하고 행하면 너희의 하나님 앞
에 거룩하리라
41 나는 여호와 너희 하나님이라 나는
너희의 하나님이 되려고 너희를 애
굽 땅에서 인도해 내었느니라 나는
여호와 너희의 하나님이니라

고라와 다단과 아비람의 반역

16 레위의 증손 고핫의 손자 이
스할의 아들 고라와 르우벤
자손 엘리압의 아들 다단과 아비람
과 벨렛의 아들 온이 당을 짓고
2 이스라엘 자손 총회에서 택함을
받은 자 곧 회중 가운데에서 이름
있는 지휘관 이백오십 명과 함께
일어나서 모세를 거스르니라

3 그들이 모여서 모세와 아론을 거슬
러 그들에게 이르되 너희가 분수에
지나도다 회중이 다 각각 거룩하고
여호와께서도 그들 중에 계시거늘
너희가 어찌하여 여호와의 총회 위
에 스스로 높이느냐
4 모세가 듣고 엎드렸다가
5 고라와 그의 모든 무리에게 말하여
이르되 아침에 여호와께서 자기에
게 속한 자가 누구인지, 거룩한 자
가 누구인지 보이시고 그 사람을
자기에게 가까이 나아오게 하시되
곧 그가 택하신 자를 자기에게 가
까이 나아오게 하시리니
6 이렇게 하라 너 고라와 네 모든 무
리는 향로를 가져다가
7 내일 여호와 앞에서 그 향로에 불
을 담고 그 위에 향을 두라 그 때에
여호와께서 택하신 자는 거룩하게
되리라 레위 자손들아 너희가 너무
분수에 지나치느니라
8 모세가 또 고라에게 이르되 너희
레위 자손들아 들으라
9 이스라엘의 하나님이 이스라엘 회
중에서 너희를 구별하여 자기에게
가까이 하게 하사 여호와의 성막에
서 봉사하게 하시며 회중 앞에 서
서 그들을 대신하여 섬기게 하심이
너희에게 작은 일이겠느냐
10 하나님이 너와 네 모든 형제 레위
자손으로 너와 함께 가까이 오게
하셨거늘 너희가 오히려 제사장의
직분을 구하느냐
11 이를 위하여 너와 너의 무리가 다
모여서 여호와를 거스르는도다 아
론이 어떠한 사람이기에 너희가 그
를 원망하느냐
12 모세가 엘리압의 아들 다단과 아비
람을 부르러 사람을 보냈더니 그들
이 이르되 우리는 올라가지 않겠노
라
13 네가 우리를 젖과 꿀이 흐르는 땅
에서 이끌어내어 광야에서 죽이려
함이 어찌 작은 일이기에 오히려
스스로 우리 위에 왕이 되려 하느
냐
14 이뿐 아니라 네가 우리를 젖과 꿀
이 흐르는 땅으로 인도하여 들이지

도 아니하고 밭도 포도원도 우리에
게 기업으로 주지 아니하니 네가
이 사람들의 눈을 빼려느냐 우리는
올라가지 아니하겠노라
15 모세가 심히 노하여 여호와께 여짜
오되 주는 그들의 헌물을 돌아보
지 마옵소서 나는 그들의 나귀 한
마리도 빼앗지 아니하였고 그들 중
의 한 사람도 해하지 아니하였나이
다 하고
16 이에 모세가 고라에게 이르되 너와
너의 온 무리는 아론과 함께 내일
여호와 앞으로 나아오되
17 너희는 제각기 향로를 들고 그 위
에 향을 얹고 각 사람이 그 향로를
여호와 앞으로 가져오라 향로는 모
두 이백오십 개라 너와 아론도 각
각 향로를 가지고 올지니라
18 그들이 제각기 향로를 가져다가
불을 담고 향을 그 위에 얹고 모
세와 아론과 더불어 회막 문에 서
니라
19 고라가 온 회중을 회막 문에 모아
놓고 그 두 사람을 대적하려 하매
여호와의 영광이 온 회중에게 나
타나시니라
20 여호와께서 모세와 아론에게 말씀
하여 이르시되
21 너희는 이 회중에게서 떠나라 내
가 순식간에 그들을 멸하려 하노
라
22 그 두 사람이 엎드려 이르되 하나
님이여 모든 육체의 생명의 하나님
이여 한 사람이 범죄하였거늘 온
회중에게 진노하시나이까
23 여호와께서 모세에게 말씀하여 이
르시되
24 회중에게 명령하여 이르기를 너희
는 고라와 다단과 아비람의 장막
사방에서 떠나라 하라
25 모세가 일어나 다단과 아비람에게
로 가니 이스라엘 장로들이 따랐더
라
26 모세가 회중에게 말하여 이르되
이 악인들의 장막에서 떠나고 그들
의 물건은 아무 것도 만지지 말라
그들의 모든 죄중에서 너희도 멸망
할까 두려워하노라 하매

15

16

17

18

19

20

21

22

23

24

25

26

27 무리가 고라와 다단과 아비람의 장
막 사방을 떠나고 다단과 아비람은
그들의 처자와 유아들과 함께 나와
서 자기 장막 문에 선지라
28 모세가 이르되 여호와께서 나를
보내사 이 모든 일을 행하게 하신
것이요 나의 임의로 함이 아닌 줄
을 이 일로 말미암아 알리라
29 곧 이 사람들의 죽음이 모든 사람
과 같고 그들이 당하는 벌이 모든
사람이 당하는 벌과 같으면 여호
와께서 나를 보내심이 아니거니와
30 만일 여호와께서 새 일을 행하사
땅이 입을 열어 이 사람들과 그들
의 모든 소유물을 삼켜 산 채로 스
올에 빠지게 하시면 이 사람들이
과연 여호와를 멸시한 것인 줄을
너희가 알리라
31 그가 이 모든 말을 마치자마자 그
들이 섰던 땅바닥이 갈라지니라
32 땅이 그 입을 열어 그들과 그들의
집과 고라에게 속한 모든 사람과
그들의 재물을 삼키매
33 그들과 그의 모든 재물이 산 채로
스올에 빠지며 땅이 그 위에 덮이
니 그들이 회중 가운데서 망하니
라
34 그 주위에 있는 온 이스라엘이 그
들의 부르짖음을 듣고 도망하며 이
르되 땅이 우리도 삼킬까 두렵다
하였고
35 여호와께로부터 불이 나와서 분향
하는 이백오십 명을 불살랐더라

향로

36 여호와께서 모세에게 말씀하여 이
르시되
37 너는 제사장 아론의 아들 엘르아
살에게 명령하여 붙는 불 가운데
에서 향로를 가져다가 그 불을 다
른 곳에 쏟으라 그 향로는 거룩함
이니라
38 사람들은 범죄하여 그들의 생명을
스스로 해하였거니와 그들이 향로
를 여호와 앞에 드렸으므로 그 향
로가 거룩하게 되었나니 그 향로를
쳐서 제단을 싸는 철판을 만들라
이스라엘 자손에게 표가 되리라
하신지라

27
28
29
30
31
32
33
34
35
36
37
38

39 제사장 엘르아살이 불탄 자들이
드렸던 놋 향로를 가져다가 쳐서 제
단을 싸서
40 이스라엘 자손의 기념물이 되게 하
였으니 이는 아론 자손이 아닌 다
른 사람은 여호와 앞에 분향하러
가까이 오지 못하게 함이며 또 고
라와 그의 무리와 같이 되지 않게
하기 위함이라 여호와께서 모세를
시켜 그에게 명령하신 대로 하였더
라

아론이 백성을 구하다

41 이튿날 이스라엘 자손의 온 회중
이 모세와 아론을 원망하여 이르
되 너희가 여호와의 백성을 죽였도
다 하고
42 회중이 모여 모세와 아론을 칠 때
에 회막을 바라본즉 구름이 회막
을 덮었고 여호와의 영광이 나타났
더라
43 모세와 아론이 회막 앞에 이르매
44 여호와께서 모세에게 말씀하여 이
르시되
45 너희는 이 회중에게서 떠나라 내가
순식간에 그들을 멸하려 하노라
하시매 그 두 사람이 엎드리니라
46 이에 모세가 아론에게 이르되 너는
향로를 가져다가 제단의 불을 그것
에 담고 그 위에 향을 피워 가지고
급히 회중에게로 가서 그들을 위하
여 속죄하라 여호와께서 진노하셨
으므로 염병이 시작되었음이니라
47 아론이 모세의 명령을 따라 향로
를 가지고 회중에게로 달려간즉 백
성 중에 염병이 시작되었는지라 이
에 백성을 위하여 속죄하고
48 죽은 자와 산 자 사이에 섰을 때에
염병이 그치니라
49 고라의 일로 죽은 자 외에 염병에
죽은 자가 만 사천칠백 명이었더라
50 염병이 그치매 아론이 회막 문 모
세에게로 돌아오니라

아론의 지팡이

17 여호와께서 모세에게 말씀
하여 이르시되
2 너는 이스라엘 자손에게 말하여
그들 중에서 각 조상의 가문을 따
라 지팡이 하나씩을 취하되 곧 그

들의 조상의 가문대로 그 모든 지
휘관에게서 지팡이 열둘을 취하고
그 사람들의 이름을 각각 그 지팡
이에 쓰되
3 레위의 지팡이에는 아론의 이름을
쓰라 이는 그들의 조상의 가문의
각 수령이 지팡이 하나씩 있어야
할 것임이니라
4 그 지팡이를 회막 안에서 내가 너
희와 만나는 곳인 증거궤 앞에 두
라
5 내가 택한 자의 지팡이에는 싹이
나리니 이것으로 이스라엘 자손이
너희에게 대하여 원망하는 말을
내 앞에서 그치게 하리라
6 모세가 이스라엘 자손에게 말하매
그들의 지휘관들이 각 지파대로 지
팡이 하나씩을 그에게 주었으니 그
지팡이가 모두 열둘이라 그 중에
아론의 지팡이가 있었더라
7 모세가 그 지팡이들을 증거의 장
막 안 여호와 앞에 두었더라
8 이튿날 모세가 증거의 장막에 들
어가 본즉 레위 집을 위하여 낸 아
론의 지팡이에 움이 돋고 순이 나
고 꽃이 피어서 살구 열매가 열렸
더라
9 모세가 그 지팡이 전부를 여호와
앞에서 이스라엘 모든 자손에게로
가져오매 그들이 보고 각각 자기
지팡이를 집어들었더라
10 여호와께서 또 모세에게 이르시되
아론의 지팡이는 증거궤 앞으로
도로 가져다가 거기 간직하여 반역
한 자에 대한 표징이 되게 하여 그
들로 내게 대한 원망을 그치고 죽
지 않게 할지니라
11 모세가 곧 그 같이 하되 여호와께
서 자기에게 명령하신 대로 하였더
라
12 이스라엘 자손이 모세에게 말하여
이르되 보소서 우리는 죽게 되었나
이다 망하게 되었나이다 다 망하게
되었나이다
13 가까이 나아가는 자 곧 여호와의
성막에 가까이 나아가는 자마다
다 죽사오니 우리가 다 망하여야
하리이까

제사장과 레위인의 직무

18 여호와께서 아론에게 이르
시되 너와 네 아들들과 네
조상의 가문은 성소에 대한 죄를
함께 담당할 것이요 너와 네 아들
들은 너희의 제사장 직분에 대한
죄를 함께 담당할 것이니라
2 너는 네 형제 레위 지파 곧 네 조상
의 지파를 데려다가 너와 함께 있
게 하여 너와 네 아들들이 증거의
장막 앞에 있을 때 그들이 너를 돕
게 하라
3 레위인은 네 직무와 장막의 모든 직
무를 지키려니와 성소의 기구와 제
단에는 가까이 하지 못하리니 두렵
건대 그들과 너희가 죽을까 하노라
4 레위인은 너와 합동하여 장막의 모
든 일과 회막의 직무를 다할 것이
요 다른 사람은 너희에게 가까이
하지 못할 것이니라
5 이와 같이 너희는 성소의 직무와
제단의 직무를 다하라 그리하면 여
호와의 진노가 다시는 이스라엘
자손에게 미치지 아니하리라
6 보라 내가 이스라엘 자손 중에서
너희의 형제 레위인을 택하여 내게
돌리고 너희에게 선물로 주어 회막
의 일을 하게 하였나니
7 너와 네 아들들은 제단과 휘장 안
의 모든 일에 대하여 제사장의 직
분을 지켜 섬기라 내가 제사장의
직분을 너희에게 선물로 주었은즉
거기 가까이 하는 외인은 죽임을
당할지니라

제사장의 몫

8 여호와께서 또 아론에게 이르시되
보라 내가 내 거제물 곧 이스라엘
자손이 거룩하게 한 모든 헌물을
네가 주관하게 하고 네가 기름 부
음을 받았음으로 말미암아 그것을
너와 네 아들들에게 영구한 몫의
음식으로 주노라
9 지성물 중에 불사르지 아니한 것은
네 것이라 그들이 내게 드리는 모
든 헌물의 모든 소제와 속죄제와
속건제물은 다 지극히 거룩한즉 너
와 네 아들들에게 돌리리니
10 지극히 거룩하게 여김으로 먹으라

18

2

3

4

5

6

7

8

9

10

이는 네게 성물인즉 남자들이 다
먹을지니라
11 네게 돌릴 것은 이것이니 곧 이스
라엘 자손이 드리는 거제물과 모든
요제물이라 내가 그것을 너와 네
자녀에게 영구한 몫의 음식으로 주
었은즉 네 집의 정결한 자마다 먹
을 것이니라
12 그들이 여호와께 드리는 첫 소산
곧 제일 좋은 기름과 제일 좋은 포
도주와 곡식을 네게 주었은즉
13 그들이 여호와께 드리는 그 땅의
처음 익은 모든 열매는 네 것이니
네 집에서 정결한 자마다 먹을 것
이라
14 이스라엘 중에서 특별히 드린 모든
것은 네 것이 되리라
15 여호와께 드리는 모든 생물의 처음
나는 것은 사람이나 짐승이나 다
네 것이로되 처음 태어난 사람은
반드시 대속할 것이요 처음 태어난
부정한 짐승도 대속할 것이며
16 그 사람을 대속할 때에는 난 지
한 달 이후에 네가 정한 대로 성소
의 세겔을 따라 은 다섯 세겔로
대속하라 한 세겔은 이십 게라이
니라
17 오직 처음 태어난 소나 처음 태어
난 양이나 처음 태어난 염소는 대
속하지 말지니 그것들은 거룩한즉
그 피는 제단에 뿌리고 그 기름은
불살라 여호와께 향기로운 화제로
드릴 것이며
18 그 고기는 네게 돌릴지니 흔든 가
슴과 오른쪽 넓적다리 같이 네게
돌릴 것이니라
19 이스라엘 자손이 여호와께 거제
로 드리는 모든 성물은 내가 영구
한 몫의 음식으로 너와 네 자녀에
게 주노니 이는 여호와 앞에 너와
네 후손에게 영원한 소금 언약이
니라
20 여호와께서 또 아론에게 이르시
되 너는 이스라엘 자손의 땅에 기
업도 없겠고 그들 중에 아무 분깃
도 없을 것이나 내가 이스라엘 자
손 중에 네 분깃이요 네 기업이니
라

레위인의 몫

21 내가 이스라엘의 십일조를 레위 자
손에게 기업으로 다 주어서 그들이
하는 일 곧 회막에서 하는 일을 갚
나니
22 이 후로는 이스라엘 자손이 회막
에 가까이 하지 말 것이라 죄값으
로 죽을까 하노라
23 그러나 레위인은 회막에서 봉사하
며 자기들의 죄를 담당할 것이요
이스라엘 자손 중에는 기업이 없을
것이니 이는 너희 대대에 영원한
율례라
24 이스라엘 자손이 여호와께 거제로
드리는 십일조를 레위인에게 기업
으로 주었으므로 내가 그들에 대
하여 말하기를 이스라엘 자손 중
에 기업이 없을 것이라 하였노라

레위인의 십일조

25 여호와께서 모세에게 말씀하여 이
르시되
26 너는 레위인에게 말하여 그에게 이
르라 내가 이스라엘 자손에게 받
아 너희에게 기업으로 준 십일조를
너희가 그들에게서 받을 때에 그
십일조의 십일조를 거제로 여호와
께 드릴 것이라
27 내가 너희의 거제물을 타작 마당
에서 드리는 곡물과 포도즙 틀에
서 드리는 즙 같이 여기리니
28 너희는 이스라엘 자손에게서 받는
모든 것의 십일조 중에서 여호와께
거제로 드리고 여호와께 드린 그 거
제물은 제사장 아론에게로 돌리되
29 너희가 받은 모든 헌물 중에서 너
희는 그 아름다운 것 곧 거룩하게
한 부분을 가져다가 여호와께 거제
로 드릴지니라
30 이러므로 너는 그들에게 이르라 너
희가 그 중에서 아름다운 것을 가
져다가 드리고 남은 것은 너희 레
위인에게는 타작 마당의 소출과 포
도즙 틀의 소출 같이 되리니
31 너희와 너희의 권속이 어디서든지
이것을 먹을 수 있음은 이는 회막
에서 일한 너희의 보수임이니라
32 너희가 그 중 아름다운 것을 받들
어 드린즉 이로 말미암아 죄를 담

당하지 아니할 것이라 너희는 이스
라엘 자손의 성물을 더럽히지 말
라 그리하여야 죽지 아니하리라

붉은 암송아지의 재

19 여호와께서 모세와 아론에
게 말씀하여 이르시되
2 여호와께서 명령하시는 법의 율례
를 이제 이르노니 이스라엘 자손에
게 일러서 온전하여 흠이 없고 아
직 멍에 메지 아니한 붉은 암송아
지를 네게로 끌어오게 하고
3 너는 그것을 제사장 엘르아살에게
줄 것이요 그는 그것을 진영 밖으
로 끌어내어서 자기 목전에서 잡게
할 것이며
4 제사장 엘르아살은 손가락에 그
피를 찍고 그 피를 회막 앞을 향하
여 일곱 번 뿌리고
5 그 암소를 자기 목전에서 불사르게
하되 그 가죽과 고기와 피와 똥을
불사르게 하고
6 동시에 제사장은 백향목과 우슬초
와 홍색 실을 가져다가 암송아지를
사르는 불 가운데에 던질 것이며
7 제사장은 자기의 옷을 빨고 물로
몸을 씻은 후에 진영에 들어갈 것
이라 그는 저녁까지 부정하리라
8 송아지를 불사른 자도 자기의 옷을
물로 빨고 물로 그 몸을 씻을 것이
라 그도 저녁까지 부정하리라
9 이에 정결한 자가 암송아지의 재를
거두어 진영 밖 정한 곳에 둘지니 이
것은 이스라엘 자손 회중을 위하여
간직하였다가 부정을 씻는 물을 위
해 간직할지니 그것은 속죄제니라
10 암송아지의 재를 거둔 자도 자기의
옷을 빨 것이며 저녁까지 부정하리
라 이는 이스라엘 자손과 그중에
거류하는 외인에게 영원한 율례니
라

시체를 만진 자

11 사람의 시체를 만진 자는 이레 동
안 부정하리니
12 그는 셋째 날과 일곱째 날에 잿물
로 자신을 정결하게 할 것이라 그
리하면 정하려니와 셋째 날과 일곱
째 날에 자신을 정결하게 하지 아
니하면 그냥 부정하니

19
2
3
4
5
6
7
8
9
10
11
12

13 누구든지 죽은 사람의 시체를 만
지고 자신을 정결하게 하지 아니하
는 자는 여호와의 성막을 더럽힘이
라 그가 이스라엘에서 끊어질 것
은 정결하게 하는 물을 그에게 뿌
리지 아니하므로 깨끗하게 되지 못
하고 그 부정함이 그대로 있음이니
라
14 장막에서 사람이 죽을 때의 법은
이러하니 누구든지 그 장막에 들
어가는 자와 그 장막에 있는 자가
이레 동안 부정할 것이며
15 뚜껑을 열어 놓고 덮지 아니한 그
릇은 모두 부정하니라
16 누구든지 들에서 칼에 죽은 자나
시체나 사람의 뼈나 무덤을 만졌으
면 이레 동안 부정하리니
17 그 부정한 자를 위하여 죄를 깨끗
하게 하려고 불사른 재를 가져다가
흐르는 물과 함께 그릇에 담고
18 정결한 자가 우슬초를 가져다가 그
물을 찍어 장막과 그 모든 기구와
거기 있는 사람들에게 뿌리고 또
뼈나 죽임을 당한 자나 시체나 무
덤을 만진 자에게 뿌리되
19 그 정결한 자가 셋째 날과 일곱째
날에 그 부정한 자에게 뿌려서 일
곱째 날에 그를 정결하게 할 것이
며 그는 자기 옷을 빨고 물로 몸을
씻을 것이라 저녁이면 정결하리라
20 사람이 부정하고도 자신을 정결하
게 하지 아니하면 여호와의 성소를
더럽힘이니 그러므로 회중 가운데
에서 끊어질 것이니라 그는 정결하
게 하는 물로 뿌림을 받지 아니하
였은즉 부정하니라
21 이는 그들의 영구한 율례니라 정결
하게 하는 물을 뿌린 자는 자기의
옷을 빨 것이며 정결하게 하는 물
을 만지는 자는 저녁까지 부정할
것이며
22 부정한 자가 만진 것은 무엇이든지
부정할 것이며 그것을 만지는 자도
저녁까지 부정하리라

가데스의 다툼과 므리바 물

20 첫째 달에 이스라엘 자손
곧 온 회중이 신 광야에 이
르러 백성이 가데스에 머물더니 미

13
14
15
16
17
18
19
20
21
22
20

리암이 거기서 죽으매 거기에 장사
되니라
2 회중이 물이 없으므로 모세와 아
론에게로 모여드니라
3 백성이 모세와 다투어 말하여 이
르되 우리 형제들이 여호와 앞에서
죽을 때에 우리도 죽었더라면 좋을
뻔하였도다
4 너희가 어찌하여 여호와의 회중을
이 광야로 인도하여 우리와 우리
짐승이 다 여기서 죽게 하느냐
5 너희가 어찌하여 우리를 애굽에서
나오게 하여 이 나쁜 곳으로 인도
하였느냐 이 곳에는 파종할 곳이
없고 무화과도 없고 포도도 없고
석류도 없고 마실 물도 없도다
6 모세와 아론이 회중 앞을 떠나 회
막 문에 이르러 엎드리매 여호와의
영광이 그들에게 나타나며
7 여호와께서 모세에게 말씀하여 이
르시되
8 지팡이를 가지고 네 형 아론과 함
께 회중을 모으고 그들의 목전에
서 너희는 반석에게 명령하여 물을
내라 하라 네가 그 반석이 물을 내
게 하여 회중과 그들의 짐승에게
마시게 할지니라
9 모세가 그 명령대로 여호와 앞에서
지팡이를 잡으니라
10 모세와 아론이 회중을 그 반석 앞
에 모으고 모세가 그들에게 이르
되 반역한 너희여 들으라 우리가
너희를 위하여 이 반석에서 물을
내랴 하고
11 모세가 그의 손을 들어 그의 지팡
이로 반석을 두 번 치니 물이 많이
솟아나오므로 회중과 그들의 짐승
이 마시니라
12 여호와께서 모세와 아론에게 이르
시되 너희가 나를 믿지 아니하고
이스라엘 자손의 목전에서 내 거
룩함을 나타내지 아니한 고로 너희
는 이 회중을 내가 그들에게 준 땅
으로 인도하여 들이지 못하리라 하
시니라
13 이스라엘 자손이 여호와와 다투었
으므로 이를 므리바 물이라 하니라
여호와께서 그들 중에서 그 거룩함

을 나타내셨더라

에돔이 이스라엘이 지나감을 거절하다

14 모세가 가데스에서 에돔 왕에게
사신을 보내며 이르되 당신의 형제
이스라엘의 말에 우리가 당한 모든
고난을 당신도 아시거니와
15 우리 조상들이 애굽으로 내려갔으
므로 우리가 애굽에 오래 거주하였
더니 애굽인이 우리 조상들과 우리
를 학대하였으므로
16 우리가 여호와께 부르짖었더니 우
리 소리를 들으시고 천사를 보내사
우리를 애굽에서 인도하여 내셨나
이다 이제 우리가 당신의 변방 모
퉁이 한 성읍 가데스에 있사오니
17 청하건대 우리에게 당신의 땅을 지
나가게 하소서 우리가 밭으로나 포
도원으로 지나가지 아니하고 우물
물도 마시지 아니하고 왕의 큰길로
만 지나가고 당신의 지경에서 나가
기까지 왼쪽으로나 오른쪽으로나
치우치지 아니하리이다 한다고 하
라 하였더니
18 에돔 왕이 대답하되 너는 우리 가
운데로 지나가지 못하리라 내가 칼
을 들고 나아가 너를 대적할까 하
노라
19 이스라엘 자손이 이르되 우리가 큰
길로만 지나가겠고 우리나 우리 짐
승이 당신의 물을 마시면 그 값을
낼 것이라 우리가 도보로 지나갈
뿐인즉 아무 일도 없으리이다 하나
20 그는 이르되 너는 지나가지 못하리
라 하고 에돔 왕이 많은 백성을 거
느리고 나와서 강한 손으로 막으니
21 에돔 왕이 이같이 이스라엘이 그
의 영토로 지나감을 용납하지 아
니하므로 이스라엘이 그들에게서
돌이키니라

아론의 죽음

22 이스라엘 자손 곧 온 회중이 가데
스를 떠나 호르 산에 이르렀더니
23 여호와께서 에돔 땅 변경 호르 산
에서 모세와 아론에게 말씀하시니
라 이르시되
24 아론은 그 조상들에게로 돌아가고
내가 이스라엘 자손에게 준 땅에

14
15
16
17
18
19
20
21
22
23
24

는 들어가지 못하리니 이는 너희가
므리바 물에서 내 말을 거역한 까
닭이니라
25 너는 아론과 그의 아들 엘르아살
을 데리고 호르 산에 올라
26 아론의 옷을 벗겨 그의 아들 엘르
아살에게 입히라 아론은 거기서
죽어 그 조상에게로 돌아가리라
27 모세가 여호와의 명령을 따라 그들
과 함께 회중의 목전에서 호르 산
에 오르니라
28 모세가 아론의 옷을 벗겨 그의 아
들 엘르아살에게 입히매 아론이
그 산 꼭대기에서 죽으니라 모세와
엘르아살이 산에서 내려오니
29 온 회중 곧 이스라엘 온 족속이 아
론이 죽은 것을 보고 그를 위하여
삼십 일 동안 애곡하였더라

호르마를 점령하다

21 네겝에 거주하는 가나안 사
람 곧 아랏의 왕이 이스라
엘이 아다림 길로 온다 함을 듣고
이스라엘을 쳐서 그 중 몇 사람을
사로잡은지라
2 이스라엘이 여호와께 서원하여 이
르되 주께서 만일 이 백성을 내 손
에 넘기시면 내가 그들의 성읍을
다 멸하리이다
3 여호와께서 이스라엘의 목소리를
들으시고 가나안 사람을 그들의 손
에 넘기시매 그들과 그들의 성읍을
다 멸하니라 그러므로 그 곳 이름
을 호르마라 하였더라

놋뱀으로 백성을 구하다

4 백성이 호르 산에서 출발하여 홍
해 길을 따라 에돔 땅을 우회하려
하였다가 길로 말미암아 백성의 마
음이 상하니라
5 백성이 하나님과 모세를 향하여
원망하되 어찌하여 우리를 애굽에
서 인도해 내어 이 광야에서 죽게
하는가 이 곳에는 먹을 것도 없고
물도 없도다 우리 마음이 이 하찮
은 음식을 싫어하노라 하매
6 여호와께서 불뱀들을 백성 중에 보
내어 백성을 물게 하시므로 이스라
엘 백성 중에 죽은 자가 많은지라
7 백성이 모세에게 이르러 말하되 우

25
26
27
28
29
21
2
3
4
5
6
7

리가 여호와와 당신을 향하여 원
망함으로 범죄하였사오니 여호와
께 기도하여 이 뱀들을 우리에게서
떠나게 하소서 모세가 백성을 위하
여 기도하매
8 여호와께서 모세에게 이르시되 불
뱀을 만들어 장대 위에 매달아라
물린 자마다 그것을 보면 살리라
9 모세가 놋뱀을 만들어 장대 위에
다니 뱀에게 물린 자가 놋뱀을 쳐
다본즉 모두 살더라

이스라엘 자손이 모압으로 떠나다

10 이스라엘 자손이 그 곳을 떠나 오
봇에 진을 쳤고
11 오봇을 떠나 모압 앞쪽 해 돋는 쪽
광야 이예아바림에 진을 쳤고
12 거기를 떠나 세렛 골짜기에 진을
쳤고
13 거기를 떠나 아모리인의 영토에서
흘러 나와서 광야에 이른 아르논
강 건너편에 진을 쳤으니 아르논은
모압과 아모리 사이에서 모압의 경
계가 된 곳이라
14 이러므로 여호와의 전쟁기에 일렀
으되

수바의 와헙과 아르논 골짜기와
15 모든 골짜기의 비탈은 아르 고을
을 향하여 기울어지고 모압의 경
계에 닿았도다

하였더라
16 거기서 브엘에 이르니 브엘은 여호
와께서 모세에게 명령하시기를 백
성을 모으라 내가 그들에게 물을
주리라 하시던 우물이라
17 그 때에 이스라엘이 노래하여 이르
되

우물물아 솟아나라 너희는 그것
을 노래하라
18 이 우물은 지휘관들이 팠고 백
성의 귀인들이 규와 지팡이로 판
것이로다

하였더라 그들은 광야에서 맛다나
에 이르렀고
19 맛다나에서 나할리엘에 이르렀고
나할리엘에서 바못에 이르렀고
20 바못에서 모압 들에 있는 골짜기에
이르러 광야가 내려다보이는 비스
가 산 꼭대기에 이르렀더라

8

9

10

11

12

13

14

15

16

17

18

19

20

요단 동쪽을 점령하다

21 이스라엘이 아모리 왕 시혼에게 사
신을 보내어 이르되
22 우리에게 당신의 땅을 지나가게 하
소서 우리가 밭에든지 포도원에든
지 들어가지 아니하며 우물물도 마
시지 아니하고 당신의 지경에서 다
나가기까지 왕의 큰길로만 지나가
리이다 하나
23 시혼이 이스라엘이 자기 영토로 지
나감을 용납하지 아니하고 그의 백
성을 다 모아 이스라엘을 치러 광
야로 나와서 야하스에 이르러 이스
라엘을 치므로
24 이스라엘이 칼날로 그들을 쳐서 무
찌르고 그 땅을 아르논에서부터
얍복까지 점령하여 암몬 자손에게
까지 미치니 암몬 자손의 경계는
견고하더라
25 이스라엘이 이같이 그 모든 성읍
을 빼앗고 그 아모리인의 모든 성
읍 헤스본과 그 모든 촌락에 거주
하였으니
26 헤스본은 아모리인의 왕 시혼의 도
성이라 시혼이 그 전 모압 왕을 치
고 그의 모든 땅을 아르논까지 그
의 손에서 빼앗았더라
27 그러므로 시인이 읊어 이르되
너희는 헤스본으로 올지어다 시
혼의 성을 세워 견고히 할지어
다
28 헤스본에서 불이 나오며 시혼의
성에서 화염이 나와서 모압의 아
르를 삼키며 아르논 높은 곳의
주인을 멸하였도다
29 모압아 네가 화를 당하였도다
그모스의 백성아 네가 멸망하였
도다 그가 그의 아들들을 도망
하게 하였고 그의 딸들을 아모리
인의 왕 시혼의 포로가 되게 하
였도다
30 우리가 그들을 쏘아서 헤스본을
디본까지 멸하였고 메드바에 가
까운 노바까지 황폐하게 하였도
다
하였더라
31 이스라엘이 아모리인의 땅에 거주
하였더니

32 모세가 또 사람을 보내어 야셀을
정탐하게 하고 그 촌락들을 빼앗고
그 곳에 있던 아모리인을 몰아 내
었더라
33 그들이 돌이켜 바산 길로 올라가매
바산 왕 옥이 그의 백성을 다 거느
리고 나와서 그들을 맞아 에드레이
에서 싸우려 하는지라
34 여호와께서 모세에게 이르시되 그
를 두려워하지 말라 내가 그와 그
의 백성과 그의 땅을 네 손에 넘겼
나니 너는 헤스본에 거주하던 아모
리인의 왕 시혼에게 행한 것 같이
그에게도 행할지니라
35 이에 그와 그의 아들들과 그의 백
성을 다 쳐서 한 사람도 남기지 아
니하고 그의 땅을 점령하였더라

모압의 왕이 발람을 불러오다

22 이스라엘 자손이 또 길을
떠나 모압 평지에 진을 쳤
으니 요단 건너편 곧 여리고 맞은편
이더라
2 십볼의 아들 발락이 이스라엘이
아모리인에게 행한 모든 일을 보았
으므로
3 모압이 심히 두려워하였으니 이스
라엘 백성이 많음으로 말미암아 모
압이 이스라엘 자손 때문에 번민
하더라
4 미디안 장로들에게 이르되 이제 이
무리가 소가 밭의 풀을 뜯어 먹음
같이 우리 사방에 있는 것을 다 뜯
어 먹으리로다 하니 그 때에 십볼
의 아들 발락이 모압 왕이었더라
5 그가 사신을 브올의 아들 발람의
고향인 강가 브돌에 보내어 발람
을 부르게 하여 이르되 보라 한 민
족이 애굽에서 나왔는데 그들이
지면에 덮여서 우리 맞은편에 거주
하였고
6 우리보다 강하니 청하건대 와서 나
를 위하여 이 백성을 저주하라 내
가 혹 그들을 쳐서 이겨 이 땅에서
몰아내리라 그대가 복을 비는 자
는 복을 받고 저주하는 자는 저주
를 받을 줄을 내가 앎이니라
7 모압 장로들과 미디안 장로들이 손
에 복채를 가지고 떠나 발람에게

이르러 발락의 말을 그에게 전하
매
8 발람이 그들에게 이르되 이 밤에
여기서 유숙하라 여호와께서 내게
이르시는 대로 너희에게 대답하리
라 모압 귀족들이 발람에게서 유
숙하니라
9 하나님이 발람에게 임하여 말씀하
시되 너와 함께 있는 이 사람들이
누구냐
10 발람이 하나님께 아뢰되 모압 왕
십볼의 아들 발락이 내게 보낸 자
들이니이다 이르기를
11 보라 애굽에서 나온 민족이 지면에
덮였으니 이제 와서 나를 위하여
그들을 저주하라 내가 혹 그들을
쳐서 몰아낼 수 있으리라 하나이다
12 하나님이 발람에게 이르시되 너는
그들과 함께 가지도 말고 그 백성
을 저주하지도 말라 그들은 복을
받은 자들이니라
13 발람이 아침에 일어나서 발락의 귀
족들에게 이르되 너희는 너희의 땅
으로 돌아가라 여호와께서 내가
너희와 함께 가기를 허락하지 아니
하시느니라
14 모압 귀족들이 일어나 발락에게로
가서 전하되 발람이 우리와 함께
오기를 거절하더이다
15 발락이 다시 그들보다 더 높은 고
관들을 더 많이 보내매
16 그들이 발람에게로 나아가서 그에
게 이르되 십볼의 아들 발락의 말
씀에 청하건대 아무것에도 거리끼
지 말고 내게로 오라
17 내가 그대를 높여 크게 존귀하게
하고 그대가 내게 말하는 것은 무
엇이든지 시행하리니 청하건대 와
서 나를 위하여 이 백성을 저주하
라 하시더이다
18 발람이 발락의 신하들에게 대답하
여 이르되 발락이 그 집에 가득한
은금을 내게 줄지라도 내가 능히
여호와 내 하나님의 말씀을 어겨
덜하거나 더하지 못하겠노라
19 그런즉 이제 너희도 이 밤에 여기
서 유숙하라 여호와께서 내게 무
슨 말씀을 더하실는지 알아보리라

20 밤에 하나님이 발람에게 임하여 이르시되 그 사람들이 너를 부르러 왔거든 일어나 함께 가라 그러나 내가 네게 이르는 말만 준행할지니라

발람과 그 나귀

21 발람이 아침에 일어나서 자기 나귀에 안장을 지우고 모압 고관들과 함께 가니

22 그가 감으로 말미암아 하나님이 진노하시므로 여호와의 사자가 그를 막으려고 길에 서니라 발람은 자기 나귀를 탔고 그의 두 종은 그와 함께 있더니

23 나귀가 여호와의 사자가 칼을 빼어 손에 들고 길에 선 것을 보고 길에서 벗어나 밭으로 들어간지라 발람이 나귀를 길로 돌이키려고 채찍질하니

24 여호와의 사자는 포도원 사이 좁은 길에 섰고 좌우에는 담이 있더라

25 나귀가 여호와의 사자를 보고 몸을 담에 대고 발람의 발을 그 담에 짓누르매 발람이 다시 채찍질하니

26 여호와의 사자가 더 나아가서 좌우로 피할 데 없는 좁은 곳에 선지라

27 나귀가 여호와의 사자를 보고 발람 밑에 엎드리니 발람이 노하여 자기 지팡이로 나귀를 때리는지라

28 여호와께서 나귀 입을 여시니 발람에게 이르되 내가 당신에게 무엇을 하였기에 나를 이같이 세 번을 때리느냐

29 발람이 나귀에게 말하되 네가 나를 거역하기 때문이니 내 손에 칼이 있었더면 곧 너를 죽였으리라

30 나귀가 발람에게 이르되 나는 당신이 오늘까지 당신의 일생 동안 탄 나귀가 아니냐 내가 언제 당신에게 이같이 하는 버릇이 있었더냐 그가 말하되 없었느니라

31 그 때에 여호와께서 발람의 눈을 밝히시매 여호와의 사자가 손에 칼을 빼들고 길에 선 것을 그가 보고 머리를 숙이고 엎드리니

32 여호와의 사자가 그에게 이르되 너는 어찌하여 네 나귀를 이같이 세 번 때렸느냐 보라 내 앞에서 네 길

이 사악하므로 내가 너를 막으려고
나왔더니
33 나귀가 나를 보고 이같이 세 번을
돌이켜 내 앞에서 피하였느니라 나
귀가 만일 돌이켜 나를 피하지 아
니하였더면 내가 벌써 너를 죽이고
나귀는 살렸으리라
34 발람이 여호와의 사자에게 말하되
내가 범죄하였나이다 당신이 나를
막으려고 길에 서신 줄을 내가 알지
못하였나이다 당신이 이를 기뻐하지
아니하시면 나는 돌아가겠나이다
35 여호와의 사자가 발람에게 이르되
그 사람들과 함께 가라 내가 네게
이르는 말만 말할지니라 발람이
발락의 고관들과 함께 가니라

발락이 발람을 대접하다

36 발락은 발람이 온다 함을 듣고 모
압 변경의 끝 아르논 가에 있는 성
읍까지 가서 그를 영접하고
37 발락은 발람에게 이르되 내가 특
별히 사람을 보내어 그대를 부르지
아니하였느냐 그대가 어찌 내게 오
지 아니하였느냐 내가 어찌 그대를
높여 존귀하게 하지 못하겠느냐
38 발람이 발락에게 이르되 내가 오
기는 하였으나 무엇을 말할 능력이
있으리이까 하나님이 내 입에 주시
는 말씀 그것을 말할 뿐이니이다
39 발람이 발락과 동행하여 기럇후솟
에 이르러서는
40 발락이 소와 양을 잡아 발람과 그
와 함께 한 고관들을 대접하였더라

발람의 첫번째 예언

41 아침에 발락이 발람과 함께 하고
그를 인도하여 바알의 산당에 오르
매 발람이 거기서 이스라엘 백성의
진 끝까지 보니라

23 발람이 발락에게 이르되
나를 위하여 여기 제단 일
곱을 쌓고 거기 수송아지 일곱 마
리와 숫양 일곱 마리를 준비하소
서 하매
2 발락이 발람의 말대로 준비한 후
에 발락과 발람이 제단에 수송아
지와 숫양을 드리니라
3 발람이 발락에게 이르되 당신의
번제물 곁에 서소서 나는 저리로

가리이다 여호와께서 혹시 오셔서
나를 만나시리니 그가 내게 지시하
시는 것은 다 당신에게 알리리이다
하고 언덕길로 가니
4 하나님이 발람에게 임하시는지라
발람이 아뢰되 내가 일곱 제단을
쌓고 각 제단에 수송아지와 숫양
을 드렸나이다
5 여호와께서 발람의 입에 말씀을
주시며 이르시되 발락에게 돌아가
서 이렇게 말할지니라
6 그가 발락에게로 돌아간즉 발락과
모압의 모든 고관이 번제물 곁에
함께 섰더라
7 발람이 예언을 전하여 말하되
발락이 나를 아람에서, 모압 왕
이 동쪽 산에서 데려다가 이르
기를 와서 나를 위하여 야곱을
저주하라, 와서 이스라엘을 꾸짖
으라 하도다
8 하나님이 저주하지 않으신 자를
내가 어찌 저주하며 여호와께서
꾸짖지 않으신 자를 내가 어찌
꾸짖으랴
9 내가 바위 위에서 그들을 보며
작은 산에서 그들을 바라보니
이 백성은 홀로 살 것이라 그를
여러 민족 중의 하나로 여기지
않으리로다
10 야곱의 티끌을 누가 능히 세며
이스라엘 사분의 일을 누가 능
히 셀고 나는 의인의 죽음을 죽
기 원하며 나의 종말이 그와 같
기를 바라노라
하매
11 발락이 발람에게 이르되 그대가
어찌 내게 이같이 행하느냐 나의
원수를 저주하라고 그대를 데려왔
거늘 그대가 오히려 축복하였도다
12 발람이 대답하여 이르되 여호와께
서 내 입에 주신 말씀을 내가 어찌
말하지 아니할 수 있으리이까

발람의 두 번째 예언

13 발락이 말하되 나와 함께 그들을
달리 볼 곳으로 가자 거기서는 그
들을 다 보지 못하고 그들의 끝만
보리니 거기서 나를 위하여 그들을
저주하라 하고

4
5
6
7
8
9
10
11
12
13

14 소빔 들로 인도하여 비스가 꼭대기에 이르러 일곱 제단을 쌓고 각 제단에 수송아지와 숫양을 드리니

15 발람이 발락에게 이르되 내가 저기서 여호와를 만나뵐 동안에 여기 당신의 번제물 곁에 서소서 하니라

16 여호와께서 발람에게 임하사 그의 입에 말씀을 주시며 이르시되 발락에게로 돌아가서 이렇게 말할지니라

17 발람이 가서 본즉 발락이 번제물 곁에 섰고 모압 고관들이 함께 있더라 발락이 발람에게 이르되 여호와께서 무슨 말씀을 하시더냐

18 발람이 예언하여 이르기를

발락이여 일어나 들을지어다 십볼의 아들이여 내게 자세히 들으라

19 하나님은 사람이 아니시니 거짓말을 하지 않으시고 인생이 아니시니 후회가 없으시도다 어찌 그 말씀하신 바를 행하지 않으시며 하신 말씀을 실행하지 않으시랴

20 내가 축복할 것을 받았으니 그가 주신 복을 내가 돌이키지 않으리라

21 야곱의 허물을 보지 아니하시며 이스라엘의 반역을 보지 아니하시는도다 여호와 그들의 하나님이 그들과 함께 계시니 왕을 부르는 소리가 그 중에 있도다

22 하나님이 그들을 애굽에서 인도하여 내셨으니 그의 힘이 들소와 같도다

23 야곱을 해할 점술이 없고 이스라엘을 해할 복술이 없도다 이 때에 야곱과 이스라엘에 대하여 논할진대 하나님께서 행하신 일이 어찌 그리 크냐 하리로다

24 이 백성이 암사자 같이 일어나고 수사자 같이 일어나서 움킨 것을 먹으며 죽인 피를 마시기 전에는 눕지 아니하리로다

하매

25 발락이 발람에게 이르되 그들을 저주하지도 말고 축복하지도 말라

26 발람이 발락에게 대답하여 이르되
내가 당신에게 말하여 이르기를 여
호와께서 말씀하신 것은 내가 그대
로 하지 않을 수 없다고 하지 아니
하더이까

발람의 세 번째 예언

27 발락이 발람에게 또 이르되 오라
내가 너를 다른 곳으로 인도하리니
네가 거기서 나를 위하여 그들을
저주하기를 하나님이 혹시 기뻐하
시리라 하고
28 발락이 발람을 인도하여 광야가
내려다 보이는 브올 산 꼭대기에 이
르니
29 발람이 발락에게 이르되 나를 위
하여 여기 일곱 제단을 쌓고 거기
수송아지 일곱 마리와 숫양 일곱
마리를 준비하소서
30 발락이 발람의 말대로 행하여 각
제단에 수송아지와 숫양을 드리니
라

24 발람이 자기가 이스라엘을
축복하는 것을 여호와께서
선히 여기심을 보고 전과 같이 점
술을 쓰지 아니하고 그의 낯을 광
야로 향하여
2 눈을 들어 이스라엘이 그 지파대
로 천막 친 것을 보는데 그 때에 하
나님의 영이 그 위에 임하신지라
3 그가 예언을 전하여 말하되
브올의 아들 발람이 말하며 눈
을 감았던 자가 말하며
4 하나님의 말씀을 듣는 자, 전능
자의 환상을 보는 자, 엎드려서
눈을 뜬 자가 말하기를
5 야곱이여 네 장막들이, 이스라
엘이여 네 거처들이 어찌 그리
아름다운고
6 그 벌어짐이 골짜기 같고 강 가
의 동산 같으며 여호와께서 심으
신 침향목들 같고 물 가의 백향
목들 같도다
7 그 물통에서는 물이 넘치겠고
그 씨는 많은 물 가에 있으리로
다 그의 왕이 아각보다 높으니
그의 나라가 흥왕하리로다
8 하나님이 그를 애굽에서 인도하
여 내셨으니 그 힘이 들소와 같

26

27

28

29

30

24

2

3

4

5

6

7

8

도다 그의 적국을 삼키고 그들
의 뼈를 꺾으며 화살로 쏘아 꿰
뚫으리로다
9 꿇어 앉고 누움이 수사자와 같
고 암사자와도 같으니 일으킬 자
누구이랴 너를 축복하는 자마다
복을 받을 것이요 너를 저주하
는 자마다 저주를 받을지로다

발람의 마지막 예언

10 발락이 발람에게 노하여 손뼉을
치며 말하되 내가 그대를 부른 것
은 내 원수를 저주하라는 것이어
늘 그대가 이같이 세 번 그들을 축
복하였도다
11 그러므로 그대는 이제 그대의 곳으
로 달아나라 내가 그대를 높여 심
히 존귀하게 하기로 뜻하였더니 여
호와께서 그대를 막아 존귀하지 못
하게 하셨도다
12 발람이 발락에게 이르되 당신이
내게 보낸 사신들에게 내가 말하
여 이르지 아니하였나이까
13 가령 발락이 그 집에 가득한 은금
을 내게 줄지라도 나는 여호와의
말씀을 어기고 선악간에 내 마음
대로 행하지 못하고 여호와께서 말
씀하신 대로 말하리라 하지 아니하
였나이까
14 이제 나는 내 백성에게로 돌아가거
니와 들으소서 내가 이 백성이 후
일에 당신의 백성에게 어떻게 할지
를 당신에게 말하리이다 하고
15 예언하여 이르기를
브올의 아들 발람이 말하며 눈
을 감았던 자가 말하며
16 하나님의 말씀을 듣는 자가 말
하며 지극히 높으신 자의 지식을
아는 자, 전능자의 환상을 보는
자, 엎드려서 눈을 뜬 자가 말하
기를
17 내가 그를 보아도 이 때의 일이
아니며 내가 그를 바라보아도 가
까운 일이 아니로다 한 별이 야
곱에게서 나오며 한 규가 이스라
엘에게서 일어나서 모압을 이쪽
에서 저쪽까지 쳐서 무찌르고 또
셋의 자식들을 다 멸하리로다
18 그의 원수 에돔은 그들의 유산

이 되며 그의 원수 세일도 그들
의 유산이 되고 그와 동시에
이스라엘은 용감히 행동하리로
다
19 주권자가 야곱에게서 나서 남은
자들을 그 성읍에서 멸절하리로
다
하고
20 또 아말렉을 바라보며 예언하여 이
르기를
아말렉은 민족들의 으뜸이나 그
의 종말은 멸망에 이르리로다
하고
21 또 겐 족속을 바라보며 예언하여
이르기를
네 거처가 견고하고 네 보금자리
는 바위에 있도다
22 그러나 가인이 쇠약하리니 나중
에는 앗수르의 포로가 되리로다
하고
23 또 예언하여 이르기를
슬프다 하나님이 이 일을 행하
시리니 그 때에 살 자가 누구이
랴
24 깃딤 해변에서 배들이 와서 앗수
르를 학대하며 에벨을 괴롭힐 것
이나 그도 멸망하리로다
하고
25 발람이 일어나 자기 곳으로 돌아가
고 발락도 자기 길로 갔더라

브올에서 생긴 일

25 이스라엘이 싯딤에 머물러
있더니 그 백성이 모압 여
자들과 음행하기를 시작하니라
2 그 여자들이 자기 신들에게 제사
할 때에 이스라엘 백성을 청하매
백성이 먹고 그들의 신들에게 절하
므로
3 이스라엘이 바알브올에게 가담한
지라 여호와께서 이스라엘에게 진
노하시니라
4 여호와께서 모세에게 이르시되 백
성의 수령들을 잡아 태양을 향하
여 여호와 앞에 목매어 달라 그리
하면 여호와의 진노가 이스라엘에
게서 떠나리라
5 모세가 이스라엘 재판관들에게 이
르되 너희는 각각 바알브올에게 가

담한 사람들을 죽이라 하니라

6 이스라엘 자손의 온 회중이 회막 문에서 울 때에 이스라엘 자손 한 사람이 모세와 온 회중의 눈앞에 미디안의 한 여인을 데리고 그의 형제에게로 온지라

7 제사장 아론의 손자 엘르아살의 아들 비느하스가 보고 회중 가운데에서 일어나 손에 창을 들고

8 그 이스라엘 남자를 따라 그의 막사에 들어가 이스라엘 남자와 그 여인의 배를 꿰뚫어서 두 사람을 죽이니 염병이 이스라엘 자손에게서 그쳤더라

9 그 염병으로 죽은 자가 이만 사천 명이었더라

10 여호와께서 모세에게 말씀하여 이르시되

11 제사장 아론의 손자 엘르아살의 아들 비느하스가 내 질투심으로 질투하여 이스라엘 자손 중에서 내 노를 돌이켜서 내 질투심으로 그들을 소멸하지 않게 하였도다

12 그러므로 말하라 내가 그에게 내 평화의 언약을 주리니

13 그와 그의 후손에게 영원한 제사장 직분의 언약이라 그가 그의 하나님을 위하여 질투하여 이스라엘 자손을 속죄하였음이니라

14 죽임을 당한 이스라엘 남자 곧 미디안 여인과 함께 죽임을 당한 자의 이름은 시므리니 살루의 아들이요 시므온인의 조상의 가문 중 한 지도자이며

15 죽임을 당한 미디안 여인의 이름은 고스비이니 수르의 딸이라 수르는 미디안 백성의 한 조상의 가문의 수령이었더라

16 여호와께서 모세에게 말씀하여 이르시되

17 미디안인들을 대적하여 그들을 치라

18 이는 그들이 속임수로 너희를 대적하되 브올의 일과 미디안 지휘관의 딸 곧 브올의 일로 염병이 일어난 날에 죽임을 당한 그들의 자매 고스비의 사건으로 너희를 유혹하였음이니라

두 번째 인구 조사

26 염병 후에 여호와께서 모
세와 제사장 아론의 아들
엘르아살에게 말씀하여 이르시
되
2 이스라엘 자손의 온 회중의 총수
를 그들의 조상의 가문을 따라 조
사하되 이스라엘 중에 이십 세 이
상으로 능히 전쟁에 나갈 만한 모
든 자를 계수하라 하시니
3 모세와 제사장 엘르아살이 여리고
맞은편 요단 가 모압 평지에서 그
들에게 전하여 이르되
4 여호와께서 애굽 땅에서 나온 모
세와 이스라엘 자손에게 명령하신
대로 너희는 이십 세 이상 된 자를
계수하라 하니라
5 이스라엘의 장자는 르우벤이라 르
우벤 자손은 하녹에게서 난 하녹
종족과 발루에게서 난 발루 종족
과
6 헤스론에게서 난 헤스론 종족과
갈미에게서 난 갈미 종족이니
7 이는 르우벤 종족들이라 계수된
자가 사만 삼천칠백삼십 명이었더
라
8 발루의 아들은 엘리압이요
9 엘리압의 아들은 느무엘과 다단과
아비람이라 이 다단과 아비람은 회
중 가운데서 부름을 받은 자들이
니 고라의 무리에 들어가서 모세와
아론을 거슬러 여호와께 반역할
때에
10 땅이 그 입을 벌려서 그 무리와 고
라를 삼키매 그들이 죽었고 당시에
불이 이백오십 명을 삼켜 징표가
되게 하였으나
11 고라의 아들들은 죽지 아니하였더
라
12 시므온 자손의 종족들은 이러하니
느무엘에게서 난 느무엘 종족과 야
민에게서 난 야민 종족과 야긴에게
서 난 야긴 종족과
13 세라에게서 난 세라 종족과 사울
에게서 난 사울 종족이라
14 이는 시므온의 종족들이니 계수된
자가 이만 이천이백 명이었더라
15 갓 자손의 종족들은 이러하니 스

26

2

3

4

5

6

7

8

9

10

11

12

13

14

15

본에게서 난 스본 종족과 학기에게
서 난 학기 종족과 수니에게서 난
수니 종족과
16 오스니에게서 난 오스니 종족과 에
리에게서 난 에리 종족과
17 아롯에게서 난 아롯 종족과 아렐
리에게서 난 아렐리 종족이라
18 이는 갓 자손의 종족들이니 계수
된 자가 사만 오백 명이었더라
19 유다의 아들들은 에르와 오난이라
이 에르와 오난은 가나안 땅에서
죽었고
20 유다 자손의 종족들은 이러하니
셀라에게서 난 셀라 종족과 베레스
에게서 난 베레스 종족과 세라에게
서 난 세라 종족이며
21 또 베레스 자손은 이러하니 헤스론
에게서 난 헤스론 종족과 하물에
게서 난 하물 종족이라
22 이는 유다 종족들이니 계수된 자
가 칠만 육천오백 명이었더라
23 잇사갈 자손의 종족들은 이러하니
돌라에게서 난 돌라 종족과 부와
에게서 난 부니 종족과
24 야숩에게서 난 야숩 종족과 시므
론에게서 난 시므론 종족이라
25 이는 잇사갈 종족들이니 계수
된 자가 육만 사천삼백 명이었
더라
26 스불론 자손의 종족들은 이러하니
세렛에게서 난 세렛 종족과 엘론에
게서 난 엘론 종족과 얄르엘에게서
난 얄르엘 종족이라
27 이는 스불론 종족들이니 계수된
자가 육만 오백 명이었더라
28 요셉의 아들들의 종족들은 므낫세
와 에브라임이요
29 므낫세의 자손 중 마길에게서 난
자손은 마길 종족이라 마길이 길
르앗을 낳았고 길르앗에게서 난 자
손은 길르앗 종족이라
30 길르앗 자손은 이러하니 이에셀에
게서 난 이에셀 종족과 헬렉에게서
난 헬렉 종족과
31 아스리엘에게서 난 아스리엘 종
족과 세겜에게서 난 세겜 종족
과

16
17
18
19
20
21
22
23
24
25
26
27
28
29
30
31

32 스미다에게서 난 스미다 종족과 헤
벨에게서 난 헤벨 종족이며
33 헤벨의 아들 슬로브핫은 아들이
없고 딸뿐이라 그 딸의 이름은 말
라와 노아와 호글라와 밀가와 디르
사니
34 이는 므낫세의 종족들이라 계수된
자가 오만 이천칠백 명이었더라
35 에브라임 자손의 종족들은 이러하
니 수델라에게서 난 수델라 종족
과 베겔에게서 난 베겔 종족과 다
한에게서 난 다한 종족이며
36 수델라 자손은 이러하니 에란에게
서 난 에란 종족이라
37 이는 에브라임 자손의 종족들이니
계수된 자가 삼만 이천오백 명이라
이상은 그 종족을 따른 요셉 자손
이었더라
38 베냐민 자손의 종족들은 이러하니
벨라에게서 난 벨라 종족과 아스벨
에게서 난 아스벨 종족과 아히람에
게서 난 아히람 종족과
39 스부밤에게서 난 스부밤 종족과
후밤에게서 난 후밤 종족이며
40 벨라의 아들들은 아릇과 나아만
이라 아릇에게서 아릇 종족과 나
아만에게서 나아만 종족이 났으
니
41 이는 그들의 종족을 따른 베냐민
자손이라 계수된 자가 사만 오천
육백 명이었더라
42 단 자손의 종족들은 이러하니라
수함에게서 수함 종족이 났으니 이
는 그들의 종족을 따른 단 종족들
이라
43 수함 모든 종족의 계수된 자가 육
만 사천사백 명이었더라
44 아셀 자손의 종족들은 이러하니
임나에게서 난 임나 종족과 이스위
에게서 난 이스위 종족과 브리아에
게서 난 브리아 종족이며
45 브리아의 자손 중 헤벨에게서 난
헤벨 종족과 말기엘에게서 난 말기
엘 종족이며
46 아셀의 딸의 이름은 세라라
47 이는 아셀 자손의 종족들이니 계
수된 자가 오만 삼천사백 명이었

32
33
34
35
36
37
38
39
40
41
42
43
44
45
46
47

더라
48 납달리 자손은 그들의 종족대로
이러하니 야셀에게서 난 야셀 종
족과 구니에게서 난 구니 종족과
49 예셀에게서 난 예셀 종족과 실렘에
게서 난 실렘 종족이라
50 이는 그들의 종족을 따른 납달리
종족들이니 계수된 자가 사만 오
천사백 명이었더라
51 이스라엘 자손의 계수된 자가 육
십만 천칠백삼십 명이었더라
52 여호와께서 모세에게 말씀하여 이
르시되
53 이 명수대로 땅을 나눠 주어 기업
을 삼게 하라
54 수가 많은 자에게는 기업을 많이
줄 것이요 수가 적은 자에게는 기
업을 적게 줄 것이니 그들이 계수
된 수대로 각기 기업을 주되
55 오직 그 땅을 제비 뽑아 나누어 그
들의 조상 지파의 이름을 따라 얻
게 할지니라
56 그 다소를 막론하고 그들의 기업을
제비 뽑아 나눌지니라
57 레위인으로 계수된 자들의 종족들
은 이러하니 게르손에게서 난 게르
손 종족과 고핫에게서 난 고핫 종
족과 므라리에게서 난 므라리 종
족이며
58 레위 종족들은 이러하니 립니 종
족과 헤브론 종족과 말리 종족과
무시 종족과 고라 종족이라 고핫
은 아므람을 낳았으며
59 아므람의 처의 이름은 요게벳이니
레위의 딸이요 애굽에서 레위에게
서 난 자라 그가 아므람에게서 아
론과 모세와 그의 누이 미리암을
낳았고
60 아론에게서는 나답과 아비후와 엘
르아살과 이다말이 났더니
61 나답과 아비후는 다른 불을 여호
와 앞에 드리다가 죽었더라
62 일 개월 이상으로 계수된 레위인의
모든 남자는 이만 삼천 명이었더라
그들은 이스라엘 자손 중 계수에
들지 아니하였으니 이는 이스라엘
자손 중에서 그들에게 준 기업이
없음이었더라

63 이는 모세와 제사장 엘르아살이 계수한 자라 그들이 여리고 맞은편 요단 가 모압 평지에서 이스라엘 자손을 계수한 중에는

64 모세와 제사장 아론이 시내 광야에서 계수한 이스라엘 자손은 한 사람도 들지 못하였으니

65 이는 여호와께서 그들에게 대하여 말씀하시기를 그들이 반드시 광야에서 죽으리라 하셨음이라 이러므로 여분네의 아들 갈렙과 눈의 아들 여호수아 외에는 한 사람도 남지 아니하였더라

슬로브핫의 딸들

27 요셉의 아들 므낫세 종족들에게 므낫세의 현손 마길의 증손 길르앗의 손자 헤벨의 아들 슬로브핫의 딸들이 찾아왔으니 그의 딸들의 이름은 말라와 노아와 호글라와 밀가와 디르사라

2 그들이 회막 문에서 모세와 제사장 엘르아살과 지휘관들과 온 회중 앞에 서서 이르되

3 우리 아버지가 광야에서 죽었으나 여호와를 거슬러 모인 고라의 무리에 들지 아니하고 자기 죄로 죽었고 아들이 없나이다

4 어찌하여 아들이 없다고 우리 아버지의 이름이 그의 종족 중에서 삭제되리이까 우리 아버지의 형제 중에서 우리에게 기업을 주소서 하매

5 모세가 그 사연을 여호와께 아뢰니라

6 여호와께서 모세에게 말씀하여 이르시되

7 슬로브핫 딸들의 말이 옳으니 너는 반드시 그들의 아버지의 형제 중에서 그들에게 기업을 주어 받게 하되 그들의 아버지의 기업을 그들에게 돌릴지니라

8 너는 이스라엘 자손에게 말하여 이르기를 사람이 죽고 아들이 없으면 그의 기업을 그의 딸에게 돌릴 것이요

9 딸도 없으면 그의 기업을 그의 형제에게 줄 것이요

10 형제도 없으면 그의 기업을 그의 아버지의 형제에게 줄 것이요

11 그의 아버지의 형제도 없으면 그의
기업을 가장 가까운 친족에게 주
어 받게 할지니라 하고 나 여호와
가 너 모세에게 명령한 대로 이스
라엘 자손에게 판결의 규례가 되게
할지니라

모세의 후계자 여호수아

12 여호와께서 모세에게 이르시되 너는
이 아바림 산에 올라가서 내가 이스
라엘 자손에게 준 땅을 바라보라
13 본 후에는 네 형 아론이 돌아간 것
같이 너도 조상에게로 돌아가리니
14 이는 신 광야에서 회중이 분쟁할
때에 너희가 내 명령을 거역하고
그 물 가에서 내 거룩함을 그들의
목전에 나타내지 아니하였음이니
라 이 물은 신 광야 가데스의 므리
바 물이니라
15 모세가 여호와께 여짜와 이르되
16 여호와, 모든 육체의 생명의 하나님
이시여 원하건대 한 사람을 이 회
중 위에 세워서
17 그로 그들 앞에 출입하며 그들을
인도하여 출입하게 하사 여호와의
회중이 목자 없는 양과 같이 되지
않게 하옵소서
18 여호와께서 모세에게 이르시되 눈
의 아들 여호수아는 그 안에 영이
머무는 자니 너는 데려다가 그에게
안수하고
19 그를 제사장 엘르아살과 온 회중
앞에 세우고 그들의 목전에서 그에
게 위탁하여
20 네 존귀를 그에게 돌려 이스라엘
자손의 온 회중을 그에게 복종하
게 하라
21 그는 제사장 엘르아살 앞에 설 것
이요 엘르아살은 그를 위하여 우림
의 판결로써 여호와 앞에 물을 것
이며 그와 온 이스라엘 자손 곧 온
회중은 엘르아살의 말을 따라 나
가며 들어올 것이니라
22 모세가 여호와께서 자기에게 명령
하신 대로 하여 여호수아를 데려다
가 제사장 엘르아살과 온 회중 앞
에 세우고
23 그에게 안수하여 위탁하되 여호와
께서 모세에게 명령하신 대로 하였

더라

날마다 바치는 번제물

28 여호와께서 모세에게 말씀
하여 이르시되
2 이스라엘 자손에게 명령하여 그들
에게 이르라 내 헌물, 내 음식인 화
제물 내 향기로운 것은 너희가 그
정한 시기에 삼가 내게 바칠지니라
3 또 그들에게 이르라 너희가 여호와
께 드릴 화제는 이러하니 일 년 되
고 흠 없는 숫양을 매일 두 마리씩
상번제로 드리되
4 어린 양 한 마리는 아침에 드리고
어린 양 한 마리는 해 질 때에 드릴
것이요
5 또 고운 가루 십분의 일 에바에 빻
아 낸 기름 사분의 일 힌을 섞어서
소제로 드릴 것이니
6 이는 시내 산에서 정한 상번제로서
여호와께 드리는 향기로운 화제며
7 또 그 전제는 어린 양 한 마리에 사
분의 일 힌을 드리되 거룩한 곳에
서 여호와께 독주의 전제를 부어
드릴 것이며
8 해 질 때에는 두 번째 어린 양을 드
리되 아침에 드린 소제와 전제와
같이 여호와께 향기로운 화제로 드
릴 것이니라

안식일

9 안식일에는 일 년 되고 흠 없는 숫
양 두 마리와 고운 가루 십분의 이
에 기름 섞은 소제와 그 전제를 드
릴 것이니
10 이는 상번제와 그 전제 외에 매 안
식일의 번제니라

초하루

11 초하루에는 수송아지 두 마리와
숫양 한 마리와 일 년 되고 흠 없
는 숫양 일곱 마리로 여호와께 번
제를 드리되
12 매 수송아지에는 고운 가루 십분
의 삼에 기름 섞은 소제와 숫양 한
마리에는 고운 가루 십분의 이에
기름 섞은 소제와
13 매 어린 양에는 고운 가루 십분의
일에 기름 섞은 소제를 향기로운 번
제로 여호와께 화제를 드릴 것이며
14 그 전제는 수송아지 한 마리에 포

28 2

3

4

5

6

7

8

9

10

11

12

13

14

도주 반 힌이요 숫양 한 마리에 삼분의 일 힌이요 어린 양 한 마리에 사분의 일 힌이니 이는 일 년 중 매월 초하루의 번제며

15 또 상번제와 그 전제 외에 숫염소 한 마리를 속죄제로 여호와께 드릴 것이니라

유월절

16 첫째 달 열넷째 날은 여호와를 위하여 지킬 유월절이며

17 또 그 달 열다섯째 날부터는 명절이니 이레 동안 무교병을 먹을 것이며

18 그 첫날에는 성회로 모일 것이요 아무 일도 하지 말 것이며

19 수송아지 두 마리와 숫양 한 마리와 일 년 된 숫양 일곱 마리를 다 흠 없는 것으로 여호와께 화제를 드려 번제가 되게 할 것이며

20 그 소제로는 고운 가루에 기름을 섞어서 쓰되 수송아지 한 마리에는 십분의 삼이요 숫양 한 마리에는 십분의 이를 드리고

21 어린 양 일곱에는 어린 양 한 마리마다 십분의 일을 드릴 것이며

22 또 너희를 속죄하기 위하여 숫염소 한 마리로 속죄제를 드리되

23 아침의 번제 곧 상번제 외에 그것들을 드릴 것이니라

24 너희는 이 순서대로 이레 동안 매일 여호와께 향기로운 화제의 음식을 드리되 상번제와 그 전제 외에 드릴 것이며

25 일곱째 날에는 성회로 모일 것이요 아무 일도 하지 말 것이니라

칠칠절

26 칠칠절 처음 익은 열매를 드리는 날에 너희가 여호와께 새 소제를 드릴 때에도 성회로 모일 것이요 아무 일도 하지 말 것이며

27 수송아지 두 마리와 숫양 한 마리와 일 년 된 숫양 일곱 마리로 여호와께 향기로운 번제를 드릴 것이며

28 그 소제로는 고운 가루에 기름을 섞어서 쓰되 수송아지 한 마리마다 십분의 삼이요 숫양 한 마리에

는 십분의 이요
29 어린 양 일곱 마리에는 어린 양 한
마리마다 십분의 일을 드릴 것이
며
30 또 너희를 속죄하기 위하여 숫염소
한 마리를 드리되
31 너희는 다 흠 없는 것으로 상번제
와 그 소제와 전제 외에 그것들을
드릴 것이니라

일곱째 달 초하루

29 일곱째 달에 이르러는 그
달 초하루에 성회로 모이고
아무 노동도 하지 말라 이는 너희
가 나팔을 불 날이니라
2 너희는 수송아지 한 마리와 숫양
한 마리와 일 년 되고 흠 없는 숫
양 일곱 마리를 여호와께 향기로운
번제로 드릴 것이며
3 그 소제로는 고운 가루에 기름을
섞어서 쓰되 수송아지에는 십분의
삼이요 숫양에는 십분의 이요
4 어린 양 일곱 마리에는 어린 양 한
마리마다 십분의 일을 드릴 것이며
5 또 너희를 속죄하기 위하여 숫염소
한 마리로 속죄제를 드리되
6 그 달의 번제와 그 소제와 상번제
와 그 소제와 그 전제 외에 그 규례
를 따라 향기로운 냄새로 화제를
여호와께 드릴 것이니라

속죄일

7 일곱째 달 열흘 날에는 너희가 성
회로 모일 것이요 너희의 심령을
괴롭게 하며 아무 일도 하지 말 것
이니라
8 너희는 수송아지 한 마리와 숫양
한 마리와 일 년 된 숫양 일곱 마
리를 다 흠 없는 것으로 여호와께
향기로운 번제를 드릴 것이며
9 그 소제로는 고운 가루에 기름을
섞어서 쓰되 수송아지 한 마리에는
십분의 삼이요 숫양 한 마리에는
십분의 이요
10 어린 양 일곱 마리에는 어린 양 한
마리마다 십분의 일을 드릴 것이
며
11 속죄제와 상번제와 그 소제와 그
전제 외에 숫염소 한 마리를 속죄
제로 드릴 것이니라

29
30
31
29
2
3
4
5
6
7
8
9
10
11

장막절

12 일곱째 달 열다섯째 날에는 너희가
성회로 모일 것이요 아무 일도 하
지 말 것이며 이레 동안 여호와 앞
에 절기를 지킬 것이라
13 너희 번제로 여호와께 향기로운 화
제를 드리되 수송아지 열세 마리와
숫양 두 마리와 일 년 된 숫양 열
네 마리를 다 흠 없는 것으로 드릴
것이며
14 그 소제로는 고운 가루에 기름을
섞어서 수송아지 열세 마리에는 각
기 십분의 삼이요 숫양 두 마리에
는 각기 십분의 이요
15 어린 양 열네 마리에는 각기 십분
의 일을 드릴 것이며
16 상번제와 그 소제와 그 전제 외에
숫염소 한 마리를 속죄제로 드릴
것이니라
17 둘째 날에는 수송아지 열두 마리와
숫양 두 마리와 일 년 되고 흠 없는
숫양 열네 마리를 드릴 것이며
18 그 소제와 전제는 수송아지와 숫
양과 어린 양의 수효를 따라서 규
례대로 할 것이며
19 상번제와 그 소제와 그 전제 외에
숫염소 한 마리를 속죄제로 드릴
것이니라
20 셋째 날에는 수송아지 열한 마리와
숫양 두 마리와 일 년 되고 흠 없는
숫양 열네 마리를 드릴 것이며
21 그 소제와 전제는 수송아지와 숫
양과 어린 양의 수효를 따라서 규
례대로 할 것이며
22 상번제와 그 소제와 그 전제 외에
숫염소 한 마리를 속죄제로 드릴
것이니라
23 넷째 날에는 수송아지 열 마리와
숫양 두 마리와 일 년 되고 흠 없
는 숫양 열네 마리를 드릴 것이며
24 그 소제와 전제는 수송아지와 숫
양과 어린 양의 수효를 따라 규례
대로 할 것이며
25 상번제와 그 소제와 그 전제 외에
숫염소 한 마리를 속죄제로 드릴
것이니라
26 다섯째 날에는 수송아지 아홉 마
리와 숫양 두 마리와 일 년 되고

흠 없는 숫양 열네 마리를 드릴 것
이며
27 그 소제와 전제는 수송아지와 숫
양과 어린 양의 수효를 따라서 규
례대로 할 것이며
28 상번제와 그 소제와 그 전제 외에
숫염소 한 마리를 속죄제로 드릴
것이니라
29 여섯째 날에는 수송아지 여덟 마
리와 숫양 두 마리와 일 년 되고
흠 없는 숫양 열네 마리를 드릴 것
이며
30 그 소제와 전제는 수송아지와 숫
양과 어린 양의 수효를 따라서 규
례대로 할 것이며
31 상번제와 그 소제와 그 전제 외에
숫염소 한 마리를 속죄제로 드릴
것이니라
32 일곱째 날에는 수송아지 일곱 마
리와 숫양 두 마리와 일 년 되고
흠 없는 숫양 열네 마리를 드릴 것
이며
33 그 소제와 전제는 수송아지와 숫
양과 어린 양의 수효를 따라 규례
대로 할 것이며
34 상번제와 그 소제와 그 전제 외에
숫염소 한 마리를 속죄제로 드릴
것이니라
35 여덟째 날에는 장엄한 대회로 모일
것이요 아무 일도 하지 말 것이며
36 번제로 여호와께 향기로운 화제를
드리되 수송아지 한 마리와 숫양
한 마리와 일 년 되고 흠 없는 숫
양 일곱 마리를 드릴 것이며
37 그 소제와 전제는 수송아지와 숫
양과 어린 양의 수효를 따라 규례
대로 할 것이며
38 상번제와 그 소제와 그 전제 외에
숫염소 한 마리를 속죄제로 드릴
것이니라
39 너희가 이 절기를 당하거든 여호와
께 이같이 드릴지니 이는 너희의
서원제나 낙헌제로 드리는 번제,
소제, 전제, 화목제 외에 드릴 것이
니라
40 모세가 여호와께서 모세에게 명령
하신 모든 일을 이스라엘 자손에
게 말하니라

여호와께 서원한 것

30 모세가 이스라엘 자손 지
파의 수령들에게 말하여
이르되 여호와의 명령이 이러하니
라
2 사람이 여호와께 서원하였거나 결
심하고 서약하였으면 깨뜨리지 말
고 그가 입으로 말한 대로 다 이행
할 것이니라
3 또 여자가 만일 어려서 그 아버지
집에 있을 때에 여호와께 서원한
일이나 스스로 결심하려고 한 일이
있다고 하자
4 그의 아버지가 그의 서원이나 그가
결심한 서약을 듣고도 그에게 아무
말이 없으면 그의 모든 서원을 행
할 것이요 그가 결심한 서약을 지
킬 것이니라
5 그러나 그의 아버지가 그것을 듣는
날에 허락하지 아니하면 그의 서원
과 결심한 서약을 이루지 못할 것
이니 그의 아버지가 허락하지 아니
하였은즉 여호와께서 사하시리라
6 또 혹시 남편을 맞을 때에 서원이
나 결심한 서약을 경솔하게 그의
입술로 말하였으면
7 그의 남편이 그것을 듣고 그 듣는
날에 그에게 아무 말이 없으면 그
서원을 이행할 것이요 그가 결심한
서약을 지킬 것이니라
8 그러나 그의 남편이 그것을 듣는
날에 허락하지 아니하면 그 서원과
결심하려고 경솔하게 입술로 말한
서약은 무효가 될 것이니 여호와께
서 그 여자를 사하시리라
9 과부나 이혼 당한 여자의 서원이나
그가 결심한 모든 서약은 지킬 것
이니라
10 부녀가 혹시 그의 남편의 집에서
서원을 하였다든지 결심하고 서약
을 하였다 하자
11 그의 남편이 그것을 듣고도 아무
말이 없고 금하지 않으면 그 서원
은 다 이행할 것이요 그가 결심한
서약은 다 지킬 것이니라
12 그러나 그의 남편이 그것을 듣는
날에 무효하게 하면 그 서원과 결심
한 일에 대하여 입술로 말한 것을

30

2

3

4

5

6

7

8

9

10

11

12

아무것도 이루지 못하나니 그의 남
편이 그것을 무효하게 하였은즉 여
호와께서 그 부녀를 사하시느니라
13 모든 서원과 마음을 자제하기로 한
모든 서약은 그의 남편이 그것을
지키게도 할 수 있고 무효하게도
할 수 있으니
14 그의 남편이 여러 날이 지나도록
말이 없으면 아내의 서원과 스스로
결심한 일을 지키게 하는 것이니
이는 그가 그것을 들을 때에 그의
아내에게 아무 말도 아니하였으므
로 지키게 됨이니라
15 그러나 그의 남편이 들은 지 얼마
후에 그것을 무효하게 하면 그가
아내의 죄를 담당할 것이니라
16 이는 여호와께서 모세에게 명령하
신 규례니 남편이 아내에게, 아버
지가 자기 집에 있는 어린 딸에 대
한 것이니라

미디안에게 여호와의 원수를 갚다

31 여호와께서 모세에게 말씀
하여 이르시되
2 이스라엘 자손의 원수를 미디안에
게 갚으라 그 후에 네가 네 조상에
게로 돌아가리라
3 모세가 백성에게 말하여 이르되 너
와 함께 있는 사람들 가운데서 전
쟁에 나갈 사람들을 무장시키고 미
디안을 치러 보내어 여호와의 원수
를 갚되
4 이스라엘 모든 지파에게 각 지파에
서 천 명씩을 전쟁에 보낼지니라
하매
5 각 지파에서 천 명씩 이스라엘 백
만 명 중에서 만 이천 명을 택하여
무장을 시킨지라
6 모세가 각 지파에 천 명씩 싸움에
보내되 제사장 엘르아살의 아들
비느하스에게 성소의 기구와 신호
나팔을 들려서 그들과 함께 전쟁에
보내매
7 그들이 여호와께서 모세에게 명령
하신 대로 미디안을 쳐서 남자를
다 죽였고
8 그 죽인 자 외에 미디안의 다섯 왕
을 죽였으니 미디안의 왕들은 에위
와 레겜과 수르와 후르와 레바이

13
14
15
16
31 2
3
4
5
6
7
8

며 또 브올의 아들 발람을 칼로 죽
였더라
9 이스라엘 자손이 미디안의 부녀들과
그들의 아이들을 사로잡고 그들의
가축과 양 떼와 재물을 다 탈취하고
10 그들이 거처하는 성읍들과 촌락을
다 불사르고
11 탈취한 것, 노략한 것, 사람과 짐승
을 다 빼앗으니라
12 그들이 사로잡은 자와 노략한 것과
탈취한 것을 가지고 여리고 맞은편
요단 강 가 모압 평지의 진영에 이
르러 모세와 제사장 엘르아살과
이스라엘 자손의 회중에게로 나아
오니라

군대가 이기고 돌아오다

13 모세와 제사장 엘르아살과 회중의
지도자들이 다 진영 밖에 나가서
영접하다가
14 모세가 군대의 지휘관 곧 싸움에
서 돌아온 천부장들과 백부장들에
게 노하니라
15 모세가 그들에게 이르되 너희가 여
자들을 다 살려 두었느냐
16 보라 이들이 발람의 꾀를 따라 이
스라엘 자손을 브올의 사건에서 여
호와 앞에 범죄하게 하여 여호와의
회중 가운데에 염병이 일어나게 하
였느니라
17 그러므로 아이들 중에서 남자는
다 죽이고 남자와 동침하여 사내
를 아는 여자도 다 죽이고
18 남자와 동침하지 아니하여 사내를
알지 못하는 여자들은 다 너희를
위하여 살려둘 것이니라
19 너희는 이레 동안 진영 밖에 주둔
하라 누구든지 살인자나 죽임을
당한 사체를 만진 자는 셋째 날과
일곱째 날에 몸을 깨끗하게 하고
너희의 포로도 깨끗하게 할 것이며
20 모든 의복과 가죽으로 만든 모든
것과 염소털로 만든 모든 것과 나
무로 만든 모든 것을 다 깨끗하게
할지니라
21 제사장 엘르아살이 싸움에 나갔던
군인들에게 이르되 이는 여호와께
서 모세에게 명령하신 율법이니라
22 금, 은, 동, 철과 주석과 납 등의

23 불에 견딜 만한 모든 물건은 불을
지나게 하라 그리하면 깨끗하려니
와 다만 정결하게 하는 물로 그것
을 깨끗하게 할 것이며 불에 견디
지 못할 모든 것은 물을 지나게 할
것이니라
24 너희는 일곱째 날에 옷을 빨아서
깨끗하게 한 후에 진영에 들어올지
니라

전리품 분배

25 여호와께서 모세에게 말씀하여 이
르시되
26 너는 제사장 엘르아살과 회중의 수
령들과 더불어 이 사로잡은 사람들
과 짐승들을 계수하고
27 그 얻은 물건을 반분하여 그 절반
은 전쟁에 나갔던 군인들에게 주고
절반은 회중에게 주고
28 전쟁에 나갔던 군인들은 사람이나
소나 나귀나 양 떼의 오백분의 일
을 여호와께 드릴지니라
29 곧 이를 그들의 절반에서 가져다가
여호와의 거제로 제사장 엘르아살
에게 주고
30 또 이스라엘 자손이 받은 절반에
서는 사람이나 소나 나귀나 양 떼
나 각종 짐승 오십분의 일을 가져
다가 여호와의 성막을 맡은 레위인
에게 주라
31 모세와 제사장 엘르아살이 여호와
께서 모세에게 명령하신 대로 하니
라
32 그 탈취물 곧 군인들의 다른 탈취물
외에 양이 육십칠만 오천 마리요
33 소가 칠만 이천 마리요
34 나귀가 육만 천 마리요
35 사람은 남자와 동침하지 아니하여
서 사내를 알지 못하는 여자가 도
합 삼만 이천 명이니
36 그 절반 곧 전쟁에 나갔던 자들의
소유가 양이 삼십삼만 칠천오백 마
리라
37 여호와께 공물로 드린 양이 육백칠
십오 요
38 소가 삼만 육천 마리라 그 중에서
여호와께 공물로 드린 것이 칠십이
마리요
39 나귀가 삼만 오백 마리라 그 중에

서 여호와께 공물로 드린 것이 육
십일 마리요
40 사람이 만 육천 명이라 그 중에서
여호와께 공물로 드린 자가 삼십이
명이니
41 여호와께 거제의 공물로 드린 것을
모세가 제사장 엘르아살에게 주었
으니 여호와께서 모세에게 명령하
심과 같았더라
42 모세가 전쟁에 나갔던 자에게서
나누어 이스라엘 자손에게 준 절
반
43 곧 회중이 받은 절반은 양이 삼십
삼만 칠천오백 마리요
44 소가 삼만 육천 마리요
45 나귀가 삼만 오백 마리요
46 사람이 만 육천 명이라
47 이스라엘 자손의 그 절반에서 모
세가 사람이나 짐승의 오십분의 일
을 취하여 여호와의 장막을 맡은
레위인에게 주었으니 여호와께서
모세에게 명령하심과 같았더라
48 군대의 지휘관들 곧 천부장과 백
부장들이 모세에게 나아와서
49 모세에게 말하되 당신의 종들이
이끈 군인을 계수한즉 우리 중 한
사람도 축나지 아니하였기로
50 우리 각 사람이 받은 바 금 패물 곧
발목 고리, 손목 고리, 인장 반지,
귀 고리, 목걸이들을 여호와께 헌
금으로 우리의 생명을 위하여 여호
와 앞에 속죄하려고 가져왔나이다
51 모세와 제사장 엘르아살이 그들에
게서 그 금으로 만든 모든 패물을
취한즉
52 천부장과 백부장들이 여호와께 드
린 거제의 금의 도합이 만 육천칠
백오십 세겔이니
53 군인들이 각기 자기를 위하여 탈취
한 것이니라
54 모세와 제사장 엘르아살이 천부장
과 백부장들에게서 금을 취하여
회막에 드려 여호와 앞에서 이스
라엘 자손의 기념을 삼았더라

요단 강 동쪽 지파들

32 르우벤 자손과 갓 자손은
심히 많은 가축 떼를 가졌
더라 그들이 야셀 땅과 길르앗 땅

을 본즉 그 곳은 목축할 만한 장소
인지라
2 갓 자손과 르우벤 자손이 와서 모
세와 제사장 엘르아살과 회중 지휘
관들에게 말하여 이르되
3 아다롯과 디본과 야셀과 니므라와
헤스본과 엘르알레와 스밤과 느보
와 브온
4 곧 여호와께서 이스라엘 회중 앞에
서 쳐서 멸하신 땅은 목축할 만한
장소요 당신의 종들에게는 가축이
있나이다
5 또 이르되 우리가 만일 당신에게
은혜를 입었으면 이 땅을 당신의
종들에게 그들의 소유로 주시고 우
리에게 요단 강을 건너지 않게 하
소서
6 모세가 갓 자손과 르우벤 자손에
게 이르되 너희 형제들은 싸우러
가거늘 너희는 여기 앉아 있고자
하느냐
7 너희가 어찌하여 이스라엘 자손에
게 낙심하게 하여서 여호와께서 그
들에게 주신 땅으로 건너갈 수 없
게 하려 하느냐
8 너희 조상들도 내가 가데스바네아
에서 그 땅을 보라고 보냈을 때에
그리 하였었나니
9 그들이 에스골 골짜기에 올라가서
그 땅을 보고 이스라엘 자손을 낙
심하게 하여서 여호와께서 그들에
게 주신 땅으로 갈 수 없게 하였었
느니라
10 그 때에 여호와께서 진노하사 맹세
하여 이르시되
11 애굽에서 나온 자들이 이십 세 이
상으로는 한 사람도 내가 아브라함
과 이삭과 야곱에게 맹세한 땅을
결코 보지 못하리니 이는 그들이
나를 온전히 따르지 아니하였음이
니라
12 그러나 그나스 사람 여분네의 아들
갈렙과 눈의 아들 여호수아는 여
호와를 온전히 따랐느니라 하시고
13 여호와께서 이스라엘에게 진노하
사 그들에게 사십 년 동안 광야에
방황하게 하셨으므로 여호와의 목
전에 악을 행한 그 세대가 마침내

는 다 끊어졌느니라
14 보라 너희는 너희의 조상의 대를
이어 일어난 죄인의 무리로서 이스
라엘을 향하신 여호와의 노를 더
욱 심하게 하는도다
15 너희가 만일 돌이켜 여호와를 떠나
면 여호와께서 다시 이 백성을 광
야에 버리시리니 그리하면 너희가
이 모든 백성을 멸망시키리라
16 그들이 모세에게 가까이 나아와
이르되 우리가 이 곳에 우리 가축
을 위하여 우리를 짓고 우리 어린
아이들을 위하여 성읍을 건축하고
17 이 땅의 원주민이 있으므로 우리
어린 아이들을 그 견고한 성읍에
거주하게 한 후에 우리는 무장하고
이스라엘 자손을 그 곳으로 인도하
기까지 그들의 앞에서 가고
18 이스라엘 자손이 각기 기업을 받기
까지 우리 집으로 돌아오지 아니하
겠사오며
19 우리는 요단 이쪽 곧 동쪽에서 기
업을 받았사오니 그들과 함께 요단
저쪽에서는 기업을 받지 아니하겠
나이다
20 모세가 그들에게 이르되 너희가 만
일 이 일을 행하여 무장하고 여호
와 앞에서 가서 싸우되
21 너희가 다 무장하고 여호와 앞에
서 요단을 건너가서 여호와께서 그
의 원수를 자기 앞에서 쫓아내시
고
22 그 땅이 여호와 앞에 복종하게 하
시기까지 싸우면 여호와 앞에서나
이스라엘 앞에서나 무죄하여 돌아
오겠고 이 땅은 여호와 앞에서 너
희의 소유가 되리라마는
23 너희가 만일 그같이 아니하면 여호
와께 범죄함이니 너희 죄가 반드시
너희를 찾아낼 줄 알라
24 너희는 어린 아이들을 위하여 성
읍을 건축하고 양을 위하여 우리
를 지으라 그리하고 너희의 입이
말한 대로 행하라
25 갓 자손과 르우벤 자손이 모세에
게 대답하여 이르되 주의 종들인
우리는 우리 주의 명령대로 행할
것이라

26 우리의 어린 아이들과 아내와 양
떼와 모든 가축은 이곳 길르앗 성
읍들에 두고
27 종들은 우리 주의 말씀대로 무장
하고 여호와 앞에서 다 건너가서
싸우리이다
28 이에 모세가 그들에 대하여 제사
장 엘르아살과 눈의 아들 여호수
아와 이스라엘 자손 지파의 수령
들에게 명령하니라
29 모세가 그들에게 이르되 갓 자손
과 르우벤 자손이 만일 각각 무장
하고 너희와 함께 요단을 건너가서
여호와 앞에서 싸워서 그 땅이 너
희 앞에 항복하기에 이르면 길르앗
땅을 그들의 소유로 줄 것이니라
30 그러나 만일 그들이 너희와 함께
무장하고 건너지 아니하면 그들은
가나안 땅에서 너희와 함께 땅을
소유할 것이니라
31 갓 자손과 르우벤 자손이 대답하
여 이르되 여호와께서 당신의 종들
에게 명령하신 대로 우리가 행할
것이라
32 우리가 무장하고 여호와 앞에서
가나안 땅에 건너가서 요단 이쪽을
우리가 소유할 기업이 되게 하리이
다
33 모세가 갓 자손과 르우벤 자손과
요셉의 아들 므낫세 반 지파에게
아모리인의 왕 시혼의 나라와 바산
왕 옥의 나라를 주되 곧 그 땅과
그 경내의 성읍들과 그 성읍들의
사방 땅을 그들에게 주매
34 갓 자손은 디본과 아다롯과 아로
엘과
35 아다롯소반과 야셀과 욕브하와
36 벧니므라와 벧하란들의 견고한 성
읍을 건축하였고 또 양을 위하여
우리를 지었으며
37 르우벤 자손은 헤스본과 엘르알레
와 기랴다임과
38 느보와 바알므온들을 건축하고 그
이름을 바꾸었고 또 십마를 건축
하고 건축한 성읍들에 새 이름을
주었고
39 므낫세의 아들 마길의 자손은 가
서 길르앗을 쳐서 빼앗고 거기 있

26
27
28
29
30
31
32
33
34
35
36
37
38
39

는 아모리인을 쫓아내매
40 모세가 길르앗을 므낫세의 아들 마
길에게 주매 그가 거기 거주하였고
41 므낫세의 아들 야일은 가서 그 촌
락들을 빼앗고 하봇야일이라 불렀
으며
42 노바는 가서 그낫과 그 마을들을
빼앗고 자기 이름을 따라서 노바라
불렀더라

애굽에서 모압까지

33 모세와 아론의 인도로 대
오를 갖추어 애굽을 떠난
이스라엘 자손들의 노정은 이러하
니라
2 모세가 여호와의 명령대로 그 노정
을 따라 그들이 행진한 것을 기록
하였으니 그들이 행진한 대로의 노
정은 이러하니라
3 그들이 첫째 달 열다섯째 날에 라
암셋을 떠났으니 곧 유월절 다음
날이라 이스라엘 자손이 애굽 모
든 사람의 목전에서 큰 권능으로
나왔으니
4 애굽인은 여호와께서 그들 중에 치
신 그 모든 장자를 장사하는 때라
여호와께서 그들의 신들에게도 벌
을 주셨더라
5 이스라엘 자손이 라암셋을 떠나
숙곳에 진을 치고
6 숙곳을 떠나 광야 끝 에담에 진을
치고
7 에담을 떠나 바알스본 앞 비하히롯
으로 돌아가서 믹돌 앞에 진을 치고
8 하히롯 앞을 떠나 광야를 바라보고
바다 가운데를 지나 에담 광야로
사흘 길을 가서 마라에 진을 치고
9 마라를 떠나 엘림에 이르니 엘림에
는 샘물 열둘과 종려 칠십 그루가
있으므로 거기에 진을 치고
10 엘림을 떠나 홍해 가에 진을 치고
11 홍해 가를 떠나 신 광야에 진을 치고
12 신 광야를 떠나
13 돕가에 진을 치고 돕가를 떠나 알
루스에 진을 치고
14 알루스를 떠나 르비딤에 진을 쳤는
데 거기는 백성이 마실 물이 없었
더라
15 르비딤을 떠나 시내 광야에 진을

40

41

42

33

2

3

4

5

6

7

8

9

10

11

12

13

14

15

치고
16 시내 광야를 떠나 기브롯핫다아와
에 진을 치고
17 기브롯핫다아와를 떠나 하세롯에
진을 치고
18 하세롯을 떠나 릿마에 진을 치고
19 릿마를 떠나 림몬베레스에 진을 치
고
20 림몬베레스를 떠나 립나에 진을 치
고
21 립나를 떠나 릿사에 진을 치고
22 릿사를 떠나 그헬라다에 진을 치고
23 그헬라다를 떠나 세벨 산에 진을
치고
24 세벨 산을 떠나 하라다에 진을 치고
25 하라다를 떠나 막헬롯에 진을 치고
26 막헬롯을 떠나 다핫에 진을 치고
27 다핫을 떠나 데라에 진을 치고
28 데라를 떠나 밋가에 진을 치고
29 밋가를 떠나 하스모나에 진을 치고
30 하스모나를 떠나 모세롯에 진을
치고
31 모세롯을 떠나 브네야아간에 진을
치고
32 브네야아간을 떠나 홀하깃갓에 진
을 치고
33 홀하깃갓을 떠나 욧바다에 진을
치고
34 욧바다를 떠나 아브로나에 진을
치고
35 아브로나를 떠나 에시온게벨에 진
을 치고
36 에시온게벨을 떠나 신 광야 곧 가
데스에 진을 치고
37 가데스를 떠나 에돔 땅 변경의 호
르 산에 진을 쳤더라
38 이스라엘 자손이 애굽 땅에서 나
온 지 사십 년째 오월 초하루에 제
사장 아론이 여호와의 명령으로
호르 산에 올라가 거기서 죽었으니
39 아론이 호르 산에서 죽던 때의 나
이는 백이십삼 세였더라
40 가나안 땅 남방에 살고 있는 가나
안 사람 아랏 왕은 이스라엘 자손
이 온다는 소식을 들었더라
41 그들이 호르 산을 떠나 살모나에
진을 치고
42 살모나를 떠나 부논에 진을 치고

16
17
18
19
20
21
22
23
24
25
26
27
28
29
30
31
32
33
34
35
36
37
38
39
40
41
42

43 부논을 떠나 오봇에 진을 치고
44 오봇을 떠나 모압 변경 이예아바림
에 진을 치고
45 이임을 떠나 디본갓에 진을 치고
46 디본갓을 떠나 알몬디블라다임에
진을 치고
47 알몬디블라다임을 떠나 느보 앞
아바림 산에 진을 치고
48 아바림 산을 떠나 여리고 맞은편 요
단 강 가 모압 평지에 진을 쳤으니
49 요단 강 가 모압 평지의 진영이 벧
여시못에서부터 아벨싯딤에 이르
렀더라

가나안 땅을 제비 뽑아 나누다

50 여리고 맞은편 요단 강 가 모압 평
지에서 여호와께서 모세에게 말씀
하여 이르시되
51 이스라엘 자손에게 말하여 그들에
게 이르라 너희가 요단 강을 건너
가나안 땅에 들어가거든
52 그 땅의 원주민을 너희 앞에서 다
몰아내고 그 새긴 석상과 부어 만
든 우상을 다 깨뜨리며 산당을 다
헐고
53 그 땅을 점령하여 거기 거주하라
내가 그 땅을 너희 소유로 너희에
게 주었음이라
54 너희의 종족을 따라 그 땅을 제비
뽑아 나눌 것이니 수가 많으면 많
은 기업을 주고 적으면 적은 기업
을 주되 각기 제비 뽑은 대로 그 소
유가 될 것인즉 너희 조상의 지파
를 따라 기업을 받을 것이니라
55 너희가 만일 그 땅의 원주민을 너
희 앞에서 몰아내지 아니하면 너희
가 남겨둔 자들이 너희의 눈에 가
시와 너희의 옆구리에 찌르는 것이
되어 너희가 거주하는 땅에서 너희
를 괴롭게 할 것이요
56 나는 그들에게 행하기로 생각한 것
을 너희에게 행하리라

가나안 땅의 경계

34 여호와께서 모세에게 말씀
하여 이르시되
2 너는 이스라엘 자손에게 명령하여
그들에게 이르라 너희가 가나안 땅
에 들어가는 때에 그 땅은 너희의
기업이 되리니 곧 가나안 사방 지

43

44

45

46

47

48

49

50

51

52

53

54

55

56

34 2

경이라
3 너희 남쪽은 에돔 곁에 접근한 신
광야니 너희의 남쪽 경계는 동쪽
으로 염해 끝에서 시작하여
4 돌아서 아그랍빔 언덕 남쪽에 이르
고 신을 지나 가데스바네아 남쪽에
이르고 또 하살아달을 지나 아스
몬에 이르고
5 아스몬에서 돌아서 애굽 시내를 지
나 바다까지 이르느니라
6 서쪽 경계는 대해가 경계가 되나니
이는 너희의 서쪽 경계니라
7 북쪽 경계는 이러하니 대해에서부
터 호르 산까지 그어라
8 호르 산에서 그어 하맛 어귀에 이
르러 스닷에 이르고
9 그 경계가 또 시브론을 지나 하살
에난에 이르나니 이는 너희의 북쪽
경계니라
10 너희의 동쪽 경계는 하살에난에서
그어 스밤에 이르고
11 그 경계가 또 스밤에서 리블라로 내
려가서 아인 동쪽에 이르고 또 내
려가서 긴네렛 동쪽 해변에 이르고
12 그 경계가 또 요단으로 내려가서
염해에 이르나니 너희 땅의 사방
경계가 이러하니라
13 모세가 이스라엘 자손에게 명령하
여 이르되 이는 너희가 제비 뽑아
받을 땅이라 여호와께서 이것을
아홉 지파 반 쪽에게 주라고 명령
하셨나니
14 이는 르우벤 자손의 지파와 갓 자
손의 지파가 함께 그들의 조상의
가문에 따라 그들의 기업을 받을
것이며 므낫세의 반쪽도 기업을 받
았음이니라
15 이 두 지파와 그 반 지파는 여리고
맞은편 요단 건너편 곧 해 돋는 쪽
에서 그들의 기업을 받으리라

각 지파의 기업 분할 책임자

16 여호와께서 또 모세에게 말씀하여
이르시되
17 너희에게 땅을 기업으로 나눌 자의
이름은 이러하니 제사장 엘르아살
과 눈의 아들 여호수아니라
18 너희는 또 기업의 땅을 나누기 위하
여 각 지파에 한 지휘관씩 택하라

3
4
5
6
7
8
9
10
11
12
13
14
15
16
17
18

19 그 사람들의 이름은 이러하니 유다 지파에서는 여분네의 아들 갈렙이요

20 시므온 지파에서는 암미훗의 아들 스므엘이요

21 베냐민 지파에서는 기슬론의 아들 엘리닷이요

22 단 자손 지파에서는 지휘관 요글리의 아들 북기요

23 요셉 자손 중 므낫세 자손 지파에서는 지휘관 에봇의 아들 한니엘이요

24 에브라임 자손 지파에서는 지휘관 십단의 아들 그므엘이요

25 스불론 자손 지파에서는 지휘관 바르낙의 아들 엘리사반이요

26 잇사갈 자손 지파에서는 지휘관 앗산의 아들 발디엘이요

27 아셀 자손 지파에서는 지휘관 슬로미의 아들 아히훗이요

28 납달리 자손 지파에서는 지휘관 암미훗의 아들 브다헬이니라 하셨느니라

29 이들이 여호와께서 명령하사 가나안 땅에서 이스라엘 자손에게 기업을 받게 하신 자들이니라

레위 사람에게 준 성읍

35 여호와께서 여리고 맞은편 요단 강 가 모압 평지에서 모세에게 말씀하여 이르시되

2 이스라엘 자손에게 명령하여 그들이 받은 기업에서 레위인에게 거주할 성읍들을 주게 하고 너희는 또 그 성읍들을 두르고 있는 초장을 레위인에게 주어서

3 성읍은 그들의 거처가 되게 하고 초장은 그들의 재산인 가축과 짐승들을 둘 곳이 되게 할 것이라

4 너희가 레위인에게 줄 성읍들의 들은 성벽에서부터 밖으로 사방 천 규빗이라

5 성을 중앙에 두고 성 밖 동쪽으로 이천 규빗, 남쪽으로 이천 규빗, 서쪽으로 이천 규빗, 북쪽으로 이천 규빗을 측량할지니 이는 그들의 성읍의 들이며

6 너희가 레위인에게 줄 성읍은 살인자들이 피하게 할 도피성으로 여섯 성읍이요 그 외에 사십이 성읍이라

19
20
21
22
23
24
25
26
27
28
29
35
2
3
4
5
6

7 너희가 레위인에게 모두 사십팔 성
읍을 주고 그 초장도 함께 주되
8 너희가 이스라엘 자손의 소유에서
레위인에게 너희가 성읍을 줄 때에
많이 받은 자에게서는 많이 떼어
서 주고 적게 받은 자에게서는 적
게 떼어 줄 것이라 각기 받은 기업
을 따라서 그 성읍들을 레위인에
게 줄지니라

도피성

9 여호와께서 또 모세에게 말씀하여
이르시되
10 이스라엘 자손에게 말하여 그들에
게 이르라 너희가 요단 강을 건너
가나안 땅에 들어가거든
11 너희를 위하여 성읍을 도피성으로
정하여 부지중에 살인한 자가 그리
로 피하게 하라
12 이는 너희가 복수할 자에게서 도피
하는 성을 삼아 살인자가 회중 앞
에 서서 판결을 받기까지 죽지 않
게 하기 위함이니라
13 너희가 줄 성읍 중에 여섯을 도피
성이 되게 하되
14 세 성읍은 요단 이쪽에 두고 세 성
읍은 가나안 땅에 두어 도피성이
되게 하라
15 이 여섯 성읍은 이스라엘 자손과
타국인과 이스라엘 중에 거류하는
자의 도피성이 되리니 부지중에 살
인한 모든 자가 그리로 도피할 수
있으리라
16 만일 철 연장으로 사람을 쳐죽이
면 그는 살인자니 그 살인자를 반
드시 죽일 것이요
17 만일 사람을 죽일 만한 돌을 손에
들고 사람을 쳐죽이면 이는 살인한
자니 그 살인자는 반드시 죽일 것
이요
18 만일 사람을 죽일 만한 나무 연장
을 손에 들고 사람을 쳐죽이면 그
는 살인한 자니 그 살인자는 반드
시 죽일 것이니라
19 피를 보복하는 자는 그 살인한 자
를 자신이 죽일 것이니 그를 만나
면 죽일 것이요
20 만일 미워하는 까닭에 밀쳐 죽이거
나 기회를 엿보아 무엇을 던져 죽

이거나
21 악의를 가지고 손으로 쳐죽이면 그
친 자는 반드시 죽일 것이니 이는
살인하였음이라 피를 보복하는 자
는 살인자를 만나면 죽일 것이니라
22 악의가 없이 우연히 사람을 밀치거
나 기회를 엿봄이 없이 무엇을 던
지거나
23 보지 못하고 사람을 죽일 만한 돌
을 던져서 죽였을 때에 이는 악의
도 없고 해하려 한 것도 아닌즉
24 회중이 친 자와 피를 보복하는 자
간에 이 규례대로 판결하여
25 피를 보복하는 자의 손에서 살인
자를 건져내어 그가 피하였던 도피
성으로 돌려보낼 것이요 그는 거룩
한 기름 부음을 받은 대제사장이
죽기까지 거기 거주할 것이니라
26 그러나 살인자가 어느 때든지 그
피하였던 도피성 지경 밖에 나가면
27 피를 보복하는 자가 도피성 지경
밖에서 그 살인자를 만나 죽일지라
도 피 흘린 죄가 없나니
28 이는 살인자가 대제사장이 죽기까
지 그 도피성에 머물러야 할 것임
이라 대제사장이 죽은 후에는 그
살인자가 자기 소유의 땅으로 돌아
갈 수 있느니라
29 이는 너희의 대대로 거주하는 곳에
서 판결하는 규례라
30 사람을 죽인 모든 자 곧 살인한 자
는 증인들의 말을 따라서 죽일 것
이나 한 증인의 증거만 따라서 죽
이지 말 것이요
31 고의로 살인죄를 범한 살인자는 생
명의 속전을 받지 말고 반드시 죽
일 것이며
32 또 도피성에 피한 자는 대제사장
이 죽기 전에는 속전을 받고 그의
땅으로 돌아가 거주하게 하지 말
것이니라
33 너희는 너희가 거주하는 땅을 더럽
히지 말라 피는 땅을 더럽히나니
피 흘림을 받은 땅은 그 피를 흘리
게 한 자의 피가 아니면 속함을 받
을 수 없느니라
34 너희는 너희가 거주하는 땅 곧 내
가 거주하는 땅을 더럽히지 말라

나 여호와는 이스라엘 자손 중에
있음이니라

시집 간 여자의 유산

36 요셉 자손의 종족 중 므낫
세의 손자 마길의 아들 길
르앗 자손 종족들의 수령들이 나
아와 모세와 이스라엘 자손의 수
령 된 지휘관들 앞에 말하여
2 이르되 여호와께서 우리 주에게 명
령하사 이스라엘 자손에게 제비
뽑아 그 기업의 땅을 주게 하셨고
여호와께서 또 우리 주에게 명령하
사 우리 형제 슬로브핫의 기업을
그의 딸들에게 주게 하셨은즉
3 그들이 만일 이스라엘 자손의 다
른 지파들의 남자들의 아내가 되
면 그들의 기업은 우리 조상의 기
업에서 떨어져 나가고 그들이 속할
그 지파의 기업에 첨가되리니 그러
면 우리가 제비 뽑은 기업에서 떨
어져 나갈 것이요
4 이스라엘 자손의 희년을 당하여
그 기업이 그가 속한 지파에 첨가
될 것이라 그런즉 그들의 기업은 우
리 조상 지파의 기업에서 아주 삭
감되리이다
5 모세가 여호와의 말씀으로 이스라
엘 자손에게 명령하여 이르되 요
셉 자손 지파의 말이 옳도다
6 슬로브핫의 딸들에게 대한 여호와
의 명령이 이러하니라 이르시되 슬
로브핫의 딸들은 마음대로 시집가
려니와 오직 그 조상 지파의 종족
에게로만 시집갈지니
7 그리하면 이스라엘 자손의 기업이
이 지파에서 저 지파로 옮기지 않
고 이스라엘 자손이 다 각기 조상
지파의 기업을 지킬 것이니라 하셨
나니
8 이스라엘 자손의 지파 중 그 기업
을 이은 딸들은 모두 자기 조상 지
파의 종족되는 사람의 아내가 될
것이라 그리하면 이스라엘 자손이
각기 조상의 기업을 보전하게 되어
9 그 기업이 이 지파에서 저 지파로
옮기게 하지 아니하고 이스라엘 자
손 지파가 각각 자기 기업을 지키
리라

36

2

3

4

5

6

7

8

9

10 슬로브핫의 딸들이 여호와께서 모
세에게 명령하신 대로 행하니라
11 슬로브핫의 딸 말라와 디르사와 호
글라와 밀가와 노아가 다 그들의
숙부의 아들들의 아내가 되니라
12 그들이 요셉의 아들 므낫세 자손
의 종족 사람의 아내가 되었으므
로 그들의 종족 지파에 그들의 기
업이 남아 있었더라
13 이는 여리고 맞은편 요단 가 모압
평지에서 여호와께서 모세를 통하
여 이스라엘 자손에게 명령하신 계
명과 규례니라

10

11

12

13

신명기

Deuteronomy

서론

1 이는 모세가 요단 저쪽 숩 맞은
편의 아라바 광야 곧 바란과 도
벨과 라반과 하세롯과 디사합 사이
에서 이스라엘 무리에게 선포한 말
씀이니라
2 호렙 산에서 세일 산을 지나 가데
스 바네아까지 열 하룻길이었더라
3 마흔째 해 열한째 달 그 달 첫째
날에 모세가 이스라엘 자손에게
여호와께서 그들을 위하여 자기에
게 주신 명령을 다 알렸으니
4 그 때는 모세가 헤스본에 거주하
는 아모리 왕 시혼을 쳐죽이고 에
드레이에서 아스다롯에 거주하는
바산 왕 옥을 쳐죽인 후라
5 모세가 요단 저쪽 모압 땅에서 이
율법을 설명하기 시작하였더라 일
렀으되
6 우리 하나님 여호와께서 호렙 산에
서 우리에게 말씀하여 이르시기를
너희가 이 산에 거주한 지 오래니
7 방향을 돌려 행진하여 아모리 족
속의 산지로 가고 그 근방 곳곳으
로 가고 아라바와 산지와 평지와
네겝과 해변과 가나안 족속의 땅
과 레바논과 큰 강 유브라데까지
가라
8 내가 너희의 조상 아브라함과 이삭
과 야곱에게 맹세하여 그들과 그들
의 후손에게 주리라 한 땅이 너희
앞에 있으니 들어가서 그 땅을 차
지할지니라

모세가 수령을 세우다

9 그 때에 내가 너희에게 말하여 이
르기를 나는 홀로 너희의 짐을 질
수 없도다
10 너희의 하나님 여호와께서 너희를
번성하게 하셨으므로 너희가 오늘
날 하늘의 별 같이 많거니와
11 너희 조상의 하나님 여호와께서 너
희를 현재보다 천 배나 많게 하시
며 너희에게 허락하신 것과 같이
너희에게 복 주시기를 원하노라
12 그런즉 나 홀로 어찌 능히 너희의

1
2
3
4
5
6
7
8
9
10
11
12

괴로운 일과 너희의 힘겨운 일과 너희의 다투는 일을 담당할 수 있으랴

13 너희의 각 지파에서 지혜와 지식이 있는 인정받는 자들을 택하라 내가 그들을 세워 너희 수령을 삼으리라 한즉

14 너희가 내게 대답하여 이르기를 당신의 말씀대로 하는 것이 좋다 하기에

15 내가 너희 지파의 수령으로 지혜가 있고 인정 받는 자들을 취하여 너희의 수령을 삼되 곧 각 지파를 따라 천부장과 백부장과 오십부장과 십부장과 조장을 삼고

16 내가 그 때에 너희의 재판장들에게 명하여 이르기를 너희가 너희의 형제 중에서 송사를 들을 때에 쌍방간에 공정히 판결할 것이며 그들 중에 있는 타국인에게도 그리 할 것이라

17 재판은 하나님께 속한 것인즉 너희는 재판할 때에 외모를 보지 말고 귀천을 차별 없이 듣고 사람의 낯을 두려워하지 말 것이며 스스로 결단하기 어려운 일이 있거든 내게로 돌리라 내가 들으리라 하였고

18 내가 너희의 행할 모든 일을 그 때에 너희에게 다 명령하였느니라

정탐할 사람을 보내다

19 우리 하나님 여호와께서 우리에게 명령하신 대로 우리가 호렙 산을 떠나 너희가 보았던 그 크고 두려운 광야를 지나 아모리 족속의 산지 길로 가데스 바네아에 이른 때에

20 내가 너희에게 이르기를 우리 하나님 여호와께서 우리에게 주신 아모리 족속의 산지에 너희가 이르렀나니

21 너희의 하나님 여호와께서 이 땅을 너희 앞에 두셨은즉 너희 조상의 하나님 여호와께서 너희에게 이르신 대로 올라가서 차지하라 두려워하지 말라 주저하지 말라 한즉

22 너희가 다 내 앞으로 나아와 말하기를 우리가 사람을 우리보다 먼저 보내어 우리를 위하여 그 땅을 정

탐하고 어느 길로 올라가야 할 것
과 어느 성읍으로 들어가야 할 것
을 우리에게 알리게 하자 하기에
23 내가 그 말을 좋게 여겨 너희 중 각
지파에서 한 사람씩 열둘을 택하
매
24 그들이 돌이켜 산지에 올라 에스골
골짜기에 이르러 그 곳을 정탐하고
25 그 땅의 열매를 손에 가지고 우리
에게로 돌아와서 우리에게 말하여
이르되 우리의 하나님 여호와께서
우리에게 주시는 땅이 좋더라 하였
느니라
26 그러나 너희가 올라가기를 원하지
아니하고 너희의 하나님 여호와의
명령을 거역하여
27 장막 중에서 원망하여 이르기를
여호와께서 우리를 미워하시므로
아모리 족속의 손에 넘겨 멸하시려
고 우리를 애굽 땅에서 인도하여
내셨도다
28 우리가 어디로 가랴 우리의 형제들
이 우리를 낙심하게 하여 말하기를
그 백성은 우리보다 장대하며 그
성읍들은 크고 성곽은 하늘에 닿
았으며 우리가 또 거기서 아낙 자
손을 보았노라 하는도다 하기로
29 내가 너희에게 말하기를 그들을 무
서워하지 말라 두려워하지 말라
30 너희보다 먼저 가시는 너희의 하나
님 여호와께서 애굽에서 너희를 위
하여 너희 목전에서 모든 일을 행
하신 것 같이 이제도 너희를 위하
여 싸우실 것이며
31 광야에서도 너희가 당하였거니와
사람이 자기의 아들을 안는 것 같
이 너희의 하나님 여호와께서 너희
가 걸어온 길에서 너희를 안으사
이 곳까지 이르게 하셨느니라 하나
32 이 일에 너희가 너희의 하나님 여
호와를 믿지 아니하였도다
33 그는 너희보다 먼저 그 길을 가시
며 장막 칠 곳을 찾으시고 밤에는
불로, 낮에는 구름으로 너희가 갈
길을 지시하신 자이시니라

여호와께서 이스라엘을 벌하시다

34 여호와께서 너희의 말소리를 들으
시고 노하사 맹세하여 이르시되

35 이 악한 세대 사람들 중에는 내가
그들의 조상에게 주기로 맹세한
좋은 땅을 볼 자가 하나도 없으리
라
36 오직 여분네의 아들 갈렙은 온전
히 여호와께 순종하였은즉 그는
그것을 볼 것이요 그가 밟은 땅을
내가 그와 그의 자손에게 주리라
하시고
37 여호와께서 너희 때문에 내게도 진
노하사 이르시되 너도 그리로 들어
가지 못하리라
38 네 앞에 서 있는 눈의 아들 여호수
아는 그리로 들어갈 것이니 너는
그를 담대하게 하라 그가 이스라엘
에게 그 땅을 기업으로 차지하게
하리라
39 또 너희가 사로잡히리라 하던 너희
의 아이들과 당시에 선악을 분별하
지 못하던 너희의 자녀들도 그리로
들어갈 것이라 내가 그 땅을 그들
에게 주어 산업이 되게 하리라
40 너희는 방향을 돌려 홍해 길을 따
라 광야로 들어갈지니라 하시매
41 너희가 대답하여 내게 이르기를
우리가 여호와께 범죄하였사오니
우리 하나님께서 우리에게 명령하
신 대로 우리가 올라가서 싸우리
이다 하고 너희가 각각 무기를 가
지고 경솔히 산지로 올라가려 할
때에
42 여호와께서 내게 이르시되 너는 그
들에게 이르기를 너희는 올라가지
말라 싸우지도 말라 내가 너희 중
에 있지 아니하니 너희가 대적에게
패할까 하노라 하시기로
43 내가 너희에게 말하였으나 너희가
듣지 아니하고 여호와의 명령을 거
역하고 거리낌 없이 산지로 올라가
매
44 그 산지에 거주하는 아모리 족속이
너희에게 마주 나와 벌 떼 같이 너
희를 쫓아 세일 산에서 쳐서 호르
마까지 이른지라
45 너희가 돌아와 여호와 앞에서 통
곡하나 여호와께서 너희의 소리를
듣지 아니하시며 너희에게 귀를 기
울이지 아니하셨으므로

46 너희가 가데스에 여러 날 동안 머물렀나니 곧 너희가 그 곳에 머물던 날수대로니라

이스라엘이 광야에서 보낸 해

2 우리가 방향을 돌려 여호와께서 내게 명령하신 대로 홍해 길로 광야에 들어가서 여러 날 동안 세일 산을 두루 다녔더니

2 여호와께서 내게 말씀하여 이르시되

3 너희가 이 산을 두루 다닌 지 오래니 돌이켜 북으로 나아가라

4 너는 또 백성에게 명령하여 이르기를 너희는 세일에 거주하는 너희 동족 에서의 자손이 사는 지역으로 지날진대 그들이 너희를 두려워하리니 너희는 스스로 깊이 삼가고

5 그들과 다투지 말라 그들의 땅은 한 발자국도 너희에게 주지 아니하리니 이는 내가 세일 산을 에서에게 기업으로 주었음이라

6 너희는 돈으로 그들에게서 양식을 사서 먹고 돈으로 그들에게서 물을 사서 마시라

7 네 하나님 여호와께서 네가 하는 모든 일에 네게 복을 주시고 네가 이 큰 광야에 두루 다님을 알고 네 하나님 여호와께서 이 사십 년 동안을 너와 함께 하셨으므로 네게 부족함이 없었느니라 하시기로

8 우리가 세일 산에 거주하는 우리 동족 에서의 자손을 떠나서 아라바를 지나며 엘랏과 에시온 게벨 곁으로 지나 행진하고 돌이켜 모압 광야 길로 지날 때에

9 여호와께서 내게 이르시되 모압을 괴롭히지 말라 그와 싸우지도 말라 그 땅을 내가 네게 기업으로 주지 아니하리니 이는 내가 롯 자손에게 아르를 기업으로 주었음이라

10 (이전에는 에밈 사람이 거기 거주하였는데 아낙 족속 같이 강하고 많고 키가 크므로

11 그들을 아낙 족속과 같이 르바임이라 불렀으나 모압 사람은 그들을 에밈이라 불렀으며

12 호리 사람도 세일에 거주하였는데
에서의 자손이 그들을 멸하고 그
땅에 거주하였으니 이스라엘이 여
호와께서 주신 기업의 땅에서 행한
것과 같았느니라)
13 이제 너희는 일어나서 세렛 시내를
건너가라 하시기로 우리가 세렛 시
내를 건넜으니
14 가데스 바네아에서 떠나 세렛 시내
를 건너기까지 삼십팔 년 동안이라
이 때에는 그 시대의 모든 군인들
이 여호와께서 그들에게 맹세하신
대로 진영 중에서 다 멸망하였나
니
15 여호와께서 손으로 그들을 치사 진
영 중에서 멸하신 고로 마침내는
다 멸망되었느니라
16 모든 군인이 사망하여 백성 중에
서 멸망한 후에
17 여호와께서 내게 말씀하여 이르시되
18 네가 오늘 모압 변경 아르를 지나
리니
19 암몬 족속에게 가까이 이르거든
그들을 괴롭히지 말고 그들과 다투
지도 말라 암몬 족속의 땅은 내가
네게 기업으로 주지 아니하리니 이
는 내가 그것을 롯 자손에게 기업
으로 주었음이라
20 (이곳도 르바임의 땅이라 하였나니
전에 르바임이 거기 거주하였음이
요 암몬 족속은 그들을 삼숨밈이
라 일컬었으며
21 그 백성은 아낙 족속과 같이 강하
고 많고 키가 컸으나 여호와께서
암몬 족속 앞에서 그들을 멸하셨
으므로 암몬 족속이 대신하여 그
땅에 거주하였으니
22 마치 세일에 거주한 에서 자손 앞
에 호리 사람을 멸하심과 같으니 그
들이 호리 사람을 쫓아내고 대신하
여 오늘까지 거기에 거주하였으며
23 또 갑돌에서 나온 갑돌 사람이 가
사까지 각 촌에 거주하는 아위 사
람을 멸하고 그들을 대신하여 거기
에 거주하였느니라)
24 너희는 일어나 행진하여 아르논 골
짜기를 건너라 내가 헤스본 왕 아
모리 사람 시혼과 그의 땅을 네 손

에 넘겼은즉 이제 더불어 싸워서
그 땅을 차지하라
25 오늘부터 내가 천하 만민이 너를 무
서워하며 너를 두려워하게 하리니
그들이 네 명성을 듣고 떨며 너로
말미암아 근심하리라 하셨느니라

이스라엘이 헤스본 왕 시혼을 치다

26 내가 그데못 광야에서 헤스본 왕
시혼에게 사자를 보내어 평화의 말
로 이르기를
27 나를 네 땅으로 통과하게 하라 내
가 큰길로만 행하고 좌로나 우로나
치우치지 아니하리라
28 너는 돈을 받고 양식을 팔아 내가
먹게 하고 돈을 받고 물을 주어 내
가 마시게 하라 나는 걸어서 지날
뿐인즉
29 세일에 거주하는 에서 자손과 아르
에 거주하는 모압 사람이 내게 행
한 것 같이 하라 그리하면 내가 요
단을 건너서 우리 하나님 여호와께
서 우리에게 주시는 땅에 이르리라
하였으나
30 헤스본 왕 시혼이 우리가 통과하기
를 허락하지 아니하였으니 이는 네
하나님 여호와께서 그를 네 손에
넘기시려고 그의 성품을 완강하게
하셨고 그의 마음을 완고하게 하
셨음이 오늘날과 같으니라
31 그 때에 여호와께서 내게 이르시되
내가 이제 시혼과 그의 땅을 네게
넘기노니 너는 이제부터 그의 땅을
차지하여 기업으로 삼으라 하시더
니
32 시혼이 그의 모든 백성을 거느리고
나와서 우리를 대적하여 야하스에
서 싸울 때에
33 우리 하나님 여호와께서 그를 우리
에게 넘기시매 우리가 그와 그의
아들들과 그의 모든 백성을 쳤고
34 그 때에 우리가 그의 모든 성읍을
점령하고 그의 각 성읍을 그 남녀
와 유아와 함께 하나도 남기지 아
니하고 진멸하였고
35 다만 그 가축과 성읍에서 탈취한
것은 우리의 소유로 삼았으며
36 우리 하나님 여호와께서 그 모든
땅을 우리에게 넘겨주심으로 아르

25
26
27
28
29
30
31
32
33
34
35
36

논 골짜기 가장자리에 있는 아로엘
과 골짜기 가운데에 있는 성읍으로
부터 길르앗까지 우리가 모든 높은
성읍을 점령하지 못한 것이 하나도
없었으나
37 오직 암몬 족속의 땅 얍복 강 가와
산지에 있는 성읍들과 우리 하나님
여호와께서 우리가 가기를 금하신
모든 곳은 네가 가까이 하지 못하
였느니라

이스라엘이 바산 왕 옥을 치다

3 우리가 돌이켜 바산으로 올라
가매 바산 왕 옥이 그의 모든
백성을 거느리고 나와서 우리를 대
적하여 에드레이에서 싸우고자 하
는지라
2 여호와께서 내게 이르시되 그를 두
려워하지 말라 내가 그와 그의 모든
백성과 그의 땅을 네 손에 넘겼으니
네가 헤스본에 거주하던 아모리 족
속의 왕 시혼에게 행한 것과 같이
그에게도 행할 것이니라 하시고
3 우리 하나님 여호와께서 바산 왕
옥과 그의 모든 백성을 우리 손에
넘기시매 우리가 그들을 쳐서 한
사람도 남기지 아니하였느니라
4 그 때에 우리가 그들에게서 빼앗지
아니한 성읍이 하나도 없이 다 빼
앗았는데 그 성읍이 육십이니 곧
아르곱 온 지방이요 바산에 있는
옥의 나라이니라
5 그 모든 성읍이 높은 성벽으로 둘
려 있고 문과 빗장이 있어 견고하
며 그 외에 성벽 없는 고을이 심히
많았느니라
6 우리가 헤스본 왕 시혼에게 행한
것과 같이 그 성읍들을 멸망시키되
각 성읍의 남녀와 유아를 멸망시켰
으나
7 다만 모든 가축과 그 성읍들에서 탈
취한 것은 우리의 소유로 삼았으며
8 그 때에 우리가 요단 강 이쪽 땅을
아르논 골짜기에서부터 헤르몬 산
에까지 아모리 족속의 두 왕에게서
빼앗았으니
9 (헤르몬 산을 시돈 사람은 시룐이
라 부르고 아모리 족속은 스닐이라
불렀느니라)

37

3

2

3

4

5

6

7

8

9

10 우리가 빼앗은 것은 평원의 모든
성읍과 길르앗 온 땅과 바산의 온
땅 곧 옥의 나라 바산의 성읍 살르
가와 에드레이까지이니라
11 (르바임 족속의 남은 자는 바산 왕
옥뿐이었으며 그의 침상은 철 침상
이라 아직도 암몬 족속의 랍바에
있지 아니하냐 그것을 사람의 보통
규빗으로 재면 그 길이가 아홉 규
빗이요 너비가 네 규빗이니라)

요단 강 동쪽에 자리잡은 지파들

12 그 때에 우리가 이 땅을 얻으매 아
르논 골짜기 곁의 아로엘에서부터
길르앗 산지 절반과 그 성읍들을
내가 르우벤 자손과 갓 자손에게
주었고
13 길르앗의 남은 땅과 옥의 나라였던
아르곱 온 지방 곧 온 바산으로는
내가 므낫세 반 지파에게 주었노라
(바산을 옛적에는 르바임의 땅이라
부르더니
14 므낫세의 아들 야일이 그술 족속과
마아갓 족속의 경계까지의 아르곱
온 지방을 점령하고 자기의 이름으
로 이 바산을 오늘날까지 하봇야
일이라 불러오느니라)
15 내가 마길에게 길르앗을 주었고
16 르우벤 자손과 갓 자손에게는 길르
앗에서부터 아르논 골짜기까지 주
었으되 그 골짜기의 중앙으로 지역
을 정하였으니 곧 암몬 자손의 지
역 얍복 강까지며
17 또는 아라바와 요단과 그 지역이요
긴네렛에서 아라바 바다 곧 염해와
비스가 산기슭에 이르기까지의 동
쪽 지역이니라
18 그 때에 내가 너희에게 명령하여
이르기를 너희의 하나님 여호와께
서 이 땅을 너희에게 주어 기업이
되게 하셨은즉 너희의 군인들은
무장하고 너희의 형제 이스라엘 자
손의 선봉이 되어 건너가되
19 너희에게 가축이 많은 줄 내가 아
노니 너희의 처자와 가축은 내가
너희에게 준 성읍에 머무르게 하라
20 여호와께서 너희에게 주신 것 같이
너희의 형제에게도 안식을 주시리
니 그들도 요단 저쪽에서 너희의

하나님 여호와께서 그들에게 주시
는 땅을 받아 기업을 삼기에 이르
거든 너희는 각기 내가 준 기업으
로 돌아갈 것이니라 하고
21 그 때에 내가 여호수아에게 명령하
여 이르기를 너희의 하나님 여호와
께서 이 두 왕에게 행하신 모든 일
을 네 눈으로 보았거니와 네가 가
는 모든 나라에도 여호와께서 이
와 같이 행하시리니
22 너희는 그들을 두려워하지 말라 너
희의 하나님 여호와께서 친히 너희
를 위하여 싸우시리라 하였노라

모세가 요단을 건너지 못하다

23 그 때에 내가 여호와께 간구하기를
24 주 여호와여 주께서 주의 크심과
주의 권능을 주의 종에게 나타내시
기를 시작하셨사오니 천지간에 어
떤 신이 능히 주께서 행하신 일 곧
주의 큰 능력으로 행하신 일 같이
행할 수 있으리이까
25 구하옵나니 나를 건너가게 하사 요
단 저쪽에 있는 아름다운 땅, 아름
다운 산과 레바논을 보게 하옵소
서 하되
26 여호와께서 너희 때문에 내게 진노
하사 내 말을 듣지 아니하시고 내
게 이르시기를 그만해도 족하니 이
일로 다시 내게 말하지 말라
27 너는 비스가 산 꼭대기에 올라가서
눈을 들어 동서남북을 바라고 네
눈으로 그 땅을 바라보라 너는 이
요단을 건너지 못할 것임이니라
28 너는 여호수아에게 명령하고 그를
담대하게 하며 그를 강하게 하라
그는 이 백성을 거느리고 건너가서
네가 볼 땅을 그들이 기업으로 얻
게 하리라 하셨느니라
29 그 때에 우리가 벳브올 맞은편 골
짜기에 거주하였느니라

지켜야 할 하나님의 규례들

4 이스라엘아 이제 내가 너희에게
가르치는 규례와 법도를 듣고
준행하라 그리하면 너희가 살 것이
요 너희 조상의 하나님 여호와께서
너희에게 주시는 땅에 들어가서 그
것을 얻게 되리라
2 내가 너희에게 명령하는 말을 너희

는 가감하지 말고 내가 너희에게
내리는 너희 하나님 여호와의 명령
을 지키라
3 여호와께서 바알브올의 일로 말미 3
암아 행하신 바를 너희가 눈으로
보았거니와 바알브올을 따른 모든
사람을 너희의 하나님 여호와께
서 너희 가운데에서 멸망시키셨으
되
4 오직 너희의 하나님 여호와께 붙어 4
떠나지 않은 너희는 오늘까지 다
생존하였느니라
5 내가 나의 하나님 여호와께서 명령 5
하신 대로 규례와 법도를 너희에게
가르쳤나니 이는 너희가 들어가서
기업으로 차지할 땅에서 그대로 행
하게 하려 함인즉
6 너희는 지켜 행하라 이것이 여러
민족 앞에서 너희의 지혜요 너희의 6
지식이라 그들이 이 모든 규례를
듣고 이르기를 이 큰 나라 사람은
과연 지혜와 지식이 있는 백성이로
다 하리라
7 우리 하나님 여호와께서 우리가
그에게 기도할 때마다 우리에게 7
가까이 하심과 같이 그 신이 가까
이 함을 얻은 큰 나라가 어디 있느
냐
8 오늘 내가 너희에게 선포하는 이 8
율법과 같이 그 규례와 법도가 공
의로운 큰 나라가 어디 있느냐
9 오직 너는 스스로 삼가며 네 마음 9
을 힘써 지키라 그리하여 네가 눈
으로 본 그 일을 잊어버리지 말라
네가 생존하는 날 동안에 그 일들
이 네 마음에서 떠나지 않도록 조
심하라 너는 그 일들을 네 아들들
과 네 손자들에게 알게 하라
10 네가 호렙 산에서 네 하나님 여호 10
와 앞에 섰던 날에 여호와께서 내
게 이르시기를 나에게 백성을 모으
라 내가 그들에게 내 말을 들려주
어 그들이 세상에 사는 날 동안 나
를 경외함을 배우게 하며 그 자녀
에게 가르치게 하리라 하시매
11 너희가 가까이 나아와서 산 아래
에 서니 그 산에 불이 붙어 불길이 11
충천하고 어둠과 구름과 흑암이 덮

였는데
12 여호와께서 불길 중에서 너희에게
말씀하시되 음성뿐이므로 너희가
그 말소리만 듣고 형상은 보지 못
하였느니라
13 여호와께서 그의 언약을 너희에게
반포하시고 너희에게 지키라 명령
하셨으니 곧 십계명이며 두 돌판에
친히 쓰신 것이라
14 그 때에 여호와께서 내게 명령하사
너희에게 규례와 법도를 교훈하게
하셨나니 이는 너희가 거기로 건너
가 받을 땅에서 행하게 하려 하심
이니라

우상을 만들어 섬기지 말라

15 여호와께서 호렙 산 불길 중에서
너희에게 말씀하시던 날에 너희가
어떤 형상도 보지 못하였은즉 너희
는 깊이 삼가라
16 그리하여 스스로 부패하여 자기를
위해 어떤 형상대로든지 우상을 새
겨 만들지 말라 남자의 형상이든
지, 여자의 형상이든지,
17 땅 위에 있는 어떤 짐승의 형상이
든지, 하늘을 나는 날개 가진 어떤
새의 형상이든지,
18 땅 위에 기는 어떤 곤충의 형상이
든지, 땅 아래 물 속에 있는 어떤
어족의 형상이든지 만들지 말라
19 또 그리하여 네가 하늘을 향하여
눈을 들어 해와 달과 별들, 하늘
위의 모든 천체 곧 너희의 하나님
여호와께서 천하 만민을 위하여 배
정하신 것을 보고 미혹하여 그것
에 경배하며 섬기지 말라
20 여호와께서 너희를 택하시고 너희
를 쇠 풀무불 곧 애굽에서 인도하
여 내사 자기 기업의 백성을 삼으
신 것이 오늘과 같아도
21 여호와께서 너희로 말미암아 내게
진노하사 내게 요단을 건너지 못하
며 네 하나님 여호와께서 네게 기
업으로 주신 그 아름다운 땅에 들
어가지 못하게 하리라고 맹세하셨
은즉
22 나는 이 땅에서 죽고 요단을 건너
지 못하려니와 너희는 건너가서 그
아름다운 땅을 얻으리니

23 너희는 스스로 삼가 너희의 하나님
여호와께서 너희와 세우신 언약을
잊지 말고 네 하나님 여호와께서
금하신 어떤 형상의 우상도 조각하
지 말라
24 네 하나님 여호와는 소멸하는 불이
시요 질투하시는 하나님이시니라
25 네가 그 땅에서 아들을 낳고 손자
를 얻으며 오래 살 때에 만일 스스
로 부패하여 무슨 형상의 우상이
든지 조각하여 네 하나님 여호와
앞에 악을 행함으로 그의 노를 일
으키면
26 내가 오늘 천지를 불러 증거를 삼노
니 너희가 요단을 건너가서 얻는
땅에서 속히 망할 것이라 너희가
거기서 너희의 날이 길지 못하고
전멸될 것이니라
27 여호와께서 너희를 여러 민족 중에
흩으실 것이요 여호와께서 너희를
쫓아 보내실 그 여러 민족 중에 너
희의 남은 수가 많지 못할 것이며
28 너희는 거기서 사람의 손으로 만든
바 보지도 못하며 듣지도 못하며
먹지도 못하며 냄새도 맡지 못하는
목석의 신들을 섬기리라
29 그러나 네가 거기서 네 하나님 여
호와를 찾게 되리니 만일 마음을
다하고 뜻을 다하여 그를 찾으면
만나리라
30 이 모든 일이 네게 임하여 환난을
당하다가 끝날에 네가 네 하나님
여호와께로 돌아와서 그의 말씀을
청종하리니
31 네 하나님 여호와는 자비하신 하
나님이심이라 그가 너를 버리지 아
니하시며 너를 멸하지 아니하시며
네 조상들에게 맹세하신 언약을
잊지 아니하시리라
32 네가 있기 전 하나님이 사람을 세
상에 창조하신 날부터 지금까지 지
나간 날을 상고하여 보라 하늘 이
끝에서 저 끝까지 이런 큰 일이 있
었느냐 이런 일을 들은 적이 있었
느냐
33 어떤 국민이 불 가운데에서 말씀하
시는 하나님의 음성을 너처럼 듣고
생존하였느냐

23

24

25

26

27

28

29

30

31

32

33

34 어떤 신이 와서 시험과 이적과 기
사와 전쟁과 강한 손과 편 팔과 크
게 두려운 일로 한 민족을 다른 민
족에게서 인도하여 낸 일이 있느냐
이는 다 너희의 하나님 여호와께서
애굽에서 너희를 위하여 너희의 목
전에서 행하신 일이라
35 이것을 네게 나타내심은 여호와는
하나님이시요 그 외에는 다른 신
이 없음을 네게 알게 하려 하심이
니라
36 여호와께서 너를 교훈하시려고 하
늘에서부터 그의 음성을 네게 듣
게 하시며 땅에서는 그의 큰불을
네게 보이시고 네가 불 가운데서
나오는 그의 말씀을 듣게 하셨느
니라
37 여호와께서 네 조상들을 사랑하신
고로 그 후손인 너를 택하시고 큰
권능으로 친히 인도하여 애굽에서
나오게 하시며
38 너보다 강대한 여러 민족을 네 앞
에서 쫓아내고 너를 그들의 땅으
로 인도하여 들여서 그것을 네게
기업으로 주려 하심이 오늘과 같으
니라
39 그런즉 너는 오늘 위로 하늘에나
아래로 땅에 오직 여호와는 하나
님이시요 다른 신이 없는 줄을 알
아 명심하고
40 오늘 내가 네게 명령하는 여호와의
규례와 명령을 지키라 너와 네 후
손이 복을 받아 네 하나님 여호와
께서 네게 주시는 땅에서 한 없이
오래 살리라

요단 강 동쪽의 도피성

41 그 때에 모세가 요단 이쪽 해 돋는
쪽에서 세 성읍을 구별하였으니
42 이는 과거에 원한이 없이 부지중에
살인한 자가 그 곳으로 도피하게
하기 위함이며 그 중 한 성읍으로
도피한 자가 그의 생명을 보전하게
하기 위함이라
43 하나는 광야 평원에 있는 베셀이라
르우벤 지파를 위한 것이요 하나
는 길르앗 라못이라 갓 지파를 위
한 것이요 하나는 바산 골란이라
므낫세 지파를 위한 것이었더라

34
35
36
37
38
39
40
41
42
43

모세가 선포한 율법

44 모세가 이스라엘 자손에게 선포한 율법은 이러하니라

45 이스라엘 자손이 애굽에서 나온 후에 모세가 증언과 규례와 법도를 선포하였으니

46 요단 동쪽 벳브올 맞은편 골짜기에서 그리하였더라 이 땅은 헤스본에 사는 아모리 족속의 왕 시혼에게 속하였더니 모세와 이스라엘 자손이 애굽에서 나온 후에 그를 쳐서 멸하고

47 그 땅을 기업으로 얻었고 또 바산 왕 옥의 땅을 얻었으니 그 두 사람은 아모리 족속의 왕으로서 요단 이쪽 해 돋는 쪽에 살았으며

48 그 얻은 땅은 아르논 골짜기 가장자리의 아로엘에서부터 시온 산 곧 헤르몬 산까지요

49 요단 이쪽 곧 그 동쪽 온 아라바니 비스가 기슭 아래 아라바의 바다까지이니라

십계명

5 모세가 온 이스라엘을 불러 그들에게 이르되 이스라엘아 오늘 내가 너희의 귀에 말하는 규례와 법도를 듣고 그것을 배우며 지켜 행하라

2 우리 하나님 여호와께서 호렙 산에서 우리와 언약을 세우셨나니

3 이 언약은 여호와께서 우리 조상들과 세우신 것이 아니요 오늘 여기 살아 있는 우리 곧 우리와 세우신 것이라

4 여호와께서 산 위 불 가운데에서 너희와 대면하여 말씀하시매

5 그 때에 너희가 불을 두려워하여 산에 오르지 못하므로 내가 여호와와 너희 중간에 서서 여호와의 말씀을 너희에게 전하였노라 여호와께서 이르시되

6 나는 너를 애굽 땅, 종 되었던 집에서 인도하여 낸 네 하나님 여호와라

7 나 외에는 다른 신들을 네게 두지 말지니라

8 너는 자기를 위하여 새긴 우상을 만들지 말고 위로 하늘에 있는 것

이나 아래로 땅에 있는 것이나 땅
밑 물 속에 있는 것의 어떤 형상도
만들지 말며
9 그것들에게 절하지 말며 그것들을
섬기지 말라 나 네 하나님 여호와
는 질투하는 하나님인즉 나를 미워
하는 자의 죄를 갚되 아버지로부터
아들에게로 삼사 대까지 이르게 하
거니와
10 나를 사랑하고 내 계명을 지키는
자에게는 천 대까지 은혜를 베푸느
니라
11 너는 네 하나님 여호와의 이름을
망령되이 일컫지 말라 나 여호와는
내 이름을 망령되이 일컫는 자를
죄 없는 줄로 인정하지 아니하리라
12 네 하나님 여호와가 네게 명령한
대로 안식일을 지켜 거룩하게 하라
13 엿새 동안은 힘써 네 모든 일을 행
할 것이나
14 일곱째 날은 네 하나님 여호와의
안식일인즉 너나 네 아들이나 네
딸이나 네 남종이나 네 여종이나
네 소나 네 나귀나 네 모든 가축이
나 네 문 안에 유하는 객이라도 아
무 일도 하지 못하게 하고 네 남종
이나 네 여종에게 너 같이 안식하
게 할지니라
15 너는 기억하라 네가 애굽 땅에서
종이 되었더니 네 하나님 여호와가
강한 손과 편 팔로 거기서 너를 인
도하여 내었나니 그러므로 네 하나
님 여호와가 네게 명령하여 안식일
을 지키라 하느니라
16 너는 네 하나님 여호와께서 명령한
대로 네 부모를 공경하라 그리하면
네 하나님 여호와가 네게 준 땅에
서 네 생명이 길고 복을 누리리라
17 살인하지 말지니라
18 간음하지 말지니라
19 도둑질 하지 말지니라
20 네 이웃에 대하여 거짓 증거하지
말지니라
21 네 이웃의 아내를 탐내지 말지니라
네 이웃의 집이나 그의 밭이나 그
의 남종이나 그의 여종이나 그의
소나 그의 나귀나 네 이웃의 모든
소유를 탐내지 말지니라

여호와의 음성 듣기를 두려워하다
22 여호와께서 이 모든 말씀을 산 위
불 가운데, 구름 가운데, 흑암 가
운데에서 큰 음성으로 너희 총회에
이르신 후에 더 말씀하지 아니하시
고 그것을 두 돌판에 써서 내게 주
셨느니라
23 산이 불에 타며 캄캄한 가운데에
서 나오는 그 소리를 너희가 듣고
너희 지파의 수령과 장로들이 내게
나아와
24 말하되 우리 하나님 여호와께서 그
의 영광과 위엄을 우리에게 보이시
매 불 가운데에서 나오는 음성을
우리가 들었고 하나님이 사람과 말
씀하시되 그 사람이 생존하는 것
을 오늘 우리가 보았나이다
25 이제 우리가 죽을 까닭이 무엇이니
이까 이 큰 불이 우리를 삼킬 것이
요 만일 우리가 우리 하나님 여호와
의 음성을 다시 들으면 죽을 것이라
26 육신을 가진 자로서 우리처럼 살아
계시는 하나님의 음성이 불 가운데
에서 발함을 듣고 생존한 자가 누
구니이까
27 당신은 가까이 나아가서 우리 하나
님 여호와께서 하시는 말씀을 다
듣고 우리 하나님 여호와께서 당신
에게 이르시는 것을 다 우리에게
전하소서 우리가 듣고 행하겠나이
다 하였느니라
28 여호와께서 너희가 내게 말할 때에
너희가 말하는 소리를 들으신지라
여호와께서 내게 이르시되 이 백성
이 네게 말하는 그 말소리를 내가
들은즉 그 말이 다 옳도다
29 다만 그들이 항상 이같은 마음을
품어 나를 경외하며 내 모든 명령
을 지켜서 그들과 그 자손이 영원
히 복 받기를 원하노라
30 가서 그들에게 각기 장막으로 돌아
가라 이르고
31 너는 여기 내 곁에 서 있으라 내가
모든 명령과 규례와 법도를 네게
이르리니 너는 그것을 그들에게 가
르쳐서 내가 그들에게 기업으로 주
는 땅에서 그들에게 이것을 행하게
하라 하셨나니

22

23

24

25

26

27

28

29

30

31

32 그런즉 너희 하나님 여호와께서 너
희에게 명령하신 대로 너희는 삼가
행하여 좌로나 우로나 치우치지 말
고
33 너희 하나님 여호와께서 너희에게
명령하신 모든 도를 행하라 그리하
면 너희가 살 것이요 복이 너희에
게 있을 것이며 너희가 차지한 땅
에서 너희의 날이 길리라

여호와의 명령과 규례와 법도

6 이는 곧 너희의 하나님 여호와
께서 너희에게 가르치라고 명하
신 명령과 규례와 법도라 너희가
건너가서 차지할 땅에서 행할 것이
니
2 곧 너와 네 아들과 네 손자들이 평
생에 네 하나님 여호와를 경외하며
내가 너희에게 명한 그 모든 규례
와 명령을 지키게 하기 위한 것이며
또 네 날을 장구하게 하기 위한 것
이라
3 이스라엘아 듣고 삼가 그것을 행하
라 그리하면 네가 복을 받고 네 조
상들의 하나님 여호와께서 네게 허
락하심 같이 젖과 꿀이 흐르는 땅
에서 네가 크게 번성하리라
4 이스라엘아 들으라 우리 하나님 여
호와는 오직 유일한 여호와이시니
5 너는 마음을 다하고 뜻을 다하고
힘을 다하여 네 하나님 여호와를
사랑하라
6 오늘 내가 네게 명하는 이 말씀을
너는 마음에 새기고
7 네 자녀에게 부지런히 가르치며 집
에 앉았을 때에든지 길을 갈 때에
든지 누워 있을 때에든지 일어날
때에든지 이 말씀을 강론할 것이며
8 너는 또 그것을 네 손목에 매어 기
호를 삼으며 네 미간에 붙여 표로
삼고
9 또 네 집 문설주와 바깥 문에 기록
할지니라

불순종에 대한 경고

10 네 하나님 여호와께서 네 조상 아
브라함과 이삭과 야곱을 향하여
네게 주리라 맹세하신 땅으로 너를
들어가게 하시고 네가 건축하지 아
니한 크고 아름다운 성읍을 얻게

하시며
11 네가 채우지 아니한 아름다운 물건 11
이 가득한 집을 얻게 하시며 네가
파지 아니한 우물을 차지하게 하시
며 네가 심지 아니한 포도원과 감
람나무를 차지하게 하사 네게 배불
리 먹게 하실 때에
12 너는 조심하여 너를 애굽 땅 종 되 12
었던 집에서 인도하여 내신 여호와
를 잊지 말고
13 네 하나님 여호와를 경외하며 그를 13
섬기며 그의 이름으로 맹세할 것이
니라
14 너희는 다른 신들 곧 네 사면에 있 14
는 백성의 신들을 따르지 말라
15 너희 중에 계신 너희의 하나님 여
호와는 질투하시는 하나님이신즉 15
너희의 하나님 여호와께서 네게 진
노하사 너를 지면에서 멸절시키실
까 두려워하노라
16 너희가 맛사에서 시험한 것 같이
너희의 하나님 여호와를 시험하지 16
말고
17 너희의 하나님 여호와께서 너희에
게 명하신 명령과 증거와 규례를 17
삼가 지키며
18-19 여호와께서 보시기에 정직하고 18-19
선량한 일을 행하라 그리하면 네가
복을 받고 그 땅에 들어가서 여호
와께서 모든 대적을 네 앞에서 쫓
아내시겠다고 네 조상들에게 맹세
하신 아름다운 땅을 차지하리니
여호와의 말씀과 같으니라
20 후일에 네 아들이 네게 묻기를 우
리 하나님 여호와께서 명령하신 증 20
거와 규례와 법도가 무슨 뜻이냐
하거든
21 너는 네 아들에게 이르기를 우리
가 옛적에 애굽에서 바로의 종이 21
되었더니 여호와께서 권능의 손으
로 우리를 애굽에서 인도하여 내셨
나니
22 곧 여호와께서 우리의 목전에서 크
고 두려운 이적과 기사를 애굽과 22
바로와 그의 온 집에 베푸시고
23 우리 조상들에게 맹세하신 땅을 우
리에게 주어 들어가게 하시려고 우 23
리를 거기서 인도하여 내시고

24 여호와께서 우리에게 이 모든 규례
를 지키라 명령하셨으니 이는 우리
가 우리 하나님 여호와를 경외하여
항상 복을 누리게 하기 위하심이며
또 여호와께서 우리를 오늘과 같이
살게 하려 하심이라
25 우리가 그 명령하신 대로 이 모든
명령을 우리 하나님 여호와 앞에서
삼가 지키면 그것이 곧 우리의 의
로움이니라 할지니라

여호와께서 택하신 민족

7 네 하나님 여호와께서 너를 인
도하사 네가 가서 차지할 땅으
로 들이시고 네 앞에서 여러 민족
헷 족속과 기르가스 족속과 아모
리 족속과 가나안 족속과 브리스
족속과 히위 족속과 여부스 족속
곧 너보다 많고 힘이 센 일곱 족속
을 쫓아내실 때에
2 네 하나님 여호와께서 그들을 네게
넘겨 네게 치게 하시리니 그 때에
너는 그들을 진멸할 것이라 그들과
어떤 언약도 하지 말 것이요 그들
을 불쌍히 여기지도 말 것이며
3 또 그들과 혼인하지도 말지니 네
딸을 그들의 아들에게 주지 말 것
이요 그들의 딸도 네 며느리로 삼
지 말 것은
4 그가 네 아들을 유혹하여 그가 여호
와를 떠나고 다른 신들을 섬기게 하
므로 여호와께서 너희에게 진노하사
갑자기 너희를 멸하실 것임이니라
5 오직 너희가 그들에게 행할 것은
이러하니 그들의 제단을 헐며 주상
을 깨뜨리며 아세라 목상을 찍으며
조각한 우상들을 불사를 것이니라
6 너는 여호와 네 하나님의 성민이라
네 하나님 여호와께서 지상 만민
중에서 너를 자기 기업의 백성으로
택하셨나니
7 여호와께서 너희를 기뻐하시고 너
희를 택하심은 너희가 다른 민족보
다 수효가 많기 때문이 아니니라
너희는 오히려 모든 민족 중에 가
장 적으니라
8 여호와께서 다만 너희를 사랑하심
으로 말미암아, 또는 너희의 조상
들에게 하신 맹세를 지키려 하심으

24

25

7

2

3

4

5

6

7

8

로 말미암아 자기의 권능의 손으로
너희를 인도하여 내시되 너희를 그
종 되었던 집에서 애굽 왕 바로의
손에서 속량하셨나니
9 그런즉 너는 알라 오직 네 하나님
여호와는 하나님이시요 신실하신
하나님이시라 그를 사랑하고 그의
계명을 지키는 자에게는 천 대까지
그의 언약을 이행하시며 인애를 베
푸시되
10 그를 미워하는 자에게는 당장에 보
응하여 멸하시나니 여호와는 자기를
미워하는 자에게 지체하지 아니하시
고 당장에 그에게 보응하시느니라
11 그런즉 너는 오늘 내가 네게 명하
는 명령과 규례와 법도를 지켜 행
할지니라

법도를 듣고 지켜 행하면

12 너희가 이 모든 법도를 듣고 지켜
행하면 네 하나님 여호와께서 네
조상들에게 맹세하신 언약을 지켜
네게 인애를 베푸실 것이라
13 곧 너를 사랑하시고 복을 주사 너
를 번성하게 하시되 네게 주리라고
네 조상들에게 맹세하신 땅에서
네 소생에게 은혜를 베푸시며 네
토지 소산과 곡식과 포도주와 기
름을 풍성하게 하시고 네 소와 양
을 번식하게 하시리니
14 네가 복을 받음이 만민보다 훨씬
더하여 너희 중의 남녀와 너희의
짐승의 암수에 생육하지 못함이 없
을 것이며
15 여호와께서 또 모든 질병을 네게서
멀리 하사 너희가 아는 애굽의 악
질에 걸리지 않게 하시고 너를 미
워하는 모든 자에게 걸리게 하실
것이라
16 네 하나님 여호와께서 네게 넘겨주
신 모든 민족을 네 눈이 긍휼히 여
기지 말고 진멸하며 그들의 신을 섬
기지 말라 그것이 네게 올무가 되
리라
17 네가 혹시 심중에 이르기를 이 민
족들이 나보다 많으니 내가 어찌 그
를 쫓아낼 수 있으리요 하리라마는
18 그들을 두려워하지 말고 네 하나님
여호와께서 바로와 온 애굽에 행하

신 것을 잘 기억하되
19 네 하나님 여호와께서 너를 인도하
여 내실 때에 네가 본 큰 시험과 이
적과 기사와 강한 손과 편 팔을 기
억하라 네 하나님 여호와께서 네가
두려워하는 모든 민족에게 그와 같
이 행하실 것이요
20 네 하나님 여호와께서 또 왕벌을
그들 중에 보내어 그들의 남은 자
와 너를 피하여 숨은 자를 멸하시
리니
21 너는 그들을 두려워하지 말라 너희
의 하나님 여호와 곧 크고 두려운
하나님이 너희 중에 계심이니라
22 네 하나님 여호와께서 이 민족들을
네 앞에서 조금씩 쫓아내시리니 너
는 그들을 급히 멸하지 말라 들짐
승이 번성하여 너를 해할까 하노라
23 네 하나님 여호와께서 그들을 네게
넘기시고 그들을 크게 혼란하게 하
여 마침내 진멸하시고
24 그들의 왕들을 네 손에 넘기시리니
너는 그들의 이름을 천하에서 제하
여 버리라 너를 당할 자가 없이 네
가 마침내 그들을 진멸하리라
25 너는 그들이 조각한 신상들을 불
사르고 그것에 입힌 은이나 금을
탐내지 말며 취하지 말라 네가 그
것으로 말미암아 올무에 걸릴까 하
노니 이는 네 하나님 여호와께서
가증히 여기시는 것임이니라
26 너는 가증한 것을 네 집에 들이지
말라 너도 그것과 같이 진멸 당할
까 하노라 너는 그것을 멀리하며
심히 미워하라 그것은 진멸 당할
것임이니라

이스라엘이 차지할 아름다운 땅

8 내가 오늘 명하는 모든 명령을
너희는 지켜 행하라 그리하면
너희가 살고 번성하고 여호와께서
너희의 조상들에게 맹세하신 땅에
들어가서 그것을 차지하리라
2 네 하나님 여호와께서 이 사십 년
동안에 네게 광야 길을 걷게 하신
것을 기억하라 이는 너를 낮추시며
너를 시험하사 네 마음이 어떠한지
그 명령을 지키는지 지키지 않는지
알려 하심이라

19

20

21

22

23

24

25

26

8

2

3 너를 낮추시며 너를 주리게 하시며
또 너도 알지 못하며 네 조상들도
알지 못하던 만나를 네게 먹이신
것은 사람이 떡으로만 사는 것이
아니요 여호와의 입에서 나오는 모
든 말씀으로 사는 줄을 네가 알게
하려 하심이니라
4 이 사십 년 동안에 네 의복이 해어
지지 아니하였고 네 발이 부르트지
아니하였느니라
5 너는 사람이 그 아들을 징계함 같
이 네 하나님 여호와께서 너를 징
계하시는 줄 마음에 생각하고
6 네 하나님 여호와의 명령을 지켜
그의 길을 따라가며 그를 경외할지
니라
7 네 하나님 여호와께서 너를 아름
다운 땅에 이르게 하시나니 그 곳
은 골짜기든지 산지든지 시내와 분
천과 샘이 흐르고
8 밀과 보리의 소산지요 포도와 무화
과와 석류와 감람나무와 꿀의 소
산지라
9 네가 먹을 것에 모자람이 없고 네
게 아무 부족함이 없는 땅이며 그
땅의 돌은 철이요 산에서는 동을
캘 것이라
10 네가 먹어서 배부르고 네 하나님
여호와께서 옥토를 네게 주셨음으
로 말미암아 그를 찬송하리라

여호와를 잊지 말라

11 내가 오늘 네게 명하는 여호와의
명령과 법도와 규례를 지키지 아니
하고 네 하나님 여호와를 잊어버리
지 않도록 삼갈지어다
12 네가 먹어서 배부르고 아름다운
집을 짓고 거주하게 되며
13 또 네 소와 양이 번성하며 네 은금
이 증식되며 네 소유가 다 풍부하
게 될 때에
14 네 마음이 교만하여 네 하나님 여
호와를 잊어버릴까 염려하노라 여
호와는 너를 애굽 땅 종 되었던 집
에서 이끌어 내시고
15 너를 인도하여 그 광대하고 위험한
광야 곧 불뱀과 전갈이 있고 물이
없는 간조한 땅을 지나게 하셨으며
또 너를 위하여 단단한 반석에서

물을 내셨으며
16 네 조상들도 알지 못하던 만나를
광야에서 네게 먹이셨나니 이는 다
너를 낮추시며 너를 시험하사 마침
내 네게 복을 주려 하심이었느니라
17 그러나 네가 마음에 이르기를 내
능력과 내 손의 힘으로 내가 이 재
물을 얻었다 말할 것이라
18 네 하나님 여호와를 기억하라 그
가 네게 재물 얻을 능력을 주셨음
이라 이같이 하심은 네 조상들에
게 맹세하신 언약을 오늘과 같이
이루려 하심이니라
19 네가 만일 네 하나님 여호와를 잊
어버리고 다른 신들을 따라 그들
을 섬기며 그들에게 절하면 내가
너희에게 증거하노니 너희가 반드
시 멸망할 것이라
20 여호와께서 너희 앞에서 멸망시키
신 민족들 같이 너희도 멸망하리
니 이는 너희가 너희의 하나님 여
호와의 소리를 청종하지 아니함이
니라

백성의 불순종

9 이스라엘아 들으라 네가 오늘
요단을 건너 너보다 강대한 나
라들로 들어가서 그것을 차지하리
니 그 성읍들은 크고 성벽은 하늘
에 닿았으며
2 크고 많은 백성은 네가 아는 아낙
자손이라 그에 대한 말을 네가 들
었나니 이르기를 누가 아낙 자손
을 능히 당하리요 하거니와
3 오늘 너는 알라 네 하나님 여호와
께서 맹렬한 불과 같이 네 앞에 나
아가신즉 여호와께서 그들을 멸하
사 네 앞에 엎드러지게 하시리니
여호와께서 네게 말씀하신 것 같
이 너는 그들을 쫓아내며 속히 멸
할 것이라
4 네 하나님 여호와께서 그들을 네
앞에서 쫓아내신 후에 네가 심중
에 이르기를 내 공의로움으로 말미
암아 여호와께서 나를 이 땅으로
인도하여 들여서 그것을 차지하게
하셨다 하지 말라 이 민족들이 악
함으로 말미암아 여호와께서 그들
을 네 앞에서 쫓아내심이니라

16

17

18

19

20

9

2

3

4

5 네가 가서 그 땅을 차지함은 네 공
의로 말미암음도 아니며 네 마음
이 정직함으로 말미암음도 아니요
이 민족들이 악함으로 말미암아
네 하나님 여호와께서 그들을 네
앞에서 쫓아내심이라 여호와께서
이같이 하심은 네 조상 아브라함
과 이삭과 야곱에게 하신 맹세를
이루려 하심이니라
6 그러므로 네가 알 것은 네 하나님
여호와께서 네게 이 아름다운 땅
을 기업으로 주신 것이 네 공의로
말미암음이 아니니라 너는 목이 곧
은 백성이니라
7 너는 광야에서 네 하나님 여호와
를 격노하게 하던 일을 잊지 말고
기억하라 네가 애굽 땅에서 나오던
날부터 이 곳에 이르기까지 늘 여
호와를 거역하였으되
8 호렙 산에서 너희가 여호와를 격노
하게 하였으므로 여호와께서 진노
하사 너희를 멸하려 하셨느니라
9 그 때에 내가 돌판들 곧 여호와께
서 너희와 세우신 언약의 돌판들
을 받으려고 산에 올라가서 사십
주 사십 야를 산에 머물며 떡도 먹
지 아니하고 물도 마시지 아니하였
더니
10 여호와께서 두 돌판을 내게 주셨나
니 그 돌판의 글은 하나님이 손으
로 기록하신 것이요 너희의 총회
날에 여호와께서 산상 불 가운데서
너희에게 이르신 모든 말씀이니라
11 사십 주 사십 야를 지난 후에 여호
와께서 내게 돌판 곧 언약의 두 돌
판을 주시고
12 내게 이르시되 일어나 여기서 속히
내려가라 네가 애굽에서 인도하여
낸 네 백성이 스스로 부패하여 내
가 그들에게 명령한 도를 속히 떠
나 자기를 위하여 우상을 부어 만
들었느니라
13 여호와께서 또 내게 말씀하여 이르
시되 내가 이 백성을 보았노라 보
라 이는 목이 곧은 백성이니라
14 나를 막지 말라 내가 그들을 멸하
여 그들의 이름을 천하에서 없애고
너를 그들보다 강대한 나라가 되게

5

6

7

8

9

10

11

12

13

14

하리라 하시기로
15 내가 돌이켜 산에서 내려오는데 산
에는 불이 붙었고 언약의 두 돌판
은 내 두 손에 있었느니라
16 내가 본즉 너희가 너희의 하나님
여호와께 범죄하여 자기를 위하여
송아지를 부어 만들어서 여호와께
서 명령하신 도를 빨리 떠났기로
17 내가 그 두 돌판을 내 두 손으로
들어 던져 너희의 목전에서 깨뜨렸
노라
18 그리고 내가 전과 같이 사십 주 사
십 야를 여호와 앞에 엎드려서 떡
도 먹지 아니하고 물도 마시지 아
니하였으니 이는 너희가 여호와의
목전에 악을 행하여 그를 격노하게
하여 크게 죄를 지었음이라
19 여호와께서 심히 분노하사 너희를
멸하려 하셨으므로 내가 두려워하
였노라 그러나 여호와께서 그 때에
도 내 말을 들으셨고
20 여호와께서 또 아론에게 진노하사
그를 멸하려 하셨으므로 내가 그
때에도 아론을 위하여 기도하고
21 너희의 죄 곧 너희가 만든 송아지
를 가져다가 불살라 찧고 티끌 같
이 가늘게 갈아 그 가루를 산에서
흘러내리는 시내에 뿌렸느니라
22 너희가 다베라와 맛사와 기브롯 핫
다아와에서도 여호와를 격노하게
하였느니라
23 여호와께서 너희를 가데스 바네아
에서 떠나게 하실 때에 이르시기를
너희는 올라가서 내가 너희에게 준
땅을 차지하라 하시되 너희가 너희
의 하나님 여호와의 명령을 거역하
여 믿지 아니하고 그 말씀을 듣지
아니하였나니
24 내가 너희를 알던 날부터 너희가
항상 여호와를 거역하여 왔느니라
25 그 때에 여호와께서 너희를 멸하겠
다 하셨으므로 내가 여전히 사십 주
사십 야를 여호와 앞에 엎드리고
26 여호와께 간구하여 이르되 주 여
호와여 주께서 큰 위엄으로 속량
하시고 강한 손으로 애굽에서 인도
하여 내신 주의 백성 곧 주의 기업
을 멸하지 마옵소서

27 주의 종 아브라함과 이삭과 야곱을 생각하사 이 백성의 완악함과 악과 죄를 보지 마옵소서

28 주께서 우리를 인도하여 내신 그 땅 백성이 말하기를 여호와께서 그들에게 허락하신 땅으로 그들을 인도하여 들일 만한 능력도 없고 그들을 미워하기도 하사 광야에서 죽이려고 인도하여 내셨다 할까 두려워하나이다

29 그들은 주의 큰 능력과 펴신 팔로 인도하여 내신 주의 백성 곧 주의 기업이로소이다 하였노라

모세가 십계명을 다시 받다

10 그 때에 여호와께서 내게 이르시기를 너는 처음과 같은 두 돌판을 다듬어 가지고 산에 올라 내게로 나아오고 또 나무궤 하나를 만들라

2 네가 깨뜨린 처음 판에 쓴 말을 내가 그 판에 쓰리니 너는 그것을 그 궤에 넣으라 하시기로

3 내가 조각목으로 궤를 만들고 처음 것과 같은 돌판 둘을 다듬어 손에 들고 산에 오르매

4 여호와께서 그 총회 날에 산 위 불 가운데에서 너희에게 이르신 십계명을 처음과 같이 그 판에 쓰시고 그것을 내게 주시기로

5 내가 돌이켜 산에서 내려와서 여호와께서 내게 명령하신 대로 그 판을 내가 만든 궤에 넣었더니 지금까지 있느니라

6 (이스라엘 자손이 브에롯 브네야아간에서 길을 떠나 모세라에 이르러 아론이 거기서 죽어 장사되었고 그의 아들 엘르아살이 그를 이어 제사장의 직임을 행하였으며

7 또 거기를 떠나 굿고다에 이르고 굿고다를 떠나 욧바다에 이른즉 그 땅에는 시내가 많았으며

8 그 때에 여호와께서 레위 지파를 구별하여 여호와의 언약 궤를 메게 하며 여호와 앞에 서서 그를 섬기며 또 여호와의 이름으로 축복하게 하셨으니 그 일은 오늘까지 이르느니라

9 그러므로 레위는 그의 형제 중에

분깃이 없으며 기업이 없고 네 하
나님 여호와께서 그에게 말씀하심
같이 여호와가 그의 기업이시니라)
10 내가 처음과 같이 사십 주 사십 야
를 산에 머물렀고 그 때에도 여호
와께서 내 말을 들으사 너를 참아
멸하지 아니하시고
11 여호와께서 내게 이르시되 일어나
서 백성보다 먼저 길을 떠나라 내
가 그들에게 주리라고 그들의 조상
들에게 맹세한 땅에 그들이 들어가
서 그것을 차지하리라 하셨느니라

여호와께서 요구하시는 것

12 이스라엘아 네 하나님 여호와께서
네게 요구하시는 것이 무엇이냐 곧
네 하나님 여호와를 경외하여 그
의 모든 도를 행하고 그를 사랑하
며 마음을 다하고 뜻을 다하여 네
하나님 여호와를 섬기고
13 내가 오늘 네 행복을 위하여 네게
명하는 여호와의 명령과 규례를 지
킬 것이 아니냐
14 하늘과 모든 하늘의 하늘과 땅과
그 위의 만물은 본래 네 하나님 여
호와께 속한 것이로되
15 여호와께서 오직 네 조상들을 기
뻐하시고 그들을 사랑하사 그들의
후손인 너희를 만민 중에서 택하셨
음이 오늘과 같으니라
16 그러므로 너희는 마음에 할례를
행하고 다시는 목을 곧게 하지 말
라
17 너희의 하나님 여호와는 신 가운
데 신이시며 주 가운데 주시요 크
고 능하시며 두려우신 하나님이시
라 사람을 외모로 보지 아니하시
며 뇌물을 받지 아니하시고
18 고아와 과부를 위하여 정의를 행하
시며 나그네를 사랑하여 그에게 떡
과 옷을 주시나니
19 너희는 나그네를 사랑하라 전에 너
희도 애굽 땅에서 나그네 되었음이
니라
20 네 하나님 여호와를 경외하여 그를
섬기며 그에게 의지하고 그의 이름
으로 맹세하라
21 그는 네 찬송이시요 네 하나님이시
라 네 눈으로 본 이같이 크고 두려

10

11

12

13

14

15

16

17

18

19

20

21

운 일을 너를 위하여 행하셨느니라
22 애굽에 내려간 네 조상들이 겨우
칠십 인이었으나 이제는 네 하나님
여호와께서 너를 하늘의 별 같이
많게 하셨느니라

여호와께서 행하신 큰 일

11 그런즉 네 하나님 여호와를
사랑하여 그가 주신 책무와
법도와 규례와 명령을 항상 지키라
2 너희의 자녀는 알지도 못하고 보지
도 못하였으나 너희가 오늘날 기억
할 것은 너희의 하나님 여호와의
교훈과 그의 위엄과 그의 강한 손
과 펴신 팔과
3 애굽에서 그 왕 바로와 그 전국에
행하신 이적과 기사와
4 또 여호와께서 애굽 군대와 그 말
과 그 병거에 행하신 일 곧 그들이
너희를 뒤쫓을 때에 홍해 물로 그
들을 덮어 멸하사 오늘까지 이른
것과
5 또 너희가 이 곳에 이르기까지 광
야에서 너희에게 행하신 일과
6 르우벤 자손 엘리압의 아들 다단
과 아비람에게 하신 일 곧 땅이 입
을 벌려서 그들과 그들의 가족과
그들의 장막과 그들을 따르는 온
이스라엘의 한가운데에서 모든 것
을 삼키게 하신 일이라
7 너희가 여호와께서 행하신 이 모든
큰 일을 너희의 눈으로 보았느니라

주리라고 맹세하신 땅

8 그러므로 너희는 내가 오늘 너희에
게 명하는 모든 명령을 지키라 그
리하면 너희가 강성할 것이요 너희
가 건너가 차지할 땅에 들어가서
그것을 차지할 것이며
9 또 여호와께서 너희의 조상들에게
맹세하여 그들과 그들의 후손에게
주리라고 하신 땅 곧 젖과 꿀이 흐
르는 땅에서 너희의 날이 장구하리
라
10 네가 들어가 차지하려 하는 땅은
네가 나온 애굽 땅과 같지 아니하
니 거기에서는 너희가 파종한 후에
발로 물 대기를 채소밭에 댐과 같
이 하였거니와
11 너희가 건너가서 차지할 땅은 산과

골짜기가 있어서 하늘에서 내리는
비를 흡수하는 땅이요
12 네 하나님 여호와께서 돌보아 주시
는 땅이라 연초부터 연말까지 네
하나님 여호와의 눈이 항상 그 위
에 있느니라
13 내가 오늘 너희에게 명하는 내 명
령을 너희가 만일 청종하고 너희의
하나님 여호와를 사랑하여 마음을
다하고 뜻을 다하여 섬기면
14 여호와께서 너희의 땅에 이른 비,
늦은 비를 적당한 때에 내리시리니
너희가 곡식과 포도주와 기름을 얻
을 것이요
15 또 가축을 위하여 들에 풀이 나게
하시리니 네가 먹고 배부를 것이라
16 너희는 스스로 삼가라 두렵건대
마음에 미혹하여 돌이켜 다른 신
들을 섬기며 그것에게 절하므로
17 여호와께서 너희에게 진노하사 하
늘을 닫아 비를 내리지 아니하여
땅이 소산을 내지 않게 하시므로
너희가 여호와께서 주신 아름다운
땅에서 속히 멸망할까 하노라
18 이러므로 너희는 나의 이 말을 너
희의 마음과 뜻에 두고 또 그것을
너희의 손목에 매어 기호를 삼고
너희 미간에 붙여 표를 삼으며
19 또 그것을 너희의 자녀에게 가르치
며 집에 앉아 있을 때에든지, 길을
갈 때에든지, 누워 있을 때에든지,
일어날 때에든지 이 말씀을 강론하
고
20 또 네 집 문설주와 바깥 문에 기록
하라
21 그리하면 여호와께서 너희 조상들
에게 주리라고 맹세하신 땅에서 너
희의 날과 너희의 자녀의 날이 많
아서 하늘이 땅을 덮는 날과 같으
리라
22 너희가 만일 내가 너희에게 명하는
이 모든 명령을 잘 지켜 행하여 너
희의 하나님 여호와를 사랑하고
그의 모든 도를 행하여 그에게 의
지하면
23 여호와께서 그 모든 나라 백성을
너희 앞에서 다 쫓아내실 것이라
너희가 너희보다 강대한 나라들을

차지할 것인즉
24 너희의 발바닥으로 밟는 곳은 다
너희의 소유가 되리니 너희의 경계
는 곧 광야에서부터 레바논까지와
유브라데 강에서부터 서해까지라
25 너희의 하나님 여호와께서 너희에
게 말씀하신 대로 너희가 밟는 모
든 땅 사람들에게 너희를 두려워하
고 무서워하게 하시리니 너희를 능
히 당할 사람이 없으리라
26 내가 오늘 복과 저주를 너희 앞에
두나니
27 너희가 만일 내가 오늘 너희에게
명하는 너희의 하나님 여호와의 명
령을 들으면 복이 될 것이요
28 너희가 만일 내가 오늘 너희에게
명령하는 도에서 돌이켜 떠나 너희
의 하나님 여호와의 명령을 듣지
아니하고 본래 알지 못하던 다른
신들을 따르면 저주를 받으리라
29 네 하나님 여호와께서 네가 가서
차지할 땅으로 너를 인도하여 들이
실 때에 너는 그리심 산에서 축복
을 선포하고 에발 산에서 저주를
선포하라
30 이 두 산은 요단 강 저쪽 곧 해지는
쪽으로 가는 길 뒤 길갈 맞은편 모
레 상수리나무 곁의 아라바에 거
주하는 가나안 족속의 땅에 있지
아니하냐
31 너희가 요단을 건너 너희의 하나님
여호와께서 너희에게 주시는 땅에
들어가서 그 땅을 차지하려 하나니
반드시 그것을 차지하여 거기 거주
할지라
32 내가 오늘 너희 앞에 베푸는 모든
규례와 법도를 너희는 지켜 행할지
니라

택하신 예배 처소

12 네 조상의 하나님 여호와께
서 네게 주셔서 차지하게 하
신 땅에서 너희가 평생에 지켜 행
할 규례와 법도는 이러하니라
2 너희가 쫓아낼 민족들이 그들의 신
들을 섬기는 곳은 높은 산이든지
작은 산이든지 푸른 나무 아래든
지를 막론하고 그 모든 곳을 너희
가 마땅히 파멸하며

24
25
26
27
28
29
30
31
32
12
2

3 그 제단을 헐며 주상을 깨뜨리며
아세라 상을 불사르고 또 그 조각
한 신상들을 찍어 그 이름을 그 곳
에서 멸하라
4 너희의 하나님 여호와께는 너희가
그처럼 행하지 말고
5 오직 너희의 하나님 여호와께서 자
기의 이름을 두시려고 너희 모든
지파 중에서 택하신 곳인 그 계실
곳으로 찾아 나아가서
6 너희의 번제와 너희의 제물과 너희
의 십일조와 너희 손의 거제와 너
희의 서원제와 낙헌 예물과 너희
소와 양의 처음 난 것들을 너희는
그리로 가져다가 드리고
7 거기 곧 너희의 하나님 여호와 앞
에서 먹고 너희의 하나님 여호와께
서 너희의 손으로 수고한 일에 복
주심으로 말미암아 너희와 너희의
가족이 즐거워할지니라
8 우리가 오늘 여기에서는 각기 소견
대로 하였거니와 너희가 거기에서
는 그렇게 하지 말지니라
9 너희가 너희 하나님 여호와께서 주
시는 안식과 기업에 아직은 이르지
못하였거니와
10 너희가 요단을 건너 너희 하나님
여호와께서 너희에게 기업으로 주
시는 땅에 거주하게 될 때 또는 여
호와께서 너희에게 너희 주위의 모
든 대적을 이기게 하시고 너희에게
안식을 주사 너희를 평안히 거주하
게 하실 때에
11 너희는 너희의 하나님 여호와께서
자기 이름을 두시려고 택하실 그
곳으로 내가 명령하는 것을 모두
가지고 갈지니 곧 너희의 번제와
너희의 희생과 너희의 십일조와 너
희 손의 거제와 너희가 여호와께
서원하는 모든 아름다운 서원물을
가져가고
12 너희와 너희의 자녀와 노비와 함께
너희의 하나님 여호와 앞에서 즐
거워할 것이요 네 성중에 있는 레
위인과도 그리할지니 레위인은 너
희 중에 분깃이나 기업이 없음이니
라

13 너는 삼가서 네게 보이는 아무 곳
에서나 번제를 드리지 말고
14 오직 너희의 한 지파 중에 여호와
께서 택하실 그 곳에서 번제를 드
리고 또 내가 네게 명령하는 모든
것을 거기서 행할지니라
15 그러나 네 하나님 여호와께서 네게
주신 복을 따라 각 성에서 네 마음
에 원하는 대로 가축을 잡아 그 고
기를 먹을 수 있나니 곧 정한 자나
부정한 자를 막론하고 노루나 사
슴을 먹는 것 같이 먹으려니와
16 오직 그 피는 먹지 말고 물 같이 땅
에 쏟을 것이며
17 너는 곡식과 포도주와 기름의 십일
조와 네 소와 양의 처음 난 것과 네
서원을 갚는 예물과 네 낙헌 예물
과 네 손의 거제물은 네 각 성에서
먹지 말고
18 오직 네 하나님 여호와께서 택하실
곳에서 네 하나님 여호와 앞에서
너는 네 자녀와 노비와 성중에 거
주하는 레위인과 함께 그것을 먹고
또 네 손으로 수고한 모든 일로 말
미암아 네 하나님 여호와 앞에서
즐거워하되
19 너는 삼가 네 땅에 거주하는 동안
에 레위인을 저버리지 말지니라
20 네 하나님 여호와께서 네게 허락하
신 대로 네 지경을 넓히신 후에 네
마음에 고기를 먹고자 하여 이르
기를 내가 고기를 먹으리라 하면
네가 언제나 마음에 원하는 만큼
고기를 먹을 수 있으리니
21 만일 네 하나님 여호와께서 자기
이름을 두시려고 택하신 곳이 네게
서 멀거든 내가 네게 명령한 대로
너는 여호와께서 주신 소와 양을
잡아 네 각 성에서 네가 마음에 원
하는 모든 것을 먹되
22 정한 자나 부정한 자를 막론하고
노루나 사슴을 먹는 것 같이 먹을
수 있거니와
23 다만 크게 삼가서 그 피는 먹지 말
라 피는 그 생명인즉 네가 그 생명
을 고기와 함께 먹지 못하리니
24 너는 그것을 먹지 말고 물 같이 땅
에 쏟으라

25 너는 피를 먹지 말라 네가 이같이
여호와께서 의롭게 여기시는 일을
행하면 너와 네 후손이 복을 누리
리라
26 오직 네 성물과 서원물을 여호와께
서 택하신 곳으로 가지고 가라
27 네가 번제를 드릴 때에는 그 고기
와 피를 네 하나님 여호와의 제단
에 드릴 것이요 네 제물의 피는 네
하나님 여호와의 제단 위에 붓고
그 고기는 먹을지니라
28 내가 네게 명령하는 이 모든 말을
너는 듣고 지키라 네 하나님 여호와
의 목전에 선과 의를 행하면 너와
네 후손에게 영구히 복이 있으리라

다른 신들을 섬기지 말라

29 네 하나님 여호와께서 네가 들어가
서 쫓아낼 그 민족들을 네 앞에서
멸절하시고 네가 그 땅을 차지하여
거기에 거주하게 하실 때에
30 너는 스스로 삼가 네 앞에서 멸망
한 그들의 자취를 밟아 올무에 걸
리지 말라 또 그들의 신을 탐구하
여 이르기를 이 민족들은 그 신들
을 어떻게 섬겼는고 나도 그와 같
이 하겠다 하지 말라
31 네 하나님 여호와께는 네가 그와
같이 행하지 못할 것이라 그들은
여호와께서 꺼리시며 가증히 여기
시는 일을 그들의 신들에게 행하여
심지어 자기들의 자녀를 불살라 그
들의 신들에게 드렸느니라
32 내가 너희에게 명령하는 이 모든
말을 너희는 지켜 행하고 그것에
가감하지 말지니라

13 너희 중에 선지자나 꿈꾸는
자가 일어나서 이적과 기사
를 네게 보이고
2 그가 네게 말한 그 이적과 기사가
이루어지고 너희가 알지 못하던 다
른 신들을 우리가 따라 섬기자고
말할지라도
3 너는 그 선지자나 꿈꾸는 자의 말
을 청종하지 말라 이는 너희의 하
나님 여호와께서 너희가 마음을
다하고 뜻을 다하여 너희의 하나님
여호와를 사랑하는 여부를 알려
하사 너희를 시험하십이니라

25
26
27
28
29
30
31
32
13
2
3

4 너희는 너희의 하나님 여호와를 따
르며 그를 경외하며 그의 명령을
지키며 그의 목소리를 청종하며 그
를 섬기며 그를 의지하며
5 그런 선지자나 꿈 꾸는 자는 죽이
라 이는 그가 너희에게 너희를 애
굽 땅에서 인도하여 내시며 종 되
었던 집에서 속량하신 너희의 하나
님 여호와를 배반하게 하려 하며
너희의 하나님 여호와께서 네게 행
하라 명령하신 도에서 너를 꾀어내
려고 말하였음이라 너는 이같이
하여 너희 중에서 악을 제할지니라
6 네 어머니의 아들 곧 네 형제나 네
자녀나 네 품의 아내나 너와 생명
을 함께 하는 친구가 가만히 너를
꾀어 이르기를 너와 네 조상들이
알지 못하던 다른 신들
7 곧 네 사방을 둘러싸고 있는 민족
혹 네게서 가깝든지 네게서 멀든지
땅 이 끝에서 저 끝까지에 있는 민
족의 신들을 우리가 가서 섬기자
할지라도
8 너는 그를 따르지 말며 듣지 말며
긍휼히 여기지 말며 애석히 여기지
말며 덮어 숨기지 말고
9 너는 용서 없이 그를 죽이되 죽일
때에 네가 먼저 그에게 손을 대고
후에 뭇 백성이 손을 대라
10 그는 애굽 땅 종 되었던 집에서 너
를 인도하여 내신 네 하나님 여호
와에게서 너를 꾀어 떠나게 하려
한 자이니 너는 돌로 쳐죽이라
11 그리하면 온 이스라엘이 듣고 두려
워하여 이같은 악을 다시는 너희
중에서 행하지 못하리라
12 네 하나님 여호와께서 네게 주어
거주하게 하시는 한 성읍에 대하여
네게 소문이 들리기를
13 너희 가운데서 어떤 불량배가 일어
나서 그 성읍 주민을 유혹하여 이
르기를 너희가 알지 못하던 다른
신들을 우리가 가서 섬기자 한다
하거든
14 너는 자세히 묻고 살펴보아서 이런
가증한 일이 너희 가운데에 있다
는 것이 확실한 사실로 드러나면
15 너는 마땅히 그 성읍 주민을 칼날

4

5

6

7

8

9

10

11

12

13

14

15

로 죽이고 그 성읍과 그 가운데에
거주하는 모든 것과 그 가축을 칼
날로 진멸하고
16 또 그 속에서 빼앗아 차지한 물건
을 다 거리에 모아 놓고 그 성읍과
그 탈취물 전부를 불살라 네 하나
님 여호와께 드릴지니 그 성읍은
영구히 폐허가 되어 다시는 건축되
지 아니할 것이라
17 너는 이 진멸할 물건을 조금도 네
손에 대지 말라 그리하면 여호와께
서 그의 진노를 그치시고 너를 긍
휼히 여기시고 자비를 더하사 네
조상들에게 맹세하심 같이 너를
번성하게 하실 것이라
18 네가 만일 네 하나님 여호와의 말
씀을 듣고 오늘 내가 네게 명하는
그 모든 명령을 지켜 네 하나님 여
호와의 목전에서 정직하게 행하면
이같이 되리라

금지된 애도법

14 너희는 너희 하나님 여호와
의 자녀이니 죽은 자를 위
하여 자기 몸을 베지 말며 눈썹 사
이 이마 위의 털을 밀지 말라
2 너는 네 하나님 여호와의 성민이라
여호와께서 지상 만민 중에서 너를
택하여 자기 기업의 백성으로 삼으
셨느니라

정한 짐승과 부정한 짐승

3 너는 가증한 것은 무엇이든지 먹지
말라
4 너희가 먹을 만한 짐승은 이러하니
곧 소와 양과 염소와
5 사슴과 노루와 불그스름한 사슴과
산 염소와 볼기가 흰 노루와 뿔이
긴 사슴과 산양들이라
6 짐승 중에 굽이 갈라져 쪽발도 되
고 새김질도 하는 모든 것은 너희
가 먹을 것이니라
7 다만 새김질을 하거나 굽이 갈라진
짐승 중에도 너희가 먹지 못할 것
은 이것이니 곧 낙타와 토끼와 사
반, 그것들은 새김질은 하나 굽이
갈라지지 아니하였으니 너희에게
부정하고
8 돼지는 굽은 갈라졌으나 새김질을
못하므로 너희에게 부정하니 너희

16

17

18

14

2

3

4

5

6

7

8

는 이런 것의 고기를 먹지 말 것이
며 그 사체도 만지지 말 것이니라
9 물에 있는 모든 것 중에서 이런 것
은 너희가 먹을 것이니 지느러미와
비늘 있는 모든 것은 너희가 먹을
것이요
10 지느러미와 비늘이 없는 모든 것은
너희가 먹지 말지니 이는 너희에게
부정함이니라
11 정한 새는 모두 너희가 먹으려니와
12 이런 것은 먹지 못할지니 곧 독수
리와 솔개와 물수리와
13 매와 새매와 매의 종류와
14 까마귀 종류와
15 타조와 타흐마스와 갈매기와 새매
종류와
16 올빼미와 부엉이와 흰 올빼미와
17 당아와 올응과 노자와
18 학과 황새 종류와 대승과 박쥐며
19 또 날기도 하고 기어다니기도 하는
것은 너희에게 부정하니 너희는 먹
지 말 것이나
20 정한 새는 모두 너희가 먹을지니라
21 너희는 너희의 하나님 여호와의 성
민이라 스스로 죽은 모든 것은 먹
지 말 것이나 그것을 성중에 거류
하는 객에게 주어 먹게 하거나 이
방인에게 파는 것은 가하니라 너는
염소 새끼를 그 어미의 젖에 삶지
말지니라

십일조 규례

22 너는 마땅히 매 년 토지 소산의 십
일조를 드릴 것이며
23 네 하나님 여호와 앞 곧 여호와께
서 그의 이름을 두시려고 택하신
곳에서 네 곡식과 포도주와 기름
의 십일조를 먹으며 또 네 소와 양
의 처음 난 것을 먹고 네 하나님 여
호와 경외하기를 항상 배울 것이니
라
24 그러나 네 하나님 여호와께서 자기
의 이름을 두시려고 택하신 곳이
네게서 너무 멀고 행로가 어려워서
네 하나님 여호와께서 그 풍부히
주신 것을 가지고 갈 수 없거든
25 그것을 돈으로 바꾸어 그 돈을 싸
가지고 네 하나님 여호와께서 택하
신 곳으로 가서

26 네 마음에 원하는 모든 것을 그 돈
으로 사되 소나 양이나 포도주나
독주 등 네 마음에 원하는 모든 것
을 구하고 거기 네 하나님 여호와
앞에서 너와 네 권속이 함께 먹고
즐거워할 것이며
27 네 성읍에 거주하는 레위인은 너희
중에 분깃이나 기업이 없는 자이니
또한 저버리지 말지니라
28 매 삼 년 끝에 그해 소산의 십분의
일을 다 내어 네 성읍에 저축하여
29 너희 중에 분깃이나 기업이 없는
레위인과 네 성중에 거류하는 객과
및 고아와 과부들이 와서 먹고 배
부르게 하라 그리하면 네 하나님
여호와께서 네 손으로 하는 범사
에 네게 복을 주시리라

빚을 면제해 주는 해

15 매 칠 년 끝에는 면제하라
2 면제의 규례는 이러하니
라 그의 이웃에게 꾸어준 모든 채
주는 그것을 면제하고 그의 이웃에
게나 그 형제에게 독촉하지 말지니
이는 여호와를 위하여 면제를 선포
하였음이라
3 이방인에게는 네가 독촉하려니와
네 형제에게 꾸어준 것은 네 손에
서 면제하라
4-5 네가 만일 네 하나님 여호와의 말
씀만 듣고 내가 오늘 네게 내리는
그 명령을 다 지켜 행하면 네 하나
님 여호와께서 네게 기업으로 주신
땅에서 네가 반드시 복을 받으리니
너희 중에 가난한 자가 없으리라
6 네 하나님 여호와께서 네게 허락하
신 대로 네게 복을 주시리니 네가
여러 나라에 꾸어 줄지라도 너는
꾸지 아니하겠고 네가 여러 나라를
통치할지라도 너는 통치를 당하지
아니하리라
7 네 하나님 여호와께서 네게 주신
땅 어느 성읍에서든지 가난한 형제
가 너와 함께 거주하거든 그 가난
한 형제에게 네 마음을 완악하게
하지 말며 네 손을 움켜 쥐지 말고
8 반드시 네 손을 그에게 펴서 그에
게 필요한 대로 쓸 것을 넉넉히 꾸
어주라

9 삼가 너는 마음에 악한 생각을 품
지 말라 곧 이르기를 일곱째 해 면
제년이 가까이 왔다 하고 네 궁핍
한 형제를 악한 눈으로 바라보며
아무것도 주지 아니하면 그가 너를
여호와께 호소하리니 그것이 네게
죄가 되리라
10 너는 반드시 그에게 줄 것이요, 줄
때에는 아끼는 마음을 품지 말 것
이니라 이로 말미암아 네 하나님
여호와께서 네가 하는 모든 일과
네 손이 닿는 모든 일에 네게 복을
주시리라
11 땅에는 언제든지 가난한 자가 그치
지 아니하겠으므로 내가 네게 명령
하여 이르노니 너는 반드시 네 땅
안에 네 형제 중 곤란한 자와 궁핍
한 자에게 네 손을 펼지니라

종을 대우하는 법

12 네 동족 히브리 남자나 히브리 여
자가 네게 팔렸다 하자 만일 여섯
해 동안 너를 섬겼거든 일곱째 해
에 너는 그를 놓아 자유롭게 할 것
이요
13 그를 놓아 자유하게 할 때에는 빈
손으로 가게 하지 말고
14 네 양 무리 중에서와 타작 마당에
서와 포도주 틀에서 그에게 후히 줄
지니 곧 네 하나님 여호와께서 네
게 복을 주신 대로 그에게 줄지니라
15 너는 애굽 땅에서 종 되었던 것과
네 하나님 여호와께서 너를 속량
하셨음을 기억하라 그것으로 말미
암아 내가 오늘 이같이 네게 명령
하노라
16 종이 만일 너와 네 집을 사랑하므
로 너와 동거하기를 좋게 여겨 네게
향하여 내가 주인을 떠나지 아니하
겠노라 하거든
17 송곳을 가져다가 그의 귀를 문에
대고 뚫으라 그리하면 그가 영구히
네 종이 되리라 네 여종에게도 그
같이 할지니라
18 그가 여섯 해 동안에 품꾼의 삯의
배나 받을 만큼 너를 섬겼은즉 너
는 그를 놓아 자유하게 하기를 어
렵게 여기지 말라 그리하면 네 하
나님 여호와께서 네 범사에 네게

9

10

11

12

13

14

15

16

17

18

복을 주시리라

처음 난 소와 양의 새끼

19 네 소와 양의 처음 난 수컷은 구별
하여 네 하나님 여호와께 드릴 것이
니 네 소의 첫 새끼는 부리지 말고
네 양의 첫 새끼의 털은 깎지 말고
20 너와 네 가족은 매년 여호와께서
택하신 곳 네 하나님 여호와 앞에
서 먹을지니라
21 그러나 그 짐승이 흠이 있어서 절
거나 눈이 멀었거나 무슨 흠이 있
으면 네 하나님 여호와께 잡아 드
리지 못할지니
22 네 성중에서 먹되 부정한 자나 정
한 자가 다 같이 먹기를 노루와 사
슴을 먹음 같이 할 것이요
23 오직 피는 먹지 말고 물 같이 땅에
쏟을지니라

유월절

16 아빕월을 지켜 네 하나님
여호와께 유월절을 행하라
이는 아빕월에 네 하나님 여호와께
서 밤에 너를 애굽에서 인도하여
내셨음이라
2 여호와께서 자기의 이름을 두시려고
택하신 곳에서 소와 양으로 네 하나
님 여호와께 유월절 제사를 드리되
3 유교병을 그것과 함께 먹지 말고
이레 동안은 무교병 곧 고난의 떡
을 그것과 함께 먹으라 이는 네가
애굽 땅에서 급히 나왔음이니 이
같이 행하여 네 평생에 항상 네가
애굽 땅에서 나온 날을 기억할 것
이니라
4 그 이레 동안에는 네 모든 지경 가
운데에 누룩이 보이지 않게 할 것
이요 또 네가 첫날 해 질 때에 제사
드린 고기를 밤을 지내 아침까지
두지 말 것이며
5 유월절 제사를 네 하나님 여호와께
서 네게 주신 각 성에서 드리지 말고
6 오직 네 하나님 여호와께서 자기의
이름을 두시려고 택하신 곳에서 네
가 애굽에서 나오던 시각 곧 초저녁
해 질 때에 유월절 제물을 드리고
7 네 하나님 여호와께서 택하신 곳에
서 그 고기를 구워 먹고 아침에 네
장막으로 돌아갈 것이니라

19
20
21
22
23
16
2
3
4
5
6
7

8 너는 엿새 동안은 무교병을 먹고
일곱째 날에 네 하나님 여호와 앞
에 성회로 모이고 일하지 말지니라

칠칠절

9 일곱 주를 셀지니 곡식에 낫을 대
는 첫 날부터 일곱 주를 세어
10 네 하나님 여호와 앞에 칠칠절을
지키되 네 하나님 여호와께서 네게
복을 주신 대로 네 힘을 헤아려 자
원하는 예물을 드리고
11 너와 네 자녀와 노비와 네 성중에
있는 레위인과 및 너희 중에 있는
객과 고아와 과부가 함께 네 하나
님 여호와께서 자기의 이름을 두시
려고 택하신 곳에서 네 하나님 여
호와 앞에서 즐거워할지니라
12 너는 애굽에서 종 되었던 것을 기
억하고 이 규례를 지켜 행할지니라

초막절

13 너희 타작 마당과 포도주 틀의 소
출을 거두어 들인 후에 이레 동안
초막절을 지킬 것이요
14 절기를 지킬 때에는 너와 네 자녀
와 노비와 네 성중에 거주하는 레
위인과 객과 고아와 과부가 함께
즐거워하되
15 네 하나님 여호와께서 택하신 곳에
서 너는 이레 동안 네 하나님 여호
와 앞에서 절기를 지키고 네 하나
님 여호와께서 네 모든 소출과 네
손으로 행한 모든 일에 복 주실 것
이니 너는 온전히 즐거워할지니라
16 너의 가운데 모든 남자는 일 년에
세 번 곧 무교절과 칠칠절과 초막절
에 네 하나님 여호와께서 택하신
곳에서 여호와를 뵈옵되 빈손으로
여호와를 뵈옵지 말고
17 각 사람이 네 하나님 여호와께서
주신 복을 따라 그 힘대로 드릴지
니라

공의로 재판하라

18 네 하나님 여호와께서 네게 주시는
각 성에서 네 지파를 따라 재판장
들과 지도자들을 둘 것이요 그들
은 공의로 백성을 재판할 것이니라
19 너는 재판을 굽게 하지 말며 사람
을 외모로 보지 말며 또 뇌물을 받
지 말라 뇌물은 지혜자의 눈을 어둡

8

9

10

11

12

13

14

15

16

17

18

19

게 하고 의인의 말을 굽게 하느니라
20 너는 마땅히 공의만을 따르라 그리
하면 네가 살겠고 네 하나님 여호
와께서 네게 주시는 땅을 차지하리
라
21 네 하나님 여호와를 위하여 쌓은
제단 곁에 어떤 나무로든지 아세라
상을 세우지 말며
22 자기를 위하여 주상을 세우지 말
라 네 하나님 여호와께서 미워하시
느니라
17 흠이나 악질이 있는 소와
양은 아무것도 네 하나님
여호와께 드리지 말지니 이는 네
하나님 여호와께 가증한 것이 됨이
니라
2 네 하나님 여호와께서 네게 주시는
어느 성중에서든지 너희 가운데에
어떤 남자나 여자가 네 하나님 여
호와의 목전에 악을 행하여 그 언
약을 어기고
3 가서 다른 신들을 섬겨 그것에게
절하며 내가 명령하지 아니한 일월
성신에게 절한다 하자
4 그것이 네게 알려지므로 네가 듣거
든 자세히 조사해 볼지니 만일 그
일과 말이 확실하여 이스라엘 중에
이런 가증한 일을 행함이 있으면
5 너는 그 악을 행한 남자나 여자를
네 성문으로 끌어내고 그 남자나
여자를 돌로 쳐죽이되
6 죽일 자를 두 사람이나 세 사람의
증언으로 죽일 것이요 한 사람의
증언으로는 죽이지 말 것이며
7 이런 자를 죽이기 위하여는 증인이
먼저 그에게 손을 댄 후에 뭇 백성
이 손을 댈지니라 너는 이와 같이
하여 너희 중에서 악을 제할지니라
8 네 성중에서 서로 피를 흘렸거나
다투었거나 구타하였거나 서로 간
에 고소하여 네가 판결하기 어려운
일이 생기거든 너는 일어나 네 하
나님 여호와께서 택하실 곳으로
올라가서
9 레위 사람 제사장과 당시 재판장에
게 나아가서 물으라 그리하면 그들
이 어떻게 판결할지를 네게 가르치
리니

20
21
22
17
2
3
4
5
6
7
8
9

10 여호와께서 택하신 곳에서 그들이
네게 보이는 판결의 뜻대로 네가
행하되 그들이 네게 가르치는 대로
삼가 행할 것이니
11 곧 그들이 네게 가르치는 율법의
뜻대로, 그들이 네게 말하는 판결
대로 행할 것이요 그들이 네게 보
이는 판결을 어겨 좌로나 우로나
치우치지 말 것이니라
12 사람이 만일 무법하게 행하고 네
하나님 여호와 앞에 서서 섬기는
제사장이나 재판장에게 듣지 아니
하거든 그 사람을 죽여 이스라엘
중에서 악을 제하여 버리라
13 그리하면 온 백성이 듣고 두려워하
여 다시는 무법하게 행하지 아니하
리라

이스라엘의 왕

14 네가 네 하나님 여호와께서 네게
주시는 땅에 이르러 그 땅을 차지
하고 거주할 때에 만일 우리도 우
리 주위의 모든 민족들 같이 우리
위에 왕을 세워야겠다는 생각이 나
거든
15 반드시 네 하나님 여호와께서 택하
신 자를 네 위에 왕으로 세울 것이
며 네 위에 왕을 세우려면 네 형제
중에서 한 사람을 할 것이요 네 형
제 아닌 타국인을 네 위에 세우지
말 것이며
16 그는 병마를 많이 두지 말 것이요
병마를 많이 얻으려고 그 백성을
애굽으로 돌아가게 하지 말 것이니
이는 여호와께서 너희에게 이르시
기를 너희가 이 후에는 그 길로 다
시 돌아가지 말 것이라 하셨음이
며
17 그에게 아내를 많이 두어 그의 마
음이 미혹되게 하지 말 것이며 자
기를 위하여 은금을 많이 쌓지 말
것이니라
18 그가 왕위에 오르거든 이 율법서의
등사본을 레위 사람 제사장 앞에
서 책에 기록하여
19 평생에 자기 옆에 두고 읽어 그의
하나님 여호와 경외하기를 배우며
이 율법의 모든 말과 이 규례를 지
켜 행할 것이라

10

11

12

13

14

15

16

17

18

19

20 그리하면 그의 마음이 그의 형제
위에 교만하지 아니하고 이 명령에
서 떠나 좌로나 우로나 치우치지
아니하리니 이스라엘 중에서 그와
그의 자손이 왕위에 있는 날이 장
구하리라

제사장과 레위 사람의 몫

18 레위 사람 제사장과 레위의
온 지파는 이스라엘 중에
분깃도 없고 기업도 없을지니 그들
은 여호와의 화제물과 그 기업을
먹을 것이라
2 그들이 그들의 형제 중에서 기업을
가지지 않을 것은 여호와께서 그들
의 기업이 되심이니 그들에게 말씀
하심 같으니라
3 제사장이 백성에게서 받을 몫은 이
러하니 곧 그 드리는 제물의 소나
양이나 그 앞다리와 두 볼과 위라
이것을 제사장에게 줄 것이요
4 또 네가 처음 거둔 곡식과 포도주
와 기름과 네가 처음 깎은 양털을
네가 그에게 줄 것이니
5 이는 네 하나님 여호와께서 네 모
든 지파 중에서 그를 택하여 내시
고 그와 그의 자손에게 항상 여호
와의 이름으로 서서 섬기게 하셨음
이니라
6 이스라엘 온 땅 어떤 성읍에든지
거주하는 레위인이 간절한 소원이
있어 그가 사는 곳을 떠날지라도
여호와께서 택하신 곳에 이르면
7 여호와 앞에 선 그의 모든 형제 레
위인과 같이 그의 하나님 여호와의
이름으로 섬길 수 있나니
8 그 사람의 몫은 그들과 같을 것이
요 그가 조상의 것을 판 것은 별도
의 소유이니라

다른 민족들의 가증한 행위

9 네 하나님 여호와께서 네게 주시는
땅에 들어가거든 너는 그 민족들의
가증한 행위를 본받지 말 것이니
10 그의 아들이나 딸을 불 가운데로
지나게 하는 자나 점쟁이나 길흉을
말하는 자나 요술하는 자나 무당
이나
11 진언자나 신접자나 박수나 초혼자
를 너희 가운데에 용납하지 말라

20
18
2
3
4
5
6
7
8
9
10
11

12 이런 일을 행하는 모든 자를 여호
와께서 가증히 여기시나니 이런 가
증한 일로 말미암아 네 하나님 여
호와께서 그들을 네 앞에서 쫓아
내시느니라
13 너는 네 하나님 여호와 앞에서 완
전하라
14 네가 쫓아낼 이 민족들은 길흉을
말하는 자나 점쟁이의 말을 듣거니
와 네게는 네 하나님 여호와께서
이런 일을 용납하지 아니하시느니
라

선지자를 일으키실 약속

15 네 하나님 여호와께서 너희 가운데
네 형제 중에서 너를 위하여 나와
같은 선지자 하나를 일으키시리니
너희는 그의 말을 들을지니라
16 이것이 곧 네가 총회의 날에 호렙
산에서 네 하나님 여호와께 구한
것이라 곧 네가 말하기를 내가 다
시는 내 하나님 여호와의 음성을
듣지 않게 하시고 다시는 이 큰 불
을 보지 않게 하소서 두렵건대 내
가 죽을까 하나이다 하매
17 여호와께서 내게 이르시되 그들의
말이 옳도다
18 내가 그들의 형제 중에서 너와 같
은 선지자 하나를 그들을 위하여
일으키고 내 말을 그 입에 두리니
내가 그에게 명령하는 것을 그가
무리에게 다 말하리라
19 누구든지 내 이름으로 전하는 내
말을 듣지 아니하는 자는 내게 벌
을 받을 것이요
20 만일 어떤 선지자가 내가 전하라고
명령하지 아니한 말을 제 마음대로
내 이름으로 전하든지 다른 신들
의 이름으로 말하면 그 선지자는
죽임을 당하리라 하셨느니라
21 네가 마음속으로 이르기를 그 말
이 여호와께서 이르신 말씀인지 우
리가 어떻게 알리요 하리라
22 만일 선지자가 있어 여호와의 이름
으로 말한 일에 증험도 없고 성취
함도 없으면 이는 여호와께서 말씀
하신 것이 아니요 그 선지자가 제
마음대로 한 말이니 너는 그를 두
려워하지 말지니라

도피성

19 네 하나님 여호와께서 이
여러 민족을 멸절하시고 네
하나님 여호와께서 그 땅을 네게
주시므로 네가 그것을 받고 그들의
성읍과 가옥에 거주할 때에
2 네 하나님 여호와께서 네게 기업으
로 주신 땅 가운데에서 세 성읍을
너를 위하여 구별하고
3 네 하나님 여호와께서 네게 기업으
로 주시는 땅 전체를 세 구역으로
나누어 길을 닦고 모든 살인자를
그 성읍으로 도피하게 하라
4 살인자가 그리로 도피하여 살 만한
경우는 이러하니 곧 누구든지 본
래 원한이 없이 부지중에 그의 이
웃을 죽인 일,
5 가령 사람이 그 이웃과 함께 벌목
하러 삼림에 들어가서 손에 도끼
를 들고 벌목하려고 찍을 때에 도
끼가 자루에서 빠져 그의 이웃을
맞춰 그를 죽게 함과 같은 것이라
이런 사람은 그 성읍 중 하나로
도피하여 생명을 보존할 것이니
라
6 그 사람이 그에게 본래 원한이 없
으니 죽이기에 합당하지 아니하나
두렵건대 그 피를 보복하는 자의
마음이 복수심에 불타서 살인자를
뒤쫓는데 그 가는 길이 멀면 그를
따라 잡아 죽일까 하노라
7 그러므로 내가 네게 명령하기를 세
성읍을 너를 위하여 구별하라 하노
라
8 네 하나님 여호와께서 네 조상들
에게 맹세하신 대로 네 지경을 넓
혀 네 조상들에게 주리라고 말씀하
신 땅을 다 네게 주실 때
9 또 너희가 오늘 내가 너희에게 명
하는 이 모든 명령을 지켜 행하여
네 하나님 여호와를 사랑하고 항
상 그의 길로 행할 때에는 이 셋 외
에 세 성읍을 더하여
10 네 하나님 여호와께서 네게 기업으
로 주시는 땅에서 무죄한 피를 흘
리지 말라 이같이 하면 그의 피가
네게로 돌아가지 아니하리라
11 그러나 만일 어떤 사람이 그의 이

19
2
3
4
5
6
7
8
9
10
11

웃을 미워하여 엎드려 그를 기다리
다가 일어나 상처를 입혀 죽게 하
고 이 한 성읍으로 도피하면
12 그 본 성읍 장로들이 사람을 보내
어 그를 거기서 잡아다가 보복자의
손에 넘겨 죽이게 할 것이라
13 네 눈이 그를 긍휼히 여기지 말고
무죄한 피를 흘린 죄를 이스라엘에
서 제하라 그리하면 네게 복이 있
으리라

이웃의 경계표를 옮기지 말라

14 네 하나님 여호와께서 네게 주어
차지하게 하시는 땅 곧 네 소유가
된 기업의 땅에서 조상이 정한 네
이웃의 경계표를 옮기지 말지니라

두 세 증인의 입으로 하라

15 사람의 모든 악에 관하여 또한 모
든 죄에 관하여는 한 증인으로만
정할 것이 아니요 두 증인의 입으
로나 또는 세 증인의 입으로 그 사
건을 확정할 것이며
16 만일 위증하는 자가 있어 어떤 사
람이 악을 행하였다고 말하면
17 그 논쟁하는 쌍방이 같이 하나님
앞에 나아가 그 당시의 제사장과
재판장 앞에 설 것이요
18 재판장은 자세히 조사하여 그 증인
이 거짓 증거하여 그 형제를 거짓
으로 모함한 것이 판명되면
19 그가 그의 형제에게 행하려고 꾀한
그대로 그에게 행하여 너희 중에서
악을 제하라
20 그리하면 그 남은 자들이 듣고 두
려워하여 다시는 그런 악을 너희
중에서 행하지 아니하리라
21 네 눈이 긍휼히 여기지 말라 생명
에는 생명으로, 눈에는 눈으로, 이
에는 이로, 손에는 손으로, 발에는
발로이니라

적군과 싸우려 할 때에

20 네가 나가서 적군과 싸우려
할 때에 말과 병거와 백성
이 너보다 많음을 볼지라도 그들을
두려워하지 말라 애굽 땅에서 너를
인도하여 내신 네 하나님 여호와께
서 너와 함께 하시느니라
2 너희가 싸울 곳에 가까이 가면 제
사장은 백성에게 나아가서 고하여

12
13
14
15
16
17
18
19
20
21
20
2

그들에게
3 말하여 이르기를 이스라엘아 들으
라 너희가 오늘 너희의 대적과 싸
우려고 나아왔으니 마음에 겁내지
말며 두려워하지 말며 떨지 말며
그들로 말미암아 놀라지 말라
4 너희 하나님 여호와는 너희와 함께
행하시며 너희를 위하여 너희 적군
과 싸우시고 구원하실 것이라 할
것이며
5 책임자들은 백성에게 말하여 이르
기를 새 집을 건축하고 낙성식을
행하지 못한 자가 있느냐 그는 집
으로 돌아갈지니 전사하면 타인이
낙성식을 행할까 하노라
6 포도원을 만들고 그 과실을 먹지
못한 자가 있느냐 그는 집으로 돌
아갈지니 전사하면 타인이 그 과실
을 먹을까 하노라
7 여자와 약혼하고 그와 결혼하지 못
한 자가 있느냐 그는 집으로 돌아
갈지니 전사하면 타인이 그를 데려
갈까 하노라 하고
8 책임자들은 또 백성에게 말하여
이르기를 두려워서 마음이 허약한
자가 있느냐 그는 집으로 돌아갈
지니 그의 형제들의 마음도 그의
마음과 같이 낙심될까 하노라 하
고
9 백성에게 이르기를 마친 후에 군대
의 지휘관들을 세워 무리를 거느리
게 할지니라
10 네가 어떤 성읍으로 나아가서 치려
할 때에는 그 성읍에 먼저 화평을
선언하라
11 그 성읍이 만일 화평하기로 회답하
고 너를 향하여 성문을 열거든 그
모든 주민들에게 네게 조공을 바치
고 너를 섬기게 할 것이요
12 만일 너와 화평하기를 거부하고 너
를 대적하여 싸우려 하거든 너는
그 성읍을 에워쌀 것이며
13 네 하나님 여호와께서 그 성읍을
네 손에 넘기시거든 너는 칼날로
그 안의 남자를 다 쳐죽이고
14 너는 오직 여자들과 유아들과 가
축들과 성읍 가운데에 있는 모든
것을 너를 위하여 탈취물로 삼을

것이며 너는 네 하나님 여호와께서
네게 주신 적군에게서 빼앗은 것을
먹을지니라
15 네가 네게서 멀리 떠난 성읍들 곧
이 민족들에게 속하지 아니한 성읍
들에게는 이같이 행하려니와
16 오직 네 하나님 여호와께서 네게
기업으로 주시는 이 민족들의 성읍
에서는 호흡 있는 자를 하나도 살
리지 말지니
17 곧 헷 족속과 아모리 족속과 가나
안 족속과 브리스 족속과 히위 족
속과 여부스 족속을 네가 진멸하
되 네 하나님 여호와께서 네게 명
령하신 대로 하라
18 이는 그들이 그 신들에게 행하는
모든 가증한 일을 너희에게 가르쳐
본받게 하여 너희가 너희의 하나님
여호와께 범죄하게 할까 함이니라
19 너희가 어떤 성읍을 오랫동안 에워
싸고 그 성읍을 쳐서 점령하려 할
때에도 도끼를 둘러 그 곳의 나무
를 찍어내지 말라 이는 너희가 먹
을 것이 될 것임이니 찍지 말라 들
의 수목이 사람이냐 너희가 어찌
그것을 에워싸겠느냐
20 다만 과목이 아닌 수목은 찍어내
어 너희와 싸우는 그 성읍을 치는
기구를 만들어 그 성읍을 함락시
킬 때까지 쓸지니라

죽인 자를 알지 못하거든

21 네 하나님 여호와께서 네게
주어 차지하게 하신 땅에서
피살된 시체가 들에 엎드러진 것을
발견하고 그 쳐죽인 자가 누구인지
알지 못하거든
2 너희의 장로들과 재판장들은 나가
서 그 피살된 곳의 사방에 있는 성
읍의 원근을 잴 것이요
3 그 피살된 곳에서 제일 가까운 성
읍의 장로들이 그 성읍에서 아직
부리지 아니하고 멍에를 메지 아니
한 암송아지를 취하여
4 그 성읍의 장로들이 물이 항상 흐
르고 갈지도 않고 씨를 뿌린 일도
없는 골짜기로 그 송아지를 끌고
가서 그 골짜기에서 그 송아지의
목을 꺾을 것이요

5 레위 자손 제사장들도 그리로 갈지
니 그들은 네 하나님 여호와께서
택하사 자기를 섬기게 하시며 또
여호와의 이름으로 축복하게 하신
자라 모든 소송과 모든 투쟁이 그
들의 말대로 판결될 것이니라
6 그 피살된 곳에서 제일 가까운 성읍
의 모든 장로들은 그 골짜기에서 목
을 꺾은 암송아지 위에 손을 씻으며
7 말하기를 우리의 손이 이 피를 흘
리지 아니하였고 우리의 눈이 이것
을 보지도 못하였나이다
8 여호와여 주께서 속량하신 주의
백성 이스라엘을 사하시고 무죄한
피를 주의 백성 이스라엘 중에 머
물러 두지 마옵소서 하면 그 피 흘
린 죄가 사함을 받으리니
9 너는 이와 같이 여호와께서 보시기
에 정직한 일을 행하여 무죄한 자
의 피 흘린 죄를 너희 중에서 제할
지니라

여자 포로를 아내로 삼는 규정

10 네가 나가서 적군과 싸울 때에 네
하나님 여호와께서 그들을 네 손
에 넘기시므로 네가 그들을 사로잡
은 후에
11 네가 만일 그 포로 중의 아리따운
여자를 보고 그에게 연연하여 아내
를 삼고자 하거든
12 그를 네 집으로 데려갈 것이요 그
는 그 머리를 밀고 손톱을 베고
13 또 포로의 의복을 벗고 네 집에 살
며 그 부모를 위하여 한 달 동안 애
곡한 후에 네가 그에게로 들어가서
그의 남편이 되고 그는 네 아내가
될 것이요
14 그 후에 네가 그를 기뻐하지 아니하
거든 그의 마음대로 가게 하고 결
코 돈을 받고 팔지 말지라 네가 그
를 욕보였은즉 종으로 여기지 말지
니라

장자의 상속권

15 어떤 사람이 두 아내를 두었는데
하나는 사랑을 받고 하나는 미움
을 받다가 그 사랑을 받는 자와 미
움을 받는 자가 둘 다 아들을 낳았
다 하자 그 미움을 받는 자의 아들
이 장자이면

16 자기의 소유를 그의 아들들에게 기
업으로 나누는 날에 그 사랑을 받
는 자의 아들을 장자로 삼아 참 장
자 곧 미움을 받는 자의 아들보다
앞세우지 말고
17 반드시 그 미움을 받는 자의 아들
을 장자로 인정하여 자기의 소유에
서 그에게는 두 몫을 줄 것이니 그
는 자기의 기력의 시작이라 장자의
권리가 그에게 있음이니라

패역한 아들에게 내리는 벌

18 사람에게 완악하고 패역한 아들이
있어 그의 아버지의 말이나 그 어
머니의 말을 순종하지 아니하고 부
모가 징계하여도 순종하지 아니하
거든
19 그의 부모가 그를 끌고 성문에 이
르러 그 성읍 장로들에게 나아가서
20 그 성읍 장로들에게 말하기를 우리
의 이 자식은 완악하고 패역하여
우리 말을 듣지 아니하고 방탕하며
술에 잠긴 자라 하면
21 그 성읍의 모든 사람들이 그를 돌
로 쳐죽일지니 이같이 네가 너희
중에서 악을 제하라 그리하면 온
이스라엘이 듣고 두려워하리라

기타 규정

22 사람이 만일 죽을 죄를 범하므로
네가 그를 죽여 나무 위에 달거든
23 그 시체를 나무 위에 밤새도록 두
지 말고 그 날에 장사하여 네 하나
님 여호와께서 네게 기업으로 주시
는 땅을 더럽히지 말라 나무에 달
린 자는 하나님께 저주를 받았음
이니라

22 네 형제의 소나 양이 길 잃
은 것을 보거든 못 본 체하
지 말고 너는 반드시 그것들을 끌
어다가 네 형제에게 돌릴 것이요
2 네 형제가 네게서 멀거나 또는 네
가 그를 알지 못하거든 그 짐승을
네 집으로 끌고 가서 네 형제가 찾
기까지 네게 두었다가 그에게 돌려
줄지니
3 나귀라도 그리하고 의복이라도 그
리하고 형제가 잃어버린 어떤 것이
든지 네가 얻거든 다 그리하고 못
본 체하지 말 것이며

16

17

18

19

20

21

22

23

22

2

3

4 네 형제의 나귀나 소가 길에 넘어
진 것을 보거든 못 본 체하지 말고
너는 반드시 형제를 도와 그것들을
일으킬지니라
5 여자는 남자의 의복을 입지 말 것
이요 남자는 여자의 의복을 입지
말 것이라 이같이 하는 자는 네 하
나님 여호와께 가증한 자이니라
6 길을 가다가 나무에나 땅에 있는
새의 보금자리에 새 새끼나 알이
있고 어미 새가 그의 새끼나 알을
품은 것을 보거든 그 어미 새와 새
끼를 아울러 취하지 말고
7 어미는 반드시 놓아 줄 것이요 새
끼는 취하여도 되나니 그리하면 네
가 복을 누리고 장수하리라
8 네가 새 집을 지을 때에 지붕에 난
간을 만들어 사람이 떨어지지 않
게 하라 그 피가 네 집에 돌아갈까
하노라
9 네 포도원에 두 종자를 섞어 뿌리
지 말라 그리하면 네가 뿌린 씨의
열매와 포도원의 소산을 다 빼앗길
까 하노라
10 너는 소와 나귀를 겨리하여 갈지
말며
11 양 털과 베 실로 섞어 짠 것을 입지
말지니라
12 너희는 너희가 입는 겉옷의 네 귀
에 술을 만들지니라

순결에 관한 법

13 누구든지 아내를 맞이하여 그에게
들어간 후에 그를 미워하여
14 비방거리를 만들어 그에게 누명을
씌워 이르되 내가 이 여자를 맞이
하였더니 그와 동침할 때에 그가
처녀임을 보지 못하였노라 하면
15 그 처녀의 부모가 그 처녀의 처녀
인 표를 얻어 가지고 그 성문 장로
들에게로 가서
16 처녀의 아버지가 장로들에게 말하
기를 내 딸을 이 사람에게 아내로
주었더니 그가 미워하여
17 비방거리를 만들어 말하기를 내가
네 딸에게서 처녀임을 보지 못하였
노라 하나 보라 내 딸의 처녀의 표
적이 이것이라 하고 그 부모가 그
자리옷을 그 성읍 장로들 앞에 펼

것이요
18 그 성읍 장로들은 그 사람을 잡아
때리고
19 이스라엘 처녀에게 누명을 씌움으
로 말미암아 그에게서 은 일백 세
겔을 벌금으로 받아 여자의 아버지
에게 주고 그 여자는 그 남자가 평
생에 버릴 수 없는 아내가 되게 하
려니와
20 그 일이 참되어 그 처녀에게 처녀
의 표적이 없거든
21 그 처녀를 그의 아버지 집 문에서
끌어내고 그 성읍 사람들이 그를
돌로 쳐죽일지니 이는 그가 그의
아버지 집에서 창기의 행동을 하여
이스라엘 중에서 악을 행하였음이
라 너는 이와 같이 하여 너희 가운
데서 악을 제할지니라
22 어떤 남자가 유부녀와 동침한 것이
드러나거든 그 동침한 남자와 그
여자를 둘 다 죽여 이스라엘 중에
악을 제할지니라
23 처녀인 여자가 남자와 약혼한 후에
어떤 남자가 그를 성읍 중에서 만
나 동침하면
24 너희는 그들을 둘 다 성읍 문으로
끌어내고 그들을 돌로 쳐죽일 것이
니 그 처녀는 성안에 있으면서도
소리 지르지 아니하였음이요 그 남
자는 그 이웃의 아내를 욕보였음이
라 너는 이같이 하여 너희 가운데
에서 악을 제할지니라
25 만일 남자가 어떤 약혼한 처녀를
들에서 만나서 강간하였으면 그 강
간한 남자만 죽일 것이요
26 처녀에게는 아무것도 행하지 말 것
은 처녀에게는 죽일 죄가 없음이라
이 일은 사람이 일어나 그 이웃을
쳐죽인 것과 같은 것이라
27 남자가 처녀를 들에서 만난 까닭에
그 약혼한 처녀가 소리질러도 구원
할 자가 없었음이니라
28 만일 남자가 약혼하지 아니한 처녀
를 만나 그를 붙들고 동침하는 중
에 그 두 사람이 발견되면
29 그 동침한 남자는 그 처녀의 아버
지에게 은 오십 세겔을 주고 그 처
녀를 아내로 삼을 것이라 그가 그

처녀를 욕보였은즉 평생에 그를 버
리지 못하리라
30 사람이 그의 아버지의 아내를 취하
여 아버지의 하체를 드러내지 말지
니라

총회에 들어오지 못하는 사람들

23 고환이 상한 자나 음경이
잘린 자는 여호와의 총회
에 들어오지 못하리라
2 사생자는 여호와의 총회에 들어오
지 못하리니 십 대에 이르기까지도
여호와의 총회에 들어오지 못하리
라
3 암몬 사람과 모압 사람은 여호와의
총회에 들어오지 못하리니 그들에
게 속한 자는 십 대뿐 아니라 영원
히 여호와의 총회에 들어오지 못하
리라
4 그들은 너희가 애굽에서 나올 때
에 떡과 물로 너희를 길에서 영접
하지 아니하고 메소보다미아의 브
돌 사람 브올의 아들 발람에게 뇌
물을 주어 너희를 저주하게 하려
하였으나
5 네 하나님 여호와께서 너를 사랑하
시므로 네 하나님 여호와께서 발
람의 말을 듣지 아니하시고 네 하
나님 여호와께서 그 저주를 변하
여 복이 되게 하셨나니
6 네 평생에 그들의 평안함과 형통함
을 영원히 구하지 말지니라
7 너는 에돔 사람을 미워하지 말라
그는 네 형제임이니라 애굽 사람을
미워하지 말라 네가 그의 땅에서
객이 되었음이니라
8 그들의 삼 대 후 자손은 여호와의
총회에 들어올 수 있느니라

진영을 거룩하게 하는 법

9 네가 적군을 치러 출진할 때에 모
든 악한 일을 스스로 삼갈지니
10 너희 중에 누가 밤에 몽설함으로
부정하거든 진영 밖으로 나가고 진
영 안에 들어오지 아니하다가
11 해 질 때에 목욕하고 해 진 후에 진
에 들어올 것이요
12 네 진영 밖에 변소를 마련하고 그
리로 나가되

30

23

2

3

4

5

6

7

8

9

10

11

12

13 네 기구에 작은 삽을 더하여 밖에
나가서 대변을 볼 때에 그것으로
땅을 팔 것이요 몸을 돌려 그 배설
물을 덮을지니
14 이는 네 하나님 여호와께서 너를 구
원하시고 적군을 네게 넘기시려고
네 진영 중에 행하심이라 그러므로
네 진영을 거룩히 하라 그리하면
네게서 불결한 것을 보시지 않으므
로 너를 떠나지 아니하시리라

기타 규정

15 종이 그의 주인을 피하여 네게로
도망하거든 너는 그의 주인에게 돌
려주지 말고
16 그가 네 성읍 중에서 원하는 곳을
택하는 대로 너와 함께 네 가운데
에 거주하게 하고 그를 압제하지
말지니라
17 이스라엘 여자 중에 창기가 있지
못할 것이요 이스라엘 남자 중에
남창이 있지 못할지니
18 창기가 번 돈과 개 같은 자의 소득
은 어떤 서원하는 일로든지 네 하
나님 여호와의 전에 가져오지 말라
이 둘은 다 네 하나님 여호와께 가
증한 것임이니라
19 네가 형제에게 꾸어주거든 이자를
받지 말지니 곧 돈의 이자, 식물의
이자, 이자를 낼 만한 모든 것의 이
자를 받지 말 것이라
20 타국인에게 네가 꾸어주면 이자를
받아도 되거니와 네 형제에게 꾸어
주거든 이자를 받지 말라 그리하면
네 하나님 여호와께서 네가 들어가
서 차지할 땅에서 네 손으로 하는
범사에 복을 내리시리라
21 네 하나님 여호와께 서원하거든 갚
기를 더디하지 말라 네 하나님 여
호와께서 반드시 그것을 네게 요구
하시리니 더디면 그것이 네게 죄가
될 것이라
22 네가 서원하지 아니하였으면 무죄
하리라 그러나
23 네 입으로 말한 것은 그대로 실행
하도록 유의하라 무릇 자원한 예
물은 네 하나님 여호와께 네가 서
원하여 입으로 언약한 대로 행할지
니라

13

14

15

16

17

18

19

20

21

22

23

24 네 이웃의 포도원에 들어갈 때에는
마음대로 그 포도를 배불리 먹어
도 되느니라 그러나 그릇에 담지는
말 것이요
25 네 이웃의 곡식밭에 들어갈 때에는
네가 손으로 그 이삭을 따도 되느
니라 그러나 네 이웃의 곡식밭에
낫을 대지는 말지니라

이혼과 재혼

24 사람이 아내를 맞이하여
데려온 후에 그에게 수치되
는 일이 있음을 발견하고 그를 기
뻐하지 아니하면 이혼 증서를 써서
그의 손에 주고 그를 자기 집에서
내보낼 것이요
2 그 여자는 그의 집에서 나가서 다
른 사람의 아내가 되려니와
3 그의 둘째 남편도 그를 미워하여
이혼 증서를 써서 그의 손에 주고
그를 자기 집에서 내보냈거나 또는
그를 아내로 맞이한 둘째 남편이
죽었다 하자
4 그 여자는 이미 몸을 더럽혔은즉
그를 내보낸 전남편이 그를 다시 아
내로 맞이하지 말지니 이 일은 여호
와 앞에 가증한 것이라 너는 네 하
나님 여호와께서 네게 기업으로 주
시는 땅을 범죄하게 하지 말지니라

기타 규정

5 사람이 새로이 아내를 맞이하였으
면 그를 군대로 내보내지 말 것이
요 아무 직무도 그에게 맡기지 말
것이며 그는 일 년 동안 한가하게
집에 있으면서 그가 맞이한 아내를
즐겁게 할지니라
6 사람이 맷돌이나 그 위짝을 전당
잡지 말지니 이는 그 생명을 전당
잡음이니라
7 사람이 자기 형제 곧 이스라엘 자
손 중 한 사람을 유인하여 종으로
삼거나 판 것이 발견되면 그 유인
한 자를 죽일지니 이같이 하여 너
희 중에서 악을 제할지니라
8 너는 나병에 대하여 삼가서 레위
사람 제사장들이 너희에게 가르치
는 대로 네가 힘써 다 지켜 행하되
너희는 내가 그들에게 명령한 대로
지켜 행하라

24

25

24

2

3

4

5

6

7

8

9 너희는 애굽에서 나오는 길에서 네
하나님 여호와께서 미리암에게 행
하신 일을 기억할지니라
10 네 이웃에게 무엇을 꾸어줄 때에
너는 그의 집에 들어가서 전당물
을 취하지 말고
11 너는 밖에 서 있고 네게 꾸는 자가
전당물을 밖으로 가지고 나와서 네
게 줄 것이며
12 그가 가난한 자이면 너는 그의 전
당물을 가지고 자지 말고
13 해 질 때에 그 전당물을 반드시 그
에게 돌려줄 것이라 그리하면 그가
그 옷을 입고 자며 너를 위하여 축
복하리니 그 일이 네 하나님 여호
와 앞에서 네 공의로움이 되리라
14 곤궁하고 빈한한 품꾼은 너희 형제
든지 네 땅 성문 안에 우거하는 객
이든지 그를 학대하지 말며
15 그 품삯을 당일에 주고 해 진 후까
지 미루지 말라 이는 그가 가난하
므로 그 품삯을 간절히 바람이라
그가 너를 여호와께 호소하지 않게
하라 그렇지 않으면 그것이 네게
죄가 될 것임이라
16 아버지는 그 자식들로 말미암아 죽
임을 당하지 않을 것이요 자식들
은 그 아버지로 말미암아 죽임을
당하지 않을 것이니 각 사람은 자
기 죄로 말미암아 죽임을 당할 것
이니라
17 너는 객이나 고아의 송사를 억울하
게 하지 말며 과부의 옷을 전당 잡
지 말라
18 너는 애굽에서 종 되었던 일과 네
하나님 여호와께서 너를 거기서 속
량하신 것을 기억하라 이러므로 내
가 네게 이 일을 행하라 명령하노
라
19 네가 밭에서 곡식을 벨 때에 그 한
뭇을 밭에 잊어버렸거든 다시 가서
가져오지 말고 나그네와 고아와 과
부를 위하여 남겨두라 그리하면 네
하나님 여호와께서 네 손으로 하
는 모든 일에 복을 내리시리라
20 네가 네 감람나무를 떤 후에 그 가
지를 다시 살피지 말고 그 남은 것
은 객과 고아와 과부를 위하여 남

겨두며
21 네가 네 포도원의 포도를 딴 후에
그 남은 것을 다시 따지 말고 객과
고아와 과부를 위하여 남겨두라
22 너는 애굽 땅에서 종 되었던 것을
기억하라 이러므로 내가 네게 이
일을 행하라 명령하노라

25 사람들 사이에 시비가 생겨
재판을 청하면 재판장은
그들을 재판하여 의인은 의롭다 하
고 악인은 정죄할 것이며
2 악인에게 태형이 합당하면 재판장
은 그를 엎드리게 하고 그 앞에서
그의 죄에 따라 수를 맞추어 때리
게 하라
3 사십까지는 때리려니와 그것을 넘
기지는 못할지니 만일 그것을 넘겨
매를 지나치게 때리면 네가 네 형
제를 경히 여기는 것이 될까 하노
라
4 곡식 떠는 소에게 망을 씌우지 말
지니라

죽은 형제에 대한 의무

5 형제들이 함께 사는데 그 중 하나
가 죽고 아들이 없거든 그 죽은 자
의 아내는 나가서 타인에게 시집
가지 말 것이요 그의 남편의 형제
가 그에게로 들어가서 그를 맞이
하여 아내로 삼아 그의 남편의 형
제 된 의무를 그에게 다 행할 것이
요
6 그 여인이 낳은 첫 아들이 그 죽은
형제의 이름을 잇게 하여 그 이름
이 이스라엘 중에서 끊어지지 않게
할 것이니라
7 그러나 그 사람이 만일 그 형제의
아내 맞이하기를 즐겨하지 아니하
면 그 형제의 아내는 그 성문으로
장로들에게로 나아가서 말하기를
내 남편의 형제가 그의 형제의 이
름을 이스라엘 중에 잇기를 싫어하
여 남편의 형제 된 의무를 내게 행
하지 아니하나이다 할 것이요
8 그 성읍 장로들은 그를 불러다가
말할 것이며 그가 이미 정한 뜻대
로 말하기를 내가 그 여자를 맞
이하기를 즐겨하지 아니하노라 하
면

21
22
25
2
3
4
5
6
7
8

9 그의 형제의 아내가 장로들 앞에서
그에게 나아가서 그의 발에서 신을
벗기고 그의 얼굴에 침을 뱉으며
이르기를 그의 형제의 집을 세우기
를 즐겨 아니하는 자에게는 이같이
할 것이라 하고
10 이스라엘 중에서 그의 이름을 신
벗김 받은 자의 집이라 부를 것이
니라

다른 법

11 두 사람이 서로 싸울 때에 한 사람
의 아내가 그 치는 자의 손에서 그
의 남편을 구하려 하여 가까이 가
서 손을 벌려 그 사람의 음낭을 잡
거든
12 너는 그 여인의 손을 찍어버릴 것이
고 네 눈이 그를 불쌍히 여기지 말
지니라
13 너는 네 주머니에 두 종류의 저울
추 곧 큰 것과 작은 것을 넣지 말
것이며
14 네 집에 두 종류의 되 곧 큰 것과
작은 것을 두지 말 것이요
15 오직 온전하고 공정한 저울추를 두
며 온전하고 공정한 되를 둘 것이
라 그리하면 네 하나님 여호와께서
네게 주시는 땅에서 네 날이 길리
라
16 이런 일들을 행하는 모든 자, 악을
행하는 모든 자는 네 하나님 여호
와께 가증하니라

아말렉에 대한 기억을 지워버리라

17 너희는 애굽에서 나오는 길에 아말
렉이 네게 행한 일을 기억하라
18 곧 그들이 너를 길에서 만나 네가
피곤할 때에 네 뒤에 떨어진 약한
자들을 쳤고 하나님을 두려워하지
아니하였느니라
19 그러므로 네 하나님 여호와께서 네
게 기업으로 주어 차지하게 하시는
땅에서 네 하나님 여호와께서 사
방에 있는 모든 적군으로부터 네게
안식을 주실 때에 너는 천하에서
아말렉에 대한 기억을 지워버리라
너는 잊지 말지니라

토지 소산

26 네 하나님 여호와께서 네게
기업으로 주어 차지하게 하

9

10

11

12

13

14

15

16

17

18

19

26

실 땅에 네가 들어가서 거기에 거 2
주할 때에
2 네 하나님 여호와께서 네게 주신
땅에서 그 토지의 모든 소산의 만
물을 거둔 후에 그것을 가져다가
광주리에 담고 네 하나님 여호와께
서 그의 이름을 두시려고 택하신 3
곳으로 그것을 가지고 가서
3 그 때의 제사장에게 나아가 그에게
이르기를 내가 오늘 당신의 하나님
여호와께 아뢰나이다 내가 여호와
께서 우리에게 주시겠다고 우리 조
상들에게 맹세하신 땅에 이르렀나 4
이다 할 것이요
4 제사장은 네 손에서 그 광주리를
받아서 네 하나님 여호와의 제단 5
앞에 놓을 것이며
5 너는 또 네 하나님 여호와 앞에 아
뢰기를 내 조상은 방랑하는 아람
사람으로서 애굽에 내려가 거기에
서 소수로 거류하였더니 거기에서
크고 강하고 번성한 민족이 되었는 6
데
6 애굽 사람이 우리를 학대하며 우리
를 괴롭히며 우리에게 중노동을 시 7
키므로
7 우리가 우리 조상의 하나님 여호와
께 부르짖었더니 여호와께서 우리
음성을 들으시고 우리의 고통과 신 8
고와 압제를 보시고
8 여호와께서 강한 손과 편 팔과 큰
위엄과 이적과 기사로 우리를 애굽 9
에서 인도하여 내시고
9 이곳으로 인도하사 이 땅 곧 젖과
꿀이 흐르는 땅을 주셨나이다 10
10 여호와여 이제 내가 주께서 내게
주신 토지 소산의 만물을 가져왔
나이다 하고 너는 그것을 네 하나
님 여호와 앞에 두고 네 하나님 여
호와 앞에 경배할 것이며
11 네 하나님 여호와께서 너와 네 집 11
에 주신 모든 복으로 말미암아 너
는 레위인과 너희 가운데에 거류하
는 객과 함께 즐거워할지니라
12 셋째 해 곧 십일조를 드리는 해에 12
네 모든 소산의 십일조 내기를 마
친 후에 그것을 레위인과 객과 고
아와 과부에게 주어 네 성읍 안에

서 먹고 배부르게 하라
13 그리 할 때에 네 하나님 여호와 앞
에 아뢰기를 내가 성물을 내 집에
서 내어 레위인과 객과 고아와 과
부에게 주기를 주께서 내게 명령하
신 명령대로 하였사오니 내가 주의
명령을 범하지도 아니하였고 잊지
도 아니하였나이다
14 내가 애곡하는 날에 이 성물을 먹
지 아니하였고 부정한 몸으로 이를
떼어두지 아니하였고 죽은 자를 위
하여 이를 쓰지 아니하였고 내 하
나님 여호와의 말씀을 청종하여
주께서 내게 명령하신 대로 다 행
하였사오니
15 원하건대 주의 거룩한 처소 하늘
에서 보시고 주의 백성 이스라엘에
게 복을 주시며 우리 조상들에게
맹세하여 우리에게 주신 젖과 꿀
이 흐르는 땅에 복을 내리소서 할
지니라

하나님의 보배로운 백성

16 오늘 네 하나님 여호와께서 이 규
례와 법도를 행하라고 네게 명령하
시나니 그런즉 너는 마음을 다하고
뜻을 다하여 지켜 행하라
17 네가 오늘 여호와를 네 하나님으
로 인정하고 또 그 도를 행하고 그
의 규례와 명령과 법도를 지키며
그의 소리를 들으리라 확언하였고
18 여호와께서도 네게 말씀하신 대로
오늘 너를 그의 보배로운 백성이
되게 하시고 그의 모든 명령을 지
키라 확언하셨느니라
19 그런즉 여호와께서 너를 그 지으신
모든 민족 위에 뛰어나게 하사 찬
송과 명예와 영광을 삼으시고 그
가 말씀하신 대로 너를 네 하나님
여호와의 성민이 되게 하시리라

돌 위에 기록한 율법

27 모세와 이스라엘 장로들이
백성에게 명령하여 이르되
내가 오늘 너희에게 명령하는 이
명령을 너희는 다 지킬지니라
2 너희가 요단을 건너 네 하나님 여
호와께서 네게 주시는 땅에 들어
가는 날에 큰 돌들을 세우고 석회
를 바르라

13

14

15

16

17

18

19

27

2

3 요단을 건넌 후에 이 율법의 모든 말씀을 그 위에 기록하라 그리하면 네 하나님 여호와께서 네게 주시는 땅 곧 젖과 꿀이 흐르는 땅에 네가 들어가기를 네 조상들의 하나님 여호와께서 네게 말씀하신 대로 하리라

4 너희가 요단을 건너거든 내가 오늘 너희에게 명령하는 이 돌들을 에발 산에 세우고 그 위에 석회를 바를 것이며

5 또 거기서 네 하나님 여호와를 위하여 제단 곧 돌단을 쌓되 그것에 쇠 연장을 대지 말지니라

6 너는 다듬지 않은 돌로 네 하나님 여호와의 제단을 쌓고 그 위에 네 하나님 여호와께 번제를 드릴 것이며

7 또 화목제를 드리고 거기에서 먹으며 네 하나님 여호와 앞에서 즐거워하라

8 너는 이 율법의 모든 말씀을 그 돌들 위에 분명하고 정확하게 기록할지니라

9 모세와 레위 제사장들이 온 이스라엘에게 말하여 이르되 이스라엘아 잠잠하여 들으라 오늘 네가 네 하나님 여호와의 백성이 되었으니

10 그런즉 네 하나님 여호와의 말씀을 청종하여 내가 오늘 네게 명령하는 그 명령과 규례를 행할지니라

에발 산에서 선포한 저주

11 모세가 그 날 백성에게 명령하여 이르되

12 너희가 요단을 건넌 후에 시므온과 레위와 유다와 잇사갈과 요셉과 베냐민은 백성을 축복하기 위하여 그리심 산에 서고

13 르우벤과 갓과 아셀과 스불론과 단과 납달리는 저주하기 위하여 에발 산에 서고

14 레위 사람은 큰 소리로 이스라엘 모든 사람에게 말하여 이르기를

15 장색의 손으로 조각하였거나 부어 만든 우상은 여호와께 가증하니 그것을 만들어 은밀히 세우는 자는 저주를 받을 것이라 할 것이요 모든 백성은 응답하여 말하되 아멘 할지니라

16 그의 부모를 경홀히 여기는 자는
저주를 받을 것이라 할 것이요 모
든 백성은 아멘 할지니라
17 그의 이웃의 경계표를 옮기는 자는
저주를 받을 것이라 할 것이요 모
든 백성은 아멘 할지니라
18 맹인에게 길을 잃게 하는 자는 저
주를 받을 것이라 할 것이요 모든
백성은 아멘 할지니라
19 객이나 고아나 과부의 송사를 억울
하게 하는 자는 저주를 받을 것이
라 할 것이요 모든 백성은 아멘 할
지니라
20 그의 아버지의 아내와 동침하는
자는 그의 아버지의 하체를 드러냈
으니 저주를 받을 것이라 할 것이
요 모든 백성은 아멘 할지니라
21 짐승과 교합하는 모든 자는 저주
를 받을 것이라 할 것이요 모든 백
성은 아멘 할지니라
22 그의 자매 곧 그의 아버지의 딸이
나 어머니의 딸과 동침하는 자는
저주를 받을 것이라 할 것이요 모
든 백성은 아멘 할지니라
23 장모와 동침하는 자는 저주를 받
을 것이라 할 것이요 모든 백성은
아멘 할지니라
24 그의 이웃을 암살하는 자는 저주
를 받을 것이라 할 것이요 모든 백
성은 아멘 할지니라
25 무죄한 자를 죽이려고 뇌물을 받
는 자는 저주를 받을 것이라 할 것
이요 모든 백성은 아멘 할지니라
26 이 율법의 말씀을 실행하지 아니하
는 자는 저주를 받을 것이라 할 것
이요 모든 백성은 아멘 할지니라

순종하여 받는 복

28 네가 네 하나님 여호와의
말씀을 삼가 듣고 내가 오
늘 네게 명령하는 그의 모든 명령
을 지켜 행하면 네 하나님 여호와
께서 너를 세계 모든 민족 위에 뛰
어나게 하실 것이라
2 네가 네 하나님 여호와의 말씀을
청종하면 이 모든 복이 네게 임하
며 네게 이르리니
3 성읍에서도 복을 받고 들에서도
복을 받을 것이며

16
17
18
19
20
21
22
23
24
25
26
28
2
3

4 네 몸의 자녀와 네 토지의 소산과
네 짐승의 새끼와 소와 양의 새끼
가 복을 받을 것이며
5 네 광주리와 떡 반죽 그릇이 복을
받을 것이며
6 네가 들어와도 복을 받고 나가도
복을 받을 것이니라
7 여호와께서 너를 대적하기 위해 일
어난 적군들을 네 앞에서 패하게
하시리라 그들이 한 길로 너를 치
러 들어왔으나 네 앞에서 일곱 길
로 도망하리라
8 여호와께서 명령하사 네 창고와 네
손으로 하는 모든 일에 복을 내리시
고 네 하나님 여호와께서 네게 주시
는 땅에서 네게 복을 주실 것이며
9 여호와께서 네게 맹세하신 대로 너
를 세워 자기의 성민이 되게 하시리
니 이는 네가 네 하나님 여호와의 명
령을 지켜 그 길로 행할 것임이니라
10 땅의 모든 백성이 여호와의 이름이
너를 위하여 불리는 것을 보고 너
를 두려워하리라
11 여호와께서 네게 주리라고 네 조상
들에게 맹세하신 땅에서 네게 복
을 주사 네 몸의 소생과 가축의 새
끼와 토지의 소산을 많게 하시며
12 여호와께서 너를 위하여 하늘의
아름다운 보고를 여시사 네 땅에
때를 따라 비를 내리시고 네 손으
로 하는 모든 일에 복을 주시리니
네가 많은 민족에게 꾸어줄지라도
너는 꾸지 아니할 것이요
13 여호와께서 너를 머리가 되고 꼬리
가 되지 않게 하시며 위에만 있고
아래에 있지 않게 하시리니 오직
너는 내가 오늘 네게 명령하는 네
하나님 여호와의 명령을 듣고 지켜
행하며
14 내가 오늘 너희에게 명령하는 그
말씀을 떠나 좌로나 우로나 치우치
지 아니하고 다른 신을 따라 섬기
지 아니하면 이와 같으리라
15 네가 만일 네 하나님 여호와의 말
씀을 순종하지 아니하여 내가 오
늘 네게 명령하는 그의 모든 명령
과 규례를 지켜 행하지 아니하면
이 모든 저주가 네게 임하며 네게

이를 것이니
16 네가 성읍에서도 저주를 받으며 들
에서도 저주를 받을 것이요
17 또 네 광주리와 떡 반죽 그릇이 저
주를 받을 것이요
18 네 몸의 소생과 네 토지의 소산과
네 소와 양의 새끼가 저주를 받을
것이며
19 네가 들어와도 저주를 받고 나가도
저주를 받으리라

불순종하여 받는 저주

20 네가 악을 행하여 그를 잊으므로
네 손으로 하는 모든 일에 여호와
께서 저주와 혼란과 책망을 내리
사 망하며 속히 파멸하게 하실 것
이며
21 여호와께서 네 몸에 염병이 들게
하사 네가 들어가 차지할 땅에서
마침내 너를 멸하실 것이며
22 여호와께서 폐병과 열병과 염증과
학질과 한재와 풍재와 썩는 재앙으
로 너를 치시리니 이 재앙들이 너
를 따라서 너를 진멸하게 할 것이
라
23 네 머리 위의 하늘은 놋이 되고 네
아래의 땅은 철이 될 것이며
24 여호와께서 비 대신에 티끌과 모래
를 네 땅에 내리시리니 그것들이
하늘에서 네 위에 내려 마침내 너
를 멸하리라
25 여호와께서 네 적군 앞에서 너를
패하게 하시리니 네가 그들을 치러
한 길로 나가서 그들 앞에서 일곱
길로 도망할 것이며 네가 또 땅의
모든 나라 중에 흩어지고
26 네 시체가 공중의 모든 새와 땅의
짐승들의 밥이 될 것이나 그것들
을 쫓아줄 자가 없을 것이며
27 여호와께서 애굽의 종기와 치질과
괴혈병과 피부병으로 너를 치시리
니 네가 치유 받지 못할 것이며
28 여호와께서 또 너를 미치는 것과
눈 머는 것과 정신병으로 치시리니
29 맹인이 어두운 데에서 더듬는 것과
같이 네가 백주에도 더듬고 네 길
이 형통하지 못하여 항상 압제와
노략을 당할 뿐이리니 너를 구원할
자가 없을 것이며

16
17
18
19
20
21
22
23
24
25
26
27
28
29

30 네가 여자와 약혼하였으나 다른 사
람이 그 여자와 같이 동침할 것이
요 집을 건축하였으나 거기에 거주
하지 못할 것이요 포도원을 심었으
나 네가 그 열매를 따지 못할 것이
며
31 네 소를 네 목전에서 잡았으나 네
가 먹지 못할 것이며 네 나귀를 네
목전에서 빼앗겨도 도로 찾지 못할
것이며 네 양을 원수에게 빼앗길
것이나 너를 도와 줄 자가 없을 것
이며
32 네 자녀를 다른 민족에게 빼앗기고
종일 생각하고 찾음으로 눈이 피곤
하여지나 네 손에 힘이 없을 것이
며
33 네 토지 소산과 네 수고로 얻은 것
을 네가 알지 못하는 민족이 먹겠
고 너는 항상 압제와 학대를 받을
뿐이리니
34 이러므로 네 눈에 보이는 일로 말
미암아 네가 미치리라
35 여호와께서 네 무릎과 다리를 쳐
서 고치지 못할 심한 종기를 생기
게 하여 발바닥에서부터 정수리까
지 이르게 하시리라
36 여호와께서 너와 네가 세울 네 임
금을 너와 네 조상들이 알지 못하
던 나라로 끌어 가시리니 네가 거
기서 목석으로 만든 다른 신들을
섬길 것이며
37 여호와께서 너를 끌어가시는 모든
민족 중에서 네가 놀람과 속담과
비방거리가 될 것이라
38 네가 많은 종자를 들에 뿌릴지라도
메뚜기가 먹으므로 거둘 것이 적을
것이며
39 네가 포도원을 심고 가꿀지라도 벌
레가 먹으므로 포도를 따지 못하
고 포도주를 마시지 못할 것이며
40 네 모든 경내에 감람나무가 있을지
라도 그 열매가 떨어지므로 그 기
름을 네 몸에 바르지 못할 것이며
41 네가 자녀를 낳을지라도 그들이 포
로가 되므로 너와 함께 있지 못할
것이며
42 네 모든 나무와 토지 소산은 메뚜
기가 먹을 것이며

43 너의 중에 우거하는 이방인은 점점
높아져서 네 위에 뛰어나고 너는
점점 낮아질 것이며
44 그는 네게 꾸어줄지라도 너는 그에
게 꾸어주지 못하리니 그는 머리가
되고 너는 꼬리가 될 것이라
45 네가 네 하나님 여호와의 말씀을
청종하지 아니하고 네게 명령하신
그의 명령과 규례를 지키지 아니하
므로 이 모든 저주가 네게 와서 너
를 따르고 네게 이르러 마침내 너
를 멸하리니
46 이 모든 저주가 너와 네 자손에게
영원히 있어서 표징과 훈계가 되리
라
47 네가 모든 것이 풍족하여도 기쁨과
즐거운 마음으로 네 하나님 여호
와를 섬기지 아니함으로 말미암아
48 네가 주리고 목마르고 헐벗고 모든
것이 부족한 중에서 여호와께서 보
내사 너를 치게 하실 적군을 섬기
게 될 것이니 그가 철 멍에를 네 목
에 메워 마침내 너를 멸할 것이라
49 곧 여호와께서 멀리 땅 끝에서 한
민족을 독수리가 날아오는 것 같
이 너를 치러 오게 하시리니 이는
네가 그 언어를 알지 못하는 민족
이요
50 그 용모가 흉악한 민족이라 노인을
보살피지 아니하며 유아를 불쌍히
여기지 아니하며
51 네 가축의 새끼와 네 토지의 소산
을 먹어 마침내 너를 멸망시키며
또 곡식이나 포도주나 기름이나 소
의 새끼나 양의 새끼를 너를 위하
여 남기지 아니하고 마침내 너를
멸절시키리라
52 그들이 전국에서 네 모든 성읍을
에워싸고 네가 의뢰하는 높고 견고
한 성벽을 다 헐며 네 하나님 여호
와께서 네게 주시는 땅의 모든 성
읍에서 너를 에워싸리니
53 네가 적군에게 에워싸이고 맹렬한
공격을 받아 곤란을 당하므로 네
하나님 여호와께서 네게 주신 자녀
곧 네 몸의 소생의 살을 먹을 것이
라
54 너희 중에 온유하고 연약한 남자까

43

44

45

46

47

48

49

50

51

52

53

54

지도 그의 형제와 그의 품의 아내
와 그의 남은 자녀를 미운 눈으로
바라보며
55 자기가 먹는 그 자녀의 살을 그 중
누구에게든지 주지 아니하리니 이
는 네 적군이 네 모든 성읍을 에워
싸고 맹렬히 너를 쳐서 곤란하게
하므로 아무것도 그에게 남음이 없
는 까닭일 것이며
56 또 너희 중에 온유하고 연약한 부
녀 곧 온유하고 연약하여 자기 발
바닥으로 땅을 밟아 보지도 아니
하던 자라도 자기 품의 남편과 자
기 자녀를 미운 눈으로 바라보며
57 자기 다리 사이에서 나온 태와 자
기가 낳은 어린 자식을 남몰래 먹
으리니 이는 네 적군이 네 생명을
에워싸고 맹렬히 쳐서 곤란하게
하므로 아무것도 얻지 못함이리
라
58 네가 만일 이 책에 기록한 이 율법
의 모든 말씀을 지켜 행하지 아니
하고 네 하나님 여호와라 하는 영
화롭고 두려운 이름을 경외하지 아
니하면
59 여호와께서 네 재앙과 네 자손의
재앙을 극렬하게 하시리니 그 재앙
이 크고 오래고 그 질병이 중하고
오랠 것이라
60 여호와께서 네가 두려워하던 애굽
의 모든 질병을 네게로 가져다가
네 몸에 들어붙게 하실 것이며
61 또 이 율법책에 기록하지 아니한
모든 질병과 모든 재앙을 네가 멸
망하기까지 여호와께서 네게 내리
실 것이니
62 너희가 하늘의 별 같이 많을지라도
네 하나님 여호와의 말씀을 청종하
지 아니하므로 남는 자가 얼마 되
지 못할 것이라
63 여호와께서 너희에게 선을 행하시
고 너희를 번성하게 하시기를 기뻐
하시던 것 같이 이제는 여호와께서
너희를 망하게 하시며 멸하시기를
기뻐하시리니 너희가 들어가 차지
할 땅에서 뽑힐 것이요
64 여호와께서 너를 땅 이 끝에서 저
끝까지 만민 중에 흩으시리니 네

55

56

57

58

59

60

61

62

63

64

가 그 곳에서 너와 네 조상들이
알지 못하던 목석 우상을 섬길 것
이라
65 그 여러 민족 중에서 네가 평안함
을 얻지 못하며 네 발바닥이 쉴 곳
도 얻지 못하고 여호와께서 거기에
서 네 마음을 떨게 하고 눈을 쇠하
게 하고 정신을 산란하게 하시리
니
66 네 생명이 위험에 처하고 주야로
두려워하며 네 생명을 확신할 수
없을 것이라
67 네 마음의 두려움과 눈이 보는 것
으로 말미암아 아침에는 이르기를
아하 저녁이 되었으면 좋겠다 할 것
이요 저녁에는 이르기를 아하 아침
이 되었으면 좋겠다 하리라
68 여호와께서 너를 배에 싣고 전에
네게 말씀하여 이르시기를 네가 다
시는 그 길을 보지 아니하리라 하
시던 그 길로 너를 애굽으로 끌어
가실 것이라 거기서 너희가 너희
몸을 적군에게 남녀 종으로 팔려
하나 너희를 살 자가 없으리라

모압 땅에서 세우신 언약

29 호렙에서 이스라엘 자손과
세우신 언약 외에 여호와께
서 모세에게 명령하여 모압 땅에서
그들과 세우신 언약의 말씀은 이러
하니라
2 모세가 온 이스라엘을 소집하고 그
들에게 이르되 여호와께서 애굽 땅
에서 너희의 목전에 바로와 그의
모든 신하와 그의 온 땅에 행하신
모든 일을 너희가 보았나니
3 곧 그 큰 시험과 이적과 큰 기사를
네 눈으로 보았느니라
4 그러나 깨닫는 마음과 보는 눈과
듣는 귀는 오늘까지 여호와께서 너
희에게 주지 아니하셨느니라
5 주께서 사십 년 동안 너희를 광야
에서 인도하셨거니와 너희 몸의 옷
이 낡아지지 아니하였고 너희 발의
신이 해어지지 아니하였으며
6 너희에게 떡도 먹지 못하며 포도주
나 독주를 마시지 못하게 하셨음
은 주는 너희의 하나님 여호와이신
줄을 알게 하려 하심이니라

65
66
67
68
29
2
3
4
5
6

7 너희가 이 곳에 올 때에 헤스본 왕
시혼과 바산 왕 옥이 우리와 싸우
러 나왔으므로 우리가 그들을 치고
8 그 땅을 차지하여 르우벤과 갓과
므낫세 반 지파에게 기업으로 주었
나니
9 그런즉 너희는 이 언약의 말씀을
지켜 행하라 그리하면 너희가 하는
모든 일이 형통하리라
10 오늘 너희 곧 너희의 수령과 너희
의 지파와 너희의 장로들과 너희의
지도자와 이스라엘 모든 남자와
11 너희의 유아들과 너희의 아내와 및
네 진중에 있는 객과 너를 위하여
나무를 패는 자로부터 물 긷는 자
까지 다 너희의 하나님 여호와 앞
에 서 있는 것은
12 네 하나님 여호와의 언약에 참여하
며 또 네 하나님 여호와께서 오늘
네게 하시는 맹세에 참여하여
13 여호와께서 네게 말씀하신 대로 또
네 조상 아브라함과 이삭과 야곱에
게 맹세하신 대로 오늘 너를 세워
자기 백성을 삼으시고 그는 친히
네 하나님이 되시려 함이니라
14 내가 이 언약과 맹세를 너희에게만
세우는 것이 아니라
15 오늘 우리 하나님 여호와 앞에서
우리와 함께 여기 서 있는 자와 오
늘 우리와 함께 여기 있지 아니한
자에게까지이니
16 (우리가 애굽 땅에서 살았던 것과
너희가 여러 나라를 통과한 것을
너희가 알며
17 너희가 또 그들 중에 있는 가증한
것과 목석과 은금의 우상을 보았느
니라)
18 너희 중에 남자나 여자나 가족이
나 지파나 오늘 그 마음이 우리 하
나님 여호와를 떠나서 그 모든 민
족의 신들에게 가서 섬길까 염려하
며 독초와 쑥의 뿌리가 너희 중에
생겨서
19 이 저주의 말을 듣고도 심중에 스
스로 복을 빌어 이르기를 내가 내
마음이 완악하여 젖은 것과 마른
것이 멸망할지라도 내게는 평안이
있으리라 할까 함이라

20 여호와는 이런 자를 사하지 않으
실 뿐 아니라 그 위에 여호와의 분
노와 질투의 불을 부으시며 또 이
책에 기록된 모든 저주를 그에게
더하실 것이라 여호와께서 그의 이
름을 천하에서 지워버리시되
21 여호와께서 곧 이스라엘 모든 지파
중에서 그를 구별하시고 이 율법책
에 기록된 모든 언약의 저주대로
그에게 화를 더하시리라
22 너희 뒤에 일어나는 너희의 자손과
멀리서 오는 객이 그 땅의 재앙과
여호와께서 그 땅에 유행시키시는
질병을 보며
23 그 온 땅이 유황이 되며 소금이
되며 또 불에 타서 심지도 못하며
결실함도 없으며 거기에는 아무
풀도 나지 아니함이 옛적에 여호
와께서 진노와 격분으로 멸하신
소돔과 고모라와 아드마와 스보임
의 무너짐과 같음을 보고 물을 것
이요
24 여러 나라 사람들도 묻기를 여호와
께서 어찌하여 이 땅에 이같이 행
하셨느냐 이같이 크고 맹렬하게 노
하심은 무슨 뜻이냐 하면
25 그 때에 사람들이 대답하기를 그
무리가 자기 조상의 하나님 여호와
께서 그들의 조상을 애굽에서 인도
하여 내실 때에 더불어 세우신 언
약을 버리고
26 가서 자기들이 알지도 못하고 여호
와께서 그들에게 주시지도 아니한
다른 신들을 따라가서 그들을 섬기
고 절한 까닭이라
27 이러므로 여호와께서 이 땅에 진노
하사 이 책에 기록된 모든 저주대
로 재앙을 내리시고
28 여호와께서 또 진노와 격분과 크
게 통한하심으로 그들을 이 땅에
서 뽑아내사 다른 나라에 내던지심
이 오늘과 같다 하리라
29 감추어진 일은 우리 하나님 여호와
께 속하였거니와 나타난 일은 영원
히 우리와 우리 자손에게 속하였나
니 이는 우리에게 이 율법의 모든
말씀을 행하게 하심이니라

복 받는 길

30 내가 네게 진술한 모든 복
과 저주가 네게 임하므로
네가 네 하나님 여호와로부터 쫓겨
간 모든 나라 가운데서 이 일이 마
음에서 기억이 나거든
2 너와 네 자손이 네 하나님 여호와
께로 돌아와 내가 오늘 네게 명령
한 것을 온전히 따라 마음을 다하
고 뜻을 다하여 여호와의 말씀을
청종하면
3 네 하나님 여호와께서 마음을 돌
이키시고 너를 긍휼히 여기사 포로
에서 돌아오게 하시되 네 하나님
여호와께서 흩으신 그 모든 백성
중에서 너를 모으시리니
4 네 쫓겨간 자들이 하늘 가에 있을
지라도 네 하나님 여호와께서 거기
서 너를 모으실 것이며 거기서부터
너를 이끄실 것이라
5 네 하나님 여호와께서 너를 네 조
상들이 차지한 땅으로 돌아오게 하
사 네게 다시 그것을 차지하게 하
실 것이며 여호와께서 또 네게 선
을 행하사 너를 네 조상들보다 더
번성하게 하실 것이며
6 네 하나님 여호와께서 네 마음과
네 자손의 마음에 할례를 베푸사
너로 마음을 다하며 뜻을 다하여
네 하나님 여호와를 사랑하게 하
사 너로 생명을 얻게 하실 것이며
7 네 하나님 여호와께서 네 적군과
너를 미워하고 핍박하던 자에게 이
모든 저주를 내리게 하시리니
8 너는 돌아와 다시 여호와의 말씀
을 청종하고 내가 오늘 네게 명령
하는 그 모든 명령을 행할 것이라
9-10 네가 네 하나님 여호와의 말씀을
청종하여 이 율법책에 기록된 그
의 명령과 규례를 지키고 네 마음
을 다하며 뜻을 다하여 여호와 네
하나님께 돌아오면 네 하나님 여호
와께서 네 손으로 하는 모든 일과
네 몸의 소생과 네 가축의 새끼와
네 토지 소산을 많게 하시고 네게
복을 주시되 곧 여호와께서 네 조
상들을 기뻐하신 것과 같이 너를
다시 기뻐하사 네게 복을 주시리라

30
2
3
4
5
6
7
8
9-10

11 내가 오늘 네게 명령한 이 명령은
네게 어려운 것도 아니요 먼 것도
아니라
12 하늘에 있는 것이 아니니 네가 이
르기를 누가 우리를 위하여 하늘
에 올라가 그의 명령을 우리에게로
가지고 와서 우리에게 들려 행하게
하랴 할 것이 아니요
13 이것이 바다 밖에 있는 것이 아니
니 네가 이르기를 누가 우리를 위
하여 바다를 건너가서 그의 명령
을 우리에게로 가지고 와서 우리에
게 들려 행하게 하랴 할 것도 아니
라
14 오직 그 말씀이 네게 매우 가까워
서 네 입에 있으며 네 마음에 있은
즉 네가 이를 행할 수 있느니라
15 보라 내가 오늘 생명과 복과 사망
과 화를 네 앞에 두었나니
16 곧 내가 오늘 네게 명령하여 네 하
나님 여호와를 사랑하고 그 모든
길로 행하며 그의 명령과 규례와
법도를 지키라 하는 것이라 그리하
면 네가 생존하며 번성할 것이요
또 네 하나님 여호와께서 네가 가
서 차지할 땅에서 네게 복을 주실
것임이니라
17 그러나 네가 만일 마음을 돌이켜
듣지 아니하고 유혹을 받아 다른
신들에게 절하고 그를 섬기면
18 내가 오늘 너희에게 선언하노니 너
희가 반드시 망할 것이라 너희가
요단을 건너가서 차지할 땅에서 너
희의 날이 길지 못할 것이니라
19 내가 오늘 하늘과 땅을 불러 너희
에게 증거를 삼노라 내가 생명과
사망과 복과 저주를 네 앞에 두었
은즉 너와 네 자손이 살기 위하여
생명을 택하고
20 네 하나님 여호와를 사랑하고 그
의 말씀을 청종하며 또 그를 의지
하라 그는 네 생명이시요 네 장수
이시니 여호와께서 네 조상 아브라
함과 이삭과 야곱에게 주리라고 맹
세하신 땅에 네가 거주하리라

여호수아가 모세의 뒤를 잇다

31 또 모세가 가서 온 이스라
엘에게 이 말씀을 전하여

11

12

13

14

15

16

17

18

19

20

31

2 그들에게 이르되 이제 내 나이 백
이십 세라 내가 더 이상 출입하지
못하겠고 여호와께서도 내게 이르
시기를 너는 이 요단을 건너지 못
하리라 하셨느니라
3 여호와께서 이미 말씀하신 것과 같
이 네 하나님 여호와께서 너보다
먼저 건너가사 이 민족들을 네 앞
에서 멸하시고 네가 그 땅을 차지
하게 할 것이며 여호수아는 네 앞
에서 건너갈지라
4 또한 여호와께서 이미 멸하신 아모
리 왕 시혼과 옥과 및 그 땅에 행
하신 것과 같이 그들에게도 행하
실 것이라
5 또한 여호와께서 그들을 너희 앞에
넘기시리니 너희는 내가 너희에게
명한 모든 명령대로 그들에게 행할
것이라
6 너희는 강하고 담대하라 두려워하
지 말라 그들 앞에서 떨지 말라 이
는 네 하나님 여호와 그가 너와 함
께 가시며 결코 너를 떠나지 아니
하시며 버리지 아니하실 것임이라
하고
7 모세가 여호수아를 불러 온 이스
라엘의 목전에서 그에게 이르되 너
는 강하고 담대하라 너는 이 백성
을 거느리고 여호와께서 그들의 조
상에게 주리라고 맹세하신 땅에 들
어가서 그들에게 그 땅을 차지하게
하라
8 그리하면 여호와 그가 네 앞에서
가시며 너와 함께 하사 너를 떠나지
아니하시며 버리지 아니하시리니
너는 두려워하지 말라 놀라지 말라

일곱 해마다 율법을 낭독하여 주라

9 또 모세가 이 율법을 써서 여호와의
언약궤를 메는 레위 자손 제사장들
과 이스라엘 모든 장로에게 주고
10 모세가 그들에게 명령하여 이르기
를 매 칠 년 끝 해 곧 면제년의 초
막절에
11 온 이스라엘이 네 하나님 여호와
앞 그가 택하신 곳에 모일 때에 이
율법을 낭독하여 온 이스라엘에게
듣게 할지니
12 곧 백성의 남녀와 어린이와 네 성

읍 안에 거류하는 타국인을 모으
고 그들에게 듣고 배우고 네 하나
님 여호와를 경외하며 이 율법의
모든 말씀을 지켜 행하게 하고
13 또 너희가 요단을 건너가서 차지할
땅에 거주할 동안에 이 말씀을 알
지 못하는 그들의 자녀에게 듣고
네 하나님 여호와 경외하기를 배우
게 할지니라

여호와께서 모세에게 하신 마지막 지시

14 여호와께서 모세에게 이르시되 네
가 죽을 기한이 가까웠으니 여호수
아를 불러서 함께 회막으로 나아
오라 내가 그에게 명령을 내리리라
모세와 여호수아가 나아가서 회막
에 서니
15 여호와께서 구름 기둥 가운데에서
장막에 나타나시고 구름 기둥은
장막 문 위에 머물러 있더라
16 또 여호와께서 모세에게 이르시되
너는 네 조상과 함께 누우려니와
이 백성은 그 땅으로 들어가 음란
히 그 땅의 이방 신들을 따르며 일
어날 것이요 나를 버리고 내가 그
들과 맺은 언약을 어길 것이라
17 내가 그들에게 진노하여 그들을 버
리며 내 얼굴을 숨겨 그들에게 보
이지 않게 할 것인즉 그들이 삼킴
을 당하여 허다한 재앙과 환난이
그들에게 임할 그 때에 그들이 말
하기를 이 재앙이 우리에게 내림은
우리 하나님이 우리 가운데에 계시
지 않은 까닭이 아니냐 할 것이라
18 또 그들이 돌이켜 다른 신들을 따
르는 모든 악행으로 말미암아 내가
그 때에 반드시 내 얼굴을 숨기리라
19 그러므로 이제 너희는 이 노래를
써서 이스라엘 자손들에게 가르쳐
그들의 입으로 부르게 하여 이 노
래로 나를 위하여 이스라엘 자손
들에게 증거가 되게 하라
20 내가 그들의 조상들에게 맹세한 바
젖과 꿀이 흐르는 땅으로 그들을
인도하여 들인 후에 그들이 먹어
배부르고 살찌면 돌이켜 다른 신
들을 섬기며 나를 멸시하여 내 언
약을 어기리니

21 그들이 수많은 재앙과 환난을 당할
때에 그들의 자손이 부르기를 잊지
아니한 이 노래가 그들 앞에 증인
처럼 되리라 나는 내가 맹세한 땅
으로 그들을 인도하여 들이기 전
오늘 나는 그들이 생각하는 바를
아노라
22 그러므로 모세가 그 날 이 노래를
써서 이스라엘 자손들에게 가르쳤
더라
23 여호와께서 또 눈의 아들 여호수
아에게 명령하여 이르시되 너는 이
스라엘 자손들을 인도하여 내가
그들에게 맹세한 땅으로 들어가게
하리니 강하고 담대하라 내가 너와
함께 하리라 하시니라
24 모세가 이 율법의 말씀을 다 책에
써서 마친 후에
25 모세가 여호와의 언약궤를 메는 레
위 사람에게 명령하여 이르되
26 이 율법책을 가져다가 너희 하나님
여호와의 언약궤 곁에 두어 너희에
게 증거가 되게 하라
27 내가 너희의 반역함과 목이 곧은
것을 아나니 오늘 내가 살아서 너
희와 함께 있어도 너희가 여호와를
거역하였거든 하물며 내가 죽은 후
의 일이랴
28 너희 지파 모든 장로와 관리들을
내 앞에 모으라 내가 이 말씀을 그
들의 귀에 들려주고 그들에게 하늘
과 땅을 증거로 삼으리라
29 내가 알거니와 내가 죽은 후에 너희
가 스스로 부패하여 내가 너희에게
명령한 길을 떠나 여호와의 목전에
악을 행하여 너희의 손으로 하는
일로 그를 격노하게 하므로 너희가
후일에 재앙을 당하리라 하니라

모세의 노래

30 그리고 모세가 이스라엘 총회에 이
노래의 말씀을 끝까지 읽어 들리니
라

32 하늘이여 귀를 기울이라 내
가 말하리라 땅은 내 입의
말을 들을지어다
2 내 교훈은 비처럼 내리고 내 말
은 이슬처럼 맺히나니 연한 풀
위의 가는 비 같고 채소 위의 단

비 같도다

3 내가 여호와의 이름을 전파하리니 너희는 우리 하나님께 위엄을 돌릴지어다

4 그는 반석이시니 그가 하신 일이 완전하고 그의 모든 길이 정의롭고 진실하고 거짓이 없으신 하나님이시니 공의로우시고 바르시도다

5 그들이 여호와를 향하여 악을 행하니 하나님의 자녀가 아니요 흠이 있고 삐뚤어진 세대로다

6 어리석고 지혜 없는 백성아 여호와께 이같이 보답하느냐 그는 네 아버지시요 너를 지으신 이가 아니시냐 그가 너를 만드시고 너를 세우셨도다

7 옛날을 기억하라 역대의 연대를 생각하라 네 아버지에게 물으라 그가 네게 설명할 것이요 네 어른들에게 물으라 그들이 네게 말하리로다

8 지극히 높으신 자가 민족들에게 기업을 주실 때에, 인종을 나누실 때에 이스라엘 자손의 수효대로 백성들의 경계를 정하셨도다

9 여호와의 분깃은 자기 백성이라 야곱은 그가 택하신 기업이로다

10 여호와께서 그를 황무지에서, 짐승이 부르짖는 광야에서 만나시고 호위하시며 보호하시며 자기의 눈동자 같이 지키셨도다

11 마치 독수리가 자기의 보금자리를 어지럽게 하며 자기의 새끼 위에 너풀거리며 그의 날개를 펴서 새끼를 받으며 그의 날개 위에 그것을 업는 것 같이

12 여호와께서 홀로 그를 인도하셨고 그와 함께 한 다른 신이 없었도다

13 여호와께서 그가 땅의 높은 곳을 타고 다니게 하시며 밭의 소산을 먹게 하시며 반석에서 꿀을, 굳은 반석에서 기름을 빨게 하시며

14 소의 엉긴 젖과 양의 젖과 어린 양의 기름과 바산에서 난 숫양과 염소와 지극히 아름다운 밀

을 먹이시며 또 포도즙의 붉은
술을 마시게 하셨도다
15 그런데 여수룬이 기름지매 발로
찼도다 네가 살찌고 비대하고 윤
택하매 자기를 지으신 하나님을
버리고 자기를 구원하신 반석을
업신여겼도다
16 그들이 다른 신으로 그의 질투
를 일으키며 가증한 것으로 그
의 진노를 격발하였도다
17 그들은 하나님께 제사하지 아니
하고 귀신들에게 하였으니 곧 그
들이 알지 못하던 신들, 근래에
들어온 새로운 신들 너희의 조상
들이 두려워하지 아니하던 것들
이로다
18 너를 낳은 반석을 네가 상관하지
아니하고 너를 내신 하나님을 네
가 잊었도다
19 그러므로 여호와께서 보시고 미
워하셨으니 그 자녀가 그를 격노
하게 한 까닭이로다
20 그가 말씀하시기를 내가 내 얼굴
을 그들에게서 숨겨 그들의 종말
이 어떠함을 보리니 그들은 심히
패역한 세대요 진실이 없는 자녀
임이로다
21 그들이 하나님이 아닌 것으로 내
질투를 일으키며 허무한 것으로
내 진노를 일으켰으니 나도 백성
이 아닌 자로 그들에게 시기가
나게 하며 어리석은 민족으로 그
들의 분노를 일으키리로다
22 그러므로 내 분노의 불이 일어나
서 스올의 깊은 곳까지 불사르며
땅과 그 소산을 삼키며 산들의
터도 불타게 하는도다
23 내가 재앙을 그들 위에 쌓으며
내 화살이 다할 때까지 그들을
쏘리로다
24 그들이 주리므로 쇠약하며 불
같은 더위와 독한 질병에 삼켜질
것이라 내가 들짐승의 이와 티끌
에 기는 것의 독을 그들에게 보
내리로다
25 밖으로는 칼에, 방 안에서는 놀
람에 멸망하리니 젊은 남자도 처
녀도 백발 노인과 함께 젖 먹는

15

16

17

18

19

20

21

22

23

24

25

아이까지 그러하리로다
26 내가 그들을 흩어서 사람들 사
이에서 그들에 대한 기억이 끊어
지게 하리라 하였으나
27 혹시 내가 원수를 자극하여 그
들의 원수가 잘못 생각할까 걱정
하였으니 원수들이 말하기를 우
리의 수단이 높으며 여호와가 이
모든 것을 행함이 아니라 할까
염려함이라
28 그들은 모략이 없는 민족이라 그
들 중에 분별력이 없도다
29 만일 그들이 지혜가 있어 이것을
깨달았으면 자기들의 종말을 분
별하였으리라
30 그들의 반석이 그들을 팔지 아니
하였고 여호와께서 그들을 내주
지 아니하셨더라면 어찌 하나가
천을 쫓으며 둘이 만을 도망하
게 하였으리요
31 진실로 그들의 반석이 우리의 반
석과 같지 아니하니 우리의 원수
들이 스스로 판단하도다
32 이는 그들의 포도나무는 소돔의
포도나무요 고모라의 밭의 소산
이라 그들의 포도는 독이 든 포
도이니 그 송이는 쓰며
33 그들의 포도주는 뱀의 독이요
독사의 맹독이라
34 이것이 내게 쌓여 있고 내 곳간
에 봉하여 있지 아니한가
35 그들이 실족할 그 때에 내가 보
복하리라 그들의 환난 날이 가
까우니 그들에게 닥칠 그 일이
속히 오리로다
36 참으로 여호와께서 자기 백성을
판단하시고 그 종들을 불쌍히
여기시리니 곧 그들의 무력함과
갇힌 자나 놓인 자가 없음을 보
시는 때에로다
37 또한 그가 말씀하시기를 그들의
신들이 어디 있으며 그들이 피하
던 반석이 어디 있느냐
38 그들의 제물의 기름을 먹고 그들
의 전제의 제물인 포도주를 마시
던 자들이 일어나 너희를 돕게
하고 너희를 위해 피난처가 되게
하라

39 이제는 나 곧 내가 그인 줄 알라 나 외에는 신이 없도다 나는 죽이기도 하며 살리기도 하며 상하게도 하며 낫게도 하나니 내 손에서 능히 빼앗을 자가 없도다

40 이는 내가 하늘을 향하여 내 손을 들고 말하기를 내가 영원히 살리라 하였노라

41 내가 내 번쩍이는 칼을 갈며 내 손이 정의를 붙들고 내 대적들에게 복수하며 나를 미워하는 자들에게 보응할 것이라

42 내 화살이 피에 취하게 하고 내 칼이 그 고기를 삼키게 하리니 곧 피살자와 포로된 자의 피요 대적의 우두머리의 머리로다

43 너희 민족들아 주의 백성과 즐거워하라 주께서 그 종들의 피를 갚으사 그 대적들에게 복수하시고 자기 땅과 자기 백성을 위하여 속죄하시리로다

44 모세와 눈의 아들 호세아가 와서 이 노래의 모든 말씀을 백성에게 말하여 들리니라

45 모세가 이 모든 말씀을 온 이스라엘에게 말하기를 마치고

46 그들에게 이르되 내가 오늘 너희에게 증언한 모든 말을 너희의 마음에 두고 너희의 자녀에게 명령하여 이 율법의 모든 말씀을 지켜 행하게 하라

47 이는 너희에게 헛된 일이 아니라 너희의 생명이니 이 일로 말미암아 너희가 요단을 건너가 차지할 그 땅에서 너희의 날이 장구하리라

48 바로 그 날에 여호와께서 모세에게 말씀하여 이르시되

49 너는 여리고 맞은편 모압 땅에 있는 아바림 산에 올라가 느보 산에 이르러 내가 이스라엘 자손에게 기업으로 주는 가나안 땅을 바라보라

50 네 형 아론이 호르 산에서 죽어 그의 조상에게로 돌아간 것 같이 너도 올라가는 이 산에서 죽어 네 조상에게로 돌아가리니

51 이는 너희가 신 광야 가데스의 므리바 물 가에서 이스라엘 자손 중

내게 범죄하여 내 거룩함을 이스라
엘 자손 중에서 나타내지 아니한
까닭이라
52 네가 비록 내가 이스라엘 자손에게
주는 땅을 맞은편에서 바라보기는
하려니와 그리로 들어가지는 못하
리라 하시니라

모세의 축복

33 하나님의 사람 모세가 죽기
전에 이스라엘 자손을 위
하여 축복함이 이러하니라
2 그가 일렀으되
여호와께서 시내 산에서 오시고
세일 산에서 일어나시고 바란 산
에서 비추시고 일만 성도 가운데
에 강림하셨고 그의 오른손에는
그들을 위해 번쩍이는 불이 있도
다
3 여호와께서 백성을 사랑하시나
니 모든 성도가 그의 수중에 있
으며 주의 발 아래에 앉아서 주
의 말씀을 받는도다
4 모세가 우리에게 율법을 명령하
였으니 곧 야곱의 총회의 기업이
로다
5 여수룬에 왕이 있었으니 곧 백성
의 수령이 모이고 이스라엘 모든
지파가 함께 한 때에로다
6 르우벤은 죽지 아니하고 살기를
원하며 그 사람 수가 적지 아니
하기를 원하나이다
7 유다에 대한 축복은 이러하니라 일
렀으되
여호와여 유다의 음성을 들으시
고 그의 백성에게로 인도하시오
며 그의 손으로 자기를 위하여
싸우게 하시고 주께서 도우사 그
가 그 대적을 치게 하시기를 원
하나이다
8 레위에 대하여는 일렀으되
주의 둠밈과 우림이 주의 경건한
자에게 있도다 주께서 그를 맛사
에서 시험하시고 므리바 물 가에
서 그와 다투셨도다
9 그는 그의 부모에게 대하여 이르
기를 내가 그들을 보지 못하였
다 하며 그의 형제들을 인정하지
아니하며 그의 자녀를 알지 아니

한 것은 주의 말씀을 준행하고
주의 언약을 지킴으로 말미암음
이로다
10 주의 법도를 야곱에게, 주의 율
법을 이스라엘에게 가르치며 주
앞에 분향하고 온전한 번제를
주의 제단 위에 드리리로다
11 여호와여 그의 재산을 풍족하게
하시고 그의 손의 일을 받으소
서 그를 대적하여 일어나는 자
와 미워하는 자의 허리를 꺾으
사 다시 일어나지 못하게 하옵
소서
12 베냐민에 대하여는 일렀으되
여호와의 사랑을 입은 자는 그
곁에 안전히 살리로다 여호와께
서 그를 날이 마치도록 보호하시
고 그를 자기 어깨 사이에 있게
하시리로다
13 요셉에 대하여는 일렀으되
원하건대 그 땅이 여호와께 복
을 받아 하늘의 보물인 이슬과
땅 아래에 저장한 물과
14 태양이 결실하게 하는 선물과 태
음이 자라게 하는 선물과
15 옛 산의 좋은 산물과 영원한 작
은 언덕의 선물과
16 땅의 선물과 거기 충만한 것과
가시떨기나무 가운데에 계시던
이의 은혜로 말미암아 복이 요
셉의 머리에, 그의 형제 중 구별
한 자의 정수리에 임할지로다
17 그는 첫 수송아지 같이 위엄이
있으니 그 뿔이 들소의 뿔 같도
다 이것으로 민족들을 받아 땅
끝까지 이르리니 곧 에브라임의
자손은 만만이요 므낫세의 자손
은 천천이리로다
18 스불론에 대하여는 일렀으되
스불론이여 너는 밖으로 나감을
기뻐하라 잇사갈이여 너는 장막
에 있음을 즐거워하라
19 그들이 백성들을 불러 산에 이
르게 하고 거기에서 의로운 제사
를 드릴 것이며 바다의 풍부한
것과 모래에 감추어진 보배를 흡
수하리로다
20 갓에 대하여는 일렀으되

갓을 광대하게 하시는 이에게 찬
송을 부를지어다 갓이 암사자 같
이 엎드리고 팔과 정수리를 찢는
도다
21 그가 자기를 위하여 먼저 기업을
택하였으니 곧 입법자의 분깃으
로 준비된 것이로다 그가 백성의
수령들과 함께 와서 여호와의 공
의와 이스라엘과 세우신 법도를
행하도다
22 단에 대하여는 일렀으되
단은 바산에서 뛰어나오는 사자
의 새끼로다
23 납달리에 대하여는 일렀으되
은혜가 풍성하고 여호와의 복이
가득한 납달리여 너는 서쪽과
남쪽을 차지할지로다
24 아셀에 대하여는 일렀으되
아셀은 아들들 중에 더 복을 받
으며 그의 형제에게 기쁨이 되며
그의 발이 기름에 잠길지로다
25 네 문빗장은 철과 놋이 될 것이
니 네가 사는 날을 따라서 능력
이 있으리로다
26 여수룬이여 하나님 같은 이가 없
도다 그가 너를 도우시려고 하
늘을 타고 궁창에서 위엄을 나타
내시는도다
27 영원하신 하나님이 네 처소가
되시니 그의 영원하신 팔이 네
아래에 있도다 그가 네 앞에서
대적을 쫓으시며 멸하라 하시도
다
28 이스라엘이 안전히 거하며 야곱
의 샘은 곡식과 새 포도주의 땅
에 홀로 있나니 곧 그의 하늘이
이슬을 내리는 곳에로다
29 이스라엘이여 너는 행복한 사람
이로다 여호와의 구원을 너 같
이 얻은 백성이 누구냐 그는 너
를 돕는 방패시요 네 영광의 칼
이시로다 네 대적이 네게 복종하
리니 네가 그들의 높은 곳을 밟
으리로다

모세의 죽음

34 모세가 모압 평지에서 느
보 산에 올라가 여리고 맞
은편 비스가 산꼭대기에 이르매 여

21
22
23
24
25
26
27
28
29
34

호와께서 길르앗 온 땅을 단까지
보이시고
2 또 온 납달리와 에브라임과 므낫세
의 땅과 서해까지의 유다 온 땅과
3 네겝과 종려나무의 성읍 여리고 골
짜기 평지를 소알까지 보이시고
4 여호와께서 그에게 이르시되 이는
내가 아브라함과 이삭과 야곱에게
맹세하여 그의 후손에게 주리라 한
땅이라 내가 네 눈으로 보게 하였
거니와 너는 그리로 건너가지 못하
리라 하시매
5 이에 여호와의 종 모세가 여호와의
말씀대로 모압 땅에서 죽어
6 벳브올 맞은편 모압 땅에 있는 골
짜기에 장사되었고 오늘까지 그의
묻힌 곳을 아는 자가 없느니라
7 모세가 죽을 때 나이 백이십 세였
으나 그의 눈이 흐리지 아니하였고
기력이 쇠하지 아니하였더라
8 이스라엘 자손이 모압 평지에서 모
세를 위하여 애곡하는 기간이 끝
나도록 모세를 위하여 삼십 일을
애곡하니라
9 모세가 눈의 아들 여호수아에게
안수하였으므로 그에게 지혜의 영
이 충만하니 이스라엘 자손이 여
호와께서 모세에게 명령하신 대로
여호수아의 말을 순종하였더라
10 그 후에는 이스라엘에 모세와 같
은 선지자가 일어나지 못하였나니
모세는 여호와께서 대면하여 아시
던 자요
11 여호와께서 그를 애굽 땅에 보내사
바로와 그의 모든 신하와 그의 온
땅에 모든 이적과 기사와
12 모든 큰 권능과 위엄을 행하게 하
시매 온 이스라엘의 목전에서 그것
을 행한 자이더라

2

3

4

5

6

7

8

9

10

11

12

여호와께서 여호수아에게 말씀하시다

1 여호와의 종 모세가 죽은 후에
여호와께서 모세의 수종자 눈
의 아들 여호수아에게 말씀하여
이르시되
2 내 종 모세가 죽었으니 이제 너는
이 모든 백성과 더불어 일어나 이
요단을 건너 내가 그들 곧 이스라
엘 자손에게 주는 그 땅으로 가라
3 내가 모세에게 말한 바와 같이 너
희 발바닥으로 밟는 곳은 모두 내
가 너희에게 주었노니
4 곧 광야와 이 레바논에서부터 큰
강 곧 유브라데 강까지 헷 족속의
온 땅과 또 해 지는 쪽 대해까지 너
희의 영토가 되리라
5 네 평생에 너를 능히 대적할 자가
없으리니 내가 모세와 함께 있었던
것 같이 너와 함께 있을 것임이니
라 내가 너를 떠나지 아니하며 버
리지 아니하리니
6 강하고 담대하라 너는 내가 그들의
조상에게 맹세하여 그들에게 주리
라 한 땅을 이 백성에게 차지하게
하리라
7 오직 강하고 극히 담대하여 나의
종 모세가 네게 명령한 그 율법을
다 지켜 행하고 우로나 좌로나 치
우치지 말라 그리하면 어디로 가든
지 형통하리니
8 이 율법책을 네 입에서 떠나지 말
게 하며 주야로 그것을 묵상하여
그 안에 기록된 대로 다 지켜 행하
라 그리하면 네 길이 평탄하게 될
것이며 네가 형통하리라
9 내가 네게 명령한 것이 아니냐 강
하고 담대하라 두려워하지 말며 놀
라지 말라 네가 어디로 가든지 네
하나님 여호와가 너와 함께 하느니
라 하시니라

여호수아가 백성에게 명령을 내리다

10 이에 여호수아가 그 백성의 관리들
에게 명령하여 이르되
11 진중에 두루 다니며 그 백성에게

1
2
3
4
5
6
7
8
9
10
11

명령하여 이르기를 양식을 준비하
라 사흘 안에 너희가 이 요단을 건
너 너희의 하나님 여호와께서 너희
에게 주사 차지하게 하시는 땅을
차지하기 위하여 들어갈 것임이니
라 하라
12 여호수아가 또 르우벤 지파와 갓
지파와 므낫세 반 지파에게 말하
여 이르되
13 여호와의 종 모세가 너희에게 명령
하여 이르기를 너희의 하나님 여호
와께서 너희에게 안식을 주시며 이
땅을 너희에게 주시리라 하였나니
너희는 그 말을 기억하라
14 너희의 처자와 가축은 모세가 너희
에게 준 요단 이쪽 땅에 머무르려
니와 너희 모든 용사들은 무장하
고 너희의 형제보다 앞서 건너가서
그들을 돕되
15 여호와께서 너희를 안식하게 하신
것 같이 너희의 형제도 안식하며
그들도 너희의 하나님 여호와께서
주시는 그 땅을 차지하기까지 하라
그리고 너희는 너희 소유지 곧 여
호와의 종 모세가 너희에게 준 요
단 이쪽 해 돋는 곳으로 돌아와서
그것을 차지할지니라
16 그들이 여호수아에게 대답하여 이
르되 당신이 우리에게 명령하신 것
은 우리가 다 행할 것이요 당신이
우리를 보내시는 곳에는 우리가 가
리이다
17 우리는 범사에 모세에게 순종한
것 같이 당신에게 순종하려니와 오
직 당신의 하나님 여호와께서 모세
와 함께 계시던 것 같이 당신과 함
께 계시기를 원하나이다
18 누구든지 당신의 명령을 거역하며
당신의 말씀을 순종하지 아니하는
자는 죽임을 당하리니 오직 강하
고 담대하소서

여호수아가 여리고에 정탐꾼을 보내다

2 눈의 아들 여호수아가 싯딤에
서 두 사람을 정탐꾼으로 보내
며 이르되 가서 그 땅과 여리고를
엿보라 하매 그들이 가서 라합이라
하는 기생의 집에 들어가 거기서

12

13

14

15

16

17

18

2

유숙하더니
2 어떤 사람이 여리고 왕에게 말하
여 이르되 보소서 이 밤에 이스라
엘 자손 중의 몇 사람이 이 땅을
정탐하러 이리로 들어왔나이다
3 여리고 왕이 라합에게 사람을 보내
어 이르되 네게로 와서 네 집에 들
어간 그 사람들을 끌어내라 그들
은 이 온 땅을 정탐하러 왔느니라
4 그 여인이 그 두 사람을 이미 숨긴
지라 이르되 과연 그 사람들이 내
게 왔었으나 그들이 어디에서 왔는
지 나는 알지 못하였고
5 그 사람들이 어두워 성문을 닫을
때쯤 되어 나갔으니 어디로 갔는지
내가 알지 못하나 급히 따라가라
그리하면 그들을 따라잡으리라 하
였으나
6 그가 이미 그들을 이끌고 지붕에
올라가서 그 지붕에 벌여 놓은 삼
대에 숨겼더라
7 그 사람들은 요단 나루터까지 그들
을 좇아갔고 그들을 뒤쫓는 자들
이 나가자 곧 성문을 닫았더라
8 또 그들이 눕기 전에 라합이 지붕
에 올라가서 그들에게 이르러
9 말하되 여호와께서 이 땅을 너희에
게 주신 줄을 내가 아노라 우리가
너희를 심히 두려워하고 이 땅 주
민들이 다 너희 앞에서 간담이 녹
나니
10 이는 너희가 애굽에서 나올 때에
여호와께서 너희 앞에서 홍해 물
을 마르게 하신 일과 너희가 요단
저쪽에 있는 아모리 사람의 두 왕
시혼과 옥에게 행한 일 곧 그들을
전멸시킨 일을 우리가 들었음이니
라
11 우리가 듣자 곧 마음이 녹았고 너
희로 말미암아 사람이 정신을 잃었
나니 너희의 하나님 여호와는 위로
는 하늘에서도 아래로는 땅에서도
하나님이시니라
12 그러므로 이제 청하노니 내가 너희
를 선대하였은즉 너희도 내 아버지
의 집을 선대하도록 여호와로 내게
맹세하고 내게 증표를 내라
13 그리고 나의 부모와 나의 남녀 형

2
3
4
5
6
7
8
9
10
11
12
13

제와 그들에게 속한 모든 사람을
살려 주어 우리 목숨을 죽음에서
건져내라
14 그 사람들이 그에게 이르되 네가
우리의 이 일을 누설하지 아니하면
우리의 목숨으로 너희를 대신할 것
이요 여호와께서 우리에게 이 땅을
주실 때에는 인자하고 진실하게 너
를 대우하리라
15 라합이 그들을 창문에서 줄로 달
아 내리니 그의 집이 성벽 위에 있
으므로 그가 성벽 위에 거주하였
음이라
16 라합이 그들에게 이르되 두렵건대
뒤쫓는 사람들이 너희와 마주칠까
하노니 너희는 산으로 가서 거기서
사흘 동안 숨어 있다가 뒤쫓는 자
들이 돌아간 후에 너희의 길을 갈
지니라
17 그 사람들이 그에게 이르되 네가
우리에게 서약하게 한 이 맹세에
대하여 우리가 허물이 없게 하리
니
18 우리가 이 땅에 들어올 때에 우리
를 달아 내린 창문에 이 붉은 줄을
매고 네 부모와 형제와 네 아버지
의 가족을 다 네 집에 모으라
19 누구든지 네 집 문을 나가서 거리
로 가면 그의 피가 그의 머리로 돌
아갈 것이요 우리는 허물이 없으리
라 그러나 누구든지 너와 함께 집
에 있는 자에게 손을 대면 그의 피
는 우리의 머리로 돌아오려니와
20 네가 우리의 이 일을 누설하면 네
가 우리에게 서약하게 한 맹세에
대하여 우리에게 허물이 없으리라
하니
21 라합이 이르되 너희의 말대로 할
것이라 하고 그들을 보내어 가게
하고 붉은 줄을 창문에 매니라
22 그들이 가서 산에 이르러 뒤쫓는
자들이 돌아가기까지 사흘을 거기
머물매 뒤쫓는 자들이 그들을 길
에서 두루 찾다가 찾지 못하니라
23 그 두 사람이 돌이켜 산에서 내려
와 강을 건너 눈의 아들 여호수아
에게 나아가서 그들이 겪은 모든
일을 고하고

14

15

16

17

18

19

20

21

22

23

24 또 여호수아에게 이르되 진실로 여
호와께서 그 온 땅을 우리 손에 주
셨으므로 그 땅의 모든 주민이 우
리 앞에서 간담이 녹더이다 하더라

이스라엘 백성이 요단을 건너다

3 또 여호수아가 아침에 일찍이
일어나서 그와 모든 이스라엘
자손들과 더불어 싯딤에서 떠나 요
단에 이르러 건너가기 전에 거기서
유숙하니라
2 사흘 후에 관리들이 진중으로 두
루 다니며
3 백성에게 명령하여 이르되 너희는
레위 사람 제사장들이 너희 하나
님 여호와의 언약궤 메는 것을 보
거든 너희가 있는 곳을 떠나 그 뒤
를 따르라
4 그러나 너희와 그 사이 거리가 이
천 규빗쯤 되게 하고 그것에 가까
이 하지는 말라 그리하면 너희가
행할 길을 알리니 너희가 이전에
이 길을 지나보지 못하였음이니라
하니라
5 여호수아가 또 백성에게 이르되 너
희는 자신을 성결하게 하라 여호와
께서 내일 너희 가운데에 기이한
일들을 행하시리라
6 여호수아가 또 제사장들에게 말하
여 이르되 언약궤를 메고 백성에
앞서 건너라 하매 곧 언약궤를 메
고 백성에 앞서 나아가니라
7 여호와께서 여호수아에게 이르시
되 내가 오늘부터 시작하여 너를
온 이스라엘의 목전에서 크게 하
여 내가 모세와 함께 있었던 것 같
이 너와 함께 있는 것을 그들이 알
게 하리라
8 너는 언약궤를 멘 제사장들에게 명
령하여 이르기를 너희가 요단 물 가
에 이르거든 요단에 들어서라 하라
9 여호수아가 이스라엘 자손에게 이
르되 이리 와서 너희의 하나님 여
호와의 말씀을 들으라 하고
10 또 말하되 살아 계신 하나님이 너
희 가운데에 계시사 가나안 족속
과 헷 족속과 히위 족속과 브리스
족속과 기르가스 족속과 아모리
족속과 여부스 족속을 너희 앞에

24

3

2
3

4

5

6

7

8

9

10

서 반드시 쫓아내실 줄을 이것으
로서 너희가 알리라
11 보라 온 땅의 주의 언약궤가 너희
앞에서 요단을 건너가나니
12 이제 이스라엘 지파 중에서 각 지
파에 한 사람씩 열두 명을 택하라
13 온 땅의 주 여호와의 궤를 멘 제사
장들의 발바닥이 요단 물을 밟고
멈추면 요단 물 곧 위에서부터 흘
러내리던 물이 끊어지고 한 곳에
쌓여 서리라
14 백성이 요단을 건너려고 자기들의
장막을 떠날 때에 제사장들은 언
약궤를 메고 백성 앞에서 나아가니
라
15 요단이 곡식 거두는 시기에는 항상
언덕에 넘치더라 궤를 멘 자들이
요단에 이르며 궤를 멘 제사장들의
발이 물 가에 잠기자
16 곧 위에서부터 흘러내리던 물이 그
쳐서 사르단에 가까운 매우 멀리
있는 아담 성읍 변두리에 일어나
한 곳에 쌓이고 아라바의 바다 염
해로 향하여 흘러가는 물은 온전
히 끊어지매 백성이 여리고 앞으로
바로 건널새
17 여호와의 언약궤를 멘 제사장들은
요단 가운데 마른 땅에 굳게 섰고
그 모든 백성이 요단을 건너기를
마칠 때까지 모든 이스라엘은 그
마른 땅으로 건너갔더라

길갈에 세운 열두 돌

4 그 모든 백성이 요단을 건너가
기를 마치매 여호와께서 여호수
아에게 말씀하여 이르시되
2 백성의 각 지파에 한 사람씩 열두
사람을 택하고
3 그들에게 명령하여 이르기를 요단
가운데 제사장들의 발이 굳게 선
그 곳에서 돌 열둘을 택하여 그것
을 가져다가 오늘 밤 너희가 유숙
할 그 곳에 두게 하라 하시니라
4 여호수아가 이스라엘 자손 중에서
각 지파에 한 사람씩 준비한 그 열
두 사람을 불러
5 그들에게 이르되 요단 가운데로 들
어가 너희 하나님 여호와의 궤 앞
으로 가서 이스라엘 자손들의 지

11
12
13
14
15
16
17
4
2
3
4
5

파 수대로 각기 돌 한 개씩 가져다
가 어깨에 메라
6 이것이 너희 중에 표징이 되리라 후
일에 너희의 자손들이 물어 이르
되 이 돌들은 무슨 뜻이냐 하거든
7 그들에게 이르기를 요단 물이 여호
와의 언약궤 앞에서 끊어졌나니 곧
언약궤가 요단을 건널 때에 요단
물이 끊어졌으므로 이 돌들이 이
스라엘 자손에게 영원히 기념이 되
리라 하라 하니라
8 이스라엘 자손들이 여호수아가 명
령한 대로 행하되 여호와께서 여호
수아에게 이르신 대로 이스라엘
자손들의 지파의 수를 따라 요단
가운데에서 돌 열둘을 택하여 자기
들이 유숙할 곳으로 가져다가 거기
에 두었더라
9 여호수아가 또 요단 가운데 곧 언
약궤를 멘 제사장들의 발이 선 곳
에 돌 열둘을 세웠더니 오늘까지
거기에 있더라
10 또 여호와께서 여호수아에게 명령
하사 백성에게 말하게 하신 일 곧
모세가 여호수아에게 명령한 일이
다 마치기까지 궤를 멘 제사장들이
요단 가운데에 서 있고 백성은 속
히 건넜으며
11 모든 백성이 건너기를 마친 후에
여호와의 궤와 제사장들이 백성의
목전에서 건넜으며
12 르우벤 자손과 갓 자손과 므낫세
반 지파는 모세가 그들에게 이른
것 같이 무장하고 이스라엘 자손
들보다 앞서 건너갔으니
13 무장한 사만 명 가량이 여호와 앞
에서 건너가 싸우려고 여리고 평지
에 이르니라
14 그 날에 여호와께서 모든 이스라엘
의 목전에서 여호수아를 크게 하시
매 그가 생존한 날 동안에 백성이
그를 두려워하기를 모세를 두려워
하던 것 같이 하였더라
15 여호와께서 여호수아에게 말씀하
여 이르시되
16 증거궤를 멘 제사장들에게 명령하
여 요단에서 올라오게 하라 하신지
라

6

7

8

9

10

11

12

13

14

15

16

17 여호수아가 제사장들에게 명령하여 이르기를 요단에서 올라오라 하매

18 여호와의 언약궤를 멘 제사장들이 요단 가운데에서 나오며 그 발바닥으로 육지를 밟는 동시에 요단 물이 본 곳으로 도로 흘러서 전과 같이 언덕에 넘쳤더라

19 첫째 달 십일에 백성이 요단에서 올라와 여리고 동쪽 경계 길갈에 진 치매

20 여호수아가 요단에서 가져온 그 열두 돌을 길갈에 세우고

21 이스라엘 자손들에게 말하여 이르되 후일에 너희의 자손들이 그들의 아버지에게 묻기를 이 돌들은 무슨 뜻이니이까 하거든

22 너희는 너희의 자손들에게 알게 하여 이르기를 이스라엘이 마른 땅을 밟고 이 요단을 건넜음이라

23 너희의 하나님 여호와께서 요단 물을 너희 앞에서 마르게 하사 너희를 건너게 하신 것이 너희의 하나님 여호와께서 우리 앞에 홍해를 말리시고 우리를 건너게 하심과 같았나니

24 이는 땅의 모든 백성에게 여호와의 손이 강하신 것을 알게 하며 너희가 너희의 하나님 여호와를 항상 경외하게 하려 하심이라 하라

5 요단 서쪽의 아모리 사람의 모든 왕들과 해변의 가나안 사람의 모든 왕들이 여호와께서 요단 물을 이스라엘 자손들 앞에서 말리시고 우리를 건너게 하셨음을 듣고 마음이 녹았고 이스라엘 자손들 때문에 정신을 잃었더라

이스라엘이 길갈에서 할례를 받다

2 그 때에 여호와께서 여호수아에게 이르시되 너는 부싯돌로 칼을 만들어 이스라엘 자손들에게 다시 할례를 행하라 하시매

3 여호수아가 부싯돌로 칼을 만들어 할례 산에서 이스라엘 자손들에게 할례를 행하니라

4 여호수아가 할례를 시행한 까닭은 이것이니 애굽에서 나온 모든 백성 중 남자 곧 모든 군사는 애굽에서

나온 후 광야 길에서 죽었는데
5 그 나온 백성은 다 할례를 받았으나
다만 애굽에서 나온 후 광야 길에서
난 자는 할례를 받지 못하였음이라
6 이스라엘 자손들이 여호와의 음성
을 청종하지 아니하므로 여호와께
서 그들에게 대하여 맹세하사 그들
의 조상들에게 맹세하여 우리에게
주리라고 하신 땅 곧 젖과 꿀이 흐
르는 땅을 그들이 보지 못하게 하
리라 하시매 애굽에서 나온 족속
곧 군사들이 다 멸절하기까지 사십
년 동안을 광야에서 헤매었더니
7 그들의 대를 잇게 하신 이 자손에
게 여호수아가 할례를 행하였으니
길에서는 그들에게 할례를 행하지
못하였으므로 할례 없는 자가 되었
음이었더라
8 또 그 모든 백성에게 할례 행하기
를 마치매 백성이 진중 각 처소에
머물며 낫기를 기다릴 때에
9 여호와께서 여호수아에게 이르시
되 내가 오늘 애굽의 수치를 너희
에게서 떠나가게 하였다 하셨으므
로 그 곳 이름을 오늘까지 길갈이
라 하느니라
10 또 이스라엘 자손들이 길갈에 진
쳤고 그 달 십사일 저녁에는 여리
고 평지에서 유월절을 지켰으며
11 유월절 이튿날에 그 땅의 소산물
을 먹되 그 날에 무교병과 볶은 곡
식을 먹었더라
12 또 그 땅의 소산물을 먹은 다음 날
에 만나가 그쳤으니 이스라엘 사람
들이 다시는 만나를 얻지 못하였
고 그 해에 가나안 땅의 소출을 먹
었더라

칼을 든 여호와의 군대 대장

13 여호수아가 여리고에 가까이 이르
렀을 때에 눈을 들어 본즉 한 사람
이 칼을 빼어 손에 들고 마주 서 있
는지라 여호수아가 나아가서 그에
게 묻되 너는 우리를 위하느냐 우
리의 적들을 위하느냐 하니
14 그가 이르되 아니라 나는 여호와
의 군대 대장으로 지금 왔느니라
하는지라 여호수아가 얼굴을 땅에
대고 엎드려 절하고 그에게 이르되

내 주여 종에게 무슨 말씀을 하려
하시나이까
15 여호와의 군대 대장이 여호수아에
게 이르되 네 발에서 신을 벗으라
네가 선 곳은 거룩하니라 하니 여
호수아가 그대로 행하니라

여리고 성이 무너지다

6 이스라엘 자손들로 말미암아
여리고는 굳게 닫혔고 출입하는
자가 없더라
2 여호와께서 여호수아에게 이르시
되 보라 내가 여리고와 그 왕과 용
사들을 네 손에 넘겨 주었으니
3 너희 모든 군사는 그 성을 둘러 성
주위를 매일 한 번씩 돌되 엿새 동
안을 그리하라
4 제사장 일곱은 일곱 양각 나팔을 잡
고 언약궤 앞에서 나아갈 것이요 일
곱째 날에는 그 성을 일곱 번 돌며
그 제사장들은 나팔을 불 것이며
5 제사장들이 양각 나팔을 길게 불
어 그 나팔 소리가 너희에게 들릴
때에는 백성은 다 큰 소리로 외쳐
부를 것이라 그리하면 그 성벽이
무너져 내리리니 백성은 각기 앞으
로 올라갈지니라 하시매
6 눈의 아들 여호수아가 제사장들을
불러 그들에게 이르되 너희는 언약
궤를 메고 제사장 일곱은 양각 나
팔 일곱을 잡고 여호와의 궤 앞에
서 나아가라 하고
7 또 백성에게 이르되 나아가서 그
성을 돌되 무장한 자들이 여호와
의 궤 앞에서 나아갈지니라 하니라
8 여호수아가 백성에게 이르기를 마
치매 제사장 일곱은 양각 나팔 일
곱을 잡고 여호와 앞에서 나아가
며 나팔을 불고 여호와의 언약궤
는 그 뒤를 따르며
9 그 무장한 자들은 나팔 부는 제사
장들 앞에서 행진하며 후군은 궤
뒤를 따르고 제사장들은 나팔을
불며 행진하더라
10 여호수아가 백성에게 명령하여 이
르되 너희는 외치지 말며 너희 음
성을 들리게 하지 말며 너희 입에
서 아무 말도 내지 말라 그리하다
가 내가 너희에게 명령하여 외치라

하는 날에 외칠지니라 하고
11 여호와의 궤가 그 성을 한 번 돌게
하고 그들이 진영으로 들어와서 진
영에서 자니라
12 또 여호수아가 아침에 일찍이 일어
나니 제사장들이 여호와의 궤를
메고
13 제사장 일곱은 양각 나팔 일곱을
잡고 여호와의 궤 앞에서 계속 행
진하며 나팔을 불고 무장한 자들
은 그 앞에 행진하며 후군은 여호
와의 궤 뒤를 따르고 제사장들은
나팔을 불며 행진하니라
14 그 둘째 날에도 그 성을 한 번 돌고
진영으로 돌아오니라 엿새 동안을
이같이 행하니라
15 일곱째 날 새벽에 그들이 일찍이
일어나서 전과 같은 방식으로 그
성을 일곱 번 도니 그 성을 일곱 번
돌기는 그날 뿐이었더라
16 일곱 번째에 제사장들이 나팔을
불 때에 여호수아가 백성에게 이르
되 외치라 여호와께서 너희에게 이
성을 주셨느니라
17 이 성과 그 가운데에 있는 모든 것
은 여호와께 온전히 바치되 기생
라합과 그 집에 동거하는 자는 모
두 살려 주라 이는 우리가 보낸 사
자들을 그가 숨겨 주었음이니라
18 너희는 온전히 바치고 그 바친 것
중에서 어떤 것이든지 취하여 너희
가 이스라엘 진영으로 바치는 것이
되게 하여 고통을 당하게 되지 아
니하도록 오직 너희는 그 바친 물
건에 손대지 말라
19 은금과 동철 기구들은 다 여호와
께 구별될 것이니 그것을 여호와의
곳간에 들일지니라 하니라
20 이에 백성은 외치고 제사장들은
나팔을 불매 백성이 나팔 소리를
들을 때에 크게 소리 질러 외치니
성벽이 무너져 내린지라 백성이 각
기 앞으로 나아가 그 성에 들어가
서 그 성을 점령하고
21 그 성 안에 있는 모든 것을 온전히
바치되 남녀 노소와 소와 양과 나
귀를 칼날로 멸하니라
22 여호수아가 그 땅을 정탐한 두 사

람에게 이르되 그 기생의 집에 들
어가서 너희가 그 여인에게 맹세한
대로 그와 그에게 속한 모든 것을
이끌어 내라 하매 23
23 정탐한 젊은이들이 들어가서 라합
과 그의 부모와 그의 형제와 그에
게 속한 모든 것을 이끌어 내고 또
그의 친족도 다 이끌어 내어 그들
을 이스라엘의 진영 밖에 두고
24 무리가 그 성과 그 가운데에 있는 24
모든 것을 불로 사르고 은금과 동
철 기구는 여호와의 집 곳간에 두
었더라
25 여호수아가 기생 라합과 그의 아버 25
지의 가족과 그에게 속한 모든 것
을 살렸으므로 그가 오늘까지 이
스라엘 중에 거주하였으니 이는 여
호수아가 여리고를 정탐하려고 보
낸 사자들을 숨겼음이었더라
26 여호수아가 그 때에 맹세하게 하여 26
이르되 누구든지 일어나서 이 여리
고 성을 건축하는 자는 여호와 앞
에서 저주를 받을 것이라 그 기초
를 쌓을 때에 그의 맏아들을 잃을
것이요 그 문을 세울 때에 그의 막
내아들을 잃으리라 하였더라
27 여호와께서 여호수아와 함께 하시
니 여호수아의 소문이 그 온 땅에 27
퍼지니라

아간의 범죄

7 이스라엘 자손들이 온전히 바 7
친 물건으로 말미암아 범죄하
였으니 이는 유다 지파 세라의 증
손 삽디의 손자 갈미의 아들 아간
이 온전히 바친 물건을 가졌음이라
여호와께서 이스라엘 자손들에게
진노하시니라
2 여호수아가 여리고에서 사람을 벧엘 2
동쪽 벧아웬 곁에 있는 아이로 보내
며 그들에게 말하여 이르되 올라가
서 그 땅을 정탐하라 하매 그 사람
들이 올라가서 아이를 정탐하고
3 여호수아에게로 돌아와 그에게 이
르되 백성을 다 올라가게 하지 말 3
고 이삼천 명만 올라가서 아이를
치게 하소서 그들은 소수이니 모든
백성을 그리로 보내어 수고롭게 하
지 마소서 하므로

4 백성 중 삼천 명쯤 그리로 올라갔
다가 아이 사람 앞에서 도망하니
5 아이 사람이 그들을 삼십육 명쯤
쳐 죽이고 성문 앞에서부터 스바림
까지 쫓아가 내려가는 비탈에서 쳤
으므로 백성의 마음이 녹아 물 같
이 된지라
6 여호수아가 옷을 찢고 이스라엘 장
로들과 함께 여호와의 궤 앞에서
땅에 엎드려 머리에 티끌을 뒤집어
쓰고 저물도록 있다가
7 이르되 슬프도소이다 주 여호와여
어찌하여 이 백성을 인도하여 요단
을 건너게 하시고 우리를 아모리
사람의 손에 넘겨 멸망시키려 하셨
나이까 우리가 요단 저쪽을 만족하
게 여겨 거주하였더면 좋을 뻔하였
나이다
8 주여 이스라엘이 그의 원수들 앞
에서 돌아섰으니 내가 무슨 말을
하오리이까
9 가나안 사람과 이 땅의 모든 사람
들이 듣고 우리를 둘러싸고 우리
이름을 세상에서 끊으리니 주의 크
신 이름을 위하여 어떻게 하시려
하나이까 하니
10 여호와께서 여호수아에게 이르시
되 일어나라 어찌하여 이렇게 엎드
렸느냐
11 이스라엘이 범죄하여 내가 그들에
게 명령한 나의 언약을 어겼으며
또한 그들이 온전히 바친 물건을
가져가고 도둑질하며 속이고 그것
을 그들의 물건들 가운데에 두었느
니라
12 그러므로 이스라엘 자손들이 그들
의 원수 앞에 능히 맞서지 못하고
그 앞에서 돌아섰나니 이는 그들도
온전히 바친 것이 됨이라 그 온전
히 바친 물건을 너희 중에서 멸하
지 아니하면 내가 다시는 너희와
함께 있지 아니하리라
13 너는 일어나서 백성을 거룩하게 하
여 이르기를 너희는 내일을 위하여
스스로 거룩하게 하라 이스라엘의
하나님 여호와의 말씀에 이스라엘
아 너희 가운데에 온전히 바친 물
건이 있나니 너희가 그 온전히 바

친 물건을 너희 가운데에서 제하기
까지는 네 원수들 앞에 능히 맞서
지 못하리라
14 너희는 아침에 너희의 지파대로 가
까이 나아오라 여호와께 뽑히는
그 지파는 그 족속대로 가까이 나
아올 것이요 여호와께 뽑히는 족
속은 그 가족대로 가까이 나아올
것이요 여호와께 뽑히는 그 가족
은 그 남자들이 가까이 나아올 것
이며
15 온전히 바친 물건을 가진 자로 뽑
힌 자를 불사르되 그와 그의 모든
소유를 그리하라 이는 여호와의 언
약을 어기고 이스라엘 가운데에서
망령된 일을 행하였음이라 하셨다
하라
16 이에 여호수아가 아침 일찍이 일어
나서 이스라엘을 그의 지파대로 가
까이 나아오게 하였더니 유다 지파
가 뽑혔고
17 유다 족속을 가까이 나아오게 하
였더니 세라 족속이 뽑혔고 세라
족속의 각 남자를 가까이 나아오
게 하였더니 삽디가 뽑혔고
18 삽디의 가족 각 남자를 가까이 나
아오게 하였더니 유다 지파 세라의
증손이요 삽디의 손자요 갈미의
아들인 아간이 뽑혔더라
19 그러므로 여호수아가 아간에게 이
르되 내 아들아 청하노니 이스라엘
의 하나님 여호와께 영광을 돌려
그 앞에 자복하고 네가 행한 일을
내게 알게 하라 그 일을 내게 숨기
지 말라 하니
20 아간이 여호수아에게 대답하여 이
르되 참으로 나는 이스라엘의 하
나님 여호와께 범죄하여 이러이러
하게 행하였나이다
21 내가 노략한 물건 중에 시날 산의
아름다운 외투 한 벌과 은 이백 세
겔과 그 무게가 오십 세겔 되는 금
덩이 하나를 보고 탐내어 가졌나
이다 보소서 이제 그 물건들을 내
장막 가운데 땅 속에 감추었는데
은은 그 밑에 있나이다 하더라
22 이에 여호수아가 사자들을 보내매
그의 장막에 달려가 본즉 물건이

14

15

16

17

18

19

20

21

22

그의 장막 안에 감추어져 있는데
은은 그 밑에 있는지라
23 그들이 그것을 장막 가운데서 취
하여 여호수아와 이스라엘 모든
자손에게 가지고 오매 그들이 그것
을 여호와 앞에 쏟아 놓으니라
24 여호수아가 이스라엘 모든 사람과
더불어 세라의 아들 아간을 잡고
그 은과 그 외투와 그 금덩이와 그
의 아들들과 그의 딸들과 그의 소
들과 그의 나귀들과 그의 양들과
그의 장막과 그에게 속한 모든 것
을 이끌고 아골 골짜기로 가서
25 여호수아가 이르되 네가 어찌하여
우리를 괴롭게 하였느냐 여호와께
서 오늘 너를 괴롭게 하시리라 하
니 온 이스라엘이 그를 돌로 치고
물건들도 돌로 치고 불사르고
26 그 위에 돌 무더기를 크게 쌓았더
니 오늘까지 있더라 여호와께서 그
의 맹렬한 진노를 그치시니 그러므
로 그 곳 이름을 오늘까지 아골 골
짜기라 부르더라

아이 성을 점령하다

8 여호와께서 여호수아에게 이
르시되 두려워하지 말라 놀라
지 말라 군사를 다 거느리고 일어
나 아이로 올라가라 보라 내가 아
이 왕과 그의 백성과 그의 성읍과
그의 땅을 다 네 손에 넘겨 주었으
니
2 너는 여리고와 그 왕에게 행한 것
같이 아이와 그 왕에게 행하되 오
직 거기서 탈취할 물건과 가축은
스스로 가지라 너는 아이 성 뒤에
복병을 둘지니라 하시니
3 이에 여호수아가 일어나서 군사와
함께 아이로 올라가려 하여 용사
삼만 명을 뽑아 밤에 보내며
4 그들에게 명령하여 이르되 너희는
성읍 뒤로 가서 성읍을 향하여 매
복하되 그 성읍에서 너무 멀리 하
지 말고 다 스스로 준비하라
5 나와 나를 따르는 모든 백성은 다
성읍으로 가까이 가리니 그들이 처
음과 같이 우리에게로 쳐 올라올
것이라 그리 할 때에 우리가 그들
앞에서 도망하면

23
24
25
26
8
2
3
4
5

6 그들이 나와서 우리를 추격하며 이
르기를 그들이 처음과 같이 우리
앞에서 도망한다 하고 우리의 유인
을 받아 그 성읍에서 멀리 떠날 것
이라 우리가 그들 앞에서 도망하거
든
7 너희는 매복한 곳에서 일어나 그
성읍을 점령하라 너희 하나님 여호
와께서 그 성읍을 너희 손에 주시
리라
8 너희가 그 성읍을 취하거든 그것을
불살라 여호와의 말씀대로 행하라
보라 내가 너희에게 명령하였느니
라 하고
9 그들을 보내매 그들이 매복할 곳으
로 가서 아이 서쪽 벧엘과 아이 사
이에 매복하였고 여호수아는 그 밤
에 백성 가운데에서 잤더라
10 여호수아가 아침에 일찍이 일어나
백성을 점호하고 이스라엘 장로들
과 더불어 백성에 앞서 아이로 올
라가매
11 그와 함께 한 군사가 다 올라가서
그 성읍 앞에 가까이 이르러 아이
북쪽에 진 치니 그와 아이 사이에
는 한 골짜기가 있더라
12 그가 약 오천 명을 택하여 성읍 서
쪽 벧엘과 아이 사이에 매복시키
니
13 이와 같이 성읍 북쪽에는 온 군대
가 있고 성읍 서쪽에는 복병이 있
었더라 여호수아가 그 밤에 골짜기
가운데로 들어가니
14 아이 왕이 이를 보고 그 성읍 백성
과 함께 일찍이 일어나 급히 나가
아라바 앞에 이르러 정한 때에 이
스라엘과 싸우려 하나 성읍 뒤에
복병이 있는 줄은 알지 못하였더
라
15 여호수아와 온 이스라엘이 그들 앞
에서 거짓으로 패한 척하여 광야
길로 도망하매
16 그 성읍에 있는 모든 백성이 그들
을 추격하려고 모여 여호수아를 추
격하며 유인함을 받아 아이 성읍
을 멀리 떠나니
17 아이와 벧엘에 이스라엘을 따라가
지 아니한 자가 하나도 없으며 성

문을 열어 놓고 이스라엘을 추격하
였더라
18 여호와께서 여호수아에게 이르시
되 네 손에 잡은 단창을 들어 아이
를 가리키라 내가 이 성읍을 네 손
에 넘겨 주리라 여호수아가 그의
손에 잡은 단창을 들어 그 성읍을
가리키니
19 그의 손을 드는 순간에 복병이 그
들의 자리에서 급히 일어나 성읍으
로 달려 들어가서 점령하고 곧 성
읍에 불을 놓았더라
20 아이 사람이 뒤를 돌아본즉 그 성
읍에 연기가 하늘에 닿은 것이 보
이니 이 길로도 저 길로도 도망할
수 없이 되었고 광야로 도망하던
이스라엘 백성은 그 추격하던 자에
게로 돌아섰더라
21 여호수아와 온 이스라엘이 그 복병
이 성읍을 점령함과 성읍에 연기가
오름을 보고 다시 돌이켜 아이 사
람들을 쳐 죽이고
22 복병도 성읍에서 나와 그들을 치
매 그들이 이스라엘 중간에 든지
라 어떤 사람들은 이쪽에서 어떤
사람들은 저쪽에서 쳐죽여서 한
사람도 남거나 도망하지 못하게 하
였고
23 아이 왕을 사로잡아 여호수아 앞
으로 끌어 왔더라
24 이스라엘이 자기들을 광야로 추격
하던 모든 아이 주민을 들에서 죽
이되 그들을 다 칼날에 엎드러지게
하여 진멸하기를 마치고 온 이스라
엘이 아이로 돌아와서 칼날로 죽
이매
25 그 날에 엎드러진 아이 사람들은
남녀가 모두 만 이천 명이라
26 아이 주민들을 진멸하여 바치기까
지 여호수아가 단창을 잡아 든 손
을 거두지 아니하였고
27 오직 그 성읍의 가축과 노략한 것
은 여호와께서 여호수아에게 명령
하신 대로 이스라엘이 탈취하였더
라
28 이에 여호수아가 아이를 불살라 그
것으로 영원한 무더기를 만들었더
니 오늘까지 황폐하였으며

29 그가 또 아이 왕을 저녁 때까지 나
무에 달았다가 해 질 때에 명령하
여 그의 시체를 나무에서 내려 그
성문 어귀에 던지고 그 위에 돌로
큰 무더기를 쌓았더니 그것이 오늘
까지 있더라

에발 산에서 율법을 낭독하다

30 그 때에 여호수아가 이스라엘의 하
나님 여호와를 위하여 에발 산에
한 제단을 쌓았으니
31 이는 여호와의 종 모세가 이스라
엘 자손에게 명령한 것과 모세의
율법책에 기록된 대로 쇠 연장으로
다듬지 아니한 새 돌로 만든 제단
이라 무리가 여호와께 번제물과 화
목제물을 그 위에 드렸으며
32 여호수아가 거기서 모세가 기록한
율법을 이스라엘 자손의 목전에서
그 돌에 기록하매
33 온 이스라엘과 그 장로들과 관리들
과 재판장들과 본토인뿐 아니라 이
방인까지 여호와의 언약궤를 멘 레
위 사람 제사장들 앞에서 궤의 좌
우에 서되 절반은 그리심 산 앞에,
절반은 에발 산 앞에 섰으니 이는
전에 여호와의 종 모세가 이스라엘
백성에게 축복하라고 명령한 대로
함이라
34 그 후에 여호수아가 율법책에 기록
된 모든 것대로 축복과 저주하는
율법의 모든 말씀을 낭독하였으니
35 모세가 명령한 것은 여호수아가 이
스라엘 온 회중과 여자들과 아이
와 그들 중에 동행하는 거류민들
앞에서 낭독하지 아니한 말이 하나
도 없었더라

기브온 주민들이 여호수아를 속이다

9 이 일 후에 요단 서쪽 산지와 평
지와 레바논 앞 대해 연안에 있
는 헷 사람과 아모리 사람과 가나
안 사람과 브리스 사람과 히위 사
람과 여부스 사람의 모든 왕들이
이 일을 듣고
2 모여서 일심으로 여호수아와 이스
라엘에 맞서서 싸우려 하더라
3 기브온 주민들이 여호수아가 여리
고와 아이에 행한 일을 듣고
4 꾀를 내어 사신의 모양을 꾸미되

29

30

31

32

33

34

35

9

2

3

4

해어진 전대와 해어지고 찢어져서
기운 가죽 포도주 부대를 나귀에
싣고
5 그 발에는 낡아서 기운 신을 신고
낡은 옷을 입고 다 마르고 곰팡이
가 난 떡을 준비하고
6 그들이 길갈 진영으로 가서 여호수
아에게 이르러 그와 이스라엘 사
람들에게 이르되 우리는 먼 나라
에서 왔나이다 이제 우리와 조약을
맺읍시다 하니
7 이스라엘 사람들이 히위 사람에게
이르되 너희가 우리 가운데에 거주
하는 듯하니 우리가 어떻게 너희와
조약을 맺을 수 있으랴 하나
8 그들이 여호수아에게 이르되 우리
는 당신의 종들이니이다 하매 여호
수아가 그들에게 묻되 너희는 누구
며 어디서 왔느냐 하니
9 그들이 여호수아에게 대답하되 종
들은 당신의 하나님 여호와의 이름
으로 말미암아 심히 먼 나라에서
왔사오니 이는 우리가 그의 소문과
그가 애굽에서 행하신 모든 일을
들으며
10 또 그가 요단 동쪽에 있는 아모리
사람의 두 왕들 곧 헤스본 왕 시혼
과 아스다롯에 있는 바산 왕 옥에
게 행하신 모든 일을 들었음이니이
다
11 그러므로 우리 장로들과 우리 나라
의 모든 주민이 우리에게 말하여
이르되 너희는 여행할 양식을 손에
가지고 가서 그들을 만나서 그들에
게 이르기를 우리는 당신들의 종들
이니 이제 우리와 조약을 맺읍시다
하라 하였나이다
12 우리의 이 떡은 우리가 당신들에게
로 오려고 떠나던 날에 우리들의
집에서 아직도 뜨거운 것을 양식으
로 가지고 왔으나 보소서 이제 말
랐고 곰팡이가 났으며
13 또 우리가 포도주를 담은 이 가죽
부대도 새 것이었으나 찢어지게 되
었으며 우리의 이 옷과 신도 여행
이 매우 길었으므로 낡아졌나이다
한지라
14 무리가 그들의 양식을 취하고는 어

떻게 할지를 여호와께 묻지 아니하
고
15 여호수아가 곧 그들과 화친하여 그
들을 살리리라는 조약을 맺고 회
중 족장들이 그들에게 맹세하였더
라
16 그들과 조약을 맺은 후 사흘이 지
나서야 그들이 이웃에서 자기들 중
에 거주하는 자들이라 함을 들으
니라
17 이스라엘 자손이 행군하여 셋째
날에 그들의 여러 성읍들에 이르렀
으니 그들의 성읍들은 기브온과 그
비라와 브에롯과 기럇여아림이라
18 그러나 회중 족장들이 이스라엘의
하나님 여호와로 그들에게 맹세했
기 때문에 이스라엘 자손이 그들
을 치지 못한지라 그러므로 회중이
다 족장들을 원망하니
19 모든 족장이 온 회중에게 이르되
우리가 이스라엘의 하나님 여호와
로 그들에게 맹세하였은즉 이제 그
들을 건드리지 못하리라
20 우리가 그들에게 맹세한 맹약으로
말미암아 진노가 우리에게 임할까
하노니 이렇게 행하여 그들을 살리
리라 하고
21 무리에게 이르되 그들을 살리라 하
니 족장들이 그들에게 이른 대로
그들이 온 회중을 위하여 나무를
패며 물을 긷는 자가 되었더라
22 여호수아가 그들을 불러다가 말하
여 이르되 너희가 우리 가운데에
거주하면서 어찌하여 심히 먼 곳에
서 왔다고 하여 우리를 속였느냐
23 그러므로 너희가 저주를 받나니 너
희가 대를 이어 종이 되어 다 내 하
나님의 집을 위하여 나무를 패며
물을 긷는 자가 되리라 하니
24 그들이 여호수아에게 대답하여 이
르되 당신의 하나님 여호와께서 그
의 종 모세에게 명령하사 이 땅을
다 당신들에게 주고 이 땅의 모든
주민을 당신들 앞에서 멸하라 하
신 것이 당신의 종들에게 분명히
들리므로 당신들로 말미암아 우리
의 목숨을 잃을까 심히 두려워하
여 이같이 하였나이다

25 보소서 이제 우리가 당신의 손에
있으니 당신의 의향에 좋고 옳은
대로 우리에게 행하소서 한지라
26 여호수아가 곧 그대로 그들에게 행
하여 그들을 이스라엘 자손의 손
에서 건져서 죽이지 못하게 하니라
27 그 날에 여호수아가 그들을 여호와
께서 택하신 곳에서 회중을 위하
며 여호와의 제단을 위하여 나무
를 패며 물을 긷는 자들로 삼았더
니 오늘까지 이르니라

여호수아가 기브온을 구하다

10 그 때에 여호수아가 아이를
빼앗아 진멸하되 여리고와
그 왕에게 행한 것 같이 아이와 그
왕에게 행한 것과 또 기브온 주민
이 이스라엘과 화친하여 그 중에
있다 함을 예루살렘 왕 아도니세덱
이 듣고
2 크게 두려워하였으니 이는 기브온
은 왕도와 같은 큰 성임이요 아이
보다 크고 그 사람들은 다 강함이
라
3 예루살렘 왕 아도니세덱이 헤브론
왕 호함과 야르뭇 왕 비람과 라기
스 왕 야비아와 에글론 왕 드빌에
게 보내어 이르되
4 내게로 올라와 나를 도우라 우리가
기브온을 치자 이는 기브온이 여호
수아와 이스라엘 자손과 더불어
화친하였음이니라 하매
5 아모리 족속의 다섯 왕들 곧 예루
살렘 왕과 헤브론 왕과 야르뭇 왕
과 라기스 왕과 에글론 왕이 함께
모여 자기들의 모든 군대를 거느리
고 올라와 기브온에 대진하고 싸우
니라
6 기브온 사람들이 길갈 진영에 사람
을 보내어 여호수아에게 전하되 당
신의 종들 돕기를 더디게 하지 마
시고 속히 우리에게 올라와 우리를
구하소서 산지에 거주하는 아모리
사람의 왕들이 다 모여 우리를 치
나이다 하매
7 여호수아가 모든 군사와 용사와 더
불어 길갈에서 올라가니라
8 그 때에 여호와께서 여호수아에게
이르시되 그들을 두려워하지 말라

25

26

27

10

2

3

4

5

6

7

8

내가 그들을 네 손에 넘겨 주었으
니 그들 중에서 한 사람도 너를 당
할 자 없으리라 하신지라
9 여호수아가 길갈에서 밤새도록 올
라가 갑자기 그들에게 이르니
10 여호와께서 그들을 이스라엘 앞에
서 패하게 하시므로 여호수아가 그
들을 기브온에서 크게 살륙하고 벧
호론에 올라가는 비탈에서 추격하
여 아세가와 막게다까지 이르니라
11 그들이 이스라엘 앞에서 도망하여
벧호론의 비탈에서 내려갈 때에 여
호와께서 하늘에서 큰 우박 덩이
를 아세가에 이르기까지 내리시매
그들이 죽었으니 이스라엘 자손의
칼에 죽은 자보다 우박에 죽은 자
가 더 많았더라
12 여호와께서 아모리 사람을 이스라
엘 자손에게 넘겨 주시던 날에 여
호수아가 여호와께 아뢰어 이스라
엘의 목전에서 이르되

태양아 너는 기브온 위에 머무르
라 달아 너도 아얄론 골짜기에서
그리할지어다

하매
13 태양이 머물고 달이 멈추기를 백성
이 그 대적에게 원수를 갚기까지
하였느니라 아살의 책에 태양이 중
천에 머물러서 거의 종일토록 속히
내려가지 아니하였다고 기록되지
아니하였느냐
14 여호와께서 사람의 목소리를 들으
신 이같은 날은 전에도 없었고 후
에도 없었나니 이는 여호와께서
이스라엘을 위하여 싸우셨음이니
라
15 여호수아가 온 이스라엘과 더불어
길갈 진영으로 돌아왔더라

아모리의 모든 왕과 땅을 취하다

16 그 다섯 왕들이 도망하여 막게다
의 굴에 숨었더니
17 어떤 사람이 여호수아에게 고하여
이르되 막게다의 굴에 그 다섯 왕
들이 숨은 것을 발견하였나이다 하
니
18 여호수아가 이르되 굴 어귀에 큰
돌을 굴려 막고 사람을 그 곁에 두
어 그들을 지키게 하고

9
10
11
12
13
14
15
16
17
18

19 너희는 지체하지 말고 너희 대적의
뒤를 따라가 그 후군을 쳐서 그들
이 자기들의 성읍에 들어가지 못하
게 하라 너희 하나님 여호와께서
그들을 너희 손에 넘겨 주셨느니라
하고
20 여호수아와 이스라엘 자손이 그들
을 크게 살륙하여 거의 멸하였고
그 남은 몇 사람은 견고한 성들로
들어간 고로
21 모든 백성이 평안히 막게다 진영으
로 돌아와 여호수아에게 이르렀더
니 혀를 놀려 이스라엘 자손을 대
적하는 자가 없었더라
22 그 때에 여호수아가 이르되 굴 어
귀를 열고 그 굴에서 그 다섯 왕들
을 내게로 끌어내라 하매
23 그들이 그대로 하여 그 다섯 왕들
곧 예루살렘 왕과 헤브론 왕과 야
르뭇 왕과 라기스 왕과 에글론 왕
을 굴에서 그에게로 끌어내니라
24 그 왕들을 여호수아에게로 끌어내
매 여호수아가 이스라엘 모든 사람
을 부르고 자기와 함께 갔던 지휘
관들에게 이르되 가까이 와서 이
왕들의 목을 발로 밟으라 하매 그
들이 가까이 가서 그들의 목을 밟
으매
25 여호수아가 그들에게 이르되 두려
워하지 말며 놀라지 말고 강하고
담대하라 너희가 맞서서 싸우는 모
든 대적에게 여호와께서 다 이와
같이 하시리라 하고
26 그 후에 여호수아가 그 왕들을 쳐
죽여 다섯 나무에 매달고 저녁까지
나무에 달린 채로 두었다가
27 해 질 때에 여호수아가 명령하매
그들의 시체를 나무에서 내려 그들
이 숨었던 굴 안에 던지고 굴 어귀
를 큰 돌로 막았더니 오늘까지 그
대로 있더라
28 그 날에 여호수아가 막게다를 취하
고 칼날로 그 성읍과 왕을 쳐서 그
성읍과 그 중에 있는 모든 사람을
진멸하여 바치고 한 사람도 남기지
아니하였으니 막게다 왕에게 행한
것이 여리고 왕에게 행한 것과 같
았더라

29 여호수아가 온 이스라엘과 더불어
막게다에서 립나로 나아가서 립나
와 싸우매
30 여호와께서 또 그 성읍과 그 왕을
이스라엘의 손에 붙이신지라 칼날
로 그 성읍과 그 중의 모든 사람을
쳐서 멸하여 한 사람도 남기지 아
니하였으니 그 왕에게 행한 것이
여리고 왕에게 행한 것과 같았더
라
31 여호수아가 또 온 이스라엘과 더불
어 립나에서 라기스로 나아가서 대
진하고 싸우더니
32 여호와께서 라기스를 이스라엘의
손에 넘겨 주신지라 이튿날에 그
성읍을 점령하고 칼날로 그것과 그
안의 모든 사람을 쳐서 멸하였으니
립나에 행한 것과 같았더라
33 그 때에 게셀 왕 호람이 라기스를
도우려고 올라오므로 여호수아가
그와 그의 백성을 쳐서 한 사람도
남기지 아니하였더라
34 여호수아가 온 이스라엘과 더불어
라기스에서 에글론으로 나아가서
대진하고 싸워
35 그 날에 그 성읍을 취하고 칼날로
그것을 쳐서 그 중에 있는 모든 사
람을 당일에 진멸하여 바쳤으니 라
기스에 행한 것과 같았더라
36 여호수아가 또 온 이스라엘과 더불
어 에글론에서 헤브론으로 올라가
서 싸워
37 그 성읍을 점령하고 그것과 그 왕
과 그 속한 성읍들과 그 중의 모든
사람을 칼날로 쳐서 하나도 남기
지 아니하였으니 그 성읍들과 그
중의 모든 사람을 진멸하여 바친
것이 에글론에 행한 것과 같았더
라
38 여호수아가 온 이스라엘과 더불어
돌아와서 드빌에 이르러 싸워
39 그 성읍과 그 왕과 그 속한 성읍들
을 점령하고 칼날로 그 성읍을 쳐
서 그 안의 모든 사람을 진멸하여
바치고 하나도 남기지 아니하였으
니 드빌과 그 왕에게 행한 것이 헤
브론에 행한 것과 같았으며 립나와
그 왕에게 행한 것과 같았더라

40 이와 같이 여호수아가 그 온 땅 곧
산지와 네겝과 평지와 경사지와 그
모든 왕을 쳐서 하나도 남기지 아
니하고 호흡이 있는 모든 자는 다
진멸하여 바쳤으니 이스라엘의 하
나님 여호와께서 명령하신 것과 같
았더라
41 여호수아가 또 가데스 바네아에서
가사까지와 온 고센 땅을 기브온에
이르기까지 치매
42 이스라엘의 하나님 여호와께서 이
스라엘을 위하여 싸우셨으므로 여
호수아가 이 모든 왕들과 그들의
땅을 단번에 빼앗으니라
43 여호수아가 온 이스라엘과 더불어
길갈 진영으로 돌아왔더라

가나안 북방을 취하다

11 하솔 왕 야빈이 이 소식을
듣고 마돈 왕 요밥과 시므론
왕과 악삽 왕과
2 및 북쪽 산지와 긴네롯 남쪽 아라
바와 평지와 서쪽 돌의 높은 곳에
있는 왕들과
3 동쪽과 서쪽의 가나안 족속과 아
모리 족속과 헷 족속과 브리스 족
속과 산지의 여부스 족속과 미스바
땅 헤르몬 산 아래 히위 족속에게
사람을 보내매
4 그들이 그 모든 군대를 거느리고
나왔으니 백성이 많아 해변의 수많
은 모래 같고 말과 병거도 심히 많
았으며
5 이 왕들이 모두 모여 나아와서 이
스라엘과 싸우려고 메롬 물 가에
함께 진 쳤더라
6 여호와께서 여호수아에게 이르시
되 그들로 말미암아 두려워하지 말
라 내일 이맘때에 내가 그들을 이
스라엘 앞에 넘겨 주어 몰살시키리
니 너는 그들의 말 뒷발의 힘줄을
끊고 그들의 병거를 불사르라 하시
니라
7 이에 여호수아가 모든 군사와 함께
메롬 물 가로 가서 갑자기 습격할
때에
8 여호와께서 그들을 이스라엘의 손
에 넘겨 주셨기 때문에 그들을 격
파하고 큰 시돈과 미스르봇 마임까

40

41

42

43

11

2

3

4

5

6

7

8

지 추격하고 동쪽으로는 미스바 골
짜기까지 추격하여 한 사람도 남기
지 아니하고 쳐죽이고
9 여호수아가 여호와께서 자기에게
명령하신 대로 행하여 그들의 말
뒷발의 힘줄을 끊고 그들의 병거를
불로 살랐더라
10 하솔은 본래 그 모든 나라의 머리
였더니 그 때에 여호수아가 돌아와
서 하솔을 취하고 그 왕을 칼날로
쳐죽이고
11 그 가운데 모든 사람을 칼날로 쳐
서 진멸하여 호흡이 있는 자는 하
나도 남기지 아니하였고 또 하솔
을 불로 살랐고
12 여호수아가 그 왕들의 모든 성읍과
그 모든 왕을 붙잡아 칼날로 쳐서
진멸하여 바쳤으니 여호와의 종 모
세가 명령한 것과 같이 하였으되
13 여호수아가 하솔만 불살랐고 산
위에 세운 성읍들은 이스라엘이 불
사르지 아니하였으며
14 이 성읍들의 모든 재물과 가축은
이스라엘 자손들이 탈취하고 모든
사람은 칼날로 쳐서 멸하여 호흡이
있는 자는 하나도 남기지 아니하였
으니
15 여호와께서 그의 종 모세에게 명령
하신 것을 모세는 여호수아에게 명
령하였고 여호수아는 그대로 행하
여 여호와께서 모세에게 명하신 모
든 것을 하나도 행하지 아니한 것
이 없었더라

여호수아가 취한 지역

16 여호수아가 이같이 그 온 땅 곧 산
지와 온 네겝과 고센 온 땅과 평지
와 아라바와 이스라엘 산지와 평지
를 점령하였으니
17 곧 세일로 올라가는 할락 산에서
부터 헤르몬 산 아래 레바논 골짜
기의 바알갓까지라 그들의 왕들을
모두 잡아 쳐죽였으며
18 여호수아가 그 모든 왕들과 싸운
지가 오랫동안이라
19 기브온 주민 히위 족속 외에는 이
스라엘 자손과 화친한 성읍이 하
나도 없고 이스라엘 자손이 싸워
서 다 점령하였으니

9
10
11
12
13
14
15
16
17
18
19

20 그들의 마음이 완악하여 이스라엘
을 대적하여 싸우러 온 것은 여호
와께서 그리하게 하신 것이라 그들
을 진멸하여 바치게 하여 은혜를
입지 못하게 하시고 여호와께서 모
세에게 명령하신 대로 그들을 멸하
려 하심이었더라
21 그 때에 여호수아가 가서 산지와 헤
브론과 드빌과 아납과 유다 온 산지
와 이스라엘의 온 산지에서 아낙 사
람들을 멸절하고 그가 또 그들의
성읍들을 진멸하여 바쳤으므로
22 이스라엘 자손의 땅에는 아낙 사
람들이 하나도 남지 아니하였고 가
사와 가드와 아스돗에만 남았더라
23 이와 같이 여호수아가 여호와께서
모세에게 말씀하신 대로 그 온 땅
을 점령하여 이스라엘 지파의 구분
에 따라 기업으로 주매 그 땅에 전
쟁이 그쳤더라

모세가 정복한 왕들

12 이스라엘 자손이 요단 저편
해 돋는 쪽 곧 아르논 골짜
기에서 헤르몬 산까지의 동쪽 온
아라바를 차지하고 그 땅에서 쳐
죽인 왕들은 이러하니라
2 시혼은 헤스본에 거주하던 아모리
족속의 왕이라 그가 다스리던 땅
은 아르논 골짜기 가에 있는 아로
엘에서부터 골짜기 가운데 성읍과
길르앗 절반 곧 암몬 자손의 경계
얍복 강까지이며
3 또 동방 아라바 긴네롯 바다까지이
며 또 동방 아라바의 바다 곧 염해
의 벧여시못으로 통한 길까지와 남
쪽으로 비스가 산기슭까지이며
4 옥은 르바의 남은 족속으로서 아
스다롯과 에드레이에 거주하던 바
산의 왕이라
5 그가 다스리던 땅은 헤르몬 산과
살르가와 온 바산과 및 그술 사람
과 마아가 사람의 경계까지의 길르
앗 절반이니 헤스본 왕 시혼의 경
계에 접한 곳이라
6 여호와의 종 모세와 이스라엘 자
손이 그들을 치고 여호와의 종 모
세가 그 땅을 르우벤 사람과 갓 사
람과 므낫세 반 지파에게 기업으로
주었더라

20
21
22
23
12
2
3
4
5
6

여호수아가 정복한 왕들

7 여호수아와 이스라엘 자손이 요단
이편 곧 서쪽 레바논 골짜기의 바
알갓에서부터 세일로 올라가는 곳
할락 산까지 쳐서 멸한 그 땅의 왕
들은 이러하니라 (그 땅을 여호수
아가 이스라엘의 지파들에게 구분
에 따라 소유로 주었으니
8 곧 산지와 평지와 아라바와 경사지
와 광야와 네겝 곧 헷 족속과 아모
리 족속과 가나안 족속과 브리스
족속과 히위 족속과 여부스 족속
의 땅이라)
9 하나는 여리고 왕이요 하나는 벧
엘 곁의 아이 왕이요
10 하나는 예루살렘 왕이요 하나는 헤
브론 왕이요 하나는 야르뭇 왕이요
11 하나는 라기스 왕이요
12 하나는 에글론 왕이요 하나는 게
셀 왕이요
13 하나는 드빌 왕이요 하나는 게델
왕이요
14 하나는 호르마 왕이요 하나는 아
랏 왕이요
15 하나는 립나 왕이요 하나는 아둘
람 왕이요
16 하나는 막게다 왕이요 하나는 벧
엘 왕이요
17 하나는 답부아 왕이요 하나는 헤
벨 왕이요
18 하나는 아벡 왕이요 하나는 랏사
론 왕이요
19 하나는 마돈 왕이요 하나는 하솔
왕이요
20 하나는 시므론 므론 왕이요 하나
는 악삽 왕이요
21 하나는 다아낙 왕이요 하나는 므
깃도 왕이요
22 하나는 게데스 왕이요 하나는 갈
멜의 욕느암 왕이요
23 하나는 돌의 높은 곳의 돌 왕이요
하나는 길갈의 고임 왕이요
24 하나는 디르사 왕이라 모두 서른
한 왕이었더라

정복하지 못한 지역

13 여호수아가 나이가 많아 늙
으매 여호와께서 그에게 이
르시되 너는 나이가 많아 늙었고
얻을 땅이 매우 많이 남아 있도다

7

8

9

10

11

12

13

14

15

16

17

18

19

20

21

22

23

24

13

2 이 남은 땅은 이러하니 블레셋 사
람의 모든 지역과 그술 족속의 모
든 지역
3 곧 애굽 앞 시홀 시내에서부터 가
나안 사람에게 속한 북쪽 에그론
경계까지와 블레셋 사람의 다섯 통
치자들의 땅 곧 가사 족속과 아스
돗 족속과 아스글론 족속과 가드
족속과 에그론 족속과 또 남쪽 아
위 족속의 땅과
4 또 가나안 족속의 모든 땅과 시돈
사람에게 속한 므아라와 아모리
족속의 경계 아벡까지와
5 또 그발 족속의 땅과 해 뜨는 곳의
온 레바논 곧 헤르몬 산 아래 바알
갓에서부터 하맛에 들어가는 곳까
지와
6 또 레바논에서부터 미스르봇마임까
지 산지의 모든 주민 곧 모든 시돈
사람의 땅이라 내가 그들을 이스라
엘 자손 앞에서 쫓아내리니 너는 내
가 명령한 대로 그 땅을 이스라엘에
게 분배하여 기업이 되게 하되
7 너는 이 땅을 아홉 지파와 므낫세
반 지파에게 나누어 기업이 되게
하라 하셨더라

요단 동쪽 기업의 분배

8 므낫세 반 지파와 함께 르우벤 족
속과 갓 족속은 요단 저편 동쪽에
서 그들의 기업을 모세에게 받았는
데 여호와의 종 모세가 그들에게
준 것은 이러하니
9 곧 아르논 골짜기 가에 있는 아로
엘에서부터 골짜기 가운데에 있는
성읍과 디본까지 이르는 메드바 온
평지와
10 헤스본에서 다스리던 아모리 족속
의 왕 시혼의 모든 성읍 곧 암몬
자손의 경계까지와
11 길르앗과 및 그술 족속과 마아갓
족속의 지역과 온 헤르몬 산과 살
르가까지 온 바산
12 곧 르바의 남은 족속으로서 아스
다롯과 에드레이에서 다스리던 바
산 왕 옥의 온 나라라 모세가 이
땅의 사람들을 쳐서 쫓아냈어도
13 그술 족속과 마아갓 족속은 이스
라엘 자손이 쫓아내지 아니하였으

므로 그술과 마아갓이 오늘까지 이스라엘 가운데에서 거주하니라

14 오직 레위 지파에게는 여호수아가 기업으로 준 것이 없었으니 이는 그에게 말씀하신 것과 같이 이스라엘의 하나님 여호와께 드리는 화제물이 그들의 기업이 되었음이더라

르우벤 자손의 기업

15 모세가 르우벤 자손의 지파에게 그들의 가족을 따라서 기업을 주었으니

16 그들의 지역은 아르논 골짜기 가에 있는 아로엘에서부터 골짜기 가운데 있는 성읍과 메드바 곁에 있는 온 평지와

17 헤스본과 그 평지에 있는 모든 성읍 곧 디본과 바못 바알과 벧 바알 므온과

18 야하스와 그데못과 메바앗과

19 기랴다임과 십마와 골짜기의 언덕에 있는 세렛 사할과

20 벧브올과 비스가 산기슭과 벧여시못과

21 평지 모든 성읍과 헤스본에서 다스리던 아모리 족속의 왕 시혼의 온 나라라 모세가 시혼을 그 땅에 거주하는 시혼의 군주들 곧 미디안의 귀족 에위와 레겜과 술과 훌과 레바와 함께 죽였으며

22 이스라엘 자손이 그들을 살륙하는 중에 브올의 아들 점술가 발람도 칼날로 죽였더라

23 르우벤 자손의 서쪽 경계는 요단과 그 강 가라 이상은 르우벤 자손의 기업으로 그 가족대로 받은 성읍들과 주변 마을들이니라

갓 자손의 기업

24 모세가 갓 지파 곧 갓 자손에게도 그들의 가족을 따라서 기업을 주었으니

25 그들의 지역은 야셀과 길르앗 모든 성읍과 암몬 자손의 땅 절반 곧 랍바 앞의 아로엘까지와

26 헤스본에서 라맛 미스베와 브도님까지와 마하나임에서 드빌 지역까지와

27 골짜기에 있는 벧 하람과 벧니므라와 숙곳과 사본 곧 헤스본 왕 시혼

의 나라의 남은 땅 요단과 그 강 가
에서부터 요단 동쪽 긴네렛 바다의
끝까지라
28 이는 갓 자손의 기업으로 그들의
가족대로 받은 성읍들과 주변 마
을들이니라

동쪽 므낫세 자손의 기업

29 모세가 므낫세 반 지파에게 기업을
주었으되 므낫세 자손의 반 지파에
게 그들의 가족대로 주었으니
30 그 지역은 마하나임에서부터 온 바
산 곧 바산 왕 옥의 온 나라와 바
산에 있는 야일의 모든 고을 육십
성읍과
31 길르앗 절반과 바산 왕 옥의 나라
성읍 아스다롯과 에드레이라 이는
므낫세의 아들 마길의 자손에게 돌
린 것이니 곧 마길 자손의 절반이
그들의 가족대로 받으니라
32 요단 동쪽 여리고 맞은편 모압 평
지에서 모세가 분배한 기업이 이러
하여도
33 오직 레위 지파에게는 모세가 기업
을 주지 아니하였으니 이는 그들에
게 말씀하신 것과 같이 이스라엘
의 하나님 여호와께서 그들의 기업
이 되심이었더라

요단 서쪽 기업의 분배

14 이것은 이스라엘 자손이 가
나안 땅에서 받은 기업 곧
제사장 엘르아살과 눈의 아들 여
호수아와 이스라엘 자손 지파의
족장들이 분배한 것이니라
2 여호와께서 모세에게 명령하신 대
로 그들의 기업을 제비 뽑아 아홉
지파와 반 지파에게 주었으니
3 이는 두 지파와 반 지파의 기업은
모세가 요단 저쪽에서 주었음이요
레위 자손에게는 그들 가운데에서
기업을 주지 아니하였으니
4 이는 요셉의 자손이 므낫세와 에브
라임의 두 지파가 되었음이라 이
땅에서 레위 사람에게 아무 분깃
도 주지 아니하고 다만 거주할 성
읍들과 가축과 재산을 위한 목초
지만 주었으니
5 이스라엘 자손이 여호와께서 모세
에게 명령하신 것과 같이 행하여

28
29
30
31
32
33
14
2
3
4
5

그 땅을 나누었더라

갈렙이 헤브론을 기업으로 받다

6 그 때에 유다 자손이 길갈에 있는
여호수아에게 나아오고 그니스 사
람 여분네의 아들 갈렙이 여호수
아에게 말하되 여호와께서 가데스
바네아에서 나와 당신에게 대하여
하나님의 사람 모세에게 이르신 일
을 당신이 아시는 바라
7 내 나이 사십 세에 여호와의 종 모
세가 가데스 바네아에서 나를 보내
어 이 땅을 정탐하게 하였으므로
내가 성실한 마음으로 그에게 보고
하였고
8 나와 함께 올라갔던 내 형제들은
백성의 간담을 녹게 하였으나 나는
내 하나님 여호와께 충성하였으므
로
9 그 날에 모세가 맹세하여 이르되
네가 내 하나님 여호와께 충성하였
은즉 네 발로 밟는 땅은 영원히 너
와 네 자손의 기업이 되리라 하였
나이다
10 이제 보소서 여호와께서 이 말씀
을 모세에게 이르신 때로부터 이스
라엘이 광야에서 방황한 이 사십
오 년 동안을 여호와께서 말씀하
신 대로 나를 생존하게 하셨나이
다 오늘 내가 팔십오 세로되
11 모세가 나를 보내던 날과 같이 오
늘도 내가 여전히 강건하니 내 힘
이 그 때나 지금이나 같아서 싸움
에나 출입에 감당할 수 있으니
12 그 날에 여호와께서 말씀하신 이
산지를 지금 내게 주소서 당신도 그
날에 들으셨거니와 그 곳에는 아낙
사람이 있고 그 성읍들은 크고 견
고할지라도 여호와께서 나와 함께
하시면 내가 여호와께서 말씀하신
대로 그들을 쫓아내리이다 하니
13 여호수아가 여분네의 아들 갈렙을
위하여 축복하고 헤브론을 그에게
주어 기업을 삼게 하매
14 헤브론이 그니스 사람 여분네의 아
들 갈렙의 기업이 되어 오늘까지 이
르렀으니 이는 그가 이스라엘의 하
나님 여호와를 온전히 좇았음이라
15 헤브론의 옛 이름은 기럇 아르바

라 아르바는 아낙 사람 가운데에
서 가장 큰 사람이었더라 그리고
그 땅에 전쟁이 그쳤더라

유다 자손의 땅

15 또 유다 자손의 지파가 그
들의 가족대로 제비 뽑은
땅의 남쪽으로는 에돔 경계에 이르
고 또 남쪽 끝은 신 광야까지라
2 또 그들의 남쪽 경계는 염해의 끝
곧 남향한 해만에서부터
3 아그랍빔 비탈 남쪽으로 지나 신
에 이르고 가데스 바네아 남쪽으
로 올라가서 헤스론을 지나며 아
달로 올라가서 돌이켜 갈가에 이
르고
4 거기서 아스몬에 이르러 애굽 시내
로 나아가 바다에 이르러 경계의
끝이 되나니 이것이 너희 남쪽 경
계가 되리라
5 그 동쪽 경계는 염해이니 요단 끝
까지요 그 북쪽 경계는 요단 끝에
있는 해만에서부터
6 벧 호글라로 올라가서 벧 아라바
북쪽을 지나 르우벤 자손 보한의
돌에 이르고
7 또 아골 골짜기에서부터 드빌을 지
나 북쪽으로 올라가서 그 강 남쪽
에 있는 아둠밈 비탈 맞은편 길갈
을 향하고 나아가 엔 세메스 물들
을 지나 엔로겔에 이르며
8 또 힌놈의 아들의 골짜기로 올라
가서 여부스 곧 예루살렘 남쪽 어
깨에 이르며 또 힌놈의 골짜기 앞
서쪽에 있는 산 꼭대기로 올라가
나니 이곳은 르바임 골짜기 북쪽
끝이며
9 또 이 산 꼭대기에서부터 넵도아
샘물까지 이르러 에브론 산 성읍들
로 나아가고 또 바알라 곧 기럇 여
아림으로 접어들며
10 또 바알라에서부터 서쪽으로 돌이
켜 세일 산에 이르러 여아림 산 곧
그살론 곁 북쪽에 이르고 또 벧 세
메스로 내려가서 딤나를 지나고
11 또 에그론 비탈 북쪽으로 나아가
식그론으로 접어들어 바알라 산을
지나고 얍느엘에 이르나니 그 끝은
바다며

15
2
3
4
5
6
7
8
9
10
11

12 서쪽 경계는 대해와 그 해안이니 유다 자손이 그들의 가족대로 받은 사방 경계가 이러하니라

갈렙이 헤브론과 드빌을 정복하다

13 여호와께서 여호수아에게 명령하신 대로 여호수아가 기럇 아르바 곧 헤브론을 유다 자손 중에서 분깃으로 여분네의 아들 갈렙에게 주었으니 아르바는 아낙의 아버지였더라

14 갈렙이 거기서 아낙의 소생 그 세 아들 곧 세새와 아히만과 달매를 쫓아내었고

15 거기서 올라가서 드빌 주민을 쳤는데 드빌의 본 이름은 기럇 세벨이라

16 갈렙이 말하기를 기럇 세벨을 쳐서 그것을 점령하는 자에게는 내가 내 딸 악사를 아내로 주리라 하였더니

17 갈렙의 아우 그나스의 아들인 옷니엘이 그것을 점령함으로 갈렙이 자기 딸 악사를 그에게 아내로 주었더라

18 악사가 출가할 때에 그에게 청하여 자기 아버지에게 밭을 구하자 하고 나귀에서 내리매 갈렙이 그에게 묻되 네가 무엇을 원하느냐 하니

19 이르되 내게 복을 주소서 아버지께서 나를 네겝 땅으로 보내시오니 샘물도 내게 주소서 하매 갈렙이 윗샘과 아랫샘을 그에게 주었더라

유다 자손의 기업

20 유다 자손의 지파가 그들의 가족대로 받은 기업은 이러하니라

21 유다 자손의 지파의 남쪽 끝 에돔 경계에 접근한 성읍들은 갑스엘과 에델과 야굴과

22 기나와 디모나와 아다다와

23 게데스와 하솔과 잇난과

24 십과 델렘과 브알롯과

25 하솔 하닷다와 그리욧 헤스론 곧 하솔과

26 아맘과 세마와 몰라다와

27 하살갓다와 헤스몬과 벧 벨렛과

28 하살 수알과 브엘세바와 비스요댜와

29 바알라와 이임과 에셈과

12

13

14

15

16

17

18

19

20

21

22

23

24

25

26

27

28

29

30 엘돌랏과 그실과 홀마와
31 시글락과 맛만나와 산산나와
32 르바옷과 실힘과 아인과 림몬이니
모두 스물아홉 성읍과 그 마을들
이었으며
33 평지에는 에스다올과 소라와 아스
나와
34 사노아와 엔간님과 답부아와 에남
과
35 야르뭇과 아둘람과 소고와 아세가
와
36 사아라임과 아디다임과 그데라와
그데로다임이니 열네 성읍과 그 마
을들이었으며
37 스난과 하다사와 믹달갓과
38 딜르안과 미스베와 욕드엘과
39 라기스와 보스갓과 에글론과
40 갑본과 라맘과 기들리스와
41 그데롯과 벧다곤과 나아마와 막게
다이니 열여섯 성읍과 그 마을들이
었으며
42 립나와 에델과 아산과
43 입다와 아스나와 느십과
44 그일라와 악십과 마레사니 아홉 성
읍과 그 마을들이었으며
45 에그론과 그 촌락들과 그 마을들
과
46 에그론에서부터 바다까지 아스돗
곁에 있는 모든 성읍과 그 마을들
이었으며
47 아스돗과 그 촌락들과 그 마을들
과 가사와 그 촌락들과 그 마을들
이니 애굽 시내와 대해의 경계에까
지 이르렀으며
48 산지는 사밀과 얏딜과 소고와
49 단나와 기럇 산나 곧 드빌과
50 아납과 에스드모와 아님과
51 고센과 홀론과 길로이니 열한 성읍
과 그 마을들이었으며
52 아랍과 두마와 에산과
53 야님과 벧 답부아와 아베가와
54 훔다와 기럇 아르바 곧 헤브론과
시올이니 아홉 성읍과 그 마을들
이었으며
55 마온과 갈멜과 십과 윳다와
56 이스르엘과 욕드암과 사노아와
57 가인과 기브아와 딤나니 열 성읍과

그 마을들이었으며
58 할훌과 벧술과 그돌과
59 마아랏과 벧 아놋과 엘드곤이니
여섯 성읍과 그 마을들이었으며
60 기럇 바알 곧 기럇 여아림과 랍바
이니 두 성읍과 그 마을들이었으며
61 광야에는 벧 아라바와 밋딘과 스
가가와
62 닙산과 소금 성읍과 엔 게디니 여
섯 성읍과 그 마을들이었더라
63 예루살렘 주민 여부스 족속을 유
다 자손이 쫓아내지 못하였으므
로 여부스 족속이 오늘까지 유다
자손과 함께 예루살렘에 거주하니
라

에브라임과 서쪽 므낫세 자손의 기업

16 요셉 자손이 제비 뽑은 것
은 여리고 샘 동쪽 곧 여리
고 곁 요단으로부터 광야로 들어가
여리고로부터 벧엘 산지로 올라가
고
2 벧엘에서부터 루스로 나아가 아렉
족속의 경계를 지나 아다롯에 이
르고
3 서쪽으로 내려가서 야블렛 족속의
경계와 아래 벧호론과 게셀에까지
이르고 그 끝은 바다라
4 요셉의 자손 므낫세와 에브라임이
그들의 기업을 받았더라

에브라임 자손의 기업

5 에브라임 자손이 그들의 가족대로
받은 지역은 이러하니라 그들의 기
업의 경계는 동쪽으로 아다롯 앗
달에서 윗 벧호론에 이르고
6 또 서쪽으로 나아가 북쪽 믹므다
에 이르고 동쪽으로 돌아 다아낫
실로에 이르러 야노아 동쪽을 지나
고
7 야노아에서부터 아다롯과 나아라
로 내려가 여리고를 만나서 요단으
로 나아가고
8 또 답부아에서부터 서쪽으로 지나
서 가나 시내에 이르나니 그 끝은
바다라 에브라임 자손의 지파가 그
들의 가족대로 받은 기업이 이러하
였고

55
56
57
58
59
60
61
62
63
16
2
3
4
5
6
7
8

9 그 외에 므낫세 자손의 기업 중에
서 에브라임 자손을 위하여 구분한
모든 성읍과 그 마을들도 있었더라
10 그들이 게셀에 거주하는 가나안
족속을 쫓아내지 아니하였으므로
가나안 족속이 오늘까지 에브라임
가운데에 거주하며 노역하는 종이
되니라

서쪽 므낫세 자손의 기업

17 므낫세 지파를 위하여 제비
뽑은 것은 이러하니라 므낫
세는 요셉의 장자였고 므낫세의 장
자 마길은 길르앗의 아버지라 그는
용사였기 때문에 길르앗과 바산을
받았으므로
2 므낫세의 남은 자손을 위하여 그들
의 가족대로 제비를 뽑았는데 그들
은 곧 아비에셀의 자손과 헬렉의
자손과 아스리엘의 자손과 세겜의
자손과 헤벨의 자손과 스미다의
자손이니 그들의 가족대로 요셉의
아들 므낫세의 남자 자손들이며
3 헤벨의 아들 길르앗의 손자 마길의
증손 므낫세의 현손 슬로브핫은 아
들이 없고 딸뿐이요 그 딸들의 이
름은 말라와 노아와 호글라와 밀가
와 디르사라
4 그들이 제사장 엘르아살과 눈의
아들 여호수아와 지도자들 앞에
나아와서 말하기를 여호와께서 모
세에게 명령하사 우리 형제 중에서
우리에게 기업을 주라 하셨다 하매
여호와의 명령을 따라 그들에게 그
들의 아버지 형제들 중에서 기업을
주므로
5 요단 동쪽 길르앗과 바산 외에 므
낫세에게 열 분깃이 돌아갔으니
6 므낫세의 여자 자손들이 그의 남
자 자손들 중에서 기업을 받은 까
닭이었으며 길르앗 땅은 므낫세의
남은 자손들에게 속하였더라
7 므낫세의 경계는 아셀에서부터 세
겜 앞 믹므닷까지이며 그 오른쪽으
로 가서 엔답부아 주민의 경계에
이르나니
8 답부아 땅은 므낫세에게 속하였으
되 므낫세 경계에 있는 답부아는
에브라임 자손에게 속하였으며

9
10
17
2
3
4
5
6
7
8

9 또 그 경계가 가나 시내로 내려가
서 그 시내 남쪽에 이르나니 므낫
세의 성읍 중에 이 성읍들은 에브
라임에게 속하였으며 므낫세의 경
계는 그 시내 북쪽이요 그 끝은 바
다이며
10 남쪽으로는 에브라임에 속하였고
북쪽으로는 므낫세에 속하였고 바
다가 그 경계가 되었으며 그들의 땅
의 북쪽은 아셀에 이르고 동쪽은
잇사갈에 이르렀으며
11 잇사갈과 아셀에도 므낫세의 소유
가 있으니 곧 벧 스안과 그 마을들
과 이블르암과 그 마을들과 돌의
주민과 그 마을들이요 또 엔돌 주
민과 그 마을들과 다아낙 주민과
그 마을들과 므깃도 주민과 그 마
을들 세 언덕 지역이라
12 그러나 므낫세 자손이 그 성읍들의
주민을 쫓아내지 못하매 가나안
족속이 결심하고 그 땅에 거주하였
더니
13 이스라엘 자손이 강성한 후에야
가나안 족속에게 노역을 시켰고 다
쫓아내지 아니하였더라

에브라임과 므낫세 지파가 땅을 더 요구함

14 요셉 자손이 여호수아에게 말하여
이르되 여호와께서 지금까지 내게
복을 주시므로 내가 큰 민족이 되
었거늘 당신이 나의 기업을 위하여
한 제비, 한 분깃으로만 내게 주심
은 어찌함이니이까 하니
15 여호수아가 그들에게 이르되 네가
큰 민족이 되므로 에브라임 산지가
네게 너무 좁을진대 브리스 족속
과 르바임 족속의 땅 삼림에 올라
가서 스스로 개척하라 하니라
16 요셉 자손이 이르되 그 산지는 우
리에게 넉넉하지도 못하고 골짜기
땅에 거주하는 모든 가나안 족속
에게는 벧 스안과 그 마을들에 거
주하는 자이든지 이스르엘 골짜기
에 거주하는 자이든지 다 철 병거
가 있나이다 하니
17 여호수아가 다시 요셉의 족속 곧 에
브라임과 므낫세에게 말하여 이르
되 너는 큰 민족이요 큰 권능이 있

9

10

11

12

13

14

15

16

17

은즉 한 분깃만 가질 것이 아니라
18 그 산지도 네 것이 되리니 비록 삼
림이라도 네가 개척하라 그 끝까지
네 것이 되리라 가나안 족속이 비
록 철 병거를 가졌고 강할지라도
네가 능히 그를 쫓아내리라 하였더
라

나머지 땅 분배

18 이스라엘 자손의 온 회중
이 실로에 모여서 거기에 회
막을 세웠으며 그 땅은 그들 앞에
서 돌아와 정복되었더라
2 그러나 이스라엘 자손 중에 그 기
업의 분배를 받지 못한 자가 아직
도 일곱 지파라
3 여호수아가 이스라엘 자손에게 이
르되 너희가 너희 조상의 하나님
여호와께서 너희에게 주신 땅을 점
령하러 가기를 어느 때까지 지체하
겠느냐
4 너희는 각 지파에 세 사람씩 선정
하라 내가 그들을 보내리니 그들은
일어나서 그 땅에 두루 다니며 그
들의 기업에 따라 그 땅을 그려 가
지고 내게로 돌아올 것이라
5 그들이 그 땅을 일곱 부분으로 나
누되 유다는 남쪽 자기 지역에 있
고 요셉의 족속은 북쪽에 있는 그
들의 지역에 있으니
6 그 땅을 일곱 부분으로 그려서 이
곳 내게로 가져오라 그러면 내가
여기서 너희를 위하여 우리 하나님
여호와 앞에서 제비를 뽑으리라
7 레위 사람은 너희 중에 분깃이 없
나니 여호와의 제사장 직분이 그들
의 기업이 됨이며 갓과 르우벤과
므낫세 반 지파는 요단 저편 동쪽
에서 이미 기업을 받았나니 이는
여호와의 종 모세가 그들에게 준
것이니라 하더라
8 그 사람들이 일어나 떠나니 여호수
아가 그 땅을 그리러 가는 사람들
에게 명령하여 이르되 가서 그 땅
으로 두루 다니며 그것을 그려 가
지고 내게로 돌아오라 내가 여기
실로의 여호와 앞에서 너희를 위하
여 제비를 뽑으리라 하니

18

18

2

3

4

5

6

7

8

9 그 사람들이 가서 그 땅으로 두루 다니며 성읍들을 따라서 일곱 부분으로 책에 그려서 실로 진영에 돌아와 여호수아에게 나아오니

10 여호수아가 그들을 위하여 실로의 여호와 앞에서 제비를 뽑고 그가 거기서 이스라엘 자손의 분파대로 그 땅을 분배하였더라

베냐민 자손의 기업

11 베냐민 자손 지파를 위하여 그들의 가족대로 제비를 뽑았으니 그 제비 뽑은 땅의 경계는 유다 자손과 요셉 자손의 중간이라

12 그들의 북방 경계는 요단에서부터 여리고 북쪽으로 올라가서 서쪽 산지를 넘어서 또 올라가서 벧아웬 황무지에 이르며

13 또 그 경계가 거기서부터 루스로 나아가서 루스 남쪽에 이르나니 루스는 곧 벧엘이며 또 그 경계가 아다롯 앗달로 내려가서 아래 벧호론 남쪽 산 곁으로 지나고

14 벧호론 앞 남쪽 산에서부터 서쪽으로 돌아 남쪽으로 향하여 유다 자손의 성읍 기럇 바알 곧 기럇 여아림에 이르러 끝이 되나니 이는 서쪽 경계며

15 남쪽 경계는 기럇 여아림 끝에서부터 서쪽으로 나아가 넵도아 물 근원에 이르고

16 르바임 골짜기 북쪽 힌놈의 아들 골짜기 앞에 있는 산 끝으로 내려가고 또 힌놈의 골짜기로 내려가서 여부스 남쪽에 이르러 엔 로겔로 내려가고

17 또 북쪽으로 접어들어 엔 세메스로 나아가서 아둠밈 비탈 맞은편 글릴롯으로 나아가서 르우벤 자손 보한의 돌까지 내려가고

18 북으로 아라바 맞은편을 지나 아라바로 내려가고

19 또 북으로 벧 호글라 곁을 지나서 요단 남쪽 끝에 있는 염해의 북쪽 해만이 그 경계의 끝이 되나니 이는 남쪽 경계며

20 동쪽 경계는 요단이니 이는 베냐민 자손이 그들의 가족대로 받은 기업의 사방 경계였더라

21 베냐민 자손의 지파가 그들의 가족대로 받은 성읍들은 여리고와 벧호글라와 에멕 그시스와
22 벧 아라바와 스마라임과 벧엘과
23 아윔과 바라와 오브라와
24 그발 암모니와 오브니와 게바이니 열두 성읍과 또 그 마을들이며
25 기브온과 라마와 브에롯과
26 미스베와 그비라와 모사와
27 레겜과 이르브엘과 다랄라와
28 셀라와 엘렙과 여부스 곧 예루살렘과 기부앗과 기럇이니 열네 성읍이요 또 그 마을들이라 이는 베냐민 자손이 그들의 가족대로 받은 기업이었더라

시므온 자손의 기업

19 둘째로 시므온 곧 시므온 자손의 지파를 위하여 그들의 가족대로 제비를 뽑았으니 그들의 기업은 유다 자손의 기업 중에서라
2 그들이 받은 기업은 브엘세바 곧 세바와 몰라다와
3 하살 수알과 발라와 에셈과
4 엘돌랏과 브둘과 호르마와
5 시글락과 벧 말가봇과 하살수사와
6 벧 르바옷과 사루헨이니 열세 성읍이요 또 그 마을들이며
7 또 아인과 림몬과 에델과 아산이니 네 성읍이요 또 그 마을들이며
8 또 네겝의 라마 곧 바알랏 브엘까지 이 성읍들을 둘러 있는 모든 마을들이니 이는 시므온 자손의 지파가 그들의 가족대로 받은 기업이라
9 시므온 자손의 이 기업은 유다 자손의 기업 중에서 취하였으니 이는 유다 자손의 분깃이 자기들에게 너무 많으므로 시므온 자손이 자기의 기업을 그들의 기업 중에서 받음이었더라

스불론 자손의 기업

10 셋째로 스불론 자손을 위하여 그들의 가족대로 제비를 뽑았으니 그들의 기업의 경계는 사릿까지이며
11 서쪽으로 올라가서 마랄라에 이르러 답베셋을 만나 욕느암 앞 시내를 만나고

21
22
23
24
25
26
27
28
19
2
3
4
5
6
7
8
9
10
11

12 사릿에서부터 동쪽으로 돌아 해 뜨는 쪽을 향하여 기슬롯 다볼의 경계에 이르고 다브랏으로 나가서 야비아로 올라가고

13 또 거기서부터 동쪽으로 가드 헤벨을 지나 엣 가신에 이르고 네아까지 연결된 림몬으로 나아가서

14 북쪽으로 돌아 한나돈에 이르고 입다엘 골짜기에 이르러 끝이 되며

15 또 갓닷과 나할랄과 시므론과 이달라와 베들레헴이니 모두 열두 성읍과 그 마을들이라

16 스불론 자손이 그들의 가족대로 받은 기업은 이 성읍들과 그 마을들이었더라

잇사갈 자손의 기업

17 넷째로 잇사갈 곧 잇사갈 자손을 위하여 그들의 가족대로 제비를 뽑았으니

18 그들의 지역은 이스르엘과 그술롯과 수넴과

19 하바라임과 시온과 아나하랏과

20 랍빗과 기시온과 에베스와

21 레멧과 엔 간님과 엔핫다와 벧 바세스이며

22 그 경계는 다볼과 사하수마와 벧세메스에 이르고 그 끝은 요단이니 모두 열여섯 성읍과 그 마을들이라

23 잇사갈 자손 지파가 그 가족대로 받은 기업은 이 성읍들과 그 마을들이었더라

아셀 자손의 기업

24 다섯째로 아셀 자손의 지파를 위하여 그 가족대로 제비를 뽑았으니

25 그들의 지역은 헬갓과 할리와 베덴과 악삽과

26 알람멜렉과 아맛과 미살이며 그 경계의 서쪽은 갈멜을 만나 시홀 림낫에 이르고

27 해 뜨는 쪽으로 돌아 벧 다곤에 이르며 스불론을 만나고 북쪽으로 입다 엘 골짜기를 만나 벧에멕과 느이엘에 이르고 가불 왼쪽으로 나아가서

28 에브론과 르홉과 함몬과 가나를 지나 큰 시돈까지 이르고

29 돌아서 라마와 견고한 성읍 두로에

12
13
14
15
16
17
18
19
20
21
22
23
24
25
26
27
28
29

이르고 돌아서 호사에 이르고 악십 지방 곁 바다가 끝이 되며

30 또 움마와 아벡과 르홉이니 모두 스물두 성읍과 그 마을들이라

31 아셀 자손의 지파가 그 가족대로 받은 기업은 이 성읍들과 그 마을들이었더라

납달리 자손의 기업

32 여섯째로 납달리 자손을 위하여 납달리 자손의 가족대로 제비를 뽑았으니

33 그들의 지역은 헬렙과 사아난님의 상수리나무에서부터 아다미 네겝과 얍느엘을 지나 락굼까지요 그 끝은 요단이며

34 서쪽으로 돌아 아스놋 다볼에 이르고 그 곳에서부터 훅곡으로 나아가 남쪽은 스불론에 이르고 서쪽은 아셀에 이르며 해 뜨는 쪽은 요단에서 유다에 이르고

35 그 견고한 성읍들은 싯딤과 세르와 함맛과 락갓과 긴네렛과

36 아다마와 라마와 하솔과

37 게데스와 에드레이와 엔 하솔과

38 이론과 믹다렐과 호렘과 벧 아낫과 벧 세메스니 모두 열아홉 성읍과 그 마을들이라

39 납달리 자손의 지파가 그 가족대로 받은 기업은 이 성읍들과 그 마을들이었더라

단 자손의 기업

40 일곱째로 단 자손의 지파를 위하여 그들의 가족대로 제비를 뽑았으니

41 그들의 기업의 지역은 소라와 에스다올과 이르세메스와

42 사알랍빈과 아얄론과 이들라와

43 엘론과 딤나와 에그론과

44 엘드게와 깁브돈과 바알랏과

45 여훗과 브네브락과 가드 림몬과

46 메얄곤과 락곤과 욥바 맞은편 경계까지라

47 그런데 단 자손의 경계는 더욱 확장되었으니 이는 단 자손이 올라가서 레셈과 싸워 그것을 점령하여 칼날로 치고 그것을 차지하여 거기 거주하였음이라 그들의 조상 단의 이름을 따라서 레셈을 단이라 하

30

31

32

33

34

35

36

37

38

39

40

41

42

43

44

45

46

47

였더라
48 단 자손의 지파가 그에 딸린 가족
대로 받은 기업은 이 성읍들과 그
들의 마을들이었더라

기업의 땅 나누기를 마치다

49 이스라엘 자손이 그들의 경계를 따
라서 기업의 땅 나누기를 마치고
자기들 중에서 눈의 아들 여호수
아에게 기업을 주었으니
50 곧 여호와의 명령대로 여호수아가
요구한 성읍 에브라임 산지 딤낫
세라를 주매 여호수아가 그 성읍
을 건설하고 거기 거주하였더라
51 제사장 엘르아살과 눈의 아들 여
호수아와 이스라엘 자손의 지파의
족장들이 실로에 있는 회막 문 여
호와 앞에서 제비 뽑아 나눈 기업
이 이러하니라 이에 땅 나누는 일
을 마쳤더라

도피성

20 여호와께서 여호수아에게
말씀하여 이르시되
2 이스라엘 자손에게 말하여 이르기
를 내가 모세를 통하여 너희에게
말한 도피성들을 너희를 위해 정하
여
3 부지중에 실수로 사람을 죽인 자
를 그리로 도망하게 하라 이는 너
희를 위해 피의 보복자를 피할 곳
이니라
4 이 성읍들 중의 하나에 도피하는
자는 그 성읍에 들어가는 문 어귀
에 서서 그 성읍의 장로들의 귀에
자기의 사건을 말할 것이요 그들은
그를 성읍에 받아들여 한 곳을 주
어 자기들 중에 거주하게 하고
5 피의 보복자가 그의 뒤를 따라온다
할지라도 그들은 그 살인자를 그
의 손에 내주지 말지니 이는 본래
미워함이 없이 부지중에 그의 이웃
을 죽였음이라
6 그 살인자는 회중 앞에 서서 재판
을 받기까지 또는 그 당시 대제사
장이 죽기까지 그 성읍에 거주하다
가 그 후에 그 살인자는 그 성읍
곧 자기가 도망하여 나온 자기 성
읍 자기 집으로 돌아갈지니라 하라
하시니라

48
49
50
51
20 2
3
4
5
6

7 이에 그들이 납달리의 산지 갈릴리
게데스와 에브라임 산지의 세겜과
유다 산지의 기럇 아르바 곧 헤브
론과
8 여리고 동쪽 요단 저쪽 르우벤 지
파 중에서 평지 광야의 베셀과 갓
지파 중에서 길르앗 라못과 므낫세
지파 중에서 바산 골란을 구별하
였으니
9 이는 곧 이스라엘 모든 자손과 그
들 중에 거류하는 거류민을 위하
여 선정된 성읍들로서 누구든지
부지중에 살인한 자가 그리로 도망
하여 그가 회중 앞에 설 때까지 피
의 보복자의 손에 죽지 아니하게
하기 위함이라

레위 사람의 성읍

21 그 때에 레위 사람의 족장
들이 제사장 엘르아살과 눈
의 아들 여호수아와 이스라엘 자
손의 지파 족장들에게 나아와
2 가나안 땅 실로에서 그들에게 말
하여 이르되 여호와께서 모세에
게 명령하사 우리가 거주할 성읍
들과 우리 가축을 위해 그 목초지
들을 우리에게 주라 하셨나이다
하매
3 이스라엘 자손이 여호와의 명령을
따라 자기의 기업에서 이 성읍들과
그 목초지들을 레위 사람에게 주
니라
4 그핫 가족을 위하여 제비를 뽑았
는데 레위 사람 중 제사장 아론의
자손들은 유다 지파와 시므온 지
파와 베냐민 지파 중에서 제비 뽑
은 대로 열세 성읍을 받았고
5 그핫 자손들 중에 남은 자는 에브
라임 지파의 가족과 단 지파와 므
낫세 반 지파 중에서 제비 뽑은 대
로 열 성읍을 받았으며
6 게르손 자손들은 잇사갈 지파의
가족들과 아셀 지파와 납달리 지
파와 바산에 있는 므낫세 반 지파
중에서 제비 뽑은 대로 열세 성읍
을 받았더라
7 므라리 자손들은 그 가족대로 르
우벤 지파와 갓 지파와 스불론 지
파 중에서 열두 성읍을 받았더라

8 여호와께서 모세에게 명령하신 대
로 이스라엘 자손이 제비 뽑아 레
위 사람에게 준 성읍들과 그 목초
지들이 이러하니라
9 유다 자손의 지파와 시므온 자손
의 지파 중에서는 이 아래에 기명
한 성읍들을 주었는데
10 레위 자손 중 그핫 가족들에 속한
아론 자손이 첫째로 제비 뽑혔으
므로
11 아낙의 아버지 아르바의 성읍 유다
산지 기랏 아르바 곧 헤브론과 그
주위의 목초지를 그들에게 주었고
12 그 성읍의 밭과 그 촌락들은 여분
네의 아들 갈렙에게 주어 소유가
되게 하였더라
13 제사장 아론의 자손에게 준 것은
살인자의 도피성 헤브론과 그 목
초지이요 또 립나와 그 목초지와
14 얏딜과 그 목초지와 에스드모아와
그 목초지와
15 홀론과 그 목초지와 드빌과 그 목
초지와
16 아인과 그 목초지와 윳다와 그 목
초지와 벧 세메스와 그 목초지이
니 이 두 지파에서 아홉 성읍을 냈
고
17 또 베냐민 지파 중에서는 기브온
과 그 목초지와 게바와 그 목초지
와
18 아나돗과 그 목초지와 알몬과 그
목초지 곧 네 성읍을 냈으니
19 제사장 아론 자손의 성읍은 모두
열세 성읍과 그 목초지들이었더
라
20 레위 사람인 그핫 자손 중에 남은
자들의 가족들 곧 그핫 자손에게
는 제비 뽑아 에브라임 지파 중에
서 그 성읍들을 주었으니
21 곧 살인자의 도피성 에브라임 산지
세겜과 그 목초지이요 또 게셀과
그 목초지와
22 깁사임과 그 목초지와 벧호론과
그 목초지이니 네 성읍이요
23 또 단 지파 중에서 준 것은 엘드게
와 그 목초지와 깁브돈과 그 목초
지와
24 아얄론과 그 목초지와 가드 림몬

8
9
10
11
12
13
14
15
16
17
18
19
20
21
22
23
24

과 그 목초지이니 네 성읍이요
25 또 므낫세 반 지파 중에서 준 것은
다아낙과 그 목초지와 가드 림몬
과 그 목초지이니 두 성읍이라
26 그핫 자손의 남은 가족들을 위한
성읍들은 모두 열 성읍과 그 목초
지들이었더라
27 레위 가족의 게르손 자손에게는
므낫세 반 지파 중에서 살인자의
도피성 바산 골란과 그 목초지를
주었고 또 브에스드라와 그 목초지
를 주었으니 두 성읍이요
28 잇사갈 지파 중에서는 기시온과
그 목초지와 다브랏과 그 목초지
와
29 야르뭇과 그 목초지와 엔 간님과
그 목초지를 주었으니 네 성읍이
요
30 아셀 지파 중에서는 미살과 그 목
초지와 압돈과 그 목초지와
31 헬갓과 그 목초지와 르홉과 그 목
초지를 주었으니 네 성읍이요
32 납달리 지파 중에서는 살인자의 도
피성 갈릴리 게데스와 그 목초지
를 주었고 또 함못 돌과 그 목초지
와 가르단과 그 목초지를 주었으니
세 성읍이라
33 게르손 사람이 그 가족대로 받은
성읍은 모두 열세 성읍과 그 목초
지들이었더라
34 그 남은 레위 사람 므라리 자손의
가족들에게 준 것은 스불론 지파
중에서 욕느암과 그 목초지와 가르
다와 그 목초지와
35 딤나와 그 목초지와 나할랄과 그
목초지이니 네 성읍이요
36 르우벤 지파 중에서 준 것은 베셀
과 그 목초지와 야하스와 그 목초
지와
37 그데못과 그 목초지와 므바앗과
그 목초지이니 네 성읍이요
38 갓 지파 중에서 준 것은 살인자
의 도피성 길르앗 라못과 그 목
초지이요 또 마하나임과 그 목초
지와
39 헤스본과 그 목초지와 야셀과 그
목초지이니 모두 네 성읍이라

40 이는 레위 가족의 남은 자 곧 므라
리 자손이 그들의 가족대로 받은
성읍이니 그들이 제비 뽑아 얻은
성읍이 열두 성읍이었더라
41 레위 사람들이 이스라엘 자손의 기
업 중에서 받은 성읍은 모두 마흔
여덟 성읍이요 또 그 목초지들이라
42 이 각 성읍의 주위에 목초지가 있
었고 모든 성읍이 다 그러하였더라

약속하신 온 땅을 차지하다

43 여호와께서 이스라엘의 조상들에
게 맹세하사 주리라 하신 온 땅을
이와 같이 이스라엘에게 다 주셨
으므로 그들이 그것을 차지하여 거
기에 거주하였으니
44 여호와께서 그들의 주위에 안식을
주셨으되 그 조상들에게 맹세하신
대로 하셨으므로 그들의 모든 원
수들 중에 그들과 맞선 자가 하나
도 없었으니 이는 여호와께서 그들
의 모든 원수들을 그들의 손에 넘
겨 주셨음이니라
45 여호와께서 이스라엘 족속에게 말
씀하신 선한 말씀이 하나도 남음
이 없이 다 응하였더라

여호수아가 동쪽 지파들을 보내다

22 그 때에 여호수아가 르우벤
사람과 갓 사람과 므낫세
반 지파를 불러서
2 그들에게 이르되 여호와의 종 모세
가 너희에게 명령한 것을 너희가 다
지키며 또 내가 너희에게 명령한 모
든 일에 너희가 내 말을 순종하여
3 오늘까지 날이 오래도록 너희가 너
희 형제를 떠나지 아니하고 오직
너희의 하나님 여호와께서 명령하
신 그 책임을 지키도다
4 이제는 너희의 하나님 여호와께서
이미 말씀하신 대로 너희 형제에게
안식을 주셨으니 그런즉 이제 너희
는 여호와의 종 모세가 요단 저쪽
에서 너희에게 준 소유지로 가서
너희의 장막으로 돌아가되
5 오직 여호와의 종 모세가 너희에게
명령한 명령과 율법을 반드시 행하
여 너희의 하나님 여호와를 사랑
하고 그의 모든 길로 행하며 그의
계명을 지켜 그에게 친근히 하고

40

41

42

43

44

45

22

2

3

4

5

너희의 마음을 다하며 성품을 다
하여 그를 섬길지니라 하고
6 여호수아가 그들에게 축복하여 보 6
내매 그들이 자기 장막으로 갔더라
7 므낫세 반 지파에게는 모세가 바 7
산에서 기업을 주었고 그 남은 반
지파에게는 여호수아가 요단 이쪽
서쪽에서 그들의 형제들과 함께 기
업을 준지라 여호수아가 그들을 그
들의 장막으로 돌려보낼 때에 그들
에게 축복하고
8 말하여 이르되 너희는 많은 재산
과 심히 많은 가축과 은과 금과 구 8
리와 쇠와 심히 많은 의복을 가지
고 너희의 장막으로 돌아가서 너희
의 원수들에게서 탈취한 것을 너희
의 형제와 나눌지니라 하매
9 르우벤 자손과 갓 자손과 므낫세
반 지파가 가나안 땅 실로에서 이 9
스라엘 자손을 떠나 여호와께서 모
세에게 명령하신 대로 받은 땅 곧
그들의 소유지 길르앗으로 가니라

요단 가에 제단을 쌓다

10 르우벤 자손과 갓 자손과 므낫세
반 지파가 가나안 땅 요단 언덕 가 10
에 이르자 거기서 요단 가에 제단
을 쌓았는데 보기에 큰 제단이었더
라
11 이스라엘 자손이 들은즉 이르기를 11
르우벤 자손과 갓 자손과 므낫세
반 지파가 가나안 땅의 맨 앞쪽 요
단 언덕 가 이스라엘 자손에게 속
한 쪽에 제단을 쌓았다 하는지라
12 이스라엘 자손이 이를 듣자 곧 이
스라엘 자손의 온 회중이 실로에 12
모여서 그들과 싸우러 가려 하니라
13 이스라엘 자손이 제사장 엘르아살
의 아들 비느하스를 길르앗 땅으로 13
보내어 르우벤 자손과 갓 자손과
므낫세 반 지파를 보게 하되
14 이스라엘 각 지파에서 한 지도자
씩 열 지도자들을 그와 함께 하게 14
하니 그들은 각기 그들의 조상들의
가문의 수령으로서 이스라엘 중에
서 천부장들이라
15 그들이 길르앗 땅에 이르러 르우벤
자손과 갓 자손과 므낫세 반 지파 15
에게 나아가서 그들에게 말하여 이

르되
16 여호와의 온 회중이 말하기를 너희
가 어찌하여 이스라엘 하나님께 범
죄하여 오늘 여호와를 따르는 데서
돌아서서 너희를 위하여 제단을
쌓아 너희가 오늘 여호와께 거역하
고자 하느냐
17 브올의 죄악으로 말미암아 여호와
의 회중에 재앙이 내렸으나 오늘까
지 우리가 그 죄에서 정결함을 받
지 못하였거늘 그 죄악이 우리에게
부족하여서
18 오늘 너희가 돌이켜 여호와를 따르
지 아니하려고 하느냐 너희가 오늘
여호와를 배역하면 내일은 그가 이
스라엘 온 회중에게 진노하시리라
19 그런데 너희의 소유지가 만일 깨끗
하지 아니하거든 여호와의 성막이
있는 여호와의 소유지로 건너와 우
리 중에서 소유지를 나누어 가질
것이니라 오직 우리 하나님 여호와
의 제단 외에 다른 제단을 쌓음으
로 여호와를 거역하지 말며 우리에
게도 거역하지 말라
20 세라의 아들 아간이 온전히 바친
물건에 대하여 범죄하므로 이스라
엘 온 회중에 진노가 임하지 아니
하였느냐 그의 죄악으로 멸망한 자
가 그 한 사람만이 아니었느니라
하니라
21 르우벤 자손과 갓 자손과 므낫세
반 지파가 이스라엘 천천의 수령들
에게 대답하여 이르되
22 전능하신 자 하나님 여호와, 전능
하신 자 하나님 여호와께서 아시나
니 이스라엘도 장차 알리라 이 일
이 만일 여호와를 거역함이거나 범
죄함이거든 주께서는 오늘 우리를
구원하지 마시옵소서
23 우리가 제단을 쌓은 것이 돌이켜
여호와를 따르지 아니하려 함이거
나 또는 그 위에 번제나 소제를 드
리려 함이거나 또는 화목제물을 드
리려 함이거든 여호와는 친히 벌하
시옵소서
24 우리가 목적이 있어서 주의하고 이
같이 하였노라 곧 생각하기를 후일
에 너희의 자손이 우리 자손에게

말하여 이르기를 너희가 이스라엘
하나님 여호와와 무슨 상관이 있
느냐
25 너희 르우벤 자손 갓 자손아 여호
와께서 우리와 너희 사이에 요단으
로 경계를 삼으셨나니 너희는 여호
와께 받을 분깃이 없느니라 하여
너희의 자손이 우리 자손에게 여
호와 경외하기를 그치게 할까 하여
26 우리가 말하기를 우리가 이제 한
제단 쌓기를 준비하자 하였노니 이
는 번제를 위함도 아니요 다른 제
사를 위함도 아니라
27 우리가 여호와 앞에서 우리의 번제
와 우리의 다른 제사와 우리의 화
목제로 섬기는 것을 우리와 너희
사이와 우리의 후대 사이에 증거가
되게 할 뿐으로서 너희 자손들이
후일에 우리 자손들에게 이르기를
너희는 여호와께 받을 분깃이 없다
하지 못하게 하려 함이라
28 우리가 말하였거니와 만일 그들이
후일에 우리에게나 우리 후대에게
이같이 말하면 우리가 말하기를 우
리 조상이 지은 여호와의 제단 모
형을 보라 이는 번제를 위한 것도
아니요 다른 제사를 위한 것도 아
니라 오직 우리와 너희 사이에 증
거만 되게 할 뿐이라
29 우리가 번제나 소제나 다른 제사
를 위하여 우리 하나님 여호와의
성막 앞에 있는 제단 외에 제단을
쌓음으로 여호와를 거역하고 오늘
여호와를 따르는 데에서 돌아서려
는 것은 결단코 아니라 하리라
30 제사장 비느하스와 그와 함께 한
회중의 지도자들 곧 이스라엘 천천
의 수령들이 르우벤 자손과 갓 자
손과 므낫세 자손의 말을 듣고 좋
게 여긴지라
31 제사장 엘르아살의 아들 비느하스
가 르우벤 자손과 갓 자손과 므낫
세 자손에게 이르되 우리가 오늘
여호와께서 우리 중에 계신 줄을
아노니 이는 너희가 이 죄를 여호
와께 범하지 아니하였음이니라 너
희가 이제 이스라엘 자손을 여호
와의 손에서 건져내었느니라 하고

25

26

27

28

29

30

31

32 제사장 엘르아살의 아들 비느하스
와 지도자들이 르우벤 자손과 갓
자손을 떠나 길르앗 땅에서 가나
안 땅 이스라엘 자손에게 돌아와
그들에게 보고하매
33 그 일이 이스라엘 자손을 즐겁게
한지라 이스라엘 자손이 하나님을
찬송하고 르우벤 자손과 갓 자손
이 거주하는 땅에 가서 싸워 그것
을 멸하자 하는 말을 다시는 하지
아니하였더라
34 르우벤 자손과 갓 자손이 그 제단
을 엣이라 불렀으니 우리 사이에
이 제단은 여호와께서 하나님이 되
시는 증거라 함이었더라

여호수아의 마지막 말

23 여호와께서 주위의 모든 원
수들로부터 이스라엘을 쉬
게 하신 지 오랜 후에 여호수아가
나이 많아 늙은지라
2 여호수아가 온 이스라엘 곧 그들의
장로들과 수령들과 재판장들과 관
리들을 불러다가 그들에게 이르되
나는 나이가 많아 늙었도다
3 너희의 하나님 여호와께서 너희를
위하여 이 모든 나라에 행하신 일
을 너희가 다 보았거니와 너희의
하나님 여호와 그는 너희를 위하여
싸우신 이시니라
4 보라 내가 요단에서부터 해 지는
쪽 대해까지의 남아 있는 나라들
과 이미 멸한 모든 나라를 내가 너
희를 위하여 제비 뽑아 너희의 지
파에게 기업이 되게 하였느니라
5 너희의 하나님 여호와 그가 너희
앞에서 그들을 쫓아내사 너희 목전
에서 그들을 떠나게 하시리니 너희
의 하나님 여호와께서 너희에게 말
씀하신 대로 너희가 그 땅을 차지
할 것이라
6 그러므로 너희는 크게 힘써 모세의
율법 책에 기록된 것을 다 지켜 행
하라 그것을 떠나 우로나 좌로나
치우치지 말라
7 너희 중에 남아 있는 이 민족들 중
에 들어 가지 말라 그들의 신들의
이름을 부르지 말라 그것들을 가
리켜 맹세하지 말라 또 그것을 섬

겨서 그것들에게 절하지 말라
8 오직 너희의 하나님 여호와께 가까
이 하기를 오늘까지 행한 것 같이
하라
9 이는 여호와께서 강대한 나라들을
너희의 앞에서 쫓아내셨으므로 오
늘까지 너희에게 맞선 자가 하나도
없었느니라
10 너희 중 한 사람이 천 명을 쫓으리
니 이는 너희의 하나님 여호와 그
가 너희에게 말씀하신 것 같이 너
희를 위하여 싸우심이라
11 그러므로 스스로 조심하여 너희의
하나님 여호와를 사랑하라
12 너희가 만일 돌아서서 너희 중에
남아 있는 이 민족들을 가까이 하
여 더불어 혼인하며 서로 왕래하면
13 확실히 알라 너희의 하나님 여호와
께서 이 민족들을 너희 목전에서
다시는 쫓아내지 아니하시리니 그
들이 너희에게 올무가 되며 덫이
되며 너희의 옆구리에 채찍이 되며
너희의 눈에 가시가 되어서 너희가
마침내 너희의 하나님 여호와께서
너희에게 주신 이 아름다운 땅에
서 멸하리라
14 보라 나는 오늘 온 세상이 가는 길
로 가려니와 너희의 하나님 여호와
께서 너희에게 대하여 말씀하신 모
든 선한 말씀이 하나도 틀리지 아
니하고 다 너희에게 응하여 그 중에
하나도 어김이 없음을 너희 모든
사람은 마음과 뜻으로 아는 바라
15 너희의 하나님 여호와께서 너희에
게 말씀하신 모든 선한 말씀이 너
희에게 임한 것 같이 여호와께서
모든 불길한 말씀도 너희에게 임하
게 하사 너희의 하나님 여호와께
서 너희에게 주신 이 아름다운 땅
에서 너희를 멸절하기까지 하실 것
이라
16 만일 너희가 너희의 하나님 여호와
께서 너희에게 명령하신 언약을 범
하고 가서 다른 신들을 섬겨 그들
에게 절하면 여호와의 진노가 너희
에게 미치리니 너희에게 주신 아름
다운 땅에서 너희가 속히 멸망하
리라 하니라

여호수아가 세겜에 모인 백성에게 이르다

24 여호수아가 이스라엘 모든
지파를 세겜에 모으고 이
스라엘 장로들과 그들의 수령들과
재판장들과 관리들을 부르매 그들
이 하나님 앞에 나와 선지라
2 여호수아가 모든 백성에게 이르되
이스라엘의 하나님 여호와께서 이
같이 말씀하시기를 옛적에 너희의
조상들 곧 아브라함의 아버지, 나
홀의 아버지 데라가 강 저쪽에 거
주하여 다른 신들을 섬겼으나
3 내가 너희의 조상 아브라함을 강
저쪽에서 이끌어 내어 가나안 온
땅에 두루 행하게 하고 그의 씨를
번성하게 하려고 그에게 이삭을 주
었으며
4 이삭에게는 야곱과 에서를 주었고
에서에게는 세일 산을 소유로 주었
으나 야곱과 그의 자손들은 애굽
으로 내려갔으므로
5 내가 모세와 아론을 보내었고 또
애굽에 재앙을 내렸나니 곧 내가
그들 가운데 행한 것과 같고 그 후
에 너희를 인도하여 내었노라
6 내가 너희의 조상들을 애굽에서
인도하여 내어 바다에 이르게 한
즉 애굽 사람들이 병거와 마병을
거느리고 너희의 조상들을 홍해까
지 쫓아오므로
7 너희의 조상들이 나 여호와께 부르
짖기로 내가 너희와 애굽 사람들
사이에 흑암을 두고 바다를 이끌
어 그들을 덮었나니 내가 애굽에서
행한 일을 너희의 눈이 보았으며
또 너희가 많은 날을 광야에서 거
주하였느니라
8 내가 또 너희를 인도하여 요단 저
쪽에 거주하는 아모리 족속의 땅
으로 들어가게 하매 그들이 너희와
싸우기로 내가 그들을 너희 손에
넘겨 주매 너희가 그 땅을 점령하
였고 나는 그들을 너희 앞에서 멸
절시켰으며
9 또한 모압 왕 십볼의 아들 발락이
일어나 이스라엘과 싸우더니 사람
을 보내어 브올의 아들 발람을 불

24

2

3

4

5

6

7

8

9

러다가 너희를 저주하게 하려 하였
으나
10 내가 발람을 위해 듣기를 원하지
아니하였으므로 그가 오히려 너희
를 축복하였고 나는 너희를 그의
손에서 건져내었으며
11 너희가 요단을 건너 여리고에 이른
즉 여리고 주민들 곧 아모리 족속
과 브리스 족속과 가나안 족속과
헷 족속과 기르가스 족속과 히위
족속과 여부스 족속이 너희와 싸
우기로 내가 그들을 너희의 손에
넘겨 주었으며
12 내가 왕벌을 너희 앞에 보내어 그
아모리 족속의 두 왕을 너희 앞에
서 쫓아내게 하였나니 너희의 칼이
나 너희의 활로써 이같이 한 것이
아니며
13 내가 또 너희가 수고하지 아니한
땅과 너희가 건설하지 아니한 성읍
들을 너희에게 주었더니 너희가 그
가운데에 거주하며 너희는 또 너희
가 심지 아니한 포도원과 감람원의
열매를 먹는다 하셨느니라
14 그러므로 이제는 여호와를 경외하
며 온전함과 진실함으로 그를 섬기
라 너희의 조상들이 강 저쪽과 애
굽에서 섬기던 신들을 치워 버리고
여호와만 섬기라
15 만일 여호와를 섬기는 것이 너희에
게 좋지 않게 보이거든 너희 조상들
이 강 저쪽에서 섬기던 신들이든지
또는 너희가 거주하는 땅에 있는
아모리 족속의 신들이든지 너희가
섬길 자를 오늘 택하라 오직 나와
내 집은 여호와를 섬기겠노라 하니
16 백성이 대답하여 이르되 우리가 결
단코 여호와를 버리고 다른 신들
을 섬기기를 하지 아니하오리니
17 이는 우리 하나님 여호와께서 친히
우리와 우리 조상들을 인도하여
애굽 땅 종 되었던 집에서 올라오
게 하시고 우리 목전에서 그 큰 이
적들을 행하시고 우리가 행한 모든
길과 우리가 지나온 모든 백성들
중에서 우리를 보호하셨음이며
18 여호와께서 또 모든 백성들과 이
땅에 거주하던 아모리 족속을 우

10

11

12

13

14

15

16

17

18

리 앞에서 쫓아내셨음이라 그러므
로 우리도 여호와를 섬기리니 그는
우리 하나님이심이니이다 하니라
19 여호수아가 백성에게 이르되 너희
가 여호와를 능히 섬기지 못할 것
은 그는 거룩하신 하나님이시요 질
투하시는 하나님이시니 너희의 잘
못과 죄들을 사하지 아니하실 것임
이라
20 만일 너희가 여호와를 버리고 이방
신들을 섬기면 너희에게 복을 내리
신 후에라도 돌이켜 너희에게 재앙
을 내리시고 너희를 멸하시리라 하
니
21 백성이 여호수아에게 말하되 아니
니이다 우리가 여호와를 섬기겠나
이다 하는지라
22 여호수아가 백성에게 이르되 너희
가 여호와를 택하고 그를 섬기리라
하였으니 스스로 증인이 되었느니
라 하니 그들이 이르되 우리가 증
인이 되었나이다 하더라
23 여호수아가 이르되 그러면 이제 너
희 중에 있는 이방 신들을 치워 버
리고 너희의 마음을 이스라엘의
하나님 여호와께로 향하라 하니
24 백성이 여호수아에게 말하되 우리
하나님 여호와를 우리가 섬기고 그
의 목소리를 우리가 청종하리이다
하는지라
25 그 날에 여호수아가 세겜에서 백성
과 더불어 언약을 맺고 그들을 위
하여 율례와 법도를 제정하였더라
26 여호수아가 이 모든 말씀을 하나님
의 율법책에 기록하고 큰 돌을 가
져다가 거기 여호와의 성소 곁에
있는 상수리나무 아래에 세우고
27 모든 백성에게 이르되 보라 이 돌
이 우리에게 증거가 되리니 이는 여
호와께서 우리에게 하신 모든 말씀
을 이 돌이 들었음이니라 그런즉 너
희가 너희의 하나님을 부인하지 못
하도록 이 돌이 증거가 되리라 하고
28 백성을 보내어 각기 기업으로 돌아
가게 하였더라

여호수아와 엘르아살이 죽다

29 이 일 후에 여호와의 종 눈의 아들
여호수아가 백십 세에 죽으매

30 그들이 그를 그의 기업의 경내 딤
낫 세라에 장사하였으니 딤낫 세라
는 에브라임 산지 가아스 산 북쪽
이었더라
31 이스라엘이 여호수아가 사는 날
동안과 여호수아 뒤에 생존한 장
로들 곧 여호와께서 이스라엘을
위하여 행하신 모든 일을 아는 자
들이 사는 날 동안 여호와를 섬겼
더라
32 또 이스라엘 자손이 애굽에서 가
져 온 요셉의 뼈를 세겜에 장사하
였으니 이곳은 야곱이 백 크시타
를 주고 세겜의 아버지 하몰의 자
손들에게서 산 밭이라 그것이 요셉
자손의 기업이 되었더라
33 아론의 아들 엘르아살도 죽으매 그
들이 그를 그의 아들 비느하스가
에브라임 산지에서 받은 산에 장사
하였더라

30
31
32
33

유다와 시므온 지파가 아도니 베섹을 잡다

1 여호수아가 죽은 후에 이스라
엘 자손이 여호와께 여쭈어 이
르되 우리 가운데 누가 먼저 올라
가서 가나안 족속과 싸우리이까
2 여호와께서 이르시되 유다가 올라
갈지니라 보라 내가 이 땅을 그의
손에 넘겨 주었노라 하시니라
3 유다가 그의 형제 시므온에게 이르
되 내가 제비 뽑아 얻은 땅에 나와
함께 올라가서 가나안 족속과 싸
우자 그리하면 나도 네가 제비 뽑
아 얻은 땅에 함께 가리라 하니 이
에 시므온이 그와 함께 가니라
4 유다가 올라가매 여호와께서 가나
안 족속과 브리스 족속을 그들의
손에 넘겨 주시니 그들이 베섹에서
만 명을 죽이고
5 또 베섹에서 아도니 베섹을 만나
그와 싸워서 가나안 족속과 브리
스 족속을 죽이니
6 아도니 베섹이 도망하는지라 그를
쫓아가서 잡아 그의 엄지손가락과
엄지발가락을 자르매
7 아도니 베섹이 이르되 옛적에 칠십
명의 왕들이 그들의 엄지손가락과
엄지발가락이 잘리고 내 상 아래에
서 먹을 것을 줍더니 하나님이 내가
행한 대로 내게 갚으심이로다 하니
라 무리가 그를 끌고 예루살렘에
이르렀더니 그가 거기서 죽었더라

유다 지파가 예루살렘과 헤브론을 치다

8 유다 자손이 예루살렘을 쳐서 점
령하여 칼날로 치고 그 성을 불살
랐으며
9 그 후에 유다 자손이 내려가서 산
지와 남방과 평지에 거주하는 가나
안 족속과 싸웠고
10 유다가 또 가서 헤브론에 거주하
는 가나안 족속을 쳐서 세새와 아
히만과 달매를 죽였더라 헤브론의
본 이름은 기럇 아르바였더라

옷니엘이 드빌을 치다

11 거기서 나아가서 드빌의 주민들을
쳤으니 드빌의 본 이름은 기럇 세

1

2

3

4

5

6

7

8

9

10

11

벨이라

12 갈렙이 말하기를 기럇 세벨을 쳐서 그것을 점령하는 자에게는 내 딸 악사를 아내로 주리라 하였더니

13 갈렙의 아우 그나스의 아들인 옷니엘이 그것을 점령하였으므로 갈렙이 그의 딸 악사를 그에게 아내로 주었더라

14 악사가 출가할 때에 그에게 청하여 자기 아버지에게 밭을 구하자 하고 나귀에서 내리매 갈렙이 묻되 네가 무엇을 원하느냐 하니

15 이르되 내게 복을 주소서 아버지께서 나를 남방으로 보내시니 샘물도 내게 주소서 하매 갈렙이 윗샘과 아랫샘을 그에게 주었더라

유다와 베냐민 지파의 승리

16 모세의 장인은 겐 사람이라 그의 자손이 유다 자손과 함께 종려나무 성읍에서 올라가서 아랏 남방의 유다 황무지에 이르러 그 백성 중에 거주하니라

17 유다가 그의 형제 시므온과 함께 가서 스밧에 거주하는 가나안 족속을 쳐서 그 곳을 진멸하였으므로 그 성읍의 이름을 호르마라 하니라

18 유다가 또 가사 및 그 지역과 아스글론 및 그 지역과 에그론 및 그 지역을 점령하였고

19 여호와께서 유다와 함께 계셨으므로 그가 산지 주민을 쫓아내었으나 골짜기의 주민들은 철 병거가 있으므로 그들을 쫓아내지 못하였으며

20 그들이 모세가 명령한 대로 헤브론을 갈렙에게 주었더니 그가 거기서 아낙의 세 아들을 쫓아내었고

21 베냐민 자손은 예루살렘에 거주하는 여부스 족속을 쫓아내지 못하였으므로 여부스 족속이 베냐민 자손과 함께 오늘까지 예루살렘에 거주하니라

에브라임과 므낫세 지파가 벧엘을 치다

22 요셉 가문도 벧엘을 치러 올라가니 여호와께서 그와 함께 하시니라

23 요셉 가문이 벧엘을 정탐하게 하였는데 그 성읍의 본 이름은 루스라

24 정탐꾼들이 그 성읍에서 한 사람
이 나오는 것을 보고 그에게 이르
되 청하노니 이 성읍의 입구를 우
리에게 보이라 그리하면 우리가 네
게 선대하리라 하매
25 그 사람이 성읍의 입구를 가리킨지
라 이에 그들이 칼날로 그 성읍을
쳤으되 오직 그 사람과 그의 가족
을 놓아 보내매
26 그 사람이 헷 사람들의 땅에 가서
성읍을 건축하고 그것의 이름을
루스라 하였더니 오늘까지 그 곳의
이름이 되니라

쫓아내지 못한 가나안 족속

27 므낫세가 벧스안과 그에 딸린 마
을들의 주민과 다아낙과 그에 딸
린 마을들의 주민과 돌과 그에 딸
린 마을들의 주민과 이블르암과
그에 딸린 마을들의 주민과 므깃
도와 그에 딸린 마을들의 주민들
을 쫓아내지 못하매 가나안 족속
이 결심하고 그 땅에 거주하였더
니
28 이스라엘이 강성한 후에야 가나안
족속에게 노역을 시켰고 다 쫓아내
지 아니하였더라
29 에브라임이 게셀에 거주하는 가나
안 족속을 쫓아내지 못하매 가나
안 족속이 게셀에서 그들 중에 거
주하였더라
30 스불론은 기드론 주민과 나할롤
주민을 쫓아내지 못하였으므로 가
나안 족속이 그들 중에 거주하면
서 노역을 하였더라
31 아셀이 악고 주민과 시돈 주민과
알랍과 악십과 헬바와 아빅과 르
홉 주민을 쫓아내지 못하고
32 아셀 족속이 그 땅의 주민 가나안
족속 가운데 거주하였으니 이는 그
들을 쫓아내지 못함이었더라
33 납달리는 벧세메스 주민과 벧아낫
주민을 쫓아내지 못하고 그 땅의
주민 가나안 족속 가운데 거주하
였으나 벧세메스와 벧아낫 주민들
이 그들에게 노역을 하였더라
34 아모리 족속이 단 자손을 산지로
몰아넣고 골짜기에 내려오기를 용
납하지 아니하였으며

35 결심하고 헤레스 산과 아얄론과 사
알빔에 거주하였더니 요셉의 가문
의 힘이 강성하매 아모리 족속이
마침내는 노역을 하였으며
36 아모리 족속의 경계는 아그랍빔 비
탈의 바위부터 위쪽이었더라

여호와의 사자가 보김에 나타나다

2 여호와의 사자가 길갈에서부터
보김으로 올라와 말하되 내가
너희를 애굽에서 올라오게 하여
내가 너희의 조상들에게 맹세한 땅
으로 들어가게 하였으며 또 내가
이르기를 내가 너희와 함께 한 언
약을 영원히 어기지 아니하리니
2 너희는 이 땅의 주민과 언약을 맺
지 말며 그들의 제단들을 헐라 하
였거늘 너희가 내 목소리를 듣지
아니하였으니 어찌하여 그리하였
느냐
3 그러므로 내가 또 말하기를 내가
그들을 너희 앞에서 쫓아내지 아니
하리니 그들이 너희 옆구리에 가시
가 될 것이며 그들의 신들이 너희
에게 올무가 되리라 하였노라
4 여호와의 사자가 이스라엘 모든 자
손에게 이 말씀을 이르매 백성이
소리를 높여 운지라
5 그러므로 그 곳을 이름하여 보김이
라 하고 그들이 거기서 여호와께
제사를 드렸더라

여호수아가 죽다

6 전에 여호수아가 백성을 보내매 이
스라엘 자손이 각기 그들의 기업으
로 가서 땅을 차지하였고
7 백성이 여호수아가 사는 날 동안과
여호수아 뒤에 생존한 장로들 곧
여호와께서 이스라엘을 위하여 행
하신 모든 큰 일을 본 자들이 사는
날 동안에 여호와를 섬겼더라
8 여호와의 종 눈의 아들 여호수아
가 백십 세에 죽으매
9 무리가 그의 기업의 경내 에브라임
산지 가아스 산 북쪽 딤낫 헤레스
에 장사하였고
10 그 세대의 사람도 다 그 조상들에
게로 돌아갔고 그 후에 일어난 다
른 세대는 여호와를 알지 못하며
여호와께서 이스라엘을 위하여 행

하신 일도 알지 못하였더라

이스라엘이 여호와를 버리다

11 이스라엘 자손이 여호와의 목전에
악을 행하여 바알들을 섬기며
12 애굽 땅에서 그들을 인도하여 내
신 그들의 조상들의 하나님 여호
와를 버리고 다른 신들 곧 그들의
주위에 있는 백성의 신들을 따라
그들에게 절하여 여호와를 진노하
시게 하였으되
13 곧 그들이 여호와를 버리고 바알
과 아스다롯을 섬겼으므로
14 여호와께서 이스라엘에게 진노하
사 노략하는 자의 손에 넘겨주사
그들이 노략을 당하게 하시며 또
주위에 있는 모든 대적의 손에 팔
아 넘기시매 그들이 다시는 대적을
당하지 못하였으며
15 그들이 어디로 가든지 여호와의 손
이 그들에게 재앙을 내리시니 곧
여호와께서 말씀하신 것과 같고 여
호와께서 그들에게 맹세하신 것과
같아서 그들의 괴로움이 심하였더
라
16 여호와께서 사사들을 세우사 노략
자의 손에서 그들을 구원하게 하
셨으나
17 그들이 그 사사들에게도 순종하지
아니하고 오히려 다른 신들을 따라
가 음행하며 그들에게 절하고 여호
와의 명령을 순종하던 그들의 조
상들이 행하던 길에서 속히 치우쳐
떠나서 그와 같이 행하지 아니하였
더라
18 여호와께서 그들을 위하여 사사들
을 세우실 때에는 그 사사와 함께
하셨고 그 사사가 사는 날 동안에
는 여호와께서 그들을 대적의 손에
서 구원하셨으니 이는 그들이 대적
에게 압박과 괴롭게 함을 받아 슬
피 부르짖으므로 여호와께서 뜻을
돌이키셨음이거늘
19 그 사사가 죽은 후에는 그들이 돌
이켜 그들의 조상들보다 더욱 타
락하여 다른 신들을 따라 섬기며
그들에게 절하고 그들의 행위와
패역한 길을 그치지 아니하였으므
로

20 여호와께서 이스라엘에게 진노하
여 이르시되 이 백성이 내가 그들
의 조상들에게 명령한 언약을 어기
고 나의 목소리를 순종하지 아니하
였은즉
21 나도 여호수아가 죽을 때에 남겨
둔 이방 민족들을 다시는 그들 앞
에서 하나도 쫓아내지 아니하리니
22 이는 이스라엘이 그들의 조상들이
지킨 것 같이 나 여호와의 도를 지
켜 행하나 아니하나 그들을 시험하
려 함이라 하시니라
23 여호와께서 그 이방 민족들을 머
물러 두사 그들을 속히 쫓아내지
아니하셨으며 여호수아의 손에 넘
겨 주지 아니하셨더라

그 땅에 남겨 두신 사람들

3 여호와께서 가나안의 모든 전
쟁들을 알지 못한 이스라엘을
시험하려 하시며
2 이스라엘 자손의 세대 중에 아직
전쟁을 알지 못하는 자들에게 그
것을 가르쳐 알게 하려 하사 남겨
두신 이방 민족들은
3 블레셋의 다섯 군주들과 모든 가나
안 족속과 시돈 족속과 바알 헤르
몬 산에서부터 하맛 입구까지 레바
논 산에 거주하는 히위 족속이라
4 남겨 두신 이 이방 민족들로 이스
라엘을 시험하사 여호와께서 모세
를 통하여 그들의 조상들에게 이
르신 명령들을 순종하는지 알고자
하셨더라
5 그러므로 이스라엘 자손은 가나안
족속과 헷 족속과 아모리 족속과
브리스 족속과 히위 족속과 여부
스 족속 가운데에 거주하면서
6 그들의 딸들을 맞아 아내로 삼으며
자기 딸들을 그들의 아들들에게 주
고 또 그들의 신들을 섬겼더라

사사 옷니엘

7 이스라엘 자손이 여호와의 목전에
악을 행하여 자기들의 하나님 여호
와를 잊어버리고 바알들과 아세라
들을 섬긴지라
8 여호와께서 이스라엘에게 진노하
사 그들을 메소보다미아 왕 구산
리사다임의 손에 파셨으므로 이스

라엘 자손이 구산 리사다임을 팔
년 동안 섬겼더니
9 이스라엘 자손이 여호와께 부르짖
으매 여호와께서 이스라엘 자손을
위하여 한 구원자를 세워 그들을
구원하게 하시니 그는 곧 갈렙의
아우 그나스의 아들 옷니엘이라
10 여호와의 영이 그에게 임하셨으므
로 그가 이스라엘의 사사가 되어
나가서 싸울 때에 여호와께서 메
소보다미아 왕 구산 리사다임을
그의 손에 넘겨 주시매 옷니엘의
손이 구산 리사다임을 이기니라
11 그 땅이 평온한 지 사십 년에 그나
스의 아들 옷니엘이 죽었더라

사사 에훗

12 이스라엘 자손이 또 여호와의 목
전에 악을 행하니라 이스라엘 자
손이 여호와의 목전에 악을 행하
므로 여호와께서 모압 왕 에글론
을 강성하게 하사 그들을 대적하게
하시매
13 에글론이 암몬과 아말렉 자손들을
모아 가지고 와서 이스라엘을 쳐서
종려나무 성읍을 점령한지라
14 이에 이스라엘 자손이 모압 왕 에
글론을 열여덟 해 동안 섬기니라
15 이스라엘 자손이 여호와께 부르짖
으매 여호와께서 그들을 위하여
한 구원자를 세우셨으니 그는 곧
베냐민 사람 게라의 아들 왼손잡
이 에훗이라 이스라엘 자손이 그
를 통하여 모압 왕 에글론에게 공
물을 바칠 때에
16 에훗이 길이가 한 규빗 되는 좌우
에 날선 칼을 만들어 그의 오른쪽
허벅지 옷 속에 차고
17 공물을 모압 왕 에글론에게 바쳤
는데 에글론은 매우 비둔한 자였
더라
18 에훗이 공물 바치기를 마친 후에
공물을 메고 온 자들을 보내고
19 자기는 길갈 근처 돌 뜨는 곳에서
부터 돌아와서 이르되 왕이여 내
가 은밀한 일을 왕에게 아뢰려 하
나이다 하니 왕이 명령하여 조용
히 하라 하매 모셔 선 자들이 다
물러간지라

20 에훗이 그에게로 들어가니 왕은 서
늘한 다락방에 홀로 앉아 있는 중
이라 에훗이 이르되 내가 하나님의
명령을 받들어 왕에게 아뢸 일이
있나이다 하매 왕이 그의 좌석에
서 일어나니
21 에훗이 왼손을 뻗쳐 그의 오른쪽
허벅지 위에서 칼을 빼어 왕의 몸
을 찌르매
22 칼자루도 날을 따라 들어가서 그
끝이 등 뒤까지 나갔고 그가 칼을
그의 몸에서 빼내지 아니하였으므
로 기름이 칼날에 엉겼더라
23 에훗이 현관에 나와서 다락문들을
뒤에서 닫아 잠그니라
24 에훗이 나간 후에 왕의 신하들이
들어와서 다락문들이 잠겼음을 보
고 이르되 왕이 분명히 서늘한 방
에서 그의 발을 가리우신다 하고
25 그들이 오래 기다려도 왕이 다락
문들을 열지 아니하는지라 열쇠를
가지고 열어 본즉 그들의 군주가
이미 땅에 엎드러져 죽었더라
26 그들이 기다리는 동안에 에훗이
피하여 돌 뜨는 곳을 지나 스이라
로 도망하니라
27 그가 이르러 에브라임 산지에서 나
팔을 불매 이스라엘 자손이 산지
에서 그를 따라 내려오니 에훗이
앞서 가며
28 그들에게 이르되 나를 따르라 여
호와께서 너희의 원수들인 모압을
너희의 손에 넘겨 주셨느니라 하
매 무리가 에훗을 따라 내려가 모
압 맞은편 요단 강 나루를 장악하
여 한 사람도 건너지 못하게 하였
고
29 그 때에 모압 사람 약 만 명을 죽였
으니 모두 장사요 모두 용사라 한
사람도 도망하지 못하였더라
30 그 날에 모압이 이스라엘 수하에
굴복하매 그 땅이 팔십 년 동안 평
온하였더라

사사 삼갈

31 에훗 후에는 아낫의 아들 삼갈이
있어 소 모는 막대기로 블레셋 사
람 육백 명을 죽였고 그도 이스라
엘을 구원하였더라

20
21
22
23
24
25
26
27
28
29
30
31

사사 드보라

4 에훗이 죽으니 이스라엘 자손이 또 여호와의 목전에 악을 행하매

2 여호와께서 하솔에서 통치하는 가나안 왕 야빈의 손에 그들을 파셨으니 그의 군대 장관은 하로셋 학고임에 거주하는 시스라요

3 야빈 왕은 철 병거 구백 대가 있어 이십 년 동안 이스라엘 자손을 심히 학대했으므로 이스라엘 자손이 여호와께 부르짖었더라

4 그 때에 랍비돗의 아내 여선지자 드보라가 이스라엘의 사사가 되었는데

5 그는 에브라임 산지 라마와 벧엘 사이 드보라의 종려나무 아래에 거주하였고 이스라엘 자손은 그에게 나아가 재판을 받더라

6 드보라가 사람을 보내어 아비노암의 아들 바락을 납달리 게데스에서 불러다가 그에게 이르되 이스라엘의 하나님 여호와께서 이같이 명령하지 아니하셨느냐 너는 납달리 자손과 스불론 자손 만 명을 거느리고 다볼 산으로 가라

7 내가 야빈의 군대 장관 시스라와 그의 병거들과 그의 무리를 기손 강으로 이끌어 네게 이르게 하고 그를 네 손에 넘겨 주리라 하셨느니라

8 바락이 그에게 이르되 만일 당신이 나와 함께 가면 내가 가려니와 만일 당신이 나와 함께 가지 아니하면 나도 가지 아니하겠노라 하니

9 이르되 내가 반드시 너와 함께 가리라 그러나 네가 이번에 가는 길에서는 영광을 얻지 못하리니 이는 여호와께서 시스라를 여인의 손에 파실 것임이니라 하고 드보라가 일어나 바락과 함께 게데스로 가니라

10 바락이 스불론과 납달리를 게데스로 부르니 만 명이 그를 따라 올라가고 드보라도 그와 함께 올라가니라

11 모세의 장인 호밥의 자손 중 겐 사람 헤벨이 자기 족속을 떠나 게데스에 가까운 사아난님 상수리나무 곁에 이르러 장막을 쳤더라

4

2

3

4

5

6

7

8

9

10

11

12 아비노암의 아들 바락이 다볼 산
에 오른 것을 사람들이 시스라에
게 알리매
13 시스라가 모든 병거 곧 철 병거 구
백 대와 자기와 함께 있는 모든 백
성을 하로셋학고임에서부터 기손
강으로 모은지라
14 드보라가 바락에게 이르되 일어나
라 이는 여호와께서 시스라를 네
손에 넘겨 주신 날이라 여호와께
서 너에 앞서 나가지 아니하시느냐
하는지라 이에 바락이 만 명을 거
느리고 다볼 산에서 내려가니
15 여호와께서 바락 앞에서 시스라와
그의 모든 병거와 그의 온 군대를
칼날로 혼란에 빠지게 하시매 시스
라가 병거에서 내려 걸어서 도망한
지라
16 바락이 그의 병거들과 군대를 추격
하여 하로셋학고임에 이르니 시스
라의 온 군대가 다 칼에 엎드러졌
고 한 사람도 남은 자가 없었더라
17 시스라가 걸어서 도망하여 겐 사람
헤벨의 아내 야엘의 장막에 이르렀
으니 이는 하솔 왕 야빈과 겐 사람
헤벨의 집 사이에는 화평이 있음이
라
18 야엘이 나가 시스라를 영접하며 그
에게 말하되 나의 주여 들어오소
서 내게로 들어오시고 두려워하지
마소서 하매 그가 그 장막에 들어
가니 야엘이 이불로 그를 덮으니라
19 시스라가 그에게 말하되 청하노니
내게 물을 조금 마시게 하라 내가
목이 마르다 하매 우유 부대를 열
어 그에게 마시게 하고 그를 덮으
니
20 그가 또 이르되 장막 문에 섰다가
만일 사람이 와서 네게 묻기를 여
기 어떤 사람이 있느냐 하거든 너
는 없다 하라 하고
21 그가 깊이 잠드니 헤벨의 아내 야
엘이 장막 말뚝을 가지고 손에 방
망이를 들고 그에게로 가만히 가서
말뚝을 그의 관자놀이에 박으매
말뚝이 꿰뚫고 땅에 박히니 그가
기절하여 죽으니라
22 바락이 시스라를 추격할 때에 야

엘이 나가서 그를 맞아 그에게 이
르되 오라 네가 찾는 그 사람을 내
가 네게 보이리라 하매 바락이 그
에게 들어가 보니 시스라가 엎드러
져 죽었고 말뚝이 그의 관자놀이
에 박혔더라
23 이와 같이 이 날에 하나님이 가나
안 왕 야빈을 이스라엘 자손 앞에
굴복하게 하신지라
24 이스라엘 자손의 손이 가나안 왕
야빈을 점점 더 눌러서 마침내 가
나안 왕 야빈을 진멸하였더라

드보라와 바락의 노래

5 이 날에 드보라와 아비노암의
아들 바락이 노래하여 이르되
2 이스라엘의 영솔자들이 영솔하
였고 백성이 즐거이 헌신하였으
니 여호와를 찬송하라
3 너희 왕들아 들으라 통치자들아
귀를 기울이라 나 곧 내가 여호
와를 노래할 것이요 이스라엘의
하나님 여호와를 찬송하리로다
4 여호와여 주께서 세일에서부터
나오시고 에돔 들에서부터 진행
하실 때에 땅이 진동하고 하늘
이 물을 내리고 구름도 물을 내
렸나이다
5 산들이 여호와 앞에서 진동하니
저 시내 산도 이스라엘의 하나님
여호와 앞에서 진동하였도다
6 아낫의 아들 삼갈의 날에 또는
야엘의 날에는 대로가 비었고 길
의 행인들은 오솔길로 다녔도다
7 이스라엘에는 마을 사람들이 그
쳤으니 나 드보라가 일어나 이스
라엘의 어머니가 되기까지 그쳤
도다
8 무리가 새 신들을 택하였으므로
그 때에 전쟁이 성문에 이르렀으
나 이스라엘의 사만 명 중에 방
패와 창이 보였던가
9 내 마음이 이스라엘의 방백을
사모함은 그들이 백성 중에서 즐
거이 헌신하였음이니 여호와를
찬송하라
10 흰 나귀를 탄 자들, 양탄자에 앉
은 자들, 길에 행하는 자들아 전
파할지어다

23
24
5
2
3
4
5
6
7
8
9
10

11 활 쏘는 자들의 소리로부터 멀리
떨어진 물 긷는 곳에서도 여호와
의 공의로우신 일을 전하라 이
스라엘에서 마을 사람들을 위한
의로우신 일을 노래하라 그 때
에 여호와의 백성이 성문에 내려
갔도다
12 깰지어다 깰지어다 드보라여 깰
지어다 깰지어다 너는 노래할지
어다 일어날지어다 바락이여 아
비노암의 아들이여 네가 사로잡
은 자를 끌고 갈지어다
13 그 때에 남은 귀인과 백성이 내
려왔고 여호와께서 나를 위하여
용사를 치시려고 내려오셨도다
14 에브라임에게서 나온 자들은 아
말렉에 뿌리 박힌 자들이요 베
냐민은 백성들 중에서 너를 따르
는 자들이요 마길에게서는 명령
하는 자들이 내려왔고 스불론에
게서는 대장군의 지팡이를 잡은
자들이 내려왔도다
15 잇사갈의 방백들이 드보라와 함
께 하니 잇사갈과 같이 바락도
그의 뒤를 따라 골짜기로 달려
내려가니 르우벤 시냇가에서 큰
결심이 있었도다
16 네가 양의 우리 가운데에 앉아
서 목자의 피리 부는 소리를 들
음은 어찌 됨이냐 르우벤 시냇가
에서 큰 결심이 있었도다
17 길르앗은 요단 강 저쪽에 거주하
며 단은 배에 머무름이 어찌 됨
이냐 아셀은 해변에 앉으며 자기
항만에 거주하도다
18 스불론은 죽음을 무릅쓰고 목
숨을 아끼지 아니한 백성이요 납
달리도 들의 높은 곳에서 그러하
도다
19 왕들이 와서 싸울 때에 가나안
왕들이 므깃도 물 가 다아낙에
서 싸웠으나 은을 탈취하지 못하
였도다
20 별들이 하늘에서부터 싸우되 그
들이 다니는 길에서 시스라와
싸웠도다
21 기손 강은 그 무리를 표류시켰으
니 이 기손 강은 옛 강이라 내

11

12

13

14

15

16

17

18

19

20

21

영혼아 네가 힘 있는 자를 밟았도다

22 그 때에 군마가 빨리 달리니 말굽 소리가 땅을 울리도다

23 여호와의 사자의 말씀에 메로스를 저주하라 너희가 거듭거듭 그 주민들을 저주할 것은 그들이 와서 여호와를 돕지 아니하며 여호와를 도와 용사를 치지 아니함이니라 하시도다

24 겐 사람 헤벨의 아내 야엘은 다른 여인들보다 복을 받을 것이니 장막에 있는 여인들보다 더욱 복을 받을 것이로다

25 시스라가 물을 구하매 우유를 주되 곧 엉긴 우유를 귀한 그릇에 담아 주었고

26 손으로 장막 말뚝을 잡으며 오른손에 일꾼들의 방망이를 들고 시스라를 쳐서 그의 머리를 뚫되 곧 그의 관자놀이를 꿰뚫었도다

27 그가 그의 발 앞에 꾸부러지며 엎드러지고 쓰러졌고 그의 발 앞에 꾸부러져 엎드러져서 그 꾸부러진 곳에 엎드러져 죽었도다

28 시스라의 어머니가 창문을 통하여 바라보며 창살을 통하여 부르짖기를 그의 병거가 어찌하여 더디 오는가 그의 병거들의 걸음이 어찌하여 늦어지는가 하매

29 그의 지혜로운 시녀들이 대답하였겠고 그도 스스로 대답하기를

30 그들이 어찌 노략물을 얻지 못하였으랴 그것을 나누지 못하였으랴 사람마다 한두 처녀를 얻었으리로다 시스라는 채색 옷을 노략하였으리니 그것은 수 놓은 채색 옷이리로다 곧 양쪽에 수 놓은 채색 옷이리니 노략한 자의 목에 꾸미리로다 하였으리라

31 여호와여 주의 원수들은 다 이와 같이 망하게 하시고 주를 사랑하는 자들은 해가 힘 있게 돋음 같게 하시옵소서

하니라 그 땅이 사십 년 동안 평온하였더라

사사 기드온

6 이스라엘 자손이 또 여호와의
목전에 악을 행하였으므로 여
호와께서 칠 년 동안 그들을 미디
안의 손에 넘겨 주시니
2 미디안의 손이 이스라엘을 이긴지
라 이스라엘 자손이 미디안으로
말미암아 산에서 웅덩이와 굴과 산
성을 자기들을 위하여 만들었으며
3 이스라엘이 파종한 때면 미디안과
아말렉과 동방 사람들이 치러 올
라와서
4 진을 치고 가사에 이르도록 토지
소산을 멸하여 이스라엘 가운데에
먹을 것을 남겨 두지 아니하며 양
이나 소나 나귀도 남기지 아니하
니
5 이는 그들이 그들의 짐승과 장막을
가지고 올라와 메뚜기 떼 같이 많
이 들어오니 그 사람과 낙타가 무
수함이라 그들이 그 땅에 들어와
멸하려 하니
6 이스라엘이 미디안으로 말미암아
궁핍함이 심한지라 이에 이스라엘
자손이 여호와께 부르짖었더라
7 이스라엘 자손이 미디안으로 말미
암아 여호와께 부르짖었으므로
8 여호와께서 이스라엘 자손에게 한
선지자를 보내시니 그가 그들에게
이르되 여호와께서 이같이 말씀하
시기를 이스라엘의 하나님 내가 너
희를 애굽에서 인도하여 내며 너희
를 그 종 되었던 집에서 나오게 하
여
9 애굽 사람의 손과 너희를 학대하
는 모든 자의 손에서 너희를 건져
내고 그들을 너희 앞에서 쫓아내
고 그 땅을 너희에게 주었으며
10 내가 또 너희에게 이르기를 나는
너희의 하나님 여호와이니 너희가
거주하는 아모리 사람의 땅의 신
들을 두려워하지 말라 하였으나 너
희가 내 목소리를 듣지 아니하였느
니라 하셨다 하니라
11 여호와의 사자가 아비에셀 사람 요
아스에게 속한 오브라에 이르러
상수리나무 아래에 앉으니라 마침
요아스의 아들 기드온이 미디안 사

람에게 알리지 아니하려 하여 밀
을 포도주 틀에서 타작하더니
12 여호와의 사자가 기드온에게 나타
나 이르되 큰 용사여 여호와께서
너와 함께 계시도다 하매
13 기드온이 그에게 대답하되 오 나의
주여 여호와께서 우리와 함께 계시
면 어찌하여 이 모든 일이 우리에
게 일어났나이까 또 우리 조상들
이 일찍이 우리에게 이르기를 여호
와께서 우리를 애굽에서 올라오게
하신 것이 아니냐 한 그 모든 이적
이 어디 있나이까 이제 여호와께서
우리를 버리사 미디안의 손에 우리
를 넘겨 주셨나이다 하니
14 여호와께서 그를 향하여 이르시되
너는 가서 이 너의 힘으로 이스라
엘을 미디안의 손에서 구원하라 내
가 너를 보낸 것이 아니냐 하시니
라
15 그러나 기드온이 그에게 대답하되
오 주여 내가 무엇으로 이스라엘을
구원하리이까 보소서 나의 집은 므
낫세 중에 극히 약하고 나는 내 아
버지 집에서 가장 작은 자니이다
하니
16 여호와께서 그에게 이르시되 내가
반드시 너와 함께 하리니 네가 미
디안 사람 치기를 한 사람을 치듯
하리라 하시니라
17 기드온이 그에게 대답하되 만일 내
가 주께 은혜를 얻었사오면 나와
말씀하신 이가 주 되시는 표징을
내게 보이소서
18 내가 예물을 가지고 다시 주께로
와서 그것을 주 앞에 드리기까지
이 곳을 떠나지 마시기를 원하나이
다 하니 그가 이르되 내가 너 돌아
올 때까지 머무르리라 하니라
19 기드온이 가서 염소 새끼 하나를
준비하고 가루 한 에바로 무교병을
만들고 고기를 소쿠리에 담고 국
을 양푼에 담아 상수리나무 아래
그에게로 가져다가 드리매
20 하나님의 사자가 그에게 이르되 고
기와 무교병을 가져다가 이 바위
위에 놓고 국을 부으라 하니 기드
온이 그대로 하니라

21 여호와의 사자가 손에 잡은 지팡이
끝을 내밀어 고기와 무교병에 대니
불이 바위에서 나와 고기와 무교병
을 살랐고 여호와의 사자는 떠나
서 보이지 아니한지라
22 기드온이 그가 여호와의 사자인
줄을 알고 이르되 슬프도소이다
주 여호와여 내가 여호와의 사자
를 대면하여 보았나이다 하니
23 여호와께서 그에게 이르시되 너는
안심하라 두려워하지 말라 죽지 아
니하리라 하시니라
24 기드온이 여호와를 위하여 거기서
제단을 쌓고 그것을 여호와 살롬이
라 하였더라 그것이 오늘까지 아비
에셀 사람에게 속한 오브라에 있
더라
25 그 날 밤에 여호와께서 기드온에게
이르시되 네 아버지에게 있는 수소
곧 칠 년 된 둘째 수소를 끌어 오고
네 아버지에게 있는 바알의 제단을
헐며 그 곁의 아세라 상을 찍고
26 또 이 산성 꼭대기에 네 하나님 여
호와를 위하여 규례대로 한 제단
을 쌓고 그 둘째 수소를 잡아 네가
찍은 아세라 나무로 번제를 드릴지
니라 하시니라
27 이에 기드온이 종 열 사람을 데리
고 여호와께서 그에게 말씀하신 대
로 행하되 그의 아버지의 가문과
그 성읍 사람들을 두려워하므로
이 일을 감히 낮에 행하지 못하고
밤에 행하니라
28 그 성읍 사람들이 아침에 일찍이
일어나 본즉 바알의 제단이 파괴되
었으며 그 곁의 아세라가 찍혔고
새로 쌓은 제단 위에 그 둘째 수소
를 드렸는지라
29 서로 물어 이르되 이것이 누구의
소행인가 하고 그들이 캐어 물은
후에 이르되 요아스의 아들 기드
온이 이를 행하였도다 하고
30 성읍 사람들이 요아스에게 이르되
네 아들을 끌어내라 그는 당연히
죽을지니 이는 바알의 제단을 파괴
하고 그 곁의 아세라를 찍었음이니
라 하니
31 요아스가 자기를 둘러선 모든 자에

21
22
23
24
25
26
27
28
29
30
31

계 이르되 너희가 바알을 위하여
다투느냐 너희가 바알을 구원하겠
느냐 그를 위하여 다투는 자는 아
침까지 죽임을 당하리라 바알이
과연 신일진대 그의 제단을 파괴하
였은즉 그가 자신을 위해 다툴 것
이니라 하니라
32 그 날에 기드온을 여룹바알이라
불렀으니 이는 그가 바알의 제단
을 파괴하였으므로 바알이 그와
더불어 다툴 것이라 함이었더라
33 그 때에 미디안과 아말렉과 동방
사람들이 다 함께 모여 요단 강을
건너와서 이스르엘 골짜기에 진을
친지라
34 여호와의 영이 기드온에게 임하시
니 기드온이 나팔을 불매 아비에셀
이 그의 뒤를 따라 부름을 받으니
라
35 기드온이 또 사자들을 온 므낫세
에 두루 보내매 그들도 모여서 그
를 따르고 또 사자들을 아셀과 스
불론과 납달리에 보내매 그 무리도
올라와 그를 영접하더라
36 기드온이 하나님께 여쭈되 주께서
이미 말씀하심 같이 내 손으로 이
스라엘을 구원하시려거든
37 보소서 내가 양털 한 뭉치를 타작
마당에 두리니 만일 이슬이 양털에
만 있고 주변 땅은 마르면 주께서
이미 말씀하심 같이 내 손으로 이
스라엘을 구원하실 줄을 내가 알
겠나이다 하였더니
38 그대로 된지라 이튿날 기드온이 일
찍이 일어나서 양털을 가져다가 그
양털에서 이슬을 짜니 물이 그릇
에 가득하더라
39 기드온이 또 하나님께 여쭈되 주여
내게 노하지 마옵소서 내가 이번만
말하리이다 구하옵나니 내게 이번
만 양털로 시험하게 하소서 원하건
대 양털만 마르고 그 주변 땅에는
다 이슬이 있게 하옵소서 하였더
니
40 그 밤에 하나님이 그대로 행하시니
곧 양털만 마르고 그 주변 땅에는
다 이슬이 있었더라

기드온이 미디안을 치다

7 여룹바알이라 하는 기드온과
그를 따르는 모든 백성이 일찍
이 일어나 하롯 샘 곁에 진을 쳤고
미디안의 진영은 그들의 북쪽이요
모레 산 앞 골짜기에 있었더라
2 여호와께서 기드온에게 이르시되
너를 따르는 백성이 너무 많은즉
내가 그들의 손에 미디안 사람을
넘겨 주지 아니하리니 이는 이스라
엘이 나를 거슬러 스스로 자랑하
기를 내 손이 나를 구원하였다 할
까 함이니라
3 이제 너는 백성의 귀에 외쳐 이르기
를 누구든지 두려워 떠는 자는 길
르앗 산을 떠나 돌아가라 하라 하
시니 이에 돌아간 백성이 이만 이천
명이요 남은 자가 만 명이었더라
4 여호와께서 또 기드온에게 이르시
되 백성이 아직도 많으니 그들을
인도하여 물 가로 내려가라 거기서
내가 너를 위하여 그들을 시험하리
라 내가 누구를 가리켜 네게 이르
기를 이 사람이 너와 함께 가리라
하면 그는 너와 함께 갈 것이요 내
가 누구를 가리켜 네게 이르기를
이 사람은 너와 함께 가지 말 것이
니라 하면 그는 가지 말 것이니라
하신지라
5 이에 백성을 인도하여 물 가에 내
려가매 여호와께서 기드온에게 이
르시되 누구든지 개가 핥는 것 같
이 혀로 물을 핥는 자들을 너는 따
로 세우고 또 누구든지 무릎을 꿇
고 마시는 자들도 그와 같이 하라
하시더니
6 손으로 움켜 입에 대고 핥는 자의
수는 삼백 명이요 그 외의 백성은
다 무릎을 꿇고 물을 마신지라
7 여호와께서 기드온에게 이르시되
내가 이 물을 핥아 먹은 삼백 명으
로 너희를 구원하며 미디안을 네
손에 넘겨 주리니 남은 백성은 각
각 자기의 처소로 돌아갈 것이니라
하시니
8 이에 백성이 양식과 나팔을 손에
든지라 기드온이 이스라엘 모든 백
성을 각각 그의 장막으로 돌려보내

7
2
3
4
5
6
7
8

고 그 삼백 명은 머물게 하니라 미
디안 진영은 그 아래 골짜기 가운
데에 있었더라
9 그 밤에 여호와께서 기드온에게 이
르시되 일어나 진영으로 내려가라
내가 그것을 네 손에 넘겨 주었느
니라
10 만일 네가 내려가기를 두려워하거
든 네 부하 부라와 함께 그 진영으
로 내려가서
11 그들이 하는 말을 들으라 그 후에
네 손이 강하여져서 그 진영으로
내려가리라 하시니 기드온이 이에
그의 부하 부라와 함께 군대가 있
는 진영 근처로 내려간즉
12 미디안과 아말렉과 동방의 모든 사
람들이 골짜기에 누웠는데 메뚜기
의 많은 수와 같고 그들의 낙타의
수가 많아 해변의 모래가 많음 같
은지라
13 기드온이 그 곳에 이른즉 어떤 사
람이 그의 친구에게 꿈을 말하여
이르기를 보라 내가 한 꿈을 꾸었는
데 꿈에 보리떡 한 덩어리가 미디안
진영으로 굴러 들어와 한 장막에
이르러 그것을 쳐서 무너뜨려 위쪽
으로 엎으니 그 장막이 쓰러지더라
14 그의 친구가 대답하여 이르되 이
는 다른 것이 아니라 이스라엘 사
람 요아스의 아들 기드온의 칼이
라 하나님이 미디안과 그 모든 진
영을 그의 손에 넘겨 주셨느니라
하더라
15 기드온이 그 꿈과 해몽하는 말을
듣고 경배하며 이스라엘 진영으로
돌아와 이르되 일어나라 여호와께
서 미디안과 그 모든 진영을 너희
손에 넘겨 주셨느니라 하고
16 삼백 명을 세 대로 나누어 각 손에
나팔과 빈 항아리를 들리고 항아
리 안에는 횃불을 감추게 하고
17 그들에게 이르되 너희는 나만 보
고 내가 하는 대로 하되 내가 그 진
영 근처에 이르러서 내가 하는 대
로 너희도 그리하여
18 나와 나를 따르는 자가 다 나팔을
불거든 너희도 모든 진영 주위에서
나팔을 불며 이르기를 여호와를

9

10

11

12

13

14

15

16

17

18

위하라, 기드온을 위하라 하라 하
니라
19 기드온과 그와 함께 한 백 명이 이
경 초에 진영 근처에 이른즉 바로
파수꾼들을 교대한 때라 그들이
나팔을 불며 손에 가졌던 항아리
를 부수니라
20 세 대가 나팔을 불며 항아리를 부
수고 왼손에 횃불을 들고 오른손
에 나팔을 들어 불며 외쳐 이르되
여호와와 기드온의 칼이다 하고
21 각기 제자리에 서서 그 진영을 에
워싸매 그 온 진영의 군사들이 뛰
고 부르짖으며 도망하였는데
22 삼백 명이 나팔을 불 때에 여호와
께서 그 온 진영에서 친구끼리 칼
로 치게 하시므로 적군이 도망하
여 스레라의 벧 싯다에 이르고 또
답밧에 가까운 아벨므홀라의 경계
에 이르렀으며
23 이스라엘 사람들은 납달리와 아셀
과 온 므낫세에서부터 부름을 받고
미디안을 추격하였더라
24 기드온이 사자들을 보내서 에브라
임 온 산지로 두루 다니게 하여 이르
기를 내려와서 미디안을 치고 그들
을 앞질러 벧 바라와 요단 강에 이르
는 수로를 점령하라 하매 이에 에브
라임 사람들이 다 모여 벧 바라와 요
단 강에 이르는 수로를 점령하고
25 또 미디안의 두 방백 오렙과 스엡
을 사로잡아 오렙은 오렙 바위에서
죽이고 스엡은 스엡 포도주 틀에
서 죽이고 미디안을 추격하였고 오
렙과 스엡의 머리를 요단 강 건너편
에서 기드온에게 가져왔더라

기드온이 죽인 미디안 왕들

8 에브라임 사람들이 기드온에게
이르되 네가 미디안과 싸우러
갈 때에 우리를 부르지 아니하였으
니 우리를 이같이 대접함은 어찌
됨이냐 하고 그와 크게 다투는지라
2 기드온이 그들에게 이르되 내가 이
제 행한 일이 너희가 한 것에 비교
되겠느냐 에브라임의 끝물 포도가
아비에셀의 맏물 포도보다 낫지
아니하냐
3 하나님이 미디안의 방백 오렙과 스

엡을 너희 손에 넘겨 주셨으니 내
가 한 일이 어찌 능히 너희가 한 것
에 비교되겠느냐 하니라 기드온이
이 말을 하매 그 때에 그들의 노여
움이 풀리니라
4 기드온과 그와 함께 한 자 삼백 명
이 요단 강에 이르러 건너고 비록
피곤하나 추격하며
5 그가 숙곳 사람들에게 이르되 나
를 따르는 백성이 피곤하니 청하건
대 그들에게 떡덩이를 주라 나는
미디안의 왕들인 세바와 살문나의
뒤를 추격하고 있노라 하니
6 숙곳의 방백들이 이르되 세바와
살문나의 손이 지금 네 손 안에 있
다는 거냐 어찌 우리가 네 군대에
게 떡을 주겠느냐 하는지라
7 기드온이 이르되 그러면 여호와께
서 세바와 살문나를 내 손에 넘겨
주신 후에 내가 들가시와 찔레로
너희 살을 찢으리라 하고
8 거기서 브누엘로 올라가서 그들에
게도 그같이 구한즉 브누엘 사람
들의 대답도 숙곳 사람들의 대답
과 같은지라
9 기드온이 또 브누엘 사람들에게
말하여 이르되 내가 평안히 돌아
올 때에 이 망대를 헐리라 하니라
10 이 때에 세바와 살문나가 갈골에
있는데 동방 사람의 모든 군대 중
에 칼 든 자 십이만 명이 죽었고 그
남은 만 오천 명 가량은 그들을 따
라와서 거기에 있더라
11 적군이 안심하고 있는 중에 기드온
이 노바와 욕브하 동쪽 장막에 거
주하는 자의 길로 올라가서 그 적
진을 치니
12 세바와 살문나가 도망하는지라
기드온이 그들의 뒤를 추격하여
미디안의 두 왕 세바와 살문나를
사로잡고 그 온 진영을 격파하니
라
13 요아스의 아들 기드온이 헤레스 비
탈 전장에서 돌아오다가
14 숙곳 사람 중 한 소년을 잡아 그를
심문하매 그가 숙곳의 방백들과
장로들 칠십칠 명을 그에게 적어

4
5
6
7
8
9
10
11
12
13
14

준지라
15 기드온이 숙곳 사람들에게 이르러
말하되 너희가 전에 나를 희롱하
여 이르기를 세바와 살문나의 손
이 지금 네 손 안에 있다는거냐 어
찌 우리가 네 피곤한 사람들에게
떡을 주겠느냐 한 그 세바와 살문
나를 보라 하고
16 그 성읍의 장로들을 붙잡아 들가시
와 찔레로 숙곳 사람들을 징벌하
고
17 브누엘 망대를 헐며 그 성읍 사람
들을 죽이니라
18 이에 그가 세바와 살문나에게 말
하되 너희가 다볼에서 죽인 자들
은 어떠한 사람들이더냐 하니 대
답하되 그들이 너와 같아서 하나
같이 왕자들의 모습과 같더라 하
니라
19 그가 이르되 그들은 내 형제들이
며 내 어머니의 아들들이니라 여호
와께서 살아 계심을 두고 맹세하노
니 너희가 만일 그들을 살렸더라면
나도 너희를 죽이지 아니하였으리
라 하고
20 그의 맏아들 여델에게 이르되 일어
나 그들을 죽이라 하였으나 그 소
년이 그의 칼을 빼지 못하였으니
이는 아직 어려서 두려워함이었더
라
21 세바와 살문나가 이르되 네가 일어
나 우리를 치라 사람이 어떠하면
그의 힘도 그러하니라 하니 기드온
이 일어나 세바와 살문나를 죽이
고 그들의 낙타 목에 있던 초승달
장식들을 떼어서 가지니라
22 그 때에 이스라엘 사람들이 기드
온에게 이르되 당신이 우리를 미디
안의 손에서 구원하셨으니 당신과
당신의 아들과 당신의 손자가 우리
를 다스리소서 하는지라
23 기드온이 그들에게 이르되 내가 너
희를 다스리지 아니하겠고 나의 아
들도 너희를 다스리지 아니할 것이
요 여호와께서 너희를 다스리시리
라 하니라
24 기드온이 또 그들에게 이르되 내가
너희에게 요청할 일이 있으니 너희

는 각기 탈취한 귀고리를 내게 줄
지니라 하였으니 이는 그들이 이스
마엘 사람들이므로 금 귀고리가
있었음이라
25 무리가 대답하되 우리가 즐거이 드
리리이다 하고 겉옷을 펴고 각기
탈취한 귀고리를 그 가운데에 던지
니
26 기드온이 요청한 금 귀고리의 무게
가 금 천칠백 세겔이요 그 외에 또
초승달 장식들과 패물과 미디안 왕
들이 입었던 자색 의복과 또 그 외
에 그들의 낙타 목에 둘렀던 사슬
이 있었더라
27 기드온이 그 금으로 에봇 하나를
만들어 자기의 성읍 오브라에 두었
더니 온 이스라엘이 그것을 음란하
게 위하므로 그것이 기드온과 그
의 집에 올무가 되니라
28 미디안이 이스라엘 자손 앞에 복
종하여 다시는 그 머리를 들지 못
하였으므로 기드온이 사는 사십
년 동안 그 땅이 평온하였더라

기드온이 죽다

29 요아스의 아들 여룹바알이 돌아가
서 자기 집에 거주하였는데
30 기드온이 아내가 많으므로 그의
몸에서 낳은 아들이 칠십 명이었고
31 세겜에 있는 그의 첩도 아들을 낳
았으므로 그 이름을 아비멜렉이라
하였더라
32 요아스의 아들 기드온이 나이가
많아 죽으매 아비에셀 사람의 오브
라에 있는 그의 아버지 요아스의
묘실에 장사되었더라
33 기드온이 이미 죽으매 이스라엘 자
손이 돌아서서 바알들을 따라가
음행하였으며 또 바알브릿을 자기
들의 신으로 삼고
34 이스라엘 자손이 주위의 모든 원
수들의 손에서 자기들을 건져내신
여호와 자기들의 하나님을 기억하
지 아니하며
35 또 여룹바알이라 하는 기드온이
이스라엘에 베푼 모든 은혜를 따
라 그의 집을 후대하지도 아니하였
더라

아비멜렉

9 여룹바알의 아들 아비멜렉이 세겜에 가서 그의 어머니의 형제에게 이르러 그들과 그의 외조부의 집의 온 가족에게 말하여 이르되

2 청하노니 너희는 세겜의 모든 사람들의 귀에 말하라 여룹바알의 아들 칠십 명이 다 너희를 다스림과 한 사람이 너희를 다스림이 어느 것이 너희에게 나으냐 또 나는 너희와 골육임을 기억하라 하니

3 그의 어머니의 형제들이 그를 위하여 이 모든 말을 세겜의 모든 사람들의 귀에 말하매 그들의 마음이 아비멜렉에게로 기울어서 이르기를 그는 우리 형제라 하고

4 바알브릿 신전에서 은 칠십 개를 내어 그에게 주매 아비멜렉이 그것으로 방탕하고 경박한 사람들을 사서 자기를 따르게 하고

5 오브라에 있는 그의 아버지의 집으로 가서 여룹바알의 아들 곧 자기 형제 칠십 명을 한 바위 위에서 죽였으되 다만 여룹바알의 막내아들 요담은 스스로 숨었으므로 남으니라

6 세겜의 모든 사람과 밀로 모든 족속이 모여서 세겜에 있는 상수리나무 기둥 곁에서 아비멜렉을 왕으로 삼으니라

7 사람들이 요담에게 그 일을 알리매 요담이 그리심 산 꼭대기로 가서 서서 그의 목소리를 높여 그들에게 외쳐 이르되 세겜 사람들아 내 말을 들으라 그리하여야 하나님이 너희의 말을 들으시리라

8 하루는 나무들이 나가서 기름을 부어 자신들 위에 왕으로 삼으려 하여 감람나무에게 이르되 너는 우리 위에 왕이 되라 하매

9 감람나무가 그들에게 이르되 내게 있는 나의 기름은 하나님과 사람을 영화롭게 하나니 내가 어찌 그것을 버리고 가서 나무들 위에 우쭐대리요 한지라

10 나무들이 또 무화과나무에게 이르되 너는 와서 우리 위에 왕이 되라

하매
11 무화과나무가 그들에게 이르되 나
의 단 것과 나의 아름다운 열매를
내가 어찌 버리고 가서 나무들 위
에 우쭐대리요 한지라
12 나무들이 또 포도나무에게 이르되
너는 와서 우리 위에 왕이 되라 하
매
13 포도나무가 그들에게 이르되 하나
님과 사람을 기쁘게 하는 내 포도
주를 내가 어찌 버리고 가서 나무
들 위에 우쭐대리요 한지라
14 이에 모든 나무가 가시나무에게 이
르되 너는 와서 우리 위에 왕이 되
라 하매
15 가시나무가 나무들에게 이르되 만
일 너희가 참으로 내게 기름을 부
어 너희 위에 왕으로 삼겠거든 와
서 내 그늘에 피하라 그리하지 아
니하면 불이 가시나무에서 나와서
레바논의 백향목을 사를 것이니라
하였느니라
16 이제 너희가 아비멜렉을 세워 왕으
로 삼았으니 너희가 행한 것이 과
연 진실하고 의로우냐 이것이 여룹
바알과 그의 집을 선대함이냐 이것
이 그의 손이 행한 대로 그에게 보
답함이냐
17 우리 아버지가 전에 죽음을 무릅
쓰고 너희를 위하여 싸워 미디안
의 손에서 너희를 건져냈거늘
18 너희가 오늘 일어나 우리 아버지의
집을 쳐서 그의 아들 칠십 명을 한
바위 위에서 죽이고 그의 여종의
아들 아비멜렉이 너희 형제가 된다
고 그를 세워 세겜 사람들 위에 왕
으로 삼았도다
19 만일 너희가 오늘 여룹바알과 그
의 집을 대접한 것이 진실하고 의
로운 일이면 너희가 아비멜렉으
로 말미암아 기뻐할 것이요 아비
멜렉도 너희로 말미암아 기뻐하
려니와
20 그렇지 아니하면 아비멜렉에게서
불이 나와서 세겜 사람들과 밀로
의 집을 사를 것이요 세겜 사람들
과 밀로의 집에서도 불이 나와 아
비멜렉을 사를 것이니라 하고

11

12

13

14

15

16

17

18

19

20

21 요담이 그의 형제 아비멜렉 앞에서
도망하여 피해서 브엘로 가서 거기
에 거주하니라
22 아비멜렉이 이스라엘을 다스린 지
삼 년에
23 하나님이 아비멜렉과 세겜 사람들
사이에 악한 영을 보내시매 세겜
사람들이 아비멜렉을 배반하였으
니
24 이는 여룹바알의 아들 칠십 명에
게 저지른 포학한 일을 갚되 그들
을 죽여 피 흘린 죄를 그들의 형제
아비멜렉과 아비멜렉의 손을 도와
그의 형제들을 죽이게 한 세겜 사
람들에게로 돌아가게 하심이라
25 세겜 사람들이 산들의 꼭대기에
사람을 매복시켜 아비멜렉을 엿보
게 하고 그 길로 지나는 모든 자를
다 강탈하게 하니 어떤 사람이 그
것을 아비멜렉에게 알리니라
26 에벳의 아들 가알이 그의 형제와
더불어 세겜에 이르니 세겜 사람들
이 그를 신뢰하니라
27 그들이 밭에 가서 포도를 거두어다
가 밟아 짜서 연회를 베풀고 그들
의 신당에 들어가서 먹고 마시며
아비멜렉을 저주하니
28 에벳의 아들 가알이 이르되 아비
멜렉은 누구며 세겜은 누구기에 우
리가 아비멜렉을 섬기리요 그가 여
룹바알의 아들이 아니냐 그의 신
복은 스불이 아니냐 차라리 세겜
의 아버지 하몰의 후손을 섬길 것
이라 우리가 어찌 아비멜렉을 섬기
리요
29 이 백성이 내 수하에 있었더라면
내가 아비멜렉을 제거하였으리라
하고 아비멜렉에게 이르되 네 군대
를 증원해서 나오라 하니라
30 그 성읍의 방백 스불이 에벳의 아
들 가알의 말을 듣고 노하여
31 사자들을 아비멜렉에게 가만히 보
내어 이르되 보소서 에벳의 아들
가알과 그의 형제들이 세겜에 이르
러 그 성읍이 당신을 대적하게 하
니
32 당신은 당신과 함께 있는 백성과
더불어 밤에 일어나 밭에 매복하였

다가
33 아침 해 뜰 때에 당신이 일찍 일어
나 이 성읍을 엄습하면 가알 및 그
와 함께 있는 백성이 나와서 당신
을 대적하리니 당신은 기회를 보아
그에게 행하소서 하니
34 아비멜렉과 그와 함께 있는 모든
백성이 밤에 일어나 네 떼로 나누
어 세겜에 맞서 매복하였더니
35 에벳의 아들 가알이 나와서 성읍
문 입구에 설 때에 아비멜렉과 그
와 함께 있는 백성이 매복하였던
곳에서 일어난지라
36 가알이 그 백성을 보고 스불에게
이르되 보라 백성이 산 꼭대기에서
부터 내려오는도다 하니 스불이 그
에게 이르되 네가 산 그림자를 사
람으로 보았느니라 하는지라
37 가알이 다시 말하여 이르되 보라
백성이 밭 가운데를 따라 내려오
고 또 한 떼는 므오느님 상수리나
무 길을 따라 오는도다 하니
38 스불이 그에게 이르되 네가 전에
말하기를 아비멜렉이 누구이기에
우리가 그를 섬기리요 하던 그 입
이 이제 어디 있느냐 이들이 네가
업신여기던 그 백성이 아니냐 청하
노니 이제 나가서 그들과 싸우라
하니
39 가알이 세겜 사람들보다 앞에 서
서 나가 아비멜렉과 싸우다가
40 아비멜렉이 그를 추격하니 그 앞에
서 도망하였고 부상하여 엎드러진
자가 많아 성문 입구까지 이르렀더
라
41 아비멜렉은 아루마에 거주하고 스
불은 가알과 그의 형제들을 쫓아
내어 세겜에 거주하지 못하게 하더
니
42 이튿날 백성이 밭으로 나오매 사람
들이 그것을 아비멜렉에게 알리니
라
43 아비멜렉이 자기 백성을 세 무리로
나누어 밭에 매복시켰더니 백성이
성에서 나오는 것을 보고 일어나
그들을 치되
44 아비멜렉과 그 떼는 돌격하여 성문
입구에 서고 두 무리는 밭에 있는

33

34

35

36

37

38

39

40

41

42

43

44

자들에게 돌격하여 그들을 죽이니
45 아비멜렉이 그 날 종일토록 그 성
을 쳐서 마침내는 점령하고 거기 45
있는 백성을 죽이며 그 성을 헐고
소금을 뿌리니라
46 세겜 망대의 모든 사람들이 이를
듣고 엘브릿 신전의 보루로 들어갔 46
더니
47 세겜 망대의 모든 사람들이 모인
것이 아비멜렉에게 알려지매 47
48 아비멜렉 및 그와 함께 있는 모든
백성이 살몬 산에 오르고 아비멜렉
이 손에 도끼를 들고 나뭇가지를 48
찍어 그것을 들어 올려 자기 어깨
에 메고 그와 함께 있는 백성에게
이르되 너희는 내가 행하는 것을
보나니 빨리 나와 같이 행하라 하
니
49 모든 백성들도 각각 나뭇가지를 찍
어서 아비멜렉을 따라 보루 위에 49
놓고 그것들이 얹혀 있는 보루에
불을 놓으매 세겜 망대에 있는 사
람들이 다 죽었으니 남녀가 약 천
명이었더라
50 아비멜렉이 데베스에 가서 데베스
에 맞서 진 치고 그것을 점령하였 50
더니
51 성읍 중에 견고한 망대가 있으므
로 그 성읍 백성의 남녀가 모두 그 51
리로 도망하여 들어가서 문을 잠
그고 망대 꼭대기로 올라간지라
52 아비멜렉이 망대 앞에 이르러 공격
하며 망대의 문에 가까이 나아가 52
서 그것을 불사르려 하더니
53 한 여인이 맷돌 위짝을 아비멜렉의
머리 위에 내려 던져 그의 두개골 53
을 깨뜨리니
54 아비멜렉이 자기의 무기를 든 청년
을 급히 불러 그에게 이르되 너는 54
칼을 빼어 나를 죽이라 사람들이
나를 가리켜 이르기를 여자가 그를
죽였다 할까 하노라 하니 그 청년
이 그를 찌르매 그가 죽은지라
55 이스라엘 사람들이 아비멜렉이 죽
은 것을 보고 각각 자기 처소로 떠 55
나갔더라
56 아비멜렉이 그의 형제 칠십 명을
죽여 자기 아버지에게 행한 악행을 56

하나님이 이같이 갚으셨고
57 또 세겜 사람들의 모든 악행을 하
나님이 그들의 머리에 갚으셨으니
여룹바알의 아들 요담의 저주가 그
들에게 응하니라

사사 돌라

10 아비멜렉의 뒤를 이어서 잇
사갈 사람 도도의 손자 부
아의 아들 돌라가 일어나서 이스라
엘을 구원하니라 그가 에브라임 산
지 사밀에 거주하면서
2 이스라엘의 사사가 된 지 이십삼 년
만에 죽으매 사밀에 장사되었더라

사사 야일

3 그 후에 길르앗 사람 야일이 일어
나서 이십이 년 동안 이스라엘의
사사가 되니라
4 그에게 아들 삼십 명이 있어 어린
나귀 삼십을 탔고 성읍 삼십을 가졌
는데 그 성읍들은 길르앗 땅에 있고
오늘까지 하봇야일이라 부르더라
5 야일이 죽으매 가몬에 장사되었더라

사사 입다

6 이스라엘 자손이 다시 여호와의
목전에 악을 행하여 바알들과 아
스다롯과 아람의 신들과 시돈의
신들과 모압의 신들과 암몬 자손의
신들과 블레셋 사람들의 신들을
섬기고 여호와를 버리고 그를 섬기
지 아니하므로
7 여호와께서 이스라엘에게 진노하
사 블레셋 사람들의 손과 암몬 자
손의 손에 그들을 파시매
8 그 해에 그들이 요단 강 저쪽 길르
앗에 있는 아모리 족속의 땅에 있
는 모든 이스라엘 자손을 쳤으며
열여덟 해 동안 억압하였더라
9 암몬 자손이 또 요단을 건너서 유
다와 베냐민과 에브라임 족속과
싸우므로 이스라엘의 곤고가 심하
였더라
10 이스라엘 자손이 여호와께 부르짖
어 이르되 우리가 우리 하나님을
버리고 바알들을 섬김으로 주께
범죄하였나이다 하니
11 여호와께서 이스라엘 자손에게 이
르시되 내가 애굽 사람과 아모리
사람과 암몬 자손과 블레셋 사람

57

10

2

3

4

5

6

7

8

9

10

11

에게서 너희를 구원하지 아니하였
느냐
12 또 시돈 사람과 아말렉 사람과 마
온 사람이 너희를 압제할 때에 너
희가 내게 부르짖으므로 내가 너희
를 그들의 손에서 구원하였거늘
13 너희가 나를 버리고 다른 신들을
섬기니 그러므로 내가 다시는 너희
를 구원하지 아니하리라
14 가서 너희가 택한 신들에게 부르짖
어 너희의 환난 때에 그들이 너희
를 구원하게 하라 하신지라
15 이스라엘 자손이 여호와께 여쭈되
우리가 범죄하였사오니 주께서 보
시기에 좋은 대로 우리에게 행하시
려니와 오직 주께 구하옵나니 오늘
우리를 건져내옵소서 하고
16 자기 가운데에서 이방 신들을 제
하여 버리고 여호와를 섬기매 여호
와께서 이스라엘의 곤고로 말미암
아 마음에 근심하시니라
17 그 때에 암몬 자손이 모여서 길르
앗에 진을 쳤으므로 이스라엘 자
손도 모여서 미스바에 진을 치고
18 길르앗 백성과 방백들이 서로 이르
되 누가 먼저 나가서 암몬 자손과
싸움을 시작하랴 그가 길르앗 모
든 주민의 머리가 되리라 하니라

11 길르앗 사람 입다는 큰 용사
였으니 기생이 길르앗에게
서 낳은 아들이었고
2 길르앗의 아내도 그의 아들들을
낳았더라 그 아내의 아들들이 자
라매 입다를 쫓아내며 그에게 이르
되 너는 다른 여인의 자식이니 우
리 아버지의 집에서 기업을 잇지
못하리라 한지라
3 이에 입다가 그의 형제들을 피하여
돕 땅에 거주하매 잡류가 그에게로
모여 와서 그와 함께 출입하였더라
4 얼마 후에 암몬 자손이 이스라엘
을 치려 하니라
5 암몬 자손이 이스라엘을 치려 할
때에 길르앗 장로들이 입다를 데려
오려고 돕 땅에 가서
6 입다에게 이르되 우리가 암몬 자
손과 싸우려 하니 당신은 와서 우
리의 장관이 되라 하니

12

13

14

15

16

17

18

11

2

3

4

5

6

7 입다가 길르앗 장로들에게 이르되
너희가 전에 나를 미워하여 내 아
버지 집에서 쫓아내지 아니하였느
냐 이제 너희가 환난을 당하였다고
어찌하여 내게 왔느냐 하니라
8 그러므로 길르앗 장로들이 입다에
게 이르되 이제 우리가 당신을 찾
아온 것은 우리와 함께 가서 암몬
자손과 싸우게 하려 함이니 그리
하면 당신이 우리 길르앗 모든 주
민의 머리가 되리라 하매
9 입다가 길르앗 장로들에게 이르되
너희가 나를 데리고 고향으로 돌아
가서 암몬 자손과 싸우게 할 때에
만일 여호와께서 그들을 내게 넘겨
주시면 내가 과연 너희의 머리가
되겠느냐 하니
10 길르앗 장로들이 입다에게 이르되
여호와는 우리 사이의 증인이시니
당신의 말대로 우리가 그렇게 행하
리이다 하니라
11 이에 입다가 길르앗 장로들과 함께
가니 백성이 그를 자기들의 머리와
장관을 삼은지라 입다가 미스바에
서 자기의 말을 다 여호와 앞에 아
뢰니라
12 입다가 암몬 자손의 왕에게 사자
들을 보내 이르되 네가 나와 무슨
상관이 있기에 내 땅을 치러 내게
왔느냐 하니
13 암몬 자손의 왕이 입다의 사자들
에게 대답하되 이스라엘이 애굽에
서 올라올 때에 아르논에서부터
얍복과 요단까지 내 땅을 점령했기
때문이니 이제 그것을 평화롭게 돌
려 달라 하니라
14 입다가 암몬 자손의 왕에게 다시
사자들을 보내
15 그에게 이르되 입다가 이같이 말하
노라 이스라엘이 모압 땅과 암몬
자손의 땅을 점령하지 아니하였느
니라
16 이스라엘이 애굽에서 올라올 때에
광야로 행하여 홍해에 이르고 가
데스에 이르러서는
17 이스라엘이 사자들을 에돔 왕에게
보내어 이르기를 청하건대 나를 네
땅 가운데로 지나게 하라 하였으나

에돔 왕이 이를 듣지 아니하였고
또 그와 같이 사람을 모압 왕에게
도 보냈으나 그도 허락하지 아니하
므로 이스라엘이 가데스에 머물렀
더니
18 그 후에 광야를 지나 에돔 땅과 모
압 땅을 돌아서 모압 땅의 해 뜨는
쪽으로 들어가 아르논 저쪽에 진
쳤고 아르논은 모압의 경계이므로
모압 지역 안에는 들어가지 아니하
였으며
19 이스라엘이 헤스본 왕 곧 아모리
족속의 왕 시혼에게 사자들을 보
내어 그에게 이르되 청하건대 우리
를 당신의 땅으로 지나 우리의 곳
에 이르게 하라 하였으나
20 시혼이 이스라엘을 믿지 아니하여
그의 지역으로 지나지 못하게 할
뿐 아니라 그의 모든 백성을 모아
야하스에 진 치고 이스라엘을 치
므로
21 이스라엘의 하나님 여호와께서 시
혼과 그의 모든 백성을 이스라엘
의 손에 넘겨 주시매 이스라엘이
그들을 쳐서 그 땅 주민 아모리 족
속의 온 땅을 점령하되
22 아르논에서부터 얍복까지와 광야
에서부터 요단까지 아모리 족속의
온 지역을 점령하였느니라
23 이스라엘의 하나님 여호와께서 이
같이 아모리 족속을 자기 백성 이
스라엘 앞에서 쫓아내셨거늘 네
가 그 땅을 얻고자 하는 것이 옳으
냐
24 네 신 그모스가 네게 주어 차지하
게 한 것을 네가 차지하지 아니하
겠느냐 우리 하나님 여호와께서 우
리 앞에서 어떤 사람이든지 쫓아
내시면 그것을 우리가 차지하리라
25 이제 네가 모압 왕 십볼의 아들 발
락보다 더 나은 것이 있느냐 그가
이스라엘과 더불어 다툰 일이 있었
느냐 싸운 일이 있었느냐
26 이스라엘이 헤스본과 그 마을들과
아로엘과 그 마을들과 아르논 강
가에 있는 모든 성읍에 거주한 지
삼백 년이거늘 그 동안에 너희가
어찌하여 도로 찾지 아니하였느냐

27 내가 네게 죄를 짓지 아니하였거늘
네가 나를 쳐서 내게 악을 행하고
자 하는도다 원하건대 심판하시는
여호와께서 오늘 이스라엘 자손과
암몬 자손 사이에 판결하시옵소서
하였으나
28 암몬 자손의 왕이 입다가 사람을
보내어 말한 것을 듣지 아니하였더
라
29 이에 여호와의 영이 입다에게 임하
시니 입다가 길르앗과 므낫세를 지
나서 길르앗의 미스베에 이르고 길
르앗의 미스베에서부터 암몬 자손
에게로 나아갈 때에
30 그가 여호와께 서원하여 이르되
주께서 과연 암몬 자손을 내 손에
넘겨 주시면
31 내가 암몬 자손에게서 평안히 돌
아올 때에 누구든지 내 집 문에서
나와서 나를 영접하는 그는 여호
와께 돌릴 것이니 내가 그를 번제
물로 드리겠나이다 하니라
32 이에 입다가 암몬 자손에게 이르러
그들과 싸우더니 여호와께서 그들
을 그의 손에 넘겨 주시매
33 아로엘에서부터 민닛에 이르기까
지 이십 성읍을 치고 또 아벨 그라
밈까지 매우 크게 무찌르니 이에
암몬 자손이 이스라엘 자손 앞에
항복하였더라

입다의 딸

34 입다가 미스바에 있는 자기 집에
이를 때에 보라 그의 딸이 소고를
잡고 춤추며 나와서 영접하니 이는
그의 무남독녀라
35 입다가 이를 보고 자기 옷을 찢으
며 이르되 어찌할꼬 내 딸이여 너
는 나를 참담하게 하는 자요 너는
나를 괴롭게 하는 자 중의 하나로
다 내가 여호와를 향하여 입을 열
었으니 능히 돌이키지 못하리로다
하니
36 딸이 그에게 이르되 나의 아버지여
아버지께서 여호와를 향하여 입을
여셨으니 아버지의 입에서 낸 말씀
대로 내게 행하소서 이는 여호와께
서 아버지를 위하여 아버지의 대적
암몬 자손에게 원수를 갚으셨음이

27

28

29

30

31

32

33

34

35

36

니이다 하니라
37 또 그의 아버지에게 이르되 이 일
만 내게 허락하사 나를 두 달만 버
려 두소서 내가 내 여자 친구들과
산에 가서 나의 처녀로 죽음을 인
하여 애곡하겠나이다 하니
38 그가 이르되 가라 하고 두 달을 기
한하고 그를 보내니 그가 그 여자
친구들과 가서 산 위에서 처녀로
죽음을 인하여 애곡하고
39 두 달 만에 그의 아버지에게로 돌
아온지라 그는 자기가 서원한 대로
딸에게 행하니 딸이 남자를 알지
못하였더라 이것이 이스라엘에 관
습이 되어
40 이스라엘의 딸들이 해마다 가서
길르앗 사람 입다의 딸을 위하여
나흘씩 애곡하더라

입다와 에브라임 사람들

12 에브라임 사람들이 모여 북
쪽으로 가서 입다에게 이르
되 네가 암몬 자손과 싸우러 건너
갈 때에 어찌하여 우리를 불러 너
와 함께 가게 하지 아니하였느냐
우리가 반드시 너와 네 집을 불사
르리라 하니
2 입다가 그들에게 이르되 나와 내
백성이 암몬 자손과 크게 싸울 때
에 내가 너희를 부르되 너희가 나
를 그들의 손에서 구원하지 아니한
고로
3 나는 너희가 도와 주지 아니하는
것을 보고 내 목숨을 돌보지 아니
하고 건너가서 암몬 자손을 쳤더니
여호와께서 그들을 내 손에 넘겨
주셨거늘 너희가 어찌하여 오늘 내
게 올라와서 나와 더불어 싸우고
자 하느냐 하니라
4 입다가 길르앗 사람을 다 모으고
에브라임과 싸웠으며 길르앗 사람
들이 에브라임을 쳐서 무찔렀으니
이는 에브라임의 말이 너희 길르앗
사람은 본래 에브라임에서 도망한
자로서 에브라임과 므낫세 중에 있
다 하였음이라
5 길르앗 사람이 에브라임 사람보다
앞서 요단 강 나루턱을 장악하고
에브라임 사람의 도망하는 자가

37

38

39

40

12

2

3

4

5

말하기를 청하건대 나를 건너가게
하라 하면 길르앗 사람이 그에게
묻기를 네가 에브라임 사람이냐 하
여 그가 만일 아니라 하면
6 그에게 이르기를 쉽볼렛이라 발음
하라 하여 에브라임 사람이 그렇
게 바로 말하지 못하고 십볼렛이라
발음하면 길르앗 사람이 곧 그를
잡아서 요단 강 나루턱에서 죽였더
라 그 때에 에브라임 사람의 죽은
자가 사만 이천 명이었더라
7 입다가 이스라엘의 사사가 된 지
육 년이라 길르앗 사람 입다가 죽
으매 길르앗에 있는 그의 성읍에
장사되었더라

사사 입산

8 그 뒤를 이어 베들레헴의 입산이
이스라엘의 사사가 되었더라
9 그가 아들 삼십 명과 딸 삼십 명을
두었더니 그가 딸들을 밖으로 시집
보냈고 아들들을 위하여는 밖에서
여자 삼십 명을 데려왔더라 그가 이
스라엘의 사사가 된 지 칠 년이라
10 입산이 죽으매 베들레헴에 장사되
었더라
11 그 뒤를 이어 스불론 사람 엘론이
이스라엘의 사사가 되어 십 년 동
안 이스라엘을 다스렸더라
12 스불론 사람 엘론이 죽으매 스불
론 땅 아얄론에 장사되었더라

사사 압돈

13 그 뒤를 이어 비라돈 사람 힐렐의
아들 압돈이 이스라엘의 사사가 되
었더라
14 그에게 아들 사십 명과 손자 삼십
명이 있어 어린 나귀 칠십 마리를
탔더라 압돈이 이스라엘의 사사가
된 지 팔 년이라
15 비라돈 사람 힐렐의 아들 압돈이
죽으매 에브라임 땅 아말렉 사람
의 산지 비라돈에 장사되었더라

삼손이 태어나다

13 이스라엘 자손이 다시 여호
와의 목전에 악을 행하였으
므로 여호와께서 그들을 사십 년
동안 블레셋 사람의 손에 넘겨 주
시니라
2 소라 땅에 단 지파의 가족 중에 마

노아라 이름하는 자가 있더라 그의
아내가 임신하지 못하므로 출산하
지 못하더니
3 여호와의 사자가 그 여인에게 나타
나서 그에게 이르시되 보라 네가
본래 임신하지 못하므로 출산하지
못하였으나 이제 임신하여 아들을
낳으리니
4 그러므로 너는 삼가 포도주와 독
주를 마시지 말며 어떤 부정한 것
도 먹지 말지니라
5 보라 네가 임신하여 아들을 낳으리
니 그의 머리 위에 삭도를 대지 말
라 이 아이는 태에서 나옴으로부
터 하나님께 바쳐진 나실인이 됨이
라 그가 블레셋 사람의 손에서 이
스라엘을 구원하기 시작하리라 하
시니
6 이에 그 여인이 가서 그의 남편에
게 말하여 이르되 하나님의 사람
이 내게 오셨는데 그의 모습이 하
나님의 사자의 용모 같아서 심히
두려우므로 어디서부터 왔는지를
내가 묻지 못하였고 그도 자기 이
름을 내게 이르지 아니하였으며
7 그가 내게 이르기를 보라 네가 임
신하여 아들을 낳으리니 이제 포
도주와 독주를 마시지 말며 어떤
부정한 것도 먹지 말라 이 아이는
태에서부터 그가 죽는 날까지 하
나님께 바쳐진 나실인이 됨이라 하
더이다 하니라
8 마노아가 여호와께 기도하여 이르
되 주여 구하옵나니 주께서 보내셨
던 하나님의 사람을 우리에게 다시
오게 하사 우리가 그 낳을 아이에
게 어떻게 행할지를 우리에게 가르
치게 하소서 하니
9 하나님이 마노아의 목소리를 들으
시니라 여인이 밭에 앉았을 때에
하나님의 사자가 다시 그에게 임하
였으나 그의 남편 마노아는 함께
있지 아니한지라
10 여인이 급히 달려가서 그의 남편에
게 알리어 이르되 보소서 전일에
내게 오셨던 그 사람이 내게 나타
났나이다 하매
11 마노아가 일어나 아내를 따라가서

3

4

5

6

7

8

9

10

11

그 사람에게 이르러 그에게 묻되
당신이 이 여인에게 말씀하신 그
사람이니이까 하니 이르되 내가 그
로다 하니라
12 마노아가 이르되 이제 당신의 말씀
대로 되기를 원하나이다 이 아이
를 어떻게 기르며 우리가 그에게 어
떻게 행하리이까
13 여호와의 사자가 마노아에게 이르
되 내가 여인에게 말한 것들을 그
가 다 삼가서
14 포도나무의 소산을 먹지 말며 포
도주와 독주를 마시지 말며 어떤
부정한 것도 먹지 말고 내가 그에
게 명령한 것은 다 지킬 것이니라
하니라
15 마노아가 여호와의 사자에게 말하
되 구하옵나니 당신은 우리에게 머
물러서 우리가 당신을 위하여 염소
새끼 하나를 준비하게 하소서 하
니
16 여호와의 사자가 마노아에게 이르
되 네가 비록 나를 머물게 하나 내
가 네 음식을 먹지 아니하리라 번
제를 준비하려거든 마땅히 여호와
께 드릴지니라 하니 이는 그가 여
호와의 사자인 줄을 마노아가 알지
못함이었더라
17 마노아가 또 여호와의 사자에게 말
하되 당신의 이름이 무엇이니이까
당신의 말씀이 이루어질 때에 우리
가 당신을 존귀히 여기리이다 하니
18 여호와의 사자가 그에게 이르되 어
찌하여 내 이름을 묻느냐 내 이름
은 기묘자라 하니라
19 이에 마노아가 염소 새끼와 소제물
을 가져다가 바위 위에서 여호와께
드리매 이적이 일어난지라 마노아
와 그의 아내가 본즉
20 불꽃이 제단에서부터 하늘로 올라
가는 동시에 여호와의 사자가 제단
불꽃에 휩싸여 올라간지라 마노아
와 그의 아내가 그것을 보고 그들
의 얼굴을 땅에 대고 엎드리니라
21 여호와의 사자가 마노아와 그의 아
내에게 다시 나타나지 아니하니 마
노아가 그제야 그가 여호와의 사자
인 줄 알고

22 그의 아내에게 이르되 우리가 하나님을 보았으니 반드시 죽으리로다 하니

23 그의 아내가 그에게 이르되 여호와께서 우리를 죽이려 하셨더라면 우리 손에서 번제와 소제를 받지 아니하셨을 것이요 이 모든 일을 보이지 아니하셨을 것이며 이제 이런 말씀도 우리에게 이르지 아니하셨으리이다 하였더라

24 그 여인이 아들을 낳으매 그의 이름을 삼손이라 하니라 그 아이가 자라매 여호와께서 그에게 복을 주시더니

25 소라와 에스다올 사이 마하네단에서 여호와의 영이 그를 움직이기 시작하셨더라

삼손과 딤나의 여자

14 삼손이 딤나에 내려가서 거기서 블레셋 사람의 딸들 중에서 한 여자를 보고

2 올라와서 자기 부모에게 말하여 이르되 내가 딤나에서 블레셋 사람의 딸들 중에서 한 여자를 보았사오니 이제 그를 맞이하여 내 아내로 삼게 하소서 하매

3 그의 부모가 그에게 이르되 네 형제들의 딸들 중에나 내 백성 중에 어찌 여자가 없어서 네가 할례 받지 아니한 블레셋 사람에게 가서 아내를 맞으려 하느냐 하니 삼손이 그의 아버지에게 이르되 내가 그 여자를 좋아하오니 나를 위하여 그 여자를 데려오소서 하니라

4 그 때에 블레셋 사람이 이스라엘을 다스린 까닭에 삼손이 틈을 타서 블레셋 사람을 치려 함이었으나 그의 부모는 이 일이 여호와께로부터 나온 것인 줄은 알지 못하였더라

5 삼손이 그의 부모와 함께 딤나에 내려가 딤나의 포도원에 이른즉 젊은 사자가 그를 보고 소리 지르는지라

6 여호와의 영이 삼손에게 강하게 임하니 그가 손에 아무것도 없이 그 사자를 염소 새끼를 찢는 것 같이 찢었으나 그는 자기가 행한 일을 부모에게 알리지 아니하였더라

22
23
24
25
14
2
3
4
5
6

7 그가 내려가서 그 여자와 말하니
그 여자가 삼손의 눈에 들었더라
8 얼마 후에 삼손이 그 여자를 맞이
하려고 다시 가다가 돌이켜 그 사
자의 주검을 본즉 사자의 몸에 벌
떼와 꿀이 있는지라
9 손으로 그 꿀을 떠서 걸어가며 먹
고 그의 부모에게 이르러 그들에게
그것을 드려서 먹게 하였으나 그
꿀을 사자의 몸에서 떠왔다고는 알
리지 아니하였더라
10 삼손의 아버지가 여자에게로 내려
가매 삼손이 거기서 잔치를 베풀었
으니 청년들은 이렇게 행하는 풍
속이 있음이더라
11 무리가 삼손을 보고 삼십 명을 데
려와서 친구를 삼아 그와 함께 하
게 한지라
12 삼손이 그들에게 이르되 이제 내가
너희에게 수수께끼를 내리니 잔치
하는 이레 동안에 너희가 그것을
풀어 내게 말하면 내가 베옷 삼십
벌과 겉옷 삼십 벌을 너희에게 주
리라
13 그러나 그것을 능히 내게 말하지
못하면 너희가 내게 베옷 삼십 벌
과 겉옷 삼십 벌을 줄지니라 하니
그들이 이르되 네가 수수께끼를 내
면 우리가 그것을 들으리라 하매
14 삼손이 그들에게 이르되 먹는 자에
게서 먹는 것이 나오고 강한 자에
게서 단 것이 나왔느니라 하니라
그들이 사흘이 되도록 수수께끼를
풀지 못하였더라
15 일곱째 날에 이르러 그들이 삼손의
아내에게 이르되 너는 네 남편을
꾀어 그 수수께끼를 우리에게 알려
달라 하라 그렇지 아니하면 너와
네 아버지의 집을 불사르리라 너희
가 우리의 소유를 빼앗고자 하여
우리를 청한 것이 아니냐 그렇지
아니하냐 하니
16 삼손의 아내가 그의 앞에서 울며
이르되 당신이 나를 미워할 뿐이요
사랑하지 아니하는도다 우리 민족
에게 수수께끼를 말하고 그 뜻을
내게 알려 주지 아니하도다 하는지
라 삼손이 그에게 이르되 보라 내

가 그것을 나의 부모에게도 알려
주지 아니하였거든 어찌 그대에게
알게 하리요 하였으나
17 칠 일 동안 그들이 잔치할 때 그의
아내가 그 앞에서 울며 그에게 강
요함으로 일곱째 날에는 그가 그
의 아내에게 수수께끼를 알려 주
매 그의 아내가 그것을 자기 백성
들에게 알려 주었더라
18 일곱째 날 해 지기 전에 성읍 사람
들이 삼손에게 이르되 무엇이 꿀
보다 달겠으며 무엇이 사자보다 강
하겠느냐 한지라 삼손이 그들에게
이르되 너희가 내 암송아지로 밭
갈지 아니하였더라면 내 수수께끼
를 능히 풀지 못하였으리라 하니
라
19 여호와의 영이 삼손에게 갑자기 임
하시매 삼손이 아스글론에 내려가
서 그 곳 사람 삼십 명을 쳐죽이고
노략하여 수수께끼 푼 자들에게
옷을 주고 심히 노하여 그의 아버
지의 집으로 올라갔고
20 삼손의 아내는 삼손의 친구였던 그
의 친구에게 준 바 되었더라

15

얼마 후 밀 거둘 때에 삼손
이 염소 새끼를 가지고 그
의 아내에게로 찾아 가서 이르되
내가 방에 들어가 내 아내를 보고
자 하노라 하니 장인이 들어오지
못하게 하고
2 이르되 네가 그를 심히 미워하는
줄 알고 그를 네 친구에게 주었노
라 그의 동생이 그보다 더 아름답
지 아니하냐 청하노니 너는 그를
대신하여 동생을 아내로 맞이하라
하니
3 삼손이 그들에게 이르되 이번은 내
가 블레셋 사람들을 해할지라도
그들에게 대하여 내게 허물이 없
을 것이니라 하고
4 삼손이 가서 여우 삼백 마리를 붙
들어서 그 꼬리와 꼬리를 매고 홰
를 가지고 그 두 꼬리 사이에 한 홰
를 달고
5 홰에 불을 붙이고 그것을 블레셋 사
람들의 곡식 밭으로 몰아 들여서
곡식 단과 아직 베지 아니한 곡식과

17

18

19

20

15

2

3

4

5

포도원과 감람나무들을 사른지라
6 블레셋 사람들이 이르되 누가 이
일을 행하였느냐 하니 사람들이 대
답하되 딤나 사람의 사위 삼손이
니 장인이 삼손의 아내를 빼앗아
그의 친구에게 준 까닭이라 하였더
라 블레셋 사람들이 올라가서 그
여인과 그의 아버지를 불사르니라
7 삼손이 그들에게 이르되 너희가 이
같이 행하였은즉 내가 너희에게 원
수를 갚고야 말리라 하고
8 블레셋 사람들의 정강이와 넓적다
리를 크게 쳐서 죽이고 내려가서
에담 바위 틈에 머물렀더라

삼손이 블레셋을 치다

9 이에 블레셋 사람들이 올라와 유
다에 진을 치고 레히에 가득한지라
10 유다 사람들이 이르되 너희가 어찌
하여 올라와서 우리를 치느냐 그들
이 대답하되 우리가 올라온 것은
삼손을 결박하여 그가 우리에게
행한 대로 그에게 행하려 함이로라
하는지라
11 유다 사람 삼천 명이 에담 바위 틈
에 내려가서 삼손에게 이르되 너는
블레셋 사람이 우리를 다스리는
줄을 알지 못하느냐 네가 어찌하여
우리에게 이같이 행하였느냐 하니
삼손이 그들에게 이르되 그들이 내
게 행한 대로 나도 그들에게 행하
였노라 하니라
12 그들이 삼손에게 이르되 우리가 너
를 결박하여 블레셋 사람의 손에
넘겨 주려고 내려왔노라 하니 삼손
이 그들에게 이르되 너희가 나를
치지 아니하겠다고 내게 맹세하라
하매
13 그들이 삼손에게 말하여 이르되 아
니라 우리가 다만 너를 단단히 결
박하여 그들의 손에 넘겨 줄 뿐이
요 우리가 결단코 너를 죽이지 아
니하리라 하고 새 밧줄 둘로 결박
하고 바위 틈에서 그를 끌어내니라
14 삼손이 레히에 이르매 블레셋 사람
들이 그에게로 마주 나가며 소리
지를 때 여호와의 영이 삼손에게
갑자기 임하시매 그의 팔 위의 밧
줄이 불탄 삼과 같이 그의 결박되

었던 손에서 떨어진지라
15 삼손이 나귀의 새 턱뼈를 보고 손
을 내밀어 집어들고 그것으로 천
명을 죽이고
16 이르되
나귀의 턱뼈로 한 더미, 두 더미
를 쌓았음이여 나귀의 턱뼈로
내가 천 명을 죽였도다
하니라
17 그가 말을 마치고 턱뼈를 자기 손
에서 내던지고 그 곳을 라맛 레히
라 이름하였더라
18 삼손이 심히 목이 말라 여호와께
부르짖어 이르되 주께서 종의 손을
통하여 이 큰 구원을 베푸셨사오
나 내가 이제 목말라 죽어서 할례
받지 못한 자들의 손에 떨어지겠나
이다 하니
19 하나님이 레히에서 한 우묵한 곳을
터뜨리시니 거기서 물이 솟아나오
는지라 삼손이 그것을 마시고 정신
이 회복되어 소생하니 그러므로 그
샘 이름을 엔학고레라 불렀으며 그
샘이 오늘까지 레히에 있더라
20 블레셋 사람의 때에 삼손이 이스
라엘의 사사로 이십 년 동안 지냈
더라

삼손이 가사에 가다

16 삼손이 가사에 가서 거기서
한 기생을 보고 그에게로
들어갔더니
2 가사 사람들에게 삼손이 왔다고
알려지매 그들이 곧 그를 에워싸고
밤새도록 성문에 매복하고 밤새도
록 조용히 하며 이르기를 새벽이
되거든 그를 죽이리라 하였더라
3 삼손이 밤중까지 누워 있다가 그
밤중에 일어나 성 문짝들과 두 문
설주와 문빗장을 빼어 가지고 그것
을 모두 어깨에 메고 헤브론 앞산
꼭대기로 가니라

삼손과 들릴라

4 이 후에 삼손이 소렉 골짜기의 들
릴라라 이름하는 여인을 사랑하매
5 블레셋 사람의 방백들이 그 여인에
게로 올라가서 그에게 이르되 삼손
을 꾀어서 무엇으로 말미암아 그
큰 힘이 생기는지 그리고 우리가

15

16

17

18

19

20

16

2

3

4

5

어떻게 하면 능히 그를 결박하여
굴복하게 할 수 있을는지 알아보
라 그리하면 우리가 각각 은 천백
개씩을 네게 주리라 하니
6 들릴라가 삼손에게 말하되 청하건
대 당신의 큰 힘이 무엇으로 말미
암아 생기며 어떻게 하면 능히 당
신을 결박하여 굴복하게 할 수 있
을는지 내게 말하라 하니
7 삼손이 그에게 이르되 만일 마르지
아니한 새 활줄 일곱으로 나를 결
박하면 내가 약해져서 다른 사람
과 같으리라
8 블레셋 사람의 방백들이 마르지
아니한 새 활줄 일곱을 여인에게로
가져오매 그가 그것으로 삼손을 결
박하고
9 이미 사람을 방 안에 매복시켰으
므로 삼손에게 말하되 삼손이여
블레셋 사람들이 당신에게 들이닥
쳤느니라 하니 삼손이 그 줄들을
끊기를 불탄 삼실을 끊음 같이 하
였고 그의 힘의 근원은 알아내지
못하니라
10 들릴라가 삼손에게 이르되 보라 당
신이 나를 희롱하여 내게 거짓말
을 하였도다 청하건대 무엇으로 당
신을 결박할 수 있을는지 이제는
내게 말하라 하니
11 삼손이 그에게 이르되 만일 쓰지
아니한 새 밧줄들로 나를 결박하
면 내가 약해져서 다른 사람과 같
으리라 하니라
12 들릴라가 새 밧줄들을 가져다가 그
것들로 그를 결박하고 그에게 이르
되 삼손이여 블레셋 사람이 당신에
게 들이닥쳤느니라 하니 삼손이 팔
위의 줄 끊기를 실을 끊음 같이 하
였고 그 때에도 사람이 방 안에 매
복하였더라
13 들릴라가 삼손에게 이르되 당신이
이 때까지 나를 희롱하여 내게 거
짓말을 하였도다 내가 무엇으로 당
신을 결박할 수 있을는지 내게 말
하라 하니 삼손이 그에게 이르되
그대가 만일 나의 머리털 일곱 가
닥을 베틀의 날실에 섞어 짜면 되
리라 하는지라

14 들릴라가 바디로 그 머리털을 단단
히 짜고 그에게 이르되 삼손이여
블레셋 사람들이 당신에게 들이닥
쳤느니라 하니 삼손이 잠을 깨어
베틀의 바디와 날실을 다 빼내니
라
15 들릴라가 삼손에게 이르되 당신의
마음이 내게 있지 아니하면서 당신
이 어찌 나를 사랑한다 하느냐 당
신이 이로써 세 번이나 나를 희롱
하고 당신의 큰 힘이 무엇으로 말
미암아 생기는지를 내게 말하지 아
니하였도다 하며
16 날마다 그 말로 그를 재촉하여 조
르매 삼손의 마음이 번뇌하여 죽
을 지경이라
17 삼손이 진심을 드러내어 그에게 이
르되 내 머리 위에는 삭도를 대지
아니하였나니 이는 내가 모태에서
부터 하나님의 나실인이 되었음이
라 만일 내 머리가 밀리면 내 힘이
내게서 떠나고 나는 약해져서 다
른 사람과 같으리라 하니라
18 들릴라가 삼손이 진심을 다 알려
주므로 사람을 보내어 블레셋 사
람들의 방백들을 불러 이르되 삼
손이 내게 진심을 알려 주었으니
이제 한 번만 올라오라 하니 블레
셋 방백들이 손에 은을 가지고 그
여인에게로 올라오니라
19 들릴라가 삼손에게 자기 무릎을 베
고 자게 하고 사람을 불러 그의 머
리털 일곱 가닥을 밀고 괴롭게 하
여 본즉 그의 힘이 없어졌더라
20 들릴라가 이르되 삼손이여 블레셋
사람이 당신에게 들이닥쳤느니라
하니 삼손이 잠을 깨며 이르기를
내가 전과 같이 나가서 몸을 떨치리
라 하였으나 여호와께서 이미 자기
를 떠나신 줄을 깨닫지 못하였더라
21 블레셋 사람들이 그를 붙잡아 그
의 눈을 빼고 끌고 가사에 내려가
놋 줄로 매고 그에게 옥에서 맷돌
을 돌리게 하였더라
22 그의 머리털이 밀린 후에 다시 자
라기 시작하니라

삼손이 죽다

23 블레셋 사람의 방백들이 이르되

우리의 신이 우리 원수 삼손을 우
리 손에 넘겨 주었다 하고 다 모여
그들의 신 다곤에게 큰 제사를 드
리고 즐거워하고
24 백성들도 삼손을 보았으므로 이르
되 우리의 땅을 망쳐 놓고 우리의
많은 사람을 죽인 원수를 우리의
신이 우리 손에 넘겨 주었다 하고
자기들의 신을 찬양하며
25 그들의 마음이 즐거울 때에 이르되
삼손을 불러다가 우리를 위하여 재
주를 부리게 하자 하고 옥에서 삼
손을 불러내매 삼손이 그들을 위
하여 재주를 부리니라 그들이 삼
손을 두 기둥 사이에 세웠더니
26 삼손이 자기 손을 붙든 소년에게 이
르되 나에게 이 집을 버틴 기둥을
찾아 그것을 의지하게 하라 하니라
27 그 집에는 남녀가 가득하니 블레셋
모든 방백들도 거기에 있고 지붕에
있는 남녀도 삼천 명 가량이라 다
삼손이 재주 부리는 것을 보더라
28 삼손이 여호와께 부르짖어 이르되
주 여호와여 구하옵나니 나를 생
각하옵소서 하나님이여 구하옵나
니 이번만 나를 강하게 하사 나의
두 눈을 뺀 블레셋 사람에게 원수
를 단번에 갚게 하옵소서 하고
29 삼손이 집을 버틴 두 기둥 가운데
하나는 왼손으로 하나는 오른손으
로 껴 의지하고
30 삼손이 이르되 블레셋 사람과 함
께 죽기를 원하노라 하고 힘을 다
하여 몸을 굽히매 그 집이 곧 무너
져 그 안에 있는 모든 방백들과 온
백성에게 덮이니 삼손이 죽을 때에
죽인 자가 살았을 때에 죽인 자보
다 더욱 많았더라
31 그의 형제와 아버지의 온 집이 다
내려가서 그의 시체를 가지고 올라
가서 소라와 에스다올 사이 그의
아버지 마노아의 장지에 장사하니
라 삼손이 이스라엘의 사사로 이십
년 동안 지냈더라

미가 집의 제사장

17 에브라임 산지에 미가라 이
름하는 사람이 있더니
2 그의 어머니에게 이르되 어머니께

서 은 천백을 잃어버리셨으므로 저
주하시고 내 귀에도 말씀하셨더니
보소서 그 은이 내게 있나이다 내
가 그것을 가졌나이다 하니 그의
어머니가 이르되 내 아들이 여호와
께 복 받기를 원하노라 하니라
3 미가가 은 천백을 그의 어머니에게 3
도로 주매 그의 어머니가 이르되
내가 내 아들을 위하여 한 신상을
새기며 한 신상을 부어 만들기 위
해 내 손에서 이 은을 여호와께 거
룩히 드리노라 그러므로 내가 이제
이 은을 네게 도로 주리라
4 미가가 그 은을 그의 어머니에게 4
도로 주었으므로 어머니가 그 은
이백을 가져다 은장색에게 주어 한
신상을 새기고 한 신상을 부어 만
들었더니 그 신상이 미가의 집에
있더라
5 그 사람 미가에게 신당이 있으므 5
로 그가 에봇과 드라빔을 만들고
한 아들을 세워 그의 제사장으로
삼았더라
6 그 때에는 이스라엘에 왕이 없었으
므로 사람마다 자기 소견에 옳은 6
대로 행하였더라
7 유다 가족에 속한 유다 베들레헴
에 한 청년이 있었으니 그는 레위인 7
으로서 거기서 거류하였더라
8 그 사람이 거주할 곳을 찾고자 하
여 그 성읍 유다 베들레헴을 떠나 8
가다가 에브라임 산지로 가서 미가
의 집에 이르매
9 미가가 그에게 묻되 너는 어디서부
터 오느냐 하니 그가 이르되 나는 9
유다 베들레헴의 레위인으로서 거
류할 곳을 찾으러 가노라 하는지
라
10 미가가 그에게 이르되 네가 나와 10
함께 거주하며 나를 위하여 아버
지와 제사장이 되라 내가 해마다
은 열과 의복 한 벌과 먹을 것을 주
리라 하므로 그 레위인이 들어갔더
라
11 그 레위인이 그 사람과 함께 거주 11
하기를 만족하게 생각했으니 이는
그 청년이 미가의 아들 중 하나 같
이 됨이라

12 미가가 그 레위인을 거룩하게 구별
하매 그 청년이 미가의 제사장이
되어 그 집에 있었더라
13 이에 미가가 이르되 레위인이 내 제
사장이 되었으니 이제 여호와께서
내게 복 주실 줄을 아노라 하니라

미가와 단 지파

18 그 때에 이스라엘에 왕이
없었고 단 지파는 그 때에
거주할 기업의 땅을 구하는 중이었
으니 이는 그들이 이스라엘 지파
중에서 그 때까지 기업을 분배 받
지 못하였음이라
2 단 자손이 소라와 에스다올에서부
터 그들의 가족 가운데 용맹스런
다섯 사람을 보내어 땅을 정탐하
고 살피게 하며 그들에게 이르되
너희는 가서 땅을 살펴보라 하매
그들이 에브라임 산지에 가서 미가
의 집에 이르러 거기서 유숙하니라
3 그들이 미가의 집에 있을 때에 그
레위 청년의 음성을 알아듣고 그리
로 돌아가서 그에게 이르되 누가
너를 이리로 인도하였으며 네가 여
기서 무엇을 하며 여기서 무엇을
얻었느냐 하니
4 그가 그들에게 이르되 미가가 이러
이러하게 나를 대접하고 나를 고용
하여 나를 자기의 제사장으로 삼
았느니라 하니라
5 그들이 그에게 이르되 청하건대 우
리를 위하여 하나님께 물어 보아서
우리가 가는 길이 형통할는지 우리
에게 알게 하라 하니
6 그 제사장이 그들에게 이르되 평
안히 가라 너희가 가는 길은 여호
와 앞에 있느니라 하니라
7 이에 다섯 사람이 떠나 라이스에
이르러 거기 있는 백성을 본즉 염려
없이 거주하며 시돈 사람들이 사는
것처럼 평온하며 안전하니 그 땅에
는 부족한 것이 없으며 부를 누리
며 시돈 사람들과 거리가 멀고 어
떤 사람과도 상종하지 아니함이라
8 그들이 소라와 에스다올에 돌아가
서 그들의 형제들에게 이르매 형제
들이 그들에게 묻되 너희가 보기에
어떠하더냐 하니

12

13

18

2

3

4

5

6

7

8

9 이르되 일어나 그들을 치러 올라
가자 우리가 그 땅을 본즉 매우 좋
더라 너희는 가만히 있느냐 나아
가서 그 땅 얻기를 게을리 하지 말
라
10 너희가 가면 평화로운 백성을 만날
것이요 그 땅은 넓고 그 곳에는 세
상에 있는 것이 하나도 부족함이
없느니라 하나님이 그 땅을 너희
손에 넘겨 주셨느니라 하는지라
11 단 지파의 가족 중 육백 명이 무기
를 지니고 소라와 에스다올에서 출
발하여
12 올라가서 유다에 있는 기럇여아림
에 진 치니 그러므로 그 곳 이름이
오늘까지 마하네 단이며 그 곳은
기럇여아림 뒤에 있더라
13 무리가 거기서 떠나 에브라임 산지
미가의 집에 이르니라
14 전에 라이스 땅을 정탐하러 갔던
다섯 사람이 그 형제들에게 말하
여 이르되 이 집에 에봇과 드라빔
과 새긴 신상과 부어 만든 신상이
있는 줄을 너희가 아느냐 그런즉
이제 너희는 마땅히 행할 것을 생
각하라 하고
15 다섯 사람이 그 쪽으로 향하여 그
청년 레위 사람의 집 곧 미가의 집
에 이르러 그에게 문안하고
16 단 자손 육백 명은 무기를 지니고
문 입구에 서니라
17 그 땅을 정탐하러 갔던 다섯 사람
이 그리로 들어가서 새긴 신상과
에봇과 드라빔과 부어 만든 신상
을 가져갈 때에 그 제사장은 무기
를 지닌 육백 명과 함께 문 입구에
섰더니
18 그 다섯 사람이 미가의 집에 들어
가서 그 새긴 신상과 에봇과 드라
빔과 부어 만든 신상을 가지고 나
오매 그 제사장이 그들에게 묻되
너희가 무엇을 하느냐 하니
19 그들이 그에게 이르되 잠잠하라 네
손을 입에 대라 우리와 함께 가서
우리의 아버지와 제사장이 되라 네
가 한 사람의 집의 제사장이 되는
것과 이스라엘의 한 지파 한 족속
의 제사장이 되는 것 중에서 어느

것이 낫겠느냐 하는지라
20 그 제사장이 마음에 기뻐하여 에
봇과 드라빔과 새긴 우상을 받아
가지고 그 백성 가운데로 들어가니 20
라
21 그들이 돌이켜서 어린 아이들과 가
축과 값진 물건들을 앞세우고 길을 21
떠나더니
22 그들이 미가의 집을 멀리 떠난 때
에 미가의 이웃집 사람들이 모여서 22
단 자손을 따라 붙어서
23 단 자손을 부르는지라 그들이 얼
굴을 돌려 미가에게 이르되 네가 23
무슨 일로 이같이 모아 가지고 왔
느냐 하니
24 미가가 이르되 내가 만든 신들과
제사장을 빼앗아 갔으니 이제 내게 24
오히려 남은 것이 무엇이냐 너희가
어찌하여 나더러 무슨 일이냐고 하
느냐 하는지라
25 단 자손이 그에게 이르되 네 목소
리를 우리에게 들리게 하지 말라 25
노한 자들이 너희를 쳐서 네 생명
과 네 가족의 생명을 잃게 할까 하
노라 하고
26 단 자손이 자기 길을 간지라 미가 26
가 단 자손이 자기보다 강한 것을
보고 돌이켜 집으로 돌아갔더라
27 단 자손이 미가가 만든 것과 그 제 27
사장을 취하여 라이스에 이르러
한가하고 걱정 없이 사는 백성을
만나 칼날로 그들을 치며 그 성읍
을 불사르되
28 그들을 구원할 자가 없었으니 그 28
성읍이 베드르홉 가까운 골짜기에
있어서 시돈과 거리가 멀고 상종하
는 사람도 없음이었더라 단 자손이
성읍을 세우고 거기 거주하면서
29 이스라엘에게서 태어난 그들의 조 29
상 단의 이름을 따라 그 성읍을 단
이라 하니라 그 성읍의 본 이름은
라이스였더라
30 단 자손이 자기들을 위하여 그 새
긴 신상을 세웠고 모세의 손자요 30
게르솜의 아들인 요나단과 그의
자손은 단 지파의 제사장이 되어
그 땅 백성이 사로잡히는 날까지
이르렀더라

31 하나님의 집이 실로에 있을 동안에
미가가 만든 바 새긴 신상이 단 자
손에게 있었더라

어떤 레위 사람과 그의 첩

19 이스라엘에 왕이 없을 그
때에 에브라임 산지 구석
에 거류하는 어떤 레위 사람이 유
다 베들레헴에서 첩을 맞이하였더
니
2 그 첩이 행음하고 남편을 떠나 유
다 베들레헴 그의 아버지의 집에
돌아가서 거기서 넉 달 동안을 지
내매
3 그의 남편이 그 여자에게 다정하게
말하고 그를 데려오고자 하여 하
인 한 사람과 나귀 두 마리를 데리
고 그에게로 가매 여자가 그를 인
도하여 아버지의 집에 들어가니 그
여자의 아버지가 그를 보고 기뻐하
니라
4 그의 장인 곧 그 여자의 아버지가
그를 머물게 하매 그가 삼일 동안
그와 함께 머물며 먹고 마시며 거
기서 유숙하다가
5 넷째 날 아침에 일찍이 일어나 떠
나고자 하매 그 여자의 아버지가
그의 사위에게 이르되 떡을 조금
먹고 그대의 기력을 돋운 후에 그
대의 길을 가라 하니라
6 두 사람이 앉아서 함께 먹고 마시
매 그 여자의 아버지가 그 사람에
게 이르되 청하노니 이 밤을 여기
서 유숙하여 그대의 마음을 즐겁
게 하라 하니
7 그 사람이 일어나서 가고자 하되
그의 장인의 간청으로 거기서 다시
유숙하더니
8 다섯째 날 아침에 일찍이 일어나
떠나고자 하매 그 여자의 아버지가
이르되 청하노니 그대의 기력을 돋
우고 해가 기울도록 머물라 하므로
두 사람이 함께 먹고
9 그 사람이 첩과 하인과 더불어 일
어나 떠나고자 하매 그의 장인 곧
그 여자의 아버지가 그에게 이르되
보라 이제 날이 저물어 가니 청하
건대 이 밤도 유숙하라 보라 해가
기울었느니라 그대는 여기서 유숙

31
19
2
3
4
5
6
7
8
9

하여 그대의 마음을 즐겁게 하고
내일 일찍이 그대의 길을 가서 그
대의 집으로 돌아가라 하니
10 그 사람이 다시 밤을 지내고자 하
지 아니하여 일어나서 떠나 여부스
맞은편에 이르렀으니 여부스는 곧
예루살렘이라 안장 지운 나귀 두
마리와 첩이 그와 함께 하였더라
11 그들이 여부스에 가까이 갔을 때
에 해가 지려 하는지라 종이 주인
에게 이르되 청하건대 우리가 돌이
켜 여부스 사람의 이 성읍에 들어
가서 유숙하십시다 하니
12 주인이 그에게 이르되 우리가 돌이
켜 이스라엘 자손에게 속하지 아니
한 이방 사람의 성읍으로 들어갈
것이 아니니 기브아로 나아가리라
하고
13 또 그 종에게 이르되 우리가 기브
아나 라마 중 한 곳에 가서 거기서
유숙하자 하고
14 모두 앞으로 나아가더니 베냐민에
속한 기브아에 가까이 이르러 해가
진지라
15 기브아에 가서 유숙하려고 그리로
돌아 들어가서 성읍 넓은 거리에
앉아 있으나 그를 집으로 영접하여
유숙하게 하는 자가 없었더라
16 저녁 때에 한 노인이 밭에서 일하
다가 돌아오니 그 사람은 본래 에
브라임 산지 사람으로서 기브아에
거류하는 자요 그 곳 사람들은 베
냐민 자손이더라
17 노인이 눈을 들어 성읍 넓은 거리
에 나그네가 있는 것을 본지라 노
인이 묻되 그대는 어디로 가며 어
디서 왔느냐 하니
18 그가 그에게 이르되 우리는 유다
베들레헴에서 에브라임 산지 구석
으로 가나이다 나는 그 곳 사람으
로서 유다 베들레헴에 갔다가 이제
여호와의 집으로 가는 중인데 나
를 자기 집으로 영접하는 사람이
없나이다
19 우리에게는 나귀들에게 먹일 짚과
여물이 있고 나와 당신의 여종과
당신의 종인 우리들과 함께 한 청
년에게 먹을 양식과 포도주가 있어

무엇이든지 부족함이 없나이다 하
는지라
20 그 노인이 이르되 그대는 안심하라
그대의 쓸 것은 모두 내가 담당할
것이니 거리에서는 유숙하지 말라
하고
21 그를 데리고 자기 집에 들어가서
나귀에게 먹이니 그들이 발을 씻고
먹고 마시니라
22 그들이 마음을 즐겁게 할 때에 그
성읍의 불량배들이 그 집을 에워
싸고 문을 두들기며 집 주인 노인
에게 말하여 이르되 네 집에 들어
온 사람을 끌어내라 우리가 그와
관계하리라 하니
23 집 주인 그 사람이 그들에게로 나
와서 이르되 아니라 내 형제들아
청하노니 이같은 악행을 저지르지
말라 이 사람이 내 집에 들어왔으
니 이런 망령된 일을 행하지 말라
24 보라 여기 내 처녀 딸과 이 사람의
첩이 있은즉 내가 그들을 끌어내리
니 너희가 그들을 욕보이든지 너희
눈에 좋은 대로 행하되 오직 이 사
람에게는 이런 망령된 일을 행하지
말라 하나
25 무리가 듣지 아니하므로 그 사람이
자기 첩을 붙잡아 그들에게 밖으
로 끌어내매 그들이 그 여자와 관
계하였고 밤새도록 그 여자를 능
욕하다가 새벽 미명에 놓은지라
26 동틀 때에 여인이 자기의 주인이
있는 그 사람의 집 문에 이르러 엎
드러져 밝기까지 거기 엎드러져 있
더라
27 그의 주인이 일찍이 일어나 집 문
을 열고 떠나고자 하더니 그 여인
이 집 문에 엎드러져 있고 그의 두
손이 문지방에 있는 것을 보고
28 그에게 이르되 일어나라 우리가 떠
나가자 하나 아무 대답이 없는지라
이에 그의 시체를 나귀에 싣고 행
하여 자기 곳에 돌아가서
29 그 집에 이르러서는 칼을 가지고
자기 첩의 시체를 거두어 그 마디
를 찍어 열두 덩이에 나누고 그것
을 이스라엘 사방에 두루 보내매

30 그것을 보는 자가 다 이르되 이스
라엘 자손이 애굽 땅에서 올라온
날부터 오늘까지 이런 일은 일어나
지도 아니하였고 보지도 못하였도
다 이 일을 생각하고 상의한 후에
말하자 하니라

이스라엘이 전쟁 준비를 하다

20 이에 모든 이스라엘 자손
이 단에서부터 브엘세바까
지와 길르앗 땅에서 나와서 그 회
중이 일제히 미스바에서 여호와 앞
에 모였으니
2 온 백성의 어른 곧 이스라엘 모든
지파의 어른들은 하나님 백성의 총
회에 섰고 칼을 빼는 보병은 사십
만 명이었으며
3 이스라엘 자손이 미스바에 올라간
것을 베냐민 자손이 들었더라 이스
라엘 자손이 이르되 이 악한 일이
어떻게 일어났는지 우리에게 말하
라 하니
4 레위 사람 곧 죽임을 당한 여인의
남편이 대답하여 이르되 내가 내
첩과 더불어 베냐민에 속한 기브아
에 유숙하러 갔더니
5 기브아 사람들이 나를 치러 일어나
서 밤에 내가 묵고 있던 집을 에워
싸고 나를 죽이려 하고 내 첩을 욕
보여 그를 죽게 한지라
6 내가 내 첩의 시체를 거두어 쪼개
서 이스라엘 기업의 온 땅에 보냈
나니 이는 그들이 이스라엘 중에
서 음행과 망령된 일을 행하였기
때문이라
7 이스라엘 자손들아 너희가 다 여
기 있은즉 너희의 의견과 방책을
낼지니라 하니라
8 모든 백성이 일제히 일어나 이르되
우리가 한 사람도 자기 장막으로
돌아가지 말며 한 사람도 자기 집
으로 들어가지 말고
9 우리가 이제 기브아 사람에게 이렇
게 행하리니 곧 제비를 뽑아서 그
들을 치되
10 우리가 이스라엘 모든 지파 중에서
백 명에 열 명, 천 명에 백 명, 만
명에 천 명을 뽑아 그 백성을 위하
여 양식을 준비하고 그들에게 베냐

민의 기브아에 가서 그 무리가 이
스라엘 중에서 망령된 일을 행한
대로 징계하게 하리라 하니라
11 이와 같이 이스라엘 모든 사람이
하나 같이 합심하여 그 성읍을 치
려고 모였더라
12 이스라엘 지파들이 베냐민 온 지
파에 사람들을 보내어 두루 다니
며 이르기를 너희 중에서 생긴 이
악행이 어찌 됨이냐
13 그런즉 이제 기브아 사람들 곧 그
불량배들을 우리에게 넘겨 주어서
우리가 그들을 죽여 이스라엘 중에
서 악을 제거하여 버리게 하라 하
나 베냐민 자손이 그들의 형제 이
스라엘 자손의 말을 듣지 아니하고
14 도리어 성읍들로부터 기브아에 모
이고 나가서 이스라엘 자손과 싸
우고자 하니라
15 그 때에 그 성읍들로부터 나온 베냐
민 자손의 수는 칼을 빼는 자가 모
두 이만 육천 명이요 그 외에 기브
아 주민 중 택한 자가 칠백 명인데
16 이 모든 백성 중에서 택한 칠백 명
은 다 왼손잡이라 물매로 돌을 던
지면 조금도 틀림이 없는 자들이더
라

이스라엘과 베냐민 자손이 싸우다

17 베냐민 자손 외에 이스라엘 사람
으로서 칼을 빼는 자의 수는 사십
만 명이니 다 전사라
18 이스라엘 자손이 일어나 벧엘에 올
라가서 하나님께 여쭈어 이르되 우
리 중에 누가 먼저 올라가서 베냐
민 자손과 싸우리이까 하니 여호
와께서 말씀하시되 유다가 먼저 갈
지니라 하시니라
19 이스라엘 자손이 아침에 일어나 기
브아를 대하여 진을 치니라
20 이스라엘 사람이 나가 베냐민과
싸우려고 전열을 갖추고 기브아에
서 그들과 싸우고자 하매
21 베냐민 자손이 기브아에서 나와서
당일에 이스라엘 사람 이만 이천
명을 땅에 엎드러뜨렸으나
22 이스라엘 사람들이 스스로 용기를
내어 첫날 전열을 갖추었던 곳에서
다시 전열을 갖추니라

23 이스라엘 자손이 올라가 여호와
앞에서 저물도록 울며 여호와께 여
쭈어 이르되 내가 다시 나아가서
내 형제 베냐민 자손과 싸우리이
까 하니 여호와께서 말씀하시되 올
라가서 치라 하시니라
24 그 이튿날에 이스라엘 자손이 베
냐민 자손을 치러 나아가매
25 베냐민도 그 이튿날에 기브아에서
그들을 치러 나와서 다시 이스라엘
자손 만 팔천 명을 땅에 엎드러뜨
렸으니 다 칼을 빼는 자였더라
26 이에 온 이스라엘 자손 모든 백성
이 올라가 벧엘에 이르러 울며 거
기서 여호와 앞에 앉아서 그 날이
저물도록 금식하고 번제와 화목제
를 여호와 앞에 드리고
27 이스라엘 자손이 여호와께 물으니
라 그 때에는 하나님의 언약궤가
거기 있고
28 아론의 손자인 엘르아살의 아들
비느하스가 그 앞에 모시고 섰더
라 이스라엘 자손들이 여쭈기를 우
리가 다시 나아가 내 형제 베냐민
자손과 싸우리이까 말리이까 하니
여호와께서 이르시되 올라가라 내
일은 내가 그를 네 손에 넘겨 주리
라 하시는지라
29 이스라엘이 기브아 주위에 군사를
매복하니라
30 이스라엘 자손이 셋째 날에 베냐
민 자손을 치러 올라가서 전과 같
이 기브아에 맞서 전열을 갖추매
31 베냐민 자손이 나와서 백성을 맞더
니 꾀임에 빠져 성읍을 떠났더라
그들이 큰 길 곧 한쪽은 벧엘로 올
라가는 길이요 한쪽은 기브아의 들
로 가는 길에서 백성을 쳐서 전과
같이 이스라엘 사람 삼십 명 가량
을 죽이기 시작하며
32 베냐민 자손이 스스로 이르기를
이들이 처음과 같이 우리 앞에서
패한다 하나 이스라엘 자손은 이
르기를 우리가 도망하여 그들을
성읍에서 큰 길로 꾀어내자 하고
33 이스라엘 사람이 모두 그들의 처소
에서 일어나서 바알다말에서 전열
을 갖추었고 이스라엘의 복병은 그

23

24

25

26

27

28

29

30

31

32

33

장소 곧 기브아 초장에서 쏟아져
나왔더라
34 온 이스라엘 사람 중에서 택한 사
람 만 명이 기브아에 이르러 치매
싸움이 치열하나 베냐민 사람은
화가 자기에게 미친 줄을 알지 못
하였더라
35 여호와께서 이스라엘 앞에서 베냐
민을 치시매 당일에 이스라엘 자손
이 베냐민 사람 이만 오천백 명을
죽였으니 다 칼을 빼는 자였더라

이스라엘이 승리한 방법

36 이에 베냐민 자손이 자기가 패한
것을 깨달았으니 이는 이스라엘 사
람이 기브아에 매복한 군사를 믿
고 잠깐 베냐민 사람 앞을 피하매
37 복병이 급히 나와 기브아로 돌격하
고 나아가며 칼날로 온 성읍을 쳤
음이더라
38 처음에 이스라엘 사람과 복병 사이
에 약속하기를 성읍에서 큰 연기가
치솟는 것으로 군호를 삼자 하고
39 이스라엘 사람은 싸우다가 물러가
고 베냐민 사람은 이스라엘 사람
삼십 명 가량을 쳐죽이기를 시작하
며 이르기를 이들이 틀림없이 처음
싸움 같이 우리에게 패한다 하다가
40 연기 구름이 기둥 같이 성읍 가운
데에서 치솟을 때에 베냐민 사람
이 뒤를 돌아보매 온 성읍에 연기
가 하늘에 닿았고
41 이스라엘 사람은 돌아서는지라 베
냐민 사람들이 화가 자기들에게 미
친 것을 보고 심히 놀라
42 이스라엘 사람 앞에서 몸을 돌려
광야 길로 향하였으나 군사가 급히
추격하며 각 성읍에서 나온 자를
그 가운데에서 진멸하니라
43 그들이 베냐민 사람을 에워싸고 기
브아 앞 동쪽까지 추격하며 그 쉬
는 곳에서 짓밟으매
44 베냐민 중에서 엎드러진 자가 만
팔천 명이니 다 용사더라
45 그들이 몸을 돌려 광야로 도망하였
으나 림몬 바위에 이르는 큰 길에서
이스라엘이 또 오천 명을 이삭 줍
듯 하고 또 급히 그 뒤를 따라 기돔
에 이르러 또 이천 명을 죽였으니

46 이 날에 베냐민 사람으로서 칼을
빼는 자가 엎드러진 것이 모두 이
만 오천 명이니 다 용사였더라
47 베냐민 사람 육백 명이 돌이켜 광
야로 도망하여 림몬 바위에 이르러
거기에서 넉 달 동안을 지냈더라
48 이스라엘 사람이 베냐민 자손에게
로 돌아와서 온 성읍과 가축과 만
나는 자를 다 칼날로 치고 닥치는
성읍은 모두 다 불살랐더라

베냐민 자손의 아내

21 이스라엘 사람들이 미스바
에서 맹세하여 이르기를 우
리 중에 누구든지 딸을 베냐민 사
람에게 아내로 주지 아니하리라 하
였더라
2 백성이 벧엘에 이르러 거기서 저녁
까지 하나님 앞에 앉아서 큰 소리
로 울며
3 이르되 이스라엘의 하나님 여호와
여 어찌하여 이스라엘에 이런 일이
생겨서 오늘 이스라엘 중에 한 지
파가 없어지게 하시나이까 하더니
4 이튿날에 백성이 일찍이 일어나 거
기에 한 제단을 쌓고 번제와 화목
제를 드렸더라
5 이스라엘 자손이 이르되 이스라엘
온 지파 중에 총회와 함께 하여 여
호와 앞에 올라오지 아니한 자가
누구냐 하니 이는 그들이 크게 맹
세하기를 미스바에 와서 여호와 앞
에 이르지 아니하는 자는 반드시
죽일 것이라 하였음이라
6 이스라엘 자손이 그들의 형제 베냐
민을 위하여 뉘우쳐 이르되 오늘
이스라엘 중에 한 지파가 끊어졌도
다
7 그 남은 자들에게 우리가 어떻게
하면 아내를 얻게 하리요 우리가
전에 여호와로 맹세하여 우리의 딸
을 그들의 아내로 주지 아니하리라
하였도다
8 또 이르되 이스라엘 지파 중 미스
바에 올라와서 여호와께 이르지
아니한 자가 누구냐 하고 본즉 야
베스 길르앗에서는 한 사람도 진영
에 이르러 총회에 참여하지 아니하
였으니

9 백성을 계수할 때에 야베스 길르앗
주민이 하나도 거기 없음을 보았음
이라
10 회중이 큰 용사 만 이천 명을 그리
로 보내며 그들에게 명령하여 이르
되 가서 야베스 길르앗 주민과 부
녀와 어린 아이를 칼날로 치라
11 너희가 행할 일은 모든 남자 및 남
자와 잔 여자를 진멸하여 바칠 것
이니라 하였더라
12 그들이 야베스 길르앗 주민 중에서
젊은 처녀 사백 명을 얻었으니 이
는 아직 남자와 동침한 일이 없어
남자를 알지 못하는 자라 그들을
실로 진영으로 데려오니 이 곳은
가나안 땅이더라
13 온 회중이 림몬 바위에 있는 베냐
민 자손에게 사람을 보내어 평화
를 공포하게 하였더니
14 그 때에 베냐민이 돌아온지라 이에
이스라엘 사람이 야베스 길르앗 여
자들 중에서 살려 둔 여자들을 그
들에게 주었으나 아직도 부족하므
로
15 백성들이 베냐민을 위하여 뉘우쳤
으니 이는 여호와께서 이스라엘 지
파들 중에 한 지파가 빠지게 하셨
음이었더라
16 회중의 장로들이 이르되 베냐민의
여인이 다 멸절되었으니 이제 그 남
은 자들에게 어떻게 하여야 아내
를 얻게 할까 하고
17 또 이르되 베냐민 중 도망하여 살
아 남은 자에게 마땅히 기업이 있
어야 하리니 그리하면 이스라엘 중
에 한 지파가 사라짐이 없으리라
18 그러나 우리가 우리의 딸을 그들의
아내로 주지 못하리니 이는 이스라
엘 자손이 맹세하여 이르기를 딸
을 베냐민에게 아내로 주는 자는
저주를 받으리라 하였음이로다 하
니라
19 또 이르되 보라 벧엘 북쪽 르보나
남쪽 벧엘에서 세겜으로 올라가는
큰 길 동쪽 실로에 매년 여호와의
명절이 있도다 하고
20 베냐민 자손에게 명령하여 이르되
가서 포도원에 숨어

21 보다가 실로의 여자들이 춤을 추
러 나오거든 너희는 포도원에서 나
와서 실로의 딸 중에서 각각 하나
를 붙들어 가지고 자기의 아내로
삼아 베냐민 땅으로 돌아가라
22 만일 그의 아버지나 형제가 와서
우리에게 시비하면 우리가 그에게
말하기를 청하건대 너희는 우리에
게 은혜를 베풀어 그들을 우리에
게 줄지니라 이는 우리가 전쟁할
때에 각 사람을 위하여 그의 아내
를 얻어 주지 못하였고 너희가 자
의로 그들에게 준 것이 아니니 너
희에게 죄가 없을 것임이니라 하겠
노라 하매
23 베냐민 자손이 그같이 행하여 춤
추는 여자들 중에서 자기들의 숫자
대로 붙들어 아내로 삼아 자기 기
업에 돌아가서 성읍들을 건축하고
거기에 거주하였더라
24 그 때에 이스라엘 자손이 그 곳에
서 각기 자기의 지파, 자기의 가족
에게로 돌아갔으니 곧 각기 그 곳
에서 나와서 자기의 기업으로 돌아
갔더라
25 그 때에 이스라엘에 왕이 없으므
로 사람이 각기 자기의 소견에 옳
은 대로 행하였더라

21

22

23

24

25

룻기 Ruth

엘리멜렉과 그 가족의 모압 이주

1 사사들이 치리하던 때에 그 땅
에 흉년이 드니라 유다 베들레
헴에 한 사람이 그의 아내와 두 아
들을 데리고 모압 지방에 가서 거
류하였는데
2 그 사람의 이름은 엘리멜렉이요 그
의 아내의 이름은 나오미요 그의
두 아들의 이름은 말론과 기룐이
니 유다 베들레헴 에브랏 사람들이
더라 그들이 모압 지방에 들어가서
거기 살더니
3 나오미의 남편 엘리멜렉이 죽고 나
오미와 그의 두 아들이 남았으며
4 그들은 모압 여자 중에서 그들의 아
내를 맞이하였는데 하나의 이름은
오르바요 하나의 이름은 룻이더라
그들이 거기에 거주한 지 십 년쯤에
5 말론과 기룐 두 사람이 다 죽고 그
여인은 두 아들과 남편의 뒤에 남
았더라

나오미와 룻이 베들레헴으로 오다

6 그 여인이 모압 지방에서 여호와께
서 자기 백성을 돌보시사 그들에게
양식을 주셨다 함을 듣고 이에 두
며느리와 함께 일어나 모압 지방에
서 돌아오려 하여
7 있던 곳에서 나오고 두 며느리도
그와 함께 하여 유다 땅으로 돌아
오려고 길을 가다가
8 나오미가 두 며느리에게 이르되 너
희는 각기 너희 어머니의 집으로
돌아가라 너희가 죽은 자들과 나
를 선대한 것 같이 여호와께서 너
희를 선대하시기를 원하며
9 여호와께서 너희에게 허락하사 각
기 남편의 집에서 위로를 받게 하
시기를 원하노라 하고 그들에게 입
맞추매 그들이 소리를 높여 울며
10 나오미에게 이르되 아니니이다 우
리는 어머니와 함께 어머니의 백성
에게로 돌아가겠나이다 하는지라
11 나오미가 이르되 내 딸들아 돌아가
라 너희가 어찌 나와 함께 가려느
냐 내 태중에 너희의 남편 될 아들

들이 아직 있느냐
12 내 딸들아 되돌아 가라 나는 늙었
으니 남편을 두지 못할지라 가령
내가 소망이 있다고 말한다든지 오
늘 밤에 남편을 두어 아들들을 낳
는다 하더라도
13 너희가 어찌 그들이 자라기를 기다
리겠으며 어찌 남편 없이 지내겠다
고 결심하겠느냐 내 딸들아 그렇지
아니하니라 여호와의 손이 나를 치
셨으므로 나는 너희로 말미암아
더욱 마음이 아프도다 하매
14 그들이 소리를 높여 다시 울더니
오르바는 그의 시어머니에게 입 맞
추되 룻은 그를 붙좇았더라
15 나오미가 또 이르되 보라 네 동서
는 그의 백성과 그의 신들에게로
돌아가나니 너도 너의 동서를 따라
돌아가라 하니
16 룻이 이르되 내게 어머니를 떠나며
어머니를 따르지 말고 돌아가라 강
권하지 마옵소서 어머니께서 가시
는 곳에 나도 가고 어머니께서 머
무시는 곳에서 나도 머물겠나이다
어머니의 백성이 나의 백성이 되고
어머니의 하나님이 나의 하나님이
되시리니
17 어머니께서 죽으시는 곳에서 나도
죽어 거기 묻힐 것이라 만일 내가
죽는 일 외에 어머니를 떠나면 여
호와께서 내게 벌을 내리시고 더
내리시기를 원하나이다 하는지라
18 나오미가 룻이 자기와 함께 가기로
굳게 결심함을 보고 그에게 말하기
를 그치니라
19 이에 그 두 사람이 베들레헴까지
갔더라 베들레헴에 이를 때에 온
성읍이 그들로 말미암아 떠들며 이
르기를 이이가 나오미냐 하는지라
20 나오미가 그들에게 이르되 나를 나
오미라 부르지 말고 나를 마라라
부르라 이는 전능자가 나를 심히
괴롭게 하셨음이니라
21 내가 풍족하게 나갔더니 여호와께
서 내게 비어 돌아오게 하셨느니라
여호와께서 나를 징벌하셨고 전능자
가 나를 괴롭게 하셨거늘 너희가 어
찌 나를 나오미라 부르느냐 하니라

12

13

14

15

16

17

18

19

20

21

22 나오미가 모압 지방에서 그의 며느
리 모압 여인 룻과 함께 돌아왔는
데 그들이 보리 추수 시작할 때에
베들레헴에 이르렀더라

룻이 보아스를 만나다

2 나오미의 남편 엘리멜렉의 친족
으로 유력한 자가 있으니 그의
이름은 보아스더라
2 모압 여인 룻이 나오미에게 이르되
원하건대 내가 밭으로 가서 내가
누구에게 은혜를 입으면 그를 따라
서 이삭을 줍겠나이다 하니 나오미
가 그에게 이르되 내 딸아 갈지어
다 하매
3 룻이 가서 베는 자를 따라 밭에서
이삭을 줍는데 우연히 엘리멜렉의
친족 보아스에게 속한 밭에 이르렀
더라
4 마침 보아스가 베들레헴에서부터
와서 베는 자들에게 이르되 여호
와께서 너희와 함께 하시기를 원하
노라 하니 그들이 대답하되 여호와
께서 당신에게 복 주시기를 원하나
이다 하니라
5 보아스가 베는 자들을 거느린 사
환에게 이르되 이는 누구의 소녀냐
하니
6 베는 자를 거느린 사환이 대답하
여 이르되 이는 나오미와 함께 모
압 지방에서 돌아온 모압 소녀인데
7 그의 말이 나로 베는 자를 따라 단
사이에서 이삭을 줍게 하소서 하였
고 아침부터 와서는 잠시 집에서
쉰 외에 지금까지 계속하는 중이니
이다
8 보아스가 룻에게 이르되 내 딸아
들으라 이삭을 주우러 다른 밭으
로 가지 말며 여기서 떠나지 말고
나의 소녀들과 함께 있으라
9 그들이 베는 밭을 보고 그들을 따
르라 내가 그 소년들에게 명령하여
너를 건드리지 말라 하였느니라 목
이 마르거든 그릇에 가서 소년들이
길어 온 것을 마실지니라 하는지라
10 룻이 엎드려 얼굴을 땅에 대고 절
하며 그에게 이르되 나는 이방 여
인이거늘 당신이 어찌하여 내게 은
혜를 베푸시며 나를 돌보시나이까

22

2

2

3

4

5

6

7

8

9

10

하니
11 보아스가 그에게 대답하여 이르되
네 남편이 죽은 후로 네가 시어머
니에게 행한 모든 것과 네 부모와
고국을 떠나 전에 알지 못하던 백
성에게로 온 일이 내게 분명히 알
려졌느니라
12 여호와께서 네가 행한 일에 보답하
시기를 원하며 이스라엘의 하나님
여호와께서 그의 날개 아래에 보
호를 받으러 온 네게 온전한 상 주
시기를 원하노라 하는지라
13 룻이 이르되 내 주여 내가 당신께
은혜 입기를 원하나이다 나는 당신
의 하녀 중의 하나와도 같지 못하
오나 당신이 이 하녀를 위로하시고
마음을 기쁘게 하는 말씀을 하셨
나이다 하니라
14 식사할 때에 보아스가 룻에게 이르
되 이리로 와서 떡을 먹으며 네 떡
조각을 초에 찍으라 하므로 룻이
곡식 베는 자 곁에 앉으니 그가 볶
은 곡식을 주매 룻이 배불리 먹고
남았더라
15 룻이 이삭을 주우러 일어날 때에
보아스가 자기 소년들에게 명령하
여 이르되 그에게 곡식 단 사이에
서 줍게 하고 책망하지 말며
16 또 그를 위하여 곡식 다발에서 조
금씩 뽑아 버려서 그에게 줍게 하
고 꾸짖지 말라 하니라
17 룻이 밭에서 저녁까지 줍고 그 주
운 것을 떠니 보리가 한 에바쯤 되
는지라
18 그것을 가지고 성읍에 들어가서 시
어머니에게 그 주운 것을 보이고
그가 배불리 먹고 남긴 것을 내어
시어머니에게 드리매
19 시어머니가 그에게 이르되 오늘 어
디서 주웠느냐 어디서 일을 하였느
냐 너를 돌본 자에게 복이 있기를
원하노라 하니 룻이 누구에게서 일
했는지를 시어머니에게 알게 하여
이르되 오늘 일하게 한 사람의 이
름은 보아스니이다 하는지라
20 나오미가 자기 며느리에게 이르되
그가 여호와로부터 복 받기를 원하
노라 그가 살아 있는 자와 죽은 자

11

12

13

14

15

16

17

18

19

20

에게 은혜 베풀기를 그치지 아니하
도다 하고 나오미가 또 그에게 이
르되 그 사람은 우리와 가까우니
우리 기업을 무를 자 중의 하나이
니라 하니라
21 모압 여인 룻이 이르되 그가 내게
또 이르기를 내 추수를 다 마치기
까지 너는 내 소년들에게 가까이
있으라 하더이다 하니
22 나오미가 며느리 룻에게 이르되
내 딸아 너는 그의 소녀들과 함께
나가고 다른 밭에서 사람을 만나
지 아니하는 것이 좋으니라 하는지
라
23 이에 룻이 보아스의 소녀들에게 가
까이 있어서 보리 추수와 밀 추수
를 마치기까지 이삭을 주우며 그의
시어머니와 함께 거주하니라

룻이 보아스와 가까워지다

3 룻의 시어머니 나오미가 그에게
이르되 내 딸아 내가 너를 위하
여 안식할 곳을 구하여 너를 복되
게 하여야 하지 않겠느냐
2 네가 함께 하던 하녀들을 둔 보아
스는 우리의 친족이 아니냐 보라
그가 오늘 밤에 타작 마당에서 보
리를 까불리라
3 그런즉 너는 목욕하고 기름을 바
르고 의복을 입고 타작 마당에 내
려가서 그 사람이 먹고 마시기를
다 하기까지는 그에게 보이지 말고
4 그가 누울 때에 너는 그가 눕는 곳
을 알았다가 들어가서 그의 발치
이불을 들고 거기 누우라 그가 네
할 일을 네게 알게 하리라 하니
5 룻이 시어머니에게 이르되 어머니
의 말씀대로 내가 다 행하리이다
하니라
6 그가 타작 마당으로 내려가서 시어
머니의 명령대로 다 하니라
7 보아스가 먹고 마시고 마음이 즐거
워 가서 곡식 단 더미의 끝에 눕는
지라 룻이 가만히 가서 그의 발치
이불을 들고 거기 누웠더라
8 밤중에 그가 놀라 몸을 돌이켜 본
즉 한 여인이 자기 발치에 누워 있
는지라

9 이르되 네가 누구냐 하니 대답하
되 나는 당신의 여종 룻이오니 당
신의 옷자락을 펴 당신의 여종을
덮으소서 이는 당신이 기업을 무를
자가 됨이니이다 하니
10 그가 이르되 내 딸아 여호와께서
네게 복 주시기를 원하노라 네가
가난하건 부하건 젊은 자를 따르
지 아니하였으니 네가 베푼 인애가
처음보다 나중이 더하도다
11 그리고 이제 내 딸아 두려워하지
말라 내가 네 말대로 네게 다 행하
리라 네가 현숙한 여자인 줄을 나
의 성읍 백성이 다 아느니라
12 참으로 나는 기업을 무를 자이나
기업 무를 자로서 나보다 더 가까
운 사람이 있으니
13 이 밤에 여기서 머무르라 아침에
그가 기업 무를 자의 책임을 네게
이행하려 하면 좋으니 그가 그 기
업 무를 자의 책임을 행할 것이니
라 만일 그가 기업 무를 자의 책임
을 네게 이행하기를 기뻐하지 아니
하면 여호와께서 살아 계심을 두
고 맹세하노니 내가 기업 무를 자
의 책임을 네게 이행하리라 아침까
지 누워 있을지니라 하는지라
14 룻이 새벽까지 그의 발치에 누웠다
가 사람이 서로 알아보기 어려울
때에 일어났으니 보아스가 말하기
를 여인이 타작 마당에 들어온 것
을 사람이 알지 못하여야 할 것이
라 하였음이라
15 보아스가 이르되 네 겉옷을 가져다
가 그것을 펴서 잡으라 하매 그것
을 펴서 잡으니 보리를 여섯 번 되
어 룻에게 지워 주고 성읍으로 들
어가니라
16 룻이 시어머니에게 가니 그가 이르
되 내 딸아 어떻게 되었느냐 하니
룻이 그 사람이 자기에게 행한 것
을 다 알리고
17 이르되 그가 내게 이 보리를 여섯
번 되어 주며 이르기를 빈 손으로
네 시어머니에게 가지 말라 하더이
다 하니라
18 이에 시어머니가 이르되 내 딸아
이 사건이 어떻게 될지 알기까지

9

10

11

12

13

14

15

16

17

18

앉아 있으라 그 사람이 오늘 이 일
을 성취하기 전에는 쉬지 아니하리
라 하니라

룻이 보아스와 결혼하다

4 보아스가 성문으로 올라가서
거기 앉아 있더니 마침 보아스
가 말하던 기업 무를 자가 지나가
는지라 보아스가 그에게 이르되 아
무개여 이리로 와서 앉으라 하니
그가 와서 앉으매
2 보아스가 그 성읍 장로 열 명을 청
하여 이르되 당신들은 여기 앉으라
하니 그들이 앉으매
3 보아스가 그 기업 무를 자에게 이
르되 모압 지방에서 돌아온 나오미
가 우리 형제 엘리멜렉의 소유지를
팔려 하므로
4 내가 여기 앉은 이들과 내 백성의
장로들 앞에서 그것을 사라고 네게
말하여 알게 하려 하였노라 만일
네가 무르려면 무르려니와 만일 네
가 무르지 아니하려거든 내게 고하
여 알게 하라 네 다음은 나요 그 외
에는 무를 자가 없느니라 하니 그
가 이르되 내가 무르리라 하는지라
5 보아스가 이르되 네가 나오미의 손
에서 그 밭을 사는 날에 곧 죽은
자의 아내 모압 여인 룻에게서 사
서 그 죽은 자의 기업을 그의 이름
으로 세워야 할지니라 하니
6 그 기업 무를 자가 이르되 나는 내
기업에 손해가 있을까 하여 나를
위하여 무르지 못하노니 내가 무
를 것을 네가 무르라 나는 무르지
못하겠노라 하는지라
7 옛적 이스라엘 중에는 모든 것을
무르거나 교환하는 일을 확정하기
위하여 사람이 그의 신을 벗어 그
의 이웃에게 주더니 이것이 이스라
엘 중에 증명하는 전례가 된지라
8 이에 그 기업 무를 자가 보아스에
게 이르되 네가 너를 위하여 사라
하고 그의 신을 벗는지라
9 보아스가 장로들과 모든 백성에게
이르되 내가 엘리멜렉과 기룐과 말
론에게 있던 모든 것을 나오미의
손에서 산 일에 너희가 오늘 증인
이 되었고

10 또 말론의 아내 모압 여인 룻을 사
서 나의 아내로 맞이하고 그 죽은
자의 기업을 그의 이름으로 세워 그
의 이름이 그의 형제 중과 그 곳 성
문에서 끊어지지 아니하게 함에 너
희가 오늘 증인이 되었느니라 하니
11 성문에 있는 모든 백성과 장로들이
이르되 우리가 증인이 되나니 여호
와께서 네 집에 들어가는 여인으
로 이스라엘의 집을 세운 라헬과
레아 두 사람과 같게 하시고 네가
에브랏에서 유력하고 베들레헴에
서 유명하게 하시기를 원하며
12 여호와께서 이 젊은 여자로 말미암
아 네게 상속자를 주사 네 집이 다
말이 유다에게 낳아준 베레스의 집
과 같게 하시기를 원하노라 하니라
13 이에 보아스가 룻을 맞이하여 아
내로 삼고 그에게 들어갔더니 여호
와께서 그에게 임신하게 하시므로
그가 아들을 낳은지라
14 여인들이 나오미에게 이르되 찬송
할지로다 여호와께서 오늘 네게 기
업 무를 자가 없게 하지 아니하셨
도다 이 아이의 이름이 이스라엘
중에 유명하게 되기를 원하노라
15 이는 네 생명의 회복자이며 네 노
년의 봉양자라 곧 너를 사랑하며
일곱 아들보다 귀한 네 며느리가
낳은 자로다 하니라
16 나오미가 아기를 받아 품에 품고
그의 양육자가 되니
17 그의 이웃 여인들이 그에게 이름을
지어 주되 나오미에게 아들이 태어
났다 하여 그의 이름을 오벳이라
하였는데 그는 다윗의 아버지인 이
새의 아버지였더라
18 베레스의 계보는 이러하니라 베레
스는 헤스론을 낳고
19 헤스론은 람을 낳았고 람은 암미
나답을 낳았고
20 암미나답은 나손을 낳았고 나손은
살몬을 낳았고
21 살몬은 보아스를 낳았고 보아스는
오벳을 낳았고
22 오벳은 이새를 낳고 이새는 다윗을
낳았더라

사무엘상

1 Samuel

엘가나의 실로 순례

1 에브라임 산지 라마다임소빔에
에브라임 사람 엘가나라 하는
사람이 있었으니 그는 여로함의 아
들이요 엘리후의 손자요 도후의 증
손이요 숩의 현손이더라
2 그에게 두 아내가 있었으니 한 사
람의 이름은 한나요 한 사람의 이
름은 브닌나라 브닌나에게는 자식
이 있고 한나에게는 자식이 없었더
라
3 이 사람이 매년 자기 성읍에서 나
와서 실로에 올라가서 만군의 여호
와께 예배하며 제사를 드렸는데 엘
리의 두 아들 홉니와 비느하스가
여호와의 제사장으로 거기에 있었
더라
4 엘가나가 제사를 드리는 날에는 제
물의 분깃을 그의 아내 브닌나와
그의 모든 자녀에게 주고
5 한나에게는 갑절을 주니 이는 그를
사랑함이라 그러나 여호와께서 그
에게 임신하지 못하게 하시니
6 여호와께서 그에게 임신하지 못하
게 하시므로 그의 적수인 브닌나가
그를 심히 격분하게 하여 괴롭게
하더라
7 매년 한나가 여호와의 집에 올라갈
때마다 남편이 그같이 하매 브닌나
가 그를 격분시키므로 그가 울고
먹지 아니하니
8 그의 남편 엘가나가 그에게 이르되
한나여 어찌하여 울며 어찌하여 먹
지 아니하며 어찌하여 그대의 마음
이 슬프냐 내가 그대에게 열 아들
보다 낫지 아니하냐 하니라

한나와 엘리

9 그들이 실로에서 먹고 마신 후에
한나가 일어나니 그 때에 제사장
엘리는 여호와의 전 문설주 곁 의
자에 앉아 있었더라
10 한나가 마음이 괴로워서 여호와께
기도하고 통곡하며
11 서원하여 이르되 만군의 여호와여
만일 주의 여종의 고통을 돌보시고

1
2
3
4
5
6
7
8
9
10
11

나를 기억하사 주의 여종을 잊지
아니하시고 주의 여종에게 아들을
주시면 내가 그의 평생에 그를 여
호와께 드리고 삭도를 그의 머리에
대지 아니하겠나이다
12 그가 여호와 앞에 오래 기도하는
동안에 엘리가 그의 입을 주목한
즉
13 한나가 속으로 말하매 입술만 움직
이고 음성은 들리지 아니하므로 엘
리는 그가 취한 줄로 생각한지라
14 엘리가 그에게 이르되 네가 언제까
지 취하여 있겠느냐 포도주를 끊으
라 하니
15 한나가 대답하여 이르되 내 주여
그렇지 아니하니이다 나는 마음이
슬픈 여자라 포도주나 독주를 마
신 것이 아니요 여호와 앞에 내 심
정을 통한 것뿐이오니
16 당신의 여종을 악한 여자로 여기지
마옵소서 내가 지금까지 말한 것은
나의 원통함과 격분됨이 많기 때문
이니이다 하는지라
17 엘리가 대답하여 이르되 평안히 가
라 이스라엘의 하나님이 네가 기도
하여 구한 것을 허락하시기를 원하
노라 하니
18 이르되 당신의 여종이 당신께 은혜
입기를 원하나이다 하고 가서 먹고
얼굴에 다시는 근심 빛이 없더라

사무엘의 출생과 봉헌

19 그들이 아침에 일찍이 일어나 여호
와 앞에 경배하고 돌아가 라마의
자기 집에 이르니라 엘가나가 그의
아내 한나와 동침하매 여호와께서
그를 생각하신지라
20 한나가 임신하고 때가 이르매 아들
을 낳아 사무엘이라 이름하였으니
이는 내가 여호와께 그를 구하였다
함이더라
21 그 사람 엘가나와 그의 온 집이 여
호와께 매년제와 서원제를 드리러
올라갈 때에
22 오직 한나는 올라가지 아니하고 그
의 남편에게 이르되 아이를 젖 떼
거든 내가 그를 데리고 가서 여호
와 앞에 뵙게 하고 거기에 영원히
있게 하리이다 하니

23 그의 남편 엘가나가 그에게 이르되
그대의 소견에 좋은 대로 하여 그
를 젖 떼기까지 기다리라 오직 여
호와께서 그의 말씀대로 이루시기
를 원하노라 하니라 이에 그 여자
가 그의 아들을 양육하며 그가 젖
떼기까지 기다리다가
24 젖을 뗀 후에 그를 데리고 올라갈
새 수소 세 마리와 밀가루 한 에바
와 포도주 한 가죽부대를 가지고
실로 여호와의 집에 나아갔는데 아
이가 어리더라
25 그들이 수소를 잡고 아이를 데리고
엘리에게 가서
26 한나가 이르되 내 주여 당신의 사
심으로 맹세하나이다 나는 여기서
내 주 당신 곁에 서서 여호와께 기
도하던 여자라
27 이 아이를 위하여 내가 기도하였더
니 내가 구하여 기도한 바를 여호
와께서 내게 허락하신지라
28 그러므로 나도 그를 여호와께 드리
되 그의 평생을 여호와께 드리나이
다 하고 그가 거기서 여호와께 경
배하니라

한나의 기도

2 한나가 기도하여 이르되
내 마음이 여호와로 말미암아
즐거워하며 내 뿔이 여호와로 말
미암아 높아졌으며 내 입이 내
원수들을 향하여 크게 열렸으니
이는 내가 주의 구원으로 말미
암아 기뻐함이니이다
2 여호와와 같이 거룩하신 이가 없
으시니 이는 주 밖에 다른 이가
없고 우리 하나님 같은 반석도
없으심이니이다
3 심히 교만한 말을 다시 하지 말
것이며 오만한 말을 너희의 입에
서 내지 말지어다 여호와는 지식
의 하나님이시라 행동을 달아 보
시느니라
4 용사의 활은 꺾이고 넘어진 자는
힘으로 띠를 띠도다
5 풍족하던 자들은 양식을 위하여
품을 팔고 주리던 자들은 다시
주리지 아니하도다 전에 임신하
지 못하던 자는 일곱을 낳았고

많은 자녀를 둔 자는 쇠약하도
다
6 여호와는 죽이기도 하시고 살리 6
기도 하시며 스올에 내리게도 하
시고 거기에서 올리기도 하시는
도다
7 여호와는 가난하게도 하시고 부 7
하게도 하시며 낮추기도 하시고
높이기도 하시는도다
8 가난한 자를 진토에서 일으키시 8
며 빈궁한 자를 거름더미에서 올
리사 귀족들과 함께 앉게 하시며
영광의 자리를 차지하게 하시는
도다 땅의 기둥들은 여호와의 것
이라 여호와께서 세계를 그것들
위에 세우셨도다
9 그가 그의 거룩한 자들의 발을 9
지키실 것이요 악인들을 흑암 중
에서 잠잠하게 하시리니 힘으로
는 이길 사람이 없음이로다
10 여호와를 대적하는 자는 산산이
깨어질 것이라 하늘에서 우레로 10
그들을 치시리로다 여호와께서
땅 끝까지 심판을 내리시고 자기
왕에게 힘을 주시며 자기의 기름
부음을 받은 자의 뿔을 높이시
리로다
하니라
11 엘가나는 라마의 자기 집으로 돌아
가고 그 아이는 제사장 엘리 앞에 11
서 여호와를 섬기니라

행실이 나쁜 엘리의 아들들

12 엘리의 아들들은 행실이 나빠 여 12
호와를 알지 못하더라
13 그 제사장들이 백성에게 행하는
관습은 이러하니 곧 어떤 사람이 13
제사를 드리고 그 고기를 삶을 때
에 제사장의 사환이 손에 세 살 갈
고리를 가지고 와서
14 그것으로 냄비에나 솥에나 큰 솥에
나 가마에 찔러 넣어 갈고리에 걸 14
려 나오는 것은 제사장이 자기 것
으로 가지되 실로에서 그 곳에 온
모든 이스라엘 사람에게 이같이 할
뿐 아니라
15 기름을 태우기 전에도 제사장의 사
환이 와서 제사 드리는 사람에게 15
이르기를 제사장에게 구워 드릴 고

기를 내라 그가 네게 삶은 고기를
원하지 아니하고 날 것을 원하신다
하다가
16 그 사람이 이르기를 반드시 먼저
기름을 태운 후에 네 마음에 원하
는 대로 가지라 하면 그가 말하기
를 아니라 지금 내게 내라 그렇지
아니하면 내가 억지로 빼앗으리라
하였으니
17 이 소년들의 죄가 여호와 앞에 심
히 큼은 그들이 여호와의 제사를
멸시함이었더라

실로에 머문 사무엘

18 사무엘은 어렸을 때에 세마포 에봇
을 입고 여호와 앞에서 섬겼더라
19 그의 어머니가 매년 드리는 제사를
드리러 그의 남편과 함께 올라갈
때마다 작은 겉옷을 지어다가 그에
게 주었더니
20 엘리가 엘가나와 그의 아내에게 축
복하여 이르되 여호와께서 이 여인
으로 말미암아 네게 다른 후사를
주사 이가 여호와께 간구하여 얻어
바친 아들을 대신하게 하시기를 원
하노라 하였더니 그들이 자기 집으
로 돌아가매
21 여호와께서 한나를 돌보시사 그로
하여금 임신하여 세 아들과 두 딸
을 낳게 하셨고 아이 사무엘은 여
호와 앞에서 자라니라

엘리와 그의 아들들

22 엘리가 매우 늙었더니 그의 아들들
이 온 이스라엘에게 행한 모든 일
과 회막 문에서 수종 드는 여인들
과 동침하였음을 듣고
23 그들에게 이르되 너희가 어찌하여
이런 일을 하느냐 내가 너희의 악
행을 이 모든 백성에게서 듣노라
24 내 아들들아 그리하지 말라 내게
들리는 소문이 좋지 아니하니라 너
희가 여호와의 백성으로 범죄하게
하는도다
25 사람이 사람에게 범죄하면 하나님
이 심판하시려니와 만일 사람이 여
호와께 범죄하면 누가 그를 위하여
간구하겠느냐 하되 그들이 자기 아
버지의 말을 듣지 아니하였으니 이
는 여호와께서 그들을 죽이기로 뜻

하셨음이더라

26 아이 사무엘이 점점 자라매 여호와와 사람들에게 은총을 더욱 받더라

엘리의 집에 내린 저주

27 하나님의 사람이 엘리에게 와서 그에게 이르되 여호와의 말씀에 너희 조상의 집이 애굽에서 바로의 집에 속하였을 때에 내가 그들에게 나타나지 아니하였느냐

28 이스라엘 모든 지파 중에서 내가 그를 택하여 내 제사장으로 삼아 그가 내 제단에 올라 분향하며 내 앞에서 에봇을 입게 하지 아니하였느냐 이스라엘 자손이 드리는 모든 화제를 내가 네 조상의 집에 주지 아니하였느냐

29 너희는 어찌하여 내가 내 처소에서 명령한 내 제물과 예물을 밟으며 네 아들들을 나보다 더 중히 여겨 내 백성 이스라엘이 드리는 가장 좋은 것으로 너희들을 살지게 하느냐

30 그러므로 이스라엘의 하나님 나 여호와가 말하노라 내가 전에 네 집과 네 조상의 집이 내 앞에 영원히 행하리라 하였으나 이제 나 여호와가 말하노니 결단코 그렇게 하지 아니하리라 나를 존중히 여기는 자를 내가 존중히 여기고 나를 멸시하는 자를 내가 경멸하리라

31 보라 내가 네 팔과 네 조상의 집 팔을 끊어 네 집에 노인이 하나도 없게 하는 날이 이를지라

32 이스라엘에게 모든 복을 내리는 중에 너는 내 처소의 환난을 볼 것이요 네 집에 영원토록 노인이 없을 것이며

33 내 제단에서 내가 끊어 버리지 아니할 네 사람이 네 눈을 쇠잔하게 하고 네 마음을 슬프게 할 것이요 네 집에서 출산되는 모든 자가 젊어서 죽으리라

34 네 두 아들 홉니와 비느하스가 한 날에 죽으리니 그 둘이 당할 그 일이 네게 표징이 되리라

35 내가 나를 위하여 충실한 제사장을 일으키리니 그 사람은 내 마음,

내 뜻대로 행할 것이라 내가 그를
위하여 견고한 집을 세우리니 그가
나의 기름 부음을 받은 자 앞에서
영구히 행하리라
36 그리고 네 집에 남은 사람이 각기
와서 은 한 조각과 떡 한 덩이를 위
하여 그에게 엎드려 이르되 청하노
니 내게 제사장의 직분 하나를 맡
겨 내게 떡 조각을 먹게 하소서 하
리라 하셨다 하니라

여호와께서 사무엘을 부르시다

3 아이 사무엘이 엘리 앞에서 여
호와를 섬길 때에는 여호와의
말씀이 희귀하여 이상이 흔히 보이
지 않았더라
2 엘리의 눈이 점점 어두워 가서 잘
보지 못하는 그 때에 그가 자기 처
소에 누웠고
3 하나님의 등불은 아직 꺼지지 아니
하였으며 사무엘은 하나님의 궤 있
는 여호와의 전 안에 누웠더니
4 여호와께서 사무엘을 부르시는지
라 그가 대답하되 내가 여기 있나
이다 하고
5 엘리에게로 달려가서 이르되 당신
이 나를 부르셨기로 내가 여기 있
나이다 하니 그가 이르되 나는 부
르지 아니하였으니 다시 누우라 하
는지라 그가 가서 누웠더니
6 여호와께서 다시 사무엘을 부르시
는지라 사무엘이 일어나 엘리에게
로 가서 이르되 당신이 나를 부르
셨기로 내가 여기 있나이다 하니
그가 대답하되 내 아들아 내가 부
르지 아니하였으니 다시 누우라 하
니라
7 사무엘이 아직 여호와를 알지 못하
고 여호와의 말씀도 아직 그에게
나타나지 아니한 때라
8 여호와께서 세 번째 사무엘을 부르
시는지라 그가 일어나 엘리에게로
가서 이르되 당신이 나를 부르셨기
로 내가 여기 있나이다 하니 엘리
가 여호와께서 이 아이를 부르신
줄을 깨닫고
9 엘리가 사무엘에게 이르되 가서 누
웠다가 그가 너를 부르시거든 네가
말하기를 여호와여 말씀하옵소서

36

3

2

3

4

5

6

7

8

9

주의 종이 듣겠나이다 하라 하니
이에 사무엘이 가서 자기 처소에
누우니라
10 여호와께서 임하여 서서 전과 같이
사무엘아 사무엘아 부르시는지라
사무엘이 이르되 말씀하옵소서 주
의 종이 듣겠나이다 하니
11 여호와께서 사무엘에게 이르시되
보라 내가 이스라엘 중에 한 일을
행하리니 그것을 듣는 자마다 두
귀가 울리리라
12 내가 엘리의 집에 대하여 말한 것
을 처음부터 끝까지 그 날에 그에
게 다 이루리라
13 내가 그의 집을 영원토록 심판하겠
다고 그에게 말한 것은 그가 아는
죄악 때문이니 이는 그가 자기의
아들들이 저주를 자청하되 금하지
아니하였음이니라
14 그러므로 내가 엘리의 집에 대하여
맹세하기를 엘리 집의 죄악은 제물
로나 예물로나 영원히 속죄함을 받
지 못하리라 하였노라 하셨더라
15 사무엘이 아침까지 누웠다가 여호
와의 집의 문을 열었으나 그 이상
을 엘리에게 알게 하기를 두려워하
더니
16 엘리가 사무엘을 불러 이르되 내
아들 사무엘아 하니 그가 대답하
되 내가 여기 있나이다 하니 그가
17 이르되 네게 무엇을 말씀하셨느냐
청하노니 내게 숨기지 말라 네게 말
씀하신 모든 것을 하나라도 숨기면
하나님이 네게 벌을 내리시고 또 내
리시기를 원하노라 하는지라
18 사무엘이 그것을 그에게 자세히 말
하고 조금도 숨기지 아니하니 그가
이르되 이는 여호와이시니 선하신
대로 하실 것이니라 하니라
19 사무엘이 자라매 여호와께서 그와
함께 계셔서 그의 말이 하나도 땅
에 떨어지지 않게 하시니
20 단에서부터 브엘세바까지의 온 이
스라엘이 사무엘은 여호와의 선지
자로 세우심을 입은 줄을 알았더라
21 여호와께서 실로에서 다시 나타나
시되 여호와께서 실로에서 여호와
의 말씀으로 사무엘에게 자기를 나

타내시니라
4 사무엘의 말이 온 이스라엘에
전파되니라

언약궤를 빼앗기다

이스라엘은 나가서 블레셋 사람들
과 싸우려고 에벤에셀 곁에 진 치
고 블레셋 사람들은 아벡에 진 쳤
더니
2 블레셋 사람들이 이스라엘에 대하
여 전열을 벌이니라 그 둘이 싸우
다가 이스라엘이 블레셋 사람들 앞
에서 패하여 그들에게 전쟁에서 죽
임을 당한 군사가 사천 명 가량이
라
3 백성이 진영으로 돌아오매 이스라
엘 장로들이 이르되 여호와께서 어
찌하여 우리에게 오늘 블레셋 사람
들 앞에 패하게 하셨는고 여호와의
언약궤를 실로에서 우리에게로 가
져다가 우리 중에 있게 하여 그것
으로 우리를 우리 원수들의 손에서
구원하게 하자 하니
4 이에 백성이 실로에 사람을 보내어
그룹 사이에 계신 만군의 여호와의
언약궤를 거기서 가져왔고 엘리의
두 아들 홉니와 비느하스는 하나님
의 언약궤와 함께 거기에 있었더라
5 여호와의 언약궤가 진영에 들어올
때에 온 이스라엘이 큰 소리로 외
치매 땅이 울린지라
6 블레셋 사람이 그 외치는 소리를
듣고 이르되 히브리 진영에서 큰 소
리로 외침은 어찌 됨이냐 하다가
여호와의 궤가 진영에 들어온 줄을
깨달은지라
7 블레셋 사람이 두려워하여 이르되
신이 진영에 이르렀도다 하고 또 이
르되 우리에게 화로다 전날에는 이
런 일이 없었도다
8 우리에게 화로다 누가 우리를 이
능한 신들의 손에서 건지리요 그들
은 광야에서 여러 가지 재앙으로
애굽인을 친 신들이니라
9 너희 블레셋 사람들아 강하게 되며
대장부가 되라 너희가 히브리 사람
의 종이 되기를 그들이 너희의 종
이 되었던 것 같이 되지 말고 대장
부 같이 되어 싸우라 하고

4

2

3

4

5

6

7

8

9

10 블레셋 사람들이 쳤더니 이스라엘
이 패하여 각기 장막으로 도망하였
고 살륙이 심히 커서 이스라엘 보
병의 엎드러진 자가 삼만 명이었으
며

11 하나님의 궤는 빼앗겼고 엘리의 두
아들 홉니와 비느하스는 죽임을 당
하였더라

엘리가 죽다

12 당일에 어떤 베냐민 사람이 진영에
서 달려나와 자기의 옷을 찢고 자
기의 머리에 티끌을 덮어쓰고 실로
에 이르니라

13 그가 이를 때는 엘리가 길 옆 자기
의 의자에 앉아 기다리며 그의 마
음이 하나님의 궤로 말미암아 떨릴
즈음이라 그 사람이 성읍에 들어오
며 알리매 온 성읍이 부르짖는지라

14 엘리가 그 부르짖는 소리를 듣고 이
르되 이 떠드는 소리는 어찌 됨이
냐 그 사람이 빨리 가서 엘리에게
말하니

15 그 때에 엘리의 나이가 구십팔 세라
그의 눈이 어두워서 보지 못하더라

16 그 사람이 엘리에게 말하되 나는
진중에서 나온 자라 내가 오늘 진
중에서 도망하여 왔나이다 엘리가
이르되 내 아들아 일이 어떻게 되
었느냐

17 소식을 전하는 자가 대답하여 이르
되 이스라엘이 블레셋 사람들 앞에
서 도망하였고 백성 중에는 큰 살
륙이 있었고 당신의 두 아들 홉니
와 비느하스도 죽임을 당하였고 하
나님의 궤는 빼앗겼나이다

18 하나님의 궤를 말할 때에 엘리가 자
기 의자에서 뒤로 넘어져 문 곁에
서 목이 부러져 죽었으니 나이가 많
고 비대한 까닭이라 그가 이스라엘
의 사사가 된 지 사십 년이었더라

비느하스의 아내가 죽다

19 그의 며느리인 비느하스의 아내가
임신하여 해산 때가 가까웠더니 하
나님의 궤를 빼앗긴 것과 그의 시
아버지와 남편이 죽은 소식을 듣고
갑자기 아파서 몸을 구푸려 해산하
고

20 죽어갈 때에 곁에 서 있던 여인들

이 그에게 이르되 두려워하지 말라
네가 아들을 낳았다 하되 그가 대
답하지도 아니하며 관념하지도 아
니하고
21 이르기를 영광이 이스라엘에서 떠
났다 하고 아이 이름을 이가봇이
라 하였으니 하나님의 궤가 빼앗겼
고 그의 시아버지와 남편이 죽었기
때문이며
22 또 이르기를 하나님의 궤를 빼앗겼
으므로 영광이 이스라엘에서 떠났
다 하였더라

블레셋 사람에게 빼앗긴 언약궤

5 블레셋 사람들이 하나님의 궤
를 빼앗아 가지고 에벤에셀에서
부터 아스돗에 이르니라
2 블레셋 사람들이 하나님의 궤를 가
지고 다곤의 신전에 들어가서 다곤
곁에 두었더니
3 아스돗 사람들이 이튿날 일찍이 일
어나 본즉 다곤이 여호와의 궤 앞
에서 엎드러져 그 얼굴이 땅에 닿
았는지라 그들이 다곤을 일으켜 다
시 그 자리에 세웠더니
4 그 이튿날 아침에 그들이 일찍이
일어나 본즉 다곤이 여호와의 궤
앞에서 또다시 엎드러져 얼굴이 땅
에 닿았고 그 머리와 두 손목은 끊
어져 문지방에 있고 다곤의 몸뚱이
만 남았더라
5 그러므로 다곤의 제사장들이나 다
곤의 신전에 들어가는 자는 오늘까
지 아스돗에 있는 다곤의 문지방
을 밟지 아니하더라
6 여호와의 손이 아스돗 사람에게 엄
중히 더하사 독한 종기의 재앙으로
아스돗과 그 지역을 쳐서 망하게
하니
7 아스돗 사람들이 이를 보고 이르
되 이스라엘 신의 궤를 우리와 함
께 있지 못하게 할지라 그의 손이
우리와 우리 신 다곤을 친다 하고
8 이에 사람을 보내어 블레셋 사람들
의 모든 방백을 모으고 이르되 우
리가 이스라엘 신의 궤를 어찌하랴
하니 그들이 대답하되 이스라엘 신
의 궤를 가드로 옮겨 가라 하므로
이스라엘 신의 궤를 옮겨 갔더니

9 그것을 옮겨 간 후에 여호와의 손
이 심히 큰 환난을 그 성읍에 더하
사 성읍 사람들의 작은 자와 큰 자
를 다 쳐서 독한 종기가 나게 하신
지라
10 이에 그들이 하나님의 궤를 에그론
으로 보내니라 하나님의 궤가 에그
론에 이른즉 에그론 사람이 부르짖
어 이르되 그들이 이스라엘 신의
궤를 우리에게로 가져다가 우리와
우리 백성을 죽이려 한다 하고
11 이에 사람을 보내어 블레셋 모든 방
백을 모으고 이르되 이스라엘 신의
궤를 보내어 그 있던 곳으로 돌아가
게 하고 우리와 우리 백성이 죽임
당함을 면하게 하자 하니 이는 온
성읍이 사망의 환난을 당함이라 거
기서 하나님의 손이 엄중하시므로
12 죽지 아니한 사람들은 독한 종기로
치심을 당해 성읍의 부르짖음이 하
늘에 사무쳤더라

언약궤가 돌아오다

6 여호와의 궤가 블레셋 사람들
의 지방에 있은 지 일곱 달이라
2 블레셋 사람들이 제사장들과 복술
자들을 불러서 이르되 우리가 여호
와의 궤를 어떻게 할까 그것을 어
떻게 그 있던 곳으로 보낼 것인지
우리에게 가르치라
3 그들이 이르되 이스라엘 신의 궤를
보내려거든 거저 보내지 말고 그에
게 속건제를 드려야 할지니라 그리
하면 병도 낫고 그의 손을 너희에
게서 옮기지 아니하는 이유도 알리
라 하니
4 그들이 이르되 무엇으로 그에게 드
릴 속건제를 삼을까 하니 이르되
블레셋 사람의 방백의 수효대로 금
독종 다섯과 금 쥐 다섯 마리라야
하리니 너희와 너희 통치자에게 내
린 재앙이 같음이니라
5 그러므로 너희는 너희의 독한 종기
의 형상과 땅을 해롭게 하는 쥐의
형상을 만들어 이스라엘 신께 영
광을 돌리라 그가 혹 그의 손을 너
희와 너희의 신들과 너희 땅에서
가볍게 하실까 하노라
6 애굽인과 바로가 그들의 마음을

완악하게 한 것 같이 어찌하여 너희가 너희의 마음을 완악하게 하겠느냐 그가 그들 중에서 재앙을 내린 후에 그들이 백성을 가게 하므로 백성이 떠나지 아니하였느냐

7 그러므로 새 수레를 하나 만들고 멍에를 메어 보지 아니한 젖 나는 소 두 마리를 끌어다가 소에 수레를 메우고 그 송아지들은 떼어 집으로 돌려보내고

8 여호와의 궤를 가져다가 수레에 싣고 속건제로 드릴 금으로 만든 물건들은 상자에 담아 궤 곁에 두고 그것을 보내어 가게 하고

9 보고 있다가 만일 궤가 그 본 지역 길로 올라가서 벧세메스로 가면 이 큰 재앙은 그가 우리에게 내린 것이요 그렇지 아니하면 우리를 친 것이 그의 손이 아니요 우연히 당한 것인 줄 알리라 하니라

10 그 사람들이 그같이 하여 젖 나는 소 둘을 끌어다가 수레를 메우고 송아지들은 집에 가두고

11 여호와의 궤와 및 금 쥐와 그들의 독종의 형상을 담은 상자를 수레 위에 실으니

12 암소가 벧세메스 길로 바로 행하여 대로로 가며 갈 때에 울고 좌우로 치우치지 아니하였고 블레셋 방백들은 벧세메스 경계선까지 따라 가니라

13 벧세메스 사람들이 골짜기에서 밀을 베다가 눈을 들어 궤를 보고 그 본 것을 기뻐하더니

14 수레가 벧세메스 사람 여호수아의 밭 큰 돌 있는 곳에 이르러 선지라 무리가 수레의 나무를 패고 그 암소들을 번제물로 여호와께 드리고

15 레위인은 여호와의 궤와 그 궤와 함께 있는 금 보물 담긴 상자를 내려다가 큰 돌 위에 두매 그 날에 벧세메스 사람들이 여호와께 번제와 다른 제사를 드리니라

16 블레셋 다섯 방백이 이것을 보고 그 날에 에그론으로 돌아갔더라

17 블레셋 사람이 여호와께 속건제물로 드린 금 독종은 이러하니 아스돗을 위하여 하나요 가사를 위하

여 하나요 아스글론을 위하여 하나
요 가드를 위하여 하나요 에그론을
위하여 하나이며
18 드린 바 금 쥐들은 견고한 성읍에
서부터 시골의 마을에까지 그리고
사람들이 여호와의 궤를 놓은 큰
돌에 이르기까지 다섯 방백들에게
속한 블레셋 사람들의 모든 성읍들
의 수대로였더라 그 돌은 벧세메스
사람 여호수아의 밭에 오늘까지 있
더라

언약궤를 기럇여아림으로 보내다

19 벧세메스 사람들이 여호와의 궤를
들여다 본 까닭에 그들을 치사 (오
만) 칠십 명을 죽이신지라 여호와
께서 백성을 쳐서 크게 살륙하셨으
므로 백성이 슬피 울었더라
20 벧세메스 사람들이 이르되 이 거룩
하신 하나님 여호와 앞에 누가 능
히 서리요 그를 우리에게서 누구에
게로 올라가시게 할까 하고
21 전령들을 기럇여아림 주민에게 보
내어 이르되 블레셋 사람들이 여호
와의 궤를 도로 가져왔으니 너희는
내려와서 그것을 너희에게로 옮겨
가라
7 기럇여아림 사람들이 와서 여
호와의 궤를 옮겨 산에 사는 아
비나답의 집에 들여놓고 그의 아들
엘리아살을 거룩하게 구별하여 여
호와의 궤를 지키게 하였더니
2 궤가 기럇여아림에 들어간 날부터
이십 년 동안 오래 있은지라 이스라
엘 온 족속이 여호와를 사모하니라

사무엘이 이스라엘을 다스리다

3 사무엘이 이스라엘 온 족속에게 말
하여 이르되 만일 너희가 전심으로
여호와께 돌아오려거든 이방 신들
과 아스다롯을 너희 중에서 제거하
고 너희 마음을 여호와께로 향하여
그만을 섬기라 그리하면 너희를 블
레셋 사람의 손에서 건져내시리라
4 이에 이스라엘 자손이 바알들과
아스다롯을 제거하고 여호와만 섬
기니라
5 사무엘이 이르되 온 이스라엘은 미
스바로 모이라 내가 너희를 위하여
여호와께 기도하리라 하매

6 그들이 미스바에 모여 물을 길어
여호와 앞에 붓고 그 날 종일 금식
하고 거기에서 이르되 우리가 여호
와께 범죄하였나이다 하니라 사무
엘이 미스바에서 이스라엘 자손을
다스리니라
7 이스라엘 자손이 미스바에 모였다
함을 블레셋 사람들이 듣고 그들
의 방백들이 이스라엘을 치러 올라
온지라 이스라엘 자손들이 듣고 블
레셋 사람들을 두려워하여
8 이스라엘 자손이 사무엘에게 이르
되 당신은 우리를 위하여 우리 하
나님 여호와께 쉬지 말고 부르짖어
우리를 블레셋 사람들의 손에서 구
원하시게 하소서 하니
9 사무엘이 젖 먹는 어린 양 하나를
가져다가 온전한 번제를 여호와께
드리고 이스라엘을 위하여 여호와
께 부르짖으매 여호와께서 응답하
셨더라
10 사무엘이 번제를 드릴 때에 블레셋
사람이 이스라엘과 싸우려고 가까
이 오매 그 날에 여호와께서 블레
셋 사람에게 큰 우레를 발하여 그
들을 어지럽게 하시니 그들이 이스
라엘 앞에 패한지라
11 이스라엘 사람들이 미스바에서 나
가서 블레셋 사람들을 추격하여
벧갈 아래에 이르기까지 쳤더라
12 사무엘이 돌을 취하여 미스바와
센 사이에 세워 이르되 여호와께서
여기까지 우리를 도우셨다 하고 그
이름을 에벤에셀이라 하니라
13 이에 블레셋 사람들이 굴복하여
다시는 이스라엘 지역 안에 들어오
지 못하였으며 여호와의 손이 사무
엘이 사는 날 동안에 블레셋 사람
을 막으시매
14 블레셋 사람들이 이스라엘에게서
빼앗았던 성읍이 에그론부터 가드
까지 이스라엘에게 회복되니 이스
라엘이 그 사방 지역을 블레셋 사
람들의 손에서 도로 찾았고 또 이
스라엘과 아모리 사람 사이에 평화
가 있었더라
15 사무엘이 사는 날 동안에 이스라
엘을 다스렸으되

16 해마다 벧엘과 길갈과 미스바로 순
회하여 그 모든 곳에서 이스라엘을
다스렸고
17 라마로 돌아왔으니 이는 거기에 자
기 집이 있음이니라 거기서도 이스
라엘을 다스렸으며 또 거기에 여호
와를 위하여 제단을 쌓았더라

백성이 왕을 요구하다

8 사무엘이 늙으매 그의 아들들
을 이스라엘 사사로 삼으니
2 장자의 이름은 요엘이요 차자의 이
름은 아비야라 그들이 브엘세바에
서 사사가 되니라
3 그의 아들들이 자기 아버지의 행위
를 따르지 아니하고 이익을 따라
뇌물을 받고 판결을 굽게 하니라
4 이스라엘 모든 장로가 모여 라마에
있는 사무엘에게 나아가서
5 그에게 이르되 보소서 당신은 늙고
당신의 아들들은 당신의 행위를 따
르지 아니하니 모든 나라와 같이
우리에게 왕을 세워 우리를 다스리
게 하소서 한지라
6 우리에게 왕을 주어 우리를 다스리
게 하라 했을 때에 사무엘이 그것
을 기뻐하지 아니하여 여호와께 기
도하매
7 여호와께서 사무엘에게 이르시되
백성이 네게 한 말을 다 들으라 이
는 그들이 너를 버림이 아니요 나
를 버려 자기들의 왕이 되지 못하
게 함이니라
8 내가 그들을 애굽에서 인도하여 낸
날부터 오늘까지 그들이 모든 행사
로 나를 버리고 다른 신들을 섬김
같이 네게도 그리하는도다
9 그러므로 그들의 말을 듣되 너는
그들에게 엄히 경고하고 그들을 다
스릴 왕의 제도를 가르치라
10 사무엘이 왕을 요구하는 백성에게
여호와의 모든 말씀을 말하여
11 이르되 너희를 다스릴 왕의 제도는
이러하니라 그가 너희 아들들을 데
려다가 그의 병거와 말을 어거하게
하리니 그들이 그 병거 앞에서 달
릴 것이며
12 그가 또 너희의 아들들을 천부장
과 오십부장을 삼을 것이며 자기

16

17

8

2

3

4

5

6

7

8

9

10

11

12

밭을 갈게 하고 자기 추수를 하게
할 것이며 자기 무기와 병거의 장비
도 만들게 할 것이며
13 그가 또 너희의 딸들을 데려다가 13
향료 만드는 자와 요리하는 자와
떡 굽는 자로 삼을 것이며
14 그가 또 너희의 밭과 포도원과 감 14
람원에서 제일 좋은 것을 가져다가
자기의 신하들에게 줄 것이며
15 그가 또 너희의 곡식과 포도원 소 15
산의 십일조를 거두어 자기의 관리
와 신하에게 줄 것이며
16 그가 또 너희의 노비와 가장 아름 16
다운 소년과 나귀들을 끌어다가 자
기 일을 시킬 것이며
17 너희의 양 떼의 십분의 일을 거두 17
어 가리니 너희가 그의 종이 될 것
이라
18 그 날에 너희는 너희가 택한 왕으 18
로 말미암아 부르짖되 그 날에 여
호와께서 너희에게 응답하지 아니
하시리라 하니
19 백성이 사무엘의 말 듣기를 거절하 19
여 이르되 아니로소이다 우리도 우
리 왕이 있어야 하리니
20 우리도 다른 나라들 같이 되어 우 20
리의 왕이 우리를 다스리며 우리
앞에 나가서 우리의 싸움을 싸워
야 할 것이니이다 하는지라
21 사무엘이 백성의 말을 다 듣고 여
호와께 아뢰매 21
22 여호와께서 사무엘에게 이르시되 22
그들의 말을 들어 왕을 세우라 하
시니 사무엘이 이스라엘 사람들에
게 이르되 너희는 각기 성읍으로
돌아가라 하니라

사울이 사무엘을 만나다

9 9 베냐민 지파에 기스라 이름하
는 유력한 사람이 있으니 그는
아비엘의 아들이요 스롤의 손자요
베고랏의 증손이요 아비아의 현손
이며 베냐민 사람이더라 2
2 기스에게 아들이 있으니 그의 이름
은 사울이요 준수한 소년이라 이스
라엘 자손 중에 그보다 더 준수한
자가 없고 키는 모든 백성보다 어
깨 위만큼 더 컸더라
3 사울의 아버지 기스가 암나귀들을 3

잃고 그의 아들 사울에게 이르되
너는 일어나 한 사환을 데리고 가
서 암나귀들을 찾으라 하매
4 그가 에브라임 산지와 살리사 땅으
로 두루 다녀 보았으나 찾지 못하
고 사알림 땅으로 두루 다녀 보았
으나 그 곳에는 없었고 베냐민 사
람의 땅으로 두루 다녀 보았으나
찾지 못하니라
5 그들이 숩 땅에 이른 때에 사울이
함께 가던 사환에게 이르되 돌아가
자 내 아버지께서 암나귀 생각은
고사하고 우리를 위하여 걱정하실
까 두려워하노라 하니
6 그가 대답하되 보소서 이 성읍에
하나님의 사람이 있는데 존경을 받
는 사람이라 그가 말한 것은 반드
시 다 응하나니 그리로 가사이다
그가 혹 우리가 갈 길을 가르쳐 줄
까 하나이다 하는지라
7 사울이 그의 사환에게 이르되 우
리가 가면 그 사람에게 무엇을 드
리겠느냐 우리 주머니에 먹을 것이
다하였으니 하나님의 사람에게 드
릴 예물이 없도다 무엇이 있느냐
하니
8 사환이 사울에게 다시 대답하여
이르되 보소서 내 손에 은 한 세겔
의 사분의 일이 있으니 하나님의
사람에게 드려 우리 길을 가르쳐
달라 하겠나이다 하더라
9 (옛적 이스라엘에 사람이 하나님께
가서 물으려 하면 말하기를 선견자
에게로 가자 하였으니 지금 선지자
라 하는 자를 옛적에는 선견자라
일컬었더라)
10 사울이 그의 사환에게 이르되 네
말이 옳다 가자 하고 그들이 하나
님의 사람이 있는 성읍으로 가니라
11 그들이 성읍을 향한 비탈길로 올라
가다가 물 길으러 나오는 소녀들을
만나 그들에게 묻되 선견자가 여기
있느냐 하니
12 그들이 대답하여 이르되 있나이다
보소서 그가 당신보다 앞서 갔으니
빨리 가소서 백성이 오늘 산당에서
제사를 드리므로 그가 오늘 성읍
에 들어오셨나이다

13 당신들이 성읍으로 들어가면 그가
먹으러 산당에 올라가기 전에 곧
만나리이다 그가 오기 전에는 백성
이 먹지 아니하나니 이는 그가 제
물을 축사한 후에야 청함을 받은
자가 먹음이니이다 그러므로 지금
올라가소서 곧 그를 만나리이다 하
는지라
14 그들이 성읍으로 올라가서 그리로
들어갈 때에 사무엘이 마침 산당으
로 올라가려고 마주 나오더라
15 사울이 오기 전날에 여호와께서
사무엘에게 알게 하여 이르시되
16 내일 이맘 때에 내가 베냐민 땅에
서 한 사람을 네게로 보내리니 너
는 그에게 기름을 부어 내 백성 이
스라엘의 지도자로 삼으라 그가 내
백성을 블레셋 사람들의 손에서 구
원하리라 내 백성의 부르짖음이 내
게 상달되었으므로 내가 그들을 돌
보았노라 하셨더니
17 사무엘이 사울을 볼 때에 여호와
께서 그에게 이르시되 보라 이는
내가 네게 말한 사람이니 이가 내
백성을 다스리리라 하시니라
18 사울이 성문 안 사무엘에게 나아
가 이르되 선견자의 집이 어디인지
청하건대 내게 가르치소서 하니
19 사무엘이 사울에게 대답하여 이르
되 내가 선견자이니라 너는 내 앞
서 산당으로 올라가라 너희가 오늘
나와 함께 먹을 것이요 아침에는
내가 너를 보내되 네 마음에 있는
것을 다 네게 말하리라
20 사흘 전에 잃은 네 암나귀들을 염
려하지 말라 찾았느니라 온 이스라
엘이 사모하는 자가 누구냐 너와 네
아버지의 온 집이 아니냐 하는지라
21 사울이 대답하여 이르되 나는 이
스라엘 지파의 가장 작은 지파 베
냐민 사람이 아니니이까 또 나의
가족은 베냐민 지파 모든 가족 중
에 가장 미약하지 아니하니이까 당
신이 어찌하여 내게 이같이 말씀하
시나이까 하니
22 사무엘이 사울과 그의 사환을 인
도하여 객실로 들어가서 청한 자
중 상석에 앉게 하였는데 객은 삼

십 명 가량이었더라
23 사무엘이 요리인에게 이르되 내가
네게 주며 네게 두라고 말한 그 부
분을 가져오라
24 요리인이 넓적다리와 그것에 붙은
것을 가져다가 사울 앞에 놓는지라
사무엘이 이르되 보라 이는 두었던
것이니 네 앞에 놓고 먹으라 내가
백성을 청할 때부터 너를 위하여
이것을 두고 이 때를 기다리게 하
였느니라 그 날에 사울이 사무엘과
함께 먹으니라

사무엘이 사울에게 기름을 붓다

25 그들이 산당에서 내려 성읍에 들어
가서는 사무엘이 사울과 함께 지붕
에서 담화하고
26 그들이 일찍이 일어날새 동틀 때쯤
이라 사무엘이 지붕에서 사울을
불러 이르되 일어나라 내가 너를
보내리라 하매 사울이 일어나고 그
두 사람 사울과 사무엘이 함께 밖
으로 나가서
27 성읍 끝에 이르매 사무엘이 사울에
게 이르되 사환에게 우리를 앞서게
하라 하니라 사환이 앞서가므로 또
이르되 너는 이제 잠깐 서 있으라
내가 하나님의 말씀을 네게 들려
주리라 하더라

10 이에 사무엘이 기름병을 가
져다가 사울의 머리에 붓고
입맞추며 이르되 여호와께서 네게
기름을 부으사 그의 기업의 지도자
로 삼지 아니하셨느냐
2 네가 오늘 나를 떠나가다가 베냐민
경계 셀사에 있는 라헬의 묘실 곁
에서 두 사람을 만나리니 그들이
네게 이르기를 네가 찾으러 갔던
암나귀들을 찾은지라 네 아버지가
암나귀들의 염려는 놓았으나 너희
로 말미암아 걱정하여 이르되 내
아들을 위하여 어찌하리요 하더라
할 것이요
3 네가 거기서 더 나아가서 다볼 상
수리나무에 이르면 거기서 하나님
을 뵈오려고 벧엘로 올라가는 세
사람을 만나리니 한 사람은 염소
새끼 셋을 이끌었고 한 사람은 떡
세 덩이를 가졌고 한 사람은 포도

23

24

25

26

27

10

2

3

주 한 가죽부대를 가진 자라
4 그들이 네게 문안하고 떡 두 덩이
를 주겠고 너는 그의 손에서 받으
리라
5 그 후에 네가 하나님의 산에 이르
리니 그 곳에는 블레셋 사람들의
영문이 있느니라 네가 그리로 가서
그 성읍으로 들어갈 때에 선지자의
무리가 산당에서부터 비파와 소고
와 저와 수금을 앞세우고 예언하며
내려오는 것을 만날 것이요
6 네게는 여호와의 영이 크게 임하리
니 너도 그들과 함께 예언을 하고
변하여 새 사람이 되리라
7 이 징조가 네게 임하거든 너는 기
회를 따라 행하라 하나님이 너와
함께 하시느니라
8 너는 나보다 앞서 길갈로 내려가라
내가 네게로 내려가서 번제와 화목
제를 드리리니 내가 네게 가서 네
가 행할 것을 가르칠 때까지 칠 일
동안 기다리라
9 그가 사무엘에게서 떠나려고 몸을
돌이킬 때에 하나님이 새 마음을 주
셨고 그 날 그 징조도 다 응하니라
10 그들이 산에 이를 때에 선지자의
무리가 그를 영접하고 하나님의 영
이 사울에게 크게 임하므로 그가
그들 중에서 예언을 하니
11 전에 사울을 알던 모든 사람들이
사울이 선지자들과 함께 예언함을
보고 서로 이르되 기스의 아들에
게 무슨 일이 일어났느냐 사울도
선지자들 중에 있느냐 하고
12 그 곳의 어떤 사람은 말하여 이르
되 그들의 아버지가 누구냐 한지라
그러므로 속담이 되어 이르되 사울
도 선지자들 중에 있느냐 하더라
13 사울이 예언하기를 마치고 산당으
로 가니라
14 사울의 숙부가 사울과 그의 사환
에게 이르되 너희가 어디로 갔더냐
사울이 이르되 암나귀들을 찾다가
찾지 못하므로 사무엘에게 갔었나
이다 하니
15 사울의 숙부가 이르되 청하노니 사
무엘이 너희에게 이른 말을 내게
말하라 하니라

16 사울이 그의 숙부에게 말하되 그가
암나귀들을 찾았다고 우리에게 분명
히 말하더이다 하고 사무엘이 말하
던 나라의 일은 말하지 아니하니라

사울이 왕으로 뽑히다

17 사무엘이 백성을 미스바로 불러 여
호와 앞에 모으고
18 이스라엘 자손에게 이르되 이스라
엘 하나님 여호와께서 이같이 말씀
하시기를 내가 이스라엘을 애굽에
서 인도하여 내고 너희를 애굽인의
손과 너희를 압제하는 모든 나라의
손에서 건져내었느니라 하셨거늘
19 너희는 너희를 모든 재난과 고통
중에서 친히 구원하여 내신 너희의
하나님을 오늘 버리고 이르기를 우
리 위에 왕을 세우라 하는도다 그
런즉 이제 너희의 지파대로 천 명
씩 여호와 앞에 나아오라 하고
20 사무엘이 이에 이스라엘 모든 지파
를 가까이 오게 하였더니 베냐민
지파가 뽑혔고
21 베냐민 지파를 그들의 가족별로 가
까이 오게 하였더니 마드리의 가족
이 뽑혔고 그 중에서 기스의 아들
사울이 뽑혔으나 그를 찾아도 찾지
못한지라
22 그러므로 그들이 또 여호와께 묻되
그 사람이 여기 왔나이까 여호와께
서 대답하시되 그가 짐보따리들 사
이에 숨었느니라 하셨더라
23 그들이 달려 가서 거기서 그를 데
려오매 그가 백성 중에 서니 다른
사람보다 어깨 위만큼 컸더라
24 사무엘이 모든 백성에게 이르되 너
희는 여호와께서 택하신 자를 보
느냐 모든 백성 중에 짝할 이가 없
느니라 하니 모든 백성이 왕의 만
세를 외쳐 부르니라
25 사무엘이 나라의 제도를 백성에게
말하고 책에 기록하여 여호와 앞
에 두고 모든 백성을 각기 집으로
보내매
26 사울도 기브아 자기 집으로 갈 때
에 마음이 하나님께 감동된 유력
한 자들과 함께 갔느니라
27 어떤 불량배는 이르되 이 사람이
어떻게 우리를 구원하겠느냐 하고

16

17

18

19

20

21

22

23

24

25

26

27

멸시하며 예물을 바치지 아니하였
으나 그는 잠잠하였더라

사울이 암몬 사람을 치다

11 암몬 사람 나하스가 올라와
서 길르앗 야베스에 맞서 진
치매 야베스 모든 사람들이 나하스
에게 이르되 우리와 언약하자 그리
하면 우리가 너를 섬기리라 하니
2 암몬 사람 나하스가 그들에게 이르
되 내가 너희 오른 눈을 다 빼야 너
희와 언약하리라 내가 온 이스라엘
을 이같이 모욕하리라
3 야베스 장로들이 그에게 이르되 우
리에게 이레 동안 말미를 주어 우
리가 이스라엘 온 지역에 전령들을
보내게 하라 만일 우리를 구원할
자가 없으면 네게 나아가리라 하니
라
4 이에 전령들이 사울이 사는 기브아
에 이르러 이 말을 백성에게 전하
매 모든 백성이 소리를 높여 울더
니
5 마침 사울이 밭에서 소를 몰고 오
다가 이르되 백성이 무슨 일로 우
느냐 하니 그들이 야베스 사람의
말을 전하니라
6 사울이 이 말을 들을 때에 하나님
의 영에게 크게 감동되매 그의 노
가 크게 일어나
7 한 겨리의 소를 잡아 각을 뜨고 전
령들의 손으로 그것을 이스라엘 모
든 지역에 두루 보내어 이르되 누
구든지 나와서 사울과 사무엘을
따르지 아니하면 그의 소들도 이와
같이 하리라 하였더니 여호와의 두
려움이 백성에게 임하매 그들이 한
사람 같이 나온지라
8 사울이 베섹에서 그들의 수를 세어
보니 이스라엘 자손이 삼십만 명이
요 유다 사람이 삼만 명이더라
9 무리가 와 있는 전령들에게 이르되
너희는 길르앗 야베스 사람에게 이
같이 이르기를 내일 해가 더울 때
에 너희가 구원을 받으리라 하라
전령들이 돌아가서 야베스 사람들
에게 전하매 그들이 기뻐하니라
10 야베스 사람들이 이에 이르되 우리
가 내일 너희에게 나아가리니 너희

생각에 좋을 대로 우리에게 다 행
하라 하니라
11 이튿날 사울이 백성을 삼 대로 나
누고 새벽에 적진 한가운데로 들어
가서 날이 더울 때까지 암몬 사람
들을 치매 남은 자가 다 흩어져서
둘도 함께 한 자가 없었더라

사무엘이 길갈에서 사울을 왕으로 세우다

12 백성이 사무엘에게 이르되 사울이
어찌 우리를 다스리겠느냐 한 자가
누구니이까 그들을 끌어내소서 우
리가 죽이겠나이다
13 사울이 이르되 이 날에는 사람을
죽이지 못하리니 여호와께서 오늘
이스라엘 중에 구원을 베푸셨음이
니라
14 사무엘이 백성에게 이르되 오라 우
리가 길갈로 가서 나라를 새롭게
하자
15 모든 백성이 길갈로 가서 거기서
여호와 앞에서 사울을 왕으로 삼
고 길갈에서 여호와 앞에 화목제
를 드리고 사울과 이스라엘 모든
사람이 거기서 크게 기뻐하니라

사무엘의 마지막 말

12 사무엘이 온 이스라엘에게
이르되 보라 너희가 내게 한
말을 내가 다 듣고 너희 위에 왕을
세웠더니
2 이제 왕이 너희 앞에 출입하느니라
보라 나는 늙어 머리가 희어졌고
내 아들들도 너희와 함께 있느니라
내가 어려서부터 오늘까지 너희 앞
에 출입하였거니와
3 내가 여기 있나니 여호와 앞과 그
의 기름 부음을 받은 자 앞에서 내
게 대하여 증언하라 내가 누구의
소를 빼앗았느냐 누구의 나귀를 빼
앗았느냐 누구를 속였느냐 누구를
압제하였느냐 내 눈을 흐리게 하는
뇌물을 누구의 손에서 받았느냐 그
리하였으면 내가 그것을 너희에게
갚으리라 하니
4 그들이 이르되 당신이 우리를 속이
지 아니하였고 압제하지 아니하였
고 누구의 손에서든지 아무것도 빼
앗은 것이 없나이다 하니라

11

12

13

14

15

12

2

3

4

5 사무엘이 백성에게 이르되 너희가
내 손에서 아무것도 찾아낸 것이
없음을 여호와께서 너희에게 대하
여 증언하시며 그의 기름 부음을
받은 자도 오늘 증언하느니라 하니
그들이 이르되 그가 증언하시나이
다 하니라
6 사무엘이 백성에게 이르되 모세와
아론을 세우시며 너희 조상들을
애굽 땅에서 인도하여 내신 이는
여호와이시니
7 그런즉 가만히 서 있으라 여호와께
서 너희와 너희 조상들에게 행하
신 모든 공의로운 일에 대하여 내
가 여호와 앞에서 너희와 담론하리
라
8 야곱이 애굽에 들어간 후 너희 조
상들이 여호와께 부르짖으매 여호
와께서 모세와 아론을 보내사 그
두 사람으로 너희 조상들을 애굽
에서 인도해 내어 이 곳에 살게 하
셨으나
9 그들이 그들의 하나님 여호와를 잊
은지라 여호와께서 그들을 하솔 군
사령관 시스라의 손과 블레셋 사람
들의 손과 모압 왕의 손에 넘기셨
더니 그들이 저희를 치매
10 백성이 여호와께 부르짖어 이르되
우리가 여호와를 버리고 바알들과
아스다롯을 섬김으로 범죄하였나
이다 그러하오나 이제 우리를 원수
들의 손에서 건져내소서 그리하시
면 우리가 주를 섬기겠나이다 하매
11 여호와께서 여룹바알과 베단과 입
다와 나 사무엘을 보내사 너희를
너희 사방 원수의 손에서 건져내사
너희에게 안전하게 살게 하셨거늘
12 너희가 암몬 자손의 왕 나하스가
너희를 치러 옴을 보고 너희의 하
나님 여호와께서는 너희의 왕이 되
심에도 불구하고 너희가 내게 이르
기를 아니라 우리를 다스릴 왕이
있어야 하겠다 하였도다
13 이제 너희가 구한 왕, 너희가 택한
왕을 보라 여호와께서 너희 위에
왕을 세우셨느니라
14 너희가 만일 여호와를 경외하여 그
를 섬기며 그의 목소리를 듣고 여

호와의 명령을 거역하지 아니하며
또 너희와 너희를 다스리는 왕이
너희의 하나님 여호와를 따르면 좋
겠지마는
15 너희가 만일 여호와의 목소리를 듣
지 아니하고 여호와의 명령을 거역 15
하면 여호와의 손이 너희의 조상들
을 치신 것 같이 너희를 치실 것이
라
16 너희는 이제 가만히 서서 여호와께 16
서 너희 목전에서 행하시는 이 큰
일을 보라
17 오늘은 밀 베는 때가 아니냐 내가 17
여호와께 아뢰리니 여호와께서 우
레와 비를 보내사 너희가 왕을 구
한 일 곧 여호와의 목전에서 범한
죄악이 큼을 너희에게 밝히 알게
하시리라
18 이에 사무엘이 여호와께 아뢰매 여 18
호와께서 그 날에 우레와 비를 보
내시니 모든 백성이 여호와와 사무
엘을 크게 두려워하니라
19 모든 백성이 사무엘에게 이르되 당 19
신의 종들을 위하여 당신의 하나님
여호와께 기도하여 우리가 죽지 않
게 하소서 우리가 우리의 모든 죄
에 왕을 구하는 악을 더하였나이
다
20 사무엘이 백성에게 이르되 두려워 20
하지 말라 너희가 과연 이 모든 악
을 행하였으나 여호와를 따르는 데
에서 돌아서지 말고 오직 너희의
마음을 다하여 여호와를 섬기라
21 돌아서서 유익하게도 못하며 구원
하지도 못하는 헛된 것을 따르지 21
말라 그들은 헛되니라
22 여호와께서는 너희를 자기 백성으
로 삼으신 것을 기뻐하셨으므로 여 22
호와께서는 그의 크신 이름을 위해
서라도 자기 백성을 버리지 아니하
실 것이요
23 나는 너희를 위하여 기도하기를 쉬 23
는 죄를 여호와 앞에 결단코 범하
지 아니하고 선하고 의로운 길을
너희에게 가르칠 것인즉
24 너희는 여호와께서 너희를 위하여
행하신 그 큰 일을 생각하여 오직 24
그를 경외하며 너희의 마음을 다하

여 진실히 섬기라
25 만일 너희가 여전히 악을 행하면
너희와 너희 왕이 다 멸망하리라

사울이 블레셋과 싸우다

13 사울이 왕이 될 때에 사십
세라 그가 이스라엘을 다스
린 지 이 년에
2 이스라엘 사람 삼천 명을 택하여
그 중에서 이천 명은 자기와 함께
믹마스와 벧엘 산에 있게 하고 일
천 명은 요나단과 함께 베냐민 기
브아에 있게 하고 남은 백성은 각
기 장막으로 보내니라
3 요나단이 게바에 있는 블레셋 사람
의 수비대를 치매 블레셋 사람이
이를 들은지라 사울이 온 땅에 나
팔을 불어 이르되 히브리 사람들
은 들으라 하니
4 온 이스라엘이 사울이 블레셋 사
람들의 수비대를 친 것과 이스라엘
이 블레셋 사람들의 미움을 받게
되었다 함을 듣고 그 백성이 길갈
로 모여 사울을 따르니라
5 블레셋 사람들이 이스라엘과 싸우
려고 모였는데 병거가 삼만이요 마
병이 육천 명이요 백성은 해변의 모
래 같이 많더라 그들이 올라와 벧
아웬 동쪽 믹마스에 진 치매
6 이스라엘 사람들이 위급함을 보고
절박하여 굴과 수풀과 바위 틈과
은밀한 곳과 웅덩이에 숨으며
7 어떤 히브리 사람들은 요단을 건너
갓과 길르앗 땅으로 가되 사울은
아직 길갈에 있고 그를 따른 모든
백성은 떨더라
8 사울은 사무엘이 정한 기한대로 이
레 동안을 기다렸으나 사무엘이 길
갈로 오지 아니하매 백성이 사울에
게서 흩어지는지라
9 사울이 이르되 번제와 화목제물을
이리로 가져오라 하여 번제를 드렸
더니
10 번제 드리기를 마치자 사무엘이 온
지라 사울이 나가 맞으며 문안하매
11 사무엘이 이르되 왕이 행하신 것이
무엇이냐 하니 사울이 이르되 백성
은 내게서 흩어지고 당신은 정한
날 안에 오지 아니하고 블레셋 사

25
13
2
3
4
5
6
7
8
9
10
11

람은 믹마스에 모였음을 내가 보았
으므로
12 이에 내가 이르기를 블레셋 사람들
이 나를 치러 길갈로 내려오겠거늘
내가 여호와께 은혜를 간구하지 못
하였다 하고 부득이하여 번제를 드
렸나이다 하니라
13 사무엘이 사울에게 이르되 왕이
망령되이 행하였도다 왕이 왕의 하
나님 여호와께서 왕에게 내리신 명
령을 지키지 아니하였도다 그리하
였더라면 여호와께서 이스라엘 위
에 왕의 나라를 영원히 세우셨을
것이거늘
14 지금은 왕의 나라가 길지 못할 것
이라 여호와께서 왕에게 명령하신
바를 왕이 지키지 아니하였으므로
여호와께서 그의 마음에 맞는 사
람을 구하여 여호와께서 그를 그의
백성의 지도자로 삼으셨느니라 하
고
15 사무엘이 일어나 길갈에서 떠나 베
냐민 기브아로 올라가니라 사울이
자기와 함께 한 백성의 수를 세어
보니 육백 명 가량이라
16 사울과 그의 아들 요나단과 그들
과 함께 한 백성은 베냐민 게바에
있고 블레셋 사람들은 믹마스에
진 쳤더니
17 노략꾼들이 세 대로 블레셋 사람
들의 진영에서 나와서 한 대는 오
브라 길을 따라서 수알 땅에 이르
렀고
18 한 대는 벧호론 길로 향하였고 한
대는 광야 쪽으로 스보임 골짜기가
내려다 보이는 지역 길로 향하였더
라
19 그 때에 이스라엘 온 땅에 철공이
없었으니 이는 블레셋 사람들이 말
하기를 히브리 사람이 칼이나 창을
만들까 두렵다 하였음이라
20 온 이스라엘 사람들이 각기 보습이
나 삽이나 도끼나 괭이를 벼리려면
블레셋 사람들에게로 내려갔었는
데
21 곧 그들이 괭이나 삽이나 쇠스랑이
나 도끼나 쇠채찍이 무딜 때에 그
리하였으므로

22 싸우는 날에 사울과 요나단과 함
께 한 백성의 손에는 칼이나 창이
없고 오직 사울과 그의 아들 요나
단에게만 있었더라
23 블레셋 사람들의 부대가 나와서 믹
마스 어귀에 이르렀더라

요나단이 블레셋을 습격하다

14 하루는 사울의 아들 요나단
이 자기의 무기를 든 소년에
게 이르되 우리가 건너편 블레셋
사람들의 부대로 건너가자 하고 그
의 아버지에게는 아뢰지 아니하였
더라
2 사울이 기브아 변두리 미그론에 있
는 석류나무 아래에 머물렀고 함께
한 백성은 육백 명 가량이며
3 아히야는 에봇을 입고 거기 있었으
니 그는 이가봇의 형제 아히둡의
아들이요 비느하스의 손자요 실로
에서 여호와의 제사장이 되었던 엘
리의 증손이었더라 백성은 요나단
이 간 줄을 알지 못하니라
4 요나단이 블레셋 사람들에게로 건
너가려 하는 어귀 사이 이쪽에는
험한 바위가 있고 저쪽에도 험한
바위가 있는데 하나의 이름은 보세
스요 하나의 이름은 세네라
5 한 바위는 북쪽에서 믹마스 앞에
일어섰고 하나는 남쪽에서 게바 앞
에 일어섰더라
6 요나단이 자기의 무기를 든 소년에
게 이르되 우리가 이 할례 받지 않
은 자들에게로 건너가자 여호와께
서 우리를 위하여 일하실까 하노라
여호와의 구원은 사람이 많고 적
음에 달리지 아니하였느니라
7 무기를 든 자가 그에게 이르되 당신
의 마음에 있는 대로 다 행하여 앞
서 가소서 내가 당신과 마음을 같
이 하여 따르리이다
8 요나단이 이르되 보라 우리가 그
사람들에게로 건너가서 그들에게
보이리니
9 그들이 만일 우리에게 이르기를 우
리가 너희에게로 가기를 기다리라
하면 우리는 우리가 있는 곳에 가
만히 서서 그들에게로 올라가지 말
것이요

10 그들이 만일 말하기를 우리에게로 올라오라 하면 우리가 올라갈 것은 여호와께서 그들을 우리 손에 넘기셨음이니 이것이 우리에게 표징이 되리라 하고

11 둘이 다 블레셋 사람들에게 보이매 블레셋 사람이 이르되 보라 히브리 사람이 그들이 숨었던 구멍에서 나온다 하고

12 그 부대 사람들이 요나단과 그의 무기를 든 자에게 이르되 우리에게로 올라오라 너희에게 보여 줄 것이 있느니라 한지라 요나단이 자기의 무기를 든 자에게 이르되 나를 따라 올라오라 여호와께서 그들을 이스라엘의 손에 넘기셨느니라 하고

13 요나단이 손 발로 기어 올라갔고 그 무기를 든 자도 따랐더라 블레셋 사람들이 요나단 앞에서 엎드러지매 무기를 든 자가 따라가며 죽였으니

14 요나단과 그 무기를 든 자가 반나절 갈이 땅 안에서 처음으로 쳐죽인 자가 이십 명 가량이라

15 들에 있는 진영과 모든 백성들이 공포에 떨었고 부대와 노략꾼들도 떨었으며 땅도 진동하였으니 이는 큰 떨림이었더라

블레셋 군인들이 칼로 서로를 치다

16 베냐민 기브아에 있는 사울의 파수꾼이 바라본즉 허다한 블레셋 사람들이 무너져 이리 저리 흩어지더라

17 사울이 자기와 함께 한 백성에게 이르되 우리에게서 누가 나갔는지 점호하여 보라 하여 점호한즉 요나단과 그의 무기를 든 자가 없어졌더라

18 사울이 아히야에게 이르되 하나님의 궤를 이리로 가져오라 하니 그 때에 하나님의 궤가 이스라엘 자손과 함께 있음이니라

19 사울이 제사장에게 말할 때에 블레셋 사람들의 진영에 소동이 점점 더한지라 사울이 제사장에게 이르되 네 손을 거두라 하고

20 사울과 그와 함께 한 모든 백성이 모여 전장에 가서 본즉 블레셋 사람들이 각각 칼로 자기의 동무들을 치므로 크게 혼란하였더라

21 전에 블레셋 사람들과 함께 하던
히브리 사람이 사방에서 블레셋 사
람들과 함께 진영에 들어왔더니 그
들이 돌이켜 사울과 요나단과 함께
한 이스라엘 사람들과 합하였고
22 에브라임 산지에 숨었던 이스라엘
모든 사람도 블레셋 사람들이 도망
함을 듣고 싸우러 나와서 그들을
추격하였더라
23 여호와께서 그 날에 이스라엘을 구
원하시므로 전쟁이 벧아웬을 지나
니라

사울의 맹세와 요나단의 실수

24 이 날에 이스라엘 백성들이 피곤하
였으니 이는 사울이 백성에게 맹세
시켜 경계하여 이르기를 저녁 곧
내가 내 원수에게 보복하는 때까지
아무 음식물이든지 먹는 사람은 저
주를 받을지어다 하였음이라 그러
므로 모든 백성이 음식물을 맛보지
못하고
25 그들이 다 수풀에 들어간즉 땅에
꿀이 있더라
26 백성이 수풀로 들어갈 때에 꿀이
흐르는 것을 보고도 그들이 맹세
를 두려워하여 손을 그 입에 대는
자가 없었으나
27 요나단은 그의 아버지가 백성에게
맹세하여 명령할 때에 듣지 못하였
으므로 손에 가진 지팡이 끝을 내
밀어 벌집의 꿀을 찍고 그의 손을
돌려 입에 대매 눈이 밝아졌더라
28 그 때에 백성 중 한 사람이 말하여
이르되 당신의 부친이 백성에게 맹
세하여 엄히 말씀하시기를 오늘 음
식물을 먹는 사람은 저주를 받을지
어다 하셨나이다 그러므로 백성이
피곤하였나이다 하니
29 요나단이 이르되 내 아버지께서 이
땅을 곤란하게 하셨도다 보라 내가
이 꿀 조금을 맛보고도 내 눈이 이
렇게 밝아졌거든
30 하물며 백성이 오늘 그 대적에게서
탈취하여 얻은 것을 임의로 먹었더
라면 블레셋 사람을 살륙함이 더
욱 많지 아니하였겠느냐
31 그 날에 백성이 믹마스에서부터 아
얄론에 이르기까지 블레셋 사람들

21
22
23
24
25
26
27
28
29
30
31

을 쳤으므로 그들이 심히 피곤한지
라
32 백성이 이에 탈취한 물건에 달려가
서 양과 소와 송아지들을 끌어다가
그것을 땅에서 잡아 피째 먹었더니
33 무리가 사울에게 전하여 이르되
보소서 백성이 고기를 피째 먹어
여호와께 범죄하였나이다 사울이
이르되 너희가 믿음 없이 행하였도
다 이제 큰 돌을 내게로 굴려 오라
하고
34 또 사울이 이르되 너희는 백성 중에
흩어져 다니며 그들에게 이르기를
사람은 각기 소와 양을 이리로 끌
어다가 여기서 잡아 먹되 피째로 먹
어 여호와께 범죄하지 말라 하라 하
매 그 밤에 모든 백성이 각각 자기
의 소를 끌어다가 거기서 잡으니라
35 사울이 여호와를 위하여 제단을
쌓았으니 이는 그가 여호와를 위
하여 처음 쌓은 제단이었더라
36 사울이 이르되 우리가 밤에 블레
셋 사람들을 추격하여 동틀 때까
지 그들 중에서 탈취하고 한 사람
도 남기지 말자 무리가 이르되 왕
의 생각에 좋은 대로 하소서 할 때
에 제사장이 이르되 이리로 와서
하나님께로 나아가사이다 하매
37 사울이 하나님께 묻자오되 내가 블
레셋 사람들을 추격하리이까 주께
서 그들을 이스라엘의 손에 넘기시
겠나이까 하되 그 날에 대답하지
아니하시는지라
38 사울이 이르되 너희 군대의 지휘관
들아 다 이리로 오라 오늘 이 죄가
누구에게 있나 알아보자
39 이스라엘을 구원하신 여호와께서
살아 계심을 두고 맹세하노니 내
아들 요나단에게 있다 할지라도 반
드시 죽으리라 하되 모든 백성 중
한 사람도 대답하지 아니하매
40 이에 그가 온 이스라엘에게 이르되
너희는 저쪽에 있으라 나와 내 아
들 요나단은 이쪽에 있으리라 백성
이 사울에게 말하되 왕의 생각에
좋은 대로 하소서 하니라
41 이에 사울이 이스라엘의 하나님 여
호와께 아뢰되 원하건대 실상을 보

32
33
34
35
36
37
38
39
40
41

이소서 하였더니 요나단과 사울이
뽑히고 백성은 면한지라
42 사울이 이르되 나와 내 아들 요나
단 사이에 뽑으라 하였더니 요나단 42
이 뽑히니라
43 사울이 요나단에게 이르되 네가 행
한 것을 내게 말하라 요나단이 말 43
하여 이르되 내가 다만 내 손에 가
진 지팡이 끝으로 꿀을 조금 맛보
았을 뿐이오나 내가 죽을 수밖에
없나이다
44 사울이 이르되 요나단아 네가 반
드시 죽으리라 그렇지 않으면 하나 44
님이 내게 벌을 내리시고 또 내리시
기를 원하노라 하니
45 백성이 사울에게 말하되 이스라엘
에 이 큰 구원을 이룬 요나단이 죽 45
겠나이까 결단코 그렇지 아니하니
이다 여호와의 살아 계심을 두고
맹세하옵나니 그의 머리털 하나도
땅에 떨어지지 아니할 것은 그가
오늘 하나님과 동역하였음이니이
다 하여 백성이 요나단을 구원하
여 죽지 않게 하니라
46 사울이 블레셋 사람들 추격하기를
그치고 올라가매 블레셋 사람들이 46
자기 곳으로 돌아가니라

사울의 업적과 그 집안

47 사울이 이스라엘 왕위에 오른 후 47
에 사방에 있는 모든 대적 곧 모압
과 암몬 자손과 에돔과 소바의 왕
들과 블레셋 사람들을 쳤는데 향
하는 곳마다 이겼고 48
48 용감하게 아말렉 사람들을 치고
이스라엘을 그 약탈하는 자들의
손에서 건졌더라 49
49 사울의 아들은 요나단과 이스위와
말기수아요 그의 두 딸의 이름은
이러하니 맏딸의 이름은 메랍이요
작은 딸의 이름은 미갈이며
50 사울의 아내의 이름은 아히노암이 50
니 아히마아스의 딸이요 그의 군사
령관의 이름은 아브넬이니 사울의
숙부 넬의 아들이며
51 사울의 아버지는 기스요 아브넬의 51
아버지는 넬이니 아비엘의 아들이
었더라
52 사울이 사는 날 동안에 블레셋 사 52

람과 큰 싸움이 있었으므로 사울
이 힘 센 사람이나 용감한 사람을
보면 그들을 불러모았더라

사울이 아말렉을 치다

15 사무엘이 사울에게 이르되
여호와께서 나를 보내어 왕
에게 기름을 부어 그의 백성 이스
라엘 위에 왕으로 삼으셨은즉 이제
왕은 여호와의 말씀을 들으소서
2 만군의 여호와께서 이같이 말씀하시
기를 아말렉이 이스라엘에게 행한
일 곧 애굽에서 나올 때에 길에서
대적한 일로 내가 그들을 벌하노니
3 지금 가서 아말렉을 쳐서 그들의
모든 소유를 남기지 말고 진멸하되
남녀와 소아와 젖 먹는 아이와 우
양과 낙타와 나귀를 죽이라 하셨
나이다 하니
4 사울이 백성을 소집하고 그들을 들
라임에서 세어 보니 보병이 이십만
명이요 유다 사람이 만 명이라
5 사울이 아말렉 성에 이르러 골짜기
에 복병시키니라
6 사울이 겐 사람에게 이르되 아말
렉 사람 중에서 떠나 가라 그들과
함께 너희를 멸하게 될까 하노라
이스라엘 모든 자손이 애굽에서
올라올 때에 너희가 그들을 선대하
였느니라 이에 겐 사람이 아말렉
사람 중에서 떠나니라
7 사울이 하윌라에서부터 애굽 앞 술
에 이르기까지 아말렉 사람을 치고
8 아말렉 사람의 왕 아각을 사로잡고
칼날로 그의 모든 백성을 진멸하였
으되
9 사울과 백성이 아각과 그의 양과
소의 가장 좋은 것 또는 기름진 것
과 어린 양과 모든 좋은 것을 남기
고 진멸하기를 즐겨 아니하고 가치
없고 하찮은 것은 진멸하니라

여호와께서 사울을 버리시다

10 여호와의 말씀이 사무엘에게 임하
니라 이르시되
11 내가 사울을 왕으로 세운 것을 후
회하노니 그가 돌이켜서 나를 따르
지 아니하며 내 명령을 행하지 아
니하였음이니라 하신지라 사무엘
이 근심하여 온 밤을 여호와께 부

르짖으니라
12 사무엘이 사울을 만나려고 아침에
일찍이 일어났더니 어떤 사람이 사
무엘에게 말하여 이르되 사울이
갈멜에 이르러 자기를 위하여 기념
비를 세우고 발길을 돌려 길갈로
내려갔다 하는지라
13 사무엘이 사울에게 이른즉 사울이
그에게 이르되 원하건대 당신은 여
호와께 복을 받으소서 내가 여호
와의 명령을 행하였나이다 하니
14 사무엘이 이르되 그러면 내 귀에
들려오는 이 양의 소리와 내게 들
리는 소의 소리는 어찌 됨이니이까
하니라
15 사울이 이르되 그것은 무리가 아말
렉 사람에게서 끌어 온 것인데 백성
이 당신의 하나님 여호와께 제사하
려 하여 양들과 소들 중에서 가장
좋은 것을 남김이요 그 외의 것은
우리가 진멸하였나이다 하는지라
16 사무엘이 사울에게 이르되 가만히
계시옵소서 간 밤에 여호와께서 내
게 이르신 것을 왕에게 말하리이다
하니 그가 이르되 말씀하소서
17 사무엘이 이르되 왕이 스스로 작
게 여길 그 때에 이스라엘 지파의
머리가 되지 아니하셨나이까 여호
와께서 왕에게 기름을 부어 이스라
엘 왕을 삼으시고
18 또 여호와께서 왕을 길로 보내시며
이르시기를 가서 죄인 아말렉 사람
을 진멸하되 다 없어지기까지 치라
하셨거늘
19 어찌하여 왕이 여호와의 목소리를
청종하지 아니하고 탈취하기에만
급하여 여호와께서 악하게 여기시
는 일을 행하였나이까
20 사울이 사무엘에게 이르되 나는
실로 여호와의 목소리를 청종하여
여호와께서 보내신 길로 가서 아말
렉 왕 아각을 끌어 왔고 아말렉 사
람들을 진멸하였으나
21 다만 백성이 그 마땅히 멸할 것 중
에서 가장 좋은 것으로 길갈에서
당신의 하나님 여호와께 제사하려
고 양과 소를 끌어 왔나이다 하는
지라

22 사무엘이 이르되 여호와께서 번제
와 다른 제사를 그의 목소리를 청
종하는 것을 좋아하심 같이 좋아하
시겠나이까 순종이 제사보다 낫고
듣는 것이 숫양의 기름보다 나으니
23 이는 거역하는 것은 점치는 죄와
같고 완고한 것은 사신 우상에게
절하는 죄와 같음이라 왕이 여호
와의 말씀을 버렸으므로 여호와께
서도 왕을 버려 왕이 되지 못하게
하셨나이다 하니
24 사울이 사무엘에게 이르되 내가 범
죄하였나이다 내가 여호와의 명령
과 당신의 말씀을 어긴 것은 내가
백성을 두려워하여 그들의 말을 청
종하였음이니이다
25 청하오니 지금 내 죄를 사하고 나
와 함께 돌아가서 나로 하여금 여
호와께 경배하게 하소서 하니
26 사무엘이 사울에게 이르되 나는
왕과 함께 돌아가지 아니하리니 이
는 왕이 여호와의 말씀을 버렸으
므로 여호와께서 왕을 버려 이스라
엘 왕이 되지 못하게 하셨음이니이
다 하고
27 사무엘이 가려고 돌아설 때에 사
울이 그의 겉옷자락을 붙잡으매 찢
어진지라
28 사무엘이 그에게 이르되 여호와께
서 오늘 이스라엘 나라를 왕에게
서 떼어 왕보다 나은 왕의 이웃에
게 주셨나이다
29 이스라엘의 지존자는 거짓이나 변
개함이 없으시니 그는 사람이 아니
시므로 결코 변개하지 않으심이니
이다 하니
30 사울이 이르되 내가 범죄하였을지
라도 이제 청하옵나니 내 백성의
장로들 앞과 이스라엘 앞에서 나
를 높이사 나와 함께 돌아가서 내
가 당신의 하나님 여호와께 경배하
게 하소서 하더라
31 이에 사무엘이 돌이켜 사울을 따
라가매 사울이 여호와께 경배하니
라

사무엘이 아각을 처형하다

32 사무엘이 이르되 너희는 아말렉 사
람의 왕 아각을 내게로 끌어 오라

하였더니 아각이 즐거이 오며 이르
되 진실로 사망의 괴로움이 지났도
다 하니라
33 사무엘이 이르되 네 칼이 여인들에
게 자식이 없게 한 것 같이 여인 중
네 어미에게 자식이 없으리라 하고
그가 길갈에서 여호와 앞에서 아
각을 찍어 쪼개니라

사무엘이 다윗에게 기름을 붓다

34 이에 사무엘은 라마로 가고 사울
은 사울 기브아 자기의 집으로 올
라가니라
35 사무엘이 죽는 날까지 사울을 다
시 가서 보지 아니하였으니 이는
그가 사울을 위하여 슬퍼함이었고
여호와께서는 사울을 이스라엘 왕
으로 삼으신 것을 후회하셨더라

16 여호와께서 사무엘에게 이
르시되 내가 이미 사울을
버려 이스라엘 왕이 되지 못하게
하였거늘 네가 그를 위하여 언제까
지 슬퍼하겠느냐 너는 뿔에 기름을
채워 가지고 가라 내가 너를 베들
레헴 사람 이새에게로 보내리니 이
는 내가 그의 아들 중에서 한 왕을
보았느니라 하시는지라
2 사무엘이 이르되 내가 어찌 갈 수
있으리이까 사울이 들으면 나를 죽
이리이다 하니 여호와께서 이르시
되 너는 암송아지를 끌고 가서 말
하기를 내가 여호와께 제사를 드리
러 왔다 하고
3 이새를 제사에 청하라 내가 네게
행할 일을 가르치리니 내가 네게
알게 하는 자에게 나를 위하여 기
름을 부을지니라
4 사무엘이 여호와의 말씀대로 행하
여 베들레헴에 이르매 성읍 장로들
이 떨며 그를 영접하여 이르되 평
강을 위하여 오시나이까
5 이르되 평강을 위함이니라 내가 여
호와께 제사하러 왔으니 스스로 성
결하게 하고 와서 나와 함께 제사
하자 하고 이새와 그의 아들들을
성결하게 하고 제사에 청하니라
6 그들이 오매 사무엘이 엘리압을 보
고 마음에 이르기를 여호와의 기
름 부으실 자가 과연 주님 앞에 있

도다 하였더니
7 여호와께서 사무엘에게 이르시되
그의 용모와 키를 보지 말라 내가
이미 그를 버렸노라 내가 보는 것 7
은 사람과 같지 아니하니 사람은
외모를 보거니와 나 여호와는 중심
을 보느니라 하시더라
8 이새가 아비나답을 불러 사무엘 앞
을 지나가게 하매 사무엘이 이르되
이도 여호와께서 택하지 아니하셨 8
느니라 하니
9 이새가 삼마로 지나게 하매 사무엘
이 이르되 이도 여호와께서 택하지
아니하셨느니라 하니라 9
10 이새가 그의 아들 일곱을 다 사무
엘 앞으로 지나가게 하나 사무엘이
이새에게 이르되 여호와께서 이들 10
을 택하지 아니하셨느니라 하고
11 또 사무엘이 이새에게 이르되 네
아들들이 다 여기 있느냐 이새가
이르되 아직 막내가 남았는데 그는
양을 지키나이다 사무엘이 이새에 11
게 이르되 사람을 보내어 그를 데
려오라 그가 여기 오기까지는 우리
가 식사 자리에 앉지 아니하겠노라
12 이에 사람을 보내어 그를 데려오매
그의 빛이 붉고 눈이 빼어나고 얼
굴이 아름답더라 여호와께서 이르
시되 이가 그니 일어나 기름을 부 12
으라 하시는지라
13 사무엘이 기름 뿔병을 가져다가 그
의 형제 중에서 그에게 부었더니
이 날 이후로 다윗이 여호와의 영 13
에게 크게 감동되니라 사무엘이 떠
나서 라마로 가니라

사울을 섬기게 된 다윗

14 여호와의 영이 사울에게서 떠나고
여호와께서 부리시는 악령이 그를 14
번뇌하게 한지라
15 사울의 신하들이 그에게 이르되
보소서 하나님께서 부리시는 악령 15
이 왕을 번뇌하게 하온즉
16 원하건대 우리 주께서는 당신 앞에
서 모시는 신하들에게 명령하여 수 16
금을 잘 타는 사람을 구하게 하소
서 하나님께서 부리시는 악령이 왕
에게 이를 때에 그가 손으로 타면
왕이 나으시리이다 하는지라

17 사울이 신하에게 이르되 나를 위
하여 잘 타는 사람을 구하여 내게
로 데려오라 하니
18 소년 중 한 사람이 대답하여 이르
되 내가 베들레헴 사람 이새의 아
들을 본즉 수금을 탈 줄 알고 용기
와 무용과 구변이 있는 준수한 자
라 여호와께서 그와 함께 계시더이
다 하더라
19 사울이 이에 전령들을 이새에게 보
내어 이르되 양 치는 네 아들 다윗
을 내게로 보내라 하매
20 이새가 떡과 한 가죽부대의 포도
주와 염소 새끼를 나귀에 실리고
그의 아들 다윗을 시켜 사울에게
보내니
21 다윗이 사울에게 이르러 그 앞에
모셔 서매 사울이 그를 크게 사랑
하여 자기의 무기를 드는 자로 삼고
22 또 사울이 이새에게 사람을 보내어
이르되 원하건대 다윗을 내 앞에
모셔 서게 하라 그가 내게 은총을
얻었느니라 하니라
23 하나님께서 부리시는 악령이 사울
에게 이를 때에 다윗이 수금을 들고
와서 손으로 탄즉 사울이 상쾌하여
낫고 악령이 그에게서 떠나더라

골리앗이 이스라엘의 군대를 모욕하다

17 블레셋 사람들이 그들의 군
대를 모으고 싸우고자 하여
유다에 속한 소고에 모여 소고와 아
세가 사이의 에베스담밈에 진 치매
2 사울과 이스라엘 사람들이 모여서
엘라 골짜기에 진 치고 블레셋 사
람들을 대하여 전열을 벌였으니
3 블레셋 사람들은 이쪽 산에 섰고
이스라엘은 저쪽 산에 섰고 그 사
이에는 골짜기가 있었더라
4 블레셋 사람들의 진영에서 싸움을
돋우는 자가 왔는데 그의 이름은
골리앗이요 가드 사람이라 그의 키
는 여섯 규빗 한 뼘이요
5 머리에는 놋 투구를 썼고 몸에는
비늘 갑옷을 입었으니 그 갑옷의
무게가 놋 오천 세겔이며
6 그의 다리에는 놋 각반을 쳤고 어
깨 사이에는 놋 단창을 메었으니

17
18
19
20
21
22
23
17
2
3
4
5
6

7 그 창 자루는 베틀 채 같고 창 날은
철 육백 세겔이며 방패 든 자가 앞
서 행하더라
8 그가 서서 이스라엘 군대를 향하
여 외쳐 이르되 너희가 어찌하여
나와서 전열을 벌였느냐 나는 블레
셋 사람이 아니며 너희는 사울의
신복이 아니냐 너희는 한 사람을
택하여 내게로 내려보내라
9 그가 나와 싸워서 나를 죽이면 우
리가 너희의 종이 되겠고 만일 내
가 이겨 그를 죽이면 너희가 우리의
종이 되어 우리를 섬길 것이니라
10 그 블레셋 사람이 또 이르되 내가
오늘 이스라엘의 군대를 모욕하였
으니 사람을 보내어 나와 더불어
싸우게 하라 한지라
11 사울과 온 이스라엘이 블레셋 사람
의 이 말을 듣고 놀라 크게 두려워
하니라

사울의 진영에 나타난 다윗

12 다윗은 유다 베들레헴 에브랏 사람
이새라 하는 사람의 아들이었는데
이새는 사울 당시 사람 중에 나이
가 많아 늙은 사람으로서 여덟 아
들이 있는 중
13 그 장성한 세 아들은 사울을 따라
싸움에 나갔으니 싸움에 나간 세 아
들의 이름은 장자 엘리압이요 그 다
음은 아비나답이요 셋째는 삼마며
14 다윗은 막내라 장성한 세 사람은
사울을 따랐고
15 다윗은 사울에게로 왕래하며 베들
레헴에서 그의 아버지의 양을 칠
때에
16 그 블레셋 사람이 사십 일을 조석
으로 나와서 몸을 나타내었더라
17 이새가 그의 아들 다윗에게 이르되
지금 네 형들을 위하여 이 볶은 곡
식 한 에바와 이 떡 열 덩이를 가지
고 진영으로 속히 가서 네 형들에
게 주고
18 이 치즈 열 덩이를 가져다가 그들의
천부장에게 주고 네 형들의 안부를
살피고 증표를 가져오라
19 그 때에 사울과 그들과 이스라엘
모든 사람들은 엘라 골짜기에서 블
레셋 사람들과 싸우는 중이더라

20 다윗이 아침에 일찍이 일어나서 양
을 양 지키는 자에게 맡기고 이새
가 명령한 대로 가지고 가서 진영
에 이른즉 마침 군대가 전장에 나
와서 싸우려고 고함치며,
21 이스라엘과 블레셋 사람들이 전열
을 벌이고 양군이 서로 대치하였더
라
22 다윗이 자기의 짐을 짐 지키는 자
의 손에 맡기고 군대로 달려가서
형들에게 문안하고
23 그들과 함께 말할 때에 마침 블레
셋 사람의 싸움 돋우는 가드 사람
골리앗이라 하는 자가 그 전열에서
나와서 전과 같은 말을 하매 다윗
이 들으니라
24 이스라엘 모든 사람이 그 사람을
보고 심히 두려워하여 그 앞에서
도망하며
25 이스라엘 사람들이 이르되 너희가
이 올라 온 사람을 보았느냐 참으
로 이스라엘을 모욕하러 왔도다 그
를 죽이는 사람은 왕이 많은 재물
로 부하게 하고 그의 딸을 그에게
주고 그 아버지의 집을 이스라엘
중에서 세금을 면제하게 하시리라
26 다윗이 곁에 서 있는 사람들에게
말하여 이르되 이 블레셋 사람을
죽여 이스라엘의 치욕을 제거하는
사람에게는 어떠한 대우를 하겠느
냐 이 할례 받지 않은 블레셋 사람
이 누구이기에 살아 계시는 하나님
의 군대를 모욕하겠느냐
27 백성이 전과 같이 말하여 이르되
그를 죽이는 사람에게는 이러이러
하게 하시리라 하니라
28 큰형 엘리압이 다윗이 사람들에게
하는 말을 들은지라 그가 다윗에
게 노를 발하여 이르되 네가 어찌
하여 이리로 내려왔느냐 들에 있
는 양들을 누구에게 맡겼느냐 나
는 네 교만과 네 마음의 완악함을
아노니 네가 전쟁을 구경하러 왔
도다
29 다윗이 이르되 내가 무엇을 하였나
이까 어찌 이유가 없으리이까 하고
30 돌아서서 다른 사람을 향하여 전
과 같이 말하매 백성이 전과 같이

20

21

22

23

24

25

26

27

28

29

30

대답하니라
31 어떤 사람이 다윗이 한 말을 듣고
그것을 사울에게 전하였으므로 사
울이 다윗을 부른지라
32 다윗이 사울에게 말하되 그로 말
미암아 사람이 낙담하지 말 것이라
주의 종이 가서 저 블레셋 사람과
싸우리이다 하니
33 사울이 다윗에게 이르되 네가 가
서 저 블레셋 사람과 싸울 수 없으
리니 너는 소년이요 그는 어려서부
터 용사임이니라
34 다윗이 사울에게 말하되 주의 종
이 아버지의 양을 지킬 때에 사자
나 곰이 와서 양 떼에서 새끼를 물
어가면
35 내가 따라가서 그것을 치고 그 입
에서 새끼를 건져내었고 그것이 일
어나 나를 해하고자 하면 내가 그
수염을 잡고 그것을 쳐죽였나이다
36 주의 종이 사자와 곰도 쳤은즉 살
아 계시는 하나님의 군대를 모욕한
이 할례 받지 않은 블레셋 사람이
리이까 그가 그 짐승의 하나와 같
이 되리이다
37 또 다윗이 이르되 여호와께서 나
를 사자의 발톱과 곰의 발톱에서
건져내셨은즉 나를 이 블레셋 사람
의 손에서도 건져내시리이다 사울
이 다윗에게 이르되 가라 여호와께
서 너와 함께 계시기를 원하노라
38 이에 사울이 자기 군복을 다윗에
게 입히고 놋 투구를 그의 머리에
씌우고 또 그에게 갑옷을 입히매
39 다윗이 칼을 군복 위에 차고는 익
숙하지 못하므로 시험적으로 걸어
보다가 사울에게 말하되 익숙하지
못하니 이것을 입고 가지 못하겠나
이다 하고 곧 벗고
40 손에 막대기를 가지고 시내에서 매
끄러운 돌 다섯을 골라서 자기 목
자의 제구 곧 주머니에 넣고 손에
물매를 가지고 블레셋 사람에게로
나아가니라

다윗이 골리앗을 이기다

41 블레셋 사람이 방패 든 사람을 앞
세우고 다윗에게로 점점 가까이 나
아가니라

31

32

33

34

35

36

37

38

39

40

41

42 그 블레셋 사람이 둘러보다가 다윗
을 보고 업신여기니 이는 그가 젊
고 붉고 용모가 아름다움이라
43 블레셋 사람이 다윗에게 이르되 네
가 나를 개로 여기고 막대기를 가
지고 내게 나아왔느냐 하고 그의
신들의 이름으로 다윗을 저주하고
44 그 블레셋 사람이 또 다윗에게 이
르되 내게로 오라 내가 네 살을 공
중의 새들과 들짐승들에게 주리라
하는지라
45 다윗이 블레셋 사람에게 이르되 너
는 칼과 창과 단창으로 내게 나아
오거니와 나는 만군의 여호와의 이
름 곧 네가 모욕하는 이스라엘 군
대의 하나님의 이름으로 네게 나아
가노라
46 오늘 여호와께서 너를 내 손에 넘
기시리니 내가 너를 쳐서 네 목을
베고 블레셋 군대의 시체를 오늘
공중의 새와 땅의 들짐승에게 주어
온 땅으로 이스라엘에 하나님이 계
신 줄 알게 하겠고
47 또 여호와의 구원하심이 칼과 창
에 있지 아니함을 이 무리에게 알
게 하리라 전쟁은 여호와께 속한
것인즉 그가 너희를 우리 손에 넘
기시리라
48 블레셋 사람이 일어나 다윗에게로
마주 가까이 올 때에 다윗이 블레
셋 사람을 향하여 빨리 달리며
49 손을 주머니에 넣어 돌을 가지고
물매로 던져 블레셋 사람의 이마를
치매 돌이 그의 이마에 박히니 땅
에 엎드러지니라
50 다윗이 이같이 물매와 돌로 블레셋
사람을 이기고 그를 쳐죽였으나 자
기 손에는 칼이 없었더라
51 다윗이 달려가서 블레셋 사람을 밟
고 그의 칼을 그 칼 집에서 빼내어
그 칼로 그를 죽이고 그의 머리를
베니 블레셋 사람들이 자기 용사의
죽음을 보고 도망하는지라
52 이스라엘과 유다 사람들이 일어나
서 소리 지르며 블레셋 사람들을
쫓아 가이와 에그론 성문까지 이르
렀고 블레셋 사람들의 부상자들은
사아라임 가는 길에서부터 가드와

에그론까지 엎드러졌더라
53 이스라엘 자손이 블레셋 사람들을
쫓다가 돌아와서 그들의 진영을 노
략하였고
54 다윗은 그 블레셋 사람의 머리를
예루살렘으로 가져가고 갑주는 자
기 장막에 두니라

다윗이 사울 앞에 서다

55 사울은 다윗이 블레셋 사람을 향
하여 나아감을 보고 군사령관 아브
넬에게 묻되 아브넬아 이 소년이 누
구의 아들이냐 아브넬이 이르되 왕
이여 왕의 사심으로 맹세하옵나니
내가 알지 못하나이다 하매
56 왕이 이르되 너는 이 청년이 누구
의 아들인가 물어보라 하였더니
57 다윗이 그 블레셋 사람을 죽이고
돌아올 때에 그 블레셋 사람의 머
리가 그의 손에 있는 채 아브넬이
그를 사울 앞으로 인도하니
58 사울이 그에게 묻되 소년이여 누구
의 아들이냐 하니 다윗이 대답하
되 나는 주의 종 베들레헴 사람 이
새의 아들이니이다 하니라

18

다윗이 사울에게 말하기를
마치매 요나단의 마음이 다
윗의 마음과 하나가 되어 요나단이
그를 자기 생명 같이 사랑하니라
2 그 날에 사울은 다윗을 머무르게
하고 그의 아버지의 집으로 다시
돌아가기를 허락하지 아니하였고
3 요나단은 다윗을 자기 생명 같이
사랑하여 더불어 언약을 맺었으며
4 요나단이 자기가 입었던 겉옷을 벗
어 다윗에게 주었고 자기의 군복과
칼과 활과 띠도 그리하였더라
5 다윗은 사울이 보내는 곳마다 가
서 지혜롭게 행하매 사울이 그를
군대의 장으로 삼았더니 온 백성이
합당히 여겼고 사울의 신하들도 합
당히 여겼더라

사울이 불쾌하여 다윗을 주목하다

6 무리가 돌아올 때 곧 다윗이 블레
셋 사람을 죽이고 돌아올 때에 여
인들이 이스라엘 모든 성읍에서 나
와서 노래하며 춤추며 소고와 경쇠
를 가지고 왕 사울을 환영하는데

53
54
55
56
57
58
18
2
3
4
5
6

7 여인들이 뛰놀며 노래하여 이르되
사울이 죽인 자는 천천이요 다
윗은 만만이로다
한지라
8 사울이 그 말에 불쾌하여 심히 노
하여 이르되 다윗에게는 만만을 돌
리고 내게는 천천만 돌리니 그가 더
얻을 것이 나라 말고 무엇이냐 하고
9 그 날 후로 사울이 다윗을 주목하
였더라
10 그 이튿날 하나님께서 부리시는 악
령이 사울에게 힘 있게 내리매 그
가 집 안에서 정신 없이 떠들어대
므로 다윗이 평일과 같이 손으로
수금을 타는데 그 때에 사울의 손
에 창이 있는지라
11 그가 스스로 이르기를 내가 다윗
을 벽에 박으리라 하고 사울이 그
창을 던졌으나 다윗이 그의 앞에서
두 번 피하였더라
12 여호와께서 사울을 떠나 다윗과
함께 계시므로 사울이 그를 두려워
한지라
13 그러므로 사울이 그를 자기 곁에서
떠나게 하고 그를 천부장으로 삼으
매 그가 백성 앞에 출입하며
14 다윗이 그의 모든 일을 지혜롭게
행하니라 여호와께서 그와 함께 계
시니라
15 사울은 다윗이 크게 지혜롭게 행
함을 보고 그를 두려워하였으나
16 온 이스라엘과 유다는 다윗을 사
랑하였으니 그가 자기들 앞에 출입
하기 때문이었더라

다윗이 사울의 사위가 되다

17 사울이 다윗에게 이르되 내 맏딸
메랍을 네게 아내로 주리니 오직
너는 나를 위하여 용기를 내어 여
호와의 싸움을 싸우라 하니 이는
그가 생각하기를 내 손을 그에게
대지 않고 블레셋 사람들의 손을
그에게 대게 하리라 함이라
18 다윗이 사울에게 이르되 내가 누
구며 이스라엘 중에 내 친속이나
내 아버지의 집이 무엇이기에 내가
왕의 사위가 되리이까 하였더니
19 사울의 딸 메랍을 다윗에게 줄 시
기에 므홀랏 사람 아드리엘에게 아

7
8
9
10
11
12
13
14
15
16
17
18
19

내로 주었더라
20 사울의 딸 미갈이 다윗을 사랑하
매 어떤 사람이 사울에게 알린지
라 사울이 그 일을 좋게 여겨
21 스스로 이르되 내가 딸을 그에게
주어서 그에게 올무가 되게 하고
블레셋 사람들의 손으로 그를 치게
하리라 하고 이에 사울이 다윗에게
이르되 네가 오늘 다시 내 사위가
되리라 하니라
22 사울이 그의 신하들에게 명령하되
너희는 다윗에게 비밀히 말하여 이
르기를 보라 왕이 너를 기뻐하시고
모든 신하도 너를 사랑하나니 그런
즉 네가 왕의 사위가 되는 것이 가
하니라 하라
23 사울의 신하들이 이 말을 다윗의
귀에 전하매 다윗이 이르되 왕의
사위 되는 것을 너희는 작은 일로
보느냐 나는 가난하고 천한 사람
이라 한지라
24 사울의 신하들이 사울에게 말하여
이르되 다윗이 이러이러하게 말하
더이다 하니
25 사울이 이르되 너희는 다윗에게 이
같이 말하기를 왕이 아무 것도 원
하지 아니하고 다만 왕의 원수의
보복으로 블레셋 사람들의 포피 백
개를 원하신다 하라 하였으니 이는
사울의 생각에 다윗을 블레셋 사
람들의 손에 죽게 하리라 함이라
26 사울의 신하들이 이 말을 다윗에
게 아뢰매 다윗이 왕의 사위 되는
것을 좋게 여기므로 결혼할 날이
차기 전에
27 다윗이 일어나서 그의 부하들과 함
께 가서 블레셋 사람 이백 명을 죽
이고 그들의 포피를 가져다가 수대
로 왕께 드려 왕의 사위가 되고자
하니 사울이 그의 딸 미갈을 다윗
에게 아내로 주었더라
28 여호와께서 다윗과 함께 계심을
사울이 보고 알았고 사울의 딸 미
갈도 그를 사랑하므로
29 사울이 다윗을 더욱더욱 두려워하
여 평생에 다윗의 대적이 되니라
30 블레셋 사람들의 방백들이 싸우러
나오면 그들이 나올 때마다 다윗이

사울의 모든 신하보다 더 지혜롭게
행하매 이에 그의 이름이 심히 귀
하게 되니라

사울이 다윗을 죽이려 하다

19 사울이 그의 아들 요나단과
그의 모든 신하에게 다윗을
죽이라 말하였더니 사울의 아들 요
나단이 다윗을 심히 좋아하므로
2 그가 다윗에게 말하여 이르되 내
아버지 사울이 너를 죽이기를 꾀하
시느니라 그러므로 이제 청하노니
아침에 조심하여 은밀한 곳에 숨어
있으라
3 내가 나가서 네가 있는 들에서 내
아버지 곁에 서서 네 일을 내 아버
지와 말하다가 무엇을 보면 네게
알려 주리라 하고
4 요나단이 그의 아버지 사울에게
다윗을 칭찬하여 이르되 원하건대
왕은 신하 다윗에게 범죄하지 마옵
소서 그는 왕께 득죄하지 아니하였
고 그가 왕께 행한 일은 심히 선함
이니이다
5 그가 자기 생명을 아끼지 아니하고
블레셋 사람을 죽였고 여호와께서
는 온 이스라엘을 위하여 큰 구원
을 이루셨으므로 왕이 이를 보고
기뻐하셨거늘 어찌 까닭 없이 다윗
을 죽여 무죄한 피를 흘려 범죄하
려 하시나이까
6 사울이 요나단의 말을 듣고 맹세하
되 여호와께서 살아 계심을 두고
맹세하거니와 그가 죽임을 당하지
아니하리라
7 요나단이 다윗을 불러 그 모든 일
을 그에게 알리고 요나단이 그를
사울에게로 인도하니 그가 사울
앞에 전과 같이 있었더라
8 전쟁이 다시 있으므로 다윗이 나가
서 블레셋 사람들과 싸워 그들을
크게 쳐죽이매 그들이 그 앞에서
도망하니라
9 사울이 손에 단창을 가지고 그의
집에 앉았을 때에 여호와께서 부리
시는 악령이 사울에게 접하였으므
로 다윗이 손으로 수금을 탈 때에
10 사울이 단창으로 다윗을 벽에 박으
려 하였으나 그는 사울의 앞을 피

19

2

3

4

5

6

7

8

9

10

하고 사울의 창은 벽에 박힌지라
다윗이 그 밤에 도피하매
11 사울이 전령들을 다윗의 집에 보내
어 그를 지키다가 아침에 그를 죽이
게 하려 한지라 다윗의 아내 미갈
이 다윗에게 말하여 이르되 당신이
이 밤에 당신의 생명을 구하지 아
니하면 내일에는 죽임을 당하리라
하고
12 미갈이 다윗을 창에서 달아 내리
매 그가 피하여 도망하니라
13 미갈이 우상을 가져다가 침상에 누
이고 염소 털로 엮은 것을 그 머리
에 씌우고 의복으로 그것을 덮었더
니
14 사울이 전령들을 보내어 다윗을 잡
으려 하매 미갈이 이르되 그가 병
들었느니라
15 사울이 또 전령들을 보내어 다윗
을 보라 하며 이르되 그를 침상째
내게로 들고 오라 내가 그를 죽이
리라
16 전령들이 들어가 본즉 침상에는
우상이 있고 염소 털로 엮은 것이
그 머리에 있었더라
17 사울이 미갈에게 이르되 너는 어찌
하여 이처럼 나를 속여 내 대적을
놓아 피하게 하였느냐 미갈이 사울
에게 대답하되 그가 내게 이르기를
나를 놓아 가게 하라 어찌하여 나
로 너를 죽이게 하겠느냐 하더이다
하니라
18 다윗이 도피하여 라마로 가서 사무
엘에게로 나아가서 사울이 자기에
게 행한 일을 다 전하였고 다윗과
사무엘이 나욧으로 가서 살았더라
19 어떤 사람이 사울에게 전하여 이
르되 다윗이 라마 나욧에 있더이다
하매
20 사울이 다윗을 잡으러 전령들을 보
냈더니 그들이 선지자 무리가 예언
하는 것과 사무엘이 그들의 수령으
로 선 것을 볼 때에 하나님의 영이
사울의 전령들에게 임하매 그들도
예언을 한지라
21 어떤 사람이 그것을 사울에게 알리
매 사울이 다른 전령들을 보냈더니
그들도 예언을 했으므로 사울이 세

번째 다시 전령들을 보냈더니 그들
도 예언을 한지라
22 이에 사울도 라마로 가서 세구에
있는 큰 우물에 도착하여 물어 이
르되 사무엘과 다윗이 어디 있느냐
어떤 사람이 이르되 라마 나욧에
있나이다
23 사울이 라마 나욧으로 가니라 하
나님의 영이 그에게도 임하시니 그
가 라마 나욧에 이르기까지 걸어가
며 예언을 하였으며
24 그가 또 그의 옷을 벗고 사무엘 앞
에서 예언을 하며 하루 밤낮을 벗
은 몸으로 누웠더라 그러므로 속담
에 이르기를 사울도 선지자 중에
있느냐 하니라

요나단이 다윗을 돕다

20 다윗이 라마 나욧에서 도
망하여 요나단에게 이르되
내가 무엇을 하였으며 내 죄악이
무엇이며 네 아버지 앞에서 내 죄
가 무엇이기에 그가 내 생명을 찾느
냐
2 요나단이 그에게 이르되 결단코 아
니라 네가 죽지 아니하리라 내 아
버지께서 크고 작은 일을 내게 알
리지 아니하고는 행하지 아니하나
니 내 아버지께서 어찌하여 이 일
은 내게 숨기리요 그렇지 아니하니
라
3 다윗이 또 맹세하여 이르되 내가
네게 은혜 받은 줄을 네 아버지께
서 밝히 알고 스스로 이르기를 요
나단이 슬퍼할까 두려운즉 그에게
이것을 알리지 아니하리라 함이니
라 그러나 진실로 여호와의 살아
계심과 네 생명을 두고 맹세하노니
나와 죽음의 사이는 한 걸음 뿐이
니라
4 요나단이 다윗에게 이르되 네 마음
의 소원이 무엇이든지 내가 너를
위하여 그것을 이루리라
5 다윗이 요나단에게 이르되 내일은
초하루인즉 내가 마땅히 왕을 모시
고 앉아 식사를 하여야 할 것이나
나를 보내어 셋째 날 저녁까지 들
에 숨게 하고
6 네 아버지께서 만일 나에 대하여

22
23
24
20
2
3
4
5
6

자세히 묻거든 그 때에 너는 말하
기를 다윗이 자기 성읍 베들레헴으
로 급히 가기를 내게 허락하라 간
청하였사오니 이는 온 가족을 위하
여 거기서 매년제를 드릴 때가 됨이
니이다 하라
7 그의 말이 좋다 하면 네 종이 평안
하려니와 그가 만일 노하면 나를
해하려고 결심한 줄을 알지니
8 그런즉 바라건대 네 종에게 인자하
게 행하라 네가 네 종에게 여호와
앞에서 너와 맹약하게 하였음이니
라 그러나 내게 죄악이 있으면 네
가 친히 나를 죽이라 나를 네 아버
지에게로 데려갈 이유가 무엇이냐
하니라
9 요나단이 이르되 이 일이 결코 네
게 일어나지 아니하리라 내 아버지
께서 너를 해치려 확실히 결심한
줄 알면 내가 네게 와서 그것을 네
게 이르지 아니하겠느냐 하니
10 다윗이 요나단에게 이르되 네 아버
지께서 혹 엄하게 네게 대답하면
누가 그것을 내게 알리겠느냐 하더
라
11 요나단이 다윗에게 이르되 오라 우
리가 들로 가자 하고 두 사람이 들
로 가니라
12 요나단이 다윗에게 이르되 이스라
엘의 하나님 여호와께서 증언하시
거니와 내가 내일이나 모레 이맘때
에 내 아버지를 살펴서 너 다윗에
게 대한 의향이 선하면 내가 사람
을 보내어 네게 알리지 않겠느냐
13 그러나 만일 내 아버지께서 너를
해치려 하는데도 내가 이 일을 네
게 알려 주어 너를 보내어 평안히
가게 하지 아니하면 여호와께서 나
요나단에게 벌을 내리시고 또 내리
시기를 원하노라 여호와께서 내 아
버지와 함께 하신 것 같이 너와 함
께 하시기를 원하노니
14 너는 내가 사는 날 동안에 여호와
의 인자하심을 내게 베풀어서 나
를 죽지 않게 할 뿐 아니라
15 여호와께서 너 다윗의 대적들을 지
면에서 다 끊어 버리신 때에도 너
는 네 인자함을 내 집에서 영원히

끊어 버리지 말라 하고
16 이에 요나단이 다윗의 집과 언약하
기를 여호와께서는 다윗의 대적들
을 치실지어다 하니라
17 다윗에 대한 요나단의 사랑이 그를
다시 맹세하게 하였으니 이는 자기
생명을 사랑함 같이 그를 사랑함이
었더라
18 요나단이 다윗에게 이르되 내일은
초하루인즉 네 자리가 비므로 네가
없음을 자세히 물으실 것이라
19 너는 사흘 동안 있다가 빨리 내려
가서 그 일이 있던 날에 숨었던 곳
에 이르러 에셀 바위 곁에 있으라
20 내가 과녁을 쏘려 함 같이 화살 셋
을 그 바위 곁에 쏘고
21 아이를 보내어 가서 화살을 찾으
라 하며 내가 짐짓 아이에게 이르
기를 보라 화살이 네 이쪽에 있으
니 가져오라 하거든 너는 돌아올지
니 여호와께서 살아 계심을 두고
맹세하노니 네가 평안 무사할 것이
요
22 만일 아이에게 이르기를 보라 화
살이 네 앞쪽에 있다 하거든 네 길
을 가라 여호와께서 너를 보내셨음
이니라
23 너와 내가 말한 일에 대하여는 여
호와께서 너와 나 사이에 영원토록
계시느니라 하니라
24 다윗이 들에 숨으니라 초하루가 되
매 왕이 앉아 음식을 먹을 때에
25 왕은 평시와 같이 벽 곁 자기 자리
에 앉아 있고 요나단은 서 있고 아
브넬은 사울 곁에 앉아 있고 다윗
의 자리는 비었더라
26 그러나 그 날에는 사울이 아무 말
도 하지 아니하였으니 이는 생각하
기를 그에게 무슨 사고가 있어서
부정한가보다 정녕히 부정한가보
다 하였음이더니
27 이튿날 곧 그 달의 둘째 날에도 다
윗의 자리가 여전히 비었으므로
사울이 그의 아들 요나단에게 묻
되 이새의 아들이 어찌하여 어제
와 오늘 식사에 나오지 아니하느
냐 하니

28 요나단이 사울에게 대답하되 다윗
이 내게 베들레헴으로 가기를 간청
하여
29 이르되 원하건대 나에게 가게 하라
우리 가족이 그 성읍에서 제사할
일이 있으므로 나의 형이 내게 오
기를 명령하였으니 내가 네게 사랑
을 받거든 내가 가서 내 형들을 보
게 하라 하였으므로 그가 왕의 식
사 자리에 오지 아니하였나이다 하
니
30 사울이 요나단에게 화를 내며 그에
게 이르되 패역무도한 계집의 소생
아 네가 이새의 아들을 택한 것이
네 수치와 네 어미의 벌거벗은 수치
됨을 내가 어찌 알지 못하랴
31 이새의 아들이 땅에 사는 동안은
너와 네 나라가 든든히 서지 못하
리라 그런즉 이제 사람을 보내어
그를 내게로 끌어 오라 그는 죽어
야 할 자이니라 한지라
32 요나단이 그의 아버지 사울에게 대
답하여 이르되 그가 죽을 일이 무
엇이니이까 무엇을 행하였나이까
33 사울이 요나단에게 단창을 던져
죽이려 한지라 요나단이 그의 아버
지가 다윗을 죽이기로 결심한 줄
알고
34 심히 노하여 식탁에서 떠나고 그
달의 둘째 날에는 먹지 아니하였으
니 이는 그의 아버지가 다윗을 욕
되게 하였으므로 다윗을 위하여
슬퍼함이었더라
35 아침에 요나단이 작은 아이를 데리
고 다윗과 정한 시간에 들로 나가
서
36 아이에게 이르되 달려가서 내가 쏘
는 화살을 찾으라 하고 아이가 달
려갈 때에 요나단이 화살을 그의
위로 지나치게 쏘니라
37 아이가 요나단이 쏜 화살 있는 곳
에 이를 즈음에 요나단이 아이 뒤
에서 외쳐 이르되 화살이 네 앞쪽
에 있지 아니하냐 하고
38 요나단이 아이 뒤에서 또 외치되
지체 말고 빨리 달음질하라 하매
요나단의 아이가 화살을 주워 가지
고 주인에게로 돌아왔으나

39 그 아이는 아무것도 알지 못하고
요나단과 다윗만 그 일을 알았더라
40 요나단이 그의 무기를 아이에게 주
며 이르되 이것을 가지고 성읍으로
가라 하니
41 아이가 가매 다윗이 곧 바위 남쪽
에서 일어나서 땅에 엎드려 세 번
절한 후에 서로 입 맞추고 같이 울
되 다윗이 더욱 심하더니
42 요나단이 다윗에게 이르되 평안히
가라 우리 두 사람이 여호와의 이
름으로 맹세하여 이르기를 여호와
께서 영원히 나와 너 사이에 계시
고 내 자손과 네 자손 사이에 계시
리라 하였느니라 하니 다윗은 일어
나 떠나고 요나단은 성읍으로 들어
가니라

다윗이 사울을 피하여 도망하다

21 다윗이 놉에 가서 제사장
아히멜렉에게 이르니 아히
멜렉이 떨며 다윗을 영접하여 그에
게 이르되 어찌하여 네가 홀로 있
고 함께 하는 자가 아무도 없느냐
하니
2 다윗이 제사장 아히멜렉에게 이르
되 왕이 내게 일을 명령하고 이르
시기를 내가 너를 보내는 것과 네
게 명령한 일은 아무것도 사람에게
알리지 말라 하시기로 내가 나의
소년들을 이러이러한 곳으로 오라
고 말하였나이다
3 이제 당신의 수중에 무엇이 있나이
까 떡 다섯 덩이나 무엇이나 있는
대로 내 손에 주소서 하니
4 제사장이 다윗에게 대답하여 이르
되 보통 떡은 내 수중에 없으나 거
룩한 떡은 있나니 그 소년들이 여
자를 가까이만 하지 아니하였으면
주리라 하는지라
5 다윗이 제사장에게 대답하여 이르
되 우리가 참으로 삼 일 동안이나
여자를 가까이 하지 아니하였나이
다 내가 떠난 길이 보통 여행이라도
소년들의 그릇이 성결하겠거든 하
물며 오늘 그들의 그릇이 성결하지
아니하겠나이까 하매
6 제사장이 그 거룩한 떡을 주었으니
거기는 진설병 곧 여호와 앞에서

물려 낸 떡밖에 없었음이라 이 떡
은 더운 떡을 드리는 날에 물려 낸
것이더라
7 그 날에 사울의 신하 한 사람이 여
호와 앞에 머물러 있었는데 그는
도엑이라 이름하는 에돔 사람이요
사울의 목자장이었더라
8 다윗이 아히멜렉에게 이르되 여기
당신의 수중에 창이나 칼이 없나이
까 왕의 일이 급하므로 내가 내 칼
과 무기를 가지지 못하였나이다 하
니
9 제사장이 이르되 네가 엘라 골짜기
에서 죽인 블레셋 사람 골리앗의
칼이 보자기에 싸여 에봇 뒤에 있
으니 네가 그것을 가지려거든 가지
라 여기는 그것밖에 다른 것이 없
느니라 하는지라 다윗이 이르되 그
같은 것이 또 없나니 내게 주소서
하더라
10 그 날에 다윗이 사울을 두려워하
여 일어나 도망하여 가드 왕 아기
스에게로 가니
11 아기스의 신하들이 아기스에게 말
하되 이는 그 땅의 왕 다윗이 아니
니이까 무리가 춤추며 이 사람의
일을 노래하여 이르되
사울이 죽인 자는 천천이요 다
윗은 만만이로다
하지 아니하였나이까 한지라
12 다윗이 이 말을 그의 마음에 두고
가드 왕 아기스를 심히 두려워하여
13 그들 앞에서 그의 행동을 변하여
미친 체하고 대문짝에 그적거리며
침을 수염에 흘리매
14 아기스가 그의 신하에게 이르되 너
희도 보거니와 이 사람이 미치광이
로다 어찌하여 그를 내게로 데려왔
느냐
15 내게 미치광이가 부족하여서 너희
가 이 자를 데려다가 내 앞에서 미
친 짓을 하게 하느냐 이 자가 어찌
내 집에 들어오겠느냐 하니라

사울이 놉의 제사장들을 죽이다

22 그러므로 다윗이 그 곳을
떠나 아둘람 굴로 도망하매
그의 형제와 아버지의 온 집이 듣고
그리로 내려가서 그에게 이르렀고

7
8
9
10
11
12
13
14
15
22

2 환난 당한 모든 자와 빚진 모든 자
와 마음이 원통한 자가 다 그에게
로 모였고 그는 그들의 우두머리가
되었는데 그와 함께 한 자가 사백
명 가량이었더라
3 다윗이 거기서 모압 미스베로 가서
모압 왕에게 이르되 하나님이 나를
위하여 어떻게 하실지를 내가 알기
까지 나의 부모가 나와서 당신들과
함께 있게 하기를 청하나이다 하고
4 부모를 인도하여 모압 왕 앞에 나
아갔더니 그들은 다윗이 요새에 있
을 동안에 모압 왕과 함께 있었더
라
5 선지자 갓이 다윗에게 이르되 너는
이 요새에 있지 말고 떠나 유다 땅
으로 들어가라 다윗이 떠나 헤렛
수풀에 이르니라
6 사울이 다윗과 그와 함께 있는 사
람들이 나타났다 함을 들으니라 그
때에 사울이 기브아 높은 곳에서
손에 단창을 들고 에셀 나무 아래
에 앉았고 모든 신하들은 그의 곁
에 섰더니
7 사울이 곁에 선 신하들에게 이르
되 너희 베냐민 사람들아 들으라
이새의 아들이 너희에게 각기 밭과
포도원을 주며 너희를 천부장, 백
부장을 삼겠느냐
8 너희가 다 공모하여 나를 대적하며
내 아들이 이새의 아들과 맹약하
였으되 내게 고발하는 자가 하나도
없고 나를 위하여 슬퍼하거나 내
아들이 내 신하를 선동하여 오늘
이라도 매복하였다가 나를 치려 하
는 것을 내게 알리는 자가 하나도
없도다 하니
9 그 때에 에돔 사람 도엑이 사울의
신하 중에 섰더니 대답하여 이르되
이새의 아들이 놉에 와서 아히둡의
아들 아히멜렉에게 이른 것을 내가
보았는데
10 아히멜렉이 그를 위하여 여호와께
묻고 그에게 음식도 주고 블레셋
사람 골리앗의 칼도 주더이다
11 왕이 사람을 보내어 아히둡의 아들
제사장 아히멜렉과 그의 아버지의
온 집 곧 놉에 있는 제사장들을 부

2

3

4

5

6

7

8

9

10

11

르매 그들이 다 왕께 이른지라
12 사울이 이르되 너 아히둡의 아들
아 들으라 대답하되 내 주여 내가
여기 있나이다
13 사울이 그에게 이르되 네가 어찌하
여 이새의 아들과 공모하여 나를
대적하여 그에게 떡과 칼을 주고
그를 위하여 하나님께 물어서 그에
게 오늘이라도 매복하였다가 나를
치게 하려 하였느냐 하니
14 아히멜렉이 왕에게 대답하여 이르
되 왕의 모든 신하 중에 다윗 같이
충실한 자가 누구인지요 그는 왕
의 사위도 되고 왕의 호위대장도
되고 왕실에서 존귀한 자가 아니니
이까
15 내가 그를 위하여 하나님께 물은
것이 오늘이 처음이니이까 결단코
아니니이다 원하건대 왕은 종과 종
의 아비의 온 집에 아무것도 돌리
지 마옵소서 왕의 종은 이 모든 크
고 작은 일에 관하여 아는 것이 없
나이다 하니라
16 왕이 이르되 아히멜렉아 네가 반드
시 죽을 것이요 너와 네 아비의 온
집도 그러하리라 하고
17 왕이 좌우의 호위병에게 이르되 돌
아가서 여호와의 제사장들을 죽이
라 그들도 다윗과 합력하였고 또
그들이 다윗이 도망한 것을 알고도
내게 알리지 아니하였음이니라 하
나 왕의 신하들이 손을 들어 여호
와의 제사장들 죽이기를 싫어한지
라
18 왕이 도엑에게 이르되 너는 돌아가
서 제사장들을 죽이라 하매 에돔
사람 도엑이 돌아가서 제사장들을
쳐서 그 날에 세마포 에봇 입은 자
팔십오 명을 죽였고
19 제사장들의 성읍 놉의 남녀와 아이
들과 젖 먹는 자들과 소와 나귀와
양을 칼로 쳤더라
20 아히둡의 아들 아히멜렉의 아들 중
하나가 피하였으니 그의 이름은 아
비아달이라 그가 도망하여 다윗에
게로 가서
21 사울이 여호와의 제사장들 죽인
일을 다윗에게 알리매

22 다윗이 아비아달에게 이르되 그 날
에 에돔 사람 도엑이 거기 있기로
그가 반드시 사울에게 말할 줄 내
가 알았노라 네 아버지 집의 모든
사람 죽은 것이 나의 탓이로다
23 두려워하지 말고 내게 있으라 내 생
명을 찾는 자가 네 생명도 찾는 자
니 네가 나와 함께 있으면 안전하
리라 하니라

다윗이 그일라를 구원하다

23 사람들이 다윗에게 전하여
이르되 보소서 블레셋 사
람이 그일라를 쳐서 그 타작 마당
을 탈취하더이다 하니
2 이에 다윗이 여호와께 묻자와 이르
되 내가 가서 이 블레셋 사람들을
치리이까 여호와께서 다윗에게 이
르시되 가서 블레셋 사람들을 치
고 그일라를 구원하라 하시니
3 다윗의 사람들이 그에게 이르되 보
소서 우리가 유다에 있기도 두렵거
든 하물며 그일라에 가서 블레셋
사람들의 군대를 치는 일이리이까
한지라
4 다윗이 여호와께 다시 묻자온대 여
호와께서 대답하여 이르시되 일어
나 그일라로 내려가라 내가 블레셋
사람들을 네 손에 넘기리라 하신지
라
5 다윗과 그의 사람들이 그일라로 가
서 블레셋 사람들과 싸워 그들을
크게 쳐서 죽이고 그들의 가축을
끌어 오니라 다윗이 이와 같이 그
일라 주민을 구원하니라
6 아히멜렉의 아들 아비아달이 그일
라 다윗에게로 도망할 때에 손에
에봇을 가지고 내려왔더라
7 다윗이 그일라에 온 것을 어떤 사
람이 사울에게 알리매 사울이 이
르되 하나님이 그를 내 손에 넘기
셨도다 그가 문과 문 빗장이 있는
성읍에 들어갔으니 갇혔도다
8 사울이 모든 백성을 군사로 불러모
으고 그일라로 내려가서 다윗과 그
의 사람들을 에워싸려 하더니
9 다윗은 사울이 자기를 해하려 하
는 음모를 알고 제사장 아비아달에
게 이르되 에봇을 이리로 가져오라

하고
10 다윗이 이르되 이스라엘 하나님 여
호와여 사울이 나 때문에 이 성읍
을 멸하려고 그일라로 내려오기를
꾀한다 함을 주의 종이 분명히 들
었나이다
11 그일라 사람들이 나를 그의 손에
넘기겠나이까 주의 종이 들은 대로
사울이 내려 오겠나이까 이스라엘
의 하나님 여호와여 원하건대 주의
종에게 일러 주옵소서 하니 여호와
께서 이르시되 그가 내려오리라 하
신지라
12 다윗이 이르되 그일라 사람들이 나
와 내 사람들을 사울의 손에 넘기
겠나이까 하니 여호와께서 이르시
되 그들이 너를 넘기리라 하신지라
13 다윗과 그의 사람 육백 명 가량이
일어나 그일라를 떠나서 갈 수 있
는 곳으로 갔더니 다윗이 그일라에
서 피한 것을 어떤 사람이 사울에
게 말하매 사울이 가기를 그치니라
14 다윗이 광야의 요새에도 있었고
또 십 광야 산골에도 머물렀으므
로 사울이 매일 찾되 하나님이 그
를 그의 손에 넘기지 아니하시니라

다윗이 엔게디 요새로 피하다

15 다윗이 사울이 자기의 생명을 빼앗
으려고 나온 것을 보았으므로 그가
십 광야 수풀에 있었더니
16 사울의 아들 요나단이 일어나 수
풀에 들어가서 다윗에게 이르러 그
에게 하나님을 힘 있게 의지하게
하였는데
17 곧 요나단이 그에게 이르기를 두려
워하지 말라 내 아버지 사울의 손
이 네게 미치지 못할 것이요 너는
이스라엘 왕이 되고 나는 네 다음
이 될 것을 내 아버지 사울도 안다
하니라
18 두 사람이 여호와 앞에서 언약하
고 다윗은 수풀에 머물고 요나단은
자기 집으로 돌아가니라
19 그 때에 십 사람들이 기브아에 이
르러 사울에게 나아와 이르되 다
윗이 우리와 함께 광야 남쪽 하길
라 산 수풀 요새에 숨지 아니하였
나이까

20 그러하온즉 왕은 내려오시기를 원
하시는 대로 내려오소서 그를 왕의
손에 넘길 것이 우리의 의무니이다
하니
21 사울이 이르되 너희가 나를 긍휼
히 여겼으니 여호와께 복 받기를
원하노라
22 어떤 사람이 내게 말하기를 그는
심히 지혜롭게 행동한다 하나니 너
희는 가서 더 자세히 살펴서 그가
어디에 숨었으며 누가 거기서 그를
보았는지 알아보고
23 그가 숨어 있는 모든 곳을 정탐하
고 실상을 내게 보고하라 내가 너
희와 함께 가리니 그가 이 땅에 있
으면 유다 몇 천 명 중에서라도 그
를 찾아내리라 하더라
24 그들이 일어나 사울보다 먼저 십으
로 가니라 다윗과 그의 사람들이
광야 남쪽 마온 광야 아라바에 있
더니
25 사울과 그의 사람들이 찾으러 온
것을 어떤 사람이 다윗에게 아뢰매
이에 다윗이 바위로 내려가 마온
황무지에 있더니 사울이 듣고 마온
황무지로 다윗을 따라가서는
26 사울이 산 이쪽으로 가매 다윗과
그의 사람들은 산 저쪽으로 가며
다윗이 사울을 두려워하여 급히 피
하려 하였으니 이는 사울과 그의
사람들이 다윗과 그의 사람들을
에워싸고 잡으려 함이었더라
27 전령이 사울에게 와서 이르되 급히
오소서 블레셋 사람들이 땅을 침
노하나이다
28 이에 사울이 다윗 뒤쫓기를 그치고
돌아와 블레셋 사람들을 치러 갔
으므로 그 곳을 셀라하마느곳이라
칭하니라
29 다윗이 거기서 올라가서 엔게디 요
새에 머무니라

다윗이 사울을 살려 주다

24 사울이 블레셋 사람을 쫓
다가 돌아오매 어떤 사람이
그에게 말하여 이르되 보소서 다
윗이 엔게디 광야에 있더이다 하니
2 사울이 온 이스라엘에서 택한 사
람 삼천 명을 거느리고 다윗과 그

20
21
22
23
24
25
26
27
28
29
24
2

의 사람들을 찾으러 들염소 바위로
갈새
3 길 가 양의 우리에 이른즉 굴이 있
는지라 사울이 뒤를 보러 들어가니
라 다윗과 그의 사람들이 그 굴 깊
은 곳에 있더니
4 다윗의 사람들이 이르되 보소서
여호와께서 당신에게 이르시기를
내가 원수를 네 손에 넘기리니 네
생각에 좋은 대로 그에게 행하라
하시더니 이것이 그 날이니이다 하
니 다윗이 일어나서 사울의 겉옷
자락을 가만히 베니라
5 그리 한 후에 사울의 옷자락 벰으
로 말미암아 다윗의 마음이 찔려
6 자기 사람들에게 이르되 내가 손
을 들어 여호와의 기름 부음을 받
은 내 주를 치는 것은 여호와께서
금하시는 것이니 그는 여호와의 기
름 부음을 받은 자가 됨이니라 하
고
7 다윗이 이 말로 자기 사람들을 금
하여 사울을 해하지 못하게 하니라
사울이 일어나 굴에서 나가 자기
길을 가니라
8 그 후에 다윗도 일어나 굴에서 나
가 사울의 뒤에서 외쳐 이르되 내
주 왕이여 하매 사울이 돌아보는지
라 다윗이 땅에 엎드려 절하고
9 다윗이 사울에게 이르되 보소서
다윗이 왕을 해하려 한다고 하는
사람들의 말을 왕은 어찌하여 들으
시나이까
10 오늘 여호와께서 굴에서 왕을 내
손에 넘기신 것을 왕이 아셨을 것
이니이다 어떤 사람이 나를 권하여
왕을 죽이라 하였으나 내가 왕을
아껴 말하기를 나는 내 손을 들어
내 주를 해하지 아니하리니 그는
여호와의 기름 부음을 받은 자이
기 때문이라 하였나이다
11 내 아버지여 보소서 내 손에 있는
왕의 옷자락을 보소서 내가 왕을
죽이지 아니하고 겉옷 자락만 베었
은즉 내 손에 악이나 죄과가 없는
줄을 오늘 아실지니이다 왕은 내
생명을 찾아 해하려 하시나 나는
왕에게 범죄한 일이 없나이다

12 여호와께서는 나와 왕 사이를 판단
하사 여호와께서 나를 위하여 왕
에게 보복하시려니와 내 손으로는
왕을 해하지 않겠나이다
13 옛 속담에 말하기를 악은 악인에게
서 난다 하였으니 내 손이 왕을 해
하지 아니하리이다
14 이스라엘 왕이 누구를 따라 나왔
으며 누구의 뒤를 쫓나이까 죽은
개나 벼룩을 쫓음이니이다
15 그런즉 여호와께서 재판장이 되어
나와 왕 사이에 심판하사 나의 사
정을 살펴 억울함을 풀어 주시고
나를 왕의 손에서 건지시기를 원하
나이다 하니라
16 다윗이 사울에게 이같이 말하기를
마치매 사울이 이르되 내 아들 다
윗아 이것이 네 목소리냐 하고 소
리를 높여 울며
17 다윗에게 이르되 나는 너를 학대하
되 너는 나를 선대하니 너는 나보
다 의롭도다
18 네가 나 선대한 것을 오늘 나타냈
나니 여호와께서 나를 네 손에 넘
기셨으나 네가 나를 죽이지 아니하
였도다
19 사람이 그의 원수를 만나면 그를
평안히 가게 하겠느냐 네가 오늘 내
게 행한 일로 말미암아 여호와께서
네게 선으로 갚으시기를 원하노라
20 보라 나는 네가 반드시 왕이 될 것
을 알고 이스라엘 나라가 네 손에
견고히 설 것을 아노니
21 그런즉 너는 내 후손을 끊지 아니
하며 내 아버지의 집에서 내 이름
을 멸하지 아니할 것을 이제 여호와
의 이름으로 내게 맹세하라 하니라
22 다윗이 사울에게 맹세하매 사울은
집으로 돌아가고 다윗과 그의 사
람들은 요새로 올라가니라

사무엘이 죽다

25 사무엘이 죽으매 온 이스라
엘 무리가 모여 그를 두고
슬피 울며 라마 그의 집에서 그를
장사한지라 다윗이 일어나 바란 광
야로 내려가니라

다윗과 아비가일

2 마온에 한 사람이 있는데 그의 생

12
13
14
15
16
17
18
19
20
21
22
25
2

업이 갈멜에 있고 심히 부하여 양
이 삼천 마리요 염소가 천 마리이
므로 그가 갈멜에서 그의 양 털을
깎고 있었으니 3
3 그 사람의 이름은 나발이요 그의
아내의 이름은 아비가일이라 그 여
자는 총명하고 용모가 아름다우나
남자는 완고하고 행실이 악하며 그
는 갈렙 족속이었더라
4 다윗이 나발이 자기 양 털을 깎는 4
다 함을 광야에서 들은지라
5 다윗이 이에 소년 열 명을 보내며
그 소년들에게 이르되 너희는 갈멜 5
로 올라가 나발에게 이르러 내 이
름으로 그에게 문안하고
6 그 부하게 사는 자에게 이르기를
너는 평강하라 네 집도 평강하라 6
네 소유의 모든 것도 평강하라
7 네게 양 털 깎는 자들이 있다 함을
이제 내가 들었노라 네 목자들이 7
우리와 함께 있었으나 우리가 그들
을 해하지 아니하였고 그들이 갈멜
에 있는 동안에 그들의 것을 하나
도 잃지 아니하였나니
8 네 소년들에게 물으면 그들이 네게
말하리라 그런즉 내 소년들이 네게 8
은혜를 얻게 하라 우리가 좋은 날
에 왔은즉 네 손에 있는 대로 네
종들과 네 아들 다윗에게 주기를
원하노라 하더라 하라
9 다윗의 소년들이 가서 다윗의 이름
으로 이 모든 말을 나발에게 말하 9
기를 마치매
10 나발이 다윗의 사환들에게 대답하
여 이르되 다윗은 누구며 이새의 10
아들은 누구냐 요즈음에 각기 주
인에게서 억지로 떠나는 종이 많도
다
11 내가 어찌 내 떡과 물과 내 양 털 11
깎는 자를 위하여 잡은 고기를 가
져다가 어디서 왔는지도 알지 못하
는 자들에게 주겠느냐 한지라
12 이에 다윗의 소년들이 돌아서 자기
길로 행하여 돌아와 이 모든 말을 12
그에게 전하매
13 다윗이 자기 사람들에게 이르되 너
희는 각기 칼을 차라 하니 각기 칼 13
을 차매 다윗도 자기 칼을 차고 사

백 명 가량은 데리고 올라가고 이
백 명은 소유물 곁에 있게 하니라
14 하인들 가운데 하나가 나발의 아내
아비가일에게 말하여 이르되 다윗 14
이 우리 주인에게 문안하러 광야에
서 전령들을 보냈거늘 주인이 그들
을 모욕하였나이다
15 우리가 들에 있어 그들과 상종할
동안에 그 사람들이 우리를 매우
선대하였으므로 우리가 다치거나 15
잃은 것이 없었으니
16 우리가 양을 지키는 동안에 그들이
우리와 함께 있어 밤낮 우리에게
담이 되었음이라 16
17 그런즉 이제 당신은 어떻게 할지를
알아 생각하실지니 이는 다윗이 우
리 주인과 주인의 온 집을 해하기 17
로 결정하였음이니이다 주인은 불
량한 사람이라 더불어 말할 수 없
나이다 하는지라
18 아비가일이 급히 떡 이백 덩이와
포도주 두 가죽 부대와 잡아서 요
리한 양 다섯 마리와 볶은 곡식 다 18
섯 스아와 건포도 백 송이와 무화
과 뭉치 이백 개를 가져다가 나귀
들에게 싣고
19 소년들에게 이르되 나를 앞서 가라
나는 너희 뒤에 가리라 하고 그의
남편 나발에게는 말하지 아니하니 19
라
20 아비가일이 나귀를 타고 산 호젓한
곳을 따라 내려가더니 다윗과 그의
사람들이 자기에게로 마주 내려오 20
는 것을 만나니라
21 다윗이 이미 말하기를 내가 이 자
의 소유물을 광야에서 지켜 그 모
든 것을 하나도 손실이 없게 한 것 21
이 진실로 허사라 그가 악으로 나
의 선을 갚는도다
22 내가 그에게 속한 모든 남자 가운
데 한 사람이라도 아침까지 남겨
두면 하나님은 다윗에게 벌을 내리 22
시고 또 내리시기를 원하노라 하였
더라
23 아비가일이 다윗을 보고 급히 나귀
에서 내려 다윗 앞에 엎드려 그의 23
얼굴을 땅에 대니라

24 그가 다윗의 발에 엎드려 이르되
내 주여 원하건대 이 죄악을 나 곧
내게로 돌리시고 여종에게 주의 귀
에 말하게 하시고 이 여종의 말을
들으소서
25 원하옵나니 내 주는 이 불량한 사
람 나발을 개의치 마옵소서 그의
이름이 그에게 적당하니 그의 이름
이 나발이라 그는 미련한 자니이다
여종은 내 주께서 보내신 소년들을
보지 못하였나이다
26 내 주여 여호와께서 살아 계심을
두고 맹세하노니 내 주도 살아 계
시거니와 내 주의 손으로 피를 흘
려 친히 보복하시는 일을 여호와께
서 막으셨으니 내 주의 원수들과
내 주를 해하려 하는 자들은 나발
과 같이 되기를 원하나이다
27 여종이 내 주께 가져온 이 예물을
내 주를 따르는 이 소년들에게 주
게 하시고
28 주의 여종의 허물을 용서하여 주
옵소서 여호와께서 반드시 내 주
를 위하여 든든한 집을 세우시리니
이는 내 주께서 여호와의 싸움을
싸우심이요 내 주의 일생에 내 주
에게서 악한 일을 찾을 수 없음이
니이다
29 사람이 일어나서 내 주를 쫓아 내
주의 생명을 찾을지라도 내 주의
생명은 내 주의 하나님 여호와와
함께 생명 싸개 속에 싸였을 것이
요 내 주의 원수들의 생명은 물매
로 던지듯 여호와께서 그것을 던지
시리이다
30 여호와께서 내 주에 대하여 하신
말씀대로 모든 선을 내 주에게 행
하사 내 주를 이스라엘의 지도자로
세우실 때에
31 내 주께서 무죄한 피를 흘리셨다든
지 내 주께서 친히 보복하셨다든
지 함으로 말미암아 슬퍼하실 것
도 없고 내 주의 마음에 걸리는 것
도 없으시리니 다만 여호와께서 내
주를 후대하실 때에 원하건대 내
주의 여종을 생각하소서 하니라
32 다윗이 아비가일에게 이르되 오늘
너를 보내어 나를 영접하게 하신

24

25

26

27

28

29

30

31

32

이스라엘의 하나님 여호와를 찬송
할지로다
33 또 네 지혜를 칭찬할지며 또 네게
복이 있을지로다 오늘 내가 피를
흘릴 것과 친히 복수하는 것을 네
가 막았느니라
34 나를 막아 너를 해하지 않게 하신
이스라엘의 하나님 여호와의 살아
계심을 두고 맹세하노니 네가 급히
와서 나를 영접하지 아니하였더면
밝는 아침에는 과연 나발에게 한
남자도 남겨 두지 아니하였으리라
하니라
35 다윗이 그가 가져온 것을 그의 손
에서 받고 그에게 이르되 네 집으
로 평안히 올라가라 내가 네 말을
듣고 네 청을 허락하노라
36 아비가일이 나발에게로 돌아오니
그가 왕의 잔치와 같은 잔치를 그
의 집에 배설하고 크게 취하여 마
음에 기뻐하므로 아비가일이 밝는
아침까지는 아무 말도 하지 아니하
다가
37 아침에 나발이 포도주에서 깬 후에
그의 아내가 그에게 이 일을 말하
매 그가 낙담하여 몸이 돌과 같이
되었더니
38 한 열흘 후에 여호와께서 나발을
치시매 그가 죽으니라
39 나발이 죽었다 함을 다윗이 듣고
이르되 나발에게 당한 나의 모욕
을 갚아 주사 종으로 악한 일을 하
지 않게 하신 여호와를 찬송할지
로다 여호와께서 나발의 악행을 그
의 머리에 돌리셨도다 하니라 다윗
이 아비가일을 자기 아내로 삼으려
고 사람을 보내어 그에게 말하게
하매
40 다윗의 전령들이 갈멜에 가서 아비
가일에게 이르러 그에게 말하여 이
르되 다윗이 당신을 아내로 삼고자
하여 우리를 당신께 보내더이다 하
니
41 아비가일이 일어나 몸을 굽혀 얼굴
을 땅에 대고 이르되 내 주의 여종
은 내 주의 전령들의 발 씻길 종이
니이다 하고

42 아비가일이 급히 일어나서 나귀를 타고 그를 뒤따르는 처녀 다섯과 함께 다윗의 전령들을 따라가서 다윗의 아내가 되니라
43 다윗이 또 이스르엘 아히노암을 아내로 맞았더니 그들 두 사람이 그의 아내가 되니라
44 사울이 그의 딸 다윗의 아내 미갈을 갈림에 사는 라이스의 아들 발디에게 주었더라

다윗이 또 사울을 살려 주다

26 십 사람이 기브아에 와서 사울에게 말하여 이르되 다윗이 광야 앞 하길라 산에 숨지 아니하였나이까 하매
2 사울이 일어나 십 광야에서 다윗을 찾으려고 이스라엘에서 택한 사람 삼천 명과 함께 십 광야로 내려가서
3 사울이 광야 앞 하길라 산 길 가에 진 치니라 다윗이 광야에 있더니 사울이 자기를 따라 광야로 들어옴을 알고
4 이에 다윗이 정탐꾼을 보내어 사울이 과연 이른 줄 알고
5 다윗이 일어나 사울이 진 친 곳에 이르러 사울과 넬의 아들 군사령관 아브넬이 머무는 곳을 본즉 사울이 진영 가운데에 누웠고 백성은 그를 둘러 진 쳤더라
6 이에 다윗이 헷 사람 아히멜렉과 스루야의 아들 요압의 아우 아비새에게 물어 이르되 누가 나와 더불어 진영에 내려가서 사울에게 이르겠느냐 하니 아비새가 이르되 내가 함께 가겠나이다
7 다윗과 아비새가 밤에 그 백성에게 나아가 본즉 사울이 진영 가운데 누워 자고 창은 머리 곁 땅에 꽂혀 있고 아브넬과 백성들은 그를 둘러 누웠는지라
8 아비새가 다윗에게 이르되 하나님이 오늘 당신의 원수를 당신의 손에 넘기셨나이다 그러므로 청하오니 내가 창으로 그를 찔러서 단번에 땅에 꽂게 하소서 내가 그를 두 번 찌를 것이 없으리이다 하니
9 다윗이 아비새에게 이르되 죽이지

42

43

44

26

2

3

4

5

6

7

8

9

말라 누구든지 손을 들어 여호와
의 기름 부음 받은 자를 치면 죄가
없겠느냐 하고
10 다윗이 또 이르되 여호와께서 살아
계심을 두고 맹세하노니 여호와께
서 그를 치시리니 혹은 죽을 날이
이르거나 또는 전장에 나가서 망하
리라
11 내가 손을 들어 여호와의 기름 부
음 받은 자를 치는 것을 여호와께
서 금하시나니 너는 그의 머리 곁
에 있는 창과 물병만 가지고 가자
하고
12 다윗이 사울의 머리 곁에서 창과
물병을 가지고 떠나가되 아무도 보
거나 눈치 채지 못하고 깨어 있는
사람도 없었으니 이는 여호와께서
그들을 깊이 잠들게 하셨으므로 그
들이 다 잠들어 있었기 때문이었더
라
13 이에 다윗이 건너편으로 가서 멀리
산 꼭대기에 서니 거리가 멀더라
14 다윗이 백성과 넬의 아들 아브넬을
대하여 외쳐 이르되 아브넬아 너는
대답하지 아니하느냐 하니 아브넬
이 대답하여 이르되 왕을 부르는
너는 누구냐 하더라
15 다윗이 아브넬에게 이르되 네가 용
사가 아니냐 이스라엘 가운데에 너
같은 자가 누구냐 그러한데 네가
어찌하여 네 주 왕을 보호하지 아
니하느냐 백성 가운데 한 사람이
네 주 왕을 죽이려고 들어갔었느니
라
16 네가 행한 이 일이 옳지 못하도다
여호와께서 살아 계심을 두고 맹세
하노니 여호와의 기름 부음 받은
너희 주를 보호하지 아니하였으니
너희는 마땅히 죽을 자이니라 이제
왕의 창과 왕의 머리 곁에 있던 물
병이 어디 있나 보라 하니
17 사울이 다윗의 음성을 알아 듣고
이르되 내 아들 다윗아 이것이 네
음성이냐 하는지라 다윗이 이르되
내 주 왕이여 내 음성이니이다 하고
18 또 이르되 내 주는 어찌하여 주의
종을 쫓으시나이까 내가 무엇을 하
였으며 내 손에 무슨 악이 있나이까

19 원하건대 내 주 왕은 이제 종의 말
을 들으소서 만일 왕을 충동시켜
나를 해하려 하는 이가 여호와시
면 여호와께서는 제물을 받으시기
를 원하나이다마는 만일 사람들이
면 그들이 여호와 앞에 저주를 받
으리니 이는 그들이 이르기를 너는
가서 다른 신들을 섬기라 하고 오
늘 나를 쫓아내어 여호와의 기업에
참여하지 못하게 함이니이다
20 그런즉 청하건대 여호와 앞에서 먼
이 곳에서 이제 나의 피가 땅에 흐
르지 말게 하옵소서 이는 산에서
메추라기를 사냥하는 자와 같이 이
스라엘 왕이 한 벼룩을 수색하러
나오셨음이니이다
21 사울이 이르되 내가 범죄하였도다
내 아들 다윗아 돌아오라 네가 오
늘 내 생명을 귀하게 여겼은즉 내
가 다시는 너를 해하려 하지 아니
하리라 내가 어리석은 일을 하였으
니 대단히 잘못되었도다 하는지라
22 다윗이 대답하여 이르되 왕은 창
을 보소서 한 소년을 보내어 가져
가게 하소서
23 여호와께서 사람에게 그의 공의와
신실을 따라 갚으시리니 이는 여호
와께서 오늘 왕을 내 손에 넘기셨
으되 나는 손을 들어 여호와의 기
름 부음을 받은 자 치기를 원하지
아니하였음이니이다
24 오늘 왕의 생명을 내가 중히 여긴
것 같이 내 생명을 여호와께서 중히
여기셔서 모든 환난에서 나를 구하
여 내시기를 바라나이다 하니라
25 사울이 다윗에게 이르되 내 아들
다윗아 네게 복이 있을지로다 네가
큰 일을 행하겠고 반드시 승리를 얻
으리라 하니라 다윗은 자기 길로 가
고 사울은 자기 곳으로 돌아가니라

다윗이 블레셋 땅으로 피하다

27 다윗이 그 마음에 생각하기
를 내가 후일에는 사울의 손
에 붙잡히리니 블레셋 사람들의 땅
으로 피하여 들어가는 것이 좋으리
로다 사울이 이스라엘 온 영토 내에
서 다시 나를 찾다가 단념하리니 내
가 그의 손에서 벗어나리라 하고

19
20
21
22
23
24
25
27

2 다윗이 일어나 함께 있는 사람 육
백 명과 더불어 가드 왕 마옥의 아
들 아기스에게로 건너가니라
3 다윗과 그의 사람들이 저마다 가
족을 거느리고 가드에서 아기스와
동거하였는데 다윗이 그의 두 아내
이스르엘 여자 아히노암과 나발의
아내였던 갈멜 여자 아비가일과 함
께 하였더니
4 다윗이 가드에 도망한 것을 어떤
사람이 사울에게 전하매 사울이
다시는 그를 수색하지 아니하니라
5 다윗이 아기스에게 이르되 바라건
대 내가 당신께 은혜를 입었다면
지방 성읍 가운데 한 곳을 내게 주
어 내가 살게 하소서 당신의 종이
어찌 당신과 함께 왕도에 살리이까
하니
6 아기스가 그 날에 시글락을 그에게
주었으므로 시글락이 오늘까지 유
다 왕에게 속하니라
7 다윗이 블레셋 사람들의 지방에
산 날 수는 일 년 사 개월이었더라
8 다윗과 그의 사람들이 올라가서 그
술 사람과 기르스 사람과 아말렉
사람을 침노하였으니 그들은 옛적
부터 술과 애굽 땅으로 지나가는
지방의 주민이라
9 다윗이 그 땅을 쳐서 남녀를 살려
두지 아니하고 양과 소와 나귀와
낙타와 의복을 빼앗아 가지고 돌
아와 아기스에게 이르매
10 아기스가 이르되 너희가 오늘은 누
구를 침노하였느냐 하니 다윗이 이
르되 유다 네겝과 여라무엘 사람의
네겝과 겐 사람의 네겝이니이다 하
였더라
11 다윗이 그 남녀를 살려서 가드로
데려가지 아니한 것은 그의 생각에
그들이 우리에게 대하여 이르기를
다윗이 행한 일이 이러하니라 하여
블레셋 사람들의 지방에 거주하는
동안에 이같이 행하는 습관이 있
었다 할까 두려워함이었더라
12 아기스가 다윗을 믿고 말하기를 다
윗이 자기 백성 이스라엘에게 심히
미움을 받게 되었으니 그는 영원히
내 부하가 되리라고 생각하니라

28 그 때에 블레셋 사람들이
이스라엘과 싸우려고 군대
를 모집한지라 아기스가 다윗에게
이르되 너는 밝히 알라 너와 네 사
람들이 나와 함께 나가서 군대에
참가할 것이니라
2 다윗이 아기스에게 이르되 그러면
당신의 종이 행할 바를 아시리이다
하니 아기스가 다윗에게 이르되 그
러면 내가 너를 영원히 내 머리 지
키는 자를 삼으리라 하니라

사울이 신접한 여인을 찾다

3 사무엘이 죽었으므로 온 이스라엘
이 그를 두고 슬피 울며 그의 고향
라마에 장사하였고 사울은 신접한
자와 박수를 그 땅에서 쫓아내었더
라
4 블레셋 사람들이 모여 수넴에 이르
러 진 치매 사울이 온 이스라엘을
모아 길보아에 진 쳤더니
5 사울이 블레셋 사람들의 군대를
보고 두려워서 그의 마음이 크게
떨린지라
6 사울이 여호와께 묻자오되 여호와
께서 꿈으로도, 우림으로도, 선지
자로도 그에게 대답하지 아니하시
므로
7 사울이 그의 신하들에게 이르되
나를 위하여 신접한 여인을 찾으라
내가 그리로 가서 그에게 물으리라
하니 그의 신하들이 그에게 이르되
보소서 엔돌에 신접한 여인이 있나
이다
8 사울이 다른 옷을 입어 변장하고
두 사람과 함께 갈새 그들이 밤에
그 여인에게 이르러서는 사울이 이
르되 청하노니 나를 위하여 신접한
술법으로 내가 네게 말하는 사람
을 불러 올리라 하니
9 여인이 그에게 이르되 네가 사울이
행한 일 곧 그가 신접한 자와 박수
를 이 땅에서 멸절시켰음을 아나니
네가 어찌하여 내 생명에 올무를
놓아 나를 죽게 하려느냐 하는지라
10 사울이 여호와의 이름으로 그에게
맹세하여 이르되 여호와께서 살아
계심을 두고 맹세하노니 네가 이 일
로는 벌을 당하지 아니하리라 하니

28

2

3

4

5

6

7

8

9

10

11 여인이 이르되 내가 누구를 네게로
불러 올리랴 하니 사울이 이르되
사무엘을 불러 올리라 하는지라
12 여인이 사무엘을 보고 큰 소리로
외치며 사울에게 말하여 이르되 당
신이 어찌하여 나를 속이셨나이까
당신이 사울이시니이다
13 왕이 그에게 이르되 두려워하지 말
라 네가 무엇을 보았느냐 하니 여인
이 사울에게 이르되 내가 영이 땅
에서 올라오는 것을 보았나이다 하
는지라
14 사울이 그에게 이르되 그의 모양이
어떠하냐 하니 그가 이르되 한 노
인이 올라오는데 그가 겉옷을 입었
나이다 하더라 사울이 그가 사무
엘인 줄 알고 그의 얼굴을 땅에 대
고 절하니라
15 사무엘이 사울에게 이르되 네가 어
찌하여 나를 불러 올려서 나를 성
가시게 하느냐 하니 사울이 대답하
되 나는 심히 다급하니이다 블레셋
사람들은 나를 향하여 군대를 일
으켰고 하나님은 나를 떠나서 다시
는 선지자로도, 꿈으로도 내게 대
답하지 아니하시기로 내가 행할 일
을 알아보려고 당신을 불러 올렸나
이다 하더라
16 사무엘이 이르되 여호와께서 너를
떠나 네 대적이 되셨거늘 네가 어찌
하여 내게 묻느냐
17 여호와께서 나를 통하여 말씀하신
대로 네게 행하사 나라를 네 손에
서 떼어 네 이웃 다윗에게 주셨느
니라
18 네가 여호와의 목소리를 순종하지
아니하고 그의 진노를 아말렉에게
쏟지 아니하였으므로 여호와께서
오늘 이 일을 네게 행하셨고
19 여호와께서 이스라엘을 너와 함께
블레셋 사람들의 손에 넘기시리니
내일 너와 네 아들들이 나와 함께
있으리라 여호와께서 또 이스라엘
군대를 블레셋 사람들의 손에 넘기
시리라 하는지라
20 사울이 갑자기 땅에 완전히 엎드러
지니 이는 사무엘의 말로 말미암아
심히 두려워함이요 또 그의 기력이

11

12

13

14

15

16

17

18

19

20

다하였으니 이는 그가 하루 밤낮을
음식을 먹지 못하였음이니라
21 그 여인이 사울에게 이르러 그가
심히 고통 당함을 보고 그에게 이
르되 여종이 왕의 말씀을 듣고 내
생명을 아끼지 아니하고 왕이 내게
이르신 말씀을 순종하였사오니
22 그런즉 청하건대 이제 당신도 여종
의 말을 들으사 내가 왕 앞에 한 조
각 떡을 드리게 하시고 왕은 잡수
시고 길 가실 때에 기력을 얻으소
서 하니
23 사울이 거절하여 이르되 내가 먹지
아니하겠노라 하니라 그의 신하들
과 여인이 강권하매 그들의 말을 듣
고 땅에서 일어나 침상에 앉으니라
24 여인의 집에 살진 송아지가 있으므
로 그것을 급히 잡고 가루를 가져
다가 뭉쳐 무교병을 만들고 구워서
25 사울 앞에와 그의 신하들 앞에 내
놓으니 그들이 먹고 일어나서 그
밤에 가니라

블레셋 사람들이 다윗을 좋아하지 아니하다

29 블레셋 사람들은 그들의 모
든 군대를 아벡에 모았고
이스라엘 사람들은 이스르엘에 있
는 샘 곁에 진 쳤더라
2 블레셋 사람들의 수령들은 수백 명
씩 수천 명씩 인솔하여 나아가고
다윗과 그의 사람들은 아기스와
함께 그 뒤에서 나아가더니
3 블레셋 사람들의 방백들이 이르되
이 히브리 사람들이 무엇을 하려느
냐 하니 아기스가 블레셋 사람들의
방백들에게 이르되 이는 이스라엘
왕 사울의 신하 다윗이 아니냐 그
가 나와 함께 있은 지 여러 날 여러
해로되 그가 망명하여 온 날부터
오늘까지 내가 그의 허물을 보지
못하였노라
4 블레셋 사람의 방백들이 그에게 노
한지라 블레셋 방백들이 그에게 이
르되 이 사람을 돌려보내어 왕이
그에게 정하신 그 처소로 가게 하
소서 그는 우리와 함께 싸움에 내
려가지 못하리니 그가 전장에서 우
리의 대적이 될까 하나이다 그가

21
22
23
24
25
29
2
3
4

무엇으로 그 주와 다시 화합하리이
까 이 사람들의 머리로 하지 아니
하겠나이까
5 그들이 춤추며 노래하여 이르되
사울이 죽인 자는 천천이요 다
윗은 만만이로다
하던 그 다윗이 아니니이까 하니
6 아기스가 다윗을 불러 그에게 이르
되 여호와께서 살아 계심을 두고
맹세하노니 네가 정직하여 내게 온
날부터 오늘까지 네게 악이 있음을
보지 못하였으니 나와 함께 진중에
출입하는 것이 내 생각에는 좋으나
수령들이 너를 좋아하지 아니하니
7 그러므로 이제 너는 평안히 돌아가
서 블레셋 사람들의 수령들에게 거
슬러 보이게 하지 말라 하니라
8 다윗이 아기스에게 이르되 내가 무
엇을 하였나이까 내가 당신 앞에
오늘까지 있는 동안에 당신이 종에
게서 무엇을 보셨기에 내가 가서
내 주 왕의 원수와 싸우지 못하게
하시나이까 하니
9 아기스가 다윗에게 대답하여 이르
되 네가 내 목전에 하나님의 전령
같이 선한 것을 내가 아나 블레셋
사람들의 방백들은 말하기를 그가
우리와 함께 전장에 올라가지 못하
리라 하니
10 그런즉 너는 너와 함께 온 네 주의
신하들과 더불어 새벽에 일어나라
너희는 새벽에 일어나서 밝거든 곧
떠나라 하니라
11 이에 다윗이 자기 사람들과 더불어
아침에 일찍이 일어나서 떠나 블레
셋 사람들의 땅으로 돌아가고 블레
셋 사람들은 이스르엘로 올라가니라

다윗이 아말렉을 치다

30 다윗과 그의 사람들이 사
흘 만에 시글락에 이른 때
에 아말렉 사람들이 이미 네겝과
시글락을 침노하였는데 그들이 시
글락을 쳐서 불사르고
2 거기에 있는 젊거나 늙은 여인들은
한 사람도 죽이지 아니하고 다 사
로잡아 끌고 자기 길을 갔더라
3 다윗과 그의 사람들이 성읍에 이
르러 본즉 성읍이 불탔고 자기들의

5

6

7

8

9

10

11

30

2

3

아내와 자녀들이 사로잡혔는지라
4 다윗과 그와 함께 한 백성이 울 기
력이 없도록 소리를 높여 울었더
라
5 (다윗의 두 아내 이스르엘 여인 아
히노암과 갈멜 사람 나발의 아내였
던 아비가일도 사로잡혔더라)
6 백성들이 자녀들 때문에 마음이 슬
퍼서 다윗을 돌로 치자 하니 다윗
이 크게 다급하였으나 그의 하나님
여호와를 힘입고 용기를 얻었더라
7 다윗이 아히멜렉의 아들 제사장 아
비아달에게 이르되 원하건대 에봇
을 내게로 가져오라 아비아달이 에
봇을 다윗에게로 가져가매
8 다윗이 여호와께 묻자와 이르되 내
가 이 군대를 추격하면 따라잡겠나
이까 하니 여호와께서 그에게 대답
하시되 그를 쫓아가라 네가 반드시
따라잡고 도로 찾으리라
9 이에 다윗과 또 그와 함께 한 육백
명이 가서 브솔 시내에 이르러 뒤떨
어진 자를 거기 머물게 했으되
10 곧 피곤하여 브솔 시내를 건너지
못하는 이백 명을 머물게 했고 다
윗은 사백 명을 거느리고 쫓아가니
라
11 무리가 들에서 애굽 사람 하나를
만나 그를 다윗에게로 데려다가 떡
을 주어 먹게 하며 물을 마시게 하
고
12 그에게 무화과 뭉치에서 뗀 덩이
하나와 건포도 두 송이를 주었으니
그가 밤낮 사흘 동안 떡도 먹지 못
하였고 물도 마시지 못하였음이니
라 그가 먹고 정신을 차리매
13 다윗이 그에게 이르되 너는 누구에
게 속하였으며 어디에서 왔느냐 하
니 그가 이르되 나는 애굽 소년이
요 아말렉 사람의 종이더니 사흘
전에 병이 들매 주인이 나를 버렸
나이다
14 우리가 그렛 사람의 남방과 유다에
속한 지방과 갈렙 남방을 침노하고
시글락을 불살랐나이다
15 다윗이 그에게 이르되 네가 나를
그 군대로 인도하겠느냐 하니 그가
이르되 당신이 나를 죽이지도 아니

하고 내 주인의 수중에 넘기지도
아니하겠다고 하나님의 이름으로
내게 맹세하소서 그리하면 내가 당
신을 그 군대로 인도하리이다 하니
라
16 그가 다윗을 인도하여 내려가니 그
들이 온 땅에 편만하여 블레셋 사
람들의 땅과 유다 땅에서 크게 약
탈하였음으로 말미암아 먹고 마시
며 춤추는지라
17 다윗이 새벽부터 이튿날 저물 때까
지 그들을 치매 낙타를 타고 도망
한 소년 사백 명 외에는 피한 사람
이 없었더라
18 다윗이 아말렉 사람들이 빼앗아
갔던 모든 것을 도로 찾고 그의 두
아내를 구원하였고
19 그들이 약탈하였던 것 곧 무리의
자녀들이나 빼앗겼던 것은 크고 작
은 것을 막론하고 아무것도 잃은
것이 없이 모두 다윗이 도로 찾아
왔고
20 다윗이 또 양 떼와 소 떼를 다 되찾
았더니 무리가 그 가축들을 앞에
몰고 가며 이르되 이는 다윗의 전
리품이라 하였더라
21 다윗이 전에 피곤하여 능히 자기를
따르지 못하므로 브솔 시내에 머물
게 한 이백 명에게 오매 그들이 다
윗과 그와 함께 한 백성을 영접하
러 나오는지라 다윗이 그 백성에게
이르러 문안하매
22 다윗과 함께 갔던 자들 가운데 악
한 자와 불량배들이 다 이르되 그
들이 우리와 함께 가지 아니하였은
즉 우리가 도로 찾은 물건은 무엇
이든지 그들에게 주지 말고 각자의
처자만 데리고 떠나가게 하라 하는
지라
23 다윗이 이르되 나의 형제들아 여호
와께서 우리를 보호하시고 우리를
치러 온 그 군대를 우리 손에 넘기
셨은즉 그가 우리에게 주신 것을
너희가 이같이 못하리라
24 이 일에 누가 너희에게 듣겠느냐 전
장에 내려갔던 자의 분깃이나 소유
물 곁에 머물렀던 자의 분깃이 동일
할지니 같이 분배할 것이니라 하고

25 그 날부터 다윗이 이것으로 이스라
엘의 율례와 규례를 삼았더니 오늘
까지 이르니라
26 다윗이 시글락에 이르러 전리품을
그의 친구 유다 장로들에게 보내어
이르되 보라 여호와의 원수에게서
탈취한 것을 너희에게 선사하노라
하고
27 벧엘에 있는 자와 남방 라못에 있
는 자와 얏딜에 있는 자와
28 아로엘에 있는 자와 십못에 있는
자와 에스드모아에 있는 자와
29 라갈에 있는 자와 여라므엘 사람의
성읍들에 있는 자와 겐 사람의 성
읍들에 있는 자와
30 홀마에 있는 자와 고라산에 있는
자와 아닥에 있는 자와
31 헤브론에 있는 자에게와 다윗과 그
의 사람들이 왕래하던 모든 곳에
보내었더라

사울과 요나단이 죽다

31 블레셋 사람들이 이스라엘
을 치매 이스라엘 사람들이
블레셋 사람들 앞에서 도망하여
길보아 산에서 엎드러져 죽으니라
2 블레셋 사람들이 사울과 그의 아
들들을 추격하여 사울의 아들 요
나단과 아비나답과 말기수아를 죽
이니라
3 사울이 패전하매 활 쏘는 자가 따
라잡으니 사울이 그 활 쏘는 자에
게 중상을 입은지라
4 그가 무기를 든 자에게 이르되 네
칼을 빼어 그것으로 나를 찌르라
할례 받지 않은 자들이 와서 나를
찌르고 모욕할까 두려워하노라 하
나 무기를 든 자가 심히 두려워하
여 감히 행하지 아니하는지라 이에
사울이 자기의 칼을 뽑아서 그 위
에 엎드러지매
5 무기를 든 자가 사울이 죽음을 보
고 자기도 자기 칼 위에 엎드러져
그와 함께 죽으니라
6 사울과 그의 세 아들과 무기를 든
자와 그의 모든 사람이 다 그 날에
함께 죽었더라
7 골짜기 저쪽에 있는 이스라엘 사람
과 요단 건너쪽에 있는 자들이 이

25
26
27
28
29
30
31
31
2
3
4
5
6
7

스라엘 사람들이 도망한 것과 사
울과 그의 아들들이 죽었음을 보
고 성읍들을 버리고 도망하매 블
레셋 사람들이 이르러 거기에서 사
니라
8 그 이튿날 블레셋 사람들이 죽은
자를 벗기러 왔다가 사울과 그의
세 아들이 길보아 산에서 죽은 것
을 보고
9 사울의 머리를 베고 그의 갑옷을
벗기고 자기들의 신당과 백성에게
알리기 위하여 그것을 블레셋 사람
들의 땅 사방에 보내고
10 그의 갑옷은 아스다롯의 집에 두
고 그의 시체는 벧산 성벽에 못 박
으매
11 길르앗 야베스 주민들이 블레셋 사
람들이 사울에게 행한 일을 듣고
12 모든 장사들이 일어나 밤새도록 달
려가서 사울의 시체와 그의 아들
들의 시체를 벧산 성벽에서 내려 가
지고 야베스에 돌아가서 거기서 불
사르고
13 그의 뼈를 가져다가 야베스 에셀
나무 아래에 장사하고 칠 일 동안
금식하였더라

8

9

10

11

12

13

MEMO

본문이 있는

채움 쓰기성경®

구약❶ 창세기 - 사무엘상

2026년 2월 8일 1판 12쇄 발행

발 행 인 정 형 철
발 행 처 (주)아 가 페 출 판 사
등록번호 제21-754호(1995. 4. 12)
주 소 서울시 관악구 남부순환로 2082-33 (남현동)
전 화 (02)584-4669

아가페 출판사

밑글씨 매일 쓰기성경®

1. **밑글씨**가 있어 성경책 대조 없이 **간편하게** 쓸 수 있는 쓰기성경!
2. 장, 절이 표기되어 있어 **원하는 부분을 자유롭게** 선택, 이동하며 쓸 수 있습니다.
3. 밑글씨가 있어 **성경책 대조 없이** 간편하게 따라 쓸 수 있습니다.
4. **잘 펴지는 제본**으로 편리하게 쓸 수 있습니다.

편집 저작물 등록
★★★
저작권 등록이 되어 있는 편집저작물입니다.

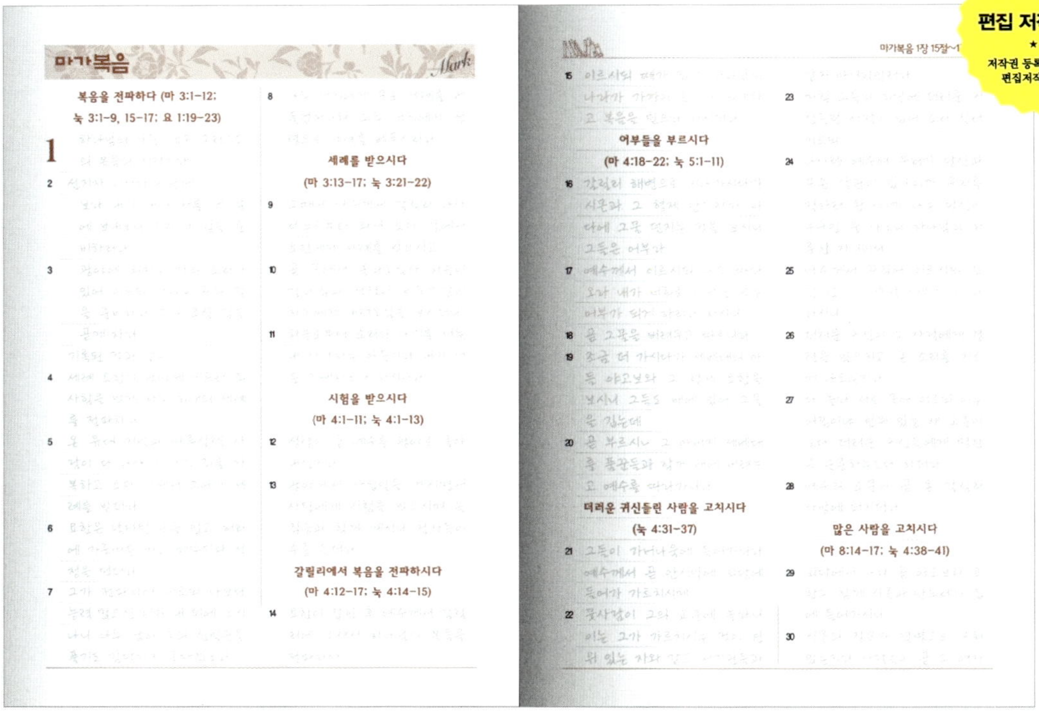

➕ 세트 및 신약 구매 시
쓰기성경 전용펜 2종(검정, 빨강)을
증정해 드립니다.

· 개역개정 ·		· 새번역 ·	
세트 정가 : ~~116,000원~~ → 112,000원		세트 정가 : ~~100,000원~~ → 95,000원	
신약 ❶, 구약 ❶~❸권	각 권 29,000원	신약 ❶, 구약 ❶~❸권	각 권 25,000원

밑글씨 매일 쓰기성경® 낱권 시리즈

1. 밑글씨가 있어 성경책 대조 없이 간편하게 쓸 수 있는 쓰기성경!
2. 장, 절이 표기되어 있어 원하는 부분을 자유롭게 선택, 이동하며 쓸 수 있습니다.
3. 밑글씨가 있어 성경책 대조 없이 간편하게 따라 쓸 수 있습니다.
4. 잘 펴지는 제본으로 편리하게 쓸 수 있습니다.

낱권 시리즈			
	구약	❶ 창세기 – 레위기	정가 12,000원
		❷ 민수기 – 룻기	정가 13,000원
		❸ 사무엘상 · 하	정가 10,000원
		❹ 열왕기상 · 하	정가 10,000원
		❺ 역대상 · 하	정가 10,000원
		❻ 에스라 – 욥기	정가 10,000원
		❼ 시편 · 잠언 · 전도서 · 아가	정가 12,000원
		❽ 이사야 – 예레미야애가	정가 12,000원
		❾ 에스겔 – 말라기	정가 12,000원
	신약	❶ 사복음서 : 마태복음 – 요한복음	정가 14,000원
		❷ 사도행전 – 고린도후서	정가 12,000원
		❸ 갈라디아서 – 요한계시록	정가 10,000원

※ 새번역 밑글씨 쓰기성경®은 아가페출판사 홈페이지 (www.agape25.com)를 참고하세요.

십 계 명

하나님이 이 모든 말씀으로 말씀하여 이르시되,
나는 너를 애굽 땅, 종 되었던 집에서 인도하여 낸 네 하나님 여호와니라.

제일은, 너는 나 외에는 다른 신(神)들을 네게 두지 말라.

제이는, 너를 위하여 새긴 우상을 만들지 말고,
또 위로 하늘에 있는 것이나, 아래로 땅에 있는 것이나,
땅 아래 물 속에 있는 것의 어떤 형상도 만들지 말며,
그것들에게 절하지 말며, 그것들을 섬기지 말라.

나 네 하나님 여호와는 질투하는 하나님인즉 나를 미워하는 자의 죄를 갚되,
아버지로부터 아들에게로 삼사 대까지 이르게 하거니와,
나를 사랑하고 내 계명을 지키는 자에게는 천 대까지 은혜를 베푸느니라.

제삼은, 너는 네 하나님 여호와의 이름을 망령되게 부르지 말라.

여호와는 그의 이름을 망령(妄靈)되게 부르는 자를 죄 없다 하지 아니하리라.

제사는, 안식일(安息日)을 기억하여 거룩하게 지키라.

엿새 동안은 힘써 네 모든 일을 행할 것이나, 일곱째 날은 네 하나님
여호와의 안식일인즉, 너나 네 아들이나 네 딸이나, 네 남종이나 네 여종이나,
네 가축이나, 네 문 안에 머무는 객이라도 아무 일도 하지 말라.
이는 엿새 동안에 나 여호와가 하늘과 땅과 바다와 그 가운데 모든 것을
만들고 일곱째 날에 쉬었음이라. 그러므로 나 여호와가 안식일(安息日)을
복되게 하여, 그날을 거룩하게 하였느니라.

The Ten Commandments